Josef Kurz · Daniel Müller
Joachim Pötschke · Horst Pöttker

Stilistik für Journalisten

Josef Kurz · Daniel Müller
Joachim Pötschke · Horst Pöttker

Stilistik für Journalisten

Westdeutscher Verlag

Die Deutsche Bibliothek – CIP-Einheitsaufnahme
Ein Titeldatensatz für diese Publikation ist bei
Der Deutschen Bibliothek erhältlich

1. Auflage September 2000

Umschlaggestaltung: Horst Dieter Bürkle, Darmstadt
Druck und buchbinderische Verarbeitung: Lengericher Handelsdruckerei, Lengerich
Printed in Germany

ISBN 3-531-13434-5

Inhalt

Vorwort

Unser Lehrbuch „Stilistik für Journalisten" ist eine deutsch-deutsche Gemeinschaftsarbeit. Seine Entstehungsgeschichte ist Teil des Prozesses der deutschen Vereinigung. Das heißt nicht, daß sie für diesen Prozeß, wie er tatsächlich verlaufen ist, charakteristisch wäre. Vielmehr dürfte sie ein seltenes Beispiel dafür sein, wie die Wiedervereinigung hätte vollzogen werden können. Immerhin zeigt sie, daß nicht alle Wunschvorstellungen am Anfang Illusionen waren.

Im Februar 1993 trafen sich auf Anregung von Karl Friedrich Reimers einige Kommunikations- und Journalistikwissenschaftler aus Ost und West in der Akademie für politische Bildung in Tutzing, um über die getrennte Vergangenheit und die gemeinsame Zukunft zu diskutieren. Bei dieser Gelegenheit lernten sich zwei der Autoren dieses Buches kennen und schätzen. Daraus entwickelte sich die Beteiligung des ostdeutschen Autors Joachim Pötschke an dem Sammelband „Kommunikationswissenschaft – autobiographisch", der Anfang 1997 als erstes Sonderheft der „Publizistik" erschien. Durch seinen Beitrag „Sprachkommunikation und Stilistik. Journalistischer Sprachgebrauch als Lehr- und Forschungsgegenstand an der Sektion Journalistik der Karl-Marx-Universität Leipzig" konkretisierte sich die Einsicht, daß die journalistische Methodik, insbesondere die Erforschung der Darstellungsformen des Journalismus, ein bemerkenswert fruchtbares Arbeitsfeld der DDR-Journalistik gewesen war. Seine Erträge gehören, sieht man von ihrer ideologischen Instrumentalisierung ab, zu den kulturellen Leistungen der DDR, die im vereinten Deutschland nicht vergessen, sondern – nach gründlicher Entrümpelung vom Ideologieballast – weiterentwickelt und im aktuellen Kulturbestand des ganzen Deutschlands aufgehoben werden sollten.

Für diese Idee ließ sich Anfang 1996 Dietrich Oppenberg begeistern, der wegen seines Engagements für Wahrheit und guten Stil im Journalismus bekannte Herausgeber der „Neuen Ruhr Zeitung" in Essen. Seine Absicht, den Prozeß der deutschen Vereinigung unter Journalisten und in der von ihnen benutzten Sprache zu fördern, paßte gut zu dem Plan, den Anfang der achtziger Jahre in Leipzig erschienenen ersten Band der „Stilistik für Journalisten" zu renovieren und um jenen zweiten Teil zu ergänzen, der damals – auch wegen der in der DDR vorherrschenden Forschungspräferenz für Fragen der politischen Sprache und der Propaganda – dort nicht hatte erscheinen können.

Vom Herbst 1996 bis Herbst 1998 hat die „Stiftung Pressehaus NRZ" unser Stilistik-Projekt großzügig und unbürokratisch unterstützt. In dieser Zeit haben wir vier, die wir zwei deutschen Kulturen und drei Generationen von Journalistik-Wissenschaftlern angehören, uns regelmäßig in Leipzig oder Dortmund getroffen, um das gerade Erarbeitete intensiv, freimütig und manchmal auch kontrovers zu diskutieren. Wir danken denen, die nicht nur den Nutzern zu diesem Lehrbuch, sondern auch uns zu dieser Erfahrung des deutsch-deutschen Zusammenwachsens durch Auseinandersetzung verholfen haben: Arnulf Kutsch für möglicherweise unabsichtlich gegebene Anregungen, Margarete Keilacker für logistische Fürsorglichkeit in Leipzig und ganz besonders Dietrich Oppenberg, Heinrich Meyer und der „Stiftung Pressehaus NRZ" für die Bereitstellung der materiellen Basis.

Unsere Stilistik ist vor allem als Lehrbuch für die Journalistenausbildung und -weiterbildung gedacht, daneben auch als Handbuch für den Gebrauch im Arbeitsalltag von Redaktionen oder freien Journalisten. Für diese zweite Verwendung ist das Register wichtig, das rasches Nachschlagen ermöglicht. Dem Lehrbuchcharakter entspricht die sprachwissenschaftliche Systematik, die diese „Stilistik für Journalisten" von anderen Stilbüchern unterscheidet. Jeder der vier Autoren konnte bei der gemeinsamen Arbeit auf mehr oder weniger lange Erfahrungen als Journalist und vor allem Journalistenausbilder zurückgreifen.

Gerade deshalb war uns bewußt, daß der Versuch wenig nützlich gewesen wäre, das oft von Berufsanfängern geäußerte Bedürfnis nach einfachen Stilrezepten zu befriedigen. In allen Berufen ist die Praxis komplizierter, als die Schulbuchweisheit mit ihrem Hang zu fixierten Regeln sich träumen läßt. Es konnte uns also nicht um Ratschläge gehen, die man auswendig lernen oder an den Computer kleben kann. Sinn und

Zweck dieses Buchs ist vielmehr die Sensibilisierung von (angehenden) Journalisten für die Vor- und Nachteile bestimmter Stilverfahren.

Dem wissenschaftlich-reflexiven Charakter der Argumentation entspricht die im folgenden zugrundegelegte, relativ weite Auffassung von „Stil", die auch den beim Verfassen journalistischer Texte maßgeblichen Denkstil umfaßt. In Anlehnung an eine Definition, die Josef Kurz im „Kleinen Wörterbuch der Stilkunde" gegeben hat, verstehen wir unter dem Stil sprachlicher Äußerungen (Sprachstil) die durch die kommunikative Situation im weitesten Sinne, also Kommunikator, Gegenstand, Genre, Rezipienten und Funktion einer Mitteilung, bestimmte gedanklich-sprachliche Aussageweise, die im allgemeinen als Funktionalstil (Bereichsstil, Stiltyp) und im besonderen als Textstil (Stil von Aussagekomplexen, Redestil) erfaßt werden kann.

Diese Auffassung rückt die kommunikativen Faktoren in den Vordergrund, welche die Verwendungsweise der Sprache auf den verschiedenen Gebieten menschlicher Tätigkeit beeinflussen. Sie macht die Kommunikation in ihren gesellschaftlich relevanten Dimensionen zum Bezugspunkt stilistischer Überlegungen und Untersuchungen. In unserem Fall erlaubt sie, die Besonderheit der gesellschaftlichen Kommunikation, die der Journalismus zu vermitteln hat und die wir Öffentlichkeit nennen, gebührend zu berücksichtigen.

Juni 2000   Horst Pöttker

1 Zur Bedeutung des Sprachgebrauchs im Journalistenberuf

> *Wir haben den Journalismus in seiner korrosiven Einwirkung auf die Sprache mit dem Sauerstoff in der Luft verglichen. Aber e i n Unterschied ist doch. Der Sauerstoff ist eine blinde Naturkraft und Journale werden von bewußten Vernunftwesen geschrieben. Sie können aufmerken auf das, was sie tun, sie können zerstören und aufbauen mit freier Wahl.*
>
> Ferdinand Kürnberger: „Sprache und Zeitungen", 1866

Eine Stilkunde für Journalisten soll der Berufspraxis dienen. Deshalb muß sie mehr sein als eine distanzierte Analyse des Sprachgebrauchs in den Medien. Alle praktische Vernunft hat das Ziel, begründete Antworten auf die Frage zu geben: Wie sollen wir handeln? In unserem Fall lautet die Frage: Wie sollen Journalistinnen und Journalisten in ihrem Beruf Sprache verwenden? Antworten darauf sind Empfehlungen, die Werturteile enthalten und einen Gestaltungsspielraum der handelnden Journalisten voraussetzen.

Auf solche Empfehlungen, die freilich nicht als rigide Vorschriften aufzufassen sind, kann offenbar beim Thema Stil kaum verzichtet werden. Das zeigt sogar ein Text zur „Sprache im Journalismus", der seinen Praxisbezug aus einer kritisch-distanzierten Analyse der real existierenden Mediensprache ableitet (von Hoffmann 1984). Der Autor geht zutreffend davon aus, daß der journalistische Sprachgebrauch durch funktionelle Zwänge, vor allem die Produktions- und Rezeptionsbedingungen der Medien, stark beeinflußt und beschränkt wird (S. 55–63). Dennoch gibt er am Ende wertende Empfehlungen: „Mit Sicherheit täte es journalistischen Stilisten gut, wenn sie dem Volk wieder mehr aufs Maul schauen würden. Die verstaubten Sprachrequisiten der Medienstile mit lebendiger Sprache aufzufrischen, hieße, dem Begriff Massenkommunikation im Wortsinne wieder näher zu kommen." (S. 84). Oder: „Weitschweifigkeit, Wiederholungen, Dreschen von leerem Stroh – das sind Formen von Redundanz, die jedem Stil schaden, dem journalistischen aber besonders, da sie die flüchtige Rezeption erschweren oder unmöglich machen... Wenn über Japan geschrieben wird, darf auch von Japan die Rede sein, muß es nicht als Land des Lächelns oder der aufgehenden Sonne oder sonstwie blumig umschrieben werden." (S. 82 f.)

Ein anderer Fachmann für Sprache im Journalismus kritisiert in seiner populären Stilkunde (Schneider 1986) sogar ausdrücklich, daß dem Duden die normative Gesinnung abhanden gekommen sei. „Jeder, der Normen setzt, unterliegt der Kritik. Nur sollte man daraus nicht folgern, daß alle Normen abzuschaffen wären." (S. 12.)

1.1 Journalisten haben eine Aufgabe

Wenn Normsetzungen für journalistische Sprachverwendung weder vermeidbar noch entbehrlich sind, dann sollten sie formuliert und begründet werden, um diskutiert werden zu können. Auch die Regeln für guten journalistischen Stil gelten nicht ein für alle Mal, sondern verändern sich mit dem Erkenntniszuwachs und dem Geschmackswandel.

Woher jedoch die Maßstäbe für Normsetzungen nehmen? Wolf Schneider beruft sich auf seine „Erfahrungen aus fünfunddreißig Jahren Journalismus und ebenso langem leidenschaftlichem Interesse am Thema 'Sprache'". Und er hat alle möglichen Ratschläge über gutes Deutsch von Lessing und Jean Paul bis zu den aktuellen Sprachfibeln und schwarzen Listen in deutschen Redaktionen verglichen und sich den gemeinsamen Kern zu eigen gemacht (Schneider 1986, S. 10).

Das Verfahren, Qualitätsmaßstäbe aus der historischen oder aktuellen Praxis des Journalismus abzuleiten, ist durchaus üblich (vgl. z.B. Wallisch 1995). Dennoch haben Versuche, Normen empirisch und nicht theoretisch zu begründen, immer etwas Zirkuläres, weil sie die Praxis, so herausragend sie in Einzelfällen sein mag, letztlich nur fortschreiben und normativ überhöhen, aber nicht korrigieren können. Genaugenommen werden auf diese Weise subjektive Stilvorlieben einzelner, ob sie nun Lessing, Jean Paul oder Wolf Schneider heißen, mit einer Aura der Verbindlichkeit versehen. Für eine Stilistik, die sich bemüht, zur Geltung von Stilprinzipien beizutragen, indem sie sie rational begründet, erscheint dies nicht ausreichend. (Womit natürlich nicht behauptet wird, daß Lessing, Jean Paul oder Wolf Schneider Unrecht haben müssen.)

Wir gehen deshalb einen anderen Weg, auch auf die Gefahr hin, daß er nur in Nuancen zu anderen Ergebnissen führen wird. (Vorweggenommen sei, daß der Verständlichkeit hier wie in anderen Büchern zum Thema journalistischer Stil höchste Bedeutung beigemessen wird.) Ausgangspunkt unserer Stilistik ist nicht die vergangene oder gegenwärtige Sprachverwendung in den Medien, auch wenn wir ihnen zur Veranschaulichung viele Beispiele entnehmen. Ausgangspunkt ist die Besinnung darauf, wozu der Journalismus da ist, wozu wir diesen Beruf als einzelne und in der Gesellschaft brauchen.

Wenn wir mit der A u f g a b e des Journalismus beginnen, um daraus normative Gesichtspunkte abzuleiten, begeben wir uns in eine prekäre Tradition. Auch Lenin hat von den Aufgaben der Journalisten gesprochen, wenn er forderte, daß die Zeitung „nicht nur ein kollektiver Propagandist und kollektiver Agitator, sondern auch ein kollektiver Organisator" zu sein habe (Lenin 1901/1976, S. 11). Deshalb scheuen zumal nach dem Zusammenbruch der sozialistischen Staaten viele den Begriff der beruflichen Aufgabe und reden statt dessen lieber von „Funktionen" des „Systems" Journalismus (vgl. z.B. Blöbaum 1994 oder Marcinkowski 1993). Daß der Versuch, die Aufgabe des Journalistenberufs zu bestimmen, leicht in Gefahr gerät, für die Legitimation politischer Herrschaft mißbraucht zu werden, zeigt sich auch an der ursprünglichen, unter DDR-Verhältnissen entstandenen Fassung eines Teils dieses Lehrbuchs (Sektion Journalistik 1988). Dort wird im ersten, „Sprache und Ideologie" überschriebenen Kapitel (S. 9–41) eine grundlegende Unterscheidung zwischen „kapitalistischem" und „sozialistischem" Journalismus getroffen. Von der allgemeinen „Zielsetzung des sozialistischen Journalismus" wird dann gesagt, sie verlange, „den Rezipienten... von der Notwendigkeit sozialistischer Haltungen und Handlungen zu überzeugen" und ihn „zunehmend mit den Lehren des Marxismus-Leninismus und mit dessen Terminologie vertraut" zu machen (S. 23).

Es ist nur zu verständlich, wenn angesichts der sich in solchen Formulierungen offenbarenden Ideologieanfälligkeit eine allgemeine Zielsetzung für den Journalismus abgelehnt wird. Gleichwohl wird dabei das Kind mit dem Bade ausgeschüttet, denn dem Verzicht, die besondere Aufgabe zu diskutieren und bewußt zu machen, um deren verläßlicher Erfüllung willen der Journalistenberuf da ist, haftet eine andere Art von Ideologieanfälligkeit an. Journalistinnen und Journalisten, die kein professionelles Ziel vor sich sehen, denen also der Kern eines Berufsethos fehlt, lassen sich leichter für außerprofessionelle Interessen mißbrauchen, oft ohne es überhaupt zu merken. Wo in diesem Zusammenhang der Begriff A u f g a b e durch F u n k t i o n ersetzt wird, droht zwar kein journalistischer Dogmatismus mehr, aber es droht ein alltäglicher Opportunismus, der das ohnehin Geschehende zur Richtschnur des journalistischen Handelns macht. Schon Max Weber wußte, daß nicht nur Prinzipienreiterei, sondern auch Prinzipienlosigkeit für ein professionelles Selbstverständnis problematisch sind, daß auch im Journalismus „als Beruf" nicht nur Gesinnungsethik durch pragmatisches Verantwortungsbewußtsein, sondern auch Verantwortungsethik durch ein unerschütterliches Aufgabenbewußtsein gezügelt werden sollte (vgl. Weber 1987).

Jedenfalls: Daß die Aufgabe des Journalismus in Diktaturen falsch bestimmt und diese falsche Bestimmung ideologisch ausgeschlachtet wird, zwingt nicht zu dem Schluß, daß jeder Versuch der Aufgabenbestimmung von vornherein vergeblich oder schädlich sein muß. Man kann sich auch bemühen, die Aufgabe des Journalismus richtiger, das heißt nicht zuletzt: weniger ideologieanfällig zu bestimmen, indem man aus den Irrtümern fehlgeschlagener Versuche lernt. Wir erkennen vor allem zwei, miteinander zusammenhängende, Fehler der irregeführten und irreführenden Aufgabenbestimmung für den Journalismus in Systemen, in denen eine staatliche Obrigkeit die Medien lenkt:

Der erste Fehler steckt in der Annahme, daß die Aufgabe des Journalismus vornehmlich eine politische sei. Diese Annahme kommt auch in westlich inspirierten Theorien über Journalismus und Öffentlichkeit vor. Sowohl Jürgen Habermas (vgl. Habermas 1971) als auch das Autorenpaar Jürgen Gerhards und Friedhelm Neidhardt (Gerhards/Neidhardt 1991) schreiben der Öffentlichkeit primär eine politische Bedeutung zu. Der eine in einem etwas idealisierenden Rückblick auf die Aufklärungsepoche, als Öffentlichkeit die Kraft gehabt habe, den Staat an das Allgemeinwohl zu binden; die anderen in einer systemtheoretischen Variante, die Öffentlichkeit als Mittlerin zwischen gleichgeordneten Teilsystemen der Gesellschaft wie Wirtschaft, Kultur, Wissenschaft usw. und dem ihnen übergeordneten Teilsystem Politik definiert.

Dagegen nehmen wir an, daß der Journalismus nicht zwischen einem besonders wichtigen und vielen weniger wichtigen Teilsystemen zu vermitteln hat, sondern daß er, um in der systemtheoretischen Terminologie zu bleiben, als Vermittler zwischen allen Teilsystemen der Gesellschaft direkt fungiert. Wirtschaft und Kultur, Wirtschaft und Wissenschaft, Kultur und Wissenschaft usw. müssen auch ohne den Umweg über die Politik voneinander erfahren können. Der wichtigste Grund für unsere gleichsam unpolitische und deshalb möglicherweise problematisch erscheinende Prämisse ist die durch Erfahrung genährte Befürchtung, daß ein Journalismus, der sich primär als politische Instanz, gar als „vierte Gewalt"[1] versteht, allzu leicht die für die Vermittlerrolle notwendige Offenheit gegenüber anderen Teilsystemen und deren Problemen verliert.

Der zweite Fehler steckt in der Annahme, daß es für die Aufgabe des Journalistenberufs einen wesentlichen Unterschied bedeute, ob er in einer kapitalistischen, sozialistischen, demokratischen, autoritären, faschistischen oder sonstwie verfaßten Gesellschaft ausgeübt wird. Verhält es sich in dieser Hinsicht bei den Journalisten denn anders als bei den Ärzten oder den Köchen? Die einen haben immer Krankheiten zu heilen und menschliches Leben zu erhalten, die anderen schmackhafte und bekömmliche Speisen zuzubereiten, in welcher politischen Umgebung sie diesen beruflichen Aufgaben auch nachgehen mögen. Wir setzen voraus,

---

1 Dieser ursprünglich aus den USA von Douglass Cater stammende Begriff wird in der Bundesrepublik Deutschland seit den sechziger Jahren benutzt, um die politische Aufgabe der Medien zu charakterisieren (vgl. Löffler 1968/69). Kritik an dieser

daß es bei den Journalisten ähnlich ist, daß auch ihre professionelle Aufgabe bleibt, jenseits von Differenzierung und Wandel der gesellschaftspolitischen, wirtschaftlichen, kulturellen oder technologischen Rahmenbedingungen.

Da es uns allein um die Aufgabe geht, um deren Erfüllung willen sich der Journalistenberuf als Institution herausgebildet hat[2], machen wir bei der allgemeinen Zielsetzung beispielsweise keinen Unterschied zwischen „kapitalistischem" und „sozialistischem" Journalismus.

Allerdings schränken wir den Universalitätsanspruch in einer Hinsicht ein. Im Vergleich mit Ärzten oder Köchen ist der Journalismus ein junger, frühestens an der Schwelle vom 16. zum 17. Jahrhundert entstandener Beruf. Das weist darauf hin, daß auch der Grund für diesen Beruf nicht – wie die Aufgaben der Ärzte oder Köche – schon besteht, seitdem es Menschen gibt. Die journalistische Aufgabe ist vielmehr erst mit dem Modernisierungsschub zu Beginn der Neuzeit entstanden. Es handelt sich um eine gesellschaftlich bedingte Aufgabe, die sich durch einen Blick auf die Besonderheiten der modernen Sozialstruktur bestimmen läßt. Das Ergebnis dieser Bestimmung kann natürlich nur für moderne Gesellschaften gültig sein, beispielsweise nicht für Naturvölkerkulturen, die es auch heute noch hier und da auf der Erde gibt.

Ob es für Gesellschaften der Dritten Welt gilt, denen mit einem modernen Sektor auch Medien und Journalismus aufgepfropft wurden, oder ob Journalisten in solchen Ländern andere Aufgaben haben als die im folgenden skizzierten, sei dahingestellt. Eine solide Antwort auf diese Frage bedarf gründlicher Erwägung und Forschung im Rahmen interkultureller Kommunikation. Läßt sich ein journalistisches Selbstverständnis, das sich in westlichen Industrieländern herausgebildet hat, auf die Mitarbeiter von „rural radios" in Afrika oder Lateinamerika sinnvoll übertra-

---

Charakterisierung sollte differenziert und behutsam formuliert werden, da sie sich ebenfalls leicht politisch instrumentalisieren läßt (vgl. Pöttker 1996a, S. 151 f.).

2   Eine in der Sozialwissenschaft verbreitete Definition von „Institution" lautet: „Bezeichnung für eine Organisation, einen Betrieb oder Einrichtung schlechthin, die nach bestimmten Regeln des Arbeitsablaufs… eine bestimmte Aufgabe erfüllt" (Hartfiel/Hillmann 1982, S. 341).

gen? Sollten die journalistischen Qualitätsstandards, auch was Sprache und Stil betrifft, in diesen Ländern sich an europäischen oder nordamerikanischen Vorbildern orientieren? Solche Fragen wären zu klären, wenn (angehende) Journalisten aus der Dritten Welt in deutschen Einrichtungen fortgebildet werden oder deutsche Dozenten sich in der Dritten Welt als „Entwicklungshelfer" für den dortigen Journalismus betätigen.

1.2 Die journalistische Aufgabe: Herstellen von Öffentlichkeit

Warum hat nun der Modernisierungsschub am Beginn der Neuzeit zur Entstehung des Journalismus geführt, worin besteht die Struktureigenschaft der modernen Gesellschaft, die diesen Beruf notwendig macht?

Inspiriert von Ideen, die zwei Klassiker der Sozialwissenschaft, der Franzose Emile Durkheim und der Deutsche Georg Simmel (Durkheim 1893/1977, Simmel 1890), schon vor über hundert Jahren gleichzeitig und unabhängig voneinander formuliert haben, charakterisiert die Systemtheorie (Parsons 1976) die Modernisierung als einen Prozeß der „funktionalen Differenzierung" und die aus diesem Prozeß resultierende Sozialstruktur als hochgradige „Komplexität". Dieser Befund dürfte die bedeutendste Leistung des systemtheoretischen Ansatzes sein, jedenfalls ist man sich über ihn in der Sozialwissenschaft ausnahmsweise einig. Was mit funktionaler Differenzierung und Komplexität gemeint ist, läßt sich durch eine Gegenüberstellung mit älteren Gesellschaftsformationen veranschaulichen, die im Gegensatz zur modernen eben n i c h t differenziert oder komplex sind. Durkheim hat für solche archaischen Kulturen die Bezeichnung s e g m e n t ä r geprägt, weil die Horden, Familienclans oder Dorfgemeinschaften, als deren einfaches Nebeneinander sie sich bilden, untereinander gleich sind wie Segmente einer Kette. Wer eines dieser Kettenglieder kennt, kennt sie alle, kennt also die Gesellschaft insgesamt. Auch innerhalb der Segmente ist der Grad der Spezialisierung gering. Im Prinzip ist jedes Individuum an jeder Tätigkeit beteiligt: Jedes Mitglied der Gesellschaft produziert Nahrungsmittel und Gebrauchsgegenstände, jedes erzieht Kinder, jedes heilt Krankheiten, jedes sanktioniert Normbrüche usw. Sofern sich einige handwerkliche Berufe oder intellektuelle Sonderpositionen (Priester, Medizinmann) herauskristallisiert haben, sind diese spezialisierten Tätigkeiten den anderen aus nächster Nähe bekannt.

Ganz anders die moderne, stark differenzierte, komplexe Gesellschaft. Hier sind die von Durkheim in der biologistischen Ausdrucksweise des 19. Jahrhunderts als O r g a n e bezeichneten Elemente voneinander ganz verschieden: Familie, Betrieb, Schule, Kirche, Klinik, Gemeinde, politische Partei, Verein usw., wobei unter jede dieser Kategorien noch Gebilde verschiedener Größe und Binnenstruktur fallen. Für die meisten gesellschaftlich notwendigen Aufgaben haben sich „Institutionen" herausgebildet, die eigens dazu da sind, diese eine und keine anderen Aufgaben zu erfüllen: Die Landwirtschaft, um Nahrungsmittel zu produzieren; die Schule, um Heranwachsende zu bilden; die Justiz, um Streitfälle zu schlichten, die Feuerwehr, um bei Notfällen zu helfen usw. Jeder Beruf ist eine Institution. In modernen Gesellschaften gibt es mehrere Tausend Berufe mit mehr oder weniger formalisierten Ausbildungswegen und professionellen Normen. Auch der Journalistenberuf ist so eine Institution.

W a r u m es in einem Prozeß fortschreitender Institutionalisierung und Spezialisierung, der lange unaufhaltsam schien, zur hochgradigen Komplexität in der Moderne kam, ist schwer zu sagen. Durkheim selbst sah dies Antriebsmoment darin, daß es bei sozialer Verdichtung naheliegt, dem steigenden Konkurrenzdruck durch Spezialisierung zu entgehen. Darüber hinaus sind wenigstens die Stichworte Effizienzsteigerung und Technologieentwicklung zu erwähnen. Jedenfalls handelt es sich bei der Komplexität um eine zentrale gesellschaftliche Bedingung der Existenz in der Moderne, die auch dann nicht rückgängig zu machen wäre, wenn sich herausstellen sollte, daß der geschichtliche Prozeß, aus dem sie hervorgegangen ist, mittlerweile kontraproduktiv geworden ist („Überkomplexität", vgl. Beck 1986).

Für die Frage nach der Aufgabe des Journalismus ist aber auch weniger die Ursache als vielmehr eine für das Individuum und die Gesellschaft p r o b l e m a t i s c h e B e g l e i t e r s c h e i n u n g der Komplexität von Bedeutung. Die primäre Erfahrung der in den einzelnen Institutionen tätigen Menschen, das in den mehr oder weniger voneinander isolierten Funktionsparzellen unmittelbar erwerbbare Wissen ist für sich genommen relativ begrenzt und fällt, wenn man aufs Ganze sieht, weit auseinander. Die Folge ist, daß die Menschen moderner Gesellschaften aufgrund ihrer unmittelbaren Erfahrung allein weder in der Lage sind, ihr Leben optimal zu bewältigen, noch, an den das Gesellschaftsganze betreffenden Entscheidungsprozessen kompetent teilzunehmen. Bereits Durkheim sah die Gefahr, daß arbeitsteilige Gesellschaften in Schwierigkeiten geraten, wenn die spezialisierten Organe „keinen genügenden Kontakt haben oder nicht lange genug andauern... Ist die Arbeitsteilung normal, dann schließt sie das Individuum nicht in eine Aufgabe ein, indem sie es daran hindert, darüber hinaus zu schauen." (Vgl. Durkheim 1893/1977, S. 14). Man kann das auch umkehren: Ist die Arbeitsteilung pathologisch – „dysfunktional" würde man heute sagen –, dann sperrt sie den Menschen in seine besonderen Aufgaben ein und läßt es nicht zu, daß er diesen Horizont erweitert.

Moderne Gesellschaften brauchen also offenbar auch eine Institution, die eigens dazu da ist, die mit der Komplexität verbundene Beschränktheit des Erfahrungs-, Wissens- und Interessenshorizonts ihrer Subjekte aufzuheben, indem sie alle vorhandenen Erfahrungen, Erkenntnisse und Interessen allgemein bekannt macht und zueinander vermittelt. Es liegt nahe, diese Institution „Öffentlichkeit" zu nennen. K o m p l e - x e   G e s e l l s c h a f t e n   b r a u c h e n   Ö f f e n t l i c h k e i t, weil sie sich sonst nicht selbst regulieren und ihre Probleme nicht bearbeiten könnten. (Was modernen Gesellschaften mit zu wenig oder falsch hergestellter Öffentlichkeit droht, hat der Zusammenbruch des Sozialismus gezeigt.) Aber auch die   I n d i v i d u e n   komplexer Gesellschaften wären selbst dann auf Öffentlichkeit angewiesen, wenn sie nur in bezug auf sich selbst zu handeln hätten, weil sie sonst vom kulturell bereitstehenden Reichtum an Erfahrung und Erkenntnis keinen Gebrauch machen könnten. Die Notwendigkeit der Öffentlichkeit in der Moderne wird zwar gesellschaftlich erzeugt, aber es ist eine nicht nur für die Gesellschaft, sondern auch für den Einzelmenschen bestehende Notwendigkeit.

Im Begriff der Öffentlichkeit steckt die Eigenschaft o f f e n . Offen ist etwas, wenn eine Blockierung fehlt und deshalb Zugang möglich ist. Auch Öffentlichkeit ist deshalb zunächst ein nur von seinem Gegenteil aus bestimmbarer Begriff, was wohl der Grund ist, warum eine klare Definition so schwer fällt. Öffentlichkeit in diesem Sinne meint zunächst nichts anderes als das Fehlen von Blockierungen und Barrieren in der Sphäre der gesellschaftlichen Kommunikation, die, wenn sie diesen Namen verdienen soll, im Prinzip für alle Mitglieder der Gesellschaft und auch für alle Themen offen sein muß. Hier liegt der Unterschied zum Begriff der Ö f f e n t l i c h e n   M e i n u n g , den Elisabeth Noelle-Neumann und andere vor ihr (vgl. Noelle-Neumann 1980, Tönnies 1922) als jene für vorherrschend gehaltene Meinung definiert haben, der gegenüber man abweichende eigene Meinungen verschweigt, um sich nicht zu isolieren. Während dem Begriff der Öffentlichen Meinung die Vorstellung von gesellschaftlicher Integration als einer V e r e i n h e i t l i c h u n g des Bewußtseins vieler durch das Kolportieren beispielsweise nationaler Symbole und durch den davon ausgehenden Konformitätsdruck zugrundeliegt, zielt der Begriff der Öffentlichkeit auf Integration als eine durch allseitige und freie Kommunikation bewirkte V e r e i n i g u n g oder V e r b i n d u n g zum Ganzen der Gesellschaft.[3]

Allerdings: In der Moderne ist die Geschlossenheit und Isoliertheit der gegebene Zustand. Da die funktionale Differenzierung allenfalls um den Preis ihrer Errungenschaften rückgängig zu machen wäre, ist dieser Zustand als Grundvoraussetzung moderner Existenz zu akzeptieren. Öffentlichkeit entsteht hier weniger durch Aufheben von Blockierungen

---

[3] „Integration (vom lat. i n t e g e r , 'ganz, vollständig, unverletzt'), ein Vorgang oder eine Handlung, die eine Ganzheit zur Folge hat; Vereinigung, Verbindung, Vereinheitlichung" (Schmidt 1974, S. 301). Außerdem: „Kommunikation ist wechselseitige Information, wobei die einzelnen Informationen rückgekoppelt werden." (Vgl. Bahrdt 1984, S. 39); demgegenüber: „Mit dem sozialen Handeln ist... eine Übertragung von Bedeutungsinhalten verbunden, ein Vorgang, den man ganz allgemein als 'Kommunikation' bezeichnen kann." (Hunziker 1988, S. 1); vor dieser Alternative entscheiden wir uns für den Kommunikationsbegriff von Bahrdt.

oder Einreißen von Barrieren als vielmehr durch schöpferische Aktivität. Öffentlichkeit muß hergestellt werden.

Mit den Medientechniken der massenweisen Vervielfältigung und Distanzüberbrückung sind seit der Erfindung des Buchdrucks im 15. Jahrhundert die notwendigen materiellen Voraussetzungen für das Herstellen von Öffentlichkeit gegeben. Hinreichend sind diese Voraussetzungen allerdings nicht, es bedarf darüber hinaus eines besonderen gestalterischen Könnens und Wollens, das sich auf die gesellschaftlich auszutauschenden Inhalte und die dafür geeigneten Darstellungsformen richtet. Das Bündel dieser Kenntnisse, Fähigkeiten und Motivationen macht den Journalistenberuf aus; seine konstitutive Aufgabe ist das Herstellen von Öffentlichkeit.

Journalisten haben es mit dieser Aufgabe noch nie leicht gehabt. Das höchste Hindernis, das ihrer Erfüllung entgegensteht, ist die menschliche Natur, wie sie sich lange vor der historisch relativ späten Entstehung der gesellschaftlichen Verhältnisse, die Öffentlichkeit notwendig machen, herausgebildet hat.

Herstellen von Öffentlichkeit im Sinne von Komplexitätsüberwölbung bedeutet, daß Journalistinnen und Journalisten ihren Lesern, Hörerinnen oder Zuschauern gerade das zu vermitteln haben, was jenseits des Horizonts von deren unmittelbarer Erfahrung liegt, was also neu, unbekannt, fremd, ja befremdlich ist. Dies muß mit der Neigung der menschlichen Psyche kollidieren, mit sich selbst in Einklang zu bleiben. Die psychologisch fundierte Rezeptionsforschung stimmt in hohem Maß darin überein, daß Menschen mit Vorliebe dasjenige wahrnehmen, aufnehmen und behalten, was zu ihren schon vorhandenen Erfahrungen, Vorverständnissen und Interessen paßt. Das gilt insbesondere für die Rezeption von Medien, denen gegenüber das Selektieren besonders leichtfällt, weil darauf nicht sofort reagiert wird (Klapper 1960).[4]

---

[4] Der mittlerweile zum Klassiker der Wirkungsforschung gewordene Klapper faßt die konsistenztheoretische Grundlagenforschung der vierziger und fünfziger Jahre zur Verstärker-Hypothese zusammen.

Eins der schwierigsten Probleme des Journalismus und anderer Öffentlichkeitsberufe heißt deshalb: Wie läßt sich das Publikum, das sich von Natur aus dagegen sträubt, dennoch mit Informationen erreichen, die das vorhandene Bewußtsein erweitern, also zu ihm in einem gewissen Widerspruch stehen?

1.3 Dimensionen journalistischer Qualität

Es fällt auf, daß viele Eigenschaften von Texten oder Bildern, die als spezifisch „journalistisch" empfunden werden, damit zu tun haben, daß in ihnen enthaltene Informationen bei einem nicht danach suchenden, ja widerspenstigen Publikum ankommen können. Da diese Eigenschaften der Aufgabe dienen, Öffentlichkeit herzustellen, liegt es nahe, sie als journalistische Qualitäten zu definieren. Wir unterscheiden vier Dimensionen, in die solche Qualitäten sich erstrecken können: Vielfalt oder anspruchsvoller: Universalität, Richtigkeit oder anspruchsvoller Wahrheit, Aktualität und schließlich Verständlichkeit.

Anders als in der Wissenschaft, wo der dort dominante Qualitätsmaßstab Wahrheit ausschließlich erkenntnistheoretisch begründet wird, spielt für den Journalismus auch der pragmatische Gesichtspunkt eine Rolle, daß Wahrheit sich als der unbestreitbare Kern an Gültigkeit auffassen läßt, den alle ein Publikum bildenden Subjekte jenseits ihrer unterschiedlichen Erfahrungen und Interessen akzeptieren müssen. Offenbar ist dies eine notwendige, wenngleich nicht hinreichende Qualität von Kommunikationsinhalten, um mit ihnen komplexitätsbedingte Parzellierungen zu überwölben und Öffentlichkeit herzustellen. Wahrheit setzt sich aus mehreren, untereinander nicht widerspruchsfreien Einzelqualitäten zusammen, von denen die auf das journalistische Handeln bezogene Unabhängigkeit und die auf die journalistische Aussage bezogene Richtigkeit durch klare professionelle Normen und Routinen flankiert werden. Weniger verankert ist die zur Wahrheitsdimension gehörende Qualität „Relevanz" (vgl. Rager 1994), die manche lieber

V o l l s t ä n d i g k e i t nennen, um deutlich zu machen, daß dem Journalisten hier etwas von jenseits seiner bloßen Subjektivität aus abverlangt wird. Und schließlich ist noch die W a h r h a f t i g k e i t zu nennen, wiederum nicht in einem emphatischen Sinne, sondern schlicht als das Eingestehen von Subjektivität und anderen Wahrheitsbeeinträchtigungen. An dieser Stelle spielt die in der Wissenschaft breit diskutierte Einsicht in den Journalismus hinein, daß Wahrheit wegen der unvermeidlichen Selektivität aller Erkenntnis und Information nicht als fertige Substanz, sondern nur als offener Prozeß („Diskurs") zu realisieren ist.

Journalismus und Wissenschaft haben also durchaus Gemeinsamkeiten, wie der Germanist Konrad Burdach 1923 Gelehrte und Journalisten ermahnt hat, damit sie trotz ihrer wechselseitigen Ressentiments „zwischen sich keinen geschlossenen Zaun errichten" (Burdach 1923, S. 18). Danach weist Burdach auf Qualitäten hin, um die Wissenschaftler sich nicht zu kümmern brauchen, wohl aber Journalisten: „Ich habe von dem journalistischen Beruf eine sehr hohe Meinung... Tag für Tag zieht an ihm ein immer neues Heer von Ereignissen und Tatsachen, Schriften und Büchern, von handelnden, redenden, schaffenden Menschen, von künstlerischen Leistungen aller Art vorüber. Er soll dazu Stellung nehmen, die auf ihn losstürmenden Eindrücke ordnen, gestalten, sich über sie ein eigenes Urteil bilden. Nicht morgen oder übermorgen, oder in Wochen, sondern unverzüglich... Für ihn gilt unablässig, mit eiserner Notwendigkeit das Hic Rhodus hic salta! Und er darf seine Gedanken und Empfindungen über das tägliche Allerneueste nicht wie ein Annalist im trockenen Ton des Tatsachenberichts niederschreiben. Er muß ihnen eine gefällige, anziehende, leicht verständliche, auf die bunte Leserschaft wirkende Form geben." (S. 18 f.)

Mit dem bunten Heer von Ereignissen, denen der Journalist gerecht werden muß, verweist Burdach auf die Qualitätsdimension der Vielfalt oder U n i v e r s a l i t ä t. Damit eine Hörerin oder ein Leser etwas Unbekanntes und Unvertrautes kennenlernen kann, muß die gehörte Sendung oder die gelesene Zeitung natürlich auch etwas Unbekanntes und Unvertrautes enthalten. Das ist nicht selbstverständlich, weil Rezipienten aufgrund der bekannten selektiven Zuwendung zu den Medien mit Vorliebe

Programme einschalten oder Zeitungen kaufen, die ihrem Interesse und Vorverständnis entsprechen, also Bekanntes und Vertrautes enthalten.

Die Welt umfaßt Bekanntes und Unbekanntes, Vertrautes und Unvertrautes zugleich. Um die selektive Wahrnehmung zu überlisten, sollte die journalistische Arbeit deshalb ein möglichst großes Stück Universum, idealiter die ganze Welt zu vermitteln suchen. Oder realistischer: Das von ihr zu Vermittelnde sollte nicht zu klein und speziell sein, damit das Publikum einerseits Vertrautes darin finden kann, andererseits aber auch etwas, das über das Vertraute hinausgeht. Ein Nestor der Journalistenausbildung in Deutschland wie Alexander von Hoffmann bezweifelt, daß es sich bei der anschwellenden Flut von Special-interest- und Lebenshilfe-Magazinen noch um Journalismus handelt (vgl. von Hoffmann 1997, S. 163 f.). Vermutlich ist Universalität diejenige journalistische Qualität, die durch die gegenwärtige Medienentwicklung mit ihrem marktbedingten Differenzierungsschub am stärksten gefährdet wird. Wo die Publizistik sich immer kleinteiliger aufsplittert, um durch wachsende Zielgruppengenauigkeit die Streuverluste der sie finanzierenden Werbung zu minimieren, wird die Chance des einzelnen „Nutzers", nur das zu rezipieren, was mit eigenen Erfahrungen und Interessen übereinstimmt, immer größer. Dies ist gegenwärtig ein erhebliches strukturelles Erschwernis für das Herstellen von Öffentlichkeit.[5]

Wenn Burdach sagt, nicht morgen oder übermorgen, sondern unverzüglich müsse der Journalist reagieren, für ihn gelte unablässig das grausame Hier und Jetzt, dann spricht er auch die Qualitätsdimension A k t u a l i t ä t an, die in der Regel als spezifisch für den Journalismus empfunden wird. Auch ihr ist der Zusammenhang mit der Aufgabe, komplexitätsüberwölbende Öffentlichkeit herzustellen, deutlich anzumerken. Jenseits aller funktionalen Parzellierung hat das Publikum nämlich zumindest eines gemeinsam: daß es in der Gegenwart lebt. Die Chance, beim widerspenstigen Publikum anzukommen, wird durch die Aktualität entscheidend erhöht, weil jede aktuelle Information wenig-

---

[5] Zu Möglichkeiten, diese Borniertheiten zu überwinden, vgl. Pöttker 1996b.

stens auf das Interesse jedes potentiellen Rezipienten an der Gegenwart trifft. Im übrigen ist mit Aktualität natürlich auch gemeint, daß Probleme vom Journalismus rechtzeitig an den Tag gebracht werden, damit sie verarbeitet werden können, bevor sie bedrohliche Dimensionen annehmen.

Als journalistische Qualität läuft Aktualität allerdings nicht nur auf die Verkürzung des Zeitabstandes zwischen Ereignis und Publikation, Berichtetem und Bericht hinaus. Etymologisch stammt das Wort nicht von „tempus", die Zeit, sondern von „actus", die Handlung, ab. Es geht also vor allem um die Handlungsrelevanz journalistischer Angebote für das Publikum, die zwar mit der Gegenwärtigkeit der Information zu tun hat, aber damit nicht identisch ist. Hier nur ein Zeitproblem zu sehen, trägt dazu bei, daß Journalisten diesen Qualitätsstandard oft als belastenden Streßfaktor empfinden, der durch permanenten Termindruck andere professionelle Qualitätsgebote wie die gründliche Recherche (Qualitätsdimension W a h r h e i t) in den Schatten stellt. Während das Fischer Lexikon „Publizistik Massenkommunikation" behauptet: „Die vom Publikum erwartete Aktualität der Berichterstattung erzwingt eine möglichst rasche Herstellung des Presseorgans" (Noelle-Neumann/Schulz/Wilke 1989, S. 313), definiert das „Wörterbuch der sozialistischen Journalistik" Aktualität nicht nur als „Zeitnähe", sondern auch als „Bedeutsamkeit, Wichtigkeit für die Gegenwart" und warnt vor einem „Mißbrauch des Begriffs... zur Begründung der üblichen Scheinaktualität und Sensationshascherei". (Vgl. Sektion Journalistik 1984, S. 10 f.)

Von der dem Journalisten abverlangten V e r s t ä n d l i c h k e i t seiner Tatsachenberichte für die „bunte Leserschaft" spricht Burdach ausdrücklich und verwendet darüber hinaus die qualifizierenden Adjektive „gefällig" und „anziehend". Daß diese Qualitätsdimension mit der Aufgabe des Journalismus zusammenhängt, komplexitätsbedingte Gräben zu überbrücken, dürfte evident sein.

Der traditionelle Maßstab der Verständlichkeit, man könnte auch sagen: passive Rezipierbarkeit, läßt sich weiterentwickeln in Richtung aktive Rezeptionsanregung, was sich bereits bei Burdach in den zwanziger Jahren andeutet. Daß diese Weiterentwicklung bei der gegenwärtigen Marktverdichtung und Konkurrenzverschärfung sich mehr und mehr

durchsetzt, spricht keineswegs dagegen, auch den Reiz der U n t e r -
h a l t s a m k e i t als eine der Herstellung von Öffentlichkeit förderliche
Eigenschaft der Information, also eine journalistische Qualität, anzuerkennen. Dabei ist Unterhaltung von Zerstreuung zu unterscheiden, die
die Aufnahme unvertrauter Botschaften eher hindert als fördert, weil sie
vom Gegenstand ablenkt. Unterhaltsamkeit, die der Öffentlichkeitsaufgabe dient, führt die Hörerin oder den Leser dagegen zu diesem Inhalt
hin, indem sie eine Brücke zwischen ihm und den ernstgenommenen Erfahrungen des Publikums schlägt. Zu diesen Erfahrungen gehört nicht
zuletzt das Bedürfnis, einen als langweilig oder ermüdend empfundenen
Alltag zu überwinden. Unterhaltsamkeit ist daher oft mit einem utopi-
schen, öffentlichkeitsbedürftige Probleme transzendierenden Moment
verbunden, das der Phantasie des Publikums auf die Beine hilft. Dafür
eignen sich besonders subjektivitätsnahe Genres wie Glosse oder Reportage, die neben den rein informativen Formen seit jeher ihren Platz im
Journalismus haben.

1.4 Journalistische Qualitäten und Sprachgebrauch

Für alle vier Qualitätsdimensionen ist die journalistische Sprachverwendung von Bedeutung. Daß die W a h r h e i t von Aussagen, oder besser:
deren prüfbare Richtigkeit, von Realitätsbezug und Schärfe der in ihnen
verwendeten Begriffe sowie von ihrer logischen Struktur abhängt, also
auch von Wortwahl und Satzbau, ist in der Erkenntnistheorie oft dargestellt worden (vgl. z.B. Geiger 1968, besonders S. 124–135 und 58–79;
vgl. Sektion Journalistik 1984, S. 10 f.). U n i v e r s a l i t ä t verlangt vom
Journalisten u.a., keine allzu enge, nur an Experten oder speziell Interessierte gerichtete Terminologie zu verwenden. Denn nur so kann am
Konkreten, mit dem der Journalist es immer zu tun hat, das in ihm wal-
tende Allgemeine, sein Charakter als pars pro toto deutlich werden. Universalität meint Allseitigkeit, umfassendes Wissen. Auf die Sprache bezogen die Fähigkeit, sich in den verschiedensten Sphären der sprachlichen
Kommunikation sicher zu bewegen. Was in dieser Hinsicht von Journali-

sten erwartet werden kann, wird noch im einzelnen zu zeigen sein, etwa bei der Behandlung mundartlicher, umgangssprachlicher und gruppenspezifischer Wörter oder bei der Darstellung altertümlicher Ausdrücke und neuer Bezeichnungen. Die Aktualität journalistischer Aussagen spiegelt sich nicht nur im Gebrauch bestimmter Adverbialbestimmungen (Ort, Zeit, Umstände usw.) wider und auch nicht nur im Umgang mit den grammatischen Tempora (z.B. das Präteritum als Grundtempus der aktuellen Nachricht; deutliche Unterscheidung von Vergangenheit und Vorvergangenheit). Zeitnähe und Gegenwartsbezug drücken sich auch in der Wortwahl aus: Bezeichnungen für neue Erscheinungen oder Vorgänge, die gesellschaftlich bedeutsam sind, werden vom Journalismus aufgenommen (manchmal sogar von ihm geschaffen) und weit verbreitet, so daß sie schnell zum Allgemeingut werden können.

Was schließlich die Verständlichkeit anbelangt, so kann ihre Bedeutung für die journalistische Kommunikation nicht hoch genug bewertet werden: Im Unterschied zur mündlichen interpersonalen Kommunikation, in der Sender und Empfänger in der Regel eine gemeinsame Umgebungssituation haben, in der ständiger Rollenwechsel und zahlreiche phonetische und paralinguistische Orientierungshilfen (insbesondere Betonung, Mimik und Gestik) eine maximale Verständigung ermöglichen, sind in der durch die Medien vermittelten Kommunikation die Partner räumlich und zeitlich getrennt. Der Rezipient ist auf den Text des Journalisten angewiesen und hat keine Möglichkeit zu unmittelbarer Rückäußerung. Der Journalist wiederum erfährt – wenn überhaupt – nur sehr spät und meist nur mittelbar von bestimmten Reaktionen des Publikums. Da er zudem damit rechnen muß, daß die Rezipienten aus Zeitmangel oder wegen vielfältiger potentieller Störfaktoren seinen Text nicht so intensiv aufnehmen und verarbeiten wie etwa einen wissenschaftlichen Aufsatz oder ein Werk der schönen Literatur, muß er eine sprachliche Gestaltungsweise wählen, die dem Kriterium der leichten Zugänglichkeit und Verständlichkeit und zugleich der Ausdrucksökonomie Genüge tut.

In diesem Zusammenhang gewinnen Erkenntnisse der empirischen Verständlichkeitsforschung Bedeutung, die bisher weder von der realsozialistischen noch von der westlichen Journalistik ausreichend zur Kenntnis genommen worden sind. Ein empirisch fundiertes und auch für den Journalismus praktikables Konzept der Textverständlichkeit stammt von einer Gruppe Hamburger Psychologen (Langer/Schulz von Thun/Tausch 1993). Sie unterscheiden vier Merkmale der Verständlichkeit: Einfachheit, Gliederung–Ordnung, Kürze–Prägnanz und Anregende Zusätze.

Einfachheit und Gliederung–Ordnung sind nach diesem Konzept besonders wichtige Texteigenschaften, die für optimale Verständlichkeit maximal ausgeprägt sein müssen. Dagegen sind Kürze–Prägnanz und Anregende Zusätze komplementäre, jeweils auf Kosten der anderen gehende Eigenschaften, die für optimale Verständlichkeit ein mittleres Ausprägungsniveau erreichen sollten. Außerdem gilt: Je besser ein Text gegliedert und geordnet ist, desto mehr anregende Zusätze verträgt er.

Im übrigen charakterisieren Schulz von Thun und seine Mitautoren Verständlichkeit insofern als eine relative Qualität, als berücksichtigt werden muß, wie verständig, ausgebildet und aufnahmefähig das Publikum ist, an das sich der Text wendet. Sie zeigen dies am Beispiel des Schulunterrichts als demjenigen Praxisfeld, auf das sie ihr Konzept hauptsächlich beziehen: Je niedriger das Alter der Schüler, desto einfacher und konkreter (anregender) sollten Lehrer und Schulbücher sich ausdrücken. Eine entsprechende Differenzierung, etwa nach Medien oder Texten für bestimmte Alters- und Bildungsgruppen oder nach fachjournalistischen Sparten und ihrem Zielpublikum, wäre in einer Stilistik für Journalisten möglich. Wir lassen sie in diesem Buch – auch angesichts der Qualitätsdimension Universalität – weitgehend außer acht, verweisen jedoch auf unsere Ausführungen zum populärwissenschaftlichen Darstellen.

Es liegt auf der Hand, daß die vier Verständlichkeitsmerkmale, besonders das der Einfachheit, Anforderungen an den journalistischen Sprachgebrauch stellen. Denn „Einfachheit bezieht sich auf die Wortwahl und den Satzbau, also auf die sprachliche Formulierung: Geläufige, anschauliche Wörter sind zu kurzen, einfachen Sätzen zusammengefügt. Treten schwierige Wörter auf (Fremdwörter, Fachausdrücke), so werden sie erklärt. Dabei kann der dargestellte Sachverhalt selbst einfach oder schwierig sein – es geht nur um die Art der Darstellung." (S. 16.) Aber auch die anderen drei Verständlichkeitskriterien haben stilistische Konsequenzen. Das geht u.a. aus der Erklärung zum Merkmal Gliederung–Ordnung hervor: „Dieses Merkmal bezieht sich auf die innere Ordnung und die äußere Gliederung eines Textes. Innere Ordnung: Die Sätze stehen nicht beziehungslos nebeneinander, sondern sind folgerichtig aufeinander bezogen... Äußere Gliederung: Der Aufbau des Textes wird sichtbar gemacht... Vor- und Zwischenbemerkungen gliedern den Text. Wesentliches wird von weniger Wichtigem sichtbar unterschieden." (S. 18.)

Für den berufspraktischen Zusammenhang, in den wir unsere Überlegungen einbetten, ist die Leitidee entscheidend, daß stilistische Empfehlungen sowohl der Verständlichkeit als auch der Wahrheit, Aktualität und Universalität journalistischer Texte dienen und damit letztlich die Herstellung von Öffentlichkeit erleichtern müssen. Guter Stil im hier gemeinten Sinne ist kein ästhetischer Selbstzweck, sondern ergibt sich aus der geschilderten Aufgabe des Journalistenberufs und aus den Qualitätsmaßstäben, die durch diese Aufgabe begründet werden.

Trotz des notwendigen und bei den einzelnen Argumentationsschritten auch immer im Auge behaltenen Praxisbezugs haben wir uns entschieden, die s p r a c h w i s s e n s c h a f t l i c h e Systematik beizubehalten, die schon die noch zu DDR-Zeiten erarbeitete Stilistik für Journalisten ausgezeichnet hat, und das vor allem aus folgenden Gründen:

Der angehende Journalist soll sein wichtigstes Werkzeug, die Sprache, so gut wie nur irgend möglich handhaben. Dazu bedarf er umfassender und gründlicher Kenntnisse, die methodisch nur auf der Basis einer sprachwissenschaftlichen Systematik zu vermitteln sind. Es kann nicht damit getan sein, vereinfachende Stilregeln vorzugeben, die für einen Schulaufsatz noch gelten mögen, nicht aber für vielgestaltige journalistische Texte in ihrer unterschiedlichen genrespezifischen Ausprägung. Eine weitere Überlegung hat mit der Entstehungsgeschichte dieses Lehrbuchs (vgl. Pötschke 1997, besonders S. 148 ff.) zu tun: Daß Kriterien für den journalistischen Sprachgebrauch auf dem Boden einer sprachwissenschaftlichen Systematik entwickelt und begründet werden, ist in Stilbüchern für die journalistische Praxis nicht selbstverständlich. Vielmehr drückte sich hierin eine Besonderheit der DDR-Journalistik aus, die zwei Jahrze-hnte früher als in der Bundesrepublik Deutschland als Universitätsfach institutionalisiert worden ist. Die theoretische Fundierung des journalistischen Sprachgebrauchs, die auch mit dem seit Karl Marx erhobenen Anspruch des Sozialismus auf Wissenschaftlichkeit zu tun haben mochte, halten wir für bewahrenswert, zumal die linguistische Tradition, in der dieses Buch steht, und seine Entstehungsgeschichte zur deutsch-deutschen Wissenschaftsgeschichte gehören.

Der Entschluß, für unser Lehrbuch eine sprachwissenschaftliche, in einem weiteren Sinne philologische Systematik zu wählen, schränkt unser Anliegen nicht ein, die Hauptaufgabe des Journalistenberufs stets im Auge zu behalten und alle stilistischen Entscheidungen immer wieder an den Qualitätsmaßstäben zu messen, die wir aus dieser Aufgabe abgeleitet haben. Im Gegenteil: Je besser es uns gelingt, journalismustheoretische oder kommunikationswissenschaftliche Überlegungen mit sprachwissenschaftlichen Erkenntnissen zu verbinden, desto überzeugender und nützlicher wird unsere Darstellung sein.

2 Das Wort im journalistischen Text

In den Wörtern unserer Sprache sind die Erfahrungen und Erkenntnisse unzähliger Generationen festgehalten. Die Wörter drücken die Interessen, Gefühle und Einstellungen der Menschen aus; sie lassen uns erkennen, was der Mensch erstrebt und was er ablehnt; sie machen uns deutlich, wie er seine Umwelt erlebt und wie er sie beurteilt.

Der Journalist soll nicht nur über einen umfangreichen Wortschatz verfügen, d.h. viele Wörter und deren Bedeutungen kennen; er soll auch die verschiedenen Schichten des Wortschatzes unserer Sprache nutzen können, die Prinzipien der Wortwahl beherrschen und synonyme Ausdrucksmöglichkeiten für die unterschiedlichsten kommunikativen Zwecke finden lernen. Nicht zuletzt sollte er etwas über die Bedeutungsstruktur der Wörter wissen, weil solche Kenntnis eine der Voraussetzungen schöpferischen Sprachgebrauchs ist.

Alles in allem: Der Beziehungsreichtum, die Vielgestaltigkeit und Vielschichtigkeit des Wortes verlangen vom Journalisten gründliche lexikalische Kenntnisse.

2.1 Das Wort als lexikalische Grundeinheit

Eine umfassende Definition des Wortes bereitet der Sprachwissenschaft auch heute noch Schwierigkeiten, da das Wort verschiedenen sprachlichen Ebenen angehört, zwischen denen es fließende Übergänge gibt. Für uns genügt es zunächst, das Wort auf der lexikalisch-semantischen Ebene zu betrachten, d.h. als Einzelwort, wie es uns im Wörterbuch begegnet. Als solches ist es der kleinste, relativ selbständige Bedeutungsträger der Sprache. Wir unterscheiden das Wort einmal von der aus mehreren Wörtern bestehenden Wortgruppe (*eine parteiübergreifende Initiative*) oder der festen Wortverbindung (*jemanden in Atem halten*), zum anderen vom sogenannten Morphem, der kleinsten bedeutungstragenden, aber nicht selbständigen sprachlichen Einheit. In der gebeugten Wortform (*des*) *Politikers* treten z.B. drei sol-

cher Morpheme auf: *politik* als Stammorphem, *-er* als Wortbildungsmor-
phem und *-s* als grammatisches Morphem. Alle drei Morpheme sind
kleinste Bedeutungsträger.

Das Wort hat eine äußere und eine innere Seite, eine Form und einen Inhalt. Als F o r m des Wortes bezeichnen wir dessen l a u t l i c h e
G e s t a l t , d.h. die lautlichen Elemente und deren Anordnung. Die Lautgestalt (auch Lautkörper, Zeichenkörper oder Formativ genannt) ist etwas Materielles; sie ist sinnlich wahrnehmbar und – beim gesprochenen
Wort – physikalisch meßbar, was nicht nur in der Sprecherziehung, sondern auch in der Kriminalistik eine Rolle spielt, z.B. bei der Identifizie-
rung anonymer Anrufer.

Der I n h a l t des Wortes ist etwas Begriffliches; wir nennen es B e -
d e u t u n g . In die Bedeutung des Wortes gehen unterschiedliche Elemente ein, die wir als semantische Merkmale bezeichnen. Das sind zum
einen begrifflich verallgemeinerte Abbilder von Objekten der uns umge-
benden Wirklichkeit (o b j e k t b e z o g e n e   B e d e u t u n g s e l e m e n -
t e); das sind zum anderen Elemente, in denen sich die Einstellung der
Gesellschaft, einzelner Gruppen oder Individuen zum Abgebildeten ausdrückt (s u b j e k t b e z o g e n e ,   w e r t e n d e   B e d e u t u n g s e l e -
m e n t e); das sind drittens Elemente, die aus dem Kommunikationspro-
zeß selbst erwachsen, und zwar aus der Verwendung der Wörter in bestimmten kommunikativen Situationen oder Kommunikationsbereichen.
Da diese Bedeutungskomponente für den Stil von Texten wesentlich ist,
wird sie gelegentlich als stilistische Bedeutung, häufiger als S t i l f ä r -
b u n g bezeichnet.

In der sprachwissenschaftlichen Literatur finden wir sehr unterschiedliche Auffassungen vom Wesen der Wortbedeutung. Sie resultieren aus unterschiedlichen erkenntnistheoretischen Grundlagen oder gehen auf unterschiedliche Kommunikationsmodelle zurück. Wir arbeiten
in den folgenden Abschnitten mit der nachstehenden Definition der
Wortbedeutung:

Die Wortbedeutung ist dasjenige gedankliche Abbild eines Gegenstandes, einer Erscheinung oder einer Beziehung der Realität, das für die
Angehörigen einer Kommunikationsgemeinschaft traditionell mit einem

bestimmten Lautkomplex zu der strukturellen und funktionellen Einheit des Wortes verbunden ist.

Wenden wir uns zuerst den o b j e k t b e z o g e n e n   B e d e u - t u n g s e l e m e n t e n des Wortes zu. Sie sind in guten Wörterbüchern genau beschrieben, so daß man sich in Zweifelsfällen schnell vergewissern kann, ob man das treffende Wort für ein bestimmtes Objekt oder einen bestimmten Sachverhalt gefunden hat. Wer sich dieser kleinen Mühe nicht unterzieht, macht leicht Fehler, wie die folgenden Beispiele aus der Presse zeigen:

Sauerstoff kommt dem Krebs entgegen, heißt es in einem Beitrag über die Sauerstofftherapie, die der Entstehung oder Ausbreitung von Krebs entgegen *w i r k e n* soll. In einem anderen Text lesen wir: *Er erhielt den Auftrag, eine junge Sängerin zu p r o d u z i e r e n.* Im Zeitalter der Warenwirtschaft ist zwar allerhand möglich, aber das nun wohl doch nicht. Ein Dritter schreibt: *Die Flacons haben die Form von Knospen, Blüten und a n d e - r e m R a n k w e r k.* Eine echte Stil-Blüte! Und schließlich: *Nicht nur das Outfit wurde vom a l t v ä t e r l i c h e n Blau entrümpelt.* Der Autor verwechselt *a l t m o d i s c h* (altväterisch) und *e h r w ü r d i g* (altväterlich), und leider sagt er auch nicht, wie man eine Farbe entrümpelt.

Auf eine detaillierte Bedeutungsbeschreibung muß man sich vor allem dann stützen, wenn ein Wort mehrere Bedeutungen hat, so daß sich erst im Kontext herausstellt, welche die zutreffende ist. Wir verdeutlichen diesen Sachverhalt am Beispiel des Wortes *scharf.* Es kann unter anderem folgende Bedeutungen haben:

A.   gut schneidend (*ein scharfes Messer*)

B.   spitz und daher leicht in etwas eindringend (*scharfe Krallen*)

C.   von zerstörender, ätzender Wirkung (*scharfe Säure*)

D.   in einem meist spitzen Winkel zulaufend (*scharfe Kurve*)

E.   einen starken Reiz auf die Sinnesorgane ausübend (*scharfer Senf, scharfer Geruch, scharfer Ton, scharfes Licht*)

F.   genau, präzis (*scharf beobachten, scharf rechnen*)

G.   energisch durchgreifend, streng, hart (*scharfe Weisung, scharfe Kontrolle, scharfe Polemik*)

H.   mit aller Energie, mit großem Einsatz (*sich scharf ins Zeug legen*)

J.   begierig (*scharf auf etwas sein*)

Wie unser Beispiel zeigt, kann das Adjektiv *scharf* in Abhängigkeit von verschiedenen Kontexten (hier in Klammern gesetzt) die Bedeutungen A – J annehmen. Man spricht in diesem Fall von Mehrdeutigkeit, von P o l y s e m i e. Polyseme Wörter zwingen zu kontextualer Verdeutlichung. Andererseits geben sie Raum für Wortspiel oder Anspielung, wie wir an anderer Stelle noch ausführen werden.

Betrachten wir nun die s u b j e k t b e z o g e n e n , die w e r t e n d e n B e d e u t u n g s e l e m e n t e. (Wir lassen dabei jene Wertungen außer acht, die sich in Wörtern wie *positiv* oder *negativ*, *schön* oder *häßlich*, *nützlich* oder *schädlich* äußern, Wörter, die ein konzentriertes Werturteil enthalten.) Die Wertungskomponente der Wortbedeutung bildet sich zumeist in einem langen historischen Prozeß heraus. Wenn innerhalb einer Sprachgemeinschaft bestimmte Sachverhalte immer wieder auf ein und dieselbe Weise bewertet werden, erhalten die sprachlichen Zeichen, die diese Sachverhalte ausdrücken, verallgemeinerte wertende Bedeutungselemente. Die Existenz solcher Elemente ist für Journalisten insofern wesentlich, als sie ihnen die Möglichkeit gibt, die Erscheinungen der Wirklichkeit zu charakterisieren, ohne jedesmal ein Werturteil in einem Satz formulieren zu müssen. Freilich müssen sie bei der Wortwahl darauf achten, daß sie Ausdrücke wählen, deren wertende Bestandteile auch ihrer Aussageabsicht entsprechen. So werden sie etwa bei der Verwendung der bildlichen Umschreibung *Land der aufgehenden Sonne* für *Japan* zu berücksichtigen haben, daß diese Umschreibung eine positiv wertende Bedeutungskomponente enthält, was sie für einen durchweg kritischen Beitrag über die gesellschaftlichen Verhältnisse in diesem Land ungeeignet macht, abgesehen davon, daß diese Umschreibung bereits zur Schablone geworden ist.

Neben lexikalischen Einheiten, die für alle Benutzer einer Sprache gleichermaßen positiv oder negativ wertende Bedeutungselemente enthalten (*Freiheit, Gerechtigkeit, Menschlichkeit / Lüge, Mord, Verbrechen*), gibt es auch solche, die für verschiedene gesellschaftliche Gruppen oder Schichten mit unterschiedlichen Wertungen verbunden sind. Das haben Journalisten zu bedenken, wenn sie ihrer M i t t l e r f u n k t i o n gerecht werden wollen. Im übrigen hält die Sprache zumeist mehrere Möglichkeiten bereit, den G r a d einer Ablehnung zu markieren, ohne daß jemand verletzt, oder Zustimmung zu signalisieren, ohne daß jemand gleich in den Himmel gehoben wird. Die Fähigkeit, bei der Wertung zu differenzieren, scheint allerdings nicht nur den Werbeleuten immer mehr abhanden zu kommen; auch in journalistischen Texten machen sich zunehmend Superlative breit, werden Veranstaltungen zu *Superevents* hochstilisiert oder die aussichtsreichsten Teilnehmer an einem sportlichen Wettkampf als *Topfavoriten* gepriesen. Seriösem Journalismus ist solche Marktschreierei fremd. Die Qualitätsdimension W a h r h e i t erfordert gerade bei der Wertung äußerste Genauigkeit und Ehrlichkeit.

Als eine dritte Gruppe von Bedeutungselementen hatten wir eingangs diejenigen genannt, die unterschiedliche Faktoren des Kommunikationsprozesses selbst widerspiegeln. Wir sprechen von S t i l f ä r - b u n g . Sie resultiert aus dem gewohnheitsmäßigen Gebrauch sprachlicher Zeichen unter bestimmten kommunikativen Bedingungen, sowohl sprachlichen als auch außersprachlichen, und kann bestimmt sein durch soziale, geographische, historische oder thematische Faktoren, denen wir uns jetzt zuwenden wollen.

Die s o z i a l e Markierung von Wörtern resultiert aus der Zugehörigkeit von Menschen zu unterschiedlichen sozialen Schichten, Berufsgruppen, Gemeinschaften oder Altersgruppen. Als Beispiele seien hier nur genannt *Ausbeutung* (negative Bewertung des kapitalistischen Produktions- und Aneignungsprozesses aus der Sicht der Arbeiterschaft), *Aufhänger* für *texteinleitende Passage* (journalistischer Fachjargonismus), *Unfallgeschehen* für *Unfall* oder *Unfälle*/*unterfertigen* für *unterschreiben* (Amtsdeutsch, Kanzleisprache), *Knast* für *Gefängnis* oder *Freiheitsstrafe*/*Kies* für *Geld*/*Koks* für *Kokain* (Sprachgebrauch deklassierter Schichten der Gesellschaft, Argot, „Gaunersprache"), *Pauker* für *Lehrer* (Schülerjargon), *super* für *hervorragend* (urspr. Jugendsprache). Viele dieser Wörter sind Jargonismen. Als solche weichen sie von der allgemeinverständlichen Norm ab und gehören häufig der umgangssprachlich-saloppen oder mitunter der vulgären

Stilschicht an. In journalistischen Texten können Wörter mit sozialer Markierung als M i t t e l d e r C h a r a k t e r i s i e r u n g dienen, z.B. im Sprachporträt, oder zu s a t i r i s c h e n Zwecken benutzt werden. Als Beispiel der Verwendung von Jargonismen seien hier einige Sätze aus einer Reportage wiedergegeben, die Probleme des Jugendstrafvollzugs zum Gegenstand hat:

Axel Rosenthal war 19, als er sein Leben endgültig in die Scheiße ritt...er hatte ungefähr zwei Gramm Koks in der Nase...(und überfiel einen Taxifahrer)...*Dann fuhr er zurück in die Kneipe. Dort erzählte er seinem Kumpel beim Pinkeln die ganze Geschichte. Und daneben pinkelte ein anderer Mann, der alles mithören konnte und sofort die Polizei in die Kneipe rief.* (Wegen doppelten Mordversuchs aus Habgier wurde R. für sechs Jahre ins Jugendgefängnis geschickt.)

„Sie (die Haftanstalt) *kann mich am Arsch lecken... O Mann, vergiß es",* sagt Axel. *„Du wirst hier nie ein besserer Mensch. Das einzige, was du lernst, ist, die Klappe halten. Und daß du derbe schwachsinnig sein mußt, wenn du irgendwelche Gefühle zeigst. Die Harten kommen in den Garten und die Weichen in den Teich."* *Entweder du hast so etwas wie Stolz, oder du bist ein „Ettl", ein Feigling...*

Die g e o g r a p h i s c h e Markierung von Wörtern beruht auf deren Verwendung in einem bestimmten territorialen Bereich. Wir sprechen von D i a l e k t i s m e n oder M u n d a r t w ö r t e r n (z.B. das niederdeutsche *Schmok* für *Rauch* oder *Schmutt* für *feiner Regen*; das bairisch-österreichische *Schmolle* für *Brotkrume*; das sächsische *Bemme* für *Brotscheibe*). Diese Wörter sind älter als die geschriebene oder gesprochene Literatursprache (Schriftsprache/mündliche Hochsprache) und blieben auch nach deren Herausbildung erhalten. Neben ihrer geographischen Markierung weisen Mundartwörter oft auch umgangssprachliche oder soziale Markierungen auf. In der Gegenwart geht der Gebrauch von Mundarten zugunsten überregionaler umgangssprachlicher Varianten immer mehr zurück, aber dort, wo Mundart noch lebendig ist oder gepflegt werden soll, wie etwa im norddeutschen oder süddeutschen Sprachgebiet, wird sie vom Journalismus zur Förderung des Heimat- oder Geschichtsbewußtseins, als Rezeptionsanreiz, als Mittel der Auflockerung, der Schaffung von Lokalkolorit oder der Charakterisierung von Personen sowie zu humoristi-

schen Zwecken genutzt. Zur Charakterisierung mundartlicher Redeweise
genügen dem Journalisten meist wenige Wörter oder Wendungen; freilich muß er stets auf seinen Rezipientenkreis Rücksicht nehmen: Wer für
eine überregionale Zeitung schreibt, sollte die Bedeutung mundartlicher
Wörter auf unaufdringliche Weise im Text erläutern oder sie mit Hilfe
des Kontextes verständlich machen.

Die zeitliche Markierung von Wörtern wird an den sogenannten
Historismen/Archaismen und Neologismen sichtbar. Historismen und Archaismen weisen auf den Gebrauch in vergangenen
oder zu Ende gehenden Perioden der Sprachentwicklung hin, Neologismen auf den Neugebrauch in der Gegenwart. Als Historismus bezeichnet man ein Wort, das im aktuellen Sprachgebrauch nicht mehr üblich
ist, weil der mit ihm bezeichnete Gegenstand oder Sachverhalt aus dem
gesellschaftlichen Leben verschwunden ist, z.B. *Nadelgeld, Amtswalter, Bi-
zone*. Im Unterschied zum Historismus entsteht der Archaismus durch
sprachliche Veränderungen. Die bezeichnete Sache existiert noch,
aber ihre frühere Bezeichnung veraltet. Dieser Vorgang kann Wörter
oder Wortgruppen betreffen, aber auch Morpheme oder Phoneme (Lau-
te), z.B. *gelahrt* (heute *gelehrt*), *Perron* (heute *Bahnsteig*), *Trottoir* (heute *Bürger-
steig* oder *Gehsteig*).

Selten werden Wörter plötzlich aus dem Sprachgebrauch verdrängt.
Sie wandern meist langsam, fast unbemerkt, in die Randzonen des aktiven Sprachgebrauchs ab und verschwinden schließlich, oft erst nach
Jahrzehnten, aus dem aktuellen Wortschatz. Im Gefolge tiefgreifender
gesellschaftlicher Veränderungen kann es aber auch geschehen, daß der
Wortgebrauch abrupt unterbrochen wird. So sind nach dem zweiten
Weltkrieg viele Wörter aus dem öffentlichen Leben verbannt worden, die
typische Erscheinungen des NS-Regimes oder dessen Ideologie betrafen
wie *Gauleiter, Blockwart, völkisch* oder *reinrassig* (sofern auf Menschen bezogen). Andere Wörter der NS-Zeit sind erhalten geblieben, z.B. *Ausrichtung* (in übertragener Bedeutung für *Lenkung in eine bestimmte Richtung*). In
der Gegenwart sind wir Zeugen des Verschwindens von Wörtern und
Wendungen, die für den Sprachgebrauch in der DDR typisch waren
(*Planverteidigung, volkseigen, Neues Ökonomisches System, Partei neuen Typs*). Als

passiver Wortschatz bleiben solche Wörter großen Teilen der Sprachgemeinschaft noch lange Zeit verständlich. In Texten für jugendliche Leser oder Hörer muß der Journalist jedoch meist schon zu Erläuterungen greifen. Das gilt etwa für ein Wort wie *Schlüsselkinder*, mit dem in der Nachkriegszeit Kinder bezeichnet wurden, die in der Schule oder beim Spielen auf der Straße einen Wohnungsschlüssel bei sich trugen, wenn beide Elternteile arbeiteten (Nebenbedeutung: Kinder ohne Aufsicht).

Im Journalismus werden die Eigenschaften historischen oder veraltenden Wortgutes ausgenutzt, um einem Text einen gehobenen oder feierlichen Charakter zu geben (*ein würdiger Nachfahre Einsteins*) oder eine satirische Bewertung auszudrücken (*die Ergüsse des NS-Barden*). In unpathetischen Texten dagegen wirken Archaismen und Historismen oft geschwollen und können dem Journalisten allenfalls helfen, die Aussage humoristisch zu färben, so etwa, wenn es in einem Gerichtsbericht heißt, die Angeklagte habe einen finanzkräftigen Patienten um etwas *Barschaft* erleichtert. In anderen Fällen nutzt der Journalist den Widerspruch zwischen historischer Form und aktuellem Inhalt, um das Anachronistische eines bestimmten Verhaltens satirisch zuzuspitzen (*'Gauleiter' Kühnen fühlte sich während seiner zweistündigen Hetzrede offenbar wie auf einem Nürnberger Parteitag*). In der Mehrzahl der Fälle treten veraltete Wörter jedoch dann auf, wenn der Journalist seinem Text historisches Kolorit verleihen will. Mit einer Überschrift wie *Konzerte droben in der alten Veste* sollen die Rezipienten z.B. auf einen landesgeschichtlichen Beitrag eingestimmt werden; die Zeit, in der die Handlung angelegt ist, wird auch formal als historisch gekennzeichnet.

Als N e o l o g i s m u s wird ein Wort bezeichnet, das erst in jüngerer oder jüngster Zeit Aufnahme in den Wortschatz gefunden hat. Viele der heute gebräuchlichen Wörter waren irgendwann einmal Neuwörter, Bezeichnungen für neue Erscheinungen in Politik, Wirtschaft, Wissenschaft und Technik, im Sport oder im Bereich der Unterhaltung, z.B. *Elektrizität* (1650), *Radio/Rundfunk* (etwa 1920), *Raumfahrt* (seit dem 12. April 1961, als der erste künstliche Erdsatellit *Sputnik* gestartet worden war), *Raumfähre* (seit der Konstruktion des amerikanischen *space shuttle*).

Da die Neologismen anfangs noch weithin unbekannt sind, bedürfen sie sorgfältiger Einführung und Erläuterung, manchmal noch lange nach ihrem ersten Erscheinen, besonders dann, wenn es sich um Fach- oder Fremdwörter handelt (Verständlichkeitsaspekt).

Eine Sonderstellung nimmt unter den Neologismen die individuelle Einmalbildung (okkasionelle Bildung, Augenblicksprägung) ein. Sie begegnet uns in bestimmten journalistischen Genres (Kommentar, Glosse, polemischer Artikel, Reportage) häufig, da sie nicht nur der Ausdrucksvariation dient, sondern auch geeignet ist, einen Sachverhalt knapp zu charakterisieren oder ihn treffend zu bewerten: z.B. *Jammeriade* (analog gebildet zur *Jeremiade*), *Umweltschweinerei*, *Umsatzkuchen*, *Talentepool*, *Dampfplauderei* (für das hektische Sprechen mancher Moderatoren), *alpträumen*; *Besinnlichkeitsterror/Erbauungsberieselung/Orgelschauer* (zur Charakterisierung vorweihnachtlichen Verkaufsrummels). Bei der Bildung von Augenblicksprägungen hält sich der Journalist an übliche Wortbildungsmodelle, damit der Rezipient die Bedeutung des unüblichen Ausdrucks erschließen kann, und nutzt den Kontext, um eine Neubildung begreifbar zu machen. Allerdings ist nicht jedes Wortbildungsmodell geeignet, einem Neuwort zur Anerkennung zu verhelfen. So sind Bildungen mit der Nachsilbe *-bar* zwar häufig (z.B. *begehbar, denkbar, erlebbar, schiffbar*, neuerdings auch *speicherbar*), weil sie eine längere Wortgruppe ersetzen (*etwas, was getan werden kann*), aber oft stoßen sie an Grenzen, seien diese nun lautlicher oder inhaltlicher Art wie etwa in den Neubildungen *promotbar* (für *vermarktungsfähig*), *verhandelbar* (*Die Gesetze der Thermodynamik sind nicht verhandelbar*), *unabsteigbar* (eine Fußballmannschaft), *bewältigbar* (*Das Haushaltsloch ist in seiner Dimension noch bewältigbar*, sagte ein Politiker, ohne daß der ihn zitierende Journalist Anstoß daran nahm), oder gar *unkaputtbar* (für *nicht kleinzukriegen, unverwüstlich, unzerstörbar*). Kaum zu erschließen, auch nicht aus dem Kontext, ist *unhintergehbar* in dem Satz *Auch die großen Paradigmen (zu deutsch: Muster) abstrakter Malerei sind... unhintergehbar.* Der Autor meinte wohl, abstrakte Malerei sei oft schwer zu *entschlüsseln*; daß man sie nicht *betrügen* könne, sollte mit Sicherheit nicht gesagt werden.

Mißbrauch wird neuerdings auch mit der Vorsilbe *an-* getrieben: da
werden Probleme *angedacht*, als könnte man sie erfinden, Thesen *anformu-
liert*, Verbrechen *anermittelt* oder (im journalistischen Berufsjargon) Berichte *angefeatured*, was wohl kaum mehr bedeutet als aufgemotzt.

Neutöner haben jetzt auch die Vorsilbe *ent-* entdeckt und sprechen
von *Entschleunigung*. Die kommt aus der Ökologiebewegung und soll auf
die Notwendigkeit verweisen, der 'Umwelt zuliebe' das Wirtschaftswach-
stum zu drosseln, langsamer zu produzieren, die Entwicklung neuer Pro-
dukte zu bremsen. Bei Lichte besehen handelt es sich hier (wie übrigens
auch bei *entmieten*) um einen Euphemismus, eine beschönigende, mildernde Formulierung. *Bremsen* oder *drosseln* erscheint den Urhebern zu hart,
entschleunigen suggeriert dagegen: Beschleunigung – ja, aber bitte nicht
ganz so schnell. Das Bestreben, negative Entwicklungen zu verharmlo-
sen, drückt sich neuerdings auch in der Vorsilbe *ab-* aus; so werden Löh-
ne nicht *gesenkt*, sondern *abgesenkt*. (Im Leipziger Duden von 1963 existiert das Wort nur in der Bedeutung *Pflanzen durch Senker vermehren*.)

Für fragwürdig halten wir es, wenn Journalisten im Interesse einer
übertriebenen 'political correctness' neue Bezeichnungen für weibliche
Berufe erfinden, indem sie an die männliche Berufsbezeichnung ein *-in*
anhängen: *Grünes Licht für Soldatinnen* und *Erste Offizierin erst in fünf Jahren*
konnten wir schon lesen. Wie wäre es künftig mit *Oberfeldwebelin* oder
Leutnantin, und müßte man einen weiblichen Offizier im Range eines
Hauptmanns dann gar als *Hauptmännin* titulieren, wenn man nicht als Se-
xist dastehen will? *Hauptfrau* wäre doch wohl zu doppelsinnig.

Wer sich mit Sprache und Sprachentwicklung befaßt, der weiß, daß
natürliches und grammatisches Geschlecht im Deutschen nicht identisch
sind und daß für Sammelbezeichnungen wegen der Sprachökonomie die
kürzere Grundform verwendet wird, das Maskulinum.

Wenden wir uns jetzt der t h e m a t i s c h e n Markierung des Wortes zu. Sie ergibt sich aus der Zugehörigkeit des Wortes zu einem bestimmten Gegenstandsbereich (Sachgebiet), der als Themenbereich kommunikativ relevant wird. Wörter aus allgemein bekannten Tätigkeitsberei-
chen, z.B. aus dem Bereich des Haushalts, der Säuglingspflege, des Han-
dels oder des Straßenverkehrs, also die sogenannte Alltagslexik, werden

gemeinhin als thematisch neutral betrachtet, sind also auch stilistisch nicht gefärbt, sofern sie nicht einer bestimmten Stilschicht angehören. Anders verhält es sich mit den F a c h w ö r t e r n. Sie verweisen deutlich auf spezielle Tätigkeitsbereiche (Wissenschaft und Technik, Medizin, Ökonomie, Landwirtschaft, Handwerk, Jagdwesen usw.) und sind oft nur dem Fachmann verständlich. Die Themenvielfalt des Journalismus (Universalität), insbesondere die Darstellung von Neuem aus den verschiedensten Wissensgebieten (Aktualität), bringt es mit sich, daß Fachwörter – die heute zumeist Fremdwörter sind – immer häufiger in journalistischen Texten auftreten. Das ist ein ganz normaler Prozeß, und es hat wenig Sinn, darüber zu klagen. Der Journalist sollte freilich, bevor er zum Fachwort greift, einige Überlegungen anstellen: Verspricht der Sachverhalt, den das Fachwort bezeichnet, gesellschaftlich bedeutsam zu werden, dann ist es gerechtfertigt, es zu popularisieren (wir sprechen auch von P o p u l a r i s i e r u n g s t e n d e n z). Ist das Fachwort bereits zum Allgemeingut geworden, dann kann es unbesehen benutzt werden; wenn nicht, dann muß es wie ein Neuwort erklärt oder im Kontext in seiner Bedeutung verständlich gemacht werden, und das über lange Zeit. Einige Beispiele:

Die Kriechtierkunde ist ein sehr spezielles Wissensgebiet, das kaum Aussicht hat, die gesamte Kommunikationsgemeinschaft zu interessieren. In einem Beitrag über den Schutz von Erdkröten während der Laichzeit ist es deshalb nicht angebracht, von *Herpetologie* (Kriechtierkunde) zu sprechen. Fachwörter wie *Laich, Laichzeit, laichen* können als allgemeinverständlich angesehen und brauchen deshalb nicht erklärt zu werden. Wenn sich aber der Journalist selbst nicht auskennt und – wie geschehen – von *Leich* und *leichen* spricht, dann macht er sich lächerlich, zumal in dem Beitrag von Kröten die Rede war, die von Autos überfahren worden waren.

Wer Fach w ö r t e r benutzt, sollte Fach k e n n t n i s s e besitzen, damit es ihm nicht so ergeht wie einem Journalisten, der davon sprach, daß die Feuerwehr einen Rehbock am *Geweih* (statt *Gehörn*) aus einer Grube ziehen mußte, oder einem anderen, der eine Tätowierung so beschrieb:

Ein Teil eines Hirsches befindet sich auf der Brust des Kriegers; die Vorderpfoten (statt *Vorderläufe*) *sind auf dessen Hand tätowiert.*

Was für die Verwendung von Fachwörtern in journalistischen Texten gilt, trifft im wesentlichen auch für die Fremdwörter zu: Der Journalist muß ihre Bedeutung kennen, und er muß sich fragen,

– ob sie in seinem Text notwendig sind (z.B. wegen ihres Fachwortcharakters oder als Mittel der Ausdrucksvariation);
– ob sie allgemeinverständlich sind;
– ob sie Bedeutungsnuancen ausdrücken, die kein deutsches Wort wiederzugeben vermag;
– ob sie durch aussagekräftigere deutsche Wörter ersetzt werden können.

Diese Forderungen mögen manchem banal erscheinen; die journalistische Praxis zeigt jedoch täglich – zum Teil in erschreckendem Maße –, daß ihnen nicht entsprochen wird. Auch hierfür einige Beispiele:

In einem Bericht über eine Trauerfeier spricht der Journalist von einem *aufgebahrten Katafalk.* Er offenbart damit nur, daß er die Bedeutung des Fremdworts nicht kennt (der Katafalk ist das meist mit schwarzem Tuch verhangene Gerüst, auf dem der Sarg steht). Auf mangelnde Kenntnis der Wortbedeutung ist es auch zurückzuführen, daß *Alternative* falsch gebraucht wird. Das Fremdwort meint die Wahl (letzte bindende Entscheidung) zwischen zwei Möglichkeiten. Falsch sind deshalb Sätze wie *Viele Alternativen hat die SPD nicht mehr* oder *Der Kanzler sieht nur zwei Alternativen.* Das zum Modewort gewordene *konterkarieren* (laut Duden *jemandem in die Quere kommen* oder *etwas hintertreiben*) wird falsch gebraucht in dem Satz *Gerüchte, von einer Operation... werde abgesehen, wurden mit der Verschiebung des Eingriffs...konterkariert.* Wenn das Wort künftig auch die Bedeutung 'einer Sache begegnen' oder 'einer Äußerung widersprechen' annehmen sollte, dann wäre die deutsche Formulierung wegen ihrer Eindeutigkeit in jedem Fall vorzuziehen.

Daß der Umgang mit Fremdwörtern auch die Beherrschung der richtigen Schreibweise erfordert, sei hier nur am Rand vermerkt. Wer *oppulent* und *Deligierte* schreibt oder von *repetetiven* (sich wiederholenden)

Grundmustern einer Komposition spricht, wird bei gebildeten Lesern oder Hörern nur Spott ernten.

Unnötige Fremdwörter enthält eine Reportage über Rostock und Warnemünde: *Maritimes Flair* ist eine bloße Floskel, die in Verbindung mit *Ostseestrand* genauso wirkt wie *weißer Schimmel* (ein Pleonasmus, d.h. eine Doppelung sinngleicher, nach der Wortart verschiedener Wörter). Und bei *Flair* haben wir es mit einem wenig aussagekräftigen M o d e - w o r t zu tun, das in diesem Text gleich viermal vorkommt. Von Warnemünde wird gesagt, es gehöre heute zu den *Top-Wohnlagen* an der Ostseeküste. Auch *Top* ist ein häufig gebrauchtes Modewort und kann in diesem Fall durch *besten* ersetzt werden. Als Pleonasmus ist auch *symbiotische Gemeinschaft* (Rostock–Warnemünde) zu betrachten. *Kostenvolumen* (für den Umbau eines Hotels) wäre leicht auf *Kosten* zu beschränken und *integriert* in diesem Fall durch *einbezogen*. Wenn es in der Reportage schließlich heißt, in einer Einkaufspassage seien vom Obstladen bis zur eleganten Boutique Geschäfte *vielerlei Couleur* zu finden, dann ist *vielerlei Couleur* schon deshalb überflüssig, weil Obstladen und Boutique die 'Farbigkeit' bereits ausreichend charakterisieren. Über die Häufung von Wörtern wie *Beautybereich, Beautyzentrum, Fitneßbereich, Wellness-Landschaft, Meerwasserpool* soll hier nur gesagt werden, daß sie eher der klischeehaften Werbung für ein neues Hotel zuzuordnen sind als einem journalistischen Beitrag, dem es hätte darauf ankommen müssen, am D e t a i l zu zeigen, was der Urlauber für Gesundheit, Entspannung und Wohlbefinden alles tun kann.

Als wichtigstes Kriterium für den Fremdwortgebrauch müssen wir – wie schon beim Fachwort – die V e r s t ä n d l i c h k e i t hervorheben. Aus einer fast unüberschaubaren Fülle von Beispielen seien hier nur einige herausgegriffen:

aleatorisch	*(Dem Theaterstück ist ein Zug des Spielerischen, ja Aleatorischen eigen)*
androgyn	*(Er trat auf als androgyner Harras in Zuckmayers 'Des Teufels General')*
Drop-out	*(die Zivilisationsmüdigkeit des bärtigen Drop-outs)*
Entourage	*(Arafat und seine Entourage begaben sich nach Kairo)*

hedonistisch	*(Frankreich hätte es gern ein wenig hedonistischer)*
pikaresk	*(ein pikareskes – ? – Abenteuer)*
tenderloin-steaks	*(Die Gäste bevorzugten tenderloin-steaks)*
sedieren	(...*sediert von dem pastoralen Trost des Talkmasters,* was möglicherweise *ruhiggestellt* oder *eingeschläfert* bedeuten sollte [ein *Sedativum* ist ein Beruhigungsmittel; dagegen meint *sedieren* aussäen]).

Diese Art von Fremdwortgebrauch widerspricht dem Verständlichkeitsgebot. Das gilt auch für die F r e m d - / F a c h w o r t h ä u f u n g in dem folgenden Text einer Tageszeitung:

Eine gute Verkehrsinfrastruktur ist ein wichtiger Standortfaktor. Denn die moderne Wirtschaft benötigt für lean production, just-in-time-Zulieferungen und Outsourcing ein dichtes Netz von Autobahnen, Eisenbahnstrecken und Wasserstraßen.

Gelegentlich drücken Fremdwörter Bedeutungsnuancen aus, die ein deutsches Wort nicht wiederzugeben vermag. Das gilt z.B. für *Enthusiast* (wenn es im Kontext anstelle von *Anhänger* oder *Liebhaber* gebraucht wird), *frenetisch* (statt *rasend, tobend, tosend*) oder *simplifizieren* (statt *vereinfachen*). Alle drei Fremdwörter werten stärker als die deutschen Entsprechungen und sind diesen bei Bedarf vorzuziehen.

Andererseits sollten deutsche Bezeichnungen immer dann bevorzugt werden, wenn sie dem Fremdwort ebenbürtig oder wenn sie aussagekräftiger sind als das Fremdwort. So wird man z.B. statt des farblosen und vieldeutigen Adjektivs *interessant* in dem einen Fall *bedenkenswert* (ein interessanter Vorschlag) wählen, in einem anderen Fall vielleicht *reizvoll* oder *bezaubernd* (eine interessante Frau), in einem dritten möglicherweise *aufschlußreich* (ein interessantes Dokument).

Der Umgang mit Fach- oder Fremdwörtern wird dadurch erleichtert, daß unsere Sprache über viele Möglichkeiten verfügt, Bedeutungen zu erschließen. Sie reichen von der einfachen 'Übersetzung' in einer Klammer bis zum erklärenden Satz oder Absatz:

– *Tombstone (Arizona/USA)*
– *Monte Veritá (Berg der Wahrheit)*
– *Fugitive Recovery Task Force (Einsatztruppe zur Ergreifung Flüchtiger)*

– *der Museumspfad 'Percaso Museale'* (vorangestellte Apposition)
– *Der 'bondsman', eine Art Versicherungsmakler, geht dabei voran.* (Parenthese; Einschaltung, Einschub)
– *Africa djolé ist ein Tanz der Lebensfreude.* (Erläuterung durch das Prädikat)
– *die politische Geheimpolizei Savak* (Einordnung durch Nennung des Oberbegriffs)
– *Das mobile radiographische Betatron ermöglicht Qualitätsprüfungen. Es ist das bisher größte bewegliche Röntgenstrahlgerät.* (Erläuterung durch synonyme Wiederaufnahme)
– *Was die Fachleute als 'innerstädtische Funktionsunterlagerung' bezeichnen, wird für die Bewohner des neuen Viertels schon bald reizvolles Einkaufszentrum sein, Anziehungspunkt zum Bummeln und Verweilen.* (Erläuterung durch Nennung von Details, wobei die Absicht des Autors deutlich wird, sich von übertriebenem Fachwortgebrauch ironisch zu distanzieren).

Wir fassen zusammen: Vor dem Gebrauch von Fach- oder Fremdwörtern sollte der Journalist überlegen:

– Ist das Wort allgemeinverständlich oder nicht?
Gehört es dem Allgemeinwortschatz an und ist es dem Sachverhalt, der Absicht des Autors und dem Genre angemessen, dann ergeben sich keine Schwierigkeiten; Modefremdwörter sind aussagearm und deshalb zu vermeiden. Nicht allgemeinverständliche Fach- und Fremdwörter erschweren die Aufnahme des Textes.

– Ist das Wort notwendig?
Oft sind deutsche Synonyme besser geeignet, das Anliegen eines Textes zu erfüllen. Nicht so wissenschaftlich wie möglich, sondern der Absicht entsprechend so exakt und so wissenschaftlich wie nötig formulieren!

– Welche kommunikative Leistung erfüllt das Wort im Text?
Nicht allgemeinverständliche Fach- und Fremdwörter müssen im Text Funktionen erfüllen, die ein deutsches Wort nicht erfüllen kann. Anderenfalls sind sie unnötig.

– Wie wird das notwendige, aber nicht allgemeinverständliche Fremd- oder Fachwort erläutert?

Oft kann der Leser/Hörer die Bedeutung des Wortes aus Beziehungen im Text erschließen. Solche Beziehungen müssen bewußt gestaltet werden. Ergeben sie sich nicht, so sind erläuternde sprachliche Formen zu wählen.

Stilschichten

Zu den lexikalischen Erscheinungen, die wir unter dem Begriff S t i l -
f ä r b u n g gefaßt haben (soziale, geographische, zeitliche, thematische Stilfärbung) können wir auch alle Wörter zählen, die einer bestimmten S t i l s c h i c h t (Stilsphäre) zugeordnet werden. Wir verstehen darunter eine Art der sprachlichen Gliederung, die sich an der l i t e r a r i s c h e n (schriftsprachlichen) N o r m orientiert. Eine Skala der Stilschichten könnte folgendermaßen aussehen:

gehoben	– sich vermählen
(z.T. poetisch,	– sich verehelichen
manchmal gespreizt)	– die Ehe eingehen
	– den Bund fürs Leben schließen
	– jemanden heimführen
	– in den heiligen Stand der Ehe treten
e i n f a c h - l i t e r a r i s c h	– heiraten
(standardsprachliche Norm)	– sich verheiraten
umgangssprachlich	– unter die Haube kommen
(z.T. familiär/vertraulich,	– sich eine Frau (einen Mann) nehmen
auch scherzhaft)	
salopp-umgangssprachlich	– sich kriegen
(auch scherzhaft)	
grob-umgangssprachlich	—
(derb, manchmal vulgär)	

Eine grob-umgangssprachliche Variante für *heiraten* gibt es nach unserer Kenntnis nicht. Wir verdeutlichen die 'unterste' Stilschicht deshalb an Entsprechungen zu dem standardsprachlichen Wort *Gesicht*: Hier finden wir auf der grob-umgangssprachlichen Ebene *Fratze, Fresse, Visage,* die allerdings Nebenbedeutungen haben: *Fratze* meint ein verzerrtes Gesicht, *Fresse* ist stärker auf die Mundpartie bezogen, *Visage* charakterisiert ein abstoßendes Gesicht; alle drei Bezeichnungen werten ab und sind stark emotional gefärbt.

Die von uns als einfach-literarisch (standardsprachlich) bezeichnete Stilschicht bestimmt u.a. auch den journalistischen Sprachgebrauch. Das soll nicht heißen, daß im Journalismus ausschließlich die literarische Norm gilt. Wie wir schon an einigen Beispielen (siehe die Reportage über jugendliche Straftäter) gesehen haben, kann sich der Journalist des ganzen Reichtums der Sprache bedienen. Seine Aufgabe ist es aber, aus der Fülle des Sprachmaterials dasjenige auszuwählen, das der Verwirklichung seiner Aussageabsicht am besten entspricht. Willkürlicher Sprachgebrauch, wie er zum Teil in der Alltagsrede vorkommt, muß der b e - w u ß t e n Auswahl aus dem Arsenal sprachlicher Mittel weichen. Unmotiviertes Abgehen von der standardsprachlichen Ebene kann leicht unerwünschte Reaktionen beim Rezipienten hervorrufen, die bis zur Ablehnung des Gesamttextes führen können.

2.2 Synonyme

In den vorangegangenen Abschnitten haben wir uns mit dem Wesen und der Struktur der Wortbedeutung vertraut gemacht und uns einen Überblick über Gebrauchsbestimmungen (und -beschränkungen) von Wörtern verschafft. Die dabei gewonnenen Erkenntnisse können uns bei der Suche nach dem treffenden Wort nützen. Sie fördern auch das Verständnis für eine sprachliche Erscheinung, die bei der Wortwahl von erheblicher Bedeutung ist: die Existenz von Synonymen, von bedeutungsähnlichen oder -gleichen Wörtern. Wir verstehen darunter lexikalische Einheiten mit unterschiedlicher Lautgestalt, die sich auf ein und denselben Gegenstand oder Sachverhalt beziehen. Solche Einheiten sind etwa *erhalten, bekommen, kriegen, empfangen* (z.B. einen Brief). Andere Bedeutungsvarianten des mehrdeutigen (polysemen) Wortes *erhalten* bilden andere Synonymgruppen: *bewahren, wahren* (z.B. die Gesundheit oder den Anstand) und *unterhalten, versorgen* (z.B. die Familie).

Durch den Bezug auf ein und denselben Gegenstand ist der Bedeutungs u m f a n g der betreffenden sprachlichen Einheiten festgelegt. Er entscheidet über die Zugehörigkeit der jeweiligen Einheit zu einer Synonymgruppe. Aus der Wortreihe *anklagen, anschuldigen, anlasten, beschuldigen, bezichtigen, zeihen; vorhalten, vorwerfen, ankreiden; denunzieren, anschwärzen, angeben, verpetzen, verpfeifen* lassen sich drei Synonymgruppen ableiten: (1) Beschuldigung; von *anklagen* bis *zeihen*; (2) Vorwurf, Tadel; von *vorhalten* bis *ankreiden*; (3) Anzeige/Beschuldigung aus niedrigen Beweggründen: von *denunzieren* bis *verpfeifen*. Beziehungen der Synonymie bestehen nur zwischen den Wörtern ein und derselben Gruppe.

I n n e r h a l b einer Gruppe unterscheiden sich die Wörter durch Bedeutungsnuancen und/oder durch stilistische Markierungen (Stilfärbung). In der Synonymgruppe *erhalten, bekommen, kriegen, empfangen* (gemeinsame Grundbedeutung: in den Besitz von etwas gelangen) unterscheiden sich beispielsweise *erhalten* und *empfangen* durch Bedeutungsschattierungen: in *erhalten* (z.B. ein Geschenk) schwingt mitunter die Person des Gebers oder des Absenders mit, während bei *empfangen* der Augenblick der Übergabe betont wird. Beide Wörter unterscheiden sich auch in der Stilfärbung: *erhalten* gehört (noch) der einfach-literarischen Stilschicht an, *empfangen* der gehobenen. Was *bekommen* betrifft, so wurde es früher als umgangssprachlich gefärbt eingestuft, gilt aber heute als einfach-literarisch. Wir sehen daran, daß auch Stilfärbungen sich im Laufe der Zeit verändern können.

Die Tatsache, daß lexikalische Synonyme sich durch Bedeutungsnuancen und stilistische Markierungen unterscheiden können, erklärt auch, warum sie im Text nicht ohne weiteres austauschbar sind. Wir verweisen in diesem Zusammenhang noch einmal auf schon erwähnte Verwendungsbeschränkungen (Mundart, Fachwort, Fremdwort usw.) und betonen, daß die Auswahl von Synonymen – wie die Wahl jedes Wortes – immer vom jeweiligen Gegenstand, von Thema und Absicht, von der Situation und vom Rezipientenkreis abhängt.

Kontextuale Synonyme

Während die lexikalischen Synonyme und Synonymgruppen in Wörterbüchern festgehalten sind, entstehen andere sinnähnliche Bezeichnungen
erst im aktuellen Text; wir sprechen von k o n t e x t u a l e n Synonymen.
Das sind in den meisten Fällen Eigennamen (z.B. *er ist ein kleiner Hegel*),
Gattungsnamen (z.B. *der Philosoph* für *Kant*) und klassifizierende Umschreibungen (z.B. *Theoretiker der jungen Arbeiterklasse* für *Marx* / *Kanzler der
Einheit* für *Bismarck* oder für *Kohl*). Zu den kontextualen Synonymen zählen wir auch b i l d l i c h e A u s d r ü c k e , auf die wir wegen ihrer Bedeutung im folgenden etwas ausführlicher eingehen.

Unter einem S p r a c h b i l d verstehen wir den Ersatz einer Bezeichnung durch einen ursprünglich nicht synoymen Ausdruck. Wir
sprechen von übertragener Bedeutung. Eine der am meisten verbreiteten
Formen des Sprachbilds ist die M e t a p h e r ; ihr liegt stets ein Vergleich
zugrunde, z.B. wenn ein hochgewachsener Mensch ein *Riese* genannt
oder der undurchdringliche Norden Germaniens in einem historischen
Beitrag als *nordisches Dickicht* bezeichnet wird.

Häufig tritt im Journalismus auch die M e t o n y m i e auf; sie beruht
nicht – wie die Metapher – auf Ä h n l i c h k e i t , sondern kommt auf
Grund eines l o g i s c h e n Z u s a m m e n h a n g s zustande, z.B. von
Teil und Ganzem (*tausend Köpfe* statt *Personen* / *rote Socken* für Anhänger der
nicht mehr existierenden SED), von Urheber und Produkt (*Brecht vertont*
statt *Verse von Brecht vertont*), von Gefäß und Inhalt (*ein Glas trinken* statt
ein Glas Wein trinken).

Bildliche Mittel erfüllen im Journalismus unterschiedliche Funktionen. Sie können, solange ihr Bildgehalt noch nicht verblaßt ist, der
V e r a n s c h a u l i c h u n g von Sachverhalten dienen, ferner der A u s -
d r u c k s v a r i a t i o n (dem 'Anderssagen'), der W e r t u n g oder der
S p r a c h ö k o n o m i e . Wir verzichten darauf, jede dieser Funktionen
durch Beispiele zu belegen, und geben nur Auszüge aus zwei Texten.

In dem ersten Text geht es um das Wunder des Vogelzugs. Der Autor spricht von *Wandervögeln, Interkontinentalwanderern, Fernflugkünstlern,
Konditionswundern, Nonstopfliegern, Marathonfliegern, Ausdauerkünstlern* und

stellt den *Langstrecklern/Weitstreckenziehern/Weitstrecklern* die *Kurzstreckler/Kurzstreckenzieher* und die *Zugmuffel/Sitzenbleiber* gegenüber.

In dem zweiten Text geht es um den Kometen Hale-Bopp, für den der Autor zahlreiche metaphorische Umschreibungen (er)findet. Der Text erstreckt sich über mehrere Seiten einer Wochenzeitschrift und dient der populärwissenschaftlichen Darstellung. Das sollte berücksichtigt werden, wenn man die (scheinbare) Häufung von Umschreibungen beurteilen will: *strahlendes Schweif-Ei am Osterhimmel/lodernde Fackel am Himmel/himmlisches Ungetüm/Fremdling aus dem übermächtig gedehnten All/fliegende Frostkugel/schmutziger Riesenschneeball/eisiger Vagabund/Schwergewicht am Firmament/himmlisches Geschoß.*

Nachdem der Autor auf diese Weise etwas über Farbe, Form, Zusammensetzung und Gewicht des Jahrhundertkometen gesagt hat, kommt er auf andere Kometen zu sprechen, die er als *Koloß, Ein-Kilometer-Trumm, 50-Meter-Klotz* beschreibt oder (wegen ihrer Gefährlichkeit) als *Krieger aus dem All* bezeichnet, während er die sogenannten Schwarzen Löcher als *Schwerkraftfallen, kosmische Staubsauger* und *gefräßige Todesinseln,* eine Supernova (explodierende Sonne) als *Todesstern* und die sogenannte Oortsche Wolke am Rande unseres Sonnensystems als *kosmische Tiefkühltruhe* und *Kometenfriedhof* charakterisiert.

Beiden Autoren dienen die metaphorischen Synonyme oder Umschreibungen als phantasieanregende Mittel der Veranschaulichung und der Wertung, die es überdies erlauben, komplizierte Sachverhalte knapp auszudrücken und ermüdende Wiederholungen oder langatmige Erläuterungen zu vermeiden (Sprachökonomie).

Kurzwörter und Abkürzungen

Zum Schluß dieses Kapitels einige Bemerkungen zu Kurzwörtern und Abkürzungen.

K u r z w ö r t e r werden im Duden als künstlich geschaffene Wortgebilde bezeichnet, bei denen man einzelne Buchstaben oder Silben eines oder mehrerer Wörter zu einem neuen selbständigen Wort zusammenfaßt, z.B. *HEVAG/Hevag* (Hanseatische Energie-Versorgungs-Aktiengesellschaft), *Strabag* (Straßenbaugesellschaft), *NATO/Nato* (North Atlantic

Treaty Organization), *Komintern* (Kommunistische Internationale). Viele dieser Kurzwörter werden im Journalismus täglich gebraucht und gelten als allgemein bekannt; andere haben oft sehr speziellen Charakter oder sind nur in bestimmten Gegenden verständlich wie das obengenannte *HEVAG*. In diesem Fall müssen sie – sofern die Notwendigkeit der Popularisierung gegeben ist – wie ein Fremd- oder Fachwort erläutert werden, und das oft über längere Zeit.

A b k ü r z u n g e n , so der Duden, sind Einzelbuchstaben oder Buchstabenfolgen, die für ein Wort stehen, z.B. *LKW/Lkw* (für Lastkraftwagen), *BGB* (für Bürgerliches Gesetzbuch), *Std.* (für Stunde-n). In der g e s p r o c h e n e n Sprache wird die nicht abgekürzte Form artikuliert, also *Stunde*, oder die Bestandteile einer Buchstabenfolge werden in entsprechende Laute umgesetzt, also *Elkaweh* (für Lkw).

Über Besonderheiten bei Abkürzungen, z.B. Schreibung mit oder ohne Punkt, Schreibung am Satzanfang oder -ende und in Zusammensetzungen, sowie über Regeln für die Beugung von Abkürzungen und Kurzwörtern informiert der Duden. Er enthält auch ein ausführliches Verzeichnis der üblichen Abkürzungen, an das sich der Journalist halten muß, wenn er glaubt, auf Abkürzungen nicht verzichten zu können.

3 Wortverbindungen

Zwischen dem Wort und dem Satz steht die W o r t g r u p p e , auch Syntagma genannt, die syntaktische Verknüpfung mehrerer Wörter, die kleiner ist als ein Satz: *die Stadt an der Donau, das Buch dieses Autors, voller Sehnsucht, ein machtbesessener Mensch, Bunker und Baracken, eine Diskussion im Fernsehen, am Fließband arbeiten, kein Fleisch essen* usw.

Diese Wortverbindungen, wie wir sie zunächst nennen wollen, sind dadurch charakterisiert, daß sich ihre Gesamtbedeutung aus der Summe der Einzelbedeutungen ergibt und daß Einzelglieder a u s t a u s c h b a r sind: *die Stadt/das Haus/der Hafen an der Elbe/am Rhein/an der Oder/südlich der Elbe/an der Elbe gelegen/das an der Elbe gelegene Haus.* Wir könnten diese Reihe beliebig fortsetzen und hätten dabei nur zu bedenken, daß die Verbindungen grammatisch korrekt und die einzelnen Wörter miteinander semantisch verträglich sein müssen.

Die Beliebigkeit der (sinnvollen) Verbindung von Wörtern zu Wortgruppen war wohl der hauptsächliche Grund dafür, solche Einheiten als f r e i e Wortverbindungen zu bezeichnen. Da sie für uns nur in ihrer grammatischen Struktur und Funktion von Interesse sind, z.B. als Subjekt-, Objekt-, Adverbial- oder Prädikatsgruppen, gehen wir an dieser Stelle nicht weiter auf sie ein und verweisen auf das Kapitel zur Satzgestaltung.

Von den freien Wortverbindungen sind die f e s t e n Wortverbindungen (Idiome, Phraseologismen) zu unterscheiden. Sie zeichnen sich dadurch aus, daß ihre Gesamtbedeutung nicht direkt aus den Bedeutungen ihrer Einzelglieder erschlossen werden kann: Entweder ist ein Glied der Verbindung oder die Verbindung als ganze in übertragenem oder verallgemeinertem Sinn aufzufassen. Man spricht deshalb von p h r a - s e o l o g i s c h g e b u n d e n e r B e d e u t u n g . Einige Beispiele:

Kohldampf schieben (anhaltend starken Hunger leiden), *die Fahne nach dem Wind hängen* (sich der jeweils herrschenden Meinung oder Situation anpassen), *das Kind mit dem Bade ausschütten* (etwas ohne Berücksichtigung positiver Seiten pauschal verurteilen).

Zwischen den freien und festen Wortverbindungen gibt es Übergänge, die vor allem vom Grad der Umdeutung abhängen. So hat man Wortverbindungen, deren Bestandteile nicht umgedeutet, aber durch Fachgebrauch in ihrer Bedeutung festgelegt sind (z.B. *italienischer Salat, saure Gurken, passives Wahlrecht*) als l o s e (oder halbfeste) Wortverbindungen bezeichnet und in diese Gruppe auch Eigennamen, Titel und amtliche Bezeichnungen sowie stehende Vergleiche eingereiht (z.B. *das Rote/Schwarze Meer, der Dreißigjährige Krieg, hart wie Stahl, schwarz wie die Nacht*).

Auch innerhalb der f e s t e n Wortverbindungen werden noch Unterscheidungen getroffen, aber wir halten es für unsere Zwecke nicht für angebracht, alle möglichen Unterschiede anzuführen. Im folgenden sprechen wir deshalb zumeist von P h r a s e o l o g i s m e n und meinen damit sowohl Wortverbindungen, die nur zum Teil umgedeutet sind (wie etwa *Abschied n e h m e n*, zum *Stillstand k o m m e n* oder *die Zelte a b b r e c h e n*), als auch I d i o m e, deren Bedeutung nicht mehr aus den einzelnen Gliedern abzuleiten ist (wie etwa *jemandem auf den Leim gehen*).

Einzelwort und Wortverbindung

Feste Wortverbindungen haben mit Einzelwörtern vieles gemeinsam. Wie manche Einzelwörter können sie m e h r d e u t i g (polysem) sein. So bedeutet die seit der Mitte des 19. Jahrhunderts belegte Redewendung *Farbe bekennen* dreierlei: sich entscheiden, festlegen, bindend äußern, 2. den wahren Sachverhalt zugeben, 3. eine bestimmte Leistung nachweisen. Neueren Datums ist die Wendung *weg vom Fenster sein*, die innerhalb kurzer Zeit viele Bedeutungsnuancen angenommen hat, z.B. *keine Rolle (mehr) spielen, nicht mehr mithalten können, nichts mehr ausrichten/bewirken, nicht mehr gefragt sein/werden, von der Öffentlichkeit nicht mehr beachtet werden, abgeschrieben sein, eine berufliche Position verloren haben, arbeitslos sein.* In einem solchen Fall muß der Kontext die Bedeutung festlegen.

Von Mehrdeutigkeit muß auch gesprochen werden, wenn eine Wortgruppe sowohl in direkter als auch in übertragener Bedeutung auftreten kann. Mit der Wortverbindung *jemandem den Kopf waschen* bezeichnen wir einmal den tatsächlich im Alltag üblichen Reinigungsvorgang, zum anderen auch den Sachverhalt, daß jemand getadelt wird. Fast immer ist die gemeinte Bedeutung aus dem Kontext oder der Situation zu erschließen, so daß es kaum zu Verständigungsschwierigkeiten kommt.

In stilistischer Hinsicht ist die Mehrdeutigkeit von Phraseologismen insofern von Interesse, als sie für W o r t s p i e l e und W o r t w i t z e genutzt werden kann, z.B. für ein Spiel mit der direkten und der übertragenen Bedeutung der Wendung. So kann es in dem Bericht über eine Rauchwarenauktion heißen *Gestern wurden viele kostbare Häute zu Markte getragen* (Aktualisierung der direkten Wortbedeutung mit scherzhafter Anspielung auf die übertragene Bedeutung). Oder eine Artikelüberschrift kann lauten *Wie grün sind Sie Ihrer Stadt?*, wenn es um die Pflege von Grünanlagen durch die Bürger geht.

Das Wortspiel führt zum D o p p e l s i n n , wenn etwa die Wendung *ein falscher Fuffziger* (ein schmeichlerischer, unaufrichtiger oder gar hinterhältiger Mensch) in dem Satz gebraucht wird: *Er hatte schon fast die siebzig erreicht, gab sich aber immer noch für fünfzig aus, ein falscher Fuffziger also.*

Synonymie

Wie bei den Wörtern gibt es auch bei den Phraseologismen Beziehungen der Synonymie, der Sinnähnlichkeit, und zwar in zweierlei Hinsicht: Zum einen können sie ein Einzelwort oder eine Wortgruppe ersetzen; dann steht beispielsweise das wertende ein *wunderlicher Heiliger* für *Sonderling* oder das bildhafte *ein gefundenes Fressen* für *sehr erwünscht* oder *gelegen*. Zum anderen sind Idiome auch u n t e r e i n a n d e r synonym und damit in bestimmten Grenzen austauschbar. So kann man etwa statt *kein Blatt vor den Mund nehmen* auch sagen *nicht hinter dem Berg halten* oder für *jemanden auf den Arm nehmen* auch *jemanden auf die Schippe nehmen, auf den Besen laden* oder unter Umständen *an der Nase herumführen*.

Wie bei sinnähnlichen Wörtern ist freilich auch bei den Phraseologismen zu bedenken, daß man von Synonymie im eigentlichen Sinn nur sprechen kann, wenn die Wendungen in ihrem Bedeutungsumfang übereinstimmen. (Vgl. den Abschnitt zu den lexikalischen Synonymen im Kapitel 2.2.) Gegenüber den zuletzt genannten Wendungen, deren gemeinsame Bedeutung mit *scherzhafte Täuschung* umschrieben werden kann, wären Idiome wie *jemanden übers Ohr hauen* oder *über den Löffel balbieren*, d.h. *betrügen*, nicht als Synonyme anzusehen und deshalb auch nicht gegen sie austauschbar.

Wertung

Zu Beginn unseres 2. Kapitel haben wir zwischen objektbezogenen und subjektbezogenen, wertenden Bedeutungselementen unterschieden. Wertende Bedeutungselemente sind auch in Phraseologismen enthalten, denken wir nur an Wendungen wie *mit offenen Karten spielen* und *nicht an Herzdrücken sterben*, die der positiven Wertung (Ehrlichkeit, Offenheit) dienen; negative Bewertungen enthalten dagegen Wendungen wie *fauler Zauber* (für Schwindel) und *kalter Kaffee* (für längst Bekanntes, Uninteressantes). In Konstruktionen wie *Es ist zum Davonlaufen* und *Die Luft ist zum Schneiden* betrifft die Bewertung eine Situation. Die beiden letzten Beispiele liegen schon „in einem Grenzbereich der Phraseologie zur Syntax" (Fleischer 1982, S. 135). Ähnliches gilt auch für abwertende Konstruktionen wie *Der und ein Freund?!* oder *Der und ehrlich?!*, die der Alltagsrede zuzuordnen sind und von W. Fleischer als „Phraseoschablonen" bezeichnet werden (S. 135 ff.).

Stilfärbung

Mit dem Terminus 'Stilfärbung' hatten wir im 2. Kapitel eine Gruppe von Bedeutungselementen erfaßt, die unterschiedliche Faktoren des Kommunikationsprozesses widerspiegeln, und wir hatten unter diesem Aspekt von (1) sozialen, (2) geographischen, (3) historischen und (4) thematischen Markierungen der Wörter gesprochen. Solche Markierungen treten auch bei den Phraseologismen auf.

(1) S o z i a l markiert sind gruppenspezifische Idiome wie *im Knast landen*, *Koks* (Kokain) *in der Nase haben*, *Stoff* (Rauschgift) *tanken* oder *auf den Strich gehen*. Wendungen wie *eine Bogenlampe schießen* und *eine Schwalbe machen* sind meist nur Fußballanhängern verständlich. Besonders ausgeprägt sind der Gebrauch und die Neubildung von Phraseologismen unter Jugendlichen: *auf die Anmache gehen* (ein Mädchen ansprechen oder mit ihr flirten wollen), etwas *echt geil* (großartig, spannend, lustig) *finden*; *einen Riß*

in der Schüssel haben, ein Rad ab haben, einen weichen Keks haben, nicht richtig tik-ken (für: nicht normal sein); *null Trieb* oder *null Bock* (keine Lust) *haben; be-ste Sahne* oder *absolute Spitze sein; auf etwas stehen* (etwas für gut halten oder bevorzugen), *auf etwas abfahren* (sich für etwas begeistern); *die Fliege* oder *den Abflug machen* und viele andere mehr.

Manche dieser Wendungen sind Menschen einer anderen sozialen Schicht oder Gruppe unverständlich und müssen im journalistischen Text, wo sie mitunter als Mittel zur Personencharakterisierung dienen, kontextual verdeutlicht werden. Andere gehen in den allgemeinen Sprachgebrauch über, bleiben aber auf die Alltagsrede beschränkt und sind bisweilen auch landschaftlich gebunden wie etwa *nicht aus der Knete kommen* (nicht fertig werden), eine Wendung, der man im Großraum Berlin und in Sachsen, aber kaum in Süddeutschland begegnen wird.

(2) Unser letztes Beispiel verweist schon auf die g e o g r a p h i s c h e Markierung von Phraseologismen. Die landschaftliche Gebundenheit äu-ßert sich einmal darin, daß bestimmte Wendungen nur in einem begrenz-ten Territorium üblich und in anderen Gebieten nicht gebräuchlich und auch nicht ohne weiteres verständlich sind wie etwa das (ironisch ge-meinte) nordostdeutsche *jemandem etwas aufs Brett legen* (für: jemandes Ver-langen abweisen), das im übrigen Sprachgebiet als *jemandem etwas husten* bekannt ist. Ähnlich verhält es sich mit dem niederdeutschen *kaum in der Haut hängen* (für: sehr mager sein), dem im übrigen Sprachgebiet die (hy-perbolische) Wendung *nichts als Haut und Knochen* entspricht. Dem ober-sächsischen *eins auf den Jakob kriegen* stehen *eins auf den Hut* (oder *den Dek-kel*) *kriegen* zur Seite, dem berlinischen *eine kesse Sohle (ab-)drehen* die Wen-dungen *einen aufs Parkett legen* oder *eine saubere Sohle schleifen*. Dem mittel-deutschen *eins mit dem Holzhammer abgekriegt haben* steht *mit dem Klammer-sack gepudert sein* zur Seite, und was unterfränkisch *klar wie Zwetschenbrüh/ wie Schuhwichs* oder elsässisch *klar als wie Mehlsupp* genannt wird, heißt im übrigen Sprachgebiet *klar wie Kloßbrühe* (oder übertreibend *wie dicke Tinte*).

Überall, wo noch Mundart gesprochen wird – und das ist ein zweiter Aspekt –, gibt es mundartliche Entsprechungen zu standardsprachlichen Idiomen. Sie sind nicht auf andere Lautung, unterschiedliche Lexik oder abweichende grammatische Konstruktion beschränkt wie in unserem obigen Beispiel (*-brüh, -wichs, -supp; Zwetsche; als wie*), sondern oft auch inhaltlich nuanciert. Dem berlinischen und sächsischen *falschen Fuffzger* steht beispielsweise in Norddeutschland der *falsche Gröschen* gegenüber (etwa in dem Satz *Oewer sin Blick was en falschen Gröschen*, d.h. *Aber sein Blick war unaufrichtig/falsch.*

Die Verwendung mundartlicher Idiome in journalistischen Texten unterliegt denselben Kriterien und Verwendungs b e s c h r ä n k u n g e n, die wir bei der Behandlung von Mundartwörtern im Kapitel 2 schon erwähnt haben.

(3) Was die h i s t o r i s c h e Markierung von Phraseologismen betrifft, so unterscheiden wir, wie schon bei den Wörtern, veraltete oder veraltende und neue Wendungen. Zu den v e r a l t e n d e n gehören beispielsweise *zu Nutz und Frommen, jemandem wohl anstehen* (jemandem angemessen sein, jemandem zukommen) oder *sich anheischig machen* (sich erbieten, sich verpflichten, auch: sicher sein, etwas bewirken zu können).

Die Einstufung eines Phraseologismus als ‚veraltet' ist nicht immer leicht. Sie darf keinesfalls auf die Frage beschränkt sein, ob ein Phraseologismus veraltetes Wortgut enthält. Die Wendung *seine geweisten Schubsäkke haben* (eine besondere Bewandtnis haben, auch: schwierig sein) enthält zwar zwei Historismen (*Schubsack* und *geweist*), war aber bis in unser Jahrhundert hinein zumindest im Obersächsischen noch anzutreffen. Erst heute kann sie als veraltet gelten. Journalisten werden deshalb stets danach zu fragen haben, ob eine Wendung noch allgemeingebräuchlich oder ob sie nur landschaftlich verständlich ist.

N e u e Phraseologismen entstehen heute vor allem durch die Verwendung von Wortmaterial aus neuen Lebensbereichen, so etwa aus den Bereichen Sport, Film, Medien und Technik: *am Ball bleiben* (sich von etwas nicht abbringen lassen/etwas mit Eifer weiter verfolgen oder betreiben), *ein Eigentor schießen* als Synonym zu *sich in den Finger schneiden* (sich selbst schaden), *das Handtuch werfen* (aufgeben); *der Film reißt* (der gedankliche Zusammenhang geht verloren, die Erinnerung setzt aus), *ein Stück Film fehlt* (eine Gedächtnislücke ist vorhanden); *nicht alle Daten im Speicher haben* als Synonym zu *nicht alle Tassen im Schrank haben* (nicht ganz normal sein), *eine Antenne für etwas haben* (einen Sinn/ein feines Gespür für etwas haben), ferner *Sendepause haben* (schweigen), *keinen Schub mehr haben* (keine Kraft/keinen Antrieb haben) und *wie eine Rakete starten* (blitzschnell).

Neue Idiome entstehen auch durch V a r i a t i o n bereits üblicher Wendungen. Wir sprechen auch hier von individuellen Einmalbildungen oder o k k a s i o n e l l e n Bildungen. Die Variation kann einmal durch den A u s t a u s c h einzelner lexikalischer oder morphologischer Bestandteile, auch einzelner Laute, erfolgen (*nicht alle Tassen im Schrank haben* → *nicht alle Daten im Speicher haben*), zum anderen durch E r w e i t e r u n g (*Jetzt erst Brecht* als Titel einer Sendereihe zum 100. Geburtstag des Dichters, *eine kalte Regendusche, jemanden auf die Straße der Arbeitslosigkeit schicken*) oder durch R e d u k t i o n (*Kurse gegen den blauen Dunst* für *Entwöhnungskurse für Raucher*, mit Anspielung auf die Wendung *jemandem blauen Dunst vormachen*). In dem ersten Fall (*nicht alle Tassen/nicht alle Daten*) führt die Variation zur Entstehung einer synonymen Konstruktion, die unter Umständen neben der schon bestehenden weiterexistieren kann. In den anderen Fällen bleiben die Varianten an den jeweiligen Text gebunden, erzeugen dort aber sehr oft — weil sie nicht erwartet werden — expressive Wirkung.

(4) Als t h e m a t i s c h markiert haben wir im 2. Kapitel Fach- und Fremdwörter angeführt. Auch in Phraseologismen können Fachbezeichnungen enthalten sein. Sie stammen in ihrer Mehrzahl aus alten handwerklichen oder gewerblichen Berufen, sind aber umgedeutet (also nicht mehr thematisch markiert) und in ihrer ursprünglichen Bedeutung kaum noch bekannt. Die Wendung *ein Ausbund sein* geht beispielsweise darauf zurück, daß bei einer verpackten Ware ein Musterstück außen aufgebunden wurde, das 'Ausbund'. Heute meint die Wendung *'ein Muster/die höchste Stufe von etwas sein'*, und zwar positiv bewertend ein *Ausbund an Tugend/ Fleiß/Strebsamkeit* usw. oder negativ ein *Ausbund an Boshaftigkeit/Gemeinheit/Liederlichkeit*, wobei die negative Bedeutungskomponente heute überwiegen dürfte, sagt man doch meistens nur noch *Er/sie ist ein Ausbund* und spricht damit eine negative Bewertung aus.

F r e m d w ö r t e r sind an der Bildung von Phraseologismen nur selten beteiligt; zumeist sind sie lateinischen oder französischen Ursprungs, beispielsweise *etwas ad absurdum führen, etwas parat haben/halten, jemanden*

Mores lehren (jemandem Anstand beibringen) oder *auf dem Quivive sein* (auf der Hut sein/aufpassen/achtgeben, abgeleitet von dem französischen Postenruf *Qui vive? –* Wer da?), *in der Bredouille sein* (synonym zu *in der Patsche stecken*). Neueren Datums sind – wohl dem Zug der Zeit folgend – englische Bestandteile, etwa in *ganz down* sein (sehr bedrückt/niedergeschlagen/geschwächt sein) oder in *mächtig happy* sein (sehr glücklich/aufgekratzt/übermütig sein). Der S t a b i l i t ä t phraseologischer Fügungen ist es sicher zu danken, daß wir heute noch nicht hören *Ich bin ganz ear* (Ich bin ganz Ohr) oder *Die werden schon noch unter einen hat* (Hut) *kommen.*

Phraseologismen und Stilschichten

Wie die Einzelwörter können auch die Wendungen bestimmten Stilschichten zugeordnet werden. Neben einfach-literarischen (standardsprachlichen) Phraseologismen, die als solche keinen Verwendungsbeschränkungen unterliegen (z.B. *des langen und breiten, ein rettender Engel, Lehrgeld zahlen müssen, in die Bresche springen, jemandem Respekt zollen, jemanden mit Blicken durchbohren*), finden wir in der g e h o b e n e n Stilschicht *in Morpheus Armen ruhen* (schlafen), *auf Gedeih und Verderb, zu Nutz und Frommen, die Stirn zu etwas haben* (die Unverfrorenheit besitzen), *am Abend des Lebens* und manche andere, deren Verwendung kontext- und situationsabhängig ist. Einige von ihnen gehören zu den veraltenden Wendungen und werden zu satirischen oder humoristischen Zwecken genutzt.

Der größte Teil der Phraseologismen hat u m g a n g s s p r a c h l i c h e n Charakter, ist also vorwiegend im Alltagsstil anzutreffen: *tüchtigen Brand* (Durst) *haben, den Braten riechen* (etwas ahnen), *ein harter Brocken* (eine schwierige Sache, ein starker Gegner), *mit Hängen und Würgen* (gerade noch).

Alltagssprachliche Wendungen können heute auch in journalistischen und sogar in wissenschaftlichen Texten auftreten, ohne daß die Autoren damit eine charakterisierende Absicht verfolgen wie etwa im (Sprach-)Porträt. Einige Beispiele:

Die Verwaltung bemühte sich, die Häuser gut in Schuß zu halten/Der Gesundheitsminister entschloß sich spät, die Praktiken von Ärzten, die ihre Abrechnungen frisieren, aufs Korn zu nehmen/Die alternative Medizin, die lange im Abseits ge-

standen hat, gewinnt wieder an Einfluß/Das setzt den Autor in den Stand, seinem zeitlich wie sachlich doch weit entfernten Erzählobjekt erstaunlich nahezukommen, ihm... buchstäblich auf den Leib zu rücken.

Solche und ähnliche Sätze machen deutlich, daß großlandschaftliche Umgangssprachen zunehmend Einfluß auf die – relativ strengen Normen unterliegende – Standardsprache gewinnen und die Grenzen zwischen beiden heute nicht mehr so scharf wie früher gezogen werden können. Das berechtigt Journalisten freilich nicht, umgangssprachliche Wendungen unbesehen in ihre Texte aufzunehmen. Als Grenzüberschreitung muß beispielsweise der folgende Satz aus einer Rezension gewertet werden: *Klassik ist alles andere als verstaubt. Was Goethe will, geht noch heute unter die Haut, ja unter das dickste Fell.* Das Spielen mit zwei umgangssprachlichen Wendungen hat hier offenbar dazu verführt, über die Beziehungen zwischen Inhalt und Form nicht weiter nachzudenken.

Was die s a l o p p -umgangssprachlichen und d e r b e n (z.T. vulgären) Wendungen betrifft, so sollten sie in journalistischen Texten allenfall als charakterologisches Mittel genutzt werden, beispielsweise in der Reportage oder (häufiger) im Porträt: *Seiner Meinung nach war der Kerl derbe bescheuert, und er würde ihm beim nächsten Mal den Arsch aufreißen. Dann würde der ihm nicht mehr auf den Wecker fallen und vielleicht für immer die Mücke machen.* In diesem Fall nutzt der Autor auch Formen der R e d e w i e d e r g a b e, die wir noch anderer Stelle behandeln.

Funktional-stilistische Differenzierung

Die stilistische Markiertheit von Wendungen ist nach W. Fleischer „einer der Gründe dafür, daß nicht alle Phraseologismen in den verschiedenen funktionalen Stiltypen und Kommunikationsbereichen (Alltagsverkehr, Publizistik und Presse, Wissenschaft, künstlerische Kommunikation) in gleicher Weise und Häufigkeit gebraucht werden... Es gibt auch sachliche Gründe für einen funktionalstilistisch differenzierten Gebrauch." So liege es beispielsweise nahe, daß „die reiche Synonymik etwa im Beziehungsbereich des Betrügens/Täuschens/Irreführens" sich besonders in Texten über Kriminalfälle und Gerichtsverhandlungen entfalte. (Fleischer 1982, S. 224 f.)

Was den Journalismus als ganzen betrifft, so nutzt er – wie wir an verschiedenen Beispielen schon gesehen haben – a l l e Möglichkeiten aus, die die Phraseologismen bieten, sowohl deren Wertungspotenz und Bildhaftigkeit als auch deren Stilfärbung, sowohl deren Synonymie wie auch die vielfältigen Möglichkeiten der Variation durch Austausch oder Erweiterung.

Umschreibungen (Periphrasen)

Das eben Gesagte gilt auch für die verschiedenen Formen von Periphrasen. Zu ihnen gehört der E u p h e m i s m u s , die beschönigende, verharmlosende, mildernde und manchmal auch demagogisch verhüllende Umschreibung von Sachverhalten: *jemanden übers Ohr hauen, lange Finger machen, mit jemandem kurzen Prozeß machen* (jemanden töten) und zahlreiche Synonyme für *sterben* mit gehobener, umgangssprachlicher, salopper oder vulgärer Färbung: *das Zeitliche segnen, das Dasein vollenden, die Augen für immer schließen, die letzten Atemzüge tun, sein Leben lassen, den Geist aushauchen/ aufgeben, von der Bühne des Lebens abtreten; ins Gras beißen, in die Grube fahren, den Löffel abgeben; einen kalten Arsch kriegen.*

I r o n i s c h e Periphrasen eignen sich besonders für polemische und satirische oder humoristische Texte, sind aber auch in Kommentaren und Artikeln anzutreffen. Sie meinen das Gegenteil von dem, was sie aussagen: *eine schöne/reizende Bescherung* meint eine unangenehme Überraschung oder ein Unglück; *eine wahrhaft umwerfende Erkenntnis* steht für nichtssagende, banale Einsichten.

Hierher gehören auch Floskeln wie *Das wird ja immer schöner! Das fängt ja heiter an!* oder *Man wird doch wohl mal/wohl noch fragen dürfen?*

Schließlich können auch Wendungen mit der Markierung 'veraltend' oder 'gehoben' zum Ausdruck ironischer Distanz (Ironie im weiteren Sinne) genutzt werden: *Der Abgeordnete erörterte die Vorlage des langen und breiten* (*und zuletzt hörte ihm kaum noch einer zu*) oder – mit ironischer, wortspielender Erweiterung – *Die Fraktionen wollten auf Gedeih und Verderb und vor allem auf den letzteren zusammenhalten: Schon nach wenigen Tagen fiel die Koalition auseinander.*

Die H y p e r b e l , eine übertreibende Periphrase, ist vor allem in der Alltagsrede anzutreffen. Da wird schnell einmal gesagt, daß jemand *ganz aus dem Häuschen* ist oder *Bauklötze(r) staunt, das Blaue vom Himmel herunterlügt, vor einem Scherbenhaufen steht, die Nase voll hat, fix und fertig ist* oder etwas *mit Stumpf und Stiel ausrotten* will. Andere wollen sich nicht *die Füße in den Leib stehen,* finden etwas *wahnsinnig komisch* oder haben etwas *schon hundertmal* gesagt.

Fazit

Wenn jemand *das Fazit ziehen* will, dann hat er vor, das Gesamtergebnis festzustellen. Wie es zu der Wendung kam, wird erläutert in einer der älteren, aber immer noch nützlichen und kulturhistorisch aufschlußreichen Phraseologismensammlungen „Die sprichwörtlichen Redensarten im deutschen Volksmund" (Borchard/Wustmann/Schoppe 1954). Dort heißt es: „Das aus lateinisch 'facit' ('es macht') abgeleitete Substantiv 'Fazit' ('Rechenergebnis') ist Ende des 15. Jahrhunderts durch die gedruckten Rechenbücher volkstümlich geworden... Übertragen (gebraucht) seit dem 17. Jahrhundert, z.B. 1669 bei Grimmelshausen: '...zuletzt kam das Facit über den armen Simplicium herauß' (Simplicissimus)." (S. 133.)

Wir haben zwar nur einen *verschwindend kleinen Teil* des *reichen Schatzes* an Phraseologismen vorführen können und mußten darauf verzichten, auch Sprichwörter, Sentenzen und Losungen zu behandeln, die den Phraseologismen nahestehen und in journalistischen Texten denselben Kriterien unterliegen wie diese; aber es dürfte deutlich geworden sein, daß die Wendungen den Journalisten die unterschiedlichsten Möglichkeiten bieten, aussagekräftige und ausdrucksstarke Texte zu schaffen. Uns ist dabei bewußt geworden, daß die festen Wortverbindungen vieles mit den Wörtern gemein haben: die Wertungspotenz, die Stilfärbung, die funktional-stilistische Differenziertheit und vor allem die Eigenschaft, als bildhafte Synonyme und Umschreibungen für Einzelwörter oder Wortgruppen dienen zu können. Wir haben gesehen, daß man durch Variation althergebrachter Wendungen neue Wortverbindungen schaffen und damit Bekanntes aktualisieren kann, eine Möglichkeit, die für den Journalisten als 'Tagesschriftsteller' von besonderer Bedeutung ist. Wir konnten schließlich erkennen, daß Phraseologismen auf Grund ihrer Eigenschaften die verschiedenartigsten Funktionen erfüllen: Ihr bildlicher Charakter verhilft Texten zur A n s c h a u l i c h k e i t und fördert die V e r s t ä n d - l i c h k e i t; sie können durch synonymisches 'Anderssagen' der Auflockerung eines Textes dienen; sie unterstützen die emotionale Bewertung, eingeschlossen die humoristische oder ironisch-satirische; sie können – oft überraschend – die Aufmerksamkeit der Rezipienten wecken, deren Alltagserfahrungen bestätigen und diese zu aktuellen Vorgängen in Beziehung setzen;[6] sie führen zur Verstärkung von Aussagen durch Hervorhebung, nachdrückliche Wiederholung, Kontrastierung oder Vergleich; ihre Volkstümlichkeit ist geeignet, den sozialen Kontakt zwischen Rezipienten und Autoren zu festigen. Nicht zuletzt kann ihre Interpretation durch den Journalisten dazu beitragen, kulturhistorische Zusammenhänge, die für ihre Entstehung maßgebend waren, sichtbar zu machen. Auch dies ist wohl ein Ausdruck der Mittlerfunktion des Journalismus, von der wir im Eingangskapitel gesprochen haben.

---

[6] Die Bestätigung von Alltagserfahrungen durch Redewendungen ist freilich immer dann problematisch, wenn Autoren die Wendungen lediglich benutzen, um sich eine differenzierte Analyse von Sachverhalten zu ersparen, und den Anschein erwecken, als sei die Wendung allgemeingültig und müsse im konkreten Fall gar nicht überprüft werden: „Sprichwörtliche Redensarten... appellieren an Urteile und Vorurteile des Lesers und bestätigen diese, ohne daß die unterschiedlichen Situationen, auf die sie bezogen werden, ...einer kritischen und differenzierten Analyse unterzogen werden." (Koller 1977, S. 126.) Wenn Redewendungen dann auch noch eine Bewertung ausdrücken, ist der Weg zur Manipulierung nicht mehr weit.

4 Satzgestaltung

Nachdem wir in den vorangegangenen Kapiteln wichtige semantische und stilistische Potenzen des Wortes und der Wortverbindung kennengelernt haben, wenden wir uns nun dem Satz zu. Wir werden uns dabei bewußt, daß das einzelne Wort oder die Wortgruppe erst im Satz, der kleinsten selbständigen Redeeinheit, Wirkungskraft entfalten. Vom Journalisten wird nicht nur verlangt, daß er seine Sätze nach den grammatischen Regeln baut und sie logisch verknüpft; von ihm wird auch erwartet, daß er mit Hilfe der syntaktischen Gestaltung seine Einstellung zu den vermittelten Tatsachen verdeutlicht, seine Emotionen ausdrückt, seinen Argumenten Nachdruck verleiht. Deshalb sollte er die syntaktischen Möglichkeiten unserer Sprache kennen.

Die Vielfalt journalistischer Aufgaben macht es erforderlich, daß wir uns in diesem Kapitel auf einige Grundfragen beschränken: Wir behandeln die Satzgliedfolge im Aussagesatz, syntaktische Grundstrukturen (Neben- und Unterordnung), Vorzüge und Nachteile der nominalen Ausdrucksweise, den Gebrauch von Aktiv und Passiv, das Verhältnis von Satzlänge und Satzstruktur sowie syntaktische Stilfiguren. Dabei versuchen wir zu verdeutlichen, daß für ein und denselben Zweck oft mehrere sinnähnliche Konstruktionen zur Verfügung stehen, zwischen denen der Journalist wählen kann, das heißt, wir berücksichtigen die auch im syntaktischen Bereich gegebenen synonymen Gestaltungsmöglichkeiten.

4.1 Zur Satzgliedfolge im Aussagesatz

Für die Verständlichkeit und Ausdruckskraft von Sätzen ist die Stellung der Satzglieder wichtig. Erfahrene Journalisten wissen, daß man beim Bau eines Satzes gründlich überlegen muß, welche Wort- und Satzgliedfolge man wählt. Die sollen ein sinnvolles Ganzes ergeben, das vom Leser oder Hörer ohne Mühe aufgenommen werden kann. Es ist immer mißlich, wenn der Rezipient über die Struktur eines Satzes erst grübeln muß, ehe er beginnt, dessen Inhalt zu begreifen. Deshalb arbeiten viele

Journalisten auch beim Satzbau mit Varianten, deren Wirkung sie mitunter noch durch lautes (oder 'inneres') Sprechen erproben.

Wie notwendig das Wissen um die richtige Satzgliedfolge ist, soll vorweg an drei Beispielen verdeutlicht werden:

– *Israelische Stützpunkte haben am Montag Hamas-Terroristen unter Feuer genommen.* (wer – wen?)

– *Die Gespräche über Zypern sind nach vier Tagen in der Nähe von New York zu Ende gegangen.* (Hatten Sie an einem anderen Ort begonnen?)

– *Reduzieren, reduzieren, war seit einiger Zeit nur noch aus dem Rathaus zu hören.* (Gemeint war: *Seit einiger Zeit war aus dem Rathaus nur noch zu hören: Reduzieren, reduzieren.*)

– *Rusniak, ebenfalls mit einem starken linken Fuß ausgestattet, soll Bodo Schmidt nach seiner erstklassigen Leistung gegen Kirjakow „verhaften".* (Schmidt sollte Rusniak decken, nicht umgekehrt. *Erstklassige Leistung* soll auf *Schmidt* bezogen werden, ist aber wegen *seiner* auf *Rusniak* zu beziehen. Der Satz könnte lauten: *Nach seiner erstklassigen Leistung gegen Kirjakow soll Bodo Schmidt (diesmal) Rusniak decken, der ebenfalls ein starker Linksbeiner ist.* Wenn es der Kontext – in diesem Fall der vorausgehende Satz – erfordert, kann auch eine Passivkonstruktion gewählt werden: *Rusniak, ebenfalls ein starker Linksbeiner, soll von Bodo Schmidt gedeckt werden, der [schon] gegen Kirjakow eine erstklassige Leistung zeigte.*)

Wollen wir Fehler dieser Art vermeiden und die vielfältigen Möglichkeiten der Satzgliedstellung für die wirksame Gestaltung unserer Texte nutzen, dann müssen wir die Regeln kennenlernen, die der Satzgliedfolge zugrunde liegen. Zunächst aber rufen wir uns die Satzglieder und die Kriterien für ihre Bestimmung ins Gedächtnis.

Die Satzglieder

(1) Das S u b j e k t (der Satzgegenstand) bezeichnet den Gegenstand der Aussage, die Person oder Sache, auf die sich das im Prädikat Auszusagende bezieht. Das Subjekt kann sein ein Substantiv oder Pronomen im Nominativ: *Die F l u g z e u g k a t a s t r o p h e forderte zahlreiche Opfer. W e r hatte sie verschuldet?*, ein Infinitiv oder eine Infinitivgruppe: *A n d e r*

Wahl teilzunehmen war ihm selbstverständlich, oder ein Nebensatz: *Daß sie sich geeinigt haben, macht die Sache leichter.*

(2) Das Prädikat (die Satzaussage) gründet zusammen mit dem Subjekt den Satz. Es sagt etwas über das Verhalten oder den Zustand des Subjekts aus, stellt die Verbindung zwischen dem Subjekt und den anderen Satzgliedern her und gliedert den Satz.

Aufgrund seiner Valenz (Wertigkeit/Fügungspotenz) bestimmt es die Anzahl der obligatorischen Satzglieder und dadurch den Mindestumfang des Satzes. (Die Valenz eines Prädikats kann durch die Weglaßprobe ermittelt werden: In dem Satz *Die Bundesregierung läßt der Telekom freie Hand für Partnerschaften mit anderen Telefongesellschaften* ist das Prädikat zweiwertig, da *Bundesregierung* und *Telekom* für eine grammatisch korrekte Aussage unentbehrlich sind.)

Wir unterscheiden zwei Haupttypen des Prädikats: (1) das verbale Prädikat, das aus einfachen oder zusammengesetzten Verbformen besteht: *Er kommt/Er hätte kommen müssen.* (2) das nominale Prädikat, das aus der Kopula (Form von *sein, werden, bleiben, heißen* u.a.) und der sogenannten prädikativen Ergänzung, besteht: *Das Getreide war reif/Ihre Mutter ist Chefin.*

(3) Das Objekt (die Satzergänzung) bezeichnet den Sachverhalt, den Gegenstand oder die Person, auf die das Geschehen bezogen ist. Das Objekt kann sein: ein Substantiv oder Pronomen im Dativ oder Akkusativ, selten im Genitiv (*Die Präsidentin folgt einer offiziellen Einladung/Der Sicherheitsrat verurteilte den Irak/Sie sind sich ihrer Kraft bewußt*), ein Substantiv oder Pronomen mit Präposition (*Man einigte sich über die Privatisierung*) oder ein Pronominaladverb (*Die Verhandlungspartner waren damit einverstanden*), eine Infinitivgruppe (*Sie beschlossen, sich dem Vorschlag anzuschließen*), ein Nebensatz (*Sie waren überzeugt, daß sie richtig gehandelt hatten*).

(4) Die Adverbialbestimmung (Umstandsbestimmung) charakterisiert die näheren Umstände des Geschehens (Zeit, Ort, Grund, Art und Weise). Nach dem Grad der Bindung an das Verb (siehe unsere Bemerkungen zur Valenz) unterscheidet man zwischen Adverbialergänzungen und Adverbialangaben. Adverbiale Ergänzungen sind

für die grammatische Vollständigkeit des Satzes notwendig (*Der Verletzte lag auf dem Boden*), während A d v e r b i a l a n g a b e n grammatisch nicht notwendig sind, weshalb man sie auch als freie Adverbialbestimmungen bezeichnet (*Die Delegation verhandelte gestern.*)

Von den verschiedenartigen Formen der adverbialen Bestimmung nennen wir hier nur das Adverb (*gestern*), die präpositionale Fügung (*bei guter Vorbereitung*), die Infinitivgruppe (*um eine Entscheidung treffen zu können*) und den Gliedsatz (*als es dämmerte*).

Als Gliedsatz bezeichnet man alle Arten von Nebensätzen, die als Satzglied auftreten können. Ausgenommen sind Attributivsätze, weil das Attribut (Beifügung) nicht als Satzglied, sondern nur als Gliedteil betrachtet wird, das einem Satzglied zugeordnet ist (*die Nachricht,*) *d i e h e u t e   e i n g i n g*. Der Nebensatz ist ein Teil des Subjekts *Nachricht*, wie eine Umformung zeigen kann: *Die heute eingegangene Nachricht...* Wir sprechen deshalb von einem G l i e d t e i l s a t z.

(5) Die p r ä d i k a t i v e   E r g ä n z u n g (das Prädikativum oder Prädikatsnomen) ist eine notwendige, durch die Valenz (s.o.) bedingte Ergänzung zu bestimmten Verben, bezieht sich jedoch nicht auf das Verb, sondern auf das Subjekt oder Objekt des Satzes. Das Prädikativum tritt überwiegend als Substantiv oder Adjektiv auf (Beispiele unter Prädikat 2), erscheint aber auch in anderen Formen, z.B. als Infinitivgruppe (*Sie wollte J o u r n a l i s t i n   w e r d e n*) oder als Gliedsatz (*Er wurde, w a s s c h o n   s e i n   V a t e r   w a r*).

Wie die Beispiele gezeigt haben, können Satzglieder als Einzelwörter, Wortgruppen, Infinitivkonstruktionen oder Gliedsätze erscheinen. Um ein nichtverbales Satzglied zu erkennen, benutzen wir zwei Kriterien: 1. Satzglieder sind als geschlossener Komplex verschiebbar (s.u. Verschiebeprobe). 2. Alle können im Aussagesatz (Kernsatz) als erstes Satzglied vor der Personalform des Verbs erscheinen.

Attribute und andere Bestimmungsglieder sind demnach k e i n e Satzglieder, da sie nicht selbständig verschiebbar sind.

Verschiebeprobe

(1) *Die rationelle Verwendung von Energie*	Subjektgruppe
ist	Personalform des Verbs (Prädikat)
in Zukunft	Adverbialbestimmung
maßgebend	prädikative Ergänzung
für erfolgreiches Wirtschaften	präpositionales Objekt

(2) *In Zukunft ist die rationelle Verwendung von Energie maßgebend für erfolgreiches Wirtschaften.*

(3) *Für erfolgreiches Wirtschaften ist die rationelle Verwendung von Energie in Zukunft maßgebend.*

(4) *Maßgebend für erfolgreiches Wirtschaften ist auch in Zukunft die rationelle Verwendung von Energie.*

Die Verschiebeprobe bestätigt, daß wir die nichtverbalen Satzglieder richtig ermittelt haben: Jedes der angeführten Satzglieder ist verschiebbar, und jedes kann als erstes Satzglied vor dem Prädikat erscheinen. Die Attribute (*rationell, von Energie, erfolgreich*) konnten nur mit ihren jeweiligen Bezugswörtern verschoben werden; sie sind keine Satzglieder.

Die Position der Satzglieder bei Normalfolge
Nachdem wir unsere grammatischen Kenntnisse von den Satzgliedern aufgefrischt haben, wenden wir uns dem eigentlichen Thema zu, der Satzgliedstellung.

Zur Veranschaulichung bedienen wir uns eines Schemas.

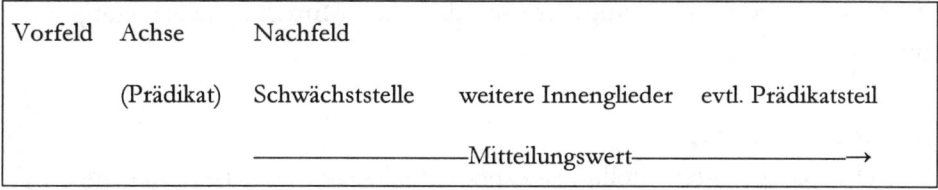

Die Verschiebeprobe zeigte bereits, daß die Personalform des Verbs im unexpressiven Aussagesatz stets die z w e i t e Satzgliedstelle einnimmt. Da sich alle anderen Satzglieder um die Personalform des Verbs gruppie-

ren, nennen wir diese Stelle die A c h s e des Satzes. Der Raum vor dieser Stelle wird als V o r f e l d, der Raum dahinter als N a c h f e l d bezeichnet. Das Vorfeld kann in der Regel (Ausnahmen werden im Kapitel
zur Nachricht behandelt) nur mit e i n e m Satzglied besetzt werden; alle
anderen Satzglieder werden im Nachfeld angeordnet.

Besetzung des Vorfeldes

In der syntaktischen Ruhelage (Normalfolge), d.h. bei ruhigem, unerreg-
tem Sprechen, steht im Vorfeld des Aussagesatzes Bekanntes, Vorerwähntes, der Ansatz der Rede (siehe Beispiel 1). Oft wird im Vorfeld
auch der Anschluß an Vorerwähntes hergestellt:

(5) *D o r t* (in Dresden) *wurde eine Anlage zur Verflüssigung von Helium in Betrieb genommen. S i e stammt aus Frankreich.*

Bei Normalfolge finden wir im Vorfeld das S u b j e k t des Satzes
(siehe Beispiel 1), häufig auch eine A d v e r b i a l b e s t i m m u n g des
Ortes oder der Zeit:

(6) *In Köln begann gestern der Karneval.*

(7) *Gestern begann in Köln der Karneval.*

Besetzung des Nachfeldes

Im Nachfeld werden die Satzglieder entsprechend ihrem M i t t e i -
l u n g s w e r t, ihrem kommunikativen Gewicht, angeordnet. Das Satzglied mit dem geringsten Mitteilungswert nimmt die Schwächststelle unmittelbar hinter der verbalen Achse ein (vgl. unser Schema); die übrigen
Satzglieder werden so angeordnet, daß der Mitteilungswert stetig zunimmt.

Spannungsprinzip

Die eben dargelegten Stellungsgesetzmäßigkeiten – wir beziehen uns immer noch auf die Normalfolge – beruhen auf dem Spannungsprinzip: Jedes Wort eines im Vorfeld stehenden Satzgliedes weckt eine Erwartung
auf die Fortsetzung der Aussage. Die Spannung wird durch eine ständige
Folge von Teilerwartungen und -lösungen Schritt für Schritt gesteigert

und erst am Ende des Satzes aufgehoben. Daraus erklärt sich auch, daß das Satzglied mit dem höchsten Mitteilungswert in der Regel erst am Ende der Aussage in Erscheinung tritt und meistens auch den i n t o n a t o - r i s c h e n S c h w e r p u n k t des Satzes bildet.

Platz der Satzglieder bei Normalstellung

Vorfeld	**Achse**	**Nachfeld**
Bekanntes, Vorerwähntes,	nicht Vorerwähntes, Unbekanntes, Neues→	
Ansatz der Mitteilung		
[*Die*] *Sturmböen*	*forderten im Norden der Bundesrepublik zwei Todesopfer*	
Subjekt	Prädikat Adverbialbestimmung Objekt	
	oder:	
Im Norden der Bundesrepublik	*forderten [die] Sturmböen zwei Todesopfer*	
Adverbialbestimmung	Prädikat Subjekt Objekt	

Das Prädikat steht – wie schon erwähnt – an zweiter Stelle; es ist platzfest. Bei zusammengesetzten Prädikaten steht deren finiter Teil (der Person, Numerus, Tempus, Modus kennzeichnende Teil) an zweiter und deren infiniter (ungebeugter, unflektierter) Teil an letzter Stelle: *Sie g a b e n bei der Wahl als erste ihre Stimme a b* .

Das S u b j e k t steht an erster Stelle oder – wenn diese durch eine Adverbialbestimmung besetzt ist – unmittelbar hinter dem finiten Teil des Prädikats.

O b j e k t e finden wir überwiegend gegen Ende des Satzes; dabei steht das Dativobjekt vor dem Akkusativobjekt

(8) *Der Vermittlungsausschuß machte d e n T a r i f p a r t n e r n n e u e V o r - s c h l ä g e*

oder das Akkusativobjekt vor einem präpositionalen Objekt:

(9) *Der Vermittlungsausschuß ermahnte d i e T a r i f p a r t n e r z u r M ä ß i - g u n g* .

Adverbialbestimmungen nehmen zumeist den Platz hinter dem finiten Teil des Prädikats ein; dabei stehen Zeit- vor Ortsbestimmungen. Wie wir bereits gesehen haben (Beispiele 6 und 7), stehen lokale und temporale Bestimmungen oft auch an erster Stelle. Das gilt vor allem für Pressenachrichten.

Expressive (stilistische) Satzgliedfolge

Als expressiv bezeichnen wir jene Anordnung der Satzglieder, durch die ein Satzglied besonders hervorgehoben wird. Eine solche Hervorhebung wird häufig durch bewußtes Abweichen von der Normalfolge oder von der durch den Kontext bedingten Folge (z.B. Anschlußstellung zum Zwecke der Satzverflechtung, s. Bsp. 5) bewirkt, und es hat sich eingebürgert, in diesen Fällen von 'stilistischer Satzgliedfolge' und im einzelnen von 'stilistischer' Anfangs- oder Endstellung zu sprechen. Wir benützen diese Bezeichnungen im folgenden nur unter Vorbehalt, da auch Satzglieder, die in Normalstellung stehen, durch den Kontext eine expressive Hervorhebung erfahren können, die stilistisch motiviert ist.

Expressive Satzgliedfolge ist in journalistischen Texten häufig. Das hat mehrere Ursachen: Einmal gibt es im gedruckten journalistischen Beitrag kaum Möglichkeiten der graphischen Hervorhebung eines Satzgliedes (im Sprechtext hilft die Betonung); zum anderen – und das ist wohl die wichtigste Ursache – nutzt der Journalist neben den lexikalischen auch die syntaktischen Möglichkeiten, Aufmerksamkeit zu wecken und seine Emotionen auszudrücken. Expressive Satzgliedfolge dient ihm zur sachlichen oder emotionalen Hervorhebung dieses oder jenes Satzgliedes. Und schließlich nutzt er die Satzgliedfolge auch als Mittel der stilistischen Variation oder der Rhythmisierung des Textes.

Alle Einheiten, die normalerweise am Satzende stehen, werden hervorgehoben, wenn sie das Vorfeld besetzen (stilistische Anfangsstellung). Umgekehrt erhalten alle Satzglieder, die üblicherweise im Vorfeld zu finden sind, besonderen Nachdruck, wenn sie einen Platz am Satzende einnehmen (stilistische Endstellung).

Die folgenden Beispiele zeigen verschiedene Möglichkeiten expressiver Satzgliedfolge im Vorfeld:

(10) *Mehr als einhundert Verletzte forderte ein Erdbeben, das gestern den Osten der Türkei erschütterte.*

(11) *Dem FC Bayern steht gegen München 1860 kein leichtes Spiel bevor.*

(12) *Zu den Ausführungen des „Spiegel" lehnte der Minister jeden Kommentar ab.*

Akkusativobjekt (10), Dativobjekt (11) und präpositionales Objekt (12) werden durch stilistische Anfangsstellung hervorgehoben. Im zweiten Satz (11) wird auch das Subjekt betont, da es ins Nachfeld rückt.

Prädikative Ergänzungen nehmen normalerweise den letzten Platz im Satz ein. Rücken sie in die Spitzenstellung, dann werden sie betont.

(13) *Glasfaserverstärktes Polyester ist das Material für diese unsinkbaren Rettungsboote aus der Schiffswerft Rechlin.* (Bildunterschrift)

(14) *Als ermutigend bezeichnete der Reder die vielfältigen Bemühungen, neue Ausbildungsplätze zu schaffen.*

Wie die folgenden beiden Sätze zeigen, erhalten auch infinite Prädikatsteile Nachdruck, wenn sie von der letzten Position an die Spitze rücken:

(15) *Nicht durchsetzen konnten sich jene Parlamentarier, die eine zweite Abstimmung gefordert hatten.*

(16) *Gerettet wurden drei italienische Bergsteiger, die an der Eiger-Nordwand in einen Schneesturm geraten waren.*

Diese Arte der Hervorhebung finden wir oft in sogenannten Spitzmarkenmeldungen. Mag sie dort am Platze sein, so ist sie in längeren Pressenachrichten kaum zu vertreten, insbesondere, wenn die Überschrift das Wichtigste der Information schon genannt hat. Die folgende Spitzmarkenmeldung ruft Komik hervor:

(17) *Ausgelaufen ist ein griechischer Supertanker zu seiner Jungfernfahrt.*

Was die Expressivität adverbialer Bestimmungen betrifft, so muß sie differenziert betrachtet werden. Einfache Orts- und Zeitangaben stehen,

wie wir gesehen haben (Beispiele 6/7), häufig im Vorfeld, ohne hervorgehoben zu sein. Sollen sie dort einen besonderen Akzent erhalten, müssen sie durch weitere adverbiale Angaben, Attribute oder Partikeln (z.B.
bereits, nur, schon u.a.) ergänzt werden:

(18) *P ü n k t l i c h um 18 Uhr traf der französische Staatsmann ein.*

(19) *N a c h   m e h r   a l s   f ü n f j ä h r i g e r   w i d e r r e c h t l i c h e r   H a f t ist der*
chinesische Bürgerrechtler gestern endlich freigelassen worden.

(20) *B e r e i t s   i n   D r e s d e n war es zu einer herzlichen Begegnung der Delegatio-*
nen gekommen.

Richtungsbestimmungen wirken im Vorfeld stets hervorgehoben:

(21) *N a c h   B e r l i n war die Delegation m i t   d e m   F l u g z e u g gekommen.*
N a c h   G r e i f s w a l d reiste sie m i t   d e m   B u s weiter.

Die expressive Stellung der Modalbestimmungen – normalerweise
stehen sie im Nachfeld v o r den Richtungsbestimmungen – betont in
diesem Fall eine Art Kontrast. Wollte man diesen Kontrast noch stärker
hervorheben, dann müßten die Modalbestimmungen ins Vorfeld rücken:

(22) *M i t   d e m   F l u g z e u g kam die Delegation nach Berlin, m i t   d e m   B u s*
reiste sie nach Greifswald weiter.

Auch Kausal- und Konzessivbestimmungen (Einräumungsbestim-
mungen) sind betont, wenn sie im Vorfeld stehen:

(23) *Z u r   E r h o l u n g durften auch in diesem Jahr Tausende von Kindern an die*
Nordsee fahren.

(24) *T r o t z   h e r v o r r a g e n d e r   L e i s t u n g e n   e i n z e l n e r   S p i e l e r ver-*
lor die Mannschaft schließlich das Derby.

Die bisherigen Beispiele betrafen fast ausschließlich Normabwei-
chungen bei der Besetzung des Vorfeldes. Beispiel (11) zeigte bereits expressive Satzgliedfolge im Nachfeld; das Subjekt rückte zum Ende des
Satzes hin. Außer dem Subjekt können auch andere Satzglieder ihren üblichen Platz verlassen und eine Position am Ende einnehmen:

(25) *Die Delegation kam nach Berlin m i t   d e r   B a h n* (nicht mit dem Flugzeug).

Auch andere Positionen des Nachfeldes können variabel besetzt werden:

(26) *Sie übergaben ihre Geschenke d e r T o c h t e r des Jubilars* (er war zu einem Patienten gerufen worden).

Wenn man ein Scheinsubjekt einführt, kann man sogar das platzfeste Verb hervorheben:

(27) *Es ü b e r r a s c h t e die Konsequenz* (*mit der er seine Entscheidung traf*).

Alle Beispiele zeigen, daß die Variation der Satzgliedfolge viele Möglichkeiten bietet, Wichtiges hervorzuheben, Emotionen auszudrücken und Monotonie in der syntaktischen Formung zu vermeiden. Verständlichkeit und Folgerichtigkeit journalistischer Texte und nicht zuletzt deren ästhetische Wirkung hängen mit davon ab.

Einsparung von Satzgliedern

Nicht immer sind Sätze grammatisch vollständig wie in den vorangegangenen Beispielen. Gerade in journalistischen Texten finden wir häufig Formen, die von der syntaktischen Norm abweichen, Sätze, in denen üblicherweise zu erwartende Satzglieder oder andere Bestandteile fehlen; denken wir nur an Ü b e r s c h r i f t e n (*Wieder eine Elbrobbe* oder *Kinderschänder verurteilt*), an B i l d u n t e r s c h r i f t e n (*Braunkohlentagebau Garzweiler: lähmender Zank*) oder die Worte zu einer Fernsehbildfolge (*Ein Tauchboot aus der Werkstatt von Jacques Cousteau... Neue Netzkonstruktion für reiche Fänge... Ein Katamaran... Eine automatische Angel für Tintenfische*). In allen diesen Beispielen handelt es sich um elliptische Sätze. Als E l l i p s e bezeichnen wir die Einsparung von Satzteilen, die zum Verständnis entbehrlich sind, da sie sich aus dem Kontext oder aus der Situation ergeben. Ellipsen dienen einmal der S p r a c h ö k o n o m i e (vgl. die eben angeführten Beispiele), zum anderen können sie als Mittel der C h a r a k t e r i s i e r u n g genutzt werden, beispielsweise zur Darstellung der ungezwungenen Haltung der Gesprächspartner im Interview, in der Reportage, im Porträt (A: *Und die Beute?* B: *Keine Ahnung. Sicher schon versteckt.*) oder zur erlebnisbetonten Wiedergabe eines Geschehens, hier eines Fußballspiels (Pressebericht):

(28) *16 Uhr 32. Halbzeit zwo. Riesenchance für Latal nach Paß von Wilmots. Links vorbei. Eine Viertelstunde später wieder Latal, diesmal von Olaf Thon bedient. Verstolpert... Noch zwanzig Minuten. Taktische Wechsel...*

Auf Möglichkeiten der k o n t e x t u a l e n Einsparung (z.B. Verzicht auf eigentlich notwendige Attribute; Satzabbruch) und auf Formen der g r a m m a t i s c h e n Einsparung (z.B. Verzicht auf Wiederholung bei Parallelkonstruktionen) gehen wir hier nicht ein.

Prädikative Klammer und Ausklammerung

Bisher haben wir fast ausschließlich mit ungeteilten Prädikaten operiert und vernachlässigt, daß wir es in der Sprachpraxis häufig mit zwei Prädikatsteilen zu tun haben, die relativ weit auseinanderrücken können und andere Satzglieder einrahmen:

(29) *In den vergangenen Jahren h a t   s i c h vor allem die wissenschaftlich-technische Zusammenarbeit zwischen beiden Ländern sehr erfolgreich e n t w i c k e l t.*

Wir sprechen von der p r ä d i k a t i v e n K l a m m e r oder vom p r ä d i k a t i v e n R a h m e n. Die Einklammerung (Rahmung) ist ein charakteristisches Strukturmerkmal des deutschen Satzes, und in der Struktur der prädikativen Klammer, deren zweiter Teil normalerweise den Satz abschließt, sehen wir wieder das Spannungsprinzip verwirklicht. Die Regel, daß ein Element eines Satzes um so weiter von der finiten Verbform entfernt steht, je enger seine Beziehung zu ihr ist, bestätigt sich auch hier.

Formen der prädikativen Klammer

Die prädikative Klammer wird gebildet durch das finite Verb (die Personalform) als ersten Klammerteil und verschiedenartige Elemente, die die Klammer schließen.

Die folgende Übersicht zeigt die wichtigsten Formen:

1. Finites Verb – Partizip II

(30) *Der Leitantrag w a r zuvor in den Unterbezirken d i s k u t i e r t   w o r d e n.*

2. Finites Verb – reiner Infinitiv oder Infinitiv mit *zu*

(31) *Die Abgeordneten w o l l e n ... alle Möglichkeiten n u t z e n.*

(32) *Wir h a b e n die Ergebnisse kritisch e i n z u s c h ä t z e n.*

3. Finites Verb – Infinitiv eines Vollverbs + Infinitiv eines Modalverbs

(33) *Sie w e r d e n ihr Vorhaben noch einmal ü b e r d e n k e n   m ü s s e n.*

4. Finites Verb – zum Verb gehörender Teil

(34) *Sie n a h m e n alle an der Protestdemonstration t e i l.*

5. Finites Verb – substantivisches oder adjektivisches Prädikativum

(35) *In dieser Zeit w a r jedes über die Straßen holpernde Auto e i n e   S e n s a - t i o n.*

(36) *Jeder i s t für das Ganze mit v e r a n t w o r t l i c h.*

6. Finites Verb – Teil einer festen Wortverbindung

(37) *Der Staat t r ä g t dieser Tatsache R e c h n u n g.*

7. Finites Verb – Satznegation

(38) *Sie f a n d e n den Weg lange Zeit n i c h t.*

Vorzug und Gefahren der prädikativen Klammer

Das Spannungsprinzip wirkt auch in der prädikativen Klammer, und darin besteht ihr Vorzug. Er kommt überall dort zum Tragen, wo die 'Hörweite' – beim geschriebenen Text die 'Sehweite' – der beiden Klammern gewährleistet ist. Als Kontrollmittel kann die S p r e c h p r o b e dienen: Wenn es gelingt, mit einem normalen Atemzug mühelos bis zum Satzende durchzusprechen, so ist die Prädikatsklammer im allgemeinen nicht überfüllt und das Begreifen nicht gefährdet. Das ist freilich nur eine Faustregel. Die Erfaßbarkeit des Eingeklammerten hängt nicht nur von der Entfernung zwischen den Prädikatsteilen ab, sondern auch davon, welche Elemente die Klammer einschließt. Enthält sie beispielsweise Nebensätze, Einschaltungen (Parenthesen) oder mehrgliedrige Attribute, dann kann ihr Inhalt nur mit Mühe erfaßt werden, und oft 'klappert' der schließende Teil nach, was zusätzlich den Satzrhythmus stört. Enthält die Klammer dagegen gleichartige Aufzählungsglieder, dann muß die Verständlichkeit nicht beeinträchtigt sein, auch wenn man beim Sprechen einmal Atem holen muß. Wie dem auch sei, der Journalist sollte immer bedenken, daß die Leser oder Hörer den gesamten Inhalt der Klammer

speichern müssen, ehe sie beim letzten Wort den Inhalt des Satzes vollständig begreifen können oder einen vorausgeahnten Schluß bestätigt
finden. Eine Überlastung der prädikativen Klammer liegt mit Sicherheit
in dem folgenden Satz vor:

(39) *Die Konzernleitung l e h n t e den schon vor einigen Monaten von der Gewerkschaft vorgeschlagenen Kompromiß, die Arbeitszeit im Interesse der Arbeitnehmer flexibler zu gestalten, erneut mit der Begründung, das lasse die Technologie
nicht zu, a b.*

Ausklammerung

Wollen wir den Gefahren der Überlastung der Klammer begegnen, können wir Satzglieder oder -teile aus der Klammer herausnehmen und hinter dem neuen Klammerende anordnen:

(40) *Die Konzernleitung l e h n t e den... von... vorgeschlagenen Kompromiß a b,
die Arbeitszeit... flexibler zu gestalten.* (Die Begründung müßte in diesem
Fall in einem neuen Satz gegeben werden, etwa so: *Sie begründete das mit
technologischen Schwierigkeiten* oder einfacher: *Die Technologie lasse das nicht zu*).

Man unterscheidet zwischen g r a m m a t i k a l i s i e r t e r (in der
Grammatik bereits als Norm fixierter) und s t i l i s t i s c h e r Ausklammerung. Als grammatikalisiert gilt beispielsweise die Ausklammerung
von längeren Relativsätzen (41), von Teilen der Infinitivgruppen (42)
und von Vergleichsteilen (43):

(41) *Die Konzeption des Romans i s t in vielen Notizen e n t h a l t e n, die lange vor
der eigentlichen Niederschrift entstanden sind.*

(42) *Die Experten s i n d a u f g e f o r d e r t, ihre Meinung zu sagen.* (Klammer-
partner hier in Kontaktstellung.)

(43) *Sie n a h m e n ihn a u f wie einen Sohn.*

Formen der grammatischen Ausklammerung werden wir im folgenden nicht mehr berühren. Wir begnügen uns mit dem Hinweis, daß die
Nichtbenutzung einer bereits grammatikalisierten Form besondere stilistische Wirkungen haben kann. Satz (42) würde beispielsweise gehobenen Charakter erhalten:

Die Experten s i n d ihre Meinung dazu zu sagen a u f g e f o r d e r t.

Was die stilistische Ausklammerung betrifft, so wäre es verfehlt, in ihr nur eine Möglichkeit zur Entlastung überfüllter Klammern zu sehen. Schon bei der Behandlung des Spannungsprinzips wurde festgestellt, daß Satzglieder, die an das Ende des Satzes rücken, größeren intonatorischen Nachdruck erhalten und auch inhaltlich stärker gewichtet werden. Das gilt auch für ausgeklammerte Satzglieder:

(44) *Der Konflikt schleppte sich fort b i s i n d i e n e u n z i g e r J a h r e.*

(45) *Der lateinamerikanische Politiker war seinen Gönnern gefolgt d u r c h d i c k u n d d ü n n.*

(46) *Für die Nato ist die Türkei von erheblichem strategischem Wert w e g e n i h - r e r g e o g r a p h i s c h e n L a g e.*

(47) *Dieser Fortschritt ist zurückzuführen a u f e i n e b e s s e r e A u s l a s t u n g d e r M a s c h i n e n u n d A n l a g e n.*

Neben diesen mehr oder weniger expressiven Ausklammerungen zur Hervorhebung begegnen uns in journalistischen Texten auch solche, die den Satzrhythmus verändern und so stärkeren Nachdruck erzeugen.

(48) *Die Stimmung der Bevölkerung im Oderbruch ist von B e s o n n e n h e i t gekennzeichnet und von E n t s c h l o s s e n h e i t.*

Außer der prädikativen Klammer im Hauptsatz kennen wir zwei weitere Formen der Klammerung: die K l a m m e r d e s e i n g e l e i t e - t e n N e b e n s a t z e s, bestehend aus Konjunktion (Bindewort) oder Relativpronomen und endgestellter Verbform (49), und die n o m i n a l e Klammer, die zwischen Artikel (oder Pronomen, Numerale, Präposition) und Substantiv mehrere Attribute einschließen kann (50).

(49) *Für die Nato ist die Türkei, d i e wegen ihrer geographischen Lage schon immer erhebliche strategische Bedeutung h a t t e, heute nicht weniger wichtig.*

(50) *D e r von Parlament und Präsident bereits Anfang dieses Monats bestätigte M i n i s t e r p r ä s i d e n t bemüht sich noch immer um die Bildung eines Kabinetts.*

Bei beiden Konstruktionen sind Ausklammerungen möglich, bei (49) etwa die schon im Beispiel (46) vorgeführte, bei (50) die folgende:

(51) *Der Ministerpräsident, b e r e i t s A n f a n g d i e s e s M o n a t s v o n*
P a r l a m e n t u n d P r ä s i d e n t b e s t ä t i g t, bemüht sich noch immer...
(Ausklammerung in Form eines Satzeinschubs, einer Parenthese, da-
durch auch Auflockerung des Satzes).

Wir gehen auf die Nebensatzklammer hier nicht weiter ein. Die nominale Klammer wird an anderer Stelle dieses Kapitels ausführlicher behandelt. Für Journalisten wichtig ist der Hinweis, daß es in bestimmten
Fällen möglich ist, die Klammerung um der leichteren Verständlichkeit
willen überhaupt zu vermeiden. So können unfest zusammengesetzte
Verben oder Verben mit nominalen Zusätzen durch synonyme unteilba-
re Verben ersetzt werden:

(52) *Die Abgeordneten l e h n t e n die Annahme der Vorlage a b.*
Die Abgeordneten v e r w e i g e r t e n die Annahme der Vorlage.

(53) *Der Angeklagte g a b dem Vorsitzenden nach langem Zögern A n t w o r t.*
Der Angeklagte a n t w o r t e t e dem Vorsitzenden nach langem Zögern.

(54) *Der Betrieb s t e l l t Werkzeuge und Beschläge h e r.*
Der Betrieb p r o d u z i e r t Werkzeuge und Beschläge.

(55) *Sie ü b t e gelegentlich die Tätigkeit einer Dolmetscherin a u s.*
Sie a r b e i t e t e gelegentlich als Dolmetscherin.

(56) *Die Opposition u n t e r z o g die Ausführungen des Redners h e f t i g e r*
K r i t i k.
Die Opposition k r i t i s i e r t e die Ausführungen des Redners heftig.

Nach diesen oder ähnlichen Möglichkeiten sollte vor allem dann gesucht werden, wenn umfangreiche Rahmenkonstruktionen vorliegen
oder wenn eine sprachökonomischere Fassung benötigt wird. (Im Nach-
richtenteil einer Zeitung können schon zehn eingesparte Wörter einen
zusätzlichen Nachrichtensatz ermöglichen.) Allerdings ist dabei zu berücksichtigen, daß durch die Ersetzung des Prädikatsverbs mitunter stilistische Nuancen verschoben werden wie etwa in den Beispielen (52/53/
56). Der Autor muß dann entscheiden, ob er diese oder jene Nuance
ausdrücken will und ob sie sich mit dem Kontext verträgt. Die Varianten
unter (53) unterscheiden sich beispielsweise durch die Satzperspektive,

und das hat Konsequenzen für den jeweils anzuschließenden Satz oder sogar für die Perspektive des ganzen Textes. In der ersten Variante könnte der Folgesatz lauten: [...*Antwort.*] *Sie fiel nicht so aus, wie die Zuhörer erwartet hatten...* In der zweiten Variante wäre folgender Anschluß denkbar: [...*Zögern.*] *Es fiel ihm offensichtlich schwer, seine Mitschuld einzugestehen.*

4.2 Nebenordnung und Unterordnung

Als N e b e n o r d n u n g (auch Parataxe genannt) bezeichnet man die Reihung von Wörtern, Wortgruppen oder Sätzen gleichen syntaktischen Wertes. Man unterscheidet Nebenordnung innerhalb des Satzes (Wortreihe) und Nebenordnung von Sätzen (Satzreihe), die eigentliche Parataxe. Bei der letzteren wird wiederum differenziert zwischen Nebenordnung von Hauptsätzen (Satzverbindung) und Koordination von Nebensätzen (Gliedsatzreihe).

W o r t r e i h e (Satzgliedreihe):

(57) *Im Hafen roch es nach T e e r , nach F i s c h , nach R o h ö l.*

S a t z r e i h e (eigentliche Parataxe):

(58) *Mitte des Monats wird die Leipziger Frühjahrsmesse· eröffnet, und mehr als 6000 Aussteller aus 51 Ländern werden ihre neuesten Erzeugnisse vorstellen.* (Satzverbindung)

(59) *Die Forscher würden es schwer haben, w e i l ihre Vorräte begrenzt waren, w e i l sie einen langen Marsch vor sich hatten u n d e s unterwegs keine Wasserstellen gab.* (Gliedsatzreihe)

Als U n t e r o r d n u n g (Hypotaxe) bezeichnet man die syntaktische Verknüpfung von Wörtern, Wortgruppen oder Sätzen, die untereinander nicht gleichwertig sind. Durch Unterordnung (in diesem Fall besser Zuordnung) von Wörtern oder Wortgruppen entstehen A t t r i b u t e (Beispiele 60/61); durch Unterordnung von Sätzen entsteht das S a t z g e f ü g e, bestehend aus Hauptsatz und Gliedsatz (Nebensatz) oder Gliedteilsatz (Beispiel 62).

(60) *Das umfangreiche und vielseitige Angebot der irischen Verlage zur Buchmesse zeugt vom hohen Niveau der irischen Buchproduktion.*

(61) *Durch die seit Tagen anhaltenden sintflutartigen Regenfälle ist es in Indien zu verheerenden Überschwemmungen gekommen.*

(62) *Der Meinungsaustausch ergab volle Übereinstimmung* [HS], *daß die Beziehungen zwischen beiden Ländern einen Entwicklungsstand erreicht haben* [NS], *der künftig auch vertragliche Bindungen ermöglicht* [GTS].

Satzverbindung und Satzgefüge sind mitunter auf den ersten Blick nicht zu unterscheiden. Das trifft insbesondere dann zu, wenn zwei Hauptsätze durch Konjunktionen wie *denn, deshalb, daher* u.a. verbunden sind:

(63) *Die Forscher würden es schwer haben, denn ihre Vorräte waren begrenzt, der Marsch war lang, und es gab unterwegs keine Wasserstellen.*

Die mit *denn* eingeleiteten Hauptsätze haben zwar begründenden Charakter und sind der Ausgangsthese gedanklich untergeordnet, aber formal (grammatisch) liegt Nebenordnung vor. Wir erkennen sie daran, daß die Personalform des Verbs nicht am Ende der Sätze steht wie im Nebensatz. (Vergleiche dazu unser Beispiel 59!).

In Beispiel (63) könnte die Konjunktion ohne weiteres wegfallen und könnten die einzelnen Sätze unverbunden für sich stehen:

(64) *Die Forscher würden es schwer haben: Ihre Vorräte waren begrenzt. Der Marsch war lang. Unterwegs gab es keine Wasserstellen.* Oder (teilweise verbunden:)

(65) *Die Forscher würden es schwer haben: Ihre Vorräte waren begrenzt, der Marsch war lang, und unterwegs gab es keine Wasserstellen.*

Nebenordnung innerhalb des Satzes

Die Anordnung der Glieder einer Wortreihe ist relativ unproblematisch. Sie richtet sich nach Absicht und Mitteilungswert und manchmal – vor allem bei inhaltlich gleichgewichtigen Gliedern – auch nach dem Rhythmus; sie kann begriffliche Abstufungen verdeutlichen (...*die Welt... die*

Völker... die Menschen); sie kann die Gedankenfolge reflektieren (*...die grausame,* [weil] *blutige,* [und folglich] *unmenschliche Diktatur...*); sie kann chronologisch sein, kann vom Gesamteindruck zum Detail führen oder umgekehrt; sie kann aber auch jedes Ordnungsprinzip vermissen lassen, wenn es dem Autor darauf ankommt, Unordnung, Durcheinander oder Chaos zu charakterisieren:

(66) *Der Schuppen war bis unters Dach angefüllt mit Brettern, alten Maschinenteilen, Gartengerät, Eisenstangen, Kisten, Drahtgeflecht und Pappkartons. Wie sollte man hier ausgerechnet ein Stück Bleirohr finden?*

Dieses Beispiel führt schon zur A u f z ä h l u n g , die wohl eines der ältesten sprachlichen Ausdrucksmittel ist. Auf spezielle Formen gehen wir hier nicht näher ein. Wir erwähnen nur, daß die Aufzählung zu Paaren oder zu einer Dreiergruppe (Triade) die Rhythmik eines Satzes verstärken kann und daß Aufzählungen in steigender Linie (Klimax) oder in fallender Linie (Antiklimax) der jeweiligen Textstelle Eindringlichkeit und emotionales Gewicht verleihen können. Die Aufzählung von Sätzen oder noch größeren Sinneinheiten hat unter Umständen — bezogen auf den ganzen Text – auch a r c h i t e k t o n i s c h e Funktion.

Nebenordnung von Sätzen (Parataxe)
Wir beschränken uns in diesem Abschnitt auf die Nebenordnung von Hauptsätzen, die S a t z v e r b i n d u n g , wie sie schon in Beispiel (58) vorgeführt worden ist.

Die Leistungen der Satzverbindung treten dort hervor, wo es darum geht, ein Geschehen in seiner zeitlichen Abfolge wiederzugeben, d.h. in b e r i c h t e n d e n Texten/Teiltexten, oder wo es darauf ankommt, Merkmale oder Eigenschaften von Gegenständen und Personen vorstellbar zu machen, d.h. in b e s c h r e i b e n d e n (schildernden) Texten.

Wir zitieren einen beschreibenden Teiltext:

(67) *Hier war der Stall mit Kuh und Ziege, hier die Hütte mit dem Ziehhund, und von hier aus erstreckte sich das 50 Schritte lange Doppelmistbeet bis an den großen, weiter zurückgelegenen Gemüsegarten.*

Die Satzverbindung gibt in diesem Fall ein räumliches Beieinander wieder.

Wenn wir eingangs sagten, daß die Leistungen der Satzverbindung, der Parataxe, vor allem in berichtenden und beschreibenden (oder schildernden) Texten hervortreten, dann darf daraus nicht gefolgert werden, daß die Parataxe für die Darstellung logischer Beziehungen zwischen Sachverhalten, beispielsweise für argumentierende Texte, ungeeignet sei. Im argumentierenden (darlegenden, erörternden, polemischen) Text kann schon durch bloßes Nebeneinanderstellen von Tatsachen ein Anstoß zu vergleichendem Nachdenken gegeben werden:

(68) *Der Zuckerverbrauch ist… auf das Zwölffache gestiegen, und an Fett verbrauchen wir das Zehnfache.*

Mit Hilfe der Satzverbindung (und durch lexikalisch-semantische Mittel) wird ein Geltungsanspruch entschieden eingeengt:

(69) *Das Coffein ist kein Nährstoff, es mobilisiert nur Reserven.*

Die Satzverbindung ist geeignet, eine Alternative zu verdeutlichen:

(70) *Entweder du arbeitest mit, oder du läßt uns in Ruhe.*

Die Satzverbindung kann wirkungsvoll zum Ausdruck von Gegensätzen beitragen:

(71) *Sie hatten die Aufgabe für einfach gehalten, aber sie erwies sich als äußerst kompliziert.*

Am Schluß dieses Abschnitts erscheinen uns einige Bemerkungen zum Begriff 'Parataxe' notwendig. Wie wir gesehen haben, faßt die traditionelle Grammatik nur die Wortreihe innerhalb des Satzes und die Satzreihe (Satzverbindung oder Gliedsatzreihe) als Parataxe auf und bezieht die Reihung selbständiger Hauptsätze nicht in den Begriff ein, obwohl die formalen Unterschiede zwischen einer Satzverbindung und zwei selbständigen Hauptsätzen gleichen Inhalts nur gering sind, wie die Gegenüberstellung unserer Beispiele (63) und (64/65) zeigt. Es erscheint deshalb angebracht, zumindest unter stilistischem Aspekt den Begriff der Parataxe weiter zu fassen. Wir wollen ihn im folgenden auch zur Charak-

terisierung derjenigen Texte benutzen, in denen selbständige Hauptsätze
aufeinander folgen.

Unterordnung (Hypotaxe)

Wie wir am Anfang dieses Abschnitts schon ausgeführt haben, entstehen
durch grammatische Unterordnung von Wörtern oder Wortgruppen
A t t r i b u t e . Deren vielfältige Formen im einzelnen zu behandeln würde hier zu weit führen. Was die inhaltlichen (semantischen) Leistungen
des Attributs betrifft, begnügen wir uns mit der Feststellung, daß es der
nähren Kennzeichnung von Personen, Sachen oder Vorgängen dient.
Sofern Attribute die E i g e n s c h a f t e n einer Erscheinung bezeichnen,
spricht man in der Stilistik vom E p i t h e t o n (Mehrzahl: Epitheta, mit
der Betonung auf dem i) und versteht darunter eine Merkmalsbestim-
mung zur Konkretisierung, Veranschaulichung, Bewertung oder Charakterisierung der in einem Substantiv ausgedrückten Sache. Von den Epitheta sind jene Attribute zu unterscheiden, die nicht Eigenschaften wiedergeben, sondern der begrifflichen Zuordnung dienen.

(72)

Konkretisierung/Bewertung (Epitheta)	**logische Zuordnung** (alle anderen Attribute)
– *Absperrung aus rot-weißem Flatterband*	– *völkerrechtliche Souveränität*
– *wuschelige, zartgraue, Kattas, vorwitzige Halbaffen*	– *gesellschaftliche Reformen*
– *Sympathieträger Panda-Bär*	– *Interesse an einem Erfolg der Währungsunion*
– *anspruchsvolle Tiere*	– *Wunsch nach neuen Partnern*
– *von scharfkantigen Felsen durchzogenes Gelände*	

Unterordnung von Nebensätzen

Wie wir am Beispiel (62) bereits gezeigt haben, entsteht durch die Unterordnung von Teilsätzen das Satzgefüge. Wir sprechen in diesem Zusammenhang von Hauptsätzen und ihnen untergeordneten Nebensätzen.

Diese Bezeichnungen beziehen sich allerdings nur auf die grammatische Struktur. Keinesfalls muß der Hauptsatz immer auch den Kern der Aussage enthalten. In dem Satz *Er sah, wie die Schnepfen über die Wiese strichen* liegt das Schwergewicht auf dem Inhalt der Beobachtung, also auf dem Nebensatz.

Nebensätze sind meist G l i e d s ä t z e (d.h. sie vertreten Satzglieder) oder G l i e d t e i l s ä t z e, d.h. Attributsätze, wie in unserem Beispiel (62). Außerdem gibt es die sogenannten weiterführenden Nebensätze:

(73) *Der Reiseprospekt bezeichnet die Route als ungefährlich, w a s j e d e n K e n - n e r d e s L a n d e s v e r w u n d e r n m u ß.*

Einfache Satzgefüge bereiten dem Verständnis im allgemeinen keine Schwierigkeiten. Mitunter entstehen jedoch sehr komplizierte Konstruktionen, vor allem dann, wenn einem Hauptsatz mehrere voneinander abhängige Nebensätze untergeordnet sind ('Schachtelung') und beide, der Hauptsatz und die Nebensätze, auch noch Attribute verschiedener Art enthalten:

(74) *Wenn die Liberalen im US-Senat als Pluspunkt verbuchen, daß die eigenen Positionen und die des 'Zentrums' in Fragen, die die Anerkennung der Notwendigkeit des SALT-II-Vertrages betreffen, ähnlich sind, so ist es für die 'Falken' am bedeutsamsten, daß ihre Positionen mit denen des 'Zentrums' in einer Frage übereinstimmen, die für sie die wichtigste ist, nämlich darin, daß die nukleare Abschreckung erhalten bleiben muß.*

Die Verständlichkeit verlangt, daß in solchen und ähnlichen Fällen von 'Schachtelung' die einzelnen Sachverhalte auf mehrere Sätze verteilt und übersichtlicher gegliederte Satzgefüge geschaffen werden.

Aus Hauptsatz und Gliedsatz (Subjektsatz, Objektsatz, Adverbialsatz, Prädikativsatz) bestehende Satzgefüge können vielfältige logische Beziehungen ausdrücken oder verdeutlichen. Das gilt vor allem für die Adverbialsätze, die temporale, lokale, modale oder kausale Angaben machen.

Wichtig erscheint uns der Hinweis, daß Gliedsätze oder Gliedteilsätze als s y n t a k t i s c h e S y n o n y m e an die Stelle kompakter nominaler (substantivischer) Satzglieder oder deren Attribute treten können, wodurch nicht nur die Aufnahme eines Textes gefördert, sondern auch diese oder jene gedankliche Nuance ausgedrückt werden kann, die manche nominale Konstruktion nicht wiederzugeben vermag:

(75) *Der Anflug moderner Jagdflugzeuge auf das Ziel muß wegen des für einen neuerlichen Anflug notwendigen und eine Verzögerung von vielen Minuten verursachenden Wendekreises beim erstenmal gelingen.* (Erweiterter Einfachsatz)

(76) *Der Anflug moderner Jagdflugzeuge auf das Ziel muß beim erstenmal gelingen, da der zum neuerlichen Anflug erforderliche Wendekreis viele Minuten kostet.* (Satzgefüge = Hypotaxe)

(77) *Der Anflug moderner Jagdflugzeuge auf das Ziel muß beim erstenmal gelingen, sonst geht wegen des (notwendigen) Wendekreises wertvolle Zeit verloren.* (Satzverbindung = Parataxe)

Je nach Kontext, Situation und Stilebene kann die parataktische Formulierung auch noch kürzer sein:

(78) *Der Anflug muß beim erstenmal klappen, sonst ist der Gegner über alle Berge.*

Etwas vergröbernd kann man sagen, daß Satz (75) wegen seiner übertrieben nominalen Fassung nicht einmal einem Fachtext angemessen wäre. Für den Fachtext würde sich eher Satz (76) eignen. Satz (77) könnte in einem populärwissenschaftlichen Text stehen. Je nach Vorwissen und Vorinformation der Rezipienten, auch nach Absicht und Situation, würde im Bericht einer Tageszeitung oder des Hörfunks die Variante (78) bevorzugt werden. Sie ist auch als Äußerung eines Flugzeugführers denkbar, mit dem der Journalist gesprochen hat.

Die Interpretation unserer Beispiele läßt erkennen, daß die parataktische Gestaltung dem Journalisten viel Spielraum für Auflockerung, für dynamischen und emotionalen Ausdruck eröffnet. Allerdings kann überlegte hypotaktische Darstellungsweise ebenfalls emotional und dynamisch wirken und kennt Mittel der Auflockerung, wie in dem folgenden Kapitel gezeigt wird.

4.3 Vorzüge und Nachteile der nominalen Ausdrucksweise

Mit dem Begriff 'nominaler Ausdruck' bezeichnen wir eine syntaktische Fügungsweise, die den darzustellenden Sachverhalt überwiegend in nominale Formen kleidet (Substantive, insbesondere Verbalabstrakta auf -ung, substantivierte Infinitive oder Partizipien und umfangreiche Substantivkomposita sowie vielgliedrige attributive Substantivgruppen). Diese Ausdrucksweise verwendet oft nur inhaltsarme Verben und verzichtet weitgehend auf Nebensätze (vor allem Gliedsätze und Gliedteilsätze) zu Gunsten des stark erweiterten Einfachsatzes. Dafür zunächst ein extremes Beispiel:

(79) *D i e von der Armeespitze, dem in Guatemala sehr einflußreichen Sektor der Privatwirtschaft und den Latifundisten favorisierte 'N a t i o n a l e B e f r e i u n g s - b e w e g u n g ' Sandoval Alarcons, eine Art Generalkommando der damals in mehreren Ländern Südamerikas operierenden 'Todesschwadronen', h a t t e mit dem schwachen Abschneiden der bei den Wahlen klar hinter den Christdemokraten zurückbleibenden Allianz aus MLN und CAN g e r e c h n e t.*

In dieser Gesaltungsweise spiegeln sich verschiedene Entwicklungstendenzen unserer Sprache wider, die wir kennen müssen, wenn wir die Erscheinung richtig einschätzen, wenn wir ihre Vorzüge nutzen und ihre Nachteile vermeiden wollen.

Für den Journalisten sind richtige Entscheidungen in diesem Fall aus mehreren Gründen besonders wichtig: Einmal beeinflußt der angemessene oder unangemessene Gebrauch nominaler Konstruktionen in hohem Grade die V e r s t ä n d l i c h k e i t des journalistischen Textes; zum anderen wirken diese Konstruktionen – auch wenn sie angemessen verwendet werden – als Modelle, die sich durch häufigen Gebrauch immer mehr verfestigen und gerade im journalistischen Text leicht zur Schablone führen. Schließlich können diese Modelle, indem der Journalist sie massenhaft verbreitet, auch auf andere stilistische Bereiche ausstrahlen, in denen nominale Ausdrucksweise von der Sache oder von der Stilebene her unangebracht ist.

Ehe wir ins einzelne gehen, müssen wir uns mit dem immer wieder auftretenden Mißverständnis auseinandersetzen, daß nominaler (substantivischer) Ausdruck eine Krankheit sei ('Dingwortkrankheit', 'Substantivitis'). Die Substantivierung im weitesten Sinne ist ein altes Mittel der Wortbildung und hat seit langem großen Anteil an der Bereicherung unseres Wortschatzes. Das Vordringen nominaler Konstruktionen in der deutschen Sprache der Gegenwart, vornehmlich in ihrer schriftlichen Ausprägung, ist ein objektiver und historisch notwendiger Prozeß, der durch zwei Haupttendenzen der Sprachentwicklung gekennzeichnet ist: die Tendenz zur A b s t r a k t i o n und V e r a l l g e m e i n e r u n g, die ständig neue Oberbegriffe, Kategorien, Definitionen und Formeln entstehen läßt, und die Tendenz zur S p r a c h ö k o n o m i e, die zur Konzentration komplexer Inhalte in geeigneten sprachlichen Formen zwingt. Beide Tendenzen entsprechen (und entspringen) den objektiven Bedürfnissen der gesellschaftlichen Kommunikation in der Gegenwart und wirken nicht nur im fachsprachlichen Bereich, sondern auch im journalistischen Sprachstil, insbesondere in den informierenden und zum Teil in den argumentierenden Genres. Die nominale Ausdrucksweise kommt dem Bestreben des Journalisten entgegen, möglichst viele Informationen auf engem Raum zusammenzudrängen. Sie hilft ihm, einigen besonderen Bedingungen der journalistischen Produktion gerecht zu werden (Arbeit unter großem Zeitdruck, Menge der Texte, Notwendigkeit der Wiederholung u.a.m.); andererseits unterliegt sie im Journalismus dem stärksten Verschleiß, so daß gerade Journalisten den Gefahren ausgesetzt sind, die nominaler Ausdruck mit sich bringt. Von diesen Gefahren wird noch zu sprechen sein. Zunächst wenden wir uns den Vorzügen der nominalen Ausdrucksweise zu.

Vorzüge der nominalen Ausdrucksweise
Substantivierung

Von allen Wortarten unserer Sprache hat das Substantiv die besten Voraussetzungen, an der begrifflichen Verallgemeinerung teilzunehmen: Erstens kann es ganze Klassen oder Gruppen von Dingen benennen, d.h. es ermöglicht die Bildung von Art- oder Gattungsbegriffen oder von

Sammelbegriffen. Zweitens ist das Substantiv in der Lage, neben Dingen (im weitesten Sinne des Wortes) auch Prozesse, Eigenschaften und Beziehungen sprachlich zu erfassen. Auf diese Weise dient es einmal zum Ausdruck von Personenbezeichnungen (*Leser, Auftraggeber*) oder Sachbezeichnungen (*Kühler, Umformer*), zum anderen zur Bezeichnung von Allgemeinem (*Anerkennung, Sicherheit, Freundschaft*).

Ein weiterer wesentlicher Vorzug nominaler Bildungen ist ihr sprachökonomischer Charakter, d.h., sie können dazu beitragen, gedankliche Komplexe sprachlich zu verdichten, sprachlichen (und gedanklichen) Aufwand zu ersparen.

Wir wollen uns diese Tatsache am Beispiel der Substantivierung bewußt machen:

(80) *Die Betriebsleitung hat Mitarbeiter entlassen. Das hat in der Belegschaft Unruhe hervorgerufen.* (Zwei Sachverhalte)

Wollten wir beide Sachverhalte in einem Satz zusammenfassen und dabei den verbalen Gehalt jedes Satzes bewahren, dann müßten wir formulieren:

(81) *Die Betriebsleitung hat Mitarbeiter entlassen, was in der Belegschaft Unruhe hervorgerufen hat.* (Weiterführender Nebensatz)

Oder aufwendiger und umständlicher:

(82) *Die Tatsache, daß die Betriebsleitung Mitarbeiter entlassen h a t , h a t in der Belegschaft Unruhe hervorgerufen.*

Die Substantivierung des Verbs *entlassen* erlaubt es uns jedoch, die beiden Sachverhalte mit geringerem gedanklichen und sprachlichen Aufwand in einem 'Einfachsatz' zusammenzufassen, die Aussage zu verdichten:

(83) *D i e E n t l a s s u n g von Mitarbeitern durch die Betriebsleitung hat unter der Belegschaft Unruhe hervorgerufen.*

Ähnliche Einsparungen werden auch bewirkt, wenn man Adjektiv- oder Nominalabstrakta bildet:

(84) *Die Bank hat immer wieder sorglos gehandelt. Das darf man nicht einfach hinnehmen.* → *Die S o r g l o s i g k e i t der Bank darf man nicht einfach hinnehmen.*

(85) *Er hat sich stets wie ein Rowdy verhalten. Das empört uns. → Sein R o w d y - t u m empört uns.*

Zusammensetzung

Die letzten Beispiele betrafen Substantive, die durch A b l e i t u n g entstanden sind. Wir betrachten jetzt Substantive, die ihr Entstehen der Zusammensetzung (Komposition) verdanken. Die Ersparung von sprachlichem Aufwand wird deutlich, wenn wir der Wortgruppe das Substantivkompositum gegenüberstellen:

Filter für die (Reinigung der) Luft	*Luftfilter*
Katastrophen (Flugzeugunfälle) in der Luft	*Luftkatastrophen*
Todesopfer einer Luftkatastrophe	*Lufttote*

Häufig erspart das Kompositum eine längere (oft umständliche) Erklärung oder Umschreibung:

Raum über der Erdoberfläche, der zum Hoheitsgebiet eines Staates gehört
→ Luftraum

Rüstung mit Waffen, deren Wirkung auf dem Prinzip der Atomkernspaltung beruht
→ Atomrüstung

Der sprachökonomische Charakter der Zusammensetzung wird im Journalismus vor allem in Überschriften und Meldungen genutzt. Hier einige Beispiele aus Überschriften:

Betriebspleite, Danktelegramm, Fernsehdelegation, Rücktrittsabsichten, Atomherzschrittmacher, Studenten-Sommerkurs, Statistik-Jahrbuch, Junioren-Sportschützen, UNO-Beobachter, BRD-Bauindustrie

Mitunter wird bei spontaner Wortzusammensetzung der Inhalt ganzer möglicher Sätze erfaßt:

Wir betrachten die Wirtschaftlichkeit: betrachten → Betrachtung → die Wirtschaftlichkeitsbetrachtung

Er verbesserte den Wirkungsgrad: verbessern → Verbesserung → die Wirkungsgradverbesserung

Nominal-verbale Bildungen

Als nominale Bildungen besonderer Art können die Streckformen des
Verbs gelten. Das sind Fügungen aus Substantiven und Verben, die für
ein einfaches Verb stehen, es gewissermaßen strecken, z.B. *zur Anwendung bringen* statt *anwenden*, *Antwort geben* statt *antworten*, *eine Entscheidung treffen* statt *entscheiden*.

Einer der Vorzüge der Streckform besteht darin, daß das Schwergewicht einer Aussage aus dem Mittelfeld in das Nachfeld verlegt werden
kann und dadurch größere Eindringlichkeit erreicht wird:

(86) *Er ängstigte sie durch gewisse Andeutungen / Er versetzte sie durch gewisse Andeutungen in Angst*

(87) *Sie wehrten sich mit allen Kräften / Sie setzten sich mit allen Kräften zur Wehr*

Nominale Fügungen und Attribute

Wir hatten es bisher nur mit nominalen Bildungen zu tun (Substantivierung, substantivisches Kompositum, Streckform des Verbs). Auch die
nominale Fügung (Wortgruppe) hat Vorzüge: Zum einen nimmt sie den
Inhalt von Sätzen oder Gliedsätzen (auch Gliedteilsätzen) in sich auf und
überführt ihn in neue syntaktische Zusammenhänge, wie ein Vergleich
der Beispielsätze (80) und (83) zeigt. Auch an den anderen Beispielen
können wir ablesen, daß das Verb seine satzbildende Funktion verliert
und daß an die Stelle von Sätzen oder Gliedsätzen/Gliedteilsätzen eine
nominale Fügung tritt, d.h. eine Wortgruppe, die kein Verb enthält, sondern in der Hauptsache aus einem substantivischen Kern und A t t r i -
b u t e n besteht, die diesen näher bestimmen. Dazu weitere Beispiele:

Der Generaldirektor hat entschieden → *die Entscheidung des Generaldirektors*
(Genitivattribut)

Sie kämpften gegen die Fluten → *ihr Kampf gegen die Fluten*
(Präpositionalattribut)

die Möglichkeiten, die sich uns bieten… → *die sich uns bietenden Möglichkeiten*
(partizipiales Attribut)

eine Schauspielerin, die beliebt ist → *eine beliebte Schauspielerin*
(adjektivisches Attribut)

Das Verfahren ist bequem: Der Autor kann, ähnlich wie beim Kompositum, mit sprachlichen 'Großblöcken' operieren, deren Bildung keinen besonderen gedanklichen Aufwand erfordert. Das Verfahren ist auch in hohem Maße sprachökonomisch: Statt zweier selbständiger Sätze oder eines Satzgefüges entsteht ein Einfachsatz, der selbst noch weiter ausgebaut werden kann:

(88) *Die gestern durch die Betriebsleitung überraschend verfügte Entlassung von Mitarbeitern des Hauptwerks in Stuttgart hat in den anderen Werken des Konzerns erhebliche Unruhe hervorgerufen.*

Der zweite Vorzug der nominalen Fügung – das zeigt gerade unser letztes Beispiel – besteht darin, daß sie weitere Attribute in sich aufnehmen und diese ebenfalls in den neuen syntaktischen Zusammenhang überführen kann. Wir sprechen in diesem Fall von e r w e i t e r t e r   A t t r i b u t i o n . Sie erfordert unsere besondere Aufmerksamkeit, weil sie in bestimmten journalistischen Genres (z.B. Nachricht, Sachbericht, wissenschaftlicher Artikel) eine erhebliche, aber – wie das folgende Beispiel zeigt – nicht immer nützliche Rolle spielt:

(89) *Der in der Anwendung automatisierter Produktionsverfahren versierte Leiter der Montageabteilung des Hauptwerkes berichtete den zur Beratung über die nächsten Aufgaben zusammengekommenen Vertretern der Teilbetriebe des Konzerns über die in der Anlaufphase gesammelten Erfahrungen bei der Anwendung neuer, zeitsparender Methoden der Montage.*

Die erweiterte Attribution – eine der auffälligsten Erscheinungen der gegenwärtigen Entwicklung unserer Schriftsprache – kann in ihrer Formenvielfalt hier nicht systematisch dargestellt werden. Wir beschränken uns auf einige Bemerkungen zur n o m i n a l e n   K l a m m e r . Sie tritt bei vorangestellten Attributen auf und wird gebildet durch das Beziehungswort (ein Substantiv) und verschiedene Hilfskomponenten (Artikel, Präpositionen, Pronomina, Numeralia):

...d i e (zur Einreise in das Hauptquartier der UNO notwendigen) V i s a

...m i t (durchaus überzeugenden und nachahmenswerten) M e t h o d e n

...i h r e (auf die Gewährleistung der Sicherheit gerichteten) B e m ü h u n g e n

...n e u n (bei dem Überfall auf den Reisebus verletzte) T o u r i s t e n

Wie in der Prädikatsklammer, so wirkt auch in der nominalen Klammer das S p a n n u n g s p r i n z i p. Der Spannungsbogen wird durch die Hilfskomponenten (Artikel usw.) eingeleitet, durch die Glieder des erweiterten Attributs aufrechterhalten und mit dem Beziehungswort (Substantiv) abgeschlossen. Der Vorzug der vorangestellten Attribute besteht also darin, daß sie auch im nominalen Bereich die Satzspannung bewahren können. Gelegentlich dienen attributive Erweiterungen auch dazu, Mißverständnisse bei der Textrezeption zu vermeiden:

(90) *Wir trafen zufällig einen Bruder unseres alten Freundes, d e r j e t z t i n M ü n c h e n l e b t.*

Wenn der Kontext nicht deutlich macht, ob der Gliedteilsatz auf *Bruder* oder *Freund* zu beziehen ist, können wir uns der attributiven Erweiterung bedienen:

(91) *Wir trafen zufällig einen Bruder u n s e r e s j e t z t i n M ü n c h e n l e - b e n d e n a l t e n F r e u n d e s.*

Ein Wort noch zu den n a c h g e s t e l l t e n erweiterten Attributen. Sie treten im Genitiv oder als präpositionale Attribute auf und können Reihen oder Ketten bilden. Unter einer genitivischen R e i h e verstehen wir eine Erweiterung, deren Glieder n e b e n g e o r d n e t sind: *die Hinweise d e s V e r a n s t a l t e r s, d e s R e i s e l e i t e r s u n d d e s e i n h e i m i s c h e n F r e m d e n f ü h - r e r s...* Als genitivische K e t t e wird eine Erweiterung verstanden, deren Glieder einander untergeordnet sind: *die Beschlüsse d e r K o n f e r e n z d e r M i t - g l i e d s t a a t e n d e r N A T O.* Hier haben wir es mit der sogenannten G e n i - t i v t r e p p e zu tun, die nach Möglichkeit zu vermeiden ist. Man kann sich helfen, indem man ein Kompositum bildet: *die Beschlüsse der Konferenz der NATO-Mitgliedstaaten* oder noch einfacher: *die Beschlüsse der NATO-Konferenz.* Neben dem Genitivattribut neigt auch das p r ä p o s i t i o n a l e A t t r i b u t zur Kettenbildung: *...unterschiedliche Ausgangspunkte f ü r d i e Erweiterung v o n Wirtschaftsbeziehungen z u d e n östlichen Nachbarn.* Häufig

treten Genitivattribut und präpositionales Attribut in der Kette k o m -
b i n i e r t auf: *das Streben n a c h Erhöhung d e r Verkehrssicherheit.*

Der Vorzug attributiver Reihen oder Ketten besteht darin, daß sie
übersichtlich gebaut und ohne große Mühe gebildet werden können.

Nachteile des nominalen Ausdrucks

Bereits zu Beginn dieses Abschnitts haben wir darauf hingewiesen, daß
von der nominalen Ausdrucksweise eine breite Modellwirkung ausgeht.
Infolge der Gewöhnung an nominale Modelle sind manche Autoren einseitig auf den nominalen Ansatz festgelegt und greifen unbedacht nach
der Substantivierung oder einem anderen Substantiv. Dadurch kommt es
vielfach zu einer unnötigen Aufschwellung der Aussage, die umso
schwerer wiegt, je mehr Attribute das Substantiv noch an sich zieht:

(92) *Durch S c h a f f u n g neuer Organisationsformen erreichten sie...*
Nur bei strenger E i n h a l t u n g einer Diät können die Patienten...
Das V e r f a h r e n der katalytischen Hydrierung hat Bedeutung für...
Die T a t s a c h e der Knötchenbildung zeigt stets...
Der P r o z e ß des Zerfalls des Kolonialsystems führte zu...

In allen diesen Fällen können die hervorgehobenen Substantive ohne weiteres wegfallen. Bei den folgenden Beispielen genügen geringfügi-
ge Korrekturen:

(93) *Maßnahmen zur V e r h i n d e r u n g einer Ansteckung*
(Maßnahmen gegen eine Ansteckung)

Unter den B e d i n g u n g e n des Kampfes gegen...
(Beim / im Kampf gegen...)

Im E r g e b n i s der Beratung wurde beschlossen...
(Nach der Beratung wurde beschlossen...)

Unter den B e d i n g u n g e n der zunehmenden Militarisierung ging... zurück
(infolge / aufgrund der zunehmenden Militarisierung...)

Gelegentlich gehen durch die Substantivierung Sinn-Nuancen verloren, die bei verbaler Ausdrucksweise erhalten blieben:

(94) *Prinzipiell sind Standards… verbindlich. Das bedeutet* E i n h a l t u n g *der Standards.* (Es sollte ausgedrückt werden, daß die festgelegten Standards eingehalten werden m ü s s e n .)

Wir haben bereits die Vorzüge des K o m p o s i t u m s behandelt und wollen jetzt auf einige Gefahren aufmerksam machen.

– Unbedachte neue Zusammensetzungen können den Sinn verdunkeln und unter Umständen auch herabsetzend wirken:

Frauenanteil (Anteil für die Frauen oder Anteil an Frauen?)

Nachwuchsarbeit (Arbeit des Nachwuchses oder Arbeit mit dem Nachwuchs?)

Spitzenregler (Verkehrsregler in Spitzenzeiten oder hervorragender Verkehrsregler)?

Schweinebrigadier/Schweinearbeitsgruppe (aus der DDR-Presse)

Frauenreinigungsbrigade (aus der DDR-Presse)

– Grammatisch falscher Bezug entsteht, wenn Zusammensetzungen mit Attributen verbunden werden, die sich nur auf einen Bestandteil des Kompositums beziehen: *Rückkehrproblem aus dem Kosmos* (allenfalls möglich: *Kosmos-Rückkehr-Problem*), *Produktionsaufnahme von Kindernahrung, Nachweisführung der Rentabilität, Kosten für einen Gestaltungsauftrag der Karosserie.*

– Die Verständlichkeit von Komposita wird oft dadurch erschwert, daß eine zu große Zahl von Komponenten zusammengefügt ist: *Senkrecht-Kreuz-Schiebetisch-Fräsmaschine, Kaprolaktamreinigungsanlage, Pneumo-Papier-Webautomat* (Beispiele vorwiegend aus der Fachpresse).

– Seltener tritt der Fall auf, daß die Schöpfer von Zusammensetzungen sich auf Andeutungen beschränken: *Ablehnungsfarbe, Lärmkarte* u.ä. Auf Zusammensetzungen dieser Art sollte verzichtet und allgemeinverständlicheren Formulierungen der Vorzug gegeben werden. Etwa: *Farbe, die anwidert/unangenehm wirkt; Karte der Lärmstärkezonen.*

– Die Leichtigkeit der Zusammensetzung ist oft die Ursache für k l i-s c h e e h a f t e   R e i h e n b i l d u n g e n (Zusammensetzungen mit -arbeit, -basis, -faktor, -mittel, -situation, -geschehen), beispielsweise *Frauen-*

arbeit, Jugendarbeit, Nachwuchsarbeit, Trainingsarbeit, sogar *Pflugarbeit* (statt *Pflügen*).

– Manche Bildungen werden zu Recht als überflüssige Aufschwellung empfunden: *im Regelfall* statt *in der Regel* (oder *meist*), *die Einkommenssituation* statt *das Einkommen, Anzeigeerstattung* statt *Anzeige, Nichtvorhandensein* statt *Fehlen, Verzichtleistung* statt *Verzicht*.

Auch die schon erwähnten S t r e c k f o r m e n des Verbs können schwülstig wirken:

(95) *Nachdem sie sich ausgewiesen hatten, n a h m e n   s i e   d i e   W a h l h a n d - l u n g   v o r* (statt *wählten sie, gaben sie ihre Stimme ab*).

(96) *An 62 Gewinner   k a m e n   etwa 600 000 DM   z u r   A u s z a h l u n g* (statt *wurden ausgezahlt*).

In beiden Fällen läßt sich für die Verwendung der Streckform kein Motiv erkennen. Weder soll größere Eindringlichkeit erreicht, noch soll das Wichtigste der Aussage statisch dargestellt werden.

Wer Schwulst und Klischee vermeiden will, sollte die folgenden Streckformen meiden:

zum Ausdruck bringen	*zur/in Anwendung bringen*
zum Vortrag bringen	*in Erwägung ziehen*
zur Kenntnis bringen	*unter Beweis stellen*
zur Anzeige bringen	*eine Untersuchung anstellen/vornehmen*
zur Durchführung bringen	*den Nachweis führen*
zur Verwirklichung bringen	*in Fortfall kommen* und andere mehr

Unsere Beispiele lassen folgenden Schluß zu: Der Gebrauch von Streckformen muß inhaltlich und stilistisch motiviert sein. Unbedachte Verwendung führt zum Stilschwulst, erschwert das Verständnis oder macht die Aussage blaß. Eine Häufung von Streckformen beeinträchtigt Anschaulichkeit, Dynamik und Emotionalität journalistischer Texte.

Zuordnungshäufung

Die Vorzüge der attributiven Erweiterung verkehren sich ins Gegenteil, wenn die Erweiterungen großen Umfang und komplizierte Struktur an-

nehmen. Wir sprechen dann von Z u o r d n u n g s h ä u f u n g, die entweder als Attributhäufung oder (seltener) als Adverbialhäufung auftritt
(Krahl/Kurz 1984). Sie ist in journalistischen Texten vor allem aus zwei
Gründen nachteilig: Einmal erschwert sie die Aufnahme der Aussagen
durch die Rezipienten, weil sie das Spannungsverhältnis zwischen gedanklicher und sprachlicher Struktur, zwischen grammatischer Unterordnung und logischer Überordnung überfordert; zum anderen beeinträchtigt sie die Dynamik des Textes, indem sie den ohnehin geringen Raum,
der für die Dynamik bleibt (das Prädikat), verkleinert. Bei vorangestellten
Attributen/Adverbialbestimmungen führt sie zur Überfüllung der nominalen Klammer und damit zur Überdehnung des Spannungsbogens (97).

(97) *D a s auf Grund von Hinweisen des Ausschusses zur Untersuchung von in der*
DDR begangenem Unrecht durch die Staatsanwaltschaft vor drei Monaten eingeleite-
te E r m i t t l u n g s v e r f a h r e n gegen... wegen... erbrachte weitere Anhaltspunkte
dafür, daß...

Bei nachgestellten Attributen entstehen überlange genitivische oder
präpositionale Ketten (98). Die Folgen sind syntaktische Monotonie,
Verletzung der Symmetrie (Vorder- oder Hinterlastigkeit des Satzes),
Unübersichtlichkeit der syntaktischen Beziehungen und mitunter Sinnverdunkelungen.

(98) *Die neuen Aufgaben d e s Verteidigungsbündnisses n a c h dem Ende d e s*
Kalten Krieges und angesichts d e r revolutionären Veränderungen d e r internationa-
len Beziehungen standen im Mittelpunkt e i n e r v o n der Akademie für politische
Bildung veranstalteten Fachtagung.

Überforderung des Einfachsatzes

Die Nachteile der nominalen Ausdrucksweise steigern sich, wie sich an
einigen Beispielen schon gezeigt hat, im stark erweiterten Einfachsatz.
Weitgespannte nominale Klammern werden mit langen Ketten von Attributen und mit anderen Formen der Zuordnungshäufung verbunden.
Dadurch erhöhen sich die Schwierigkeiten, die abstrakt gefaßte Sachverhalte dem Verständnis ohnehin bereiten. Vielgliedrige Substantivkomposita können das Verständnis zusätzlich erschweren. Nominale Fertigstük-

ke werden schablonenhaft verwendet; klischeehafte Reihenbildungen breiten sich aus. Der Häufung nominaler Bildungen und Fügungen steht oft nur eine Streckform, ein bedeutungsschwaches Verb oder eine Hilfsverbkonstruktion gegenüber, was den Mangel an Dynamik besonders fühlbar macht.

Der unbedachte Zugriff auf den stark erweiterten Einfachsatz bringt nicht nur alle die Nachteile mit sich, die wir schon erwähnt haben; er läßt auch – aufs Ganze gesehen – Texte entstehen, die den Charakter fachwissenschaftlicher Abhandlungen haben. Bei Fachtexten stehen Originalität, Emotionalität und Dynamik der Darstellung naturgemäß nicht im Vordergrund. Von vielen journalistischen Texten dagegen werden diese Eigenschaften – und dazu Verständlichkeit und Faßlichkeit – vor allem erwartet.

Das folgende Beispiel zeigt, worauf es ankommt:

(99) *E i n e s i c h infolge ungewöhnlich strenger Fröste Ende Januar g e b i l d e t e 40 Kilometer lange E i s b a r r i e r e zwischen Fort Schewtschenko und der Insel Tschetschen führte zur A b r i e g e l u n g des Nordteils des Kaspisees und zur B e - d r o h u n g der künstlichen Erdölbohrinseln.*

Wenn die nominale Klammer schon nicht zu vermeiden war oder die Ausklammerung eines Attributs nicht möglich erschien, hätte *sich gebildete* (*...Eisbarriere*) wenigstens durch *entstandene* oder *sich bildende* ersetzt werden müssen. Da es sich jedoch um einen Korrespondentenbericht handelte, dem 'mildernde Umstände' wie Streben nach Sprachökonomie oder begrifflicher Verdichtung nicht zugebilligt werden können, hätte in diesem Fall schon auf den nominalen Ansatz verzichtet und die Aussage verbal – und damit dynamisch – formuliert werden müssen. Etwa so:

(100) *Ende Januar s e t z t e n strenge Fröste e i n. Schon bald t ü r m t e s i c h zwischen Fort Schewtschenko und der Insel Tschetschen eine riesige Eisbarriere a u f. Sie e r r e i c h t e schnell eine Länge von 40 Kilometern und r i e g e l t e den ganzen Nordteil des Kaspisees a b. Höchste Gefahr für die künstlichen Erdölbohrinseln!*

Diese oder eine ähnliche Fassung war umso mehr nötig, als der Korrespondent den *dramatischen Kampf* (so wörtlich im Kontext) schildern wollte, der zum Schutz der Bohrplattformen geführt werden mußte. Das statische Element – die nominale Konstruktion – machte die Verwirklichung dieser Absicht schon im Ansatz zunichte.

4.4 Aktiv und Passiv

Aktiv und Passiv sind Handlungsformen (Aktionsformen) des Verbs. Sie erlauben es, ein und dasselbe Geschehen in u n t e r s c h i e d l i c h e r S i c h t und mit unterschiedlichen syntaktischen Strukturen auszudrücken.

Im A k t i v s a t z wird das Geschehen dargestellt mit dem Blick auf den Handlungsträger (der grammatisch als Subjekt erscheint) und auf den Gegenstand, das Ziel der Handlung (das grammatisch als Akkusativobjekt auftritt):

(101) *Die Soldaten der Bundeswehr erfüllten ihre Aufgaben vorbildlich.*

Ein Gegenstand (oder eine Person), auf die die Handlung gerichtet ist, muß nicht immer auftreten. Nur die zielenden (transitiven) Verben verlangen eine Gegenstandsangabe wie im Beispiel (101). Nichtzielende (intransitive) Verben bedürfen einer solchen Angabe nicht. Deshalb finden wir auch Aktivsätze folgender Art:

(102) *Der Deich brach (unter der Gewalt der Fluten). Die Soldaten der Bundeswehr waren sofort zur Stelle.*

In P a s s i v s ä t z e n wird das Geschehen dargestellt mit dem Blick auf das Ziel, auf den Gegenstand oder die Person, auf die die Handlung gerichtet ist. (Diese erscheinen deshalb als Subjekt des Satzes, während sie im Aktivsatz als Akkusativobjekt auftreten.) Die Angabe eines Handlungsträgers ist entweder nicht erforderlich oder vom Autor nicht beabsichtigt oder nicht üblich:

(103) *Die Bewohner der gefährdeten Häuser w u r d e n rechtzeitig e v a k u i e r t .*

Soll der Handlungsträger aus irgendwelchen Gründen doch genannt werden, dann erscheint er grammatisch als Präpositionalobjekt:

(104) *Die Bewohner... wurden v o n B u n d e s w e h r s o l d a t e n rechtzeitig evakuiert.*

Wir unterscheiden V o r g a n g s p a s s i v und Z u s t a n d s p a s s i v. Das Vorgangspassiv kennzeichnet das Geschehen als Tätigkeit, die von einem – oft ungenannten – Handlungsträger ausgeht. Es wird mit dem Hilfsverb *werden* gebildet (siehe die Beispiele 103/104). Das Zustandspassiv bezeichnet nicht das eigentliche Geschehen, sondern den Zustand, der sich aus einem Geschehen ergeben hat. Es wird mit dem Hilfsverb *sein* gebildet:

(105) *Die Bewohner der Niederung s i n d   e v a k u i e r t.*

Das Zustandspassiv nennt also das Ergebnis. Die Bewohner sind evakuiert worden (Vorgangspassiv), nun sind sie evakuiert (Zustandspassiv).

Das Zustandspassiv eignet sich wegen seines statischen Charakters vor allem für die Wiedergabe von Resultaten und die Beschreibung von Sachverhalten:

(106) *Die Verträge s i n d seit einem Vierteljahr a b g e s c h l o s s e n; die Lieferungen s i n d   v e r e i n b a r t und die Kooperationspartner f e s t g e l e g t. (Wir können mit den Vorbereitungen zufrieden sein.)*

(107) *Die Fassade des Gebäudes i s t mit farbigen Kunststoffplatten v e r k l e i d e t; die Giebel s i n d mit Ornamenten v e r z i e r t.*

Verlangen Gegenstand, Absicht oder Genre eine d y n a m i s c h e Darstellung, dann wählen wir – wenn überhaupt eine Passivkonstruktion erforderlich ist – in der Regel (siehe aber Beispiel 109) das Vorgangspassiv:

(108) *Die Fassade des Gebäudes w u r d e vor wenigen Tagen noch mit Kunststoffplatten v e r k l e i d e t, und die neuen Giebel w u r d e n mit Ornamenten v e r z i e r t. (Bald ziehen die neuen Mieter ein.)*

Das Zustandspassiv macht eine Aussage freilich nicht in jedem Fall statisch. Wie eine Umformung unseres Beispiels (106) zeigt, kann der Kontext die Statik in gewisser Weise mildern oder gar aufheben:

(109) *Die Verträge s i n d   a b g e s c h l o s s e n, die Lieferungen v e r e i n b a r t, die Kooperationspartner f e s t g e l e g t. Jetzt kommt es darauf an...*

In diesem Fall erzeugen die kurzen Einzelaussagen, deren einheitlicher Rhythmus und der rasche Übergang vom Zustandspassiv zum Aktiv relativ starke Dynamik. Die im Zustandspassiv gegebenen Aussagen verstärken die Unausweichlichkeit des geforderten Handelns. Die Gesamtaussage erhält motivierenden Charakter.

Die Frage, ob man einen Sachverhalt im Aktiv oder Passiv formulieren soll, läßt sich nicht einfach mit der Faustregel beantworten, daß man das Aktiv zu wählen habe, wenn der Handelnde bekannt ist. Wir haben bereits gesehen, daß es für die Kommunikation oft gar nicht notwendig und vom Autor auch nicht beabsichtigt ist, einen Handlungsträger (Urheber, bewirkenden Faktor) zu nennen.

Auch die Auffassung, das Passiv sei schwerfällig und das Aktiv deshalb vorzuziehen, ist sehr fragwürdig. Gewiß gibt es umständliche Passivsätze (Beispiel 110), die man vermeiden kann, wenn ein Handlungsträger bekannt ist; aber ebenso gibt es umständliche Aktivsätze, denen eine Passivkonstruktion vorzuziehen ist (Beispiel 111):

(110) *Die Qualität der Erzeugnisse muß von uns immer von neuem geprüft werden.* (Statt: *Wir müssen... prüfen.*)

(111) *Gewisse Heilmittel sind nicht ungefährlich, und deshalb sollte der Patient es dem Arzt überlassen, sie zu verordnen.* (Statt: *...ungefährlich und sollten deshalb nur vom Arzt verordnet werden.*)

Äußerst fragwürdig ist auch die Auffassung, das Passiv sei für eine dynamische Darstellung nicht geeignet. Unser Beispiel (109) widerlegt dieses Vorurteil. Andererseits stoßen wir in journalistischen Texten noch oft genug auf unangebrachte Passivkonstruktionen:

(112) *Jährlich 2000 Liter Kraftstoff werden in dem Betrieb künftig weniger verbraucht werden.* (Statt: *...wird der Betrieb künftig einsparen.*)

(113) *Mit diesem Ausspruch wird die Bedeutung der menschlichen Kommunikation... unterstrichen.* (Statt: *Dieser Ausspruch unterstreicht...*)

Mitunter treten Passivkonstruktionen gehäuft auf wie in dem folgenden Text:

(114) *Pharmaka, die an jeder beliebigen Stelle des menschlichen Organismus k o n - z e n t r i e r t w e r d e n k ö n n e n, sind in Lettland e n t w i c k e l t w o r d e n. Forschungsarbeiten auf diesem Gebiet w u r d e n kürzlich auf einem Symposium*

über Ferroflüssigkeiten vorgestellt. Es wurde praktisch nachgewiesen, daß Arzneimittel mit Ferroflüssigkeiten organisch verbunden oder kombiniert werden können. Mittels magnetischer Felder können sie unmittelbar an den Krankheitsherd geleitet werden. Dadurch kann die Wirkung von Arzneimitteln bedeutend erhöht werden.

Diese Häufung wäre schon vermeidbar gewesen, wenn der Autor den Blick stärker auf die Schöpfer der neuen Medikamente gerichtet und sie nicht in einer unverdienten Anonymität belassen hätte. Die Umformung des Textes zeigt deutlich die Leistungen des Aktivs:

(115) *Pharmaka, die… konzentriert werden können* (einzige Passivkonstruktion), *stellten lettische Wissenschaftler kürzlich auf einem Symposium über Ferroflüssigkeiten* vor. *Die Forscher (Prof. X. und sein Assistent Dr. Z.) wiesen nach, daß man Arzneimittel mit Ferroflüssigkeiten (eisenhaltigen Flüssigkeiten) organisch verbinden oder kombinieren und mittels magnetischer Felder unmittelbar an den Krankheitsherd leiten kann. Dadurch läßt sich die Wirkung von Arzneimitteln bedeutend steigern.*

Aktivische Darstellung ist immer dann am Platz, wenn der Autor den Sachverhalt ausdrücken will (oder muß), daß ein Handlungsträger auf ein Objekt einwirkt. Ist dagegen die Angabe eines Handlungsträgers nicht möglich, ist sie überflüssig (weil der Handlungsträger aus dem Kontext erschließbar ist), ist sie nicht beabsichtigt oder nicht üblich, dann sollte man das Passiv wählen.

Die Möglichkeit, den Handlungsträger nicht zu nennen, macht das Passiv zum Mittel der u n p e r s ö n l i c h e n Ausdrucksweise. Diese seine hauptsächliche Leistung ist allgemein bekannt. Weniger bekannt sind andere Potenzen, die wir im folgenden stärker bewußtmachen wollen.

1. Das Passiv kann dazu dienen, eine Aussage mit geringerem sprachlichen Aufwand zu formulieren. Als Mittel der Sprachökonomie erweist es sich beispielsweise, wenn es eine Satzverbindung (oder ein Satzgefüge) auf einen Einfachsatz reduzieren hilft:

Aktiv	Passiv
(116) *Das Notstromaggregat arbeitete nicht einwandfrei, und der Schichtlei-*	*Das Notstromaggregat arbeitete nicht einwandfrei und wurde noch*

ter ließ es noch am selben Tag ersetzen.   *am selben Tag ersetzt.*

2. Passivkonstruktionen können auf Grund ihrer formalen Zweiteiligkeit (Hilfsverb *werden* + Partizip II) eine prädikative Klammer bilden. Dabei tritt das Partizip ans Satzende, und der Verbalinhalt wird betont:

Aktiv   Passiv

(117) *Die Forscher lösten die Aufgabe*   *Die Aufgabe wurde in kurzer Zeit*
in kurzer Zeit.   *gelöst.*

Noch deutlicher wird die durch das Passiv bewirkte Hervorhebung in dem folgenden Beispiel:

Aktiv   Passiv

(118) *Die Gestapo verhaftete ihn, miß-*   *Er wurde verhaftet, grausam miß-*
handelte ihn grausam und verschleppte   *handelt und in ein Konzentrations-*
ihn in ein Konzentrationslager.   *lager verschleppt.*

Die Betonung mehrerer Partizipien durch deren Endstellung macht die Aussage in diesem Fall eindringlicher und erhöht ihr emotionales Gewicht; das Leiden des Häftlings wird betont. Außerdem wird durch die Passivkonstruktion die mehrfache Wiederholung des Akkusativobjekts (*ihn*) vermieden, die im Aktivsatz wegen der Aufzählung unvermeidlich ist. Die Aussage ist also auch sprachökonomischer. (Wir setzen hier voraus, daß die Handlungsträger *Forscher* und *Gestapo* im Kontext bereits genannt worden sind.)

Eine noch stärkere kommunikative Hervorhebung kann erreicht werden, wenn das Partizip II in das Vorfeld des Satzes oder in stilistische Anfangsstellung rückt:

(119) *Der britische Schatzkanzler kündigte einschneidende Kürzungen der Staatsausgaben an. V o m   R o t s t i f t   v o r r a n g i g   b e t r o f f e n   sind Wohnungsbau, Zuschüsse an Städte und Gemeinden und Sozialleistungen. Z u r   K a s s e   g e b e - t e n   werden Arbeiter und Angestellte in Form höherer Beiträge zur Sozialversicherung. A b g e k o p p e l t   vom Inflationsanstieg und damit real g e s e n k t   werden Renten, Arbeitslosenunterstützung und Sozialbeihilfen...*

3. Das Passiv kann genutzt werden, wenn eine Gesetzmäßigkeit hervorgehoben werden soll:

(120) *Werden diese Vorschriften verletzt, kann es zu erheblichen Störungen im Betriebsablauf kommen.* (Statt: *Wenn jemand... verletzt / Wenn man... verletzt.*)

4. Passivkonstruktionen können als Mittel der Entgegensetzung, als Ausdruck eines Kontrasts dienen:

(121) *Er glaubte sich zu opfern, aber in Wirklichkeit w u r d e er g e o p f e r t.*

Möglichkeiten der Umschreibung des Passivs

Wenn wir einen Handlungsträger nicht angeben können oder nicht nennen wollen und dennoch einen Passivsatz vermeiden möchten, wählen wir die unpersönliche *man*-Konstruktion (Beispiel 122) oder eine a k t i -v i s c h e F o r m m i t P a s s i v b e d e u t u n g (Beispiele 123–126):

(122) *Bei der Einschätzung seines Verhaltens muß m a n die Umstände berücksichtigen.* (Statt: ...müssen... berücksichtigt werden.)

(123) *Im Nordabschnitt der Front k a m e n erstmalig Kurzstreckenraketen z u m E i n s a t z.* (Statt: ...wurden... eingesetzt.)

(124) *Die Vorzüge der neuen Organisationsstruktur l a s s e n s i c h an vielen Beispielen z e i g e n.* (Statt: ...können... gezeigt werden.)

(125) *Bei Schnee- und Eisglätte s i n d größere Sicherheitsabstände e i n z u h a l -t e n.* (Statt: ...müssen... eingehalten werden.)

(126) *Hier w ä r e n auch noch andere Ursachen z u n e n n e n.* (Statt: ...könnten/müßten... genannt werden.)

4.5 Zur Satzlänge

Die Satzlänge (der Satzumfang) hängt von vielen Gegebenheiten ab: von den Kommunikationsbedingungen (schriftlicher, mündlicher oder bildbegleitender Text), vom Genre, der Darstellungsart (berichtend, darlegend, erörternd u.a.), dem Darstellungsgegenstand, der Absicht und nicht zuletzt der Befähigung des Autors zur gedanklichen Verarbeitung und sprachlichen Gestaltung des Stoffes. Deshalb sind Stilregeln, die mit Rücksicht auf die Verständlichkeit grundsätzlich kurze Sätze fordern und lange Sätze verurteilen, völlig unfruchtbar. Solche Regeln gehen zwar

richtig davon aus, daß ungeübten Verfassern die Formulierung kurzer
Sätze meistens schneller und besser gelingt als die langer Sätze und daß
der Inhalt kürzerer Sätze meistens schneller erfaßt werden kann als der
längerer, aber daraus ist nicht der Schluß zu ziehen, daß längere Sätze
vermieden werden müßten. Sprachstatistische Untersuchungen haben ergeben, daß die durchschnittliche Satzlänge in der Umgangssprache 13 bis
16 Wörter pro Satz beträgt, die von journalistischen Texten etwa 23
Wörter und die von wissenschaftlichen Texten 28 Wörter, aber aus diesen Erhebungen können ebenfalls keinerlei Vorschriften in bezug auf die
zulässige Länge eines einzelnen Satzes in einem journalistischen Text abgeleitet werden.

Die Faßlichkeit und Verständlichkeit eines Satzes hängt nicht primär
von dessen L ä n g e ab, sondern in erster Linie – wie wir an anderer
Stelle schon angedeutet haben – von dessen S t r u k t u r und l e x i s c h -
s e m a n t i s c h e r F ü l l u n g. Die überdurchschnittliche Länge eines
Satzes wirkt sich im geschriebenen Text nur dann auf die Faßlichkeit aus,
wenn der Satz eine komplizierte Struktur hat, wenn er beispielsweise ein
überladenes Vorfeld enthält, wenn Zuordnungshäufungen (z.B. Attributketten), überdehnte nominale und verbale Klammern oder Einschübe
verschiedener Art auftreten oder wenn Hauptsatz und Nebensätze inein-
ander verschachtelt sind.

Einfache Hauptsätze (H), Satzverbindungen (H+H) und zweiteilige
Satzgefüge (H+N oder N+H) haben die besten Aussichten, leicht aufgefaßt zu werden. Bei komplizierteren Strukturen (und damit oft zuneh-
mender Satzlänge) verringern sich diese Aussichten meistens erheblich.
Das gilt vor allem, wie wir schon an Beispielen gesehen haben, für Satzgefüge mit mehr als zwei Nebensätzen verschiedenen Grades, für Hauptsätze mit mehr als zwei substantivischen Attributen und für Hauptsätze
mit mehr als zwei substantivischen Attributen und Nebensatz. Die syntaktische Einbettung eines Sachverhalts muß um so einfacher sein, je
komplizierter der Sachverhalt ist.

4.6 Syntaktische Stilfiguren

Wir verlassen jetzt das Gebiet der stilistischen Grammatik und beschließen das Kapitel 'Satzgestaltung' mit der Betrachtung einiger Stil-
elemente, die im journalistischen Text besondere Funktionen erfüllen
(Ausdrucksvariation, Hervorhebung, Nachdruck, Steigerung, Pointierung) und in der Regel expressiven Charakter haben. Der antiken Rhetorik folgend, werden sie gewöhnlich als rhetorische Figuren oder Stilfiguren bezeichnet.

Eine der häufigsten syntaktischen Stilfiguren ist die W i e d e r h o -
l u n g . Als w ö r t l i c h e Wiederholung, d.h. als grammatisch und semantisch unveränderte Wiederaufnahme, wird sie bisweilen nur als Zeichen von Wortarmut oder Monotonie angesehen. Das mag gerechtfertigt
sein, wenn ein Text jeglichen Versuch der Ausdrucksvariation vermissen
läßt. Aber auch in diesem Fall müssen wir eine Ausnahme machen: Fach-
texte verwenden zwangsläufig Termini, deren Bedeutung weitgehend
festgelegt ist, so daß bei notwendigen Wiederholungen kaum Synonyme
verwendet werden können, allenfalls ein Wechsel zwischen einer fremd-
wörtlichen und einer deutschsprachigen Variante (z.B. *Komet/Schweifstern*).
Anders schon in populärwissenschaftlichen Beiträgen, wie wir im Kapitel
2 an den Beispielen 'Hale-Bopp' und 'Vogelzug' gesehen haben, wo die
s y n o n y m e W i e d e r h o l u n g nicht nur der Ausdrucksvariation, sondern auch der V e r a n s c h a u l i c h u n g diente. Synonyme Wiederholung finden wir auch in dem folgenden Beispiel:

(127) *In den letzten Jahren ist die Zahl von G e w a l t v e r b r e c h e n ... sprunghaft*
a n g e s t i e g e n . Das H o c h s c h n e l l e n der Gewalt a k t e führen Kriminologen
und Sozialwissenschaftler vor allem auf die zunehmende Arbeitslosigkeit zurück.

Eine Sonderform der Wiederholung ist die A n a p h e r , die Wieder-
kehr derselben Sprachform am A n f a n g mehrerer aufeinanderfolgender Wortgruppen, Sätze oder Absätze. Sie dient der Hervorhebung eines
Gegenstandes, einer Person oder eines Vorgangs und kann der Aussage
N a c h d r u c k verleihen:

(128) *...Da haben wir ihn, den sowohl schwarz-rot-goldenen als auch romantischen Heinrich Heine. U n d w e m bei ihm zuviel Spott blüht u n d w e m unter seiner Flagge zu viele Einfälle wimmeln, der soll sich seine deutschen Gefühlstiefen und seine deutschen Gesinnungen sonstwo suchen.*

Seltener als die Anapher tritt in journalistischen Texten die E p i - p h e r auf, die Wiederholung derselben Sprachform am E n d e aufeinanderfolgender Wortgruppen, Sätze oder Absätze. Sie dient ebenfallls der Hervorhebung und Bekräftigung:

(129) *Er denkt k o n s e q u e n t , spricht k o n s e q u e n t und handelt k o n s e q u e n t .*

Anapher und Epipher können als parallele Gestaltungen auf der Ebene des W o r t e s aufgefaßt werden. Von s y n t a k t i s c h e m P a - r a l l e l i s m u s sprechen wir, wenn ein Gleichlauf syntaktischer Strukturen vorliegt:

(130) *Partnerbetriebe, die bisher gewohnt waren... Forscher, denen es bisher genügte... Manager, die bislang nur danach strebten...*

In dem folgenden Beispiel aus einer Buchbesprechung sind syntaktischer Parallelismus und Anapher wirkungsvoll verbunden:

(131) *E s i s t D o n R i g o b e r t o , der gebildete Erotomane, der Fetischist zierlicher Frauenfüße..., der melancholische Enthusiast weiblicher Schönheit; e s i s t D o n R i g o b e r t o , der Mann mit den Segelohren und der Nase eines Ameisenbärs...*

Wie Amor so ist auch Fonchito alterslos, jenseits v o n M a n n u n d K i n d , v o n G u t u n d B ö s e ... [Er] i s t d e r w a h r e Held des Romans, i s t d e r w a h r e Fund von Vargas Llosa (dem Autor).

Eine syntaktische Figur, die im Journalismus häufig genutzt wird und in nahezu allen Genres auftritt, ist die A n t i t h e s e , die gedanklich-sprachliche Gegenüberstellung von Aussageeinheiten, die auf gleicher logischer Ebene liegen. Die Antithese erzeugt Klarheit der Gedankenführung und Bestimmtheit der Aussage; sie eignet sich auch als Mittel der Wertung. Ihre Erscheinungsformen reichen von der knappen antithetischen Zwillingsformel, die sich gegensätzlicher Wortbedeutungen (A n -

t o n y m e) bedient wie *Tag und Nacht, alt und jung, durch dick und dünn* oder – wie in unserem letzten Beispiel – *Mann und Kind, Gut und Böse,* bis zur kompositorischen Gegenüberstellung ganzer Textabschnitte (architektonische Antithese). Wir geben einige Beispiele aus einer ganzseitigen Betrachtung, die im Heine-Jahr 1997 unter der antithetischen Überschrift *Der Parteien Gunst und Hader* erschien:

(132) *Börne mit deutschen Handwerksburschen a u f d e m M o n t m a r t r e, Heine i n d e r D i c h t e r k a m m e r – Deutsche waren sie alle...*

(133) *Beim schwersten Vorwurf, Heine habe z w a r T a l e n t, aber k e i n e n C h a r a k t e r, blieb Börne bis zuletzt.*

(134) *Weil aber Marx über freieren Sinn verfügte als mancher seiner Genossen..., hat er in Zweifelsfällen eher f ü r H e i n e als g e g e n i h n Partei ergriffen.*

(135) *...(der deutsche Bürger), der s i c h z w a r a m „B u c h d e r L i e d e r" n a c h w i e v o r e r g ö t z t e, ü b e r d e n p o l i t i s c h e n J o u r n a l i s t e n H e i n e a b e r d i e N a s e r ü m p f t e.*

Als eine Sonderform der Antithese gilt die K r e u z f i g u r (Chiasmus), die eine Aussage unter Umkehrung der Wortfolge fortführt. Sie kann der (witzigen) P o i n t i e r u n g dienen wie in der Antwort Egon Erwin Kischs auf die Frage, was er von politischen Redakteuren in Amerika halte:

(136) *Von ihnen gibt es zwei Gruppen. D i e e i n e s c h r e i b t m e h r, a l s s i e w e i ß, d i e a n d e r e w e i ß m e h r, a l s s i e s c h r e i b t.*

Zu den syntaktischen Figuren, die in journalistischen Texten zu finden sind, gehört auch die r h e t o r i s c h e F r a g e, eine Scheinfrage, die keine Antwort, sondern nur stille Bestätigung erfordert, oder eine provozierende Frage, von der der Fragesteller annimmt, sie könne nicht beantwortet werden:

(137) *H a t t e n n i c h t, als das „Buch der Lieder" erschien, Goethe, Beethoven und Schubert noch gelebt? W a r e n n i c h t die großen Maßstäbe noch unmittelbare Gegenwart gewesen?*

Der N a c h d r u c k beider Fragen wird durch die anaphorische Gestaltung (*Hatten nicht... Waren nicht...*) noch verstärkt. Nachdrücklichkeit ist es freilich nicht allein, was rhetorische Fragen bewirken. Sie können dem Rezipienten auch das Gefühl geben, daß der Autor mit ihm im Gespräch ist, daß er seine Zustimmung oder Ablehnung herausfordern, ihn zum Mitdenken anregen will. Insofern eignet sich die rhetorische Frage vor allem für Texte, in denen geistige Auseinandersetzung stattfindet, für Kritik und Polemik.

Werfen wir zum Schluß noch einen Blick auf einige Mittel, die der syntaktischen Auflockerung dienen. Das sind vor allem von den schulgrammatischen Regeln abweichende Satzkonstruktionen. Zu ihnen gehören die Ellipse, die wir schon kennengelernt haben (siehe Beispiel 28), die Vorwegnahme (Prolepse), der Nachtrag und die Einschaltung (Parenthese).

Bei der Prolepse wird ein Satzglied in die betonte Anfangsstellung gerückt und dann durch ein Pronomen oder Adverb wiederaufgenommen:

(138) *Dem Heinrich Heine, dem hat er [Börne] es kräftig gegeben.*

Beim Nachtrag wird ein Redeteil an einen bereits abgeschlossenen Satz angehängt. Als Nachtragskonstruktion könnte Beispiel (138) so lauten:

(139) *Er hat es ihm kräftig gegeben, dem Heinrich Heine.*

Als Parenthese bezeichnet man jeden Einschub, der die Satzkonstruktion vorübergehend aufhebt und einen relativ abgeschlossenen Gedanken enthält. Parenthesen können belebend, assoziativ, humoristisch oder polemisch wirken. Sie werden graphisch durch Gedankenstriche, Klammern oder Kommata kenntlich gemacht. Aus der Vielzahl von Möglichkeiten nur einige Beispiele:

(140) *Wie die Freundschaft zwischen Heine und Marx wirklich verlief, hat Franz Mehring, unzweifelhaft ein Marxist, wenn auch einer mit eigenem Kopf, schon 1914 offengelegt.*

(141) *Für Börnes Vorwurf der Feigheit und Niedertracht revanchierte sich Heine — er sah sich zu seinem Bedauern dazu bestimmt, seine*

„armen Mitdeutschen aus ihrer Behaglichkeit hervorzu-geißeln" –, *indem er den Kontrahenten einen „argwöhnischen Kleingeist" nannte.*

(142) *Der* [Augsburger] *„Allgemeinen Zeitung" – auch dies gehört zur Geschichte vom Poeten und seinem Vaterland – hatte Heine... aus Paris Berichte geliefert. Als Heine gestorben war (also acht Jahre nach seinem letzten regulären Beitrag), waren in Augsburg seine Mitarbeit und der Ärger mit ihm offenbar vergessen, und jemand spielte dort den über den Dingen – und über dem toten Autor – stehenden Kunstrichter.*

Wir sehen, daß alle diese abweichenden Satzkonstruktionen von den jeweiligen Autoren bewußt genutzt werden, da sie besondere stilistische Leistungen erbringen. Wie diese und andere Mittel bei der T e x t gestaltung zusammenwirken und auch journalistische Großtexte unverwechselbar prägen, zeigen die folgenden Kapitel.

5 Der Text

Ein Satz ist mehr als die Summe seiner Wörter – diese Essenz ergab sich bereits aus dem Syntax-Kapitel. Noch mehr betrifft dies den Text: Ein Text ist nicht bloß Summe sinnvoller, grammatisch korrekter Sätze oder Aussagen, die in ihm mitzuteilen sind. Dies gilt in besonderem Maße für den journalistischen Text, für eine verständliche Massenkommunikation.

Was sind die gedanklich-sprachlichen Voraussetzungen einer solchen Kommunikation im Hinblick auf den Text? Spätestens hier stellt sich die Frage nach dem Begriff des (Text-)Stils.

5.1 Sprach- und Denkstil

5.1.1 Denkstil als Grundlage der Textgestaltung

Stil ist mehr als nur Sprachstil. Er ist mehr als das treffend formulierte Wort, der grammatisch korrekte und einer Kommunikationsabsicht angemessene Satz.

Den sprachlichen Äußerungen in Textformen liegen bestimmte Formen des Denk(formulierungs)vorganges zugrunde, die man bündig als Denkstil bezeichnen kann (vgl. Kurz 1970). Treffliche Argumentation etwa setzt zunächst treffliche Art voraus, Gedanken zu entwickeln, mit anderen zu verknüpfen, mit früheren – direkt oder auch nur anspielend – zu vergleichen, sie interpretierend oder widerlegend aus ihnen herauszuschälen, mit fremden oder früheren eigenen Gedanken zitierend zu arbeiten. Schon die bloße, nichtargumentierende Gedankenfolge kann maßgebend sein für die Realisierung der Kommunikationsabsicht; stets maßgebend ist sie für Lesbarkeit und Verständlichkeit.

So gesehen, bildet der Denkstil das Bindeglied zwischen der (äußeren) Sprachform und dem Inhalt des Textes. Für die Stilistik als Lehre von der Textgestaltung ist er Korrelat und Grundlage des Sprachstils. Denn: Weder ist e i n Gedanke an e i n e Sprachform, noch ist e i n e Sprachform an e i n e n Gedanken gebunden.

Der erste Teil dieser prinzipiellen Feststellung wird an vielen stilistischen oder semantischen Kategorien deutlich, am deutlichsten an der Synonymie, die wir nunmehr nicht nur auf das bedeutungsgleiche oder -
ähnliche Wort beziehen, sondern auf den Textteil oder Text. Gäbe es
keine Synonymie des Textes, so müßten alle journalistischen Aussagen
über ein identisches Ereignis, und besonders alle Meldungen, eine identische Form haben. Dies haben zur Genüge Übungen mit Journalistikstu-
denten bewiesen, und selbst die Nachrichtenpraxis scheinbar gleichge-
schalteter Presseorgane einschließlich der Funkfassungen hat dies erhär-
tet. Außerhalb des Deutschen hat dies eindrucksvoll der französische Literat Raymond Queneau belegt, der ein und dasselbe Ereignis in 99 Textvarianten mitteilt (vgl. Queneau 1984).

Von der Synonymie abgesehen, weisen auf einen von der konkreten
Sprachform unabhängigen Denkstil folgende Kriterien, auf die wir uns
z.T. an den entsprechenden Stellen beziehen, denen wir jedoch aus pragmatischen Gründen nicht explizit nachgehen werden: (1) Relation zur
Textaussage (Nebenaussage, Beispiel, Vergleich...), (2) Disposition und
Komposition (Aufhänger, Rahmenbau...), (3) Gedankenfolge (chronologisch, assoziativ...), (4) Einbettung von Fremdgedanken in den Text
(Rede, Reflexion, Anspielung), (5) Textperspektiven (räumliche, zeitliche...), (6) Stilzüge (Dynamik/Statik, Dichte/Breite, Anschaulichkeit...),
(7) Darstellungsarten (Berichten, Beschreiben...), (8) Darstellungsmethoden (Detaillieren, Pointieren...), (9) Darstellungshaltung (seriös, pathetisch, ironisch...), (10) Denkfiguren (Antithese, Paradoxon...), (11) Mi-
krotexte im Text (Sentenz, Fazit...).

Der zweite Teil unserer Feststellung – nämlich: eine Sprachform sei
nicht an e i n e n Gedanken gebunden – meint philosophisch gesehen
die Äquivokation (Gleichbenennung) verschiedener Sachverhalte, linguistisch ausgedrückt die Bezeichnung von verschiedenen Sach(verhalt)en
mit ein und demselben Wort (Homonym); hier kommt der unterschiedliche Gedanke bzw. die gemeinte Sache sprachlich nicht unterschiedlich
zum Ausdruck, was innerhalb eines Zusammenhangs zu einer Änderung
der Sprachform zwingen kann, etwa, wenn *Bank* innerhalb eines Gedankens einmal eine 'Sparkasse' und das anderemal die 'Sitzgelegenheit'

meint. So bezeichnet auch das Wort *Wende* in dem folgenden Satz Verschiedenes: *Acht Jahre nach der Wende ist die Wende auf dem Arbeitsmarkt einschneidend.* Beim erstenmal war die Revolution von 1989 gemeint, ein länder- und kontinentübergreifender Umbruch, das andere Mal bezeichnet das Wort den Wirtschaftsstrukturwandel. Unabhängig von diesem Beispiel gibt es auch gleichklingende Wörter (Homophone, z.B. *Stiel/Stil*, *Rain/rein*, im Unterschied zu gleichgeschriebenen Wörtern, Homographen, wie *umfahren* und *umfahren*). Sowohl in dem einen als auch in dem anderen Fall mag der Gedanke, genauer: der Denkstil, richtig sein – die sprachliche Formulierung, sofern sie sich nicht mit dem Ersatz eines Wortes erledigt, muß geändert werden. Auch wenn es im Deutschen viel weniger solcher Fälle gibt als im Englischen (*four/for*) oder im Französischen (*vin/vint/vingt/vain*: identische Aussprache),[7] kann Gleichlaut zu Änderung des Sprachstils zwingen.

5.1.2 Der Text als zusammenhängende Aussage

Ein Text ist erst dann formal gelungen und leicht zu rezipieren, wenn seine Einzelaussagen – meist Sätze – zwingend und gleichsam fließend verbunden sind, d.h. wenn er, unabhängig davon, ob er der Information oder der Argumentation oder beidem dient, von Satz zu Satz deutliche gedanklich-sprachliche Bezüge aufweist. Sätze sollten so verknüpft oder verschränkt sein, daß im Normalfall keiner für sich allein zitiert werden kann. Eine Abfolge von ausschließlich zitierenswerten Einzelsätzen ist möglicherweise ein Feuerwerk von Sentenzen oder Aphorismen, aber kein gut erfaßbarer Text oder Textteil. Es kommt auf den sicht- oder unsichtbaren Zusammenhang der Gedanken eines Textes an. Ein Text ist somit, gedanklich-sprachlich gesehen, die möglichst folgerichtige, logisch oder chronologisch durchschaubare Abfolge von Einzelaussagen. Dabei verstehen wir unter dem Begriff der (Einzel-)Aussage nicht allein die Formung in (grammatischen) Aussagesätzen. Auch Ruf- und Fragesätze

---

[7]   Im leicht lesbaren Zusammenhang dargestellt bei Stark 1993, S. 139 f.

oder Interjektionen sagen etwas aus und sind als Textteil zugleich Elemente des Denk- und des Sprachstils.

Die Rolle des Denkstils für den Text sei zunächst beispielhaft an Rohgedanken demonstriert, die Studenten zur Ausformung und Verknüpfung als Etüde vorgelegt bekamen. Die (Roh-)Gedanken lagen einer publizistischen Rechtfertigung zugrunde, die ein Regisseur zu seiner Inszenierung von Ibsens „Peer Gynt" und hier besonders zur Rezeption von Griegs Peer-Gynt-Kompositionen geben wollte:

(1) Das gleiche wie für den Schluß des Schauspiels (wenn man es wie wir kritisch betrachtet) gilt für die Peer-Gynt-Kompositionen von Edvard Grieg.

(2) Edvard Grieg lebte von 1843 bis 1907.

(3) Die Peer-Gynt-Kompositionen Griegs sind einer romantisch entschärfenden Geisteshaltung (die die gesellschaftliche Brisanz überdeckt) verbunden.

(4) Die Musik Griegs zu „Peer Gynt" ist konzertant nach wie vor schön.

(5) Eine gegenwärtige Interpretation der Peer-Gynt-Musik zwingt (im Hinblick auf unsere Regiekonzeption für den geänderten Schluß) zu Verknappungen.

(6) Die Melodie des Solveig-Liedes ist wunderbar zart und innig.

(7) Wir haben das Solveig-Lied übernommen.

(8) Wir haben auf andere Melodien Griegs nicht völlig verzichtet.

(9) Wichtig schien uns die Musik zu Aases Tod, zur Trollhöhle und zu Anitras Tanz.

(10) Die anderen Melodien Griegs sind für uns nur noch als Zitate vertretbar.

(11) Die anderen Melodien Griegs dürfen nicht Selbstzweck werden.

(12) Wir haben (wegen des zu romantischen Grundtons) die anderen Melodien Griegs rhythmisch entschärft.

(13) Wir haben die anderen Melodien Griegs (wegen der romantischen Orchestrierung) ausgesprochen sparsam instrumentalisiert.

(14) Der Entschluß, Griegs Peer-Gynt-Musik „dialektisch" aufzuheben, entspricht unserer Gesamtkonzeption, die gesellschaftskritische Werk-

aussage nicht durch romantische und folkloristische Elemente überdecken zu lassen.

Versuchen wir nun zwei in der Stilebene adäquate Ausformulierungen. Dabei wollen wir weder über die theaterwissenschaftlichen und aktuellen sozialpsychologischen Absichten des Aussagenden, der als Autor eines schlüssigen Textes in Erscheinung treten will, noch über die Wertungen durch individuelle Wortwahl und leicht prätentiöse Modeformulierungen (*dialektisch aufheben*) richten. Lediglich das bezeichnungsverschiedene Wort (Homonym) *entschärfen* in den Gedanken (3) und (12) ist zu berücksichtigen; zugleich werden die Anführungszeichen, als Ausdruck von Wortfindungsschwierigkeiten bei Eigentext, getilgt. Der Text könnte, auf fünf Sätze und zwei Gedankeneinschübe – einmal in Klammern und einmal zwischen Gedankenstrichen – reduziert, in einer ersten Fassung so lauten:

(A) *Für die Peer-Gynt-Kompositionen von Edvard Grieg (1843–1907) gilt das gleiche wie für den Schluß des Stückes; sie sind weitgehend einer romantischen Geisteshaltung verbunden, die zu Verknappungen der – konzertant nach wie vor sehr schönen – Musik zwingt, wenn wir das Werk h i e r und h e u t e interpretieren. Die wunderbar zarte und innige Melodie des Solveig-Liedes haben wir natürlich übernommen. Auch auf andere Melodien Griegs, so bei Aases Tod, in der Trollhöhle, bei Anitras Tanz, mochten wir nicht völlig verzichten – aber sie durften nicht Selbstzweck werden. Sie sind nur noch als Zitate vertretbar, wir mußten sie rhythmisch entschärfen und ausgesprochen sparsam instrumentieren. Der Entschluß, Griegs Peer-Gynt-Musik auf diese Weise gleichsam dialektisch aufzuheben, entspricht unserer Gesamtkonzeption, die gesellschaftskritische Werkaussage nicht durch romantische und folkloristische Elemente überdecken zu lassen.*

Der letzte, resümierende Satz könnte zur Hervorhebung auch als gesonderter Absatz erscheinen. Die Gesamtaussage bekäme dann jedoch einen vordergründig pädagogischen Duktus: An diesem Beispiel sähen wir, wie auch ein Absatz als graphostilistisches Mittel – im Sinne der Ausführungen über den Denkstil – fungieren würde.

Die Fassung liegt mit einer durchschnittlichen Satzlänge von 18 Wörtern deutlich unter dem Durchschnitt für kunstwissenschaftliche

Abhandlungen und in Nähe zur journalistischen Darlegung. Sie ist gut lesbar und verändert nicht die angestrebte, einem Kunstwerk angemessene Ausdrucksweise. Zugleich wirkt sie nicht, wie dies bei kunstbezogenen Texten oft der Fall ist, zu prätentiös und gestelzt.

Versuchen wir noch eine Fassung, die sich kürzerer Sätze bedient:

(B) *Das gleiche wie für den Schluß des Schauspiels gilt auch für die Peer-Gynt-Musik von Edvard Grieg (1843–1907).*

Eine zeitgemäße Interpretation zwingt zu Verknappungen, weil Griegs Peer-Gynt-Kompositionen weitgehend von einer romantischen Geisteshaltung geprägt sind.

Griegs Musik zu „Peer Gynt" ist konzertant nach wie vor sehr schön. So haben wir das wunderbar zarte und innige Solveig-Lied übernommen. Auch auf andere Melodien Griegs haben wir nicht verzichtet, so bei Aases Tod, in der Trollhöhle und bei Anitras Tanz. Sie waren allerdings nur noch als Zitate vertretbar. Wir haben sie zugleich rhythmisch entschärft und ausgesprochen sparsam instrumentalisiert, um sie nicht zum Selbstzweck werden zu lassen.

Der Entschluß, Griegs Peer-Gynt-Musik so „dialektisch" aufzuheben, entspricht unserer Gesamtkonzeption, die gesellschaftskritische Werkaussage nicht durch romantische und folkloristische Elemente zu überdecken.

Die Fassung (B), die an die Darstellungsweise des Nachrichtenmagazins „Focus" erinnert, erscheint auf den ersten Blick klarer und besser zu durchschauen. Die Sätze sind mit einem Durchschnitt von 14 Wörtern und stärkerer Verbalisierung (neun Prädikate und zwei satzschließende Verbinfinitive) leichter lesbar. Auch ist die Gesamtaussage durch Gliederung in vier Absätze gedanklich leichter zu erfassen: 1. Bezug der Musik allgemein zum Schauspiel, 2. Folgerung aus dem Schluß des Schauspiels für die Musikrezeption, 3. Charakterisierung von Griegs Musik und Andeutung der Änderungen, 4. Resümee zur Musikinterpretation in bezug auf die Inszenierungskonzeption.

Vergleichen wir die lexischen Zeichen für die G e d a n k e n v e r - k n ü p f u n g bei beiden Passagen (in Klammern die Satz- bzw. Satzteilnummer):

(A)	(B)
(1a) die Peer-Gynt-Kompositionen	(1) die Peer-Gynt-Musik

von Edvard Grieg

(1b) sie/der Musik

(2) Melodie des Solveig-Liedes/
natürlich

(3a) auch/andere Melodien/so

(3b) aber sie

(4a) sie

(4b) sie

(5) Griegs Peer-Gynt-Musik/
auf diese Weise

von Edvard Grieg

(2) Griegs Peer-Gynt
Kompositionen

(3) Griegs Musik zu „Peer Gynt"

(4) so/Solveig-Lied

(5) auch/andere Melodien/so

(6) sie

(7) sie/sie

(8) so/Griegs Peer-Gynt-Musik

Hier bietet sich ein anderes Bild als hinsichtlich der Satzlänge: Die Fassung (A), die eher der erzählenden Darstellungsweise des „Spiegel" entspricht, weist eine bessere und variablere Gedankenverknüpfung auf (*natürlich, auch, so, aber sie, sie, auf diese Weise*), wobei nur *sie* wiederholt wird. In Fassung (B) dagegen wird das Denotat *Griegs Peer-Gynt-Musik* dreimal hintereinander genannt, und auch die wörtliche Verknüpfung ist weniger variabel (*so, auch, sie*). Während bei (A) durch den Einschub *der – konzertant nach wie vor sehr schönen – Musik* ein Nebengedanke richtig untergeordnet wird, stört der selbständige Hauptsatz *Griegs Musik...ist konzertant nach wie vor sehr schön* den Gedankenfluß; er trennt, statt zu verbinden. Insgesamt ergibt sich: Die deutlichere Satzkürze von (B) hemmt die Rezeption. Sie bringt eine gewisse Simplifizierung, die dem anspruchsvollen Thema nicht mehr angemessen ist.

5.1.3 Satzverknüpfungswörter und -formulierungen (lexische Mittel der Textverflechtung)

Für die Verknüpfung von Sätzen innerhalb eines Textes stellt uns das deutsche Lexikon zahlreiche rein sprachliche Mittel bereit.

1. An vorher Gesagtes knüpfen z.B. logisch Konjunktionen („Bindewörter") an wie *aber, jedoch, doch, denn, dennoch, trotzdem, auch, ebenso, ebenfalls, gleichfalls, dergleichen.*

2. Meist auf vorher Gesagtes beziehen sich auch Pronomina. Dies können sein (auch in ihren flektierbaren Formen)

a) Personalpronomina wie *sie* (Sg. und Pl.)/*er*/*es*, in Interview oder Gespräch auch *ich, du, wir, ihr*;

b) Demonstrativpronomina wie *diese*/*-er*/*-es, die*/*der*/*das, jene*/*-er*/*-es, (ein) solcher*/*solches*/*(eine) solche, erstere*/*-er*/*-es, der*/*das erstere*/*die erstere(n), letztere*/*-er*/*-es, erstgenannter*/*-er*/*-es, der*/*die*/*das letztgenannte, solche*/*-er*/*-es, der-*/*die-*/*dasselbe, dieselben, der*/*die*/*das gleiche; so etwas, dergleichen*;

c) Possessivpronomina: *ihr*/*ihrer*/*ihre*/*ihres, sein*/*seiner*/*seine*/*seines* (in Interview und Gespräch auch *mein, dein, unser, euer* usw.);

d) Indefinitpronomina (ergänze im folgenden gedanklich: 'von den Genannten'): *ein*/*eine*/*-er*/*-es, kein*/*keine*/*-er*/*-es, manch*/*manche*/*-er*/*-es, einige, mehrere, jede*/*-er*/*-es, irgendein*/*irgendeine*/*-er*/*-es, irgendwelche*/*-er*/*-es, niemand, alle.*

In bestimmten Texten kann das Pronomen auch vor dem eigentlichen Nomen stehen, das es ersetzt.

3. Auf Zusammenhänge von Sätzen verweisen z.B. bei selbstzubeantwortenden Fragen in Autordarlegung oder Argumentation oder in Interviews bzw. Gesprächen die Interrogativpronomina („Fragewörter") *wer, welche*/*-er*/*-es, was, wo, wie, wann* und synonyme Lexeme: *was für ein*/*-er*/*-e*/*-es, welch ein*/*-e*/*-er.*

4. Einen größeren Zusammenhang oder Details können ankündigen: *folgende*/*-er*/*-es, wie folgt; beispielsweise, zum Beispiel; in dieser Reihenfolge; wie noch*/*später*/*weiter unten zu zeigen sein wird, wie später*/*weiter unten*/*am Schluß genannt...*

5. Den Bezug zum Vorhergehenden stellen oft Partikel her wie *also, demzufolge, folglich, wie gesagt*/*erwähnt*/*dargestellt* usw., *überhaupt, natürlich, eigentlich, immer, sehr, oft, (immer) öfter, öfters, generell, prinzipiell, im allgemeinen, bereits, schon, erst, gar, sogar, gerade, geradezu, nahezu, noch, nur, zumal.*

6. Auf textuale Zusammenhänge verweisen auch Modalwörter: *allerdings, anscheinend, fraglos, freilich, gottlob, gottseidank, hoffentlich, kaum, leider, schwerlich, selbstredend, selbstverständlich, sicherlich, vielleicht, wahrlich, wohl, womöglich, zweifellos, zweifelsohne* u.ä.

Dazu gehören auch etwa 200 der Wörter auf *-weise*: *anerkennenswerter-weise*, *bedauerlicherweise*, *klugerweise*, *glücklicherweise*...

Auch Modalwörter, die zugleich adjektivisch funktionieren, können der Gedankenverknüpfung dienen: *angeblich, augenscheinlich, bestimmt, gewiß, mutmaßlich, natürlich, offenbar, offenkundig, offensichtlich, scheinbar, selbstverständlich, sicher, tatsächlich, unbedingt, unstreitig, unzweifelhaft, vermutlich, vorgeblich, wahrhaftig, wahrscheinlich, wirklich*.

7. Zu allem, was bereits im Lexikon fixiert ist, also zum Wortschatz gehört, treten Formulierungen wie *Daraus/Hieraus/Aus dem Gesagten* usw. *folgt/erhellt/ergibt sich/geht hervor/läßt sich schließen/folgern* usw. oder, in anderer Konstruktion: *Wie sich daraus/aus alledem* usw. *ergibt/Wie man sieht*.

8. Auch selbständige Formulierungen und sogar Sätze dienen häufig der Verknüpfung: *Wir sehen...* (= wir sehen also)/*Man sieht: .../Wir fassen zusammen./Die Folgen liegen auf der Hand*.

5.1.4 Textverknüpfung durch bloße Satzgliedfolge

Wir haben eine Fülle von Wörtern und Formeln angeführt, mit denen ein Text s i c h t b a r verbunden werden kann. Eine lexisch unauffällige, aber oft weit wichtigere Form der Verflechtung ist möglich durch die Wahl der optimalen Satzgliedfolge, der günstigsten Anschlußstellung (siehe auch S. 70, 72). Diese ist im Deutschen besonders wichtig, da die Sprache aus kultur- und sprachhistorischen Gründen besonders viele Variationsmöglichkeiten bereithält. Losgelöst vom Kontext wird dies beispielsweise an dem Satz *Sie alle waren an diesem Werk beteiligt* deutlich. Eine studentische Etüde mit diesem Satz ergab durch Änderung der Satzgliedfolge, verschiedene Stufen der syntaktischen Isolierung, verschiedenartige Einschübe von Teilen dieses Satzes und graphische Satzzeichen insgesamt 62 sprachlich sinnvolle Varianten – allein aus sieben Wörtern. Dies ist freilich ein Extremfall, und für den Kontext werden die wirklich günstigen Möglichkeiten stark eingeschränkt. Dies sei an dem – ebenfalls in Lehrveranstaltungen unternommenen – Versuch des Anschlusses an folgenden Satz gezeigt:

Überall im Lande rächte sich die Diktatur durch Verfolgung und Verhaftungen, durch Lager und Deportation an Demokraten und Freiheitskämpfern.

Ein darauffolgender Satz sollte verdeutlichen, daß *jedes politische Leben durch eine endlose Kette von Verboten und Repressionen mehr und mehr erdrosselt* wurde. Rein theoretisch gibt es für diesen Gedanken b e i i d e n t i - s c h e m W o r t m a t e r i a l insgesamt 1 5 verschiedene syntaktische Möglichkeiten, die im folgenden der Vollständigkeit halber aufgeführt werden sollen, um die sprachliche Spannweite vor Augen zu führen:

(a. Beginn mit dem Subjekt, dem Agierenden)

1. Die Staatsmacht suchte jedes politische Leben durch eine endlose Kette von Verboten und Repressionen mehr und mehr zu erdrosseln.

2. Die Staatsmacht suchte jedes politische Leben mehr und mehr durch eine endlose Kette von Verboten und Repressionen zu erdrosseln.

3. Die Staatsmacht suchte durch eine endlose Kette von Verboten und Repressionen jedes politische Leben mehr und mehr zu erdrosseln.

4. Die Staatsmacht suchte durch eine endlose Kette von Verboten und Repressionen mehr und mehr jedes politische Leben zu erdrosseln.

5. Die Staatsmacht suchte mehr und mehr jedes politische Leben durch eine endlose Kette von Verboten und Repressionen zu erdrosseln.

6. Die Staatsmacht suchte mehr und mehr durch eine endlose Kette von Verboten und Repressionen jedes politische Leben zu erdrosseln.

(b. Akzentuierung der Vorgangsart)

7. Mehr und mehr suchte die Staatsmacht jedes politische Leben durch eine endlose Kette von Verboten und Repressionen zu erdrosseln.

8. Mehr und mehr suchte die Staatsmacht durch eine endlose Kette von Verboten und Repressionen jedes politische Leben zu erdrosseln.

(c. Akzentuierung des Objekts, des politischen Gegenstands)

9. Jedes politische Leben suchte die Staatsmacht mehr und mehr durch eine endlose Kette von Verboten und Repressionen zu erdrosseln.

10. Jedes politische Leben suchte die Staatsmacht durch eine endlose Kette von Verboten und Repressionen mehr und mehr zu erdrosseln.

(d. Akzentuierung des Instrumentals)

11. Durch eine endlose Kette von Verboten und Repressionen suchte die Staatsmacht mehr und mehr jedes politische Leben zu erdrosseln.

12. Durch eine endlose Kette von Verboten und Repressionen suchte die Staatsmacht jedes politische Leben mehr und mehr zu erdrosseln.

(e. Spitzenstellung des Prädikatsteils, höchste Expressivität)

13. Zu erdrosseln suchte die Staatsmacht mehr und mehr durch eine endlose Kette von Verboten und Repressionen jedes politische Leben.

14. Zu erdrosseln suchte die Staatsmacht durch eine endlose Kette von Verboten und Repressionen mehr und mehr jedes politische Leben.

15. Zu erdrosseln suchte die Staatsmacht jedes politische Leben mehr und mehr durch eine endlose Kette von Verboten und Repressionen.

Jede dieser Fassungen ist für sich genommen korrekt und hat denselben Inhalt. Im Kontext werden die Wahlmöglichkeiten jedoch deutlich eingeschränkt: Die Fassungen unter a. würden mit dem Subjekt *Staatsmacht* (als kontextualem Synonym zu *Diktatur*) faktisch einen Neuansatz der Darstellung bedeuten. Die Fassungen unter b. und c. würden Neuansätze in selbständigen Absätzen bedeuten. Dabei würden die Fassungen unter b. einen erzählenden Duktus verlangen, mit dem die Stufen dargestellt werden, die Fassungen unter c. eher eine argumentierende Aufzählung. Die Fassungen e. als zu expressive und stark rhetorische Varianten scheiden hier völlig aus. Es bleiben als folgerichtigste, tatsächlich flüssig verbindende die Fassungen unter d. Sie rücken nicht zufällig auch mit der Instrumentalbestimmung das Instrumentarium der geistig-politischen Erdrosselung in akzentuierende Anschlußstellung zu Satz 1. Nur diese Stellungen – nicht das zu *Diktatur* kontextuale *Staatsmacht* oder ein Pronomen *sie* an der Spitze – sind stilistisch konsequent. Dabei ist Variante 12 am günstigsten, weil sie das politische Unterdrückungsobjekt (auch grammatisch: das Objekt) an den noch stärker akzentuierenden Satzschluß rückt:

Überall im Lande rächte sich die Diktatur durch Verfolgung und Verhaftungen, durch Lager und Deportation an Demokraten und Freiheitskämpfern. Durch eine endlose Kette von Verboten und Repressionen suchte sie [oder: *die Staatsmacht*] *jedes politische Leben mehr und mehr zu erdrosseln.*

Damit wollen wir die Etüden zur Textverknüpfung beschließen, die zur Kreativität in der Gedankenverflechtung anregen sollten.

Mit unseren bisherigen Gedanken erfassen wir freilich gleichsam nur die Oberflächenstruktur des Textes. Wir müssen deshalb den Text – an einem Beispiel – einer noch tiefergreifenden Betrachtung unterziehen.

5.1.5 Semantische Ketten als Mittel des Textzusammenhangs

Wir kommen nun zu einem entscheidenden Indiz für die Einheit eines Textes: zu seinem semantischen Zusammenhalt. Die Sprachwissenschaftler untersuchen seit längerem, was denn nun unterhalb sofort erkennbarer grammatischer Signale und der hier (S. 119–121) erstmals zusammengestellten Signalwörter und -wendungen, die nur einen Teil der Verknüpfung erfassen, verflicht. Dies bezeichnen wir im folgenden als 'semantische Ketten'.

Solche Ketten ('Topikketten', 'Isotopieketten'), mit denen man Einzelaussagen längs und quer verbindet, stellen wir an einem abgeschlossenen Exempel dar. Dabei lassen wir Gesichtspunkte wie Wortwahl, Satzbau, Originalität außer acht.

Bei unserem Beispiel handelt es sich um einen wertenden berichtsartigen Text, der das sportliche Auftreten der 'Olympia-Helden' von Nagano 1998, Hermann Maier (Österreich) und Katja Seizinger (Deutschland), unter dem Gesichtspunkt des immer mehr dominierenden Showeffekts im Sport darstellt.

Der Beitrag erschien unter dem Titel *Die Schnee-Oscars gingen an...* / UZ: *Der Skizirkus findet mit Katja Seizinger und Hermann Maier zwei neue Galionsfiguren.* Am Rand sind die Sätze und satzwertigen Ellipsen für die Analyse numeriert:

(1)   *Lang gab es im Skizirkus nur noch den Italiener Alberto Tomba*

(2)   *als schillernde Figur. Die endlosen Sexkapaden, Ferrari-Straßen-*
        rennen oder Gewichtsprobleme von „La Bomba", mittlerweile 31
        Jahre alt, langweilten zuletzt aber mehr, als daß sie Zuschauer
        vor das Fernsehgerät oder an die Piste lockten.

(3)   *Wo sind die neuen Galionsfiguren fürs Ski-Showgeschäft?*

(4)   *So lautete die bange Frage der Veranstalter, Medien und Skifa-*
        brikanten.

(5)   *Nagano gab die Antwort, „mit zwei Erfolgsge-*
schichten", so der ehemalige deutsche Slalomspezialist Christian
Neureuther, „wie sie amerikanische Drehbuchautoren in Holly-
wood nicht besser hätten erfinden können".

(6)   *Geradezu Oscar-verdächtig betrat ein neuer Held die Szene:*

(7)   *Im Abfahrtsrennen stürzte der Österreicher Hermann Maier bei*
Tempo 130, wirbelte 50 Meter durch die Luft, durchschlug zwei
Fangzäune und bruchlandete mit Kopf und Nacken voraus im

(8)   *Schnee. Nur drei Tage nach dem Abflug raste der 25jährige*
(„Die Vogelperspektive war interessant"), dramaturgisch perfekt,
trotz schwerster Prellungen und Bluterguß im Knie zum Gold im
Super-Riesenslalom.

(9)   *Die Welt feierte fortan „The Herminator" („USA*

(10)   *today"). Dem hatte – wie der Zufall so spielt – vor dem Sieg im*
Super-Riesenslalom ausgerechnet Landsmann und „Terminator"
Arnold Schwarzenegger telefonisch Glück gewünscht.

(11)   *„Monster-Maier", so ein weiterer Spitzname des 90-Kilo-*
Kraftpakets, erklärte gerade noch ausführlich, wie ihn Physiothe-
rapeuten „jeden Tag bis tief in die Nacht massierten, und dann
war die Schwellung weg"– da besetzte Katja Seizinger die weibli-
che Hauptrolle des Olympia-Movies.

(12)   *Nach mäßiger Vorstellung im Super-Riesenslalom düste die*
25jährige Deutsche zum Doppel-Gold in Abfahrt und Kombina-

(13)   *tion. Katja Seizinger gelang damit ein besonderes Kunststück:*

(14)   *Niemals zuvor in der olympischen Geschichte wiederholte eine*
Rennläuferin den Abfahrtssieg.

(15)   *Die Verwandlung zum Glamourgirl ging*

(16)   *danach wie von selbst. Eigentlich als eher introvertiertes Rühr-*
michnichtan verschrien, warf die kühle Blondine plötzlich vor lau-
fenden Kameras Blümchen in die Menge, verspritzte Schampus

(17)   *und ließ sogar ihren Tränen freien Lauf. Ein emotionaler Aus-*
bruch, wie ihn Katja Seizinger weder 1994 nach ihrem ersten
Olympia-Gold noch nach dem ersten Weltcup-Gesamtsieg 1996
gezeigt hatte.

(18)   *Ja, und dann stiefelte Katja Seizinger auch noch rüber zu*

(19)   *den japanischen Pistenarbeitern. „Es war mir ein Bedürfnis, die-*

(20)   *sen fleißigen Helfern zu danken", so die Goldfahrerin. Und er-*
zählte später vor der Presse, wie sie mal auf die Toilette wollte und
dabei über Soldaten steigen mußte, die vor Erschöpfung eingeschla-
fen waren.

(21)   *W i e   K i n g   K o n g   u n d   d i e   w e i ß e   F r a u   den Ki-*
nobossen erscheinen „Monster-Maier" und die liebe Katja nun

(22)   *den Skibossen. Die neuen Identifikationsfiguren sind gleicherma-*
ßen erfolgreiche wie widersprüchliche Charaktere und wecken so
die Neugier der Massen.

(23)   *So flog Klein Hermann als 15jähriges 45-Kilo-Leichtgewicht*
mit „morbus schlotter an den Knien" (Trainerdiagnose) aus der

(24)   *Skihandelsschule Schladming. Maier arbeitete fortan im Sommer*

(25)   *als Maurer und im Winter als Skilehrer. Bis er die Fachwelt*

(26)   *1996 als Vorläufer eines Riesenslaloms schockierte: Der Nobody*
(„Mein Geheimnis ist, daß ich mein Geheimnis nicht verrate")
fuhr die zwölftbeste Zeit und wurde sofort in Austrias Kader be-
rufen.

(27)   *Katja Seizingers ungewöhnliche Geschichte begann im schneear-*
men Recklinghausen, wo sie als Stahlfabrikantentochter das Licht

(28)   *der Welt erblickte. Trotz ständiger Skiausflüge baute die Flach-*

(29)   *landtirolerin mit Notenschnitt 1,6 das Abitur. Und als große*
Ausnahme im Profigeschäft studierte sie nebenbei („Ich bin zwar
blond, aber nicht blöd") auch noch an der Fern-Uni Hagen Be-
triebswirtschaft.

(30)   *G o l d - E f f e k t und boulevardtaugliche Facetten des neuen*
charismatischen Duos lassen die Branche nun mehr denn je vom

(31)   *Aufschwung träumen. Der Skiausrüster von Maier bewies dabei*

(32)   *schon vor Olympia eine besondere Nase. Atomic schloß mit Ver-*

(33)   *sicherung Lloyds in London einen Vertrag ab. Inhalt: Prämien*
für Weltcupsiege und -plazierungen von Hermann Maier zahlt

(34)   *der Ausrüster nur bis zur Grenze von 1,5 Millionen Mark. Seit*
Januar blecht die Versicherung.

Der Text ist unter einigen Aspekten verflochten, wobei noch die Zeichen für beide Personen zu trennen sind. Es ergeben sich folgende semantische Ketten (bei einigen Aspekten folgen zur Orientierung die Satz-Nummern in Klammer):

1.a Der Sportler *Maier* erscheint nur 2× mit vollem Namen (7, 33), 2× als *Maier* (24, 31), 2× als *Monster-Maier* (19, 21), als *Klein Hermann* (23), als *er/den/ihm* (10, 11, 23), 2× als *mein* (26), *als neuer Held* (7), *der 25jährige* (8), *Herminator* (9), *90-Kilo-Kraftpaket* (11), *King Kong* (21) und *Nobody* (26). Maier wird also bei 18 Personennennungen mit 14 verschiedenen Formen bezeichnet.

1.b Katja *Seizinger* erscheint nur 4× mit Namen (11, 12, 18, 27), sonst mit *sie/ich/mir* (19, 20, 27, 28, 29) und 10× mit anderen Formen: als *25jährige Deutsche* (12), *Rennläuferin* (14), *Glamourgirl* (15), *introvertiertes Rührmichnichtan* (16), *kühle Blondine* (19), *Goldfahrerin* (19), *weiße Frau* (21), *liebe Katja* (21), *Fabrikantentochter* (27) und *Flachlandtirolerin* (28), also bei insgesamt 19 Nennungen ebenfalls mit 14 verschiedenen Formen.

Bei dem allen handelt es sich vordergründig um (geschickte) kontextuale Synonymie. Die Zusammenhänge werden jedoch nicht allein durch solche Benennung hergestellt. So drückt sich etwa die Entwicklung der beiden Akteure in anderen Formulierungen aus:

2.a *15jähriges Leichtgewicht flog aus der Skihandelsschule* (23), *Maurer und Skilehrer* (24), *Vorläufer eines Riesenslaloms schockierte die Fachwelt* (25), *Nobody fuhr die zwölftbeste Zeit und wurde berufen* (26).

2.b *Seizingers ungewöhnliche Geschichte begann im schneearmen Recklinghausen* (27), *als Stahlfabrikantentochter* (27), *Flachlandtirolerin* (28), *sie studiert nebenbei Betriebswirtschaft* (29), *Skiausflüge* (27). Hier fehlt ein Glied zum Profisport.

3. Der Hauptgesichtspunkt des Beitrags äußert sich im Sach-Thema 'S h o w', unter dem beide Personen vereint werden. Die Kette ist lexisch bezeichnet an 28 Textstellen: *Skizirkus, Showgeschäft, lautete die Frage der Medien, Galionsfiguren, Zuschauer, Erfolgsgeschichten, Drehbuchautoren in Hollywood, Oscar-verdächtig, betrat ein neuer Held die Szene, Tempo 130, durchschlug, bruchlandete, dramaturgisch perfekt, Terminator/Herminator, Arnold Schwarzenegger, Monster-Maier, besetzte die weibliche Rolle des Olympia-Movies, mäßige Vor-*

stellung, besonderes Kunststück, Glamourgirl, vor laufenden Kameras Blümchen in die Menge, erzählte vor der Presse, wie King Kong und die weiße Frau den Kinobossen nun Monster-Maier und die liebe Katja den Skibossen, Identifikationsfiguren, wecken Neugier der Massen, Gold-Effekt und boulevardtaugliche Facetten, erfolgreiche und widersprüchliche Charaktere, lassen die Branche vom Aufschwung träumen, Profigeschäft, neues Duo.

Dem Thema 'Show' sind spezielle Formulierungen für die beiden Helden zugeordnet, die sich folgendermaßen lesen:

4.a (M a i e r) *betrat ein neuer Held die Szene, stürzte bei Tempo 130, wirbelte 50 Meter, durchschlug zwei Fangzäune, bruchlandete mit Kopf und Nacken voraus, nur drei Tage [da]nach dramaturgisch perfekt [trotz] schwerster Prellungen und Bluterguß mit Gold zum Riesenslalom* (beiläufige Assoziation bei diesen Formulierungen: 'stuntman'), *King Kong, 90-Kilo-Kraftpaket.*

4.b (S e i z i n g e r) *besetzte die weibliche Hauptrolle des Olympia-Movies, Vorstellung [im Super-Riesenslalom], besonderes Kunststück, niemals zuvor, warf vor laufender Kamera Blümchen in die Menge, verspritzte Schampus, ließ sogar Tränen* [= vor Kameras] *freien Lauf, emotionaler Ausbruch gezeigt, stiefelte auch noch rüber zu den japanischen Pistenarbeitern, „Es war mir ein Bedürfnis", erzählte sie vor der Presse, die weiße Frau.*

4.ab Beide werden zusammengehalten durch die Kette *zwei Erfolgsgeschichten* (5), *King Kong und die weiße Frau* (21), *Identifikationsfiguren* (22), *charismatisches Duo* (30). Wie aus den Satznummern ersichtlich, verbindet dies zugleich den Beitrag vom Anfang bis zum Schluß.

Erwähnt sei noch die dem Thema 'Show' vorangehende Kette:

5. 'S k i s p o r t': *Ski[zirkus/fabrikanten/-Showgeschäft/handelsschule/ bosse/ausflüge/ausrüster], Slalom[spezialist], [Riesen-/Super-Riesen-]Slalom, Abfahrtsrennen/Abfahrt und Kombination, Piste/Pistenarbeiter, Schnee/schneearm.*

Daß einige Formulierungen bei mehreren Ketten genannt werden, ist kein Versehen, sondern zeigt die semantische Verschränkung.

6. Einige Formulierungen wie *„Ich bin blond, aber nicht blöd", Herminator, Monster-Maier, King Kong und die weiße Frau* weisen über den Text hinaus auf andere Zusammenhänge und Figuren (rassistisch-antirassistische Werbung, Schwarzenegger, Fantasy-Filme, King-Kong-Film). Sie sind Anspielung und/oder Bezugnahme.

Der hier analysierte Text ist, wie wir sehen, unter verschiedenen Aspekten semantisch optimal verflochten. Wichtig ist, daß – immer in bezug auf Absicht und Grundaussage gesehen – die semantischen Ketten nicht nur teilweise synonym sind, sondern zugleich Bestandteile einer umfassenden, vielschichtigen und -seitigen Charakterisierung von Person und Sache enthalten.

Wir resümieren:

1. Ein größerer Text ist nicht einfach durch eine semantische Kette in Gestalt kontextualer Synonyme verbunden. Daneben gibt es andere semantische Ketten, die mit diesen zusammenhängen.

2. Einzelne Glieder sind zugleich Glieder einer thematisch anderen Kette. Im vorliegenden Fall verbinden sie vor allem die beiden Personen (Helden im dramaturgischen Sinn) mit dem Hauptthema '(oscar-verdächtige) Show' und daneben auch, teils geglückt (*zwei Erfolgsgeschichten, Identifikationsfiguren, charismatisch*), teils etwas gewaltsam (*Duo, King Kong und die weiße Frau*) miteinander in bezug auf eben dieses Thema 'Show'.

Aus der Abstrahierung der freigelegten Ketten läßt sich folgende rationale Essenz des Beitrags konstruieren: 'Maier und Seizinger verkörpern nach ihrer nicht erwarteten Entwicklung, ihrem Auftreten und ihren Erfolgen in perfekter Weise den Typus des showgerechten und zugleich charismatischen Starsportlers oder Sportlerstars, wie ihn das Fernsehen, das zu Hollywood und action movies tendiert, offensichtlich verlangt.' Dies ist die Grundaussage, die – wie der Beitrag insgesamt – Gegenstand der Sprachanalyse ist; sie soll weder ethisch noch kulturhistorisch bewertet werden. Denn aus rein sportlicher Sicht ist hier unbedingt einzuflechten, daß sich der erfolgreichste Sportler von Nagano, der Norweger Dählie, in dieses Bild weder einfügt noch einfügen möchte. Formal muß indessen festgehalten werden, daß die beabsichtigte Aussage insgesamt eine äußerst variable, teils schillernde und glamourhafte Gestalt annimmt – im Unterschied etwa zu einem vorliegenden Zeitungsbericht von fast identischer Länge, bei dem für Katja Seizinger bei 25 Nennungen allein 14mal das einfache Pronomen erschien. Bei unserer Analyse war hinzuweisen auf die hohe Kunst der Textverknüpfung jenseits der Grammatik.

5.2 Textperspektiven

Wir kommen nun zu den Hauptkategorien des Textes und der Textgestaltung. Eine erste ist der Blickwinkel, unter dem Themen und Gegenstände, Ereignisse und Abläufe, Standpunkte und Auffassungen und die Haltung gegenüber dem Gegenstand dargestellt werden: die personale, zeitliche und räumliche P e r s p e k t i v e.

5.2.1 Die personale Perspektive

Jeder journalistische Text, der über einen Satz hinausgeht, bietet die Möglichkeit, einen Sachverhalt aus zwei Perspektiven darzustellen: erstens, und hauptsächlich, aus der Perspektive des Autors selbst, als sogenannter A u t o r t e x t; zweitens aus der Perspektive genannter Personen oder Personengruppen, als p e r s o n a l e r T e x t.

Je wichtiger der reine Informationsgehalt eines Beitrags ist, um so wichtiger wird es, beide Perspektiven stilistisch klar voneinander abzuheben. Im zweiten Fall liegt Rededarstellung vor, die in Nachricht, Bericht, Reportage und Porträt eine große Rolle spielt; im Falle des Interviews ist Redewiedergabe sogar genrekonstituierend.

Die personale Perspektive und der personale Stil sind auch bei der Abgrenzung nicht direkt sprachlich geäußerter Gefühle, also 'Innerungen' im Unterschied zu Äußerungen, kommunikativ wichtig. Gemeint sind erlebte Rede und erlebte Reflexion (meist miterfaßt unter der bekannten Bezeichnung 'erlebte Rede') und direkte Reflexion ('innerer Monolog'). Erlebte Rede und erlebte Reflexion sind in Reportage und Porträt von Belang für die Anteilnahme der Leser/Hörer.

Wegen ihrer grundsätzlichen Bedeutung für den Journalismus, und zwar als Mittel der Information, der Charakterisierung, der Argumentation und der Textgestaltung, werden wir der Rededarstellung ein besonderes Kapitel (6) widmen.

5.2.2 Die zeitliche Perspektive

Sieht man von Texttypen ab, die im Rahmen ihrer Stilnormen keine subjektive Zeitperspektive erlauben, so hängen objektive Zeit und Zeitbezüge auch im Journalismus nicht einfach mit den grammatischen Zeitformen, den Tempora, zusammen.

1. V e r g a n g e n e s kann grammatisch sowohl als Vergangenes als auch als Gegenwärtiges, im Sonderfall sogar als Zukünftiges dargestellt werden.

a) Objektive Vergangenheitsformen sind P r ä t e r i t u m (*hob auf*), P e r f e k t (*hat aufgehoben*) und P l u s q u a m p e r f e k t (*hatte aufgehoben*). Dabei ist das Perfekt vor allem Tempus des Faktischen – also z.B. der Nachricht –, während das Plusquamperfekt ausschließlich Vorzeitigkeit darstellt.

b) Zur Vergegenwärtigung von Vergangenem kann als Grundtempus auch das P r ä s e n s (*hebt auf*) dienen. Hierzu ist ein kontextuales Signal notwendig, das den Text oder Textteil als vergangenheitsdarstellend ausweist. Nach traditioneller Auffassung soll mit dem Präsens eine besondere Spannung erzeugt werden; hier liegt jedoch ein Irrtum vor, auf den wir noch am Beispiel zu sprechen kommen.

c) Im Sonderfall volkstümlicher, aufgelockerter oder auch besonders anteilnehmender und -heischender Darstellung ist für Vergangenes sogar F u t u r (*wird aufheben*) möglich, etwa in dem Berichtsbeispiel: *Na, wir haben dort so gestanden. Da wird doch mein Fritz einen Stein aufheben und...* (Beispiel bei Baumgärtner 1959, S. 75).

d) Es gibt – vor allem in literarisch-journalistischen und historisch rückblickenden Texten – auch die Darstellung der (inzwischen bereits vollzogenen) Zukunft in der Vergangenheit; sie wird mit dem 'P r ä t e r i t a l f u t u r' bezeichnet: *Zwei Jahre später sollte/würde er sie wiedersehen. Doch das ahnte er noch nicht.* – In diesem Zusammenhang wäre reines Präteritum unangemessen.

e) In solchen Fällen ist, in bestimmtem Kontext, auch die (scheinbar) paradoxe Verbindung v o n Z u k u n f t s a d v e r b u n d e i n f a c h e m P r ä t e r i t u m möglich, das sogenannte epische Präteritum, um das in der Germanistik ein langwährender Streit entbrannte: *Morgen war Weihnachten./Morgen ging sein Zug./Morgen war Krieg.*

Die beiden letztgenannten Funktionen werden selbst in den umfangreichsten Grammatiken faktisch ignoriert, obwohl sie Element einer besonders intereseweckenden, spannenden Darstellung sein können. Sie beweisen, wie sehr das Tempus durch die Perspektive bestimmt wird. Der bewußt Schreibende muß hier die Schulgrammatik überwinden.

2. G e g e n w ä r t i g e s muß ebenfalls entgegen der Schulgrammatik nicht immer im Präsens dargestellt werden.

a) Im Normalfall rein informierender und argumentierender Darstellung wird das P r ä s e n s gebraucht, und zwar sowohl für allgemeingültiges als auch (im Funk) für gegenwärtig ablaufendes Geschehen.

b) die interessanteste, spannendste Darstellungsform für (noch) Gegenwärtiges kann das P r ä t e r i t u m sein. Dies setzt wie beim erwähnten Präteritalfutur einen entsprechenden Kontext mit emotionaler Identifikation voraus, bei der sich der Autor in das Geschehen hineinversetzt. Hier mögen, unabhängig von größeren Zusammenhängen, zwei Kurzpassagen zur Illustration genügen: *Sie fuhren ins Gebirge. Die Herberge lag in einem windgeschützten Tal.* (Sie liegt noch!) – Auch im Mündlichen – und deshalb in Redewiedergabe – ist solches 'falsches' Tempus möglich: *„Da fahren wir wieder hin. Das Haus lag so schön in den Bergen."*

Am überzeugendsten ist dieser Gebrauch bei stark emotionaler Darstellung, in einer 'personalen Darstellungssituation', in der man sich gleichsam in die Personen hineinversetzt: *Was sollten sie tun? Guter Rat war teuer.* – Das Sprichwort *„Guter Rat ist teuer"* wird, wie selbstverständlich, in vergangene Handlung, hier: in eine vergangene Entscheidungssituation, umgesetzt.

c) Bekanntermaßen kann eine gegenwärtige Vermutung im F u t u r ausgedrückt werden: *Sie wird sicher zu Hause sein* statt *Sie ist wahrscheinlich zu Hause.*

d) Für gegenwärtige Vermutungen werden auch Formen des Konjunktivs II verwendet: *Damit dürfte die Arbeit fertig sein.*

3. Auch Z u k ü n f t i g e s läßt sich im Journalismus je nach Kontext, Gewißheit, Emotionalität und Genre mit verschiedenen Tempora bezeichnen.

a) In Nachrichtentexten, besonders ohne Zukunftsangaben oder bei Betonung der Gewißheit (*Kohl: Der Euro wird kommen* – Überschrift), steht das grammatisch korrekte F u t u r. Es kann aber auch in bestimmten Kontexten, genau entgegengesetzt, Annahme oder Ungewißheit bezeichnen. Hier wird die Grammatik vom Kontext außer Kraft gesetzt.

b) In Verbindung mit Adverbialbestimmungen bzw. -angaben der Zukunft wird gewöhnlich, besonders in Funkmedien, das P r ä s e n s verwendet.

c) Objektives Tempus für den Abschluß in der Zukunft, z.B. in Nachrichten, ist das Futur II (*Die Sonde wird den Mond am... erreicht haben*). Meist wird jedoch, inbesondere bei naher Gewißheit, das Perfekt verwendet (*Das haben sie morgen geschafft*).

Als deutliches Resümee ergibt sich zur Darstellung der Zeitbezüge in journalistischen Texten: 1. Sie sind in starkem Maße kontextabhängig. 2. Sie sind, wie wir im einzelnen sehen werden, genreabhängig. 3. Sie sind oft nur im selbstgesteckten Rahmen an grammatische Zwänge gebunden. 4. Sie sind in besonderem Maße Stilmittel der Textgestaltung.

Eine Monographie zum Tempusgebrauch im Journalismus (Kurz 1967) hat im übrigen ergeben, daß das Deutsche im Aktiv faktisch acht, im Passiv sogar 13 Tempora hat.

5.2.3 Die räumliche Perspektive

In identifikations-, ja spannungsstiftender Weise hängen Bezeichnungen des Ortes bei entsprechend emotionaler Darstellung vom Blickpunkt des Autors ab. Der Autor kann sich räumlich in die Perspektive der Person(en) hineinversetzen – eine Methode, die schon Goethe und Schiller kannten (vgl. Sanders 1888, S. 342 f. und 357), ohne daß sie richtig Beachtung gefunden hätte; sie ist nicht nur für die Kunst erlaubt oder angemessen. Man vergleiche die Varianten des Schlusses zu folgendem Textausschnitt:

Vom höchten Aussichtsgeschoß des Fernsehturms in Ostankino genossen sie das Panorama der Metropole. In der Sonne glänzte silbern, wenn auch ein wenig aufdringlich, das 100 Meter hohe Kosmonautendenkmal. Nun erschloß sich die architektonische Schönheit der alten Stadt an der Moskwa, wie ihre Silhouette, voll ihrem Blick.

Fortsetzung A: Fortsetzung B:
Von dort oben kann man   *Von hier oben konnte man*
die Baukunst von Generationen   *die Baukunst von Generationen*
erst richtig ermessen.   *erst richtig ermessen.*

Obwohl nur die Fassung A semantisch korrekt ist, muß mit B weitergeführt werden: *von h i e r* statt mit *dort oben* und, wie eben zum Tempusgebrauch gesagt, mit *k o n n t e* statt *kann* (was einer Beschreibung entspräche).

5.3 Die Komposition

Journalistische Texte sind keine wissenschaftlichen Aufsätze. Für diese wurde und wird in der Schule traditionell das Schema gelehrt, demzufolge ein Text grundsätzlich die Disposition Einleitung–Hauptteil–Schluß haben sollte.

Journalistische Texte dagegen haben eine sehr unterschiedliche Struktur und sind dennoch im Idealfall bewußt komponiert. Unabhängig von den Genres läßt sich, mit Ausnahme von Nachricht und Nachrichtenbericht, sagen, daß in journalistischen Texten, namentlich in umfangreichen, für eine interesseweckende Gestaltung drei Gesichtspunkte belangvoll sind: 1. der Textanfang, 2. der Textschluß, 3. die gedankliche Beziehung von Anfang und Schluß.

5.3.1 Der Textanfang

Die Gestaltung des Textanfangs hängt selbstverständlich ab von Thema, Genre, Darstellungshaltung und Stilebene insgesamt. Sie wird auch in den meisten Genres geprägt vom Individualstil des Autors. E i n e Maxime eint jegliche Textgestaltung: D e r   e r s t e   S a t z   e i n e s   B e i t r a -

ges, weniger der Anfang insgesamt, hat im gesamten Journalismus eine entscheidende Bedeutung. Er
ist psychologisch zunächst am wichtigsten. Er kann darüber entscheiden,
ob der Beitrag überhaupt rezipiert wird. Ihm ist deshalb stilistisch ganz
besondere Aufmerksamkeit zuzuwenden. Zunächst sollte er, rein formal
gesehen, möglichst bündig sein. Zu lange Sätze führen leicht zu Desinteresse. Die Satzlänge sollte jedoch abhängen von der Art der Darstellung insgesamt.

Generell sollte der Anfang nicht zuviele Bestimmungen, jedenfalls
nicht zuviele nominale Gruppen enthalten. Er soll also – sehen wir von
der Nachricht ab – inhaltlich nicht gleich zuviel, ja, möglichst wenig
preisgeben.

1. Der Anfang sollte oder kann inhaltlich etwas o f f e n l a s s e n , allein schon durch ein Pronomen, ein Pronominaladverb, einen prono-
menwertigen Artikel oder Adverbien, die scheinbar etwas Selbstverständ-
liches voraussetzen, also die Benennung der Sache noch erwarten lassen,
etwa:

(Textanfang)	(Frage des Rezipienten)
Es begann im Haus Richterstraße 60 eigentlich erst richtig mit liegengebliebenem Bauschutt.	Was ist e s ?
Drei Wochen lang hatten wir uns intensiv auf diese Reise vorbereitet.	Was ist d i e s e ?
A. …, Leiterin der …, hatte ihre Flugkarte nach B. schon gebucht.	Wozu i h r e und nach B . ?
Da saßen wir nun. Nichts zu machen – die Mappe war weg.	Wo: d a ? und welche: d i e ? (Normalerweise beginnt ein Text mit unbestimmtem Artikel.)
Haushohe Wellen peitschten das Schiff.	Welches: d a s ? (Hinzukommen die Personifizierung der *Wellen* + *peitschten* + *haushohe*

als expressive Elemente.)

Natürlich kamen wir zu spät. Aber wer als Aus- Wieso n a t ü r l i c h ?
länder in dieser Stadt vom Bahnhof zum neu- (Antwort hier schon im
en Stadion findet, ist schon ein Glückspilz. 2. Satz.)

Bündig und offenlassend – freilich in einer ganz anderen Tiefendimension – ist übrigens auch der berühmteste Textanfang der neueren Literaturgeschichte, von Kafkas „Prozeß": *Jemand mußte Josef K. verleumdet haben...*

Das Offenlassen kann im Sonderfall, etwa beim Erinnern oder Vorstellen einer Person (ohne Foto), die Spannung beim stellvertretenden Nennen einer Person bis zum Extrem treiben. Man beginnt mit dem Personalpronomen (oder einem kontextualen Synonym oder der flektierten Form), bis am Schluß der Name gleichsam als Pointe erscheint. So lautete einer der 60–70zeiligen Gedenkbeiträge unter der stehenden Dachzeile *Kalenderblatt* und dem konkreten Titel *Die indirekte Antwort* (die übrigens auch offenhält) folgendermaßen:

Geboren wurde er vor 240 Jahren in einem kleinen Nest bei Nordhausen, wo sein Vater Dorfschullehrer war; gelebt hat er in Ilfeld, Osterode, Halle und Berlin; aber zu Hause war er im alten Griechenland, weit vor der Zeitrechnung. Schon als Student in Göttingen zog er zu Homer um. (...)

Die Stellvertreterform erscheint im folgenden noch weitere achtmal (*der 18jährige Göttinger Student / Er / Der Vorlesungen gemieden hatte, wurde zu einem, der... / er / er / er / der Professor*). Und dann folgt, im vorletzten Satz erst, nach 21 Sätzen bzw. 314 Wörtern, die Nennung des Namens: *Mit Friedrich August Wolf erwuchs die Philologie zur Wissenschaft.*

2. Mit dem Textanfang können die Rezipienten mittelbar einbezogen werden:

a) *Schon gehört? Die... in...! Am 13. stand's in unserer Zeitung, am 27. treten sie auf.*

b) *Wer mit offenen Augen durch die Stadt geht* (= *Wenn Sie... gehen*), *kann* (= *können Sie*) *reizvolle Details entdecken wie...*

c) Der Text kann mit einer gedachten Behauptung der Leser/Hörer beginnen (die dann widerlegt wird):

Stimmt. Der Frühlingsanfang ist schon eine Weile vorbei. Aber die Hausfrauen in der... können sich nicht einfach nach dem Kalender richten.

3. Der Text wird oft mit wörtlicher Rede eingeleitet.

a) Diese kann – als Rezeptionsanreiz – die Quintessenz der Aussage einer Person sein und in ihrer persönlichen Sicht und Formulierung sofort Interesse wecken:

„Wenn ich nicht weiß, was ich am nächsten Tag zu tun habe, fühle ich mich nicht wohl", sagt der 71jährige Fritz Buchmann, spannt seine zwei Pferde ein und macht sich auf den Weg.

b) In vielen Fällen dient das Spitzenzitat auch als – mitunter provozierender – Aufhänger:

„Man kann seine Vergangenheit nicht per Beschluß verabschieden", sagte Bundespräsident Herzog in Polička. Das klingt anders als der Titel des Sechsspalters vom 7. August: „Herzog so beliebt wie Beckenbauer und Lady Di".

4. Eine Art Redewiedergabe ist auch

a) das verkappte Zitat eines Titels:

Berlin – Alexanderplatz. Der Abend bricht an. (Anspielung auf Döblins Roman.)

b) die Abwandlung eines geflügelten Zitats:

Am Anfang war die Straße. Ein graues Asphaltband, dessen Decke an vielen Stellen die nächste Schicht, klobige Steine, sehen ließ. (Hier wirkt die Anspielung auf das Johannes-Evangelium allerdings blasphemisch.)

c) die Verwendung oder Abwandlung eines geflügelten Wortes oder bekannten Verses:

Kirschen essen ist nicht schwer, Kirschen ernten aber sehr. Frei nach Wilhelm Busch können alle ein Lied davon singen, die...

d) der Beginn mit einem Sprichwort oder eine Redewendung:

Dreimal auf Holz klopfen. Tischlermeister F. K. muß das nicht nur einmal am Tag, und nicht aus Aberglaube.

5. Kontrastierung kann Leseanreiz schaffen:

a) Kontrastierung in sich:

Es ist von eigenartigem Reiz: einige hundert Meter vom lauten Straßenlärm entfernt ein Naturschutzgebiet von solcher Ursprünglichkeit wie am Faulen See.

b) oder die langsam aufgebaute Kontrastierung mit einem verblüffenden Anfang (der nebenbei die Personifizierung nutzt):

Da kam ein Film ganz leise daher. Berichtet wurde nicht in dramatischen Bildern von sozialen Kämpfen in Lateinamerika, von fremder Unterdrückung, von leidenschaftlichem Aufbegehren eines Volkes, von seinem Schrei nach Freiheit...

Und doch werden die, die diesen Film sahen, tiefe Eindrücke nach Hause nehmen, die sie so schnell nicht wieder vergessen.

6. Interesse wecken Paradoxa:

Die Stadt ist in den letzten 10 Jahren um 10 Jahre jünger geworden. Das Durchschnittsalter beträgt jetzt [durch Eingemeindung und Zuzug] *34,2 Jahre.*

Oder: Der 6. Dezember war ein Frühlingstag.

Die paradoxe Formulierung kann an Gewicht gewinnen, wenn sie als Ausspruch eines Kompetenten zitiert wird:

„Die Schweizer kommen so gut miteinander aus, weil sie sich schlecht verstehen." Dieses Wort stammt von keinem Geringeren als dem gegenwärtigen Bundespräsidenten...

5.3.2 Der Schluß

Für die Gestaltung von Textschlüssen kann man sich an einigen Methoden der Anfangsgestaltung orientieren, wenn sie auch stärker vom Inhalt abhängen. Im Vordergrund stehen die Sentenz, der prägnant resümierende Satz, die überraschende, auch paradoxe Formulierung, die zum Weiterdenken anregt, und nicht zuletzt der gedanklich-sprachliche Bezug zum Anfang, dem wir uns jetzt noch, soweit es der Raum erlaubt, widmen wollen.

5.3.3 Der Rahmenbau

Es ist immer reizvoll, wenn man als Autor den Ring zum Textanfang zumindest in gedanklicher Hinsicht schließen kann. Dabei gelingt oft die wörtliche Wiederholung. So begann ein Kurzbericht zum Rudern (50 Zeilen) mit den Sätzen:

„Êtes-vous prêts... Partez!" Wieder einmal schallte dieses international verbindliche französische Startkommando über den Langen See.

Nach weiteren 12 Sätzen unterschiedlicher Länge endet der Text:

...Schon jetzt gibt es eine stattliche Zahl Anmeldungen für das nächste Jahr, wenn es wieder gilt: „Êtes-vous prêts... Partez!"

Die Rahmenkomposition gehört im Journalismus zu den älteren Mitteln, auch in der Argumentation. So begann und schloß Marx in der „Neuen Rheinischen Zeitung" einen Kommentar von 24 Sätzen mit 505 Wörtern mit dem bündigen Satz: *Der Horizont lichtet sich.*

Die wörtliche Wiederholung kann auch in einer einzigen (hier durch den Diminutiv auffallenden) Wendung liegen, mit der im folgenden eine ca. 90zeilige Rezension beginnt:

Dieses Büchlein hat es in sich: (...)

und schließt:

...Jeder, dem die Vielfalt unserer sprachlichen Verständigung am Herzen liegt, sollte sich dieses Büchlein zulegen.

Reizvoller als die lexikalisch sichtbaren Wiederholungen sind die gedanklichen Bezüge im Schluß, die nur teilweise oder gar nicht auf eine Formulierung Bezug nehmen, etwa (ebenfalls bei einer Rezension):

Diese Publikation gehört in die Bibliotheken unseres Landes, sie ist lesenswert für jeden Laien: das „Städtenamenbuch".

Nach ca. 80 Zeilen endet der Text, nunmehr den Titel ohne Anführung nennend und die Aussage steigernd:

Das ist mehr als ein Städtenamenbuch.

Wir haben hier übrigens den Fall, daß der wiederaufnehmende Schlußsatz zugleich eine Steigerung enthält und dennoch nur halb so lang ist wie der Anfangssatz.

Der Schlußsatz kann auch den Anfang korrigierend wiederaufnehmen wie in dem folgenden Beispiel eines Essays, in dem es darum geht, daß Marx als Journalist anders schreibt denn als Philosoph, daß also der von ihm zitierte Ausspruch Buffons von ihm selbst widerlegt wird. Der Text beginnt:

„Der Stil ist der Mensch" – wie oft schon ist dieses Wort Buffons in der Marxschen Interpretation zitiert worden.

Er endet, nachdem die deutlichen Unterschiede zwischen dessen philosophischem und dessen journalistischem Stil im Detail dargestellt worden sind, mit dem Satz:

Versteht man den Gegenstand des Journalismus wie auch den des einzelnen journalistischen Beitrags als Stoff, so muß man das Buffon-Wort in dem Sinne korrigieren, wie es bereits W. L. bei Marx selbst vermutete: „Der Stil ist nicht nur der Mensch, er ist auch der Stoff."

Das Beispiel für einen rein gedanklichen Bezug zum Anfang, eine subtilere Art des Rahmenbaus, bieten Anfang und Schluß einer Rezension, die den gleichen Erfolg des Musicals „The Fiddler on the Roof" am Broadway und in der Felsensteinschen Adaption in der DDR erklärt, also folkloristische Konzeption (sichtbar im West-Titel *Anatevka*) und Felsensteins sozialhistorische Konzeption (sichtbar im Rückgriff auf Chagalls Titel *Der Fiedler auf dem Dach*) gegenüberstellt. Der Beitrag beginnt: *Am Broadway geht die Kunst nach Brot.* [Anspielung auf Lessing] *Sie tut das mit exzellenten Sänger-Tänzer-Darstellern und spart nicht der Mühe* [Anspielung auf Brecht] *des szenischen Aufwands. Das hat sich zu amortisieren in für uns schwer vorstellbaren Aufführungszahlen. Dabei ist jedes Mittel, literarisch wertvolle Historie zu trivialisieren, recht.*

Es folgt nach der eigentlichen Rezension der Schlußsatz:

Das Stück in der Felsensteinschen Version ist eine kongeniale Adaption von Scholem Alejchems Erzählung. Das ist das Geheimnis, warum aus einem Broadwaystück ein Bühnen-Bestseller mit Aufführungsrekord in einem sozialistischen Staat wurde.

Sehen wir von der heute plakativ anmutenden Wendung *in einem sozialistischen Staat* ab: Die Beziehungen gedanklich-sprachlicher Art liegen auf der Hand. Gegenübergestellt werden US-Kunstverständnis und sozialkritisch-historisch-literarische Auffassung, Kommerz (*geht nach Brot/ amortisieren*) und literatur-, also kunstorientiertes Musical, das demgemäß in der *Oper* aufgeführt wurde; die vordergründigen Gemeinsamkeiten (Rekord-Aufführungszahlen dort wie hier) werden mit lexisch unterschiedlichen Mitteln bezeichnet: *für uns schwer vorstellbare Aufführungszahlen* – *Bühnen-Bestseller* (übrigens über 500mal) *in einem sozialistischen Staat* (konkret: der Ostberliner Komischen Oper).

Mitunter glückt es, den Anfangssatz wortspielend in den Schlußsatz umzuwandeln. Das gelang bei einer 60zeiligen Vorschau auf die neue Tetzlaff-Fernsehserie Wolfgang Menges von 1998, die so begann:

„So was von Schweinkram." Edith Tetzlaff findet es gar nicht gut, daß es gen-
manipulierte Bohnen gibt...

Nach der Andeutung der Probleme bei der ersten Sendefolge heißt
es mit der abschließenden verblüffenden Variation des Anfangssatzes:

Menge stochert im Aktuellen... Am Anfang und am Ende [der Sendefolge]
wird immer ein wohlgefälliges Lied gesungen. Und das wichtigste, wird gelacht? Nur
vom Band.

So was von Kleinkram.

(5.3.4) Auf die Binnenkomposition bzw. die entsprechenden Darstellungsmethoden – z.B. Zuspitzung, Detaillierung, Selbstfrage und
-antwort, satzübergreifende Stilfiguren, Textgestaltung durch Rede –
werden wir in den entsprechenden Kapiteln eingehen.

5.4 Die Gedankenfolge

Ein textgestaltendes Element ist die Art, wie Gedanken innerhalb eines
Textes generell nacheinander gesetzt werden: die Gedankenfolge. Wir
können folgende Grundformen der Gedankenfolge unterscheiden:
– die c h r o n o l o g i s c h e , d.h. eine zeitlich abfolgende Darbietung von
Geschehensphasen mit Rückgriffen, Rückblenden, Vorgriffen und Vor-
verweisen sowie synchronisch darstellenden Unterbrechungen beschreibenden, urteilenden oder verallgemeinernden Charakters;
– die Darstellung nach W i c h t i g k e i t von Einzelphasen eines Geschehens, abstufend bis hin zu den (vom Standpunkt der Autoren) neben-
sächlichsten Phasen;
– die (synchron) b e s c h r e i b e n d e in ihren verschiedenen Ausprägun-
gen, nämlich a) rein lokal und nach ihrer Anordnung im Raum (z.B. bei
der Ortsbeschreibung), b) funktionell (bei der Beschreibung von Gegenständen und sich wiederholenden, also typischen Arbeitsvorgängen, c)
nach der Wichtigkeit der Einzelteile eines biologischen, meist menschlichen Körpers (Personenbeschreibungen z.B. in Porträt und Reportage),
oder Einzelheiten eines menschlichen Charakters (bei Charakterisierungen bzw. Charakterbeschreibungen);

– die e r ö r t e r n d e, d.h. logisch entwickelnde und zu einer Erkenntnis führende Darstellung, z.B. in einer Argumentation oder konkret im Kommentar, u. U. ausgehend von einem Ereignis, von Fakten;

– die (rein) d a r l e g e n d e, die einen Gesamtsachverhalt oder ein gedankliches System oder Ergebnis detaillierend und logisch begründet;

– eine a s s o z i a t i v e, nicht lineare, zeitlich oder logisch begründete, sondern im Vergleich mit den eben genannten willkürliche Gedankenfolge; sie kann im Journalismus bewußtes Gestaltungsmittel bei Impressionen oder bei Reflexionen aus der personalen Perspektive sein.

Hierbei handelt es sich nur um Grundmöglichkeiten, an die man sich aber im Interesse textlicher Geschlossenheit und Konsequenz halten sollte. Sie werden in der Praxis je nach Bedarf, Zweck und Genre kombiniert. Die Kombination und das bewußte Abweichen ändern nichts an der Grundkonstellation, z.B. bei einem Bericht oder einer Vorgangsreportage (oder einer literarischen Erzählform bis hin zum Roman). Rück- und Vorausblenden sind oft nur denkstilistische Elemente der bewußten Spannung und des Identifikationszwangs oder der verkappten Argumentation. Sie mindern keineswegs die Chronologie, sondern unterstreichen diese nur, sofern sie nicht durch abrupte oder durch allzuviele Unterbrechungen des Handlungsvorgangs oder durch Szenenwechsel die Rezipienten überfordern. Die oft erheblichen Einwände gegen zu heftige Filmschnitte sind nicht allein ästhetische, sondern zugleich Einwände gegen die mangelnde Ausprägung und Erfaßbarkeit der Chronologie.

Umgekehrt kann in logisch-erörternder Argumentation auch die zeitliche Abfolge und ihre Umkehrung eine Rolle spielen. Schon die antike Rhetorik hatte hier bestimmte typische Denkfiguren entwickelt wie etwa als Figur der Nachholtechnik das Hysteron-Proteron, das Späteres vor das Frühere setzt und (bewußt) die Kausalfolge verändert. Eine derartige Abfolge wie in dem Beispiel *So wird es niemals sein, so ist es nie gewesen* dient zugleich der Hervorhebung.

Wir werden die Gedankenfolge bei der Bestimmung von Darstellungsarten und Genres heranziehen.

5.5 Die Disposition

Mit den Bemerkungen zur Komposition und Gedankenfolge haben wir bereits den Ausführungen über die Disposition vorgegriffen. Der Begriff der Disposition ist ein rhetorischer und deshalb für den Journalismus nur bedingt zu verwenden. Unter Disposition oder Gliederung verstehen wir die Auswahl und Anordnung der Gedanken in bezug auf eine Aussageabsicht, ein Überzeugungsziel. Dem Journalismus gemäße Formen sind in bestimmten Texten Einleitungsabsätze, die von einem Aufhänger (Einstieg) ausgehen und primär dem Wecken von Interesse dienen oder die in Form eines oft typographisch hervorgehobenen Vorspanns zum Hauptinhalt hinführen. Ein Schlußteil mit penetrant aufgezählten Folgerungen entspräche nicht dem Ziel des Journalismus, interessant, verständlich und schnell erfaßbar über Fakten und Meinungen zu informieren.

Von einer Disposition im Sinne der Rhetorik kann bestenfalls bei größeren Texten gesprochen werden, in denen sich ein Einleitungsabsatz bewußt von der Darstellung abhebt. Das ist oft bei größeren Betrachtungen, Artikeln, Rezensionen, Berichten oder Reportagen der Fall; ein Beispiel werden wir im Kapitel zum Bericht (7.2) anführen.

In solchen Fällen versuchen sich Journalisten oft in poetischen Bildern, Gleichnissen, Schilderungen oder Beschreibungen, die einen Einstieg ins Thema geben oder den intellektuellen, politischen, wirtschaftlichen und kulturellen Hintergrund der Darstellung andeuten.

5.6 Zur Aussagedichte (Ausdrucksökonomie)

Kisch erzählt in seinem „Marktplatz der Sensationen" die Anekdote von einer Feuilleton-Redakteurin, die eine Schiller-Passage – da sie nur eine tschechische Ausgabe besaß – rückübersetzte: *„Sie treffen zwar spät ein, Herr Graf Isolani, aber es ist schön von Ihnen, daß Sie wenigstens doch noch eintreffen."* Bei Schiller heißt es lakonisch: *„Spät kommt Ihr, doch Ihr kommt."*

Wenn je, dann gilt hier, abgesehen vom Schillerschen Rhythmus, Lessings Ausspruch: „Für mich ist schon die möglichste Kürze Wohlklang."

Wir wollen uns im folgenden Abschnitt – obwohl auch der Gegenpol der Kürze, die Breite oder Redundanz, von Belang sein kann – mit einigen Möglichkeiten der Ausdrucksökonomie (Sprachökonomie) befassen und sie systematisch an Beispielen vorführen, zumal eine Systematik der Verdichtung noch nirgends ausgearbeitet ist. Dabei lassen wir uns von dem Gedanken leiten, daß die Reduzierung von Aussagen auf ihren Kern, die sogenannte Komprimierung, wesentlich schwieriger und angesichts der Überflutung mit Informationen auch wesentlich notwendiger ist als die redundante Darstellung von Informationen. Nennen wir einige Methoden.

1. Substantivische Eigenschaftsbezeichnungen können zu Attributen oder Prädikaten (d.h. grammatisch zu Adjektiven und Verben) verkürzt werden, etwa ein

ursprüngliches	in
Die Waggons haben [a] *eine Länge von 17 Metern und* [b] *ein Gewicht von 20 Tonnen.*	*Die* [a] *17 Meter langen Waggons* [b] *wiegen 20 Tonnen.*
(14 Wörter)	(8 Wörter)

2. Genitivattribute mit neuer Information können, das Neuartige dadurch betonend, vorangestellt werden:

Die Waggons dieses neuartigen Typs	*Diese neu(artig)en Waggons*
(5 Wörter, 34 Anschläge)	(3 Wörter, 18/23 Anschläge)

3. Offizielle Titel werden auf eine inoffiziell bündige, der Sache und der Stilebene dennoch angemessene Weise gekürzt, z.B.

Bm. für Arbeit und Sozialordnung	*Arbeitsminister*
Bm. für wirtschaftliche Zusammenarbeit und Entwicklung	*Entwicklungs[hilfe]minister*
Bm. für Umwelt, Naturschutz und Reaktorsicherheit	*Umweltminister*
Bm. für Raumordnung, Bauwesen und Städtebau	*Bauminister*
Bm. für Bildung, Wissenschaft, Forschung	

und Technologie   *Forschungsminister*

Dabei dienen die Kurzformen nicht nur der Ökonomie, sondern zugleich der Entoffizialisierung und der Verständlichkeit.

4. Auch Staatsbezeichnungen werden, sieht man von abzudruckenden Kommuniqués ab, in (geographischer oder standardsprachlicher) Kurzform wiedergegeben. Dabei läßt man die Staatsformbezeichnungen weg, z.B. (*Königreich*) *Norwegen*, (*Republik*) *Frankreich*, (*Volksrepublik*) *China*, (*Demokratische Volksrepublik*) *Algerien*, (*Islamische Republik*) *Pakistan*, (*Föderative Republik*) *Brasilien*, (*Arabische Republik*) *Ägypten*, (*Haschemitisches Königreich*) *Jordanien*, oder ähnlich: (*Staat*) *Israel*.

Umgesetzt wird der ursprünglich adjektivische Ländername zu einem normalen Substantiv: *Französische Republik* zu *Frankreich*, *Vereinigte Mexikanische Staaten* zu *Mexiko*. Längere hochoffizielle Bezeichnungen werden auf Abkürzungswörter, die umgangssprachliche Bezeichnung oder das wichtigste Glied reduziert: *Vereinigtes Königreich von Großbritannien und Nordirland* auf *Großbritannien* oder umgangssprachlich auf *England*, *Vereinigte Staaten von Amerika* auf *USA* oder *Amerika*. In einigen Fällen wird die fremdsprachige Bezeichnung übersetzt: *Republik Belarus* in *Weißrußland*, *Republik Côte d'Ivoire* in *Elfenbeinküste*.

5. Überpräzisierende Nebensätze wissenschaftlicher Herkunft werden gestrichen:

Der Urheber kann eine Verwendung seines Werkes im Film auf alle Fälle verbieten, wenn diese Verwendung so erfolgt, daß sie sein literarisches oder künstlerisches Ansehen zu schädigen vermag.   *Der Urheber kann eine Verwendung im Film verbieten, wenn sie sein literarisches oder künstlerisches Ansehen zu schädigen vermag.*

6. Umständliche Adverbialfügungen lassen sich durch vorangestellte Adjektive ersetzen:

die Ergebnisse in diesem Jahr   *die diesjährigen Ergebnisse*

7. Mehrere Adverbialbestimmungen oder Objekt und Adverbialbestimmung können zuweilen bereits durch eine Präposition (im folgenden: *bei*) ersetzt werden:

Borussia unterlag gegen Inter Mailand	*Borussia unterlag bei Inter Mailand*
auf gegnerischem Platz (mit…)	*(mit…)*
(8 Wörter)	(5 Wörter)

8. Namentlich der Sportjournalismus faßt im Deutschen oft längere präzise Bezeichnungen für Wettbewerbe und Ränge oder Auszeichnungen in einem einzigen Kompositum zusammen, dessen Einzelteile wiederum Abkürzungen, z.B. in Form von Metonymien, sind:

Zweiter Platz (oder: *Silbermedaille*)	
im Wettbewerb der Staffeln	*Staffelsilber*
(6 Wörter)	(1 Wort)
Sieger im ersten Wettbewerb	
einer mehrteiligen Sportveranstalung	
(z.B. einer Schanzentournee)	*Auftaktsieger*
(7 Wörter)	(1 Wort)
Sieger im Wettbewerb um den Pokal	
für die beste Mannschaft der Welt	*Weltpokalsieger*
(12 Wörter)	(1 Wort)

Solche Kürzungen können allerdings die Grenze der Verständlichkeit unterschreiten, etwa *die Utrechter Lagenbronzemedaillengewinnerin = die Schwimmerin, die im Lagenwettbewerb als Mitglied der …Mannschaft bei den (Europa-)Meisterschaften in Utrecht die Bronzemedaille gewann.*

9. Zur Kürzung führt auch die Beseitigung von Pleonasmen und Tautologien:

Vollsperrung	*Sperrung*
am heutigen Freitag	*heute*
am gestrigen Sonntag	*gestern*
anerkennenden Dank aussprechen	*danken*
durchgeführte Kontrollen ergaben	*Kontrollen ergaben*
gestecktes Ziel	*Ziel*

Oft kommen längere Formen aus der Fachsprache oder dem Amtsstil und werden für den Journalismus vereinfacht:

Geldübermittlungssendungen	*Geldsendungen*

Wohnungseinheiten   *Wohnungen*

Die kürzeren Formen entsprechen dem Alltagsstil, an dem sich Journalisten in diesem Fall orientieren sollten.

10. Zusätzliche Charakterisierungen nach einem generellen Urteil können die Aussage abschwächen und sind dann zu eliminieren:

Auf dem Pariser Luftfahrtsalon	*Auf dem Pariser Luftfahrtsalon*
hatte die Maschine sensationelles	*hattee die Maschine bei Fachleuten*
Aufsehen erregt und ungeteiltes Interesse der	*und Laien (großes) Aufsehen erregt.*
Flugexperten aus aller Welt sowie der	*Laien (großes) Aufsehen erregt.*
französischen Bevölkerung gefunden.	
(23 Wörter)	(13 oder 14 Wörter)

11. Im Wortbildungsbereich ist die Kürzung möglich

a) auf das erste Glied: *Gipfelkonferenz* auf *Gipfel, Dynamomaschine* auf *Dynamo, Premierminister* auf *Premier,*

b) auf das Endglied: *Eisenbahn* auf *Bahn, Eisenbahnzug* auf *Zug, Straßenbahn* auf *Bahn* oder

c) um den Mittelteil: *Kernmahlmühle* auf *Kernmühle, Straßenbahnbahnhof* auf *Straßenbahnhof.*

Einige dieser Kürzungen sind bereits lexikalisiert.

12. Streckformen werden, wo sie ein Wort nicht besonders akzentuieren, auf das Einfachwort zurückgeführt:

führen zu einer Erleichterung der	*erleichtern die*

Ähnliches gilt für umständliche nominale Formulierungen wie

Die Anwendung dieses neuen Verfahrens be-	*Dieses Verfahren führt zu Vorteilen*
inhaltet eine ganze Reihe von Vorteilen wie	*wie*
Die Vorteile der Verwendung von Misch-	*Mischfutter bringt bessere Mast- und*
futter in der Landwirtschaft drücken sich in	*Aufzuchtergebnisse.*
besseren Mast- und Aufzuchtergebnissen aus.	

13. Aufgeblähte Formulierungen lassen sich reduzieren:

Wenn man diese Instrumente verwendet,	*Mit diesen Instrumenten*
kann man…	*kann man…*
Mit diesen Maßnahmen geht es vor allem	*Damit soll besonders die Arbeits-*

darum, die Arbeitsproduktivität zu steigern.   *produktivität gesteigert werden.*

14. Eine Kürzung ist oft bei Folgerungen möglich:

Das bedeutet eine Steigerung der Produktion   *Damit verdoppelt sich*
um 100 Prozent.   *die Produktion.*

15. Kürzungsmöglichkeiten bieten auch die sogenannten syntaktischen Vorreiter wie *auf den Seiten des* (= in), *im Interesse der* (= für), *aus Anlaß des* (= wegen des), *im Zuge der Durchsetzung dieser Maßnahmen* (= mit diesen...) u. ä. mehr.

16. Eine beliebte satzübergreifende Form ist die synonyme Nennung mit weiteren Kennzeichen in anderen Sätzen:

Katja Seizinger, 25 Jahre alt, will gewinnen...   *Die 25jährige will gewinnen...*
Über das Gesicht der Seizinger, die in Westfalen   *Über das Gesicht der gebürtigen*
geboren ist, huschte ein Lächeln.   *Westfälin huschte ein Lächeln.*

Diese Methode, hier gleich zweimal angewandt, ist zugleich ein Mittel intensiver Textverflechtung: der semantischen, nicht der formal-grammatischen Verknüpfung.

17. Gekürzt werden können Floskeln, wie sie vor allem in Interviews oder Statements verwendet werden: *Ich gehe/Wir gehen davon aus, daß.../Ich würde sagen, daß...* Zu ihnen wird beim speziellen Thema Näheres gesagt.

Von dieser Art Floskeln zu unterscheiden sind die allgemeinen wie *Da wollen wir mal wieder* oder bestimmte Anfangs- und Schlußformeln, vor allem in den Funkmedien, etwa Nina Ruges *Ich wünsche Ihnen einen schönen Abend, wo immer sie uns zugeschaut haben* oder die kritisierte Gruformulierung Faßbenders *Guten Abend allerseits.* Die Grenzen zum Markenzeichen einer Persönlichkeit sind fließend wie zu Reich-Ranickis Brecht-Zitat *Und wieder sehen wir betroffen/den Vorhang zu und alle Fragen offen.*

18. Hierher gehört auch die Streichung scheinbarer Inhalte in Nebenaussagen größerer Texte, eine Frage des Denkstils, die nur am größeren Kontext vorgeführt werden könnte.

Hyperökonomie

Das Streben nach möglichst starker Komprimierung einer Aussage führt leicht zu Hyperökonomie, die den Sachverhalt unlogisch oder gar komisch darstellt.

Unlogisch verknappt sind
folgende zwei Aussagen
in einem Satz wie: Sie müssen getrennt werden, etwa:

Die Ur- bzw. Erstaufführungen von   *In diesem Jahr wurden... ur- bzw.*
[es folgen drei Schauspieltitel]   *erstaufgeführt. Die hervorragenden*
garantierten in diesem Jahr ständig   *Inszenierungen garantierten ständig*
ausverkaufte Vorstellungen.   *ausverkaufte Vorstellungen.*
(Nicht die Uraufführungen garantierten!)

Ebenso: Getrennt etwa:
Mit dieser Expreßverbindung hat die   *Diese Expreßverbindung [der Bahn*
Bahn AG eine Reisemöglichkeit ge-   *AG] bringt eine Zeitersparnis von 40*
schaffen, die vor allem für Geschäftsleute   *Minuten. Sie ist deshalb Geschäftsleuten*
eine Zeiteinsparung bis zu 40 Minuten   *besonders willkommen.*
ermöglicht.

5.7 Zum Vorgangsgehalt eines Textes

Ein Qualitätskriterium, vor allem interesse- und spannungsweckendes Element eines journalistischen Textes, kann die Vorganghaftigkeit der Darstellung sein.

Es geht – dies sei betont – nicht darum, inwieweit die abgebildete Realität selbst schon Vorgänge enthält, sondern inwieweit das Abzubildende auch vorgangshaft, also Dynamik enthaltend, dargestellt werden kann. Dynamik wird namentlich durch folgende stilistische Mittel und Methoden erzielt:

1. durch ein hohes Maß an berichtender Darstellungsart (einschließlich der Einschränkung beschreibender, urteilender, darlegender und gesondert erläuternder Formen); d.h. zugleich durch Umsetzung von nicht-

berichtenden, also z.B. beschreibenden Elementen, in Handlung, und zwar entweder personenbezogen:

Das Gebäude ist aluminiumverkleidet.   *Schon von weitem sehen/sahen wir das aluminiumverkleidete Gebäude.*

oder sachbezogen:

Der Schnee ist blendend weiß, er ist pulvrig.   *Das stechende Weiß schmerzt(e) die Augen. Der Schnee stiebt (stob) hinter Brettern und Kufen auf.*

Diese Umsetzung kann, wie bereits unter dem Gesichtspunkt der zeitlichen Perspektive gezeigt, auch im gleichsam falschen Verwandeln einer noch heute gültigen Beschreibung in eine vergangene Handlung bestehen (sogenannte Präteritalattraktion):

Die Treppe ist dort steil.   *Die Treppe führt(e) steil hinab.*
Das Haus steht an einem Berg.   *Das Haus stand [, wie wir gewahr wurden,] an einem Berg.*

Guter Rat ist teuer.   *Guter Rat war teuer.*

Auch kann die abstrakte verbal-nominale Fassung eines tatsächlichen Vorgangs in einen Vorgang zurückverwandelt werden:

Unser Dank gilt/galt den Helfern.   *Wir dankten den Helfern (von Herzen/gerührt/...).*

2. durch kontrastive und die Handlung weiterführende Dialoge, die nicht zuviele generelle Aussagen oder gar Floskel-Urteile enthalten. Auch eingestreute kurze Äußerungen, z.B. Aufforderungen wie *„Los!",* sagte sie oder selbst Fragen, etwa *„Wie denkt ihr euch das jetzt?"* können dynamische Funktion erhalten.

3. durch ein Maximum an kurzen oder grammatisch nicht erweiterten Sätzen. Hier ist jedoch von einem Übermaß abzuraten;

4. durch syntaktische Anomalien, etwa abgebrochene, lose Sätze und Einwortsätze, durch syntaktische Absonderungen, Ausklammerungen und Nachträge;

5. durch relatives Verselbständigen der einzelnen Phasen eines Geschehens, auch durch Verzicht auf penible Zeitadverbien (*dann* usw.),

Zeitkonjunktionen (*daraufhin*) oder Zeitpronomina (*worauf* usw.), d.h. also durch ein Maximum an Parataxe;

6. durch dynamische Epitheta, etwa durch Verlaufspartizipien wie *krachend, wogend, singend*, durch dynamische Adjektive oder Adverbiale wie *blitzartig, plötzlich, hart, schnell, rasch*. Auch hier ist sparsame Verwendung geboten.

7. durch entsprechende Stellung der Adverbialbestimmungen, also meist an der Aussagespitze (*Krachend schlug..., aber unversehrt sauste...* – Beispiel im Zusammenhang im Kapitel 7.2). Auch hier ist vor Übertreibung zu warnen. Der wiederholte Beginn in dieser Weise könnte maneriert wirken;

8. durch Vermeiden des (statischen) Zustandspassivs wie *ist überflutet, ist eingeschlossen*;

9. durch ein Maximum an Bewegungsverben und Vorgangsverben, insbesondere solchen, die den Beginn einer Handlung ausdrücken (*erleuchten, erblühen, auftauchen, aufjubeln, hinein-* usw.);

10. durch entsprechende Semantik von Substantiven, denn die Dynamik ist keineswegs an Verben gebunden. Sie kann gelegentlich viel stärker im Substantiv ausgedrückt werden, wie dies der Anfang des Gedichts „Nis Randers" besonders deutlich macht, der in drei aufeinanderfolgenden Versen kein einziges Verb enthält: *Krachen und Heulen und berstende Nacht/Dunkel und Flammen in rasender Jagd/Ein Schrei durch die Brandung...*;

11. gelegentlich auch durch antithetische Vorgangsdarstellung, wie folgendes Beispiel trefflich zeigt:

Karl W. schimpft über die Mähdrescher, weil es nun kein Kaff mehr für die Schafe gibt. Er lobt diese Mähdrescher, weil sie das Stroh gleich gepreßt liefern. Er schimpft über die ganze neue Technik, weil es kaum noch möglich ist, Schafe auf die Stoppeln zu treiben. Er lobt sie über alle Maßen, weil sie zum Beispiel diese Kaltbelüftungsdinger mit sich brachte.

Die Wirkung dieser Passage wird allerdings durch andere Stilmittel unterstützt; zunächst durch die Anapher (dreimal Beginn mit *Er*) und die bewußt parallele gedanklich-sprachliche Struktur (*Er* + Verb + Objekt + mit *weil* beginnendem Kausalnebensatz), vor allem aber durch Übergang

zur sogenannten erlebten Rede, mit der die Rezipienten durch die Perspektive des Schäfers Karl W. einschließlich seines Wortgebrauchs (nie-
derdeutsch *Kaff* = Spreu, *Kaltbelüftungsdinger*), vor allem aber seines Nut-
zen-Standpunkts (*kaum... möglich..., Schafe auf die Stoppeln zu treiben*), zur
Identifikation gezwungen werden.

12. durch Tempuswechsel an Höhepunkten des Geschehens.

Wenn hier Mittel der Dynamisierung im Detail herausgearbeitet
wurden, so, weil sie im Journalismus im Hinblick auf das Ansprechen des
Lesers weit wichtiger sind als die der Statik. Wir sehen dabei vom sprach-
psychologischen Gesichtspunkt ab, daß der Satz an sich oder eine einzelne Aussage innerhalb eines Satzkomplexes statisch wirkt, da er/sie mit
einem einzelnen Prädikat auskommt und an dieses gebunden ist. Davon
abgesehen, sind bewußte Mittel der statischen Darstellung rein beschreibende Sätze; Merkmalssätze; Prädikate mit statischer Semantik (*schlafen,
ruhen, warten* usw.), die Häufung von Streckformen; die Häufung von Fertigstücken, die gedrängte Zuordnung von Bestimmungen (Epithetahäu-
fung, Zuordnungsfolge, Zuordnungshäufung); ein gleichförmig normaler
Satzbau; die gehäufte Verwendung von statischen bzw. abstrakten Substantiven, statischen Verbalabstrakta und undynamischen, substantivierten Adjektiven.

5.8 Textbausteine (sprachliche Fertigstücke)

In einer Zeit unaufhörlicher Informationsflut und ausschließlich für den
Tag oder (in Funkmedien) gar für die Stunde bestimmter Beiträge sind
für eine schnelle Textproduktion auch Textbausteine erforderlich. Solche
Bausteine wollen wir zunächst wertneutral als Fertigstücke bezeichnen.

Fertigstücke sind sprachliche Formulierungen für Beziehungen und
Sinnkomplexe, die in der gesellschaftlichen Kommunikation ständig wie-
derkehren und nicht von jedem Sprechenden und Schreibenden neu geprägt, sondern insgesamt übernommen und für die eigene Darstellung
verwendet werden. Sie können ihrerseits kombiniert oder als Komplex in
eine übergeordnete Aussage eingebaut werden, etwa *die Aufgaben unserer*

Arbeitnehmer in: *die Erfüllung (der Aufgaben unserer Arbeitnehmer)*, diese ihrerseits, wenn es um Kontrolle geht, in: *die Kontrolle [der Erfüllung (der Aufgaben unserer Arbeitnehmer)]*, und wenn diese Kontrolle zu organisieren ist, kann es zu einer Kette wie *die Organisation [der Kontrolle (der Erfüllung {der Aufgaben unserer Arbeitnehmer})]* kommen. Dieser hier nur theoretisch exemplifizierte Fall ist im DDR-Funktionärsdeutsch tatsächlich eingetreten und hat üble Blüten getrieben, die inzwischen der Stilgeschichte angehören – oder ihr anzugehören scheinen, wie wir sehen werden.

Der Verfasser dieses Kapitels hat eine umfängliche Liste erarbeitet, in der Dutzende von Fertigstücken mit häufig oder ständig wiederkehrenden Wortkopplungen verzeichnet sind. Am häufigsten waren und sind Zweiergruppen, zunächst mit der Verbindung von Substantiven:
– als Verbindung zweier Substantive ohne Kopplung: *Standort Deutschland*;
– mit der Kopula *und*: *Sozialdemokraten und Grüne, Land- und Luftstreitkräfte, Arbeit und Soziales, Russen und Amerikaner, Arbeitgeber und Arbeitnehmer*;
– mit dem Genitiv: *Senkung der Kosten, Sicherung der Arbeitsplätze, Ausdruck der Solidarität, Politik der Regierung, Modernisierung der Streitkräfte, Kürzungen des Sozialetats*;
    sodann mit der Verbindung von Substantiv und Präposition:
– *Kooperation/Zusammenarbeit zwischen, Beziehungen/Kontakte zu, Beratungen/Vereinbarungen über/mit...*;
    von Adjektiv und Substantiv:
– *Europäische Union, Atlantisches Bündnis...*;
– *europäische/atlantische Strukturen, freundschaftliche Beziehungen, wichtige Aufgaben/Anliegen, grundlegende Reform(en), zunehmende Gewaltbereitschaft, geeintes Europa, breites Spektrum, unausbleibliche Folge, brennende Frage, rechte Szene* usw.;
    von Substantiv und Verb:
– *[ein] Zeichen setzen/Prioritäten setzen*;
    von Adverb und Verb:
– *schrittweise verwirklichen, aktiv/tatkräftig mitarbeiten/unterstützen/helfen, gemeinsam beschließen/nutzen* usw.

Es gibt häufig auch Dreiergruppen, z.B. die Verbindung von Präpo-
sition – Substantiv – Verb (*unter Erwartungsdruck/Zugzwang stehen, auf die
Tagesordnung setzen, auf den Prüfstand stellen*), oder Adjektiv – Substantiv –
Verb (*neue Arbeitsplätze schaffen* usw.).

An noch umfangreicheren Strukturen seien nur genannt: *mit allen
rechtsstaatlichen Mitteln, das Zeug zum Sieger haben, den Spagat zwischen...
und... schaffen, drastische Einschnitte in die Sozial-/Verteidigungsausgaben* (usw.)
vornehmen, das Kräfteverhältnis real/(völlig) falsch einschätzen usw.

Sehr viele textuelle Fertigstücke werden in der Sportberichterstat-
tung eingesetzt. Ihr besonders häufiger Gebrauch hängt großenteils mit
dem Zwang zusammen, Berichte innerhalb kürzester Frist zum Druck
oder direkt über den Sender zu bringen. Aus Raumgründen wollen wir
uns eine Aufzählung sparen.

Es gab im DDR-Deutsch feste größere Wortgruppen (Nomina-
tionsstereotype), die bis zu 14 Wörter umfaßten und dann nur noch der
Ausfüllung mit Subjekt und Prädikat bedurften: *Die Voraussetzungen für die
Erhöhung des Nationaleinkommens und die weitere Verbesserung des Lebensstan-
dards unserer Bevölkerung* [*schaffen wir*].

Der Gebrauch von Fertigstücken für die Textproduktion ist nicht,
wie in diesem Extrembeispiel, nur negativ zu sehen. Zunächst bieten
Fertigstücke wichtige V o r t e i l e :
– Sie sind in der Massenkommunikation die korrekte, von einer politi-
schen Definition oder ursprünglichen richtigen Vorstellung herrührende,
staatsrechtlich z.Z. gültige oder völkerrechtlich übliche Formulierung.
– Sie sind aktuelle, moderne Aussageteile, mit denen man sich als auf der
Höhe der Zeit erweist.
– Sie sind bewährte, von den Politikern, den Medien und vom Zeitgeist
sanktionierte oder getragene Formulierungen, die nicht provozieren.
– Sie stehen als Ganzes zur Verfügung und ermöglichen ein schnelles
Verfertigen der Aussage. Insofern sind sie, auch wenn sie manchmal um-
fangreicher sind als eine sinngemäße einfache und individuell geprägte
Formulierung, sprach-, denk- und textökonomisch.
Einige Vorzüge wurden nicht ohne Ironie charakterisiert. Deshalb seien
im folgenden einige oft gravierende N a c h t e i l e genannt:

– Fertigstücke wirken abgegriffen und machen, da bekannt und oft gehört, den Text monoton und damit für selbständig Denkende ärgerlich.

– Sie wirken, da unoriginell, auch unexpressiv.

– Sie verursachen, auch wenn andere Teile der Aussage Neues mitteilen mögen, ein Gefühl der Übersättigung. Sie suggerieren dem Rezipienten die Vorstellung, nicht nur die stereotypen Aussageteile, sondern die gesamte Aussage zu kennen, also nichts Neues zu lesen oder zu hören. Insofern gehören sie zu den subtilen sprachlichen Indizien von Uniformität journalistischer Kommunikation und damit auch zu den tieferen Ursachen der Stagnation geistigen Lebens und der Politiker- und Politikverdrossenheit.

– Sie werden zusehends abgenutzt, sinnentleert und dann bald völlig gedankenlos verwendet. Häufige Konsequenz gedankenlosen Umgangs sind S t i l b l ü t e n wie im folgenden das Schema *in die (Gäste-/Anwesenheits- usw.) Liste eintragen*:

Strausberg. Als erstes Kind im neuen Jahr erblickte im Kreiskrankenhaus Thomas Schneider das Licht der Welt. Als zweites trug sich Andree Bartosch in den Mittagstunden in die Geburtenliste des Hauses ein.

Die Fertigstruktur *Bearbeitung von X*, im Wirtschafts- und Landwirtschaftsbereich für Produktions- und Durchlaufphasen gebraucht, wirkt bei folgender Zeitungsannonce merkwürdig:
Wir suchen weibliche Arbeitskräfte für die Bearbeitung von Eiern.

Häufig löst der Gebrauch von ursprünglich bildhaften Wendungen wie etwa *wird groß geschrieben* unbeabsichtigte Komik aus:
In diesem Betrieb wird zugleich die Reinigung von Abwässern groß geschrieben. / In einem Bienenvolk wird die Arbeitsteilung groß geschrieben. / Schnee wird zur Zeit in Europa groß geschrieben.

Die *offen bleibende Frage* und die Streckform mit *durchführen* scheinen beim Anwenden im Tierreich kurios:
Für Delphine blieb die Frage, wie sie das Säugen der Jungtiere unter Wasser durchführen, lange Zeit unbeantwortet.

Kaum zählbar sind die Stilblütenbeispiele, die aus der bildlichen Übertragung in andere Bereiche resultieren, so, wenn man etwa die Züchtung einer neuen Fleischschweinart mit einer unbedachten Wen-

dung aus den menschlichen Beziehungen begründet: *Pate standen holländi-
sche, englische, ukrainische und schwedische Schweine.* Oder wenn zu Weihnachten 1997 ein Hörfunksender folgenden Satz bescherte: *Spitzenreiter unter
den Weihnachtsbäumen sind wie immer Fichten und Tannen.*

Erheiternde Fertigstücke wie *im Reisegepäck befinden sich* waren keineswegs an den DDR-Funktionärsstil gebunden, wie dies in folgender Berichtspassage über eine Wortmeldung auf einem SED-Parteitag scheint:
*„In meinem Reisegepäck befanden sich auch zwei junge Kollegen", begann sie ihren
Diskussionsbeitrag, „die aus Anlaß des Parteitages um Aufnahme als Kandidat in
die Partei gebeten haben".*

Im vereinten Deutschland wurde etwa gemeldet: *Mit drei Bundestags-
abgeordneten im Gepäck traf Minister Volker Rühe auf der „Hamburg" ein.*

Oder: *Mit Schnee und Regen im Gepäck kommen morgen neue Wolken zu
uns.*

Nicht immer führt die unbedachte Verwendung von Fertigstücken
nur zu Stilblüten. Im folgenden Beispiel verharmlost die aus dem Boxsport stammende Wendung *sich auf einen Schlagabtausch vorbereiten* den
Krieg mit dem Tod unschuldiger Frauen und Kinder in nachgerade zyni-
scher Weise: *Auf einen Schlagabtausch mit dem Irak bereiten sich gegenwärtig die
USA vor.*

Der gedankenlose Gebrauch von Fertigstücken hat noch zwei weitere Konsequenzen. Die eine ist eine merkwürdige geographische Darstellung, die sich aus dem politischen Fertigstück *östlich der Elbe* (für DDR-
Gebiet) ergibt. Hier handelt es sich um eine ältere Wendung, die sogar
der Chefkommentator des DDR Fernsehens Karl-Eduard von Schnitzler
(in einer Reportage über Leipzig!) sinnwidrig gebraucht hat. Dieser geographische Unfug erbt sich wie eine ewige Krankheit fort. Mittlerweile
müßte jeder denkende Journalist wissen, daß 45% des ehemaligen DDR-
Gebiets westlich der Elbe lagen und daß auf dieser Fläche 55% der
DDR-Bevölkerung wohnten.

Die andere Konsequenz ist informationspolitischer Art. In Fachkrei-
sen kennt man das Beispiel der Hörfunkreportage über die Landung eines Staatsgastes, die mit dem schon stereotypen *Langsam senkt sich der sil-*

bergraue Riesenvogel begann. Dabei war die Maschine wegen Nebels zur Landung an einen anderen Ort umgeleitet worden.

Daß dies mit Fertigstücken zusammenhängt, zeigen Meldungen wie die folgende, die sich weitgehend aus ihnen zusammensetzt:

Voller Erfolg für Oistrach

Berlin. Im ausverkauften Klubhaus des... gab gestern Igor Oistrach, begleitet von seiner Frau Natalia Serzalowa, vor einem begeisterten Publikum ein Konzert. Anschließend fand eine rege Diskussion zwischen den Künstlern und Betriebsangehörigen statt.

Das Gastspiel war jedoch wegen Erkrankung des Virtuosen gar nicht zustandegekommen. Für ähnliche (Voraus-)Falschmeldungen gibt es in Ost und West weitere Beispiele. Charakteristisch ist für sie alle, daß die Texte mit Fertigstücken und ohne jede detailbezeichnende, einmalige Vorgänge charakterisierende Wörter auskommen. Sie bleiben, wie es dem Wesen von Fertigstücken entspricht, blaß und schematisch. Der Grad der Emotionalisierung ist selbst bei ursprünglich emotionalen Fügungen äußerst gering. In der DDR existierte z.B. für offiziöse Meldungen die rege gebrauchte Wendung *herzlich begrüßte Gäste (waren)*. Sie war jedoch so stereotypisiert und wie die Begrüßung auch ritualisiert, daß es in einer Vorausmeldung hieß: *Herzlich begrüßte Gäste dieser Veranstaltung werden sein: ...*

Die Konstruktion von (meist schnell abzufassenden) Texten aus Fertigstücken beraubt sie nicht nur der Emotion, Individualität und Konkretheit; sie führt auch dazu, daß letztlich jeder kommende Satz und Satzteil, daß selbst Wörter oder Wortteile einen – informationspsychologisch gesehen – hohen Erwartungswert haben. Tests bei Vorlesungen mit über 100 Stilistikstudenten haben an einem Textausschnitt mit insgesamt 130 Wörtern folgendes gezeigt: Beim Unterbrechen des Textverlesens an 45 Stellen gab es keine Stelle, an der nicht mindestens fünf, maximal sogar an die 40 Studenten spontan und exakt die Fortsetzung (nach einem Wortteil, nach einem angelesenen Genitiv oder einem Satzteil) errieten. Das heißt, der Erwartungswert der Einzelteile der Information in

bezug auf die sprachliche – und damit eigentlich die gedankliche – Fortführung war extrem hoch.

Solche Ergebnisse sprechen eindeutig gegen Fertigstücke, die wohl
ins Repertoire von Politikern, Managern, Funktionären, Festrednern und
redseligen Referenten gehören, aber im Grunde journalistikfeindlich
sind. Ihre Zunahme ist Ausdruck geistiger und kommunikativer Stagnation.

5.9 Variabilität des Textes

Eine korrekte Wortwahl, die Vermeidung von unverständlichen Fach-
und Fremdwörtern und ein übersichtlicher Satzbau ergeben zwar einen
verständlichen, aber noch lange keinen journalistischen und vor allem interessanten Text. Der Text muß einen wesentlichen antijournalistischen
Stilzug strikt vermeiden.

Um dies deutlich zu zeigen, wollen wir einen heute antiquierten Text
aus den siebziger Jahren zitieren, wie er tatsächlich erschienen ist. Er ist
resümierender Art; wir bringen nur sieben Sätze (zehn numerierte Einzelaussagen). Selbst ein überzeugter Anhänger der in diesem Text zum
Ausdruck kommenden Kommunismus-Version wird diesen kaum zu
Ende lesen. Warum nicht? Um diese Frage zu beantworten und den
schlimmsten Stilzug herauszuarbeiten, den Kommunikation haben kann,
werden wir ihn nach dem Zitieren genau analysieren:

(1) *Der XXIV. Parteitag der KPdSU wurde zu einem Ereignis von Weltbe-
deutung.* (2) *Er stellt den Beginn einer neuen Etappe im Kampf der KPdSU und des
Sowjetvolkes für den Kommunismus dar,* (3) *er ist damit ein überaus bedeutsamer
Schritt vorwärts beim Verlauf des gesamten revolutionären Prozesses in der Welt.* (4)
*Der vom Generalsekretär des Zentralkomitees der KPdSU, Leonid Breshnew, dem
Parteitag vorgelegte Rechenschaftsbericht des Zentralkomitees enthält eine gründliche
marxistisch-leninistische Analyse der internationalen Lage und der Situation innerhalb der Sowjetunion,* (5) *er behandelt aktuelle Probleme des Aufbaus der kommuni-
stischen Gesellschaft, des innerparteilichen Lebens, der internationalen kommunisti-
schen und Arbeiterbewegung sowie der nationalen Befreiungsbewegung, alle die Fragen*

also, deren Lösung für die Sowjetunion wie auch für die gesamte Menschheit von au-ßerordentlicher Bedeutung ist. (6) Der Parteitag zog das Fazit der gewaltigen politi-schen und organisatorischen Arbeit der KPdSU nach dem XXIII. Parteitag, (7) er legte den politischen Kurs und das konkrete Programm für die Tätigkeit der Partei in den nächsten Jahren wie auch in einem längeren Zeitraum danach fest.

(8) Die gesamte Arbeit des Parteitages war durch die Ideen Lenins und den Le-ninschen Stil der Parteiarbeit bestimmt. (9) Der Rechenschaftsbericht des Zentralko-mitees der KPdSU und die Beschlüsse des Parteitages demonstrierten ein weiteres Mal überzeugend, daß sich die Kommunistische Partei der Sowjetunion in ihrer gesamten Tätigkeit auf Lenins geistiges Erbe stützt und konsequent den von ihm vorgezeichne-ten Kurs wählt.

(10) Der XXIV. Parteitag der KPdSU bekräftigte die überaus große Bedeu-tung der revolutionären Theorie, des Marxismus-Leninismus, und betonte nachdrück-lich, daß jeder Versuch einer Revision der Lehre von Marx, Engels und Lenin un-nachsichtig bekämpft, daß der Marxismus-Leninismus schöpferisch weiterentwickelt und propagiert werden muß.

Wir sehen vom Inhalt ab und konzentrieren uns allein auf Wortwahl und Syntax. Demnach weist der Text folgende Mängel auf:

1. Alle zehn Aussagen bzw. sieben Sätze beginnen mit der g l e i -c h e n (überdies primitiven) S a t z g l i e d f o l g e Subjekt – Prädikat.

2. Die Prädikate selbst sind s e m a n t i s c h extrem b l a ß : dreimal vertreten sie die Kopula *ist* (*ist, stellt dar*, ähnlich *wurde zu*), zweimal be-zeichnen sie das Enthalten (*enthält, behandelt*), dreimal das gleiche in schwach charakterisierender Form (*zog Fazit, legte fest, war gekennzeichnet*), zweimal – ohne daß ein Beweis geführt wird – das Bestätigen (*demonstrier-te, bekräftigte*).

3. Innerhalb von sieben formalen Sätzen gibt es 67 W i e d e r h o -l u n g e n von nur 14 Wörtern bzw. Wortteilen: 11× erscheint allein das Wort *Partei*, 7× der Name *Lenin*, 6× *KPdSU*, 4× die Wortteile *kommunis-, bedeut-* (im Sinne von 'wichtig'), *sowjet-* und *gesamt-*, 3× *Zentralkomitee*, 2× *welt-, revolutionär, national-, bewegung, Kurs*.

4. Der Text weist eine extreme Häufung aufwertender Wörter und Wortgruppen auf: *überaus bedeutsam, neue wichtige Etappe, überaus große, ein weiteres Mal bekräftigte, geistiges Erbe, Schritt vorwärts, schöpferisch weiterentwik-*

kelt, Ereignis von Weltbedeutung, gründlich, außerordentlich, gesamt, wichtig, Bedeutung (im Sinne von 'großer Bedeutung'), *bedeutsam, konsequent, überzeugend, gewaltig, betonte, demonstrierte, bekräftigte, Aufbau, Menschheit* (mit positiver Konnotation), *Ideen, Tätigkeit* (im Sinne von 'Leistung').

Die stilistischen Hauptmängel dieses Textes bestehen im völlig einförmigen Satzbau, in der extremen Wiederholung von Wörtern bzw. Wortteilen auf knappstem Raum und einer erdrückenden Häufung aufwertender Wörter. Zugleich ist die Mehrheit der Prädikate semantisch auffallend blaß; zum Teil fungieren sie nur als Satzvollstrecker. Alle diese Details sind, besonders in ihrer Häufung, ein überwältigendes Indiz des Stilzuges der M o n o t o n i e.

Monotonie ist der Hauptfeind einer wirklich journalistischen Gestaltung, ebenso wie der dahinterliegende Denkstil der bloß akklamativen Darlegung ein Ausdruck geistiger Stagnation ist. Es lohnt nicht, durch gravierende Reduktion und Kürzung, wie man sie hier vorführen könnte, diesen Text interessanter zu machen. Als Fazit genügt die Formulierung von vier Leitsätzen für die Variabilität des Textes:

1. Vermeide die Häufung gleicher und vor allem normaler Satzgliedfolgen.

2. Vermeide die Häufung blasser Prädikate.

3. Vermeide die Häufung ausschließlich aufwertender Ausdrücke, zumal dann, wenn sie sich semantisch von der Wirklichkeit erheblich entfernen.

4. Vermeide die Wiederholung von Lautfolgen, seien sie identisch oder nur ähnlich.

Gleichheit und Häufung von Wortteilen, Wörtern, Wortfolgen, Satzstrukturen, soweit sie nicht bewußtes Element der Textgestaltung sind, bewirken Monotonie. Gleichheit von Sprachelementen assoziiert im Unterbewußtsein – und dies ist die kommunikationspsychologische Wirkung –, daß die gesamte Information nur Gleiches, nichts Neues enthält. Als Umkehrschluß ergibt sich, daß jeder Text, der Neues rezeptionsanreizend vermitteln will, stilistische Variabilität zur Grundbedingung hat.

5.10 Anschauung und Bildkraft im Text

5.10.1 Anschauungsgehalt eines Textes

Nicht jeder journalistische Text kann oder muß anschaulich sein. Meinungsbildung etwa bedarf primär der Abstraktion. Dennoch können Argumente durch Mittel der Anschauung, durch Vergleiche und durch bildlich-expressive Mittel unterstützt werden; daß berichtende und porträtierende Beiträge bis hin zur Reportage der Vorstellbarkeit bedürfen, unterliegt keinem Zweifel. Es sollen deshalb einige Methoden der Veranschaulichung beschrieben werden.

Wie kann die Darstellung veranschaulicht werden?

1. Vorgänge und Sachverhalte lassen sich zunächst durch plastische und gleichsam exemplarische Details veranschaulichen, etwa

simples	durch
Der Bagger kam nicht schnell vorwärts, denn die Erde war mit Trümmern durchsetzt.	*Nur Meter um Meter, manchmal nur ellenweise, fraß sich deer Bagger ins Erdreich. Immer wieder stieß er auf massive Steine, Betonbrocken oder auf verrostete, sperrige Stahlteile.*
oder, mit plastischer Rede,	durch
Im Dorf grassierte die Schweinepest.	*Wir gingen durchs Dorf. Sahen ein Schwein liegen, vor einem Stall. M. sagte schroff: „Das hat da nicht zu liegen." Ich entgegnete: „Warum nicht? Laß es doch schlafen." „Ein tiefer Schlaf. Krepiert. Merken Sie das nicht?"*

2. Effekt oder Arbeitsaufwand können Anschauung schaffen –

statt	anschaulicher
Es kam durch den strengen Frost zu Schienenbrüchen und Entgleisungen. Der Arbeitsaufwand war hoch, und die Zeit drängte.	*Der Frost war streng. Schienen brachen plötzlich unter der Last 100 Tonnen schwerer Waggons. Das bedeutete trotz aller Technik Knochen-*

arbeit, immer mit dem Blick auf die Uhr.

3. Veranschaulichung ist je nach Genre durch Sachvergleiche oder bildliche Vergleiche möglich.

3.a S a c h v e r g l e i c h e können in bezug auf den Durchschnittswert oder -aufwand angestellt werden:

Während diese Arbeiten bei Normaltemperatur in 15 Minuten erledigt sind, braucht man bei strengen Frösten bis zu einenhalb Stunden.

Man kann auf einen anderen bekannten Sachverhalt aufrechnen:

Wenn in den 6,5 Millionen Haushalten eines Bundeslandes nur je eine 60-Watt-Birne weniger genutzt wird, macht das rund 390 Megawatt aus. Das entspricht der Gesamtleistung des Kraftwerkes.

Der Vergleich mit früheren Werten veranschaulicht gleichfalls:

Die Museen wurden im vergangenen Jahr von über 3 Millionen Menschen besucht. Im vorletzten Jahr waren es 2,8 Millionen.

wie auch der Vergleich mit dem Durchschnittswert:

...In den fünf Jahren vorher waren es durchschnittlich 2,6 Millionen Besucher.

Anschauung erzielt man auch durch hypothetische Vergleiche:

Mit dieser Energiemenge könnte man eine Stadt wie Freiburg ein Jahr lang versorgen.

3.b B i l d l i c h e V e r g l e i c h e lassen sich vor allem in bestimmten Texttypen einsetzen. Sie werden oft in Sätze eingearbeitet und der Aussage untergeordnet, so etwa, wenn im Attribut die *wie Bogensehnen gespannten Fahrleitungen* genannt werden oder wenn die Rede ist von einem *Wahlprogramm, das wie ein politischer Kramladen aussieht,* oder von einer *Absage, die wie ein Schatten über der Konferenz lag.*

Der einfache bildliche Vergleich läßt sich mit einem verkappten Vergleich fortführen:

Die Kampagne der Christdemokraten ist so klein wie deren Mut. Die Wahl ihres zentralen Wahlkampfthemas verrät noch mehr über den inneren Zustand der CDU als die Ratlosigkeit.

Mit dem bildlichen Vergleich kann eine Person zugleich charakterisiert werden wie im folgenden die Eistanzsiegerin von Nagano:

Ihre Haarfarbe wechselt so häufig wie ihre Launen. Rot, brünett, momentan tritt sie als platinblondes Gift auf – wie Madonna oder Marilyn Monroe.

Die Vorstellung verblaßt, wenn ein bereits stereotyper und obendrein hyperbolischer Vergleich benutzt wird; er ist dann bestenfalls expressiv:

Als die Einführung der neuen Maßnahmen angekündigt wurde, glaubte man, vielleicht würde eher ein Kamel durch ein Nadelöhr gehen...

Mitunter werden Sachvergleich und bildlicher Vergleich wirksam verschmolzen: *Statt Etatschulden gibt es Überschüsse. Besser steht nur noch der Musterknabe Luxemburg da.*

4. Gegenstände, Sachverhalte und Vorgänge können auch durch treffende Epitheta plastisch werden: *schneidende Kälte, klirrender Nachtfrost, klamme Hände, knirschender Schnee, sandsteinhelle Zaunsäulen, schwarzgelber Qualm, aschfahles Gesicht, gellender Schrei, scharfer Wind (treibt) quirlenden Rauch.*

5. In begrenztem Maße lassen sich Sachverhalte durch bildliche Wendungen veranschaulichen: *zählt zu den alten Hasen, hielt nicht mit ihrer Meinung hinter dem Berg, davon wäscht kein Regen etwas ab.*

6. Oft eröffnet sich die Möglichkeit, an die Stelle der bloßen Nennung einer Person oder Sache eine gegenständliche Periphrase zu setzen, die schlaglichtartig eine Vorstellung von ihnen vermittelt, zum Beispiel

statt	anschaulich
Henry N. war schon 1980 in diesem Betrieb.	*Henry N. war schon dabei, als die Türme des Kraftwerks noch in die Höhe wuchsen.*

Einige bildhafte Umschreibungen berühren sich eng mit der Metapher und wirken speziell in Verbindung von Adjektiv und Substantiv: *schützende Riesenkartons/silbrige Blechkästen* (für *Container*), *fliegender Kran* (für *Hubschrauber*).

Manche dieser Periphrasen fungieren allerdings häufig nur als Synonym für Wörter oder Wendungen, etwa *rund um die Uhr* (= Tag und Nacht, ununterbrochen, 24 Stunden lang, ständig). Andere sind zwar anschaulich, zugleich aber unökonomisch und schwülstig wie *damit aus jeder Zuckerdose ständig weiße Kristalle rieseln.*

Oft spiegeln jedoch bildhafte Periphrasen volkstümlich anschauliches Denken: *dieses frauenfeindliche Prachtexemplar von einem Mann*; *über den Dorfzaun schauen* (wobei *Dorfzaun* selbst Metapher ist); *Mädchen für alles unter den Kulturpflanzen* (für *Kartoffel*); *die Buchhalter brauchen fast nur rote Stifte* (für *rote Zahlen schreiben* – dies für 'Minusbilanz').

7. Im Textzusammenhang kann der Vergleich zwanglos mit der Metapher kombiniert werden und so die Vorstellungsmöglichkeit gleichsam potenzieren:

Metapher   *Das neue Lagerhaus hat einen mächtigen Bauch. Rund um die Uhr kann es pro Tag 72 Tonnen Kartoffeln aufnehmen, alles in allem*
Vergleich   *10.000 Tonnen, soviel, wie sämtliche Einwohner von A.* (= einer Stadt) *das ganze Jahr über verbrauchen.*

8. Anschaulichkeit kann auch durch Personifizieren erzielt werden, wie einige beliebige Beispiele zeigen mögen: *eine Landschaft, in der sich Dorf mit Dorf die Hand gibt; dem Egoismus fehlen Argumente; die Natur zwingt Grenzen auf; Kolonnen von Zahlen aufmarschieren lassen; Kataloge unterscheiden noch die Gaumen nach städtischen und ländlichen.*

9. Auch die Metonymie, die wir bereits unter lexikalischem Gesichtspunkt behandelt haben, kann gelegentlich noch veranschaulichen: *Jetzt im Winter kommt fast alles über Schiene* (über die Schienen der Eisenbahn). Im allgemeinen überwiegt das expressive oder sprachökonomische Element.

Wodurch wird Anschaulichkeit beeinträchtigt?

Hier sei nur kurz angedeutet, wie Anschaulichkeit oft beeinträchtigt oder verhindert wird:

a) durch bloß abstrahierende Angaben anstelle konkreter Details, z.B. *Der Vorsitzende ließ dazu einiges prüfen. / Sie regte zu weiteren Überlegungen an. / Man sprach über die eigenen Erfolge.*

b) durch bloße Behauptung statt Gestaltung. Wenn es etwa heißt *Freilich verlief der Weg keinesfalls so glatt, wie es nach diesen Zeilen erscheinen mag,* so ist dies allein Schuld des Autors. Die Schwierigkeiten müßten dargestellt werden. Ohne jegliche Anschauung bleibt auch eine Passage wie *Viel gäbe es von der geleisteten Arbeit zu berichten. Einige Klippen galt es zu über-*

winden, ganze Problemketten türmten sich vor ihnen auf. Die bloßen Metaphern (*Klippen*, die kuriosen *Problemketten*) zerstören eher die Anschauung; die Aussage wird phrasenhaft.

c) durch nominale Ausdrucksweise. Sie bedeutet aufs Ganze stets Abstraktion; schon jedes substantivierte Verb enthält eine gewisse Verallgemeinerung, denn bei nominaler Formung werden Vorgänge nicht konkret in ihren personellen und zeitlichen Bezügen gefaßt. Verbale Darstellung ist konkreter und in der Regel (vgl. jedoch das unter Dynamik S. 149–152 Gesagte) anschaulicher.

d) durch Fertigstücke als unkonkreten Ausdruck. Sie wirken auch psychologisch der Konkretheit und der Anschauung entgegen.

e) durch „Überdetaillierung", d.h. durch akribisch genaue Aufzählung von Daten und Parametern. Um diesen Mangel besonders sinnfällig zu machen, sei ein eklatantes realsozialistisches Beispiel zitiert:

Für die Herbstarbeiten wie Saatfurche, Saatbett, Aussaat und Herbstfurche ist in der KO eine Bestellbrigade zuständig, der ein K 700, sechs DK, zwei ZT 300, drei MTS 50, zwei RS 14/36, zwei 10-m-Drillzüge und eine 5-m-Drillmaschine zur Verfügung stehen.

Viel schwerer sind die Wurzeln unanschaulicher Darstellung in folgendem Bericht aus Nagano (1998) zu fassen, zumal noch ein zweiter, semantisch gravierender Mangel hinzukommt. Eine Textpassage über den Eiskunstlauf lautete so:

(1)	*In den B-Noten für künstlerische Reife blieb Michelle Kwan unerreicht,*
(1a)	*doch ihre Technikwerte lagen niedriger als jene ihrer US-Teamkollegin.*
(2)	*Vermißt hatten die Preisrichter offenbar eine jener Dreifach-Kombina-*
(2a) (3)	*tionen, mit denen Tara Lipinski brillierte. Ihre Enttäuschung konnte*
(4)	*Michelle Kwan nur schwer verbergen: „Eine andere Farbe der Medaille*
(5)	*wäre mir lieber gewesen." Eleganz hatte gegen eine Feder keine Chance.*
(6)	*Doch überdeckte konstante Verletzung der Gesetze der Schwerkraft*
(6a)	*bei Tanz- und Sprungakten auf dem Eis, welch eiserner Wille die*
(7)	*Eiskunstläuferinnen prägt. Tara Lipinski etwa, die sich dreijährig das*
	erstemal auf Rollschuhe wagte, bevor sie ins Kufenfach wechselte, trieb
(8)	*auch die Erinnerung an Trainingsfron voran. Vor dem Kürprogramm*

(9)

in Nagano hatte sie sich „all die harten Tage auf der Eisbahn" ins Gedächtnis gerufen. Michelle Kwan, gerade von einem Ermüdungsbruch im Fuß genesen, mußte vor Olympia auf das Einstudieren riskanter Sprungnummern gänzlich verzichten.

Wir sehen von Ausdrucksmängeln (*Eleganz hatte gegen eine Feder keine Chance, auf Rollschuhe wagen, ins Kufenfach wechseln,* auch *eine andere Farbe der Medaille* als unnützes Zitat) ab und betrachten die formalen Subjekte der Sätze. Dreimal wird *Kwan* genannt (1, 3, 9), zweimal Lipinski, mit Namen (2a) oder Pronomen *sie* (8), daneben noch *die Preisrichter* (2). Das ist nur knapp die Hälfte aller Haupt- oder Nebensatzsubjekte. Den anderen Teil bilden Abstrakta wie *Technikwerte* (1a), *jene* (= Technikwerte, 1a), *eine andere Farbe* (4), *Eleganz* (5), *konstante Verletzung* (6), *eiserner Wille* (6a), *die Erinnerung* (7).

Der Anteil an unanschaulichen Abstrakta als Subjekt ist, zumal für einen Sportbericht, extrem hoch. Er verhindert Anschauung vor allem im Zusammenhang mit der Häufung von Fakten und Details. Trotz einer durchschnittlichen Satzlänge von 16,3 Wörtern, die bereits der Umgangssprache nahekommt, sind die Sätze zugleich schwer verständlich und die Bezüge nicht sofort klar erfaßbar, nicht zuletzt durch die Überlastung abstrakter Subjekte, etwa *konstante Verletzung der Gesetze der Schwerkraft bei Tanz- und Sprungakten* – mit Attribution bis zum 3. Grad der Unterordnung. Hinzu kommt teilweiser Schwulst in der Wahl von Wörtern und Wortverbindungen (*überdeckte konstante Verletzung der Gesetze, welch eiserner Wille… prägt, trieb die Erinnerung an Trainingsfron voran*).

Der Textteil ist auch deshalb schwer zu erfassen und verliert an Anschauung, weil die Sätze überwiegend expressiv beginnen: mit dem Adversativ (6), dem Objekt (1, 3, 4, 7, 8 – also fünf- von neunmal) und gar mit dem Prädikatsteil (2), aber nur zweimal (5 und 9) mit dem Subjekt.

Doch dies verstärkt nur die Mängel, deren Verflechtung hier zugleich mitgezeigt werden sollte. Der Hauptmangel und die Folgerung aus dieser Spezialanalyse ist: Das grammatische Subjekt sollte sooft wie möglich auch Agens sein, den oder die Handlungsträger und nicht etwas Abstraktes bezeichnen. Die bloße grammatische Korrektheit von Sätzen ist für die Anschauung ohne Belang.

5.10.2 Der Bildgehalt eines Textes (Metaphorik im weiteren Sinne)

Journalismus bedarf nicht nur der Veranschaulichung als eines Elements der Verständlichkeit und der möglichst eingängigen Information.

Journalismus ist, kulturell gesehen, auch ein Stück lesbarer und hörbarer Literatur und Rhetorik. Elemente der literarischen Rhetorik, Stilfiguren, die im weitesten Sinne sprachliche Bilder bezeichnen, sogenannte Tropen, sind Elemente kunstvollen Denkens und Sprechens und bestimmen die Wirkung eines Textes mit, in vielen Fällen auch das ästhetische Vergnügen, das ja auch Teil der Wirkung ist. Dies wird deutlich am bekanntesten der Mittel, der Metapher. Sie ist, wie alle hier zu beschreibenden Mittel, auch als Einzelwort nicht nur Wort (siehe Kapitel 2), sondern immer auch ein − oft wesentliches, in der Belletristik mitunter sogar dominierendes − Stück Text.

Wir nennen und beschreiben hier nur die wichtigsten Mittel, mit denen zur Ausdrucksverstärkung Sachverhalte anders als einfach synonym (wie etwa *Samstag* und *Sonnabend*) bezeichnet werden können.

Bei den Bezeichnungsverschiebungen unterscheiden wir zwischen Verschiebungen in der Ebene des Begriffsinhalts (Periphrase, Synekdoche, Litotes, Hyperbel) und außerhalb der Begriffsebene (Metonymie, Metapher, Personifizierung).

(1) Zur ersten Gruppe gehören die sogenannten P e r i p h r a s e n (Umschreibungen), mit denen ein Ausdruck oder Name durch charakterisierende Merkmale oder Zusammenstellung von Angaben bezeichnet wird, etwa mit *die streitbare Feministin* (Alice Schwarzer), *die Metropole an der Isar* (München); weitere Beispiele finden sich unter Lexik S. 49.

(2) Ein gern eingesetztes Mittel ist die S y n e k d o c h e . Sie bezeichnet Sachverhalte, Namen, Länder, indem sie den Begriffsinhalt über- oder unterschreitet, als Synekdoche vom Weiteren (totum pro parte) oder vom Engeren (pars pro toto). Sie dient meist der stilistischen Variation und ist, bis auf Ausnahmen, stark kontextgebunden. Eine auch umgangssprachlich übliche 'Synekdoche vom Weiteren' ist *Amerika* (für

USA); kontextgebunden sind etwa *das Leder* (für Fußball), *die Italiener* (für italienische Mannschaft). 'Synekdochen vom Engeren' sind Ausdrücke wie *England* (für Großbritannien), *Holland* (für Niederlande).

(3) Eine oft feine Nuance der Textgestaltung bezeichnende Figur ist die L i t o t e s , die Negation des Gegenteils, z.B. in *nicht übel* statt *gut, nicht ungeschickt, nicht unerfahren, nicht unpraktisch*. Oft enthalten solche Formulierungen eine verkappte Anerkennung oder Steigerung, manchmal drücken sie aber auch eine gewisse Distanz aus.

(4) Die sogenannte H y p e r b e l übertreibt den Sachverhalt: *eine Ewigkeit* (für *sehr lange*), *den ganzen Tag, ein Leben lang*. Hierzu ist auch, als oft wirksame Variante, die Untertreibung zu zählen: *einen Moment, eine Sekunde* (für *kurze Zeit*), *ein paar Meter, ein paar Schritte* (für *nicht weit*).

(5) Beliebtes Mittel der Bezeichnungsverschiebung außerhalb der Begriffsebene ist im Journalismus, ganz besonders in Überschriften, die M e t o n y m i e . Wir haben sie bereits unter lexikalischem Gesichtspunkt gestreift. Metonymien drücken, abgesehen davon, daß sie sprachökonomisch sind, die Sache oft auch eleganter aus: *ihr Gegenüber* (der ihr gegenüber Sitzende/Stehende); oder sie können direkt symbolischen Gehalt bekommen, wie etwa in Büchners agitatorischer Formulierung *Friede den Hütten, Krieg den Palästen* (= den darin Wohnenden).

Zahlreiche Metonymien sind im Journalismus bereits stereotypisiert worden und fungieren als journalistisch elegantes oder – in den meisten Fällen – wertendes Synonym: *der Quai d'Orsay, das Pentagon, das Unterhaus, das Weiße Haus, der Kreml, Peking*. Sie werden wegen ihrer Ökonomie besonders häufig in Titeln (Kapitel 8) eingesetzt, in denen es dadurch auch zu martialischen Formulierungen kommen kann: *Sechsteiliger Mozart als Interproduktion*.

(6) Wichtigster Tropus ist für Journalisten – wie für Literaten – die M e t a p h e r . Sie ersetzt ursprünglich ein Wort durch ein anderes, das in einem Abbild-Verhältnis steht, also einem gänzlich anderen Begriffsfeld angehört. Auf eine umfangreiche Aussage bezogen, kann jedoch auch der Text selbst, vor allem der künstlerische wie etwa Goethes „Heideröslein" oder „Wanderers Nachtlied", insgesamt als Metapher aufgefaßt werden. Schon in ihrer einfachsten Form ist die Metapher mehr als ein

Wort. Wenn etwa die Aussage *Dieser Mann ist stark wie ein Bär* abgekürzt in dem Aussageteil *Dieser Bär...* erscheint, so ist bereits dies ein Stück Text. Eine treffliche Metapher hat stets einen tieferen Sinn und erfordert gedankliche Arbeit auch für den Rezipienten. Sie schließt unausgesprochene Vergleiche ein, weshalb man sie auch als „abgekürzten Vergleich" charakterisiert.

Vor einem Übermaß an Metaphern ist zu warnen. So war Jean Paul, auch nach dem Urteil von Lichtenberg, Tieck und anderen, zwar der unerreichte Meister des Vergleichs und des Gleichnisses. Doch hat bereits Hegel, der Paul schätzte, darauf hingewiesen, daß bei Jean Paul eine Metapher oder ein Vergleich oft „den anderen tötet".

(7) Als weiteres wichtiges Stilmittel sei die P e r s o n i f i z i e r u n g genannt. Sie ist eine Stilfigur der Kunst (auch der bildenden), die innerhalb des Journalismus vorzugsweise in Überschriften und satirischen oder ironischen Texten vorkommt. Bei der Personifizierung erscheinen konkrete Dinge oder kollektive Begriffe wie die von Gremium, Partei, Vaterland, Natur usw. formal als agierende oder gar redende Individuen.

Mit diesen ausgewählten Mitteln wollen wir es bewenden lassen und uns abschließend drei Beispielen zuwenden, in denen die Kombination von Tropen, insbesondere von Metaphern und Vergleichen mit hyperbolischen Ausdrücken, die Grenze zum Merkwürdigen oder gar Lächerlichen überschreitet. Sie stammen aus dem Sportjournalismus, der nicht nur ein begehrtes Feld der Metaphorik ist, sondern auch der Hyperbel (*größte Spiele, bester Hochspringer/Fußballer, beste Sprinterin* usw. *aller Zeiten*; aber auch *gigantische Leistung, Superzeit, Dreamteam, Traumnoten* usw.). Schon Vergleiche sind oft hyperbolisch, zuweilen sogar krude oder inhuman. So verstieg sich ein bekannter DDR-Hörfunkreporter zur Fußballweltmeisterschaft 1954 vor Begeisterung über die (einstweilige) Führung des sozialistischen Klassenbruders Ungarn über den Erz-Klassenfeind BRD zu dem martialischen Vergleich: „*Der Ball saust wie eine Atombombe ins Tor!*" (Was war demgegenüber der vierfache Torruf Zimmermanns beim 3:2-Endstand!)

Hyperbolische Bilder sind pseudo-expressiv. Sie fügen überdies einem Bericht wie im folgenden keinerlei Information hinzu, sondern machen ihn nur schwülstig. Über die Eistänzer Gritschuk/Platow in Nagano hieß es:

Das „Memorial Requiem" von Michael Nyman wurde also nicht zum Begräbnis erster Klasse, sondern zum goldenen Vermächtnis eines der größten Eistanzpaare aller Zeiten.

Hyperbolisch ist hier nicht nur die Schlußformulierung *größte(s)... aller Zeiten*, sondern schon die Gewichtung der trivialen Disneyland-Musik und auch der Vergleich eben dieses Pseudo-Requiems mit dem *Begräbnis* und dem *goldenen Vermächtnis* (als zusätzlich schwülstiger Metapher für *Goldmedaille*). Die Überschrift zum Bericht lautete bezeichnenderweise in einer Zeitung *Requiem wurde zum Triumphmarsch.*

Das Trachten vieler Sportjournalisten nach erhabener, scheinbar literarischer Metaphorik führte einmal zu folgender Passage:

Da kam ein Boot voll wagemutiger Wikinger dahergesegelt, baute sich mit einem Schildwall vorm Tor auf, kämpfte mit dem Mute der Verzweiflung um jeden Zentimeter Boden, spannte aber auch die Bogen, um mal den Gegner mit spitzen Pfeilen zu erschrecken, und einer davon traf jenen mitten ins sich gerade mühsam erholende Selbstbewußtsein... zwei, drei Pfeile rasierten später nur das Ziel... Dieser Wagemut machte den „Goliath" nervös. Seine Fehler stärkten die Wikinger, die schließlich unbesiegt davonzogen, jubelnd, randvoll des berechtigten Stolzes auf sich selbst, auf eine ferne Insel...

Der *Goliath* in dieser Passage voll schwülstiger und schiefer Vergleiche war die DDR-Fußballauswahl, und die *Wikinger* bildeten die isländische Vertretung in einem Spiel zwischen beiden Ländern.

Solche Metaphorik war keineswegs DDR-spezifisch. Ein besonders kurioses Großbild mit einem ergötzlichen Vergleich entwarf ein westdeutscher Journalist (für Kenner: der Autor bezieht sich auf den einst üblichen 5-Mann-Sturm):

Canario – Del Sol – Di Stefano – Puskas – Gento. Nie wieder wird es einen solchen Sturm geben. Zehn Superfüße. 100 Hyperzehen. Um das in einer anderen Dimension zu verdeutlichen, muß man sich vorstellen, Bach, Mozart, Beethoven, Haydn und Händel hätten alle zusammen für den Fürstbischof von Salzburg komponiert. Zur gleichen Zeit, das gleiche Concerto, am gleichen Klavier. Mit Brahms auf der Reservebank.

Die metaphorische Hyperbolik wirkt auch dadurch so eindringlich, daß sie sich Satz für Satz – besonders mit den Ellipsen – steigert und dann noch mit einem absurd hypothetischen Vergleich (die fünf Größten *zur gleichen Zeit... am gleichen Klavier*) schließt. Jedenfalls vorerst. Denn dieser Vergleich wird durch den elliptisch isolierten Nachsatz *Mit Brahms auf der Reservebank* zu einer letzten komischen Pointe geführt.

5.11 Darstellungshaltung und Stilebene

Bei jedem Text nehmen die Autoren, abhängig von Gegenstand, Kommunikationsabsicht, Zweck und Genre, eine bestimmte Haltung ein, die man, analog zur 'Erzählhaltung' in der Literaturtheorie, als Darstellungshaltung bezeichnen kann. Gemeint ist die Haltung zum Stoff einerseits und zum Publikum andererseits. Sie kann stark rational bestimmt und seriös sein (Nachricht, Argumentation, populärwissenschaftliche Darlegung) oder emotional (Erlebnisbericht, Reportage), salopp-unterhaltend, meditierend oder assoziativ, aufgelockert, pathetisch, individuell und persönlich, verantwortungsvoll oder nonchalant, feierlich oder sentimental, naiv oder betont intellektuell.

Mit dieser Haltung hängt eng zusammen die Stilebene des Textes, dessen sprachästhetisches und sprachsoziologisches Niveau. Sie kann literarisch-gehoben, archaisierend oder historisierend, einfach-literarisch bzw. standardsprachlich, salopp, unterhaltsam, humoristisch, satirisch, ironisch sein. – Die hier aufgezählten Adjektive be- und umschreiben annähernd die Möglichkeiten. Sie sind bisher noch nicht erforscht und können deshalb nicht im einzelnen dargestellt werden.

Wie auch immer ein Text jedoch angelegt sein mag, so gilt für ihn im Hinblick auf Stil und Stilebene unumstößlich:

1. Die Stilebene soll dem Thema und dem Gegenstand, dem Autor und dem Publikum angemessen sein.

2. Die einmal gewählte Stilebene soll nicht unmotiviert verlassen werden. Wer aus der Stilebene plötzlich wechselt oder 'fällt', begeht einen 'Stilbruch'.

Stilbrüche können zwischen Einzelteilen eines Textes, aber auch schon zwischen Wortgruppen entstehen. Ein merkenswertes Beispiel von Stilbruch bot der Agitpropschriftsteller Kurt Barthel (KuBa), der einen Erdölbohr-Brigadier allen Ernstes sagen ließ: *„Der Bohrer ward geklaut.“* Die Verbform *ward* ist archaisch oder poetisch, während *geklaut* der saloppen Umgangssprache angehört.

Stilbruch kann freilich beabsichtigt sein, etwa in journalistischer Satire oder Parodie oder im Kabarett. Nicht beabsichtigt und deshalb befremdlich bis erheiternd ist die folgende Passage des Berichts über ein Tanzturnier; der Autor wechselt mehrmals auch die Stilbereiche:

...Terpsichore, Muse des Tanzes, küßte entsprechend herzlich. Mit exzellenten Figuren und faszinierender Eleganz demonstrierte das internationale Klassefeld sein Können. Herr Johnson und Fräulein Westermann hatten beim Paso doble die Nase vorn.

Hier ist *Terpsichore, Muse des Tanzes* auch im Rhythmus und durch Weglassen des Artikels (und mit dem Bildungsgut *Terpsichore* beladen) eher archaisch-poetisierend; das darauffolgende *entsprechend* gehört dem sachlichen Geschäfts- oder Wissenschaftsstil an; noch weniger vertragen sich *entsprechend* und das individuell-emotionale *herzlich*. Gehobenem Konversationsstil entnommen sind *exzellente Figuren und faszinierende Eleganz*, während, fast als Pointe, die Salontänzer *Herr J. und Fräulein W.* wie im (Pferde-)Sportjargon *im internationalen Klassefeld die Nase vorn haben*.

Dies mag zur Anschauung genügen. Die hier angedeuteten Textcharakteristika haben für die Genres zum Teil konstituierende Funktion.

6 Die Redewiedergabe

6.1 Begriff und Bedeutung der Redewiedergabe

Unter Redewiedergabe verstehen wir die schriftliche oder mündliche wörtliche oder mittelbare Darstellung einer realen schriftlichen oder mündlichen, fremden oder eigenen Äußerung bzw. eines Textes. Der Begriff *real* ist dabei als Gegensatz zu *fiktional* (in der Kunst) zu verstehen.

Bei der journalistischen Redewiedergabe geht es vor allem darum, die Äußerungen aktuell bedeutsamer Personen (was nicht identisch ist mit 'politisch bedeutsamen Persönlichkeiten'), auch Auffassungen anderer journalistischer Organe bzw. Medien, dem eigenen Publikum auswählend und gewichtend zu vermitteln.

Die Redewiedergabe hat in den Medien verschiedene Grundfunktionen. Sie dient vor allem dazu, über Äußerungen zur Realität, namentlich in der gesellschaftlichen Sphäre, zu i n f o r m i e r e n. Sie hilft ferner, Sachverhalte in der Realität, besonders im mittelbar politischen Geschehen, zu w e r t e n und zu v e r a n s c h a u l i c h e n. Sie vermag schließlich die Äußernden selbst politisch und moralisch zu c h a r a k t e r i s i e-r e n, und zwar sowohl durch den Inhalt als auch durch die Form der Äußerung. Technisch gesehen, kann die Rede als M i t t e l d e r T e x t-g e s t a l t u n g (als 'Aufhänger', zur Belebung und Dynamisierung, als Pointe usw.) fungieren. Die Redewiedergabe ist demnach sowohl inhaltliches Mittel (Mittel der Information, der Argumentation, der Charakterisierung) als auch technisches Mittel der Textgestaltung.

Die wiedergegebene Rede gehört logisch nicht der Autorebene, sondern einer anderen Textebene an; sie ist Text im Text. Sie stammt aus einer anderen Perspektive, die man im Journalismus als authentischem Kommunikationsbereich stets deutlich zu kennzeichnen, d.h. vom übrigen Text abzuheben hat (anders in der Belletristik, wo Autor- und Figurenperspektive zuweilen bewußt verschmolzen sind), gleichgültig, wie lang die mittelbar oder unmittelbar zitierte Rede ist. Diese Abhebung erfolgt selbst im Falle des Ein-Wort-Zitats – im Schriftlichen durch Anführungszeichen, im Funk durch eine Ankündigung (*wie X. [wörtlich] sagte, wie es [wörtlich] hieß* usw.).

Bei allem grundsätzlichen Gewicht der Redewiedergabe für die Massenkommunikation kann ihr Anteil in den Medien, Ressorts und Einzeltexten sehr unterschiedlich sein. So ergaben zum Beispiel Untersuchungen, daß auf manchen Zeitungsseiten bis zur Hälfte aller Beiträge in irgendeiner Form Rede bzw. Fremdtext aufweisen. Viele davon enthalten bereits in den Überschriften Rede.

Unterschiedlich ist auch der Anteil bei Genres und Themen. Eine wichtige Rolle hat Redewiedergabe zum Beispiel bei Sachberichten über Verhandlungen. So enthielt etwa ein aus 32 Sätzen bestehender Bericht (fünf Spalten) über eine Sitzung der damaligen Berliner CDU-SPD-Koalition allein 75% Redewiedergabe-Sätze; nur der Einleitungssatz (*War es nur ein Sturm im Wasserglas oder steuert die Große Koalition auf eine schwere Krise zu?*) und ein kommentierender Schlußabsatz (7 Sätze) waren Autortext. Auch eine Sportvorschau auf ein entscheidendes Spiel wies bei 24 Sätzen insgesamt über die Hälfte an Redesätzen in verschiedenen Formen auf. Es gibt daneben auch Ein-Satz-Nachrichten als Redewiedergabe. So oder so übersteigt ihre Bedeutung und vor allem ihr Formenreichtum weit die in den Anfängen der Mediengeschichte.

6.2 Formen der Redewiedergabe

Mit der Entwicklung der Massenkommunikation haben sich auch neue Redewiedergabemethoden herausgebildet, oder es sind in Ansätzen bestehende zu größerer Bedeutung gelangt, so daß heute das oft noch gelehrte Schema direkte – indirekte Rede längst überholt ist. Zur Zeit sind im Deutschen über ein Dutzend Redewiedergabeformen bekannt, die es in ihrer Vielfalt zu nutzen gilt. Die wchtigsten stellen wir unseren Ausführungen voran.

Formenübersicht

Direkte Rede

Prof. S. sagte: „Ich bin mit dem Vorhaben der Kollegin L. völlig einverstanden. Ausgezeichnet! Ich halte es für äußerst nützlich. Es kann in unserem Bereich schon übermorgen realisiert sein."

Abstrahierte Rede

(Prof.) S. (sagte): (Ich bin) völlig einverstanden (mit dem Vorhaben). Es kann übermorgen realisiert sein.

Indirekte Rede (sachbezogen)

Prof. S. sagte, er sei mit dem Vorhaben von Frau L. (völlig) einverstanden. Er halte es für (sehr) nützlich. Es könne in diesem seinem Bereich schon in zwei Tagen realisiert sein.

„Erlebte" indirekte Rede

(Prof.) S. sprach. Ausgezeichnet sei dieses Vorhaben der Kollegin! Hier, in diesem/ihrem Bereich, könne es schon übermorgen realisiert sein.

Feststellungssätze

Prof. S. sagte, daß er mit dem Vorhaben der Frau L. einverstanden ist. Er begründete dies damit, daß es sehr nützlich ist, und fügte hinzu, daß es in diesem Bereich schon in zwei Tagen realisiert sein kann.

Redebericht

Prof. S. erklärte sich mit dem Vorhaben von Frau L. einverstanden. Er nannte es sehr nützlich und äußerte die Gewißheit, es innerhalb von zwei Tagen realisieren zu können.

Inhaltsangabe

Prof. S. war mit dem Vorhaben von Frau L. einverstanden; er hielt es für (sehr) nützlich und innerhalb von zwei Tagen realisierbar.

Erlebte Rede

S. ergriff das Wort. Selbstverständlich war er einverstanden! Ausgezeichnet war ihr Vorhaben. Übermorgen schon konnte es hier, in ihrem Bereich, realisiert sein.

Tatsachenmitteilung mit Quellenangabe

Wie Prof. S. sagte, ist (war) er mit dem Vorhaben von Fr. L. einverstanden. Nach seinen Worten ist (war) es sehr nützlich und innerhalb von zwei Tagen zu realisieren.

Nominaler Redeverweis

[Nach] der Zustimmung durch Prof. S. und dessen Hinweis auf die schnelle Realisierbarkeit [wurde] der Vorschlag von Frau L. [akzeptiert] (Kontext, der nicht Redewiedergabe ist, in [].)

Distanzierung mit sollen/wollen

(Prof.) S. soll/will dem Vorhaben von... zugestimmt (und die Realisierbarkeit in zwei Tagen versichert) haben.

6.2.1 Direkte Rede

Als direkte Rede bezeichnen wir die wörtliche, im Sinne des Autors redigierte bzw. adäquat übersetzte, in Schrift und Druck mit Anführungsstrichen bezeichnete Wiedergabe. Hier sind personale, zeitliche und räumliche Hinweise mit dem Original identisch; erhalten bleiben auch originale Syntax, Phraseologie und Wortwahl einschließlich ihres emotionalen Gehalts. Sie ist deshalb für authentische und pointierte Aussagen besonders geeignet, etwa:

„Das geht nicht in die Bonner Köpfe, daß Unternehmer heute mächtiger sind als die Politik", sagte Jenoptik-Chef und Ex-Ministerpräsident Lothar Späth.

Bei bestimmten Themen läßt sich damit knapp der persönliche und selbstbewußte Standpunkt in einem nachrichtlichen Bericht vermitteln:

Doch Sozialministerin Gerlinde K. (…) weist die Darstellung von Frau P. zurück. „Der Kopf bin ich", sagt sie. „Eine Frau vertritt damit auch weiterhin Frauenpolitik."

In Reportagen und Porträts veranschaulicht oft schon ein kurzes Zitat einen Text und belebt ihn so auch formal. Ein Betriebsdirektor erläutert dem Leser durch den Journalisten, während er eine Skizze entwirft, eine Sache so:

„Das ist der Berg. Hier setzen wir an. Horizontal wird eine Sprengkammer in den Berg vorangetrieben. Mit der Sprengung tragen wir die Wand vertikal ab. Das Übrige übernehmen große Bagger. Die Baggerlöffel kippen eine ganze Lore voll."

Ein Zitat kann aber auch, wie im folgenden in einer Rezension, durch die authentische Sprachform historische Atmosphäre vermitteln. Im Hinblick auf einen modernen Bach-Trompetevirtuosen wird etwa Michael Prätorius, aus dem Bach-Zeitalter, herangezogen:

„Trummet ist ein herrlich Instrument, wann ein guter Meister drüber kömpt, der es wohl und künstlich zwingen tut [= kunstvoll beherrscht]."

Elemente eines Sprachporträts und die in ihnen ausgedrückte Haltung können einer Reportage Farbe verleihen, ob man nun die regionalen Eigenheiten als geographischer Nachbar teilt oder ob man sie aus der Distanz wahrnimmt:

„Laubenpieper? Ick bin keen Laubenpieper. Ick bin Winzer. Det is ne Wissenschaft… Ick bau doch keenen Kohl, den kann ick koofen. Ick brauche keenen Garten zum Anjeben und Rumliejen, ick brauche eenen zum Arbeiten. Ick will fit sein, det isses."

Schon einzelne Wortformen können zugleich einen sacht humorvollen Regionalton in den Text bringen wie in einer Passage über die Probefahrt mit einem neuen Luxusklasse-Auto in die Schweiz:

Die vier Zöllner zerlegen das Fahrzeug mit professionellem Blick für seine Schwächen, als hätten sie einen Drogenkurier erwischt: „Schick! Aber fünf Meter lang und unübersichtlich beim Parkieren, odrrr?"

Allerdings lassen sich lokale sprachliche Eigenheiten auch parodierend und diffamierend einsetzen. Es ging hier nur darum zu zeigen, wie man Echtes, Konkretes einfängt, das in hochdeutscher oder gar indirekter Form nicht so plastisch wirken würde.

Kolorit kann gelegentlich die Einstreuung fremdsprachiger Interjektionen (*Yes! Yeah! Choroscho! Njet!*) oder auch Grüße (*Bonjour! Buon giorno! Bye-bye!*) vermitteln. Dies gilt auch für ganze Sätze, wenn man das Verständnis beim Rezipientenkreis erwarten darf:

Bei Chirac zunächst Verwunderung. Dann unverhohlene Neugier: „C'est très intéressant. Merci, monsieur."

Überflüssig ist das fremdsprachige Zitat oder Teilzitat allerdings, wenn ihm in Klammern doch die Übersetzung folgt:

Mit 17 startete sie ohne spezielles Training, „just for fun" (einfach aus Spaß), bei den US-Meisterschaften und verfehlte die Qualifikation für Barcelona nur um Hundertstelsekunden.

Spätestens hier sei eingeflochten, daß gutgemeintes Zitieren auch Nachteile haben kann: nämlich dann, wenn die ursprüngliche Äußerung unnatürlich, floskelhaft oder nichtssagend ist. Oft glauben Redende, sich vor dem Mikrofon zeit- und zeitungsgemäß äußern zu müssen. Sie sprechen dann nicht ihre eigene Sprache oder gebrauchen direkt vorformulierte Wendungen. Nur individuelle oder bedeutsame Rede ist zitierenswert.

Im Funk wird die persönliche Formulierung besonders durch Einblenden des O-Tons akzentuiert; es dokumentiert noch glaubwürdiger als das Pressezitat. Da Anführungszeichen nicht hörbar sind, ist das Zitieren kompletter Sätze, Textteile oder gar Texte durch andere Sprecher unüblich. Die hier notwendigen Signale *Ich zitiere (wörtlich)/Zitat-Beginn/ Zitat-Ende* wären unjournalistisch. Eine Ausnahme bilden Presseschauen

(-stimmen), bei denen es auch gewisse Schluß- oder Abgrenzungsfor-
meln gibt (*Soweit die...*). Namentlich in Funknachrichten wird jedoch
häufiger vom Teilzitat Gebrauch gemacht.

6.2.1.1 Das Teilzitat

Ist die vollständige direkte Wiedergabe eines Redesatzes nicht ratsam
oder wegen der anderen Diktion und Perspektive schlecht möglich, so
empfiehlt sich die Anführung einzelner Satzteile oder Wörter, im folgenden kurz *Teilzitat* genannt. Teilzitate können zunächst der sachlichen Information dienen, die sich ausdrücklich auf die Formulierung beruft:

Auch bleibe er [= Hauser] *bei seiner Auffassung, die SED hätte wie die Nazis
„organisierten Massenmord" betrieben.* (...) (Die Wertung erfolgt im weiteren
Text und in einem gesonderten Kommentar.)

Oft heben Teilzitate positiv die sehr persönliche Sicht hervor:

*Auch Sadik L. weiß, daß es „verrückt ist, der serbischen Artillerie mit Ka-
laschnikows zu begegnen." Aber „es ist wert, für sein Land zu kämpfen". Denn...
Milošević werde „entweder jetzt oder nie gestoppt".*

Oder es wird ein persönliches Urteil von Allgemeingültigkeit teilweise dokumentiert:

*Das Leipziger Gewandhausorchester gehöre zur „Spitze der europäischen Or-
chester", heißt es in der britischen Zeitschrift „Music and Musicians". Der Rezensent, der sich auf das kürzliche Gastspiel des Orchesters in England bezieht, zeigte
sich begeistert von der „unerhörten Präzision, der gut modulierten Klangfülle und der
perfekt disziplinierten Phrasierung".*

Das Teilzitat muß aber nicht nur dokumentieren und/oder die eigene Auffassung bekräftigen; es kann gleichzeitig illustrieren und eine ge-
schilderte Situation erhellen:

*Gerhard B. wohnte bis vor Jahren in der Kleingartensiedlung „Gutland 2, hier
irgendwo auf dem Gelände des Hans-Loch-Viertels". Heute nennt er eine moderne
Wohnung sein eigen.*

Auch der treffende, aber in der Standardsprache unübliche Fachaus-
druck oder -jargonismus wird, wenn er den Sachverhalt trifft und der
Person entspricht, als Redeteil eingefügt:

Bei der WM vor 10 Jahren habe sie nicht an den Start gehen dürfen. Ein vorheriger Gesundheits-Check hatte ergeben, daß sie „nicht clean" war.

Zugleich lassen sich Personen so mit glaubhaften Einzelformulierungen selbst charakterisieren:

Hinterrücks zu stänkern... ist nicht die Art eines Mannes, der sich für „ehrlich, offen und zuverlässig" hält. Er lebt, wie er spielt, und er spielt, wie er lebt, immer „volle Pulle".

Teilzitate vermögen auch Nachrichtenspitzen besonders expressiv zu machen:

„Angst, ja Panik" herrscht Meldungen zufolge unter den Automobilarbeitern der USA, die im Weihnachtsmonat zu Zehntausenden auf die Straße gesetzt oder zu Kurzarbeit gezwungen wurden.

Diese Zitierform läßt oft den Standpunkt dargestellter Personen und Gruppen sachlich in konjunktivische Rede einfließen:

Der Gewerkschaftsvorsitzende Jean-Charles C. hatte am Vorabend von einem „wahrscheinlich langen und harten" Konflikt gesprochen. Seine Gewerkschaft verlange die Anpassung der Gehälter. Sonst komme es zu einem „harten Streik".

Ganz organisch wirkt der Einschub des bloßen Begriffszitats:

Ein linkes Profil, warnt Realo Cohn-Bendit, führe zur „Redogmatisierung" und gefährde die Chance des neuen Politik-Modells.

Drastische Wertungen, die nicht den Stilnormen einer Nachricht entsprechen, werden, zugleich oft distanzierend, als Teilzitat gefaßt:

Jacques Delors charakterisierte die Sprache der USA als „aggressiv" und erklärte, die strittigen Fragen seien nicht zu regeln, indem man der EG „das Messer an die Gurgel" setze.

Mit dem Teilzitat kann en passant auch auf die zweifelhafte Mitteilungsweise gedeutet werden:

Rudolf Gonzalez war am 11. April in Asunción verschleppt worden und galt seitdem als „verschwunden".

Als Teilzitat lassen sich in den nachrichtlichen Text auch unkonkrete Metaphern einarbeiten:

Wegen der Fusion wird bereits seit Mitte 1997 verhandelt. Die Partner haben sich... auf den 1. Juli als Fusionstermin geeinigt. Laut Verwaltungsrat W. sind jedoch „noch einige Schularbeiten zu machen".

Expressive Funktion – neben dokumentierender – haben Teilzitate vor allem in Überschriften.

Hier heben sie eine Formulierung besonders hervor, vor allem, wenn – wie im folgenden – zwar eine konkrete Person gemeint ist, aber zugleich auf eine Formulierung Dzerżinskis angespielt wird:

„Roter Terror“ gegen Häftlinge im DDR-Zuchthaus
(UZ: *Wärtern werden schwere Mißhandlungen vorgeworfen*)

Nachdrücklich sei betont, daß das Teilzitieren an sich w e r t n e u - t r a l ist. Die Wertung ergibt sich außer durch den Kontext (im folgenden verstärkt durch *soll*) z.B. auch durch die Drastik des Angeführten:

Der Polizei soll es gelungen sein, die Ortschaft D. von „Terroristen“ zu „säubern“ und die „Banden“ in Richtung G. zu vertreiben, meldete der serbische Rundfunk.

Fehler beim Teilzitieren

a) Stilistischer Hauptmangel: Bruch in der personalen Perspektive

Innerhalb eines Satzes oder Satzgefüges soll die personale Perspektive nicht gewechselt werden. Das Problem wird an folgenden Beispielen verdeutlicht:

M. E., Chef des Disney-Konzerns, genießt den „Höhepunkt meiner Karriere“.
Anna Elisabeth R. saß zu Hause und „langweilte mich entsetzlich“.

Sehr häufig findet sich der unorganische Perspektivwechsel in Sportberichten, etwa:

Oliver K. hatte einen schweren Tag und nahm „anderthalb Tore auf mich“.

Besonders stört der Perspektivbruch, wenn das Satzgefüge durch eine andere Perspektive im übergeordneten Satz in seiner Verständlichkeit beeinträchtigt wird:

Der Klubchef erwartet, daß die Bremer, die laut Mario Basler den Bayern die Punkte „schenken wollten, da wir schon vorher Meister sein werden“, an ihren Sprüchen scheitern werden.

Es gibt daneben auch Teilzitate, die zwar in ihrem Bezug verständlich sind, aber die Grenze zum Ändern, Entstellen oder gar Manipulieren berühren. Dies ist der Fall, wenn etwa das sinntragende Prädikat zum zitierten Satz aus dem Zitat ausgeschlossen wird:

Daraus geht hervor, daß nach dem Einsatz giftigen Rauchgases „Tausende von friedlichen Demonstranten über Brennen in den Augen und schmerzende Atemwege" klagten,

oder gar ein Substantiv zum angeführten Attribut:

Die Zeitung bestätigte, „daß das Programm des SPD-Ministers keineswegs von sozialistischen" Gedanken bestimmt sei.

Hier hätten im Original durchaus positive Wörter wie *Grundsätze* oder negative wie *Utopien* oder gar *Gespinste* gestanden haben können, die der Zitierende somit unterschlagen hätte. Dies wäre zugleich eine inhaltliche Frage, auf die wir noch zu sprechen kommen. Zunächst seien an Beispielen einige Methoden gezeigt, wie sich die vorher belegten Mängel beheben lassen:

(1) Oft erweisen sich Teilzitate und deren Kennzeichnung als überflüssig, namentlich, wenn die Formulierung nicht individuell oder nicht besonders prägnant ist:

Das Blatt schrieb, daß es „hohe Zeit"   *Das Blatt schrieb, daß es hohe Zeit*
für Regierungsverhandlungen sei.   *für Regierungsverhandlungen sei.*

Man möchte ihnen einreden,   *Man möchte ihnen einreden,*
die Gesetze seien „liberalisiert".   *die Gesetze seien liberalisiert.*

(2) Personalpronomina mit anderer, störender Perspektive werden in den Autortext umgesetzt:

Dort habe er Gelegenheit gehabt, „mich oft   *Dort habe er Gelegenheit gehabt, sich*
und oft am Prunk der äußerst glanzvollen   *oft und oft am Prunk der äußerst*
glanzvollen kirchlichen Feste zu berauschen". *kirchlichen Feste zu berauschen".*

Bei seinen Auswahlspielen blieb ihm   *Bei seinen Auswahlspielen blieb ihm*
zwar die letzte Freude noch versagt,   *zwar die letzte Freude noch versagt,*
„vielleicht, weil ich Pech hatte, viel-   *vielleicht, weil er „Pech hatte", viel-*
leicht aber auch, weil mir der letzte   *leicht aber auch, weil ihm [, wie er*
Schliff noch fehlte".   *selbst eingesteht,] „der letzte*
                                                 Schliff noch fehlte".

Da im letzten Beispiel der Wortlaut ohnehin nicht dokumentarisch ist, wäre hier auch der völlige Verzicht auf die Anführung möglich.

(3) Dasselbe gilt auch für Possessivpronomina:

Zwar habe er es (= Schmiergeld) *nicht von*   *Zwar habe er das Geld nicht von*
Flick, sondern von „meinem Freund   *Flick, sondern von seinem „Freund*
Albert Paul" erhalten.   *Albert Paul" erhalten.*

(4) Man nimmt einen größeren Teil der wörtlichen Rede aus der Anführung:

Montag erinnerte sich V. an Adenauers   *Montag erinnerte sich V. an Ade-*
daß ihn „mein Geschwätz von gestern nicht   *Adenauers hilfreichen Satz, das*
mehr interessiere". [Die indirekte Rede in   *„Geschwätz von gestern" habe heute*
Anführungszeichen ist ohnehin falsch.]   *nicht mehr zu interessieren.*

(5) Das Zitat wird verselbständigt und in eleganter Form mit dem Autortext verschmolzen:

Anna Elisabeth R. saß zu Hause   *Anna Elisabeth R. saß zu Hause:*
und „langweilte mich entsetzlich".   *„Ich langweilte mich entsetzlich."*

b) Inhaltlich gravierender Mangel beim Teilzitieren

Das Teilzitieren ist ein in der Polemik besonders beliebtes Verfahren, weil es ermöglicht, fremde, auch gegnerische Äußerungen losgelöst vom Kontext und doch – selbst bei Widerlegung – stilistisch nahtlos in die eigene Argumentation einzufügen.

Jedes Teilzitat erhält beim Herauslösen aus dem Original meist eine andere Gewichtung, die noch im Sinne des Urhebers liegen kann, aber nicht muß: So sagte der jüdische Auschwitz-Häftling Imre Kertész 1997 gegenüber einem Journalisten: *„Für mich als Romancier ist Auschwitz eine Gnade".* Diese Formulierung wurde dann von Eiferern aus dem Zusammenhang gerissen und hatte im günstigsten Falle Kopfschütteln, im schlimmsten üble Invektive zur Folge.

Das Zitieren von Teilaussagen aus einer gedanklichen Einheit kann der Manipulation Tür und Tor öffnen. Es kann zu einer inhaltlich völlig anderen Akzentuierung oder gar zur gegenteiligen Aussage führen wie bei dem Halbzitat einer Brecht-Sentenz: *Stell dir vor, es kommt Krieg, und keiner geht hin!* Die Vollendung des Brechtschen Gedankens lautet jedoch, völlig unpazifistisch: *Dann kommt der Krieg zu euch.*

6.2.2 Abstrahierte Rede

Als 'abstrahierte Rede' bezeichnen wir die nichtwörtliche Form der direkten Rede, also gleichsam eine direkte Rede ohne Anführungszeichen. Die personale, zeitliche und räumliche Perspektive der originalen Rede bleibt (im Unterschied zur konjunktivischen 'indirekten Rede') erhalten, aber im Vergleich zur direkten Rede wird der Wortlaut meist verkürzt und auf das Wesentliche zugespitzt. Graphische Zeichen sind lediglich Doppelpunkt und/oder zuweilen typographische Absetzung. Lexisches Signal ist eine Ankündigung oder nachträgliche Kennzeichnung als Rede.

Was den journalistischen T e x t betrifft, so hat diese Art der Wiedergabe in dokumentarischen Genres wie der Nachricht keinen Platz. Sie findet sich gelegentlich in reportageartigen Beiträgen, etwa:

Wenn die von den Naturgewalten bedrohten Menschen riefen: Wir brauchen eure Hilfe, die Flut gefährdet uns und unsere Habe!, so konnte man nur antworten: Wir werden alles tun, was in unseren Kräften steht, um euch solidarisch beizustehen.— Und es wurde geholfen in einem gigantischen Einsatz.

Die Rede hebt sich fast nur inhaltlich vom Kontext ab (*Wenn... riefen/so... sagen/Und... Einsatz*). Sie geht zudem, jedenfalls hier, nicht auf ein Zitat zurück; sie abstrahiert von einem konkreten Wortlaut oder von mehreren geäußerten Gedanken.

Genau dies ist der Vorzug der abstrahierten Rede für einen wesentlichen Bereich des journalistischen Schaffens: für die T i t e l gestaltung. Hierbei macht man sich die Möglichkeit zunutze, Satzinhalte bis auf eine telegrammartige Fassung zu komprimieren, das Ganze jedoch durch die personelle Perspektive und die Diktion, auch durch die Ankündigung, als eine Art Rede darzustellen. Die fehlenden Anführungszeichen legitimieren die Raffung der zugrundeliegenden Äußerung(en) auf einen kurzen Satz (im folgenden die ursprüngliche Wortzahl in Klammern):

Mielke: Die Strolche, raus aus der Kirche und abschieben (aus 23 W. Tonbandmitschnitt)

John Major: Wählt mich oder springt in den Abgrund (37 W.)

Im folgenden Beispiel filterte ein Nachrichtenmagazin als Überschrift zu einem Interview mit einem Hamas-Führer aus insgesamt 7 Sätzen (54 Wörtern) die essentielle Alternative:

Juden ja – Israel nein

Bei abstrahierter Rede werden ironische Periphrasen des Originals meist genregemäß versachlicht. Wolf Biermanns Äußerung, der DDR-Geheimdienst habe ihn in seiner Hamburger Wohnung „mit großer Fürsorge betreut", wurde z.B. im Titel der Nachricht umgesetzt in:

Biermann: Stasi hörte mich in Hamburger Wohnung ab

Dies tilgt freilich den persönlichen Duktus. Bei anderen Genres kann eine abstrahierende Überschrift durchaus distanzierende Ironie vermitteln, wenn dies die Redaktion verantworten mag. So hatte Helmut Klose in einer Rede gesagt, es gebe bei der Politik ein gewisses Mißtrauen gegenüber dem Volk, und seine Gedanken dem Bericht zufolge mit den Worten geschlossen „Seid guten Mutes!". Daraus entstand der Titel:

Klose: Volksparteien sind fern vom Volk, doch seid guten Mutes!

Hier offenbaren sich die inhaltlichen Grenzen der abstrahierten Rede. Da das Zeichen des Authentischen („..."') fehlt, kann das Quasi-Zitat oft beliebig zugespitzt werden bis bin zur manipulativen Formulierung. Solch manipulative Verfahrensweise fand ihren Höhepunkt in einem vierspaltigen Aufmacher:

Brandt fordert: „Mehr leisten" für die Ausbeuter

6.2.3 Indirekte Rede

Unter indirekter Rede verstehen wir im folgenden konsequent die konjunktionslose konjunktivische Rede. Es ist jene Form, in der die ursprüngliche Äußerung noch anklingt, die jedoch gegenüber dem Original beliebig gekürzt werden kann. Der Rezipient versteht und akzeptiert dabei, daß die Auswahl einzelner hauptsächlicher Gedanken aus einem umfangreicheren Zusammenhang stellvertretend für die Gesamtaussage der Redner steht, vergleichbar einem Film, der durch Schnitte ein langwährendes Geschehen verknappt.

Bei der indirekten Rede wird die zeitliche, lokale und – falls nicht eigene Rede wiedergegeben wird – personale Perspektive verändert und bezogen auf das Jetzt und Hier der Wiedergabe.

Da der Konjunktiv sichtbarster, aber von Laien oft falsch interpretiertes Zeichen der indirekten Rede ist, wollen wir uns vorab befassen mit der

Funktion des Konjunktivs in der Redewiedergabe.

Wenn wir im folgenden vom Konjunktiv der Redewiedergabe sprechen, so meinen wir den sogenannten Konjunktiv I (*sei*) im Unterschied zum vorwiegend hypothetischen oder irrealen Konjunktiv II (*wäre*).

Der Konjunktiv I hat sich im Laufe der Sprachgeschichte faktisch zu einem spezifischen und äußerst ökonomischen Mittel der Redebezeichnung entwickelt. Deshalb betrachtet man diesen Konjunktiv oft geradezu als einen besonderen Modus der Redewiedergabe, der mit dem irreführenden früheren Schul-Terminus „Möglichkeitsform" nicht das Geringste zu tun hat.

(Wertungsneutralität)

Der Konjunktiv I ist lediglich wertneutrales, grammatisch deutliches Mittel der nichtwörtlichen, aber dem Wortlaut angenäherten Wiedergabe. Er ist Mittel, das Dictum gegenüber dem Factum zu bezeichnen:

Wir sagten schon damals, man müsse so vorgehen... Zuerst sei notwendig... Sodann habe man... Dann sei der Erfolg sicher. Und so ist es auch gekommen.

Der Konjunktiv ist also vor allem Mittel der Bezeichnung von Äußerungen, auch wenn Zahlen – und andere Fakten – Bestandteil von Äußerungen sein mögen:

Bonn/Nürnberg. Die Kosten der Arbeitslosigkeit in Deutschland sind auf einen Rekordstand gestiegen. Für die öffentlichen Kassen sei 1997 ein Aufwand von 166 Milliarden Mark entstanden, nach 155 Milliarden Mark im Jahre 1996, teilte das Institut für Arbeitsmarkt- und Berufsforschung mit.

Die eigentlichen Vorzüge der konjunktivischen Wiedergabe liegen jedoch, wie wir sehen werden, auf anderem Gebiet: nämlich in der ökonomischen und sprachlich eleganten Redebezeichnung.

Zunächst sei generell zwei Einwänden begegnet: 1. daß der Konjunktiv Nichtübereinstimmung oder Distanz ausdrückt und 2. daß er, wie in der Umgangssprache, bequem durch den Indikativ zu ersetzen ist.

Das zweite Argument ist schon dadurch zu entkräften, daß wir es bei Umgangssprache immer mit etwas Gesprochenem zu tun haben, bei dem der Zusammenhang, die Gestik und die Mimik die (bloße) Wiedergabe einer anderen Rede ausweist.

Dem ersten Einwand ist in mehrfacher Weise zu begegnen. Zum einen kann eigene Rede wahrheitsgemäß im Konjunktiv wiedergegeben werden (z.B. *Ich sagte doch, ich sei nicht da*). Zum anderen werden wir die irrtümliche Auffassung noch bei der Redekennzeichnung (Kapitel 6.3) detailliert widerlegen. Und schließlich läßt sich überhaupt der Geltungsgrad auf verschiedene Weise mit sprachlichen Mitteln abstufen. Dies belegte drastisch folgender Fall der Nachrichtengebung zur Reemtsma-Entführung Anfang 1997. Eine Nachrichtenagentur meldete neutral: *Der 59jährige Richter* [ein Entführer] *ließ über seinen Anwalt mitteilen, auch er werde sich ausführlich zur Sache äußern* (Zeitungstext). Einfache konjunktivische Wiedergabe brachte auch ein Fernsehsender: *Richter sei nur ein unbedeutender Helfer gewesen.* Eine Wertung erfolgte mit dem redeeinleitenden Ausdruck in einem anderen Sender: *Richter ließ seinen Anwalt verkünden, daß...* (hier würde auch die Verbindung mit der indikativen Verbform die Abwertung nicht abschwächen). Eine noch deutlichere Abwertung würde man mit der Formulierung *Richter s o l l nur ein unbedeutender Helfer gewesen sein* ausdrücken. Die stärkste Abwertung erfolgte bei einem dritten Sender: *Richter w i l l nur ein unbedeutender Helfer gewesen sein.* – Weitere Wertungsmöglichkeiten lägen in Modalfügungen wie *nach seinen Einlassungen, wie er behauptet.*

(Ausdruck der Zeit im Konjunktiv)

Zu begegnen ist hier auch der Behauptung, im Konjunktiv könnten keine Zeitverhältnisse festgestellt werden, er wäre sozusagen 'zeitlos'. Im Konjunktiv lassen sich sehr wohl Zeitbezüge ausdrücken. Dabei handelt es sich jedoch nicht um Zeitbezüge gegenüber dem Jetzt der Mitteilung, sondern um Zeitstufen gegenüber dem Redezeitpunkt. Es sind folgende drei (im Einzelfall sogar vier) Zeitstufen möglich:

	im Aktiv (er/sie/es)	im Passiv (er/sie/es – z.B. das Problem)	im Zustandspassiv
Vorzeitigkeit	*habe gelöst*	*sei gelöst worden*	*sei gelöst gewesen*
Gleichzeitigkeit (und Allgemeingültigkeit)	*löse*	*werde gelöst*	*sei gelöst*
Nachzeitigkeit	*werde lösen*	*werde gelöst werden*	*werde gelöst sein*
vollendete Nachzeitigkeit	*werde gelöst haben*		

Diese Möglichkeiten wurden hier repräsentativ aufgeführt, weil sie sich in Schulgrammatiken nicht finden; sie gehören zu einer stilistischen bzw. Textgrammatik.

(Konjunktiv I und II)
In der bisherigen Darlegung zum Konjunktiv meinten wir stets den Konjunktiv I, wie wir ihn soeben in seinen Zeitstufen angedeutet hatten, also den eigentlichen Konjunktiv der Redewiedergabe. Er wird auf verblüffend einfache Weise gebildet: Man erhält die in der Praxis häufigste Form, die 3. Person Singular, indem man vom Infinitiv des Verbs das *-n* abstreicht, also z.B. *sei, habe, wisse, könne, dürfe, brauche, plane*; eine Ausnahme bildet lediglich *tue*. Einer älteren Regel zufolge kann bei unerkennbaren Konjunktivformen (wie [*ich sagte,*] *sie haben*) der Konjunktiv II verwendet werden, also *ich hätte* und im folgenden Text *sie stünden, böten, würden, müßten, hätten*:

> *Bonn. Die Deutsche Post AG wird langfristig weniger Filialen in*
> *eigener Regie betreiben.*   Fakt
>
> *Insgesamt s t ü n d e n den Kunden aber mehr Post-Vertriebs-*
> *punkte zur Verfügung als früher geplant, sagte ein Sprecher des Un-*   Rede
> *ternehmens gestern. Das Unternehmen wies die Meinung zurück, die*   im
> *Post p l a n e Verschlechterungen für die Kunden. Das Gegenteil s e i*   Kon-
> *der Fall. Denn die von Partnern betriebenen Agenturen b ö t e n das-*   junktiv
> *selbe Angebot wie die eigenen Filialen. Nach Verhandlungen mit den*   ↓
> *Gewerkschaften k ö n n e jedoch die Zahl der eigenbetriebenen Filialen*
> *auf 3250 reduziert werden. Dafür w e r d e die ursprünglich zugesagte*
> *Zahl von 10 000 Vertriebspunkten sogar aufgestockt. Nach dem neu-*

en Konzept w ü r d e n 11 700 Filialen garantiert.

Ein Sprecher der Gewerkschaft erklärte dazu, es g e h e dabei le-diglich um Mindestzahlen. Weitere Details m ü ß t e n noch geklärt werden. Auch h ä t t e n die Gewerkschaften ausdrücklich darauf hin-gewiesen, daß die Post damit nicht von ihrer Zusage entbunden s e i , 5000 eigene Filialen zu betreiben.

Die Konjunktivformen sind Mittel der Bezeichnung einer anderen Textebene, nämlich der der beiden Sprecher im Unterschied zu der des Journalisten. Sie sind damit zugleich ein Mittel der Bezeichnung einer übersatzmäßigen („suprasyntaktischen") Texteinheit. Sie weisen die betreffenden Sätze ohne weitere Kennzeichnung („Redeeinleitung") als Nicht-Autor-Text aus. Darin liegt ihr Haupt-Vorzug.

(Ersatzmöglichkeiten)
Der mitunter irritierende Konjunktiv II oder auch das Präteritum in Er-satzfunktion können im Kontext oft durch einfache Methoden vermie-den werden.

a) Zum Beispiel wird der Plural des Subjektes durch den Singular er-setzt, der eine grammatisch deutliche Verbform nach sich zieht:

Alle Mitglieder der Arbeitsgruppe hätten die Pflicht,...	*Jedes (einzelne) Mitglied der Arbeitsgruppe habe die Pflicht,....*
oder, mit Metonymie:	*Die gesamte Arbeitsgruppe habe die Pflicht,...*

b) Eine Verbfügung mit dem Plural wird durch eine singularische er-setzt, die ein deutliches Possessivpronomen (im folgenden *ihre*) erfordert:

Sie hätten die Pflicht...	*Es sei ihre Pflicht....*
Sie hätten vor allem die Aufgabe,...	*Ihre Aufgabe sei es vor allem gewesen,...*

c) Oder die Subjektgruppe wird in eine Adverbialfügung umgesetzt (im folgenden: *beide Seiten – auf beiden Seiten*):

Beide Seiten müßten deshalb Besonnenheit wahren.	*Man müsse deshalb auf beiden Seiten/ beiderseits Besonnenheit wahren.*

Wir fassen zum Konjunktiv, unabhängig von den folgenden Redewiedergabeformen, kurz zusammen: Der Konjunktiv I, ersatzweise auch
der Konjunktiv II, ist ökonomisches Zeichen für eine beliebig komprimierte Redevermittlung mit eindeutiger Kennzeichnung der Perspektive
und eleganter Einbettung einer fremden oder (meist) früheren eigenen
Äußerung in den jetzigen Text. Er signalisiert inhaltliche Abhängigkeit
von einer übergeordneten Textebene, die die Redekennzeichnung bzw.
das Redesignal enthält. Mit ihm können an jeden beliebigen Satz, in dem
auf ein Äußern hingewiesen wird, oder sogar zu Textbeginn (siehe noch
6.4.2.2) weitere Sätze angeschlossen werden. Diese Sätze tragen Haupt-
satzcharakter; sie können den eigentlichen Autortext – z.B. in einer
Nachricht – um ein Vielfaches überwiegen. Der Konjunktiv ist dann suprasyntaktisches, über den Satz hinausweisendes Mittel und nebenbei
markantes Zeichen des Textzusammenhalts. Besondere Bedeutung hat er
für die Funkmedien.

Was den Konjunktiv der Redewiedergabe vom Indikativ in direkter
oder abstrahierter Rede abhebt, ist nicht der Unterschied im Geltungsgrad, sondern zwischen Mittelbarkeit und Unmittelbarkeit. Der Konjunktiv der Redewiedergabe ist der Modus der mittelbaren Äußerung.

6.2.3.1 Die (sachbezogene) indirekte Rede

Die normale, sachbezogene indirekte Rede ist die für Nachricht, Sachbericht und andere dokumentarische Texttypen übliche Form der indirekten Rede. Bei ihr werden zeitliche und räumliche Hinweise eindeutig auf
den Wiedergabezeitpunkt und -ort bezogen, und besonders expressive
oder individuelle Formulierungen werden abgeschwächt oder eliminiert
(bzw. als Teilzitat ausdrücklich bezeichnet), also z.B.

das Original	zu
Prof. S. sagte: „Ich bin mit dem Vorha- *ben der Kollegin L. völlig einverstanden.* *Ausgezeichnet! Ich halte es für äußerst* *nützlich. Es kann, in unserem Bereich,* *schon übermorgen realisiert sein.“*	*Prof. S. sagte, er sei mit dem Vorhaben* *der Kollegin L. (völlig) einverstanden. Er* *halte es für (sehr) nützlich. Es könne* *dort/in diesem/seinem Bereich schon in* *zwei Tagen realisiert sein.*

Dieser sachbezogenen indirekten Rede darf, wie im Grunde jeder indirekten Wiedergabe, nicht entgegen den Intentionen des Redners das eigene Wortmaterial unterlegt werden, also

nicht: sondern etwa:

X. sagte, er wolle weiter an seiner ana-   *X. sagte, er wolle weiter an seiner These*
chronistischen These festhalten.   *festhalten, die freilich [nach unserer Auf-*
                                                    fassung] anachronistisch ist.

Ein längeres Beispiel sachbezogener indirekter Rede wurde oben (S. 187), unter Hervorhebung des übersatzmäßigen Anschlusses, vorgeführt. Hier sei nur noch an einem Kurzbeispiel der Vorzug der faktenvermittelnden Sprachform deutlich demonstriert:

Der Minister erinnerte daran, daß sein Land schon während der Kriegshandlungen Hilfe von Deutschland erhalten habe. Diese Hilfe setze sich jetzt fort und finde ihren Ausdruck im Bau dieser Ausbildungsstätte.

Selbstverständlich setz**t** sie sie fort und finde**t** im Bau ihren Ausdruck. Aber der Konjunktiv, durch einen einzigen Laut – Schluß-**e** statt -**t** – bezeichnet, ist im 2. Satz notwendig, um diesen nicht als selbstrecherchierten Fakt, sondern als fremde Würdigung auszuweisen. Der Konjunktiv I ist hier gerade Mittel der Authentizität.

Dies gilt prinzipiell auch für die Funknachricht, in der nur ausnahmsweise direkt zitiert wird. Zur dokumentierenden Verdeutlichung wird hier des öfteren (im folgenden Beispiel zweimal) an die mittelbar zitierte Person erinnert:

Die Kultusministerin von Baden-Württemberg, Schavan, hat sich für öffentliche Leistungsvergleiche zwischen den Bundesländern ausgesprochen. Bei den Schulleistungen g e b e es zwischen den Ländern Unterschiede bis zu zwei Schuljahren, sagte die CDU-Politikerin… Insbesondere vor dem Hintergrund der Ergebnisse der vor kurzem veröffentlichten internationalen Schulleistungsstudie w e r d e deutlich, daß eine Qualitätssicherung in der Bildungspolitik dringend erforderlich s e i. Das Mittelfeld r e i c h e nicht aus, betonte die Kultusministerin.

6.2.3.2 Die 'erlebte' indirekte Rede

Indirekte Rede muß nicht unbedingt sachbezogen, emotional gefiltert und vom Fühlen der redenden Person entfernt sein. Das oben bereits abgewandelte Beispiel vom Bereichsleiter könnte bei emotionalem Kontext durchaus auch lauten:

> (*Prof.*) *S. sprach. Ausgezeichnet sei dieses Vorhaben der Kollegin! Hier, in diesem/ihrem Bereich könne er schon übermorgen realisiert sein.*

Hier ist die Syntax expressiver, und die Raum- und Zeithinweise entsprechen wie in echter erlebter Rede (siehe 6.2.6.1) dem Original bzw. sind ihm angenähert.

6.2.4 Redewiedergabe in Feststellungssätzen

Unter Redewiedergabe in Feststellungssätzen wollen wir die Darstellung in Nebensätzen verstehen, die entweder mit der Konjunktion *daß* eingeleitet sind – dies am häufigsten – oder mit *ob* bzw. einem konjunktionswertigen *w*-Pronomen (*wer, wie, was, wo, wann, wieweit, woher* usw.). Der grammatische Begriff 'Feststellungssatz' wird hier also auf die 'Fragesätze' erweitert.

Wir charakterisieren zunächst die 'direkten' Feststellungssätze, d.h. also die im Indikativ (z.B. *A. verwies darauf, daß... ist*).

Sie sind für die Wiedergabe einzelner Feststellungen, die allgemeingültig sind oder als allgemeingültig angesehen werden, üblich. Bei ihnen (*X. sagte, daß/A. fragte, ob sie kommt.*) steht nicht der Wortlaut der im Nebensatz enthaltenen Rede im Vordergrund, sondern der Inhalt. Diese Form der Einzelaussage hat also zunächst den Vorzug, daß sie den bloßen Fakt, nicht auch die zugrundeliegende Äußerungsweise hervorhebt. In einem laufenden Text hat sie jedoch den Nachteil, daß man ständig von neuem auf den Redevorgang hinweisen müßte und dies zu einer unverbundenen Darstellungsweise führen würde, wie ein Experiment mit dem mehrfach abgewandelten Beispiel zeigt:

> *Prof. S. sagte, d a ß er mit dem Vorhaben der Kollegin L. einverstanden ist. Er begründete dies damit, d a ß es sehr nützlich ist und fügte hinzu, d a ß es in diesem Bereich schon in zwei Tagen realisiert werden kann.*

Abgesehen davon, daß die Variationsmöglichkeiten für die Einleitungen zu den Rede-Nebensätzen bald erschöpft wären, ist diese Form der Wiedergabe kein Mittel der Textgestaltung und -verknüpfung. Sie wirkt in hohem Maße primitiv oder auch naiv. So ist es kein Zufall, daß Ludwig Thoma genau diese Form der Redewiedergabe zum Ausdruck der kindlichen Naivität des „Lausbuben" verwendet, etwa:

Da habe ich versprochen, daß ich mittue... Wir haben [danach] ausgemacht, daß wir uns um acht Uhr treffen. Ich habe daheim gesagt, daß ich mit dem Fritz die dritte Konjugation lernen muß...

6.2.4.1 Der indirekte Feststellungssatz

Unter indirekten Feststellungssätzen verstehen wir die eben beschriebene Form, jedoch mit dem Konjunktiv (*daß/ob* usw. *sei*). Diese Art des Darstellens ist keineswegs mit der im Indikativ gleichzusetzen. Sie deutet mehr Rede f o r m als Rede i n h a l t an. Sie würde, wenn wir das Beispiel oben S. 187 dahingehend ändern, die weitere flüssige Fortsetzung in konjunktionslosen indirekten Redesätzen ermöglichen:

Das Unternehmen wies die Meinung zurück, daß die Post Verschlechterungen... p l a n e. D a s G e g e n t e i l s e i d e r F a l l. ...

Wir resümieren kritisch zu den Feststellungssätzen:

(1.) Generell gilt für beide Unterarten, daß bei einem langen Redesatz die Wiedergabe zu einer langen Nebensatzklammer führt, die den Redeinhalt schwer verständlich macht, etwa:

M. A. sagte, daß die sich neu herausbildende Lage in der Weltpolitik mit Sicherheit zu einer neuen Position dieses Schwellenlandes im globalen Maßstab und zu neuen sich daraus ergebenden Aufgaben in der Außenpolitik dieses Landes f ü h r t / f ü h r e.

Die von der Konjunktion *daß* und dem anschließenden eigentlichen Prädikat *führt/führe* gebildete Nebensatzklammer umfaßt hier 33 Wörter. Eine konjunktionslose Bildung wäre hauptsatzwertig und würde durch Mittelstellung des Prädikats hier die Subjektgruppe von der Objektgruppe trennen; die Klammer würde hier nur acht Wörter umfassen:

[...sagte,] die... Lage in der Weltpolitik f ü h r e mit Sicherheit zu einer neuen Position... und zu neuen Aufgaben... dieses Landes.

(2.) Feststellungssätze können zu Treppensätzen mit identischer Konjunktion führen:

Ein Polizeisprecher teilte mit, daß fast die Hälfte der tödlichen Verkehrsunfälle darauf zurückzuführen sei, daß die Fahrzeugführer unter Alkohol standen.

(3.) Schließlich sind Feststellungssätze, wie am Beispiel und auch an L. Thoma gezeigt, für eine elegante Textverknüpfung und -gestaltung nicht zu empfehlen.

6.2.5 Redebericht

Unter 'Redebericht' verstehen wir eine Form der Redewiedergabe, bei der die Redekennzeichnung (z.B. *A. bezeichnete... als/A. nannte die...*) mit Redeaussage oder -inhalt syntaktisch in einem Satz verbunden wird, z.B.

| *A.* | *bezeichnete* | *die Ausarbeitung* | *als* | *wertvoll.* |
| | *nannte...* | | | |

oder auch:

| *A.* | *sprach* | *von einer* | *wertvollen* | *Ausarbeitung.* |
| | | *über eine/die* | *wertvolle* | |

Wir vereinen in dieser Redewiedergabeart also rein formal die Darstellung von Rede als Gleichsetzungssubjekt, als Objekt oder als Präpositionalobjekt. Damit sind verschiedene Stufen der Abstraktion von der Gleichsetzung bis zur bloßen Themaangabe in einer, eben der Redeberichtsform zusammengefaßt. Alle diese Unterarten und Stufen der Komprimierung eint eines: Sie drücken Rede und Redeeinleitung (-kennzeichnung) n o m i n a l aus, sie folgen der vorhandenen Entwicklungstendenz der Sprache zum nominalen Ausdruck, und dies heißt in vielen Fällen zugleich zur Sprachökonomie.

Mit der Redeberichtsform wird die Originalrede in verschiedenem Maße gerafft. Der Grad der Raffung reicht von der vollständigen Aussage (*A. bezeichnete die Rettungsaktion als eine für sämtliche beteiligten Gruppen vom THW über die Feuerwehren bis zu den Ärzteteams vorbildliche Tat*) bis zur bloßen Themaangabe (*B. ging in seinem Schlußwort ausführlich auf die zahlreichen Fragen im Zusammenhang mit... ein*); diese letzte Variante wird vor allem zur Einleitung in einer detaillierten Redewiedergabe genutzt.

Bevor wir weitere Vorzüge nennen, wollen wir kurz die Möglichkeiten zur Umformung aus der Originalrede am Beispiel vorstellen.

(1) Einfach lassen sich Gleichsetzungen umwandeln. Sie erscheinen als Doppelobjekt:

„Dies ist ein Fortschritt. "   *A. bezeichnete dies als Fortschritt.*

(2) Wunsch, Versprechen, Bitte, Befehl, Aufforderung u.ä. können als objektwertige Infinitivgruppen ausgedrückt werden:

„Ich will/ werde beitragen. "   *B. versprach/ äußerte den Wunsch beizutragen.*

„Ihr müßt/ sollt kommen. "   *C. befahl/ forderte (sie alle) auf zu kommen.*

(3) Zustimmung, Bereitschaft, Zuständigkeit usw. lassen sich mit einem objektwertigen Prädikativum oder nominal mit einem Objekt darstellen:

„Ich bin einverstanden/ bereit/ zuständig. "   *D. erklärte sich einverstanden/*
bereit/ zuständig

oder:

D. erklärte Einverständnis/
Bereitschaft/ Zuständigkeit

(4) Ebenso kann Vorsatz, Verpflichtung u.ä. ausgedrückt werden:

„Wir müssen unbedingt helfen. "   *Sie bezeichneten es als (unbedingt)*
notwendig zu helfen./ Sie bezeichneten
ihre Hilfe als unerläßlich. (usw.)

(5) Aktionen lassen sich gewöhnlich nur mittelbar durch eine präpositionale Fügung wiedergeben, z.B.:

„Sie haben ausgezeichnete Arbeit geleistet!"   *E. verwies auf ihre ausgezeichnete*
Arbeit/ erinnerte an ihre großartige
Leistung.

(6) Leicht sind ebenfalls Fragen umzusetzen:

„Wie hat sich die Asienkrise   *F. fragte nach den Auswirkungen*
auf Australien ausgewirkt?"   *der Asienkrise auf Australien.*

(7) Manche ursprünglichen Prädikate lassen sich als Adjektiv oder adjektivisches Partizip wiedergeben:

Die Ministerin sagte: *Die Ministerin erklärte damit*
„Ich eröffne hiermit die Ausstellung."   *die Ausstellung als eröffnet.*

(8) Oder sie erscheinen in substantivischer Form:

P. sagte: „Terroristen haben   *P. teilte den Überfall von Terroristen*
Ortschaften um... überfallen."   *auf Orte um... mit.*

(9) Der Redebericht ermöglicht mit der Nominalisierung auch das Akzentuieren eines Hauptbegriffs innerhalb eines Satzes, z.B.:

X. sagte: „Es sind die erheblichen Ver-   *X. bezeichnete die Veränderungen in*
änderungen in der weltweiten Automati-   *der weltweiten Automatisierung und*
sierung und Rationalisierung   *Rationalisierung der Produktion als*
der Produktion, die zu globalen sozialen   *Ursache für die globalen sozialen*
Verwerfungen geführt haben."   *Verwerfungen*

  oder:

                                                          Die Veränderungen in... be-
                                                          zeichnete X. als Ursache für...

        oder:

                                                          Als Ursache für die...
                                                          bezeichnete X. die...

        oder:

                                                          Die globalen Verwerfun-
                                                          gen führte X. auf... zurück.

So gestattet die nominale Gleichsetzungsstruktur in der Nachricht, das hervorzuhebende Objekt an die Spitze des Textes zu stellen: *Als überraschend aufblühendes Wirtschaftsgebiet bezeichnete N. die...*

Den Hauptvorzug der Redeberichtsform bildet neben der Komprimierung vor allem das unauffällige Zäsieren von Redegedanken und -punkten (z.B. *Danach ging A. auf... ein. Hier könne man zunächst... oder: Ausführlich befaßte sich B. dann mit...*), aber auch die zwanglose Überleitung zum Zitat:

Kokett weist Reich-Ranicki die Verantwortung für das Akustische ab: „Was gut ist, hat der Tonmeister gemacht. Ich habe nur gelesen..."

Hier und in wichtigen Gleichsetzungen (*wertete/bezeichnete/würdigte als* usw.), aber auch in Verbindung mit Teilzitaten zur Bekräftigung des so akzentuierten Gedankens liegt denn auch das Hauptgebiet seiner Anwendung.

6.2.6 Die Inhaltsangabe

Als Inhaltsangabe im stilistischen Sinne bezeichnen wir jene Wiedergabe eines Textes, bei der der Modus der ursprünglichen Äußerung beibehalten, der Wortlaut beliebig stark komprimiert und die personale Perspektive auf den jetzt Wiedergebenden bezogen wird. Der Grundmodus dieser Inhaltsangabe ist der Indikativ. So wird eine bei größerem Umfang monoton wirkende Darstellung im Konjunktiv vermieden.

Eine verkappte Inhaltsangabe liegt schon vor, wenn der Gedanke resümierend scheinbar von der Redaktion stammt:

Minister Rüttgers hat recht: Die zentrale Frage, warum Union und Liberale noch einmal vier Jahre regieren sollen, ist nicht zu beantworten.

Inhaltsangabe erfolgt oft bei Äußerungen/Texten, bei denen es nicht primär oder überhaupt nicht um die F o r m geht, sondern um den f a k t ischen Gehalt. So wird der Wiedergabetext gewöhnlich lexisch eindeutig eingeleitet, etwa:

X. belegte an Beispielen, wie die Bemühungen um internationale Kooperation in den letzten Jahren verstärkt wurden. So [Schlüsselwort] *haben...*

Alles folgende ist damit klar als Nichtautortext ausgewiesen. Ähnlich fungieren Einleitungsformen wie

Aufsehenerregende Tatsachen gehen aus Meldungen der... hervor: ...
G. konnte auf folgende Bilanz verweisen: ...

Fehlen allerdings deutliche Ausdrücke, die den Anfang und das Ende solcher Passagen markieren, so hat diese Art der Wiedergabe keine dokumentierende und damit letztlich auch keine klar informierende Funktion. Sie kann folglich auch nicht weiter zitiert, ja nicht einmal als Rede weitervermittelt werden. Diese Einschränkung muß hier mit Nachdruck gemacht werden.

6.2.6.1 Die erlebte Rede

Die 'erlebte Rede' kann man als eine Sonderform der Inhaltsangabe bezeichnen, da wichtige Kriterien beider Arten der Rededarstellung übereinstimmen: die syntaktische Form der Redekennzeichnung wie überhaupt der Redesignale, die Personalpronomina, Modus und Tempus. Was die erlebte Rede jedoch oft stark unterscheidet, ist die Anlehnung an Wortlaut und Emotion des Originaltextes, d.h. auch an dessen Terminologie, und die Identität mit dessen Zeit- und Raumangaben.

Das bereits mehrfach abgewandelte Beispiel vom Bereichsleiter könnte in erlebter Rede lauten:

S. ergriff das Wort. Selbstverständlich war er einverstanden! Ausgezeichnet war ihr Vorhaben. Übermorgen schon konnte es hier, in ihrem Bereich, realisiert sein.

In der Belletristik hat die erlebte Rede, insbesondere seit der stark psychologisierenden Darstellung im 19. Jahrhundert, oft eine fast dominierende Funktion. Sie ist ein Mittel der emotionalen Identifikation, die auch die Rezipienten zum Hineinversetzen in die psychologische und zeitliche Perspektive zwingen soll.

6.2.7 Rede als Tatsachenmitteilung mit Quellenangabe

Geht es nur noch um den faktischen Extrakt einer Äußerung, so empfiehlt sich die 'Tatsachenmitteilung mit Quellenangabe'. Der Wortlaut kann beliebig verändert und die Terminologie auch entgegen den Absichten des Urhebers verwendet werden; der Sachverhalt wird aus der Perspektive der Journalisten und im ursprünglichen Modus dargestellt. Die Kennzeichnung des Urhebers erfolgt in adverbialer Form, d.h. als adverbiales Satzglied (*nach den Worten des Ministers*) oder als adverbialer *wie*-Nebensatz (*wie der Minister mitteilt*), oft auch einfach mit präpositionsartigen Wörtern (l a u t AFP, n a c h Reuter, dpa z u f o l g e):

Auf Überreste der Wikingerkultur sind laut AFP Archäologen des Menschenkundeinstituts von Buenos Aires an zwei verschiedenen Stellen in Paraguay gestoßen.

Bundesaußenminister Kinkel zufolge soll der politische Druck auf Belgrad auch militärisch untermauert werden.

Arbeitslose Mediziner verursachen nach Ansicht von Experten einen volkswirtschaftlichen Schaden in Milliardenhöhe.

An der Veranstaltung nahmen nach Angaben der Organisatoren 60.000 Besucher teil.

Dieselbe Mitteilungsform liegt vor, wenn die Quelle in einem Nebensatz bezeichnet wird: *meldete UPI* u.a.

Allerdings sind die Quellenangaben häufig sehr vage:

Über die Gründung einer neuen Dienstleistungsgewerkschaft soll im nächsten Monat endgültig entschieden werden. An diesem Ziel halten die Spitzen der sechs Einzelgewerkschaften fest, h i e ß e s.

Oft überdeckt ein zuspitzender Kontext die Vagheit der Quellenangabe (im folgenden: *Ondit*):

Schnitzler fuhr im Trabi-Staat großkotzig einen Ford-Mustang und heiratete, einem Ondit zufolge, so oft, daß er vorübergehend Eheverbot erhielt.

Die Vagheit ist hier sekundär. Geht es aber um wichtige Meldungen und Meinungen, so haben Formulierungen wie *hieß es* oder die Magazin-Floskel *so* [d.h. *so sagte*] *ein Bundestagsmitglied* oft keine Funktion mehr. Sie geben eigene Auffassungen als Zitat aus. Wir berühren hier Fragen der journalistischen Redlichkeit.

Dies gilt natürlich nicht für Formulierungen wie *Nach bisher unbestätigten Angaben aus... sind dem Unglück... Menschen zum Opfer gefallen.*

Die Bezeichnung 'Tatsachenmitteilung' ist deshalb generell wertneutral aufzufassen; gemeint ist 'Mitteilung als Tatsache', als 'Fakt'. Die Verwendung des Konjunktivs, der ja einen Wortlaut andeutet, ist bei dieser Wiedergabeform prinzipiell f a l s c h :

Wie P. behauptete, h a b e der französische Klub 1993 zwei Spieler des italienischen Vereins bestochen.

Quellenverweise (hier: *Wie...*) kennzeichnen bereits Rede. Will sich die Redaktion distanzieren, so kann sie dies (abgesehen davon, daß dies hier im Kontext bereits durch *behauptete* geschieht), durch das Modalwort *sollen* anzeigen, also *soll bestochen haben.*

6.2.8 Modalisatoren/Einschränkung des Geltungsgrades

Wie bereits an einem Beispiel von Abstufungsmöglichkeiten S. 186 gezeigt, gibt es Formulierungen, die die Glaubwürdigkeit einer Mitteilung in besonderem Maße einschränken. Im Zusammenhang mit der eben beschriebenen 'Tatsachenmitteilung' wird der Inhalt der Mitteilung oft durch *sollen* modalisiert: z.B. *Auf Überreste der... sollen laut AFP... gestoßen sein.* Will man eine selbst gehörte Mitteilung direkt und stark anzweifeln, so wird die Aussage durch das Verb *wollen* deutlich relativiert: *wollen gefunden haben, wollen entdeckt haben, wollen... auf die Spur gekommen sein.*

6.2.9 Der nominale Redeverweis

Rede läßt sich, am stärksten gestrafft, syntaktisch – d.h. adverbial oder attributiv – in eine Passage einfügen, die selbst wieder Rede sein kann. Die eigentliche Äußerung klingt dann nur noch thematisch oder als kausale Angabe an. Wir sprechen hier von einem bloßen (nominalen) Verweis auf Rede, oder kürzer: von nominalem Redeverweis.

Die Rede erscheint einer Nominalform untergeordnet, z.B.

Die F o r d e r u n g, den Prozeß unumkehrbar zu machen[, hat ein unüberhörbares Echo gefunden...]

Auf die politische Zusammenarbeit zwischen beiden Staaten e i n g e h e n d[, unterstrich...]

Der Vorteil solcher Redeerwähnung liegt in der Ausdrucksökonomie, mit der die Rede syntaktisch zu- bzw. beigeordnet wird, wobei allerdings, wie wir am Beispiel eines Redeverweises (im folgenden unter B) sehen, der Redeinhalt überspitzt gewertet werden kann;

A: mit indirekter Rede   B: mit nominalem Redeverweis

Die israelischen Behörden haben am Sonntag das Oberhaupt der griechisch -katholischen Kirche Jerusalems, Erzbischof Hillarion Capucci, verhaftet. Man beschuldigte ihn, er habe „Waffen, Munition und Sprengstoff" für die Palästinenser nach Jerusalem geschmuggelt.	*Das Oberhaupt der griechisch-katholischen Kirche Jerusalems, Erzbischof Hillarion Capucci, ist am Sonntag unter dem Vorwand* [= der Beschuldigung] *des Waffenschmuggels für die Palästinenser von den israelischen Behörden verhaftet worden.*

6.2.10 Die fingierte Rede

Die fingierte Rede ist keine eigenständige Redewiedergabeform, sondern erfundene direkte Rede, die in knapper Form tatsächliche – oder erfundene – Gedanken darstellt. Sie kann sich im journalistischen Kontext als günstig erweisen, wenn das Nicht-Dokumentarische klar wird. So begann etwa ein taz-Kommentar zu Protesten in Frankreich:

> *„Vive la France!" So deutlich sagen es die protestierenden Arbeitslosen zwar nicht. Aber...*

Auch in der Titelgebung bedient man sich mitunter dieser Methode. So lautete die großlettrige Überschrift zu einer ganzseitigen Betrachtung, wie (geistig und sprachlich) Behinderte ihren Glauben malen, als stummer Ruf: *„Ich bin wertvoll".*

6.2.11 Kombination von Redewiedergabeformen

In der Praxis der Berichterstattung, vor allem bei Nachrichten und Berichten über umfangreichere Äußerungen, werden die bisher beschriebenen Formen möglichst geschickt kombiniert. Sie bieten dabei verschiedene Möglichkeiten der Raffung, des Akzentuierens und auch des Zäsierens. Hier ein Kurzbeispiel (sieben Sätze), bei dem einschließlich der Überschrift fünf Wiedergabeformen vorkommen:

Ex-Staatsanwältin: Ich vertrat DDR-Interessen	abstr. Rede, so nicht im Text
Dresden. Vor dem... Landgericht muß sich... eine DDR-Staatsanwältin wegen zwölffacher Rechtsbeugung und Freiheitsberaubung verantworten. Die heute 62jährige hatte... in politischen Strafverfahren... mitgewirkt. Ihr	Fakt
Ziel sei es gewesen, mit Rechtsmitteln die Interessen der DDR zu vertreten, sagte sie. Die Angeklagten hatten	indirekte Rede
meist Ausreiseanträge gestellt... Im Mittelpunkt steht	Fakt
ein Fall, bei dem ein Physiker wegen staatsfeindlicher	nom. Redeverweis
Hetze zu sieben Jahren Haft verurteilt... worden war.	
Dem heute 60jährigen war vorgeworfen worden, Bücher von Leonhard, Böll und Solschenizyn... verbreitet zu haben.	Redebericht
„Die Bücher, die er verbreitet hat, haben die DDR diskriminiert", so die Ex-Staatsanwältin.	direkte Rede

6.3 Die Redekennzeichnung

Wir sagten wiederholt, bei (journalistischer) Redewiedergabe müsse stets deutlich werden, daß und wieweit in einem Beitrag Rede, also Fremdtext oder zu einem anderen Zeitpunkt geäußerter Eigentext, vorliegt. Diese Grundfunktion übernimmt die Redekennzeichnung, die graphische oder akustische Signale (z.B. Doppelpunkt und/oder Anführungsstriche) einschließt. Sie schafft dem Rezipienten zugleich eine Beziehung zum Redeinhalt, indem sie die Form der Rede charakterisiert, die Redesituation erläutert oder/und den Inhalt der Rede ausdrücklich wertet.

Zunächst zur stil-grammatischen Form der Redekennzeichnung.

6.3.1 Die Bestandteile der Redekennzeichnung

Traditionell besteht die Redekennzeichnung aus einem Substantiv, das den/die sich Äußernden nennt, und einem Verb des Sagens bzw. Mitteilens ('Redeverb') oder einer entsprechenden phraseologischen Fügung, also etwa *A. sagte* oder *A. brachte zum Ausdruck*. Daneben kann Rede jedoch auch rein substantivisch gekennzeichnet werden: [*Mit diesen*] *Worten A.s* [*war der Sachverhalt treffend erfaßt*].

Statt eines verbalen Ausdrucks fungieren auch Präpositionen als Redehinweise: [dpa] *zufolge, nach* [UPI], *laut* [AFP] usw. In solchen Fällen wird der Redeinhalt in den darauffolgenden Sätzen mit zurückverweisenden Konjunktionen wie *Demnach/Danach/Demzufolge* weiter eingeleitet.

Im Kontext kann mitunter auf die ausdrückliche Nennung der Redenden verzichtet werden. Dies gilt vor allem für 'Blankdialoge', bei denen allein die Anführungsstriche den Beginn von Rede und Gegenrede markieren und der Urheber der jeweiligen Äußerung aus dem Inhalt zu erschließen ist. Das verlangt vom Autor, ebendiese Inhalte in ihren unterschiedlichen Perspektiven und gegebenenfalls auch Sprachformen bis hin zu charakteristischen Wörtern deutlich voneinander abzuheben. Leser sind verärgert, wenn sie mitunter – selbst in belletristischen Werken – Rede und Gegenrede bis zum Anfang abzählend zurückverfolgen müssen. Das klare Abheben der Äußerungen ist also Gebot der Verständlichkeit und einer schnellen und leichten Rezeption.

Stilistisch im Vordergrund stehen neben dem Redenden oder dessen synonymer Nennung die eigentlichen verbalen Ausdrücke der Redekennzeichnung, die man mit dem vereinfachenden Terminus 'Redelexem' bezeichnen kann. Darunter verstehen wir einen Ausdruck (*sagte/brachte zum Ausdruck, antwortete/gab zurück, die Forderung*), der den Vorgang des Mitteilens bezeichnet.

Redende(r) und Redelexem sind die Grundbestandteile der Redekennzeichnung. Dennoch kann im Kontext mitunter auf einen der beiden Teile verzichtet werden, oder, wie zum Blankdialog gesagt, im Sonderfall auf beide zugleich. Im nichtdialogischen Text verzichtet man – meist bei besonders dynamischer Darstellung – auf das Redelexem, etwa *Er: „Unmöglich."*

Der Redende wird meist nur in passivischer Darstellung weggelassen (*Es wurde folgendes mitgeteilt: „...".*). Ansonsten fehlt er bei passivähnlichen Verbfügungen (*lautete, war zu lesen/hören, in... hieß es* usw.).

Der Urheber der Äußerung bleibt auch ungenannt, wenn man die Äußerung/den Text aus der umgekehrten Perspektive wiedergibt: *Im nächsten Monat, las/hörte sie überrascht, werde sie ein völlig neues Aufgabengebiet erhalten.*

Redesignale

Zur Redekennzeichnung gehören im weiteren Sinne auch die Redesignale, die z.T. redundante Funktion haben. Nicht redundant sind Anführungsstriche, da sie im Druck Anfang und Ende authentischer Rede bezeichnen. Sie werden zuweilen ergänzt oder ersetzt durch graphische Mittel (Einzug, Schriftgrad, Schriftgröße, -charakter), im Funk durch lexische Hinweise oder akustische (O-Ton, Sprecherwechsel, Pause, Wechsel des Sprechtempos und der Stimmführung).

6.3.2 Zur Zeitstufe der Redekennzeichnung

Es ist hier nur kurz zu bemerken, daß das normale Tempus der Redeverben bzw. -prädikate das Präteritum ist (*sagte, erklärte, erwiderte*). Wenn das

Faktische des Äußerns besonders akzentuiert wird, verwendet man auch das Perfekt (*hat dazu aufgerufen, die…*). Bei szenisch-emotionaler Darstellung kann das Redeverb im Präsens stehen; andererseits ist es auch bei sachlichem Zitieren von Pressestimmen üblich (*Die Zeitung schreibt*). Nimmt man im Bericht z.B. einen zeitlichen Rückgriff vor, so ist natürlich das Plusquamperfekt angebracht (*Anfang des Jahres hatte die 32jährige noch geflachst: „Ich werde nicht älter, sondern reifer."*). Geplante oder gedachte Rede wird mit dem Futur gekennzeichnet (*…wird bekanntgeben, daß*).

6.3.3 Die Funktionen der Redelexeme
6.3.3.1 Zur formcharakterisierenden Funktion
Redelexeme können neben dem Sagen zunächst die Form, die Art und Weise der Äußerung näher bezeichnen, etwa

– die Offizialität: *sprechen, mitteilen, äußern, aussprechen, bekanntgeben, (offiziell) erklären, kundtun, proklamieren*;
– die Lautstärke: *flüstern, tuscheln, brumme(l)n, (an-/aus-/auf)rufen, (hinaus-/an)schreien, hervorstoßen, brüllen, grölen, johlen, (hinaus)posaunen* usw.;
– die Ursprünglichkeit: *erzählen, schildern, melden, berichten, wiederholen*;
– die Intonation: *erwähnen, betonen/hervorheben/unterstreichen, befehlen/kommandieren, fordern/verlangen, fragen* usw.

Solche Verben wird man oft dann wählen, wenn die Redesituation klar oder weniger wesentlich ist oder wenn eine direkte Wertung nicht ratsam scheint. Für die Interpretation einer Rede kann außerdem wichtig sein, in welcher Form sie getan wurde. Nicht zuletzt läßt die Form oft Rückschlüsse auf den Charakter des Redners selbst zu.

6.3.3.2 Zur situationserläuternden Funktion der Redelexeme
Manchmal vermag bereits ein Redelexem allein die gesamte Situation zu erläutern oder wenigstens knapp anzudeuten, etwa *fragen* im Kontrast zu *antworten/entgegnen; erwähnen; einwerfen; fortfahren; (weiter) ausführen; beginnen; schließen*.

Verschiedene situationserläuternde Lexeme weisen gleichzeitig auf die Form hin, in der sich die Rede vollzog, z.B. *vorlesen, vortragen, diktieren, zitieren*.

Andere Verben mit situationserläuternder Funktion implizieren zugleich eine Wertung: *behaupten / beweisen; trösten, zureden* u.ä.; *anfeuern, anstacheln, foppen, uzen; unter die Nase reiben, vorwerfen; zurechtweisen, anherrschen, anzischen, anblaffen; schelten, (aus)schimpfen* usw.

Wichtig können Ausdrücke mit vorwiegend situationserläuternder Form bei der eingehenden Darstellung eines Gesprächsverlaufs werden. Ohne daß dies ausgesprochen wird, kann der Rezipient oft erschließen, welche Stellung und welchen Wert die Rede hatte und wie der Redende aufgetreten ist – sicher oder unsicher – oder welches Gewicht die Äußerung im Verlauf eines Gesprächs hatte. Ein Redelexem wie *warf ein* macht nicht nur den raschen und kurzen Einschub ins Gespräch deutlich – es kennzeichnet oft zugleich die Haltung des Sprechers.

6.3.3.3 Zur Wertungsfunktion der Redelexeme

Oft ist es erforderlich, eine Äußerung nicht nur treffend, sondern auch raumsparend zu beurteilen. Sofern sich die Rede nicht von selbst charakterisiert oder ihre Bedeutung aus dem Kontext klar hervorgeht, wählt man Ausdrücke, die mit der Bedeutung des Mitteilens zugleich eine wertende Funktion verbinden. Verbale Ausdrücke solcher Art sind etwa *feststellen, klarstellen, würdigen, behaupten, vorgeben, bekennen, zugeben, zugestehen, einräumen, faseln, lügen, schwadronieren, schwindeln, lamentieren.*

Solche Verben beziehen Stellung in feinen oder auch gröberen Nuancen, wobei immer auch der Kontext eine Rolle spielt. Zum Beispiel macht es einen Unterschied, welche Redner- bzw. Quellenbezeichnung mit dem Redelexem verbunden wird: *Das namhafte Organ / Die Zeitung / Das Blatt / Die Gazette / Die Postille* usw. *behauptet.*

Insgesamt sind jedoch die wertenden Redeausdrücke wichtig, vor allem beim Zitieren von Pressestimmen, sei es zur Bestätigung oder zur Widerlegung oder sei es zum Kommentieren und Argumentieren.

Die Gruppe der vorwiegend wertenden Redelexeme ist in der Gegenwart stark angewachsen, vor allem durch Verwendung von Verben der (bloßen) Gefühlsäußerung als reiner Redeverben, z.B. *triumphieren, frohlocken, prahlen, nörgeln, wettern, wüten, murren.*

Die Rede – im folgenden in inhaltsangebender Form – kann auch durch die Modalisierung der – im folgenden nachgestellten – Kennzeichnung gewertet werden:

London. Ein leichter Schlaganfall war der Grund für Boris Jelzins plötzliches Verschwinden aus der Öffentlichkeit. Das will die Londoner Sunday Times aus „kremlnahen Kreisen" erfahren haben. (…)

(Die Wertung in *will haben* wird durch das Teilzitat *kremlnahe Kreise* hier noch verstärkt.)

6.3.4 Zur Erschließung neuer Redeausdrücke

Im Deutschen gilt die Variation der Redelexeme als ungeschriebenes Gesetz – im Gegensatz zum Englischen, wo die Wiederholung von *she said/ said she/she said* durchaus nicht als Zeichen sprachlicher Armut, sondern eher als Betonung des Faktischen der Rede empfunden wird. Als Synonyme zu *mitteilen* bzw. *Mitteilung* hat das Deutsche zur Zeit einen Fundus von über 2100 Lexemen (Kurz 1976, S. 175–212; auch in Teil 1 von Kurz 1984), der nicht annähernd ausgeschöpft wird. Ungeachtet dessen halten es vor allem Sportjournalisten für notwendig, ständig nach neuen synonymen Ausdrücken zu suchen, obwohl einfache Wörter (wie im folgenden *befand*) oft die Sache genau treffen:

„Die Tore sind im richtigen Moment gefallen", befand der zweifache Torschütze.

Auch andere Wörter wie *kritisieren, schimpfen, wettern, urteilen, übertreiben, untertreiben, maulen* sind oft schon Seltenheit geworden und fallen auf. Dabei gibt es durchaus Möglichkeiten einer stilistisch angemessenen Erweiterung des Schatzes der Redelexeme:

(1) d i e b i l d l i c h e V e r w e n d u n g v o n L e x e m e n. Es ist dies ein altes Verfahren. Z.B. waren ursprünglich *beginnen, fortfahren, einwerfen, einräumen* nicht für die Redekennzeichnung üblich, und andere wie *entgegnen* (ursprünglich 'entgegentreten') und *erwidern* sind in ihrer ursprünglichen Bedeutung gar nicht mehr bekannt. Insofern sind neuere Metaphern wie *Sie hakt sofort ein: „…"* durchaus legitim. Die Grenzen der Metaphorik zur Komik des Redelexems werden allerdings in dem folgenden Beispiel überschritten:

Zusammen haben Karlheinz Riedle und Lars Ricken mit so gegensätzlicher Wesensart „drei Tore für die Unsterblichkeit geschossen", so die Heldenverehrung des Präsidenten Gerd N. beim Siegerbankett.

(2) **die weitere Verwendung von Ausdrücken für Gefühle und Gefühlsäußerungen.** Sie haben den größten Anteil an der Erweiterung. Heute übliche Redelexeme wie *drohen, jammern, lamentieren, sich erregen, frohlocken, grollen* galten ursprünglich für die Bezeichnung von Gefühlen selbst, nicht für deren Mitteilung. Auch hier gibt es viele Erweiterungsmöglichkeiten: *knurren, schnauzen/bläffen* usw. einerseits und *befürchten/vermuten/resignieren* usw. andererseits.

Als Redelexem fungiert z.B. auch ein Substantiv wie *Verdacht* in der folgenden Kommentarpassage:

Der von Kohls Leuten so lange vergeblich ausgestreute Verdacht, es drohe eine Art Öko-Diktatur, wird unter grüner Mithilfe breitgetreten.

(3) **die syntaktische Erweiterung,** zu der ein metaphorischer Ausdruck zwingt, z.B.

„Dann sind wir pleite", wies er auch seinen vorgepreschten Präsidenten in die Schranken.

„Uwe Seeler ist ein vorbildlicher kämpferischer Sportler gewesen. Gleichzeitig war und ist er ein fairer, durch und durch anständiger und ganz normaler Mitbürger", brachte Helmut Schmidt den Mythos Seeler im Vorgriff auf seine Laudatio auf den Punkt.

Im letzten Beispiel erkennen wir deutlich die Grenzen dieser Verfahrensweise; die eigentliche Kennzeichnung (*brachte es auf den Punkt,* einfacher: *faßte H. S. knapp zusammen, lobte H. S. ihn*) wird durch die zweifache Zusatzaussage (*Mythos, im Vorgriff auf...*) erdrückt. Sie wäre von der Redekennzeichnung zu trennen. Solche Erweiterungen begegnen häufig und sind oft unsinnig, z.B.

„Wir wollen nicht gegeneinander, sondern miteinander spielen", sah der Dortmunder keine neue Konkurrenzsituation zwischen den langjährigen Auswahlkollegen.

– auch bei indirekter Rede:

Erst im letzten halben Jahr sei es zu Störungen und einem Unfall gekommen, brach Schlegel [deutscher Raumfahrer] eine Lanze für seine russischen Kollegen.

Mitunter wird dadurch die Redekennzeichnung quasi kopflastig, sie erdrückt die eigentliche Rede, etwa:

„Das wäre eine Überlegung wert, bis jetzt hat es aber keine Gespräche gegeben", *bestätigte H. seine Sympathie zu dem schwäbischen Verein, bei dem sein Vertrauter W. S. das Traineramt übernimmt und bei dem er nicht umziehen müßte.* (24 Wörter Redekennzeichnung zu 13 Wörtern Rede)

„Jedem einzelnen Spieler ist eine Last von den Schultern gefallen, und auch allen Verantwortlichen", *gab Rekordnationalspieler L. M., bis zu seiner Verletzung vor zwei Wochen eine tragende Säule im Bayern-Team, nach dem 4:2 über den VfB Stuttgart die Stimmungslage nach dem 14. Titelgewinn der Vereinsgeschichte wieder.* (31:14 Wörter)

6.3.5 Die unangemessene Verwendung von Tatverben als Redeverben

Im Streben nach Erweiterung der Redeausdrücke, das sich vorwiegend aus dem Journalismus als einer Quelle der Sprachentwicklung nährte, griff auch eine Unsitte um sich: die Verwendung von Tatverben als Redeverben (genauer: von Ausdrücken für das Tun als Ausdrücke zur Redekennzeichnung). So lesen wir bei dem damaligen Expressionisten Johannes R. Becher: *„Na endlich!" streckte sich der Vater behaglich. „Du!" hob ich die Fäuste. „Du Drückeberger!" riß mich der Vater am Handgelenk. „Versteh ihn doch", legte die Mutter dem Vater wieder die Hand auf.*

Der Meister der Sprachkritik, Karl Kraus, hat diese Unsitte am Expressionisten von Unruh gegeißelt. Die Manier ist keineswegs ausgestorben. Sie lebt in Formulierungen wie *„Schimpfen hilft nicht viel", nahm Meister F. K. wenig später Karl-Heinz beiseite* weiter. In diese Richtung weisen auch Beispiele, die das eigentliche Redeverb unbedingt umgehen:

„Die Hitze hat den Jungs doch stark zu schaffen gemacht", fand Bayern-Manager U. H. moderate Töne für den müden Kick.

Mit Blick auf das (Extrem-)Beispiel *„Du!" hob ich die Fäuste* ist auch ein Beispiel aus einem Kommentar problematisch wie das folgende:

„In 73 Wochen machen wir es genauso. Herzlichen Glückwunsch, Tony Blair", hängt sich die SPD aus dem Barackenfenster.

6.4 Rede und Textgestaltung

Wir sagten eingangs, Redewiedergabe sei auch Mittel der Textgestaltung. Zugleich entfalten die behandelten Formen ihren Wert mit der geschickten Einbettung in den Text.

6.4.1 Rede als Satzteil

Schon im Satz, der Redewiedergabe einschließt, ist der Kontext zu beachten. Von ihm hängt es ab, ob man Rede mit dem Redeausdruck einleitet (*A. sagte: „Das ist hervorragend."*), unterbricht (*„Das", sagte A., „ist hervorragend."*), schließt (*„Das ist hervorragend", sagte A.*) oder auch umschließt (*Mit einem überraschten „Das ist ja hervorragend!" nahm A. die Arbeit entgegen.*). Die letztgenannte Form eignet sich jedoch nur bei relativ kurzen und prägnanten Äußerungen:

Lehrlinge werden mit der Drohung: „Wenn Du nicht spurst, dann fliegst Du!" unter Druck gesetzt.

Dasselbe gilt auch für Rede, die in eine Klammer innerhalb des Satzes, etwa zur Illustration, eingeschlossen wird:

Natürlich trifft er oft die Spieler („Wir sehen uns ja bei den Mahlzeiten"), und natürlich redet er auch mit ihnen.

Wenn, wie im zweiten angeführten Beispiel, die Rede durch die Kennzeichnung unterbrochen wird, sollte der Satz nicht zwischen zwei Objekten unterbrochen werden:

„Die Regierungsparteien haben der Opposition", frohlockt die Hamburger „Zeit" über diesen CDU-Trick, „große Zugeständnisse gemacht..."

Ebenso sollte man den sinntragenden Prädikatsteil nicht von seinem Subjekt trennen:

„Überraschend zog bereits zu dieser Zeit ein über Frankreich entstandenes Gewittertief", so erklärte uns der Leiter der Wetterdienststelle, „mit Beschleunigung über unser Gebiet hinweg nach Polen..."

Kurios und irreführend kann die Trennung der Negation vom tatsächlichen oder (wie im folgenden) vermuteten Prädikat sein:

„Herr A. war zu Hause", so sagte Gerda S., „nicht anzutreffen."

6.4.2 Rede als Textelement

Wir haben bereits im Textkapitel auf die kompositorische Funktion der Rededarstellung, und insbesondere des Zitats, hingewiesen. Hier gilt es, nach Erörterung der Wiedergabemethodik, einige Gesichtspunkte zu ergänzen.

6.4.2.1 Das Spitzenzitat

Häufigste Form der Texteinleitung mit Rede ist das Spitzenzitat. Es hebt den Kern einer Äußerung, die für den Beitrag oder auch für die Nachricht als essentiell betrachtet wird, hervor. Diese Hervorhebung manifestiert sich zufällig auch grammatisch, nämlich, indem man Rede als selbständigen Satz handhabt. Ein solcher Textanfang kann einfach sachlich das Wichtigste hervorheben, etwa:

„Die Freiheit der Person ist unverletzlich." So steht es in der deutschen Verfassung von 1849.

Er kann auch provozieren oder als provokanter Aufhänger zu einer Gegenargumentation dienen:

„Ostern könnte im Grunde ausfallen, denn an die Auferstehung Christi glaubt nur noch ein Drittel der Deutschen." So titelte eine Wochenzeitung... Aber...

Dabei kann das Redelexem von der Rede wegrücken:

„Das ist ein Skandal." Manfred von Richthofen, der Präsident des Deutschen Sportbundes (DSB), reagierte gestern mit Empörung auf...

Oder es wird ein Redesubstantiv gebraucht (im folgenden: *Ausspruch*):

„Was brauche ich einen Baum auf der Bühne, wenn ich Astrid Varnay habe." Der Ausspruch von Wieland Wagner trifft besser als jede Eloge die künstlerische Eigenart einer Sängerin, die nicht nur..., sondern auch...

Der Satz mit dem Redesubstantiv *Ausspruch* umfaßt hier 48 Wörter und ist dabei zugleich ein hervorragender Beleg für Verknüpfung von Rede mit Redekennzeichnung und umgekehrt.

Das Spitzenzitat drückt oft bündig in Kürze etwas von der Eigenart des Zitierten aus:

„Hi, ich bin Moritz Bleibtreu. Vielleicht wißt ihr das, vielleicht auch nicht."
Spitzbübisch schaut der brandneue Träger des Lubitsch-Preises aus großen braunen
Augen in die Kamera. Nervös ist er nicht...

Das Beispiel zeigt zugleich, wie auf ein Redelexem überhaupt verzichtet werden kann, wenn die Anführungszeichen zusammen mit der
Lexik (*hi, ich, ihr*) den Textteil als Rede ausweisen.

Auch mit Zitaten oder Teilzitaten verschiedener Personen lassen
sich Textanfänge gestalten, die zum Beitrag führen:

„Man hatte die Masern, man hatte Heine", spottete Kraus. Adorno sprach von
der „Wunde Heine", weil der sich „als einziger einen unverwässerten Begriff von Auf-
klärung bewahrt" habe. Hans Mayer schließlich sagt, Heine sei die große „Ausnah-
me in der deutschen Literaturgeschichte", ein europäisches Ereignis, ein deutscher
Skandal. Und Düsseldorf? (...)

6.4.2.2 Das 'indirekte' Spitzenzitat

Soll der Wortlaut komprimiert werden, aber noch anklingen, so empfiehlt sich ein Textanfang in indirekter Rede, etwa in einer Nachricht:

Berlin. Die PDS stehe nicht zum Grundgesetz. Sie wolle in Wahrheit in der
Bundesrepublik eine „sozialistische Räterepublik" errichten. Mit diesen scharfen An-
griffen gegen die SED-Nachfolgepartei warnte gestern Thüringens Ministerpräsident
Bernhard Vogel (CDU) vor einer Regierungsbeteiligung der PDS.

In Rezensionen kann eine 'indirekte' Spitze durchaus lang geraten:

Spätestens seit er als Student Paula Wessely und Attila Hörbiger als Ehepaar
Hofreiter in Schnitzlers 1909 geschriebenem Stück „Das weite Land" gesehen hatte,
sei es sein Wunsch gewesen, den Text von dem „gewissen Lack" und dem „gewissen
Parfüm" zu befreien, der als Folge der Aufführungstradition des Wiener Burgtheaters
das Handeln der Figuren überlagerte. So formulierte der Kabarettist (und Boxkampf-
kommentator) Werner Schneyder seinen Impuls, sich gerade an dieses Stück zu
wagen.

6.4.2.3 Die Spitzen-Inhaltsangabe

Kommt es nicht auf den unmittelbaren oder mittelbaren Wortlaut, sondern auf Grundgedanken an, so wird die Inhaltsangabeform an die Spitze gestellt:

Wie die Titanic steuert die Menschheit ihrem Verderben entgegen, wenn sie das Wachstumsstreben nicht aufgibt. Dieser Befund eines Teams um... Dennis L. Meadow alarmierte 1972 die Welt. (...)

Hier ist auch das metaphorische Redesubstantiv *Befund* als Kennzeichnung (für eine viele Jahre später erfolgte Betrachtung) treffend.

6.4.2.4 Erlebte Rede als Spitze

Sind geäußerte Gedanken sehr emotional, so kann man sie auch aus der Perspektive der Personen an die Spitze setzen, etwa:

Leipzig? Nein, danke. Mit deutlicher Mehrheit haben sich die Einwohner von M. gestern per Bürgerentscheid für die [weitere] Selbständigkeit ihrer Gemeinde ausgesprochen.

6.4.2.5 Verschmelzung von Rede und Kontext

Mit Rede lassen sich auch Binnenpointen schaffen oder eine treffende persönliche Auffassung zwanglos anschließen. In einem bereits zitierten Text heißt es weiter:

Dann begrüßt der Hamburger freundlich die Gäste bei Nizza... und tritt seufzend ans Wasser: „Seeluft ist doch am schönsten."

Autorfragen, auch nachträglich eingeflochten, geben oft zwanglos den Schlüssel zu einem Zitat, wie in einer Vorschau:

Doch hält das Treffen auch das, was es verspricht? „Hoffentlich sehen wir ein offensiv geführtes Spiel", wünscht sich L.

Organische Überleitung zwischen (graphisch) unbezeichneter Frage, Autorwertung und (unangekündigter) indirekter Rede demonstriert das folgende Beispiel:

Und Brecht, der Weltveränderer? Die Frage schüttelt er ab wie den Staub von gestern. Die Welt verändere, wer die Arbeitslosenquote senke.

Eine zweite Rede läßt sich zwanglos in anderer Form in einen Satz (im folgenden als Attribut zu einem Präpositionalobjekt) einfügen:

„Das wird eine ganz heiße Kiste", sagte G. zu der anstehenden Diskussion um die Denkmalwürdigkeit des Gemäuers, bei der auch die Bauverwaltung mitmischen werde.

Der Feuilletonist Heinz Knobloch zeigt in einem Beitrag über den schwarzen Musiker Lionel Hampton, wie geschickt Rede und Eigentext (hier über die Rolle Hamptons für deutsche Kriegsgefangene) verknüpft werden kann:

Ein älterer Mensch, dem diese ungewohnte Musik befremdlich in den Ohren klang, meinte: „Etwas Gutes hat euer Jazz. Man kann nicht danach marschieren." Oder nur so wie Hampton und die Seinen hier mit der zweiten Zugabe (O when the saints...) mitten ins jubelfrohe Publikum hinein.

Mit dem in seine weitergesponnenen Gedanken eingeflochtenen englischen Titelzitat belegt der Autor, wie elegant und organisch Autor- und Redetext verflochten werden können. Er leitet damit zur literarischen Gestaltung über.

Aus dem literarisch-publizistischen Bereich sei abschließend ein souveränes Spiel mit dem Zitat belegt, das einst (1759) schon der 30jährige Lessing trieb:

„Niemand", sagen die Verfasser der „Bibliothek", „wird leugnen, daß die deutsche Schaubühne einen großen Teil ihrer ersten Verbesserung dem Herrn Professor Gottsched zu danken habe."

Ich bin dieser Niemand; ich leugne es geradezu. (...)

Hier unterbricht die Redekennzeichnung (*sagen die...*) das Zitat nicht nur an der richtigen Stelle und akzentuiert sofort das tragende Wort *Niemand*: Wie da ein Meister des Stils gedanklich-sprachlich eine verblüffende Pointe setzt, bevor er polemisch argumentieren wird – das zeigt in eins Spannweite und Höhepunkt der Handhabung von Redewiedergabe.

6.5 Zur Reflexionsdarstellung

Die Darstellung von nicht (so) geäußerten Gedanken, kurz: die Reflexionsdarstellung, gehört im Grunde nicht zur Redewiedergabe als einem Mittel dokumentierenden Textes. Sie kann jedoch auch im Journalismus eine Rolle spielen. Da die Einzelmethoden ähnlich zu unterscheiden sind wie die der Rededarstellung, jedoch in anderer Gewichtung vorkommen, seien nur die wichtigsten an Beispielen erwähnt.

Die der direkten Rede formal entsprechende direkte Reflexion, literaturwissenschaftlich als innerer Monolog bezeichnet, kommt im Journalismus allenfalls in literarisch stilisierten Porträts vor. Verwendet wird gelegentlich die erlebte Reflextion. Sie wird im Tempus des Kontexts wiedergegeben, zugleich jedoch aus der emotionalen Perspektive der dargestellten Person. In einem Bericht über die Eiskunstlaufsiegerin von Nagano, Tara Lipinski, werden zum Beispiel Gedanken so eingeleitet und dann vermittelt:

Tara im Wunderland. Tara Lipinski muß sich die ganze Woche schon gefühlt haben wie auf einem anderen Stern (...)

Ein Mädchen entdeckt Olympia. Olympia ist toll. Wird von ihrer Begeisterung hinweggerissen... Immer wieder nur dieses eine Wort: „great". Ihre Vorstellung great. Die Zuschauer great. Ihre Zeit hier: great. Olympia: greatest!

Aber auch schon im Sachbericht, im folgenden in der Einleitung zu einem Gerichtsbericht über einen Revisionsprozeß zur Reemtsma-Entführung, läßt sich diese Form mitunter anwenden. Charakteristisch sind dabei Fragen in Verbindung mit der Form *würde* und Gedankenkennzeichnung wie im folgenden *litt Todesängste*:

32 Tage litt Jan Philipp Reemtsma Todesängste. Würden ihn die Entführer gegen Lösegeld freilassen? Oder schreckten sie vor einem Mord nicht zurück? Von der Dramatik einer Geiselnahme war gestern nachmittag im nüchternen Gerichtssaal... wenig zu spüren. (...)

Die Form erlebter Reflexion ist selbst im Kommentar möglich (vgl. Kapitel 7.4).

6.6 Zur Anspielung

Die Anspielung ist eine vorwiegend literarische Methode, die sich zur intellektuellen und emotionalen Unterstützung einer Aussage andeutungsweise oder auch in zitierender Form auf etwas Bekanntes bezieht. Man kann unterscheiden zwischen der Anspielung auf einen Fakt (ein Geschehen, ein Ereignis) und der Anspielung auf eine Äußerung, der Zitat-Anspielung. Mit dieser wird Rede oder ein Redeteil dargestellt, aber nicht zu dokumentierenden Zwecken. In diesem Sinne handelt es sich also nicht um (journalistische) Redewiedergabe, sondern um Rede-Verwendung, um Redeerwähnung. Dabei besteht das besondere Problem der (Zitat-)Anspielung darin, ob das Publikum die Herkunft des Zitats oder Zitatteils erfaßt oder zumindest grob einordnen kann. Der Rezeptionsreiz liegt vorwiegend im Erkennen und in der intellektuellen Ebene, in der sich das Publikum mit dem Autor trifft. Wenn also in einem Kommentar über Jelzin von *Freund Helmut* die Rede war, so wurde zunächst das Wissen um Jelzins Formulierung und um dessen Verhältnis zu Kohl aktiviert, zugleich jedoch – jedenfalls in diesem Kommentar – eine ironische Note ins Spiel gebracht.

Das Erkennen und der textuelle Wert einer Zitatanspielung hängt von dem politischen, kulturellen oder literarischen Wissen des Publikums ab. Ist es vorhanden, so gibt die Anspielung einen besonderen Rezeptionsanreiz. Wo es nur bei einem Teil des Publikums vorauszusetzen ist, muß sie gegebenenfalls in Anführung gesetzt werden wie etwa bei folgendem Bezug: *Brecht bezeichnete einmal Stalin als „verdienten Mörder des Volkes".* Die Anspielung auf den für DDR-Bürger bekannten Titel „Verdienter (Arzt/Wissenschaftler/Lehrer usw.) des Volkes", aus dem Russischen stammend, wird hier bewußt aktiviert.

Insgesamt ist der Journalismus auch ein Feld geflügelter Zitate, die gerade Mode wurden; mit solchen „Anspielungsformeln", „die aus dem Zeitgeschehen gespeist werden" (Mueller 1965, S. 50), wird besonders in der Titelgebung gearbeitet. Wir kommen darauf in Kapitel 8 zurück.

7 Journalistische Genres

Zur Bedeutung von Stilnormen für die Genres

Metallurgen kennen die unterschiedlichsten Legierungen; dennoch weiß ein jeder, daß es reine Metalle gibt, deren Struktur man klar bestimmen muß, bevor man legiert.

So auch verhält es sich mit den Texttypen der Kommunikation, zu denen die journalistischen Genres gehören. Unter ihnen gibt es einige, die sich trotz aller möglichen Mischungen und Übergänge klar definieren und nach bestimmten Prinzipien herstellen lassen – nach Stil n o r m e n .

Stilnormen sind, allgemein gesagt, gedanklich-sprachliche Regeln für die Ausdrucksweise in bestimmten Kommunikationsbereichen, -situationen, -kanälen (mündlich/schriftlich) oder -typen (Genres). Im folgenden beziehen wir uns auf Stilnormen für journalistische Texttypen, also auf Genrestilnormen. Solche Stilnormen werden in der Praxis mehr oder weniger bewußt befolgt. Das Einprägen von Textmustern vollzieht sich mit dem ständigen Rezipieren identischer Texttypen, die z.T. auch als Texttyp/Genre ausdrücklich gekennzeichnet werden (*Kommentar, Glosse, Interview*). Wir wollen diesen Prozeß durch Bewußtmachen der Normen verkürzen und wissenschaftlich fundieren.

Genrestilnormen sind für eine optimale Kommunikation nützlich und notwendig. Drei Gesichtspunkte sollen ihre Bedeutung und Funktion für den Journalismus erhellen.

Erstens. Normen gedanklich-sprachlicher Gestaltung bilden im Rezipienten bestimmte Aufnahmegewohnheiten heraus, lösen bestimmte Erwartungen aus, die ein schnelles, z.T. auch halbmechanisches Erfassen des Textes ermöglichen. Sie dienen als Brücke, auf der sich Journalisten und Publikum begegnen können. Sie sind bereits unabhängig von ihren jeweiligen Mitteilungsinhalten an sich ein Mittel der Verständigung und Verständlichkeit. Sie lenken die Aufmerksamkeit des Rezipienten auf eine bestimmte Art der Information.

Dazu ein Beispiel. Nach dem folgenden Anfangssatz erwartet jeder Leser eine ernsthafte Information:

Ein neues Postamt wurde dieser Tage im Cottbuser Neubaugebiet Sandow eingeweiht.

Der Satz, auch als Ein-Satz-Spitzmarkenmeldung denkbar, ist unter anderem sachbezogen, komprimiert, verzichtet auf expressive Wörter und bedient sich der Normalsprache (statt des ursprünglich sakralen *eingeweiht* wäre besser *eröffnet*), und abweichend von der Normalfolge steht das Passivsubjekt (= Aktivobjekt) in leicht expressiver Spitzenstellung. Danach erwartet man exakte Details zum Bau und/oder Baubeginn und zur Einrichtung, kurz: eine Nachricht.

Die bloße syntaktische Umstellung würde sofort einen anderen Texttyp signalisieren:

Dieser Tage wurde im Cottbuser Neubaugebiet Sandow ein neues Postamt eingeweiht.

Mit dieser Satzgliedfolge – hier der Zeitbestimmung an der Spitze – wird ein ruhiger, erzählender Ton angeschlagen. Diese Folge kann direkt zu einer Anekdote oder einer Glosse leiten, und die Einfügung eines Wortes wie *auch* sowie die Fortführung im nächsten Satz zeigt uns tatsächlich den Beginn einer Glosse:

Dieser Tage wurde im Cottbuser Neubaugebiet Sandow auch ein neues Postamt eingeweiht. Vermutlich handelt es sich um einen Testbau, mit dem endlich die alte Unsitte beseitigt werden soll, daß die Post auch noch nach Dienstschluß mit Briefen oder Karten belästigt werden kann. (…)

(Man hatte hier die Anbringung eines Briefkastens vergessen; dies ließe sich auch im nachrichtlichen Stil darstellen, etwa: *Noch fehlende Außenbriefkästen werden kommende Woche angebracht* o.ä.)

Stilnormen sind also zunächst insofern nützlich und notwendig, als sie die Erwartung des Rezipienten in eine bestimmte Richtung lenken und damit das Rezeptionstempo erhöhen.

Zweitens. Die Abweichung von der – notwendigen und nützlichen – Norm ist möglich, aber sie muß funktionell begründet sein. Sie kann zum Beispiel begründet sein in dem Streben, die Aufmerksamkeit des Rezipienten auf d i e s e n Text zu lenken, oder der Tatsache Rechnung tragen, daß der konkrete Gegenstand doch eine andere Darstellungshaltung ratsam macht bzw. erfordert.

Drittens. Wenn die Norm im Einzelfall, in bestimmten Textteilen oder Texten, mit einer unkonventionellen oder gar originellen Gestaltung durchbrochen werden kann, spricht dies keineswegs gegen die Norm. Damit die Durchbrechung auffällt, muß die Norm – bewußt oder unbewußt – bekannt und allgemein gültig sein. Ständiges Durchbrechen und Abweichen in ähnlicher Weise würde zu einer neuen Norm führen, die die beabsichtigte Wirkung nicht mehr erzielen könnte.

Für die Bestimmung von Genrestilnormen sind in Verbindung mit zugrundeliegenden Darstellungsarten folgende Kriterien maßgebend:

(1) Darstellungshaltung und Stilebene, (2) die Perspektive und die Möglichkeit des Perspektivwechsels, (3) die Rede- und Reflexionsdarstellung, (4) Art und Möglichkeiten der Gedankenfolge, (5) Darstellungsdichte, (6) Vorgangsgehalt bzw. Dynamik der Darstellung, (7) Bildkraft und Anschauung, (8) Möglichkeiten besonderer ästhetischer oder rhetorischer Gestaltung und der Verwendung bestimmter Darstellungsmethoden (z.B. des Pointierens), (9) die Satzgestaltung, und zwar in bezug auf die Satztypen, die Satzgliedfolge am Textanfang, den Satzumfang, den verbalen oder nominalen Gehalt und auf die grammatische Korrektheit, (10) die Phraseologie, (11) der Tempusgebrauch, (12) die Wortwahl.

Diese Gesichtspunkte lassen sich im Prinzip bei allen Genres anlegen. Die Art dieser Kriterien und die Kombination sowie auch die Anwendbarkeit einzelner Kriterien bilden eine Matrix, die Journalisten beim Textverfassen intuitiv oder auch bewußt anwenden. Wenn wir sie theoretisch vermitteln, werden wir vereinfachend auf jene Gesichtspunkte eingehen, die genreprägend sind oder bei denen Varianten besonderen Kommunikationszwecken (Absichten) dienen.

7.1 Nachricht

Zur Darstellungsart der Nachricht

Aus der traditionellen Aufsatzlehre kennen wir wichtige Darstellungsarten wie Beschreiben, Berichten, Schildern, Erzählen, auch Erörtern und Darlegen. In der Nachricht wird jedoch weder ausführlich beschrieben oder geschildert noch erzählt oder erörtert (argumentiert). Es wird gemeldet.

Melden ist die Grunddarstellungsart der Nachricht, bei Kurznachrichten deren ausschließliche Darstellungsart (weswegen z.T. auch, ohne Definition, Meldung und Nachricht unterschieden werden). Passagenweise kann danach auch beschrieben oder dargelegt oder andeutend berichtet werden.

Was tut man, wenn man einen Sachverhalt meldet?

1. Man teilt die wesentlichen aktuellen, nach Einschätzung des Autors bzw. der Redaktion für die Rezipienten wichtigen Tatsachen mit. Man konzentriert sich auf die Haupt-Sache(n) und komprimiert die gesamte Aussage. 2. Man stuft sodann die Gesamtmitteilung nach der Wichtigkeit der Aussagen ab. Dabei hält man sich nicht an die ursprüngliche Ordnung des Sachverhalts, z.B. an seine zeitliche oder auch räumliche Ordnung. Der Sachverhalt wird ausgehend von seinem wichtigsten Teil mitgeteilt. 3. Man stellt neue Tatsachen, Vorgänge, Zustände oder auch Probleme nicht in ihrer Komplexität dar, sondern wählt Fakten, Ergebnisse (im Extremfall der Ein-Satz-Nachricht nur e i n e n Teil, einen Fakt, das Ergebnis) aus.

Melden heißt wichtige einzelne Teile (bestimmte Punkte, einen oder mehrere Status) umfassender, noch nicht bekannter Tatsachen – oder aktueller Meinungen als Tatsachen – gedanklich-sprachlich komprimiert und sachbezogen, abfolgend nach Gewichtung, als neue Tatsache(n) nennen. Solche Teile können sein: Beginn, Höhe- oder Tiefpunkte, Ergebnis eines (neuen) Sachverhalts oder auch – im Falle einer Redenachricht – Teile einer (neuen) Stellungnahme bzw. Mitteilung. Der Sachverhalt kann vollzogen sein, sich vollziehen oder – sicher, festgelegt, geplant, erwartet, vermutet – noch ausstehen.

Die eben beschriebene Darstellungsart bestimmt auch die Stilprinzipien für die Nachricht im einzelnen.

7.1.1 Darstellungshaltung

Die Nachricht ist ein stilistisch entindividualisiertes, auf Fakten bezogenes Genre. Die Darstellungshaltung der Autoren ist also sachbezogen;

sie ist seriös, unerregt, unpathetisch, entsubjektiviert, sie ist sicher-konstatierend; Unsicherheiten werden durch Berufung auf eine Quelle wie *X. zufolge*, durch Modalfügungen mit *wollen/sollen* + Infinitiv oder durch bestimmte Adverbien wie *vermutlich* bezeichnet. Die Darstellungshaltung ist nichtindividuell; sie ist im Gegenteil – insbesondere bei Agenturmeldungen politischen Inhalts – mehr oder weniger offiziell.

7.1.2 Die Perspektive(n)

Die Autoren von Nachrichten erscheinen weder als Individuum noch als Teil eines Teams oder einer Redaktion in subjektiver Bezeichnung. Pronomina der 1. oder 2. Person (*ich/wir, du/ihr*) werden – Redewiedergabe als zweite Textebene ausgenommen – eliminiert bzw. umgesetzt in die offizielle Benennung von Individuum oder Gruppe. Das gilt auch für entsprechende Possessivpronomina: Eine Formulierung wie *unser Staat/ unser Land*, wie man sie in Bericht oder Kommentar verwendet, wird objektiviert zu *der Staat/Deutschland/die Bundesrepublik* [*Deutschland*].

Das zur Objektivierung Gesagte bezieht sich auf die Nachricht selbst, nicht auf Zusätze vom Typ *wie wir bereits (gestern) meldeten/in einem Teil unserer Auflage meldeten* oder auf Relativierungen wie *nach Informationen unseres Korrespondenten*. Diese heben sich gerade durch die Perspektive klar von der Meldung selbst ab. Kurz gesagt: Die (personale) Perspektive ist die der 3. Person.

Die Objektivierung gilt verstärkt für die Temporalangaben in Agenturnachrichten. Diese werden nicht auf den Mitteilungszeitpunkt (*heute, gestern* usw.) bezogen, sondern auf den Wochentag (z.B. *Montag, Montagabend*, auch wenn die Nachricht selbst am Montag aufgegeben wird). In den Endprodukten, den Zeitungs- und Funknachrichten, bezieht sich die Zeitangabe auf die Erscheinungs- oder Sendezeit, also *gestern, heute, morgen* usw., im Funk oft genauer *vor einer Stunde, soeben/zur Stunde, noch heute* usw.; dies gilt auch für Zusätze: *wie wir soeben erfahren* usw.

7.1.3 Redewiedergabe

Die Nachricht bringt Meinungen hauptsächlich in direkter, indirekter und in Redeberichtsform, bei klarer Erkennbarkeit auch in Inhaltsangabe. Zahlenfakten verarbeitet man nachrichtlich meist als 'Tatsachenmitteilung mit Quellenangabe' (s. Seite 197). Aussagen aus anderer personaler Perspektive werden im Text ausdrücklich und oft auch wiederholt gekennzeichnet, bei wörtlicher Wiedergabe z.B. mit graphischen Mitteln (Anführung, typographische Hervorhebung oder Absetzung), im Funk mit lexischen (*wie A. wörtlich sagte* u.ä.). Im Unterschied zum Alltagsstil wird, oft über mehrere Sätze hinweg, die indirekte Rede mit dem Konjunktiv I gesetzt, wobei sich der Rede-Konjunktiv als besonders ökonomisches und deshalb genuin nachrichtliches Redesignal ausweist.

Nachrichten enthalten Fremdgedanken nur in tatsächlich geäußerter Form, eben als Redewiedergabe. Formen von Reflexionsdarstellung (erlebte Reflexion, innerer Monolog), wie sie etwa in der Reportage vorkommen, sind in der Nachricht undenkbar.

Auch Dialoge sind in nachrichtlicher Darstellung unzulässig; sie widersprächen den bisher und im folgenden genannten Prinzipien.

Nachrichtliche Redekennzeichen, Redeverben und -substantive sind etwa im Unterschied zu Reportagen häufiger stereotyp oder werden nicht im vollen Wortsinn verwendet; das gilt für Wörter wie *betonen, hervorheben, unterstreichen* (die hier öfter, deplaziert, nur *sagen* ersetzen, was jedoch keineswegs gebilligt werden soll).

Dem Charakter des Genres entspricht, daß auch Anspielungen auf Zitate, eben als literarisch-rhetorisches Mittel, keinen Platz haben. Die Bezugnahme auf bekannte Äußerungen darf nicht intellektuelles Spiel, sondern muß klar und sachbezogen erkennbar sein.

7.1.4 Gedankenfolge

Wie sich aus der zugrundeliegenden Darstellungsart ergibt, folgen die Gedanken in zeitlicher und auch in räumlicher Hinsicht nicht der Ordnung der mitgeteilten Erscheinung. Sie werden a c h r o n o l o g i s c h komponiert, gestuft und verbunden nach Wichtigkeit, im Einzelfall auch nach Gesichtspunkten des Rezeptionsanreizes (also mittelbar ebenfalls nach Wichtigkeit).

Logisch-grammatisch setzt dies ihre auch syntaktisch zwingende Verknüpfung und die klare Markierung der Zeitbezüge (vgl. S. 185 ff.) voraus.

7.1.5 Aussagegehalt (Aussagedichte)

Gedanklich-sprachliches Hauptprinzip der Nachricht ist Ausdrucksökonomie. Insofern ist die stilistisch vollendete Nachricht das erkenntnistheoretisch und – in bezug auf die schnelle und vollständige Rezeption – rational und rationell anspruchsvollste journalistische Genre. Sie hat im Idealfall den höchsten Grad an gedanklicher Verdichtung.

Ausdrucksökonomie bedeutet ein Maximum an Information bei einem Minimum an Sprachmitteln. Dies, und nicht der schöne – bestenfalls zugleich der treffende – Ausdruck, ist die hohe Stilkunst der Nachricht. Die stilistisch gelungene Nachricht ist keine Story, sondern eine Idealverbindung von hochkomprimierter und zugleich erfaßbarer Information in der Abstufung ihrer Wichtigkeit.

Einige bewährte Methoden der Komprimierung wurden bereits im entsprechenden Kapitel (siehe S. 143 ff.) vorgeführt.

7.1.6 Der Vorgangsgehalt

Die Nachricht ist nicht Bericht oder Schilderung. Das Geschehen wird auf seinen Faktengehalt komprimiert und versachlicht, etwa

statt (zugespitzt):	nachrichtlich:
Der herrliche Tag hatte heute eine große, bunte Menschenmenge – es mochten an die 50 000 sein – auf den x-Platz in y gelockt. Erwartungsvoll sah man dem... entgegen. Endlich war es soweit. Orchester setzte ein. Die Menge jubelte. Dann trat A. ans Pult.	*Vor etwa 50 000 begeisterten Zuschauern sprach auf dem x-Platz in y am ...tag A.*

Vorgänge werden nicht detailliert in ihrem konkreten Ablauf dargestellt. Sie werden faktuell vermittelt, sozusagen faktuiert. In der Nachricht wird die Aktion im Wortsinn nominalisiert – sichtbar auch im nominalen Teil des Perfekts (der Partizipform in [*hat*] *begonnen* oder des Infinitivs in [*wird*] *beginnen*). Noch weiter und provokatorisch zugespitzt: Die Tat wird hier zur Sache, sie ist und wird Tatsache.

Eine solche Darstellungsweise kann demzufolge auch vom Wesen her, wenn wir die Kriterien der Dynamik (S. 149 ff.) anlegen, nicht dynamisch sein. Dies gilt insbesondere für die reinste Form in Ein-, Zwei- und Drei-Satz-Nachrichten. Es werden Fakten, als eine journalistische Form von Abstraktion, mitgeteilt.

7.1.7 Zum Anschauungsgehalt der Nachricht

Die Wirklichkeit wird in der Nachricht in direkt konstatierender, eben faktueller Form dargestellt. Metaphorisch-symbolische Darstellungsweise ist prinzipiell dem Stil der Nachricht unangemessen. Zumindest ist expressive Metaphorik unangebracht.

Nachrichten sind deshalb auch ihrem Wesen nach nicht anschaulich. Gründliche Anschauung zu schaffen ist z.B. die Aufgabe des Berichts oder der Reportage. Allerdings ist Veranschaulichung der faktuellen Information sehr wohl durch verschiedene Formen des Sachvergleichs (siehe Seite 162), durch bestimmte Details (aber nicht durch Überdetaillierung) und andere Vergleichsmittel in Form von Hintergrundinformation möglich. Im allgemeinen bringen Nachrichten jedoch nicht eine Gesamtheit von vorstellbaren und faßbaren Details, sondern den faktuellen Extrakt.

7.1.8 Rhetorische und ästhetische Stilmittel

In der Nachricht werden, im deutlichen Unterschied zu Reportage und Porträt einerseits und Kommentar andererseits, keine besonderen rhetorischen oder ästhetischen Stilmittel verwendet, auch keine Darstellungsmethoden wie das Zuspitzen, das z.B. Charakteristikum der Glosse ist.

Nachrichtliche Darstellung heißt direkte, unverschlüsselte, wörtlich zu nehmende Darstellung der Wirklichkeit. Das Gesagte ist stets auch gemeint. Ironische Umkehrung der Semantik ist nicht möglich.

7.1.9 Zur Satzgestaltung

7.1.9.1 Zum syntaktischen Typ von Nachrichten

Nachrichten werden gemäß ihrer kommunikativen Funktion von Aussagesätzen beherrscht. Ausrufe- oder Fragesätze können im allgemeinen nur als Redewiedergabe, einschließlich Inhalts- bzw. Themenangabe, Teil einer reinen Nachricht sein.

7.1.9.2 Zur Satzgliedfolge

Die Satzgliedfolge an der Nachrichtenspitze

Stilprinzip ist, daß der erste (oder einzige) Nachrichtensatz von der Normalfolge (siehe S. 69 f.) mehr oder weniger abweichen soll, und zwar um so mehr, je kürzer die Nachricht ist. Dieses allgemeine Prinzip wird in Funknachrichten dadurch eingeschränkt, daß man aufeinanderfolgende Nachrichten innerhalb eines Nachrichtendienstes, die ohnehin meist Kurznachrichten sind, in bezug auf das Anfangsglied variiert; der ständige Beginn mit dem gleichen Satzglied würde monoton wirken.

Da die Spitzenstellung der Zeitbestimmung oder des Subjekts als unexpressiv anzusehen ist, werden diese in anderer Weise akzentuiert:

(a) Dem Hervorheben des Z e i t p u n k t s dient eine formal zweite Zeitbestimmung, wie sie die Schulgrammatik nicht vorsieht. Sie akzentuiert, an der Spitze, die historische Einordnung, während die eigentliche Zeitbestimmung, in Relation zum Meldungszeitpunkt, nach dem Prädikat folgt. So kontrastiert dann meist die historische oder allgemeine politische Entwicklung zum Jetzt der Meldung:

Fünfzehn Jahre nach dem Tod des DDR-Regimekritikers Robert Havemann sind gestern seine früheren Richter und Ankläger... freigesprochen worden.

Nach fast 30 Jahren der Gewalt in Nordirland einigten sich heute die Unterhändler... auf ein Abkommen.

Gewicht erhält eine Temporalbestimmung als Nebensatz an der Spitze, wenn sie zugleich adversativ, als Gegensatz, fungiert:

Während sich die Diskussion um die mangelhafte Bekämpfung der Rinderseuche BSE verschärft, ist soeben in Deutschland ein neuer Todesfall als Folge der Creutzfeld-Jakob-Krankheit bekanntgeworden.

(b) Schwieriger ist die Hervorhebung des S u b j e k t s am Nachrichtenbeginn. Hier gibt es verschiedene Möglichkeiten, bei denen z.T. Grammatik und Semantik besonders verschmelzen. Oft werden Subjekte durch gewichtige Attribute akzentuiert:

Die Pläne von Verteidigungsminister Rühe (CDU) für eine regelmäßige zusätzliche Überprüfung der Soldaten auf ihre Verfassungstreue stoßen zunehmend auf Ablehnung.

Hier stehen zwischen dem Subjektwort *Pläne* und dem flektierten Prädikatsteil *stoßen* (das Prädikat beschließt mit seinem zweiten Teil *auf Ablehnung* zugleich den kopflastigen Satz) 14 Wörter – das Satzglied umfaßt insgesamt 16 –, also mehr, als viele Berichtssätze oder die meisten Sprechsätze im Alltag durchschnittlich umfassen. Natürlich erhält ein solches Subjekt am Textanfang, noch mehr das folgende, bereits durch die Semantik hohes Gewicht:

Drei bewaffnete und maskierte Männer haben einen... überfallen.

Sehr stark mit der Gewichtung hängen auch die durch das Subjekt bezeichneten Personen zusammen. So hat ein Anfang *Der Papst und Fidel Castro* beim ersten, historischen Besuch ein anderes Gewicht als etwa *Bischöfe der beiden großen Konfessionen [haben sich in ihren Weihnachtspredigten...].*

Dennoch ist für die Expressivität zunächst die Satzgliedfolge, auch unabhängig von der konkreten Semantik, von Belang.

(1) Stärker akzentuieren zum Beispiel Formen der Adverbialbestimmung den Beginn:

Auf dem Weg zum „Schlanken Staat" will die Bundesregierung künftig die... straffen und Bürokratie abbauen.

Bei klirrender Kälte und dichtem Schneetreiben sind gestern zwei russische und ein französischer Raumfahrer... wohlbehalten zur Erde zurückgekehrt.

Nach dem Benzinpreis-Beschluß haben die Grünen nun eine weitere Schock-Karte gezogen.

(Wir sehen von der nicht nachrichtlichen *Schock-Karte* ab.)

(2) Ähnlich gewichten auch andere Modalsatzformen:

Trotz des Eklats um seinen Außenminister Cook hält der britische Premier Blair an seinen Reiseplänen fest.

Das gleiche gilt für Kausalbestimmungen (*Wegen schlechter Witterung*), konsekutive (*Infolge…*) und finale Bestimmungen (*Zur Erleichterung der…*)

(3) Betont werden auch Gleichsetzungen bzw. Einordnungen des eigentlichen Subjekts:

Als erstes Parlament der Europäischen Union hat der Bundestag gestern dem Reformvertrag von Amsterdam… zugestimmt.

(4) Besonders hervorgehoben wird das O b j e k t an der Spitze, gleichgültig, in welchem Kasus (Genitiv, Dativ, Akkusativ) es steht:

(Gen.) *Des Mordes an… wurde… überführt.*

(Dat.) *Dem Gedenken an… wurde gestern… gewidmet.*

(Akk.) *Scharfen Widerspruch rief gestern der Beschluß des… hervor.*

Oder ob es sich um ein Präpositionalobjekt handelt:

Auf scharfe Kritik ist gestern der Beschluß des Bundesverfassungsgerichts zu behinderten Schülern gestoßen.

(5) Stark gewichtet werden T e i l e d e s P r ä d i k a t s an der Nachrichtenspitze, wie wir schon im Syntax-Kapitel gesehen haben: *Verliehen wurde…/Eröffnet wurde…/Eingetroffen ist …/Überlebt hat…* — Hier vertreten Partizipformen faktisch die entsprechenden Substantive (Nomina).

Mit dieser Gliedfolge werden oft auch gravierende negative Aktionen behandelt wie andere Aussagen: *Ermordet wurden/Beschossen wurden/Getötet wurden/Vergiftet wurden.* Die Denkstruktur mutiert damit zum gedanklichen Fertigstück, zur pseudo-expressiven (Denk-)Leerformel. Grausame Tatsachen erscheinen in der Struktur der Neben(tat)sachenmeldung und werden ihnen schließlich auch ethisch nahgestellt.

(6) Stets akzentuiert ist auch die S p i t z e n - R e d e wiedergabe und besonders das Spitzenzitat wie im folgenden:

„Gerhard Schröder ist mehr Brandt als Blair." Zu diesem Schluß kommt der französische Politologe… in…

(7) Abweichend von der traditionellen Grammatik kann vor dem Prädikat an der Nachrichtenspitze sogar m e h r a l s e i n Satzglied stehen.

a) Häufig wird zusätzlich zum Prädikatsteil (5) ein echtes Satzglied an die Spitze gestellt: *In Deutschland eingetroffen ist…/Erneut vertagt wurden…/Als Mitglied aufgenommen wurde…*

b) Ähnlich expressiv fungieren Spitzen mit einer zusätzlichen Lokal-
bestimmung: *Zum ersten Mal in Deutschland arbeitet seit Anfang des Jahres in
Osnabrück ein evangelischer Pfarrer in einem katholischen Generalvikariat.*

c) Noch gut erfaßbar und zugleich expressiv können zwei Satzglieder an der Spitze wirken: *Vermutlich drei Tote und einen Verletzten hat ein
schwerer Unfall an... in Südhessen gefordert.* (Adverbialbestimmung mit Doppelobjekt)

d) In ähnlicher Weise noch als erfaßbar gelten Spitzen regionaler
Funknachrichten wie *Gut gerüstet für den Winter ist.../Unmittelbar vor der
Vollendung steht.../Premiere am Landestheater D. hat...*

e) Die unter 5) bereits kritisch erwähnte Struktur ist so stereotypisiert, daß im Zusammenhang mit ihr der deutsche Satzbau förmlich ver-
gewaltigt werden kann: *Eingestellt auf Befehl des verantwortlichen amerikanischen
Generals wurden.../Freigesprochen von der Anklage des Meineids wurde.../Selbst
montiert in ihrer fachlichen Ausbildung haben...* (2½ Satzglieder)

f) Der Extremfall gerade noch erfaßbarer Expressivität, der die
Grenze der Flexibilität selbst der deutschen Satzgliedfolge zeigt, liegt in
folgendem Spitzensatz einer Agenturmeldung vor:

*In höchster Not Zuflucht vor einem räuberischen Wolf fand kürzlich am Bai-
kalsee ein Hase in einem Bienenstock.*

Formal genommen stehen hier d r e i Satzglieder vor dem Prädikat
fand: eine Adverbialbestimmung (*in höchster Not*), ein Akkusativobjekt (*Zuflucht*) und ein Präpositionalobjekt (*vor einem...*). Wir sollten allerdings fragen, ob nicht eine solche Konstruktion die Sprache selbst und noch
mehr die Leser überfordert. Hier wären auch andere Lösungen denkbar
(z.B. *In einen Bienenstock floh in höchster Not... ein Hase...*).

Bei umfangreichen Nachrichten und bei Funk-Meldungen wird man
die Spitze kaum derart expressiv gestalten. Im Funk käme der Gesichtspunkt der Sprechbarkeit und der Hör-Verständlichkeit noch dazu. (Wir
sehen davon ab, daß derartige Begebenheiten nicht in Nachrichtenkom-
plexe, sondern bestenfalls zu den Kuriosa kämen und dann ohnehin aufgelockert würden.)

Ein Problem, das leicht durch Redigierung zu lösen ist, wird von
Nachrichtenautoren und -bearbeitern beim ausschließlichen Blick auf die

Hervorhebung leicht übersehen. Wir meinen die Tatsache, daß im Deutschen oft Nominativ und Akkusativ grammatisch nicht zu unterscheiden und deshalb für den Rezipienten nicht erkennbar sind. Dadurch lösen manche syntaktisch durchaus korrekte Kurzmeldungen ungewollt Heiterkeit aus:

300 Schweine haben gestern die Arbeiter des Gutes Arendsee aus einem brennenden Stall gerettet.

Ein Schiff voll Affen, Leoparden und Tigern holt gegenwärtig Tierparkinspektor F. aus Hanoi ab.

Solche Stilblüten sind nachrichtentypisch. Hier seien deshalb kurz Lösungsmöglichkeiten genannt.

a) Aktiv wird durch Passiv ersetzt:

300 Schweine haben gestern die Arbeiter des Gutes Arendsee aus einem brennenden Stall gerettet.	*300 Schweine wurden gestern von den Arbeitern des Gutes Arendsee aus einem brennenden Stall gerettet.*

b) Das grammatisch nicht erkennbare Objekt wird durch ein maskulines ersetzt:

Eine unterirdische Wasserreserve hat sich Magdeburg zugelegt.	*Einen unterirdischen Wasservorrat hat sich Magdeburg zugelegt.*

c) Es wird der Artikel gebraucht:

Ein Schiff voll Affen, Leoparden und Tigern holt gegenwärtig Tierparkinspektor F. aus Hanoi ab.	*Ein Schiff voll Affen, Leoparden und Tigern holt gegenwärtig der Tierparkinspektor F. aus Hanoi ab.*

d) Das grammatisch nicht erkennbare Objekt wird durch ein Substantiv in einem anderen Numerus (hier: Singular) ersetzt:

Acht Stützpunkte haben die Befreiungsstreitkräfte unter Beschuß genommen.	*Acht Stützpunkte hat die Befreiungsarmee unter Beschuß genommen.*

e) Man wechselt zu einem eindeutigen Prädikat:

10 Millionen Menschen werden im Jahre X. die Großstädte Polens zählen.	*10 Millionen Menschen werden im Jahre X. die Großstädte Polens bewohnen.*

f) Man wechselt zu einem Prädikat, das das Objekt mit einer Präposition kenntlich macht:

Acht Stützpunkte haben die Befreiungs-　　　　*Auf acht Stützpunkte haben die Be-*
streitkräfte unter Beschuß genommen.　　　　*freiungsstreitkräfte das Feuer eröffnet.*

Die Satzgliedfolge nach dem 1. Satz

Die auf den 1. Satz folgenden Sätze knüpfen jeweils organisch an die vorhergehenden an; wir sprechen von Anschlußstellung.

Dieses Prinzip der Anschlußstellung, das trivial scheint, gilt durchaus nicht für alle Genres. Erlebnisberichte und Porträts können sich bewußt abrupter, assoziativer Gedankenfolge, Kommentare z.B. paralleler, antithetischer und mehrfach zuordnender Gedankenfolge und -verbindung bedienen.

7.1.9.3 Satzumfang

Verglichen mit anderen Genres, insbesondere mit dem Erlebnisbericht, haben Nachrichten einen großen Satzumfang. Er liegt, namentlich bei politischen Nachrichten, weit über dem Durchschnitt der Alltagssprache. Besonders lang sind oft die Anfangssätze von Nachrichten – eine Konsequenz des Strebens, möglichst viele W-Fragen sofort zu beantworten.

Davon müssen naturgemäß Nachrichten abweichen, bei denen zuviele Einzelfakten, die zu einer neuen, meldenswerten Qualität geführt haben, vorliegen. Sie zwingen zu einer resümierenden Spitze von pointierender Kürze:

Naumburg. Die Organisierte Kriminalität hat in Sachsen-Anhalt Fuß gefaßt und sich dauerhaft etabliert. (12 Wörter)

Es folgen in diesem Fall Deliktarten, Schadenshöhen, Verfahrenszahl, Herkunftsländer, Plazierung des Bundeslandes, versuchte Maßnahmen (Naumburg ist Sitz des OLG, von dem auch kurz begründende Sätze journalistisch eingearbeitet sind).

Insgesamt sind für die Nachricht, wir wiederholen, längere Sätze genretypisch; sie sind es auch wegen der Ausdrucksökonomie. Selbstredend ist es Gebot der Verständlichkeit, nicht nur beim ersten Satz Überlänge zu vermeiden, wenn sie die Erfaßbarkeit beeinträchtigt. Doch darf Kürze oder Kürzung andererseits nicht zur Minderung des faktuellen Gehalts der einzelnen Sätze führen. Vor allem würde ständige Satzkürze bei Nachrichten und besonders deren Anfängen den besonderen Stilwert dieser Methode – Expressivität, zuweilen fast Lakonie durch Kürze – unwirksam machen; er sollte herausragenden Informationen vorbehalten bleiben.

7.1.9.4 Grammatische Korrektheit

Entsprechend dem zur sachbezogenen Darstellungshaltung Gesagten sind Nachrichtensätze, insbesondere bei Agenturmeldungen, normalsprachlich korrekt und vollständig.

Sätze werden in nichtindividueller, grammatisch üblicher Form, ohne überraschende Unterbrechungen, gebildet und vollendet. Parenthesen werden gemieden oder zumindest im Umfang eingeschränkt. Ellipsen, d.h. unvollständige Sätze, gelten als abnorm; sie widersprechen dem Charakter der (Wort-)Nachricht und sind im (Autor-)Text nicht üblich. Dem Genrecharakter widersprechen auch Neuansätze (Prolepsen) wie *Das Unglück, es hat 14 Menschenleben gefordert.* Absolut unmöglich sind – anders als selbst im Sachbericht – Einwortsätze.

7.1.9.5 Verbaler Gehalt

Die Nachricht ist, insbesondere verglichen mit dem Bericht, Abstraktion. Verglichen mit einem Abläufe darstellenden, also stark verbalen Text, ist sie dessen Gegenstück. Ihr Verbgehalt ist oft extrem niedrig.

Wie keinem anderen Genre entspricht einer Nachricht im Wesen der nominale Ausdruck, also genretypisch: der Nominalstil. Seine Vorzüge (siehe S. 89 ff.) machen ihn für die Nachricht geradezu notwendig. Er begünstigt zum einen die Abstraktion, zum anderen die Ausdrucks- bzw. Textökonomie. Hierin liegt sein eigentlicher Vorteil für die Nachricht. In nominaler Form lassen sich auch ganze Redeinhalte, thematisch komprimiert, nachrichtlich gestalten und als untergeordnetes Satzglied fassen, etwa

statt verbal:	kürzer nominal:
Nachdem X darauf hingewiesen hatte,	*Unter Hinweis auf ... und ...*
daß..., und daß..., sagte er: ...	*sagte X: ...*

Insofern erweist sich auch hier, daß die sprachliche Entwicklung zu reich ausgestatteten, nominal geprägten Sätzen ein historischer Fortschritt ist und den Tendenzen der zunehmenden Verwissenschaftlichung, Präzision und Ökonomie der gesellschaftlichen Kommunikation entspricht. Selbstverständlich kann eine zu starke Zuordnungshäufung nicht unredigiert bleiben, wenn sie die rasche Faßbarkeit der Nachricht beeinträchtigt.

7.1.10 Phraseologie

Es ist dem Charakter der Nachricht gemäß, daß sie in höherem Maße als ein individueller – und vielleicht nicht unter Zeitdruck verfaßter – Beitrag sprachliche Fertigstücke enthält, deren Vorzüge und Nachteile wir (siehe S. 152 ff.) gründlich behandelt haben. Hier, in der Nachricht, können besonders ihre Vorzüge zur Geltung kommen: für die Autoren das schnellere A b fassen und für die Rezipienten, auf Grund des hohen Erwartungswertes von Strukturen, das schnellere E r fassen.

Das Übermaß der im Journalismus gebräuchlichen Fertigstücke, von denen im entsprechenden Kapitel eine große Menge genannt wurde, verpflichtet indes die Redakteure, solche Formen, die oft Leerformeln (Topitsch 1960) sind, zu vermeiden.

7.1.11 Tempusgebrauch

Die Nachricht kann sowohl vergangene als auch gegenwärtige als auch zukünftige Sachverhalte mitteilen; alle drei Zeitstufen sind also möglich.

Im Unterschied zu Texttypen wie dem Erlebnisbericht werden die objektiven Zeitstufen auch objektiv mit den entsprechenden Zeitstufen des Verbs wiedergegeben. Dies bedeutet:

a) G e g e n w ä r t i g e s bezeichnet man hier prinzipiell im Präsens. Das gilt auch für gegenwärtige Vermutungen, die umgangssprachlich mit dem Futur markiert werden. Einer jetzigen Vermutung entspricht also nachrichtlich *Die jetzt entdeckten Fresken stammen vermutlich von Goya* und nicht *Die jetzt entdeckten Fresken werden* [= wohl] *von Goya stammen*. Möglich ist hier auch die Relativierung durch das Modalverb *sollen* + Infinitiv (*sollen von Goya stammen*), durch Formen wie *N. zufolge, nach N.* (N. = Quelle), andere Modalwörter wie *angeblich, möglicherweise* oder durch die Formel *wie es heißt*. Nicht mehr ganz nachrichtlich sind Konstruktionen wie *dürfte(n)* + Infinitiv.

b) Zum Meldungszeitpunkt v e r g a n g e n e s Geschehen wird auch als vergangen dargestellt; es kann nicht wie im Erlebnisbericht subjektiv vergegenwärtigend mit dem Präsens bezeichnet werden. Dabei entspricht dem Tatsachencharakter der Nachricht im Meldungskern das Perfekt (*ist zurückgekehrt/hat eröffnet*), nicht das Präteritum (*kehrte zurück/ eröffnete*); dieses wird zuweilen erst im später fortführenden Text verwendet, ebenso vorwiegend bei Redekennzeichnungen (*sagte/schrieb* statt *hat gesagt/hat geschrieben*); doch kann zur Betonung des faktischen Redevorgangs und -gehalts auch hier das Perfekt angebracht sein, entweder vor mit *daß* eingeleiteten Redeinhalten (*hat betont/entschieden, daß...*) oder vor Infinitivsätzen: [*Die Katholische Arbeitnehmer-Bewegung (KAB) im Bistum Essen*] *hat die Familien aufgefordert*[, *gegen den Steuerbescheid 1996 Einspruch zu erheben*].

Nur in einem Fall, nämlich bei Pressestimmen, erscheint – floskelhaft – das Präsens: *Die Zeitung schreibt: „..."* Es ist dies eine metonymische Form für *In der Zeitung steht*.

c) V o r z e i t i g k e i t gegenüber dem vergangenen Geschehen muß klar im Plusquamperfekt bezeichnet werden. Wenn nicht zusätzliche Zeitangaben die Vorzeitigkeit verdeutlichen, kann es sonst zu Mißverständnissen kommen oder zumindest der Rezeptionsfluß gehemmt werden. Im folgenden informiert z.B. die linke Fortsetzungs-Variante mit dem bloßen Präteritum falsch; die rechte stellt durch die korrekte Verbform klar:

In der Ringstraße kam es gestern zu einem folgenschweren Verkehrsunfall, als ein Auto vom Parkplatz quer auf die Straße fuhr. Der Besitzer

zog die Bremse nicht an.   *hatte die Bremse nicht angezogen.*

(= Er reagierte offensichtlich   (= vorher; es hatte sich nämlich
gar nicht.)   allein in Bewegung gesetzt.)

Dies gilt auch in Relation zu dem üblichen Meldungs-Perfekt:

Eine erste Ladung von Hilfsgütern ist gestern in der heimgesuchten Stadt eingetroffen. Die Bewohner

baten....   *hatten... gebeten...*
(= nach dem Eintreffen)   (= vorher)

d) Z u k ü n f t i g e s ist sprachlich eindeutig als solches zu kennzeichnen: *Der US-Außenminister wird* (*am Mittwoch / nächste Woche / im April*)
nach Berlin kommen. In Verbindung mit einem zukunftsmarkierenden Adverb, besonders wenn es zeitliche Nähe bezeichnet, ist jedoch auch wie
im Alltagsstil das Präsens gebräuchlich: *...trifft morgen in B. ein.* Ferner
kann das Futur im Kontext durch gleichwertige oder semantisch ähnliche Verben (*sollen / wollen*) mit Infinitiv vertreten werden (*Nach NRZ-Infor-
mationen will Dr. P. M.-E., Geschäftsführer..., seinen Posten* [wegen der notwendigen Rationalisierung als erster] *räumen*). Bei weiter eingeschränkter
Gewißheit drücken auch Formulierungen mit *versprechen / planen* usw. + *zu*
+ Infinitiv die Zukunft aus.

e) In der Z u k u n f t   A b g e s c h l o s s e n e s wird in Nachrichten
nicht, wie in der Umgangssprache, einfach mit dem Perfekt dargestellt
(*das ist morgen erledigt*), sondern in notwendigen Fällen tatsächlich mit dem
Futur II: *Die Sonde wird im April den Mars erreicht haben.* Dies gilt auch bei
Redewiedergabe im Konjunktiv: (*H. sprach über...*) *Bis Ende des kommenden
Jahres werde Sachsen rund 27.000 Spätaussiedler aufgenommen haben.*

7.1.12 Die Wortwahl

(1) Hinsichtlich der Stilschicht gilt die einfach-literarische Schicht der
Hochsprache als Norm. Sowohl der sehr saloppe oder gar vulgäre als
auch der gehobene oder gar pathetische Ausdruck entsprechen nicht
dem Charakter der Nachricht.

(2) Territorial gesehen werden in überregionalen Medien landschaftlich begrenzte Wörter, die nicht wie *Samstag / Sonnabend* und ähnliche
durch die Medien bereits als Synonyme bekannt sind, gemieden. Die

Verwendung regionaler Bezeichnungen beschränkt sich im wesentlichen auf regionale Nachrichtengebung. Zu berücksichtigen ist auch, daß durchaus verständliche landschaftliche Synonyme wie *Pferd/Roß/Gaul* oder *Ziege/Geiß* in der Schriftsprache verschiedenen Stilschichten angehören. Für Norddeutsche ist z.B. *Geiß* und *Roß* gehoben, *Gaul* abwertend.

(3) Man verwendet in Nachrichten den Grundwortschatz; das Wortgut soll dem Rezipientenkreis verständlich sein. Nicht verständliche Fremdwörter und wenig bekannte Fachwörter werden also ersetzt oder doch — so in Wirtschafts- und Wissenschaftsrubriken, die für alle verständlich sein sollen — eingeschränkt oder erläutert. Nicht angebracht sind vor allem prätentiöse Fremdwörter für einfache Sachverhalte wie in dem Satz *Staatssekretär G. bezeichnete das Feedback auf den Erntehelfer-Erlaß als überwiegend positiv.* Hier wären *Echo/Reaktion(en) auf* oder *Meinung(en)/Stellung(nahmen) zu* oder eine verbale Formulierung (z.B. *wurde der Erlaß überwiegend begrüßt*) jedem sofort verständlich. (*Feedback* ist terminologisch als 'Rückkopplung' festgelegt.)

(4) Man gebraucht in Nachrichtentexten im allgemeinen unexpressive, nicht stark wertende Wörter; diese sind weitgehend dem Zitat in der Nachricht vorbehalten. Im übrigen wird lexische Expressivität, die sich aus positiv oder negativ erregenden Inhalten ergibt, gedämpft. Sofern Wortmaterial mit ursprünglich expressiver Nuance verwendet wird, ist es bereits im Stadium der Konventionalisierung, tendiert also zum einfachen Bezeichnungssynonym für den sachbezogenen, oft längeren Ausdruck. Ein Beispiel hierfür war die Bezeichnung *Großer Lauschangriff*, die ursprünglich nur in Anführungszeichen geschrieben wurde, da sie polemische Färbung hat(te). Mit der Verwässerung, ja Verzerrung der ursprünglichen Absicht wurde das Wort einschließlich des stehenden Epithetons völlig konventionalisiert. Im übrigen äußert sich die Parteinahme der Redaktion weniger in der Wortwahl als in der Informationsauswahl und vor allem in der Expressivität der vermittelten Fakten. Außerdem gibt die syntaktische Expressivität des ersten Satzes gleichsam den Schlüssel für die Konnotation (Nebensinn, Färbung) aller Wörter der Nachricht.

Im Einzelfall sind Wörter mit gemäßigt expressivem Charakter möglich oder üblich; etwa in der schon stehenden Verbindung *Diktator Hussein*, während Formulierungen wie *der Verbrecher/Tyrann Hussein* nicht nachrichtlich wären. Vereinfachend gesagt: Das einordnend-wertende Wort soll zugleich nachrichtlich informieren.

(5) In der Nachricht werden – von gelegentlichen Abweichungen bei Redewiedergabe abgesehen – allgemein bekannte, übliche und lexikalisch sanktionierte, nicht individuelle Wörter verwendet. Die Nachricht ist kein Genre für Wortschöpfungen. Andererseits will man Modewörter (1998 z.B. *ausgebremst*) vermeiden. Dagegen sind sprachökonomische und verständliche Neologismen dem Genre angemessen (*Shuttle-Verbindung nach Mallorca*).

(6) Trotz Vermeidung oder Einschränkung von Fremd- und Fachwörtern und trotz stilistischer Variation ist Präzision des Wortmaterials anzustreben. Exaktheit und Prägnanz sind wichtige Kennzeichen des Nachrichtenstils. Semantisch unscharfe Wörter meidet man. (Im Bericht ist Präzisierung durch den umfangreicheren Kontext möglich.)

Hier sei auf eine Gefahr – und Manipulierungsmöglichkeit – bei direkter Rede hingewiesen: Unexakte Wörter, die im Kontext der Äußerung klar waren, können bei losgelöstem Zitat oder Teilzitat unverständlich sein oder die Aussage entstellen.

(7) Innerhalb einer Nachricht gebraucht man Wörter nur in einer Bedeutung, man vermeidet Homonyme. Das Prinzip, Homonyme zu vermeiden, dient dem genauen Verstehen und dem schnellen Erfassen.

(8) In der Nachricht werden Wortspiele aller Art vermieden. Dies entspricht der seriösen, sachbezogenen Darstellungshaltung und auch der Sprachökonomie.

(9) Wörter sind in der Nachricht direkt und wörtlich gemeint; ironische Umkehr der Semantik widerspräche dem Charakter der Nachricht.

(10) Gemäß dem Prinzip der Ausdrucksökonomie werden in reicherem Maße als sonst Abkürzungen und Kurzwörter verwendet und neue, bisher noch nicht publizierte – gewöhnlich zunächst über Einfügung in Klammern – verbreitet.

7.1.13 Möglichkeiten der Abweichung von der Stilnorm

So notwendig und wichtig die Stilnormen für den Erwartungswert, das
Verständnis und eine schnelle Kommunikation sind, darf sich eine Betrachtung über den Nachrichtenstil nicht auf deren bloße Registrierung
beschränken. Man kann produktiv und rezeptionsfördernd damit umgehen, wenn man die Norm kennt und wenn der Rezipient das Spiel mit
ihr oder das Abweichen von ihr als angemessen erkennt und akzeptiert.
Die Norm sollte durchbrochen werden, wenn sie der journalistischen
Absicht nicht mehr angemessen ist. Der produktive Umgang mit der
Norm kann verständnis- und rezeptionsfördernd wirken. Hier seien nur
einige Möglichkeiten genannt.

(1) Schon die seriöse Information läßt sich oft erheblich aufgelok-
kert darbieten, namentlich im lokalen Bereich. Faktuelle Darstellung bedeutet z.B. nicht, daß von behördlichen oder staatlichen Stellen gegebene
Informationen auch in amtlich gefärbtem Stil vermittelt werden, also

nicht	sondern z.B.
Über die Vorteile und Risiken der Ein-führung des Euros für Privathaushalte und Kleinsparer wird am Dienstag, dem 21. März, der Direktor der Kreisspar-kasse in der Zeit von 17 bis 19 Uhr im Saal der Stadtbibliothek sprechen und sich der Diskussion stellen.	*Was wird nach dem Euro? Darüber können Sie* [als Bürger und Klein-sparer] *sich morgen von 17 bis 19 Uhr im Saal der Stadtbibliothek informieren. Der Direktor der Sparkasse wird spre-chen und sich anschließend Ihren Fragen stellen.*

Hier ist die an sich nicht nachrichtengemäße Frage keine echte Erör-
terungsfrage, die in einer Argumentation beantwortet wird (oder eine
rhetorische Frage oder die nacherlebte Frage einer Person in einer Entscheidungssituation [erlebte Rede/Reflexion]), sondern grobe Themaangabe und dient vor allem dem Leseanreiz. Im Lokalfunk können solche
Fragen auch durch W-Sätze (hier theoretisch: *Was nach... wird*) ersetzt
werden. Sie vermeiden zumindest eine zu nominale Formulierung.

(2) Bei vorliegenden Angaben und vorhandenem Raum strebe man
nach Veranschaulichung der eigentlichen Meldung durch vorstellbare
D e t a i l s :

*Auf den Stapellauf eines riesigen Schwimmkrans bereitet sich gegenwärtig die
Werft im russischen Sewastopol vor. Der Kran, der den Namen „Witjas" – auf
deutsch „Recke" – trägt, soll im Frühjahr in Dienst gestellt werden. Er wird Lasten
bis zu 1.500 Tonnen bewältigen und ist für Arbeiten auf dem offenen Meer bis zu
200 Meter von der Küste entfernt bei einer Tiefe von 50 Metern vorgesehen. Er kann
gesunkene und auf Sandbänke aufgelaufene Schiffe heben und für hydrotechnische Arbeiten noch bei Windstärke 5 eingesetzt werden. Der schwimmende Recke wird von
einem Angestellten am zentralen Schaltpult mit Rechner und mit Fernsehmonitoren
überwacht.*

Abgesehen von den relativ vielen, aber gut erfaßbaren Details einschließlich des Einsatzbeispiels fällt noch das expressive *riesig* und die an-
führungslose Nennung des Namens im letzten Satz auf, die ihn als (sonst
ungewöhnliche) Metapher reaktiviert: *der schwimmende Recke.* Die vorherige Übersetzung in Apposition dient zugleich der Auflockerung.

(3) Wo der Satzumfang, besonders beim ersten Satz, für das Rezipieren Grenzen setzt, versuche man, wenn die Aussage dadurch nicht
primitiviert wird, ihn aufzugliedern. Hier sei nur ein Beispiel vorgeführt.

Statt eines Satzes	könnten z.B. drei formuliert werden:
Im Beisein des… und des…, der zu-gleich Abgeordneter… ist [insgesamt 35 Wörter], *wurde am Mittwoch in der 20.000 Einwohner zählenden Kreisstadt Oschersleben eine neue Schwimmhalle eröffnet.*	*Eine Schwimmhalle besitzen seit Mittwoch die 20.000 Einwohner der Börde-Kreis-stadt Oschers leben. Die Übergabe nahm…vor. Als Abgeordneter hatte er sich besonders für den Bau eingesetzt.*

(4) Mitunter kann die verbale Darstellung verständlicher oder
schneller erfaßbar sein als die mit nominalem Ausdruck zu komprimierte
Fassung.

(5) Man reduziere Fertigstücke, wo immer dies möglich ist.

(6) Im lexikalischen Bereich bemühe man sich um stilistische Variation, sofern diese nicht, wie dies oft in Sportnachrichten geschieht, verkrampft, naßforsch, echauffiert usw. wirkt.

(7) Auch Elemente des Alltagsstils können der Auflockerung dienen.
Sie sollten jedoch dem Gegenstand angemessen sein.

(8) Man schränke, wo immer es angeht, Abkürzungen ein oder vermeide sie, wenn sie nicht allgemeinverständlich sind.

(9) Namentlich in Sportnachrichten lassen sich genre-untypische Wörter verwenden, wie im folgenden *träumen*: *Der VfB Stuttgart darf dank... zum zweiten Mal in seiner Geschichte von einem europäischen Titel träumen.*

(10) Besonders Sachverhalte, die eher zum Schmunzeln (oder Staunen) verleiten, kann, ja sollte man stilistisch zumindest passagenweise nicht normgerecht darbieten, womit zugleich das gesellschaftlich Nebensächliche signalisiert wird wie im ersten Absatz des folgenden leichtgeschürzten Textes:

Der Erotik-Modemarkt bleibt in Bewegung. Lack und Leder sind zwar längst schon keine Geheimtips mehr, dafür gibt es jetzt wieder Hoffnung für sexuelle Sinnsucher. Wie wäre es zum Beispiel mit einem stählernen Dessous für die Liebste zu Haus? Garantiert rostfrei natürlich. Kein Problem, bei Tino Ebisch aus Lichtenstein wird man fündig. Der pfiffige Sachse feilt und hämmert die „Kleider" seiner Models aus Stahlstreifen, Ketten und anderen Metallteilen. „Der Markt wird immer schriller und extremer", meint der 31jährige. Da müsse man halt reagieren.

Die Idee mit den Metall-Dessous war von Ebisch zunächst als Gag für eine Erotik-Messe gedacht. Der gelernte Elektriker „experimentierte mit verschiedenem Material, Plastefolien und so". Schließlich fand er nichtrostenden Stahl als geeigneten Stoff für die erotischen Träume seiner Kundschaft.

[DZ: *Wer wagt es, Rittersmann oder Knapp? Luftige Rüstung als Erotik-Traum*
HZ: *Ein Sachse feilt Dessous aus Stahl und Eisen*

Neben dem Text Farbfoto zweier sehr leicht (metall)bekleideter Models; dazu 3zeiliger Bildtext]

Der zweite Absatz entspricht den Stilnormen der Nachricht. Die korrekte Fassung auch des Anfangs würde eher wie eine Parodie wirken.

*

So einfach die Nachricht, so klar ihre Funktion scheint: Im Befolgen ihrer (nützlichen) Stilnormen und in der gleichzeitigen Überwindung einzelner dieser Normen liegt – auch angesichts des Zeitdrucks – die große anonyme Gestaltungskunst der Nachrichtenautoren und -redakteure.

Eine Kunst allerdings, die nicht nur intuitives Können, sondern auch wissenschaftliches Kennen ihrer Gesetze verlangt.

7.2 Bericht

Der Bericht ist ein Texttyp, der auch in der nichtjournalistischen Kommunikation von Bedeutung sein kann (Rechenschaftsbericht, protokollarischer Bericht, Unfallbericht, Lebenslauf usw.).

Darstellungsarten im Bericht

Dem Bericht als journalistischem Genre liegt trotz aller möglichen Kombinationen im wesentlichen die aus der Aufsatzlehre bekannte Darstellungsart Berichten zugrunde. Es wird ein reales, in dieser Form nicht wiederholbares Geschehen widergespiegelt, und zwar mit Bezug auf die Abfolge seiner Phasen, detailliert und so anschaulich wie möglich. Die Darstellung erfolgt je nach Thema, Gegenstand und Absicht aus objektiver oder subjektiver Perspektive. Auf die beim Melden entscheidende Fixierung des faktuellen Gehalts wird zu Beginn, aber gewöhnlich auch zum Schluß der Darstellung verzichtet, da er sich aus dem Gesamttext organisch ergeben soll.

Daneben enthalten journalistische Berichte je nach Thema, Stoff und Absicht folgende Darstellungsarten: Beschreiben oder Schildern; Erzählen; Darlegen und Urteilen, seltener auch Erörtern.

Diese Darstellungsarten haben meist inhaltliche oder psychologische, sehr oft auch kompositorische Funktion. So kann man mit einer Situationsbeschreibung oder einer zum Poetischen tendierenden Orts- und Milieuschilderung einen Bericht einleiten oder mit andeutenden Urteilen den Blick sofort auf Agierende lenken. Andererseits werden Berichte oft mit darlegenden oder urteilenden, resümierenden Passagen geschlossen oder – je nach Umfang und Notwendigkeit – auch unterbrochen.

7.2.1 Zur Darstellungshaltung

Im Unterschied zur Nachricht kann die Darstellungshaltung beim Bericht sehr unterschiedlich sein. Sie hängt vom Stoff einerseits und vom Autor andererseits ab; sie hängt davon ab, ob sich der Autor mehr rational und rationell auf die Sache selbst bezieht („Sachbericht") oder ob er stärker das Erleben eines komplexeren Vorgangs akzentuiert („Erlebnisbericht", Reportage).

Innerhalb dieser recht groben (und vielfach schematischen) Einteilung kann die Darstellungshaltung sein: seriös und streng sachbezogen, pathetisch oder humoristisch, sarkastisch oder ironisch, ernst oder heiter, aufs Grundsätzliche gerichtet oder plaudernd, besinnlich-meditierend, literarisch-gehoben oder salopp-unterhaltend, feierlich oder naiv.

Dabei sind, wie zum Text grundsätzlich betont und am negativen Beispiel belegt, Stilbrüche unbedingt zu vermeiden.

7.2.2 Die Perspektive – das Autorsubjekt

(1) Im Unterschied zur Nachricht können im Bericht Autoren selbst als Subjekt erscheinen, sei es als Individuum (*ich*) oder als Teil einer Gruppe (*wir*) – oder die personelle Selbstbezeichnung bleibt, etwa bei stark sachbezogenem Text, ausgespart.

(2) Diese Perspektive sollte jedoch klar sein von Anfang an; wenn sie objektiviert ist, sollten nicht plötzlich Autoren als *ich* oder *wir* vorkommen.

(3) Auch ist der unbegründete Perspektivwechsel, etwa zwischen *ich* und *wir*, sofern er nicht durch das Detail begründet ist, zu vermeiden.

(4) Insgesamt ist die *ich*-Perspektive nicht zu verwechseln mit dem emotionalen Anteil der Autoren und mit einer daraus folgenden Anteilnahme der Rezipienten (man vergleiche Kriminalromane, in denen sich der Autor pronominal völlig ausschaltet).

(5) Ein euphemistisches *wir*, mit dem das *ich* des Journalisten bezeichnet werden soll, wirkt je nach Zusammenhang antiquiert oder desinformierend.

7.2.3 Rede- und Reflexionsdarstellung

Im Bericht dienen Äußerungen (und zuweilen auch Reflexionen, 'Innerungen') nicht allein der Information wie die zu dokumentierende Rede in der Nachricht. Sie bewirken mitunter eine eindrückliche Veranschaulichung des Geschehens, sie charakterisieren gelegentlich scharf die beteiligten Personen oder sogar tiefere soziale, wirtschaftliche und sehr persönliche Probleme, wie sie aus ganz allgemeinen volkswirtschaftlichen oder technologischen Fragen erwachsen, die für die gesellschaftliche Zukunft von Belang sind. In der folgenden längeren Passage eines Berichts aus Biblis wird Redewiedergabe, und zwar direkte, gerade deswegen eingesetzt:

Alwin Fitting hatte seine Männer im Griff: „Lassen wir den Joschka doch ein paar Sätze sagen", appellierte der Betriebsratsvorsitzende des AKW Biblis und Boß des Gesamtbetriebsrats von RWE an die mehr als 1.000 außer Rand und Band geratenen Atomwerker in der Riedhalle zu Biblis. Der Lärmpegel sank für Sekunden unter die Phonstärke startender Düsenflugzeuge...

„Liebe Kolleginnen und Kollegen!" begann Fischer leicht provozierend. Und schon war in der Halle wieder die Hölle los: „Steht auf, wenn ihr vom Kraftwerk seid!", sangen tausend Kehlen nach der Melodie von „Together!". Und auf den Stühlen stehend skandierten die Atomwerker minutenlang: „Judas, Judas, Judas!" Fischer dazu: „Ihr dürft mich alles nennen, aber nennt mich nicht Judas, nennt mich Joseph!" Da ging einigen im Saal kurz die Puste aus.

Der grüne Auftakt zur Bundestagswahl geriet zur Performance der Gegner, die an diesem Abend nicht nur vom AKW Biblis aus in einer Demonstration zur Riedhalle gezogen waren. Aus fast allen AKW der RWE waren Atomwerker in Bussen nach Biblis gereist...

„Wir machen die grünen Plattmacher platt", krakeelte einer schon vor der Halle... Die Rede der neuen Umweltministerin Priska Hinz zum Entwurf der Grünen für ein Ausstiegsgesetz war zuvor im Lärm untergegangen. „Ausziehen!", brüllte die Menge. Und: „Auf Wiedersehen!" Die sichtlich konsternierte Ministerin ließ anschließend Manuskripte ihrer Ansprache verteilen...

„Biblis A war die längste Zeit am Netz, egal wer im Herbst die Wahlen gewinnt", rief dann Fischer in einer weiteren 'Atempause' den Tobenden zu... „Kraftwerksstandort ja – Nuklearstandort nein." Da wurde wieder kräftig in die Triller-

pfeifen geblasen. Der neue Slogan hieß in Anspielung auf den Wahlausgang in Sachsen-Anhalt: „3,1 Prozent."

Dann war Schluß. Ein durchnäßtes Transparent blieb auf dem Parkplatz vor der Halle hängen. „Für wen sorgen die Grünen? Nur noch für ihre Cousinen."

Diese Passagen von ungeheurer Spannung enthalten einen hohen Anteil an Zitaten; in 20 Sätzen sind es zwölf, darunter auch ein Liedzitat, ein Transparent-Zitat und vier Rufe der Menge.

Der Text macht vornehmlich in diesen Zitaten und in ihrer emotionalen bis zu wut- und haßerfüllten Form etwas von der Atmosphäre der vor dem Aus stehenden Arbeiter deutlich, was ein zitatloser Text nicht im geringsten vermöchte; dabei sind neben der Redeweise auch die Redelexeme von Belang (*appellierte, begann leicht provokativ, sangen, skandierten, Fischer dazu, krakeelte* – korrekt: *hatte krakeelt* –, *brüllte die Menge, rief, der neue Slogan hieß*). Hinzu treten emotionale Fügungen des Autors (*außer Rand und Band geratenen, Lärmpegel, Phonstärke startender Düsenflugzeuge, war... wieder die Hölle los, tausend Kehlen, auf den Stühlen stehend, ging... kurz die Puste aus, aus fast allen AKW, im Lärm untergegangen, sichtlich konsternierte Ministerin*).

Genau diese Darstellung von Rede und Gegenrede, von Emotion der Rede und Knappheit bis Lakonie der Darstellung unterscheidet den Bericht bereits substantiell von der Nachricht (obwohl das Tempus hier, wie in der Nachricht, das objektive Präteritum ist!).

Wie sollen nun (nach und abgesehen von diesem Beispiel) wiedergegebene Äußerungen, vor allem direkte, beschaffen sein, die man auswählt?

1. In bezug auf die kompositorische Funktion soll Rede das Geschehen weiterführen. Sie soll nicht das wiederholen, was der Text schon sagt und umgekehrt. Dazu bietet die genannte Passage ein Schulbeispiel.

2. Rede soll, wo immer es angeht, einen abstrakteren Autortext durch subjektive Standpunkte der Agierenden, womöglich auch im Dialog, plastisch machen. So ersetzte E. E. Kisch in seiner Holzflößer-Reportage

den Eigentext der 1. und 2. Fassung	in der 3. Fassung durch Rede und Gegenrede:
Die Erregung ist allgemein.	*„Wir sollten einfach erklären, daß wir nicht* *durchfahren!" Ein etwa vierzigjähriger* *Mann... ruft es laut durch die Stube...* *„Die Holzhändler haben damit nichts zu* *tun", der Glattrasierte... lacht ironisch,* *„die Holzhändler haben damit zu tun,* *solange wir Scheißkerle sind wie bisher. "*

Texteigenschaften:

Feststellung ohne Detail und konkreten Beleg, ohne Anschauung und Dynamik	– Konkretheit der Erregung – Echtheit, Natürlichkeit, Beleg – Atmosphäre (derb und drastisch) – Kontrast von Rede und Gegenrede

3. Äußerungen sollen in ihrem Stil natürlich und glaubhaft sein. Um zu verdeutlichen, wie papieren Rede wirken kann, sei eine realsozialistische Berichtspassage zitiert, in der sich drei Arbeiter, die ausgezeichnet wurden, folgendermaßen äußern, wie ihnen der Schnabel gewachsen wurde:

Konrad S. sagt: „Wir sind zu einem festen Kollektiv zusammengewachsen, in dem sich einer auf den anderen verlassen kann. Dieses gemeinsame Tun war auch der Schlüssel zum Erfolg." Alwin R. meint: „Natürlich freue ich mich riesig über meine Auszeichnung. Sie ist Lohn für verdiente Arbeit. Wir werden auch weiterhin nach vorn drängen, um uns dieser hohen Ehre würdig zu erweisen. Denn ein sanftes Ruhekissen tut keinem gut." Meister Rolf G. bringt zum Ausdruck: „Der Titel ist uns nicht in den Schoß gefallen. Harte Arbeit und vor allem gute Gedanken, Ideen und Taten jedes einzelnen stecken dahinter. Wir alle zogen an einem Strang. "

Ein unpersönliches Fertigstück folgt hier dem anderen. Der eine Arbeiter redet geschraubt über das *gemeinsame Tun* als den *Schlüssel zum Erfolg*, der andere sagt von sich selbst: *Sie ist Lohn für verdiente Arbeit* (statt etwa: *Ich glaube, daß ich's mir verdient habe*), er fügt die damalige Mode-Metapher an *Wir werden auch weiterhin nach vorn drängen*, daran das Fertigstück *um uns dieser hohen Ehre würdig zu erweisen*, und sinnwidrig wird ein Sprichwort angeknüpft: *Denn ein sanftes Ruhekissen tut keinem gut* – denn natürlich tut ein sanftes Ruhekissen gut, schon um die Arbeitskraft zu reproduzieren.

Wie natürlich Redewiedergabe wirken kann, sei nur an einigen Zitaten aus der Berichterstattung zur Oderflut 1997 illustriert: *„Wenn der Damm hier bricht, nutzt auch kein Wegrennen mehr."/„Wenn das Wasser kommt, ist doch alles weg."/„Dann säuft hier alles ab, nicht nur im Wasser."/„Die Soldaten machen hier einen Bombenjob. Ohne die wäre längst alles hinüber."/„Wir haben die Bilder aus Polen gesehen. Schrecklich. So viele Tote! Wir haben die Flut unterschätzt, einfach gehofft, daß sie bis Deutschland abebbt."*

4. Wiedergegebene Rede kann je nach Milieu, Kontext und Aussageabsicht auch umgangssprachlicher und dialektaler Art sein. Umgangssprache kann auch bloß angedeutet werden, wie dies Kisch in der 3. Fassung seiner Floßfahrt – gegenüber der schriftsprachlichen 1. und 2. Fassung – tat:

1. und 2. Fassung:	3. Fassung:
„Im Jahr 1882 flößte ich mit zwei anderen jungen Burschen am alten Buchta vorüber."	*„Im zweiundachtziger Jahr, wie ich noch noch jung war, im Juni zweiundachtzig, bin ich mit zwei anderen Burschen am alten Buchta vorübergefahren."*

In Tempus (Perfekt statt Präteritum), Wortfügung (*im zweiundachtziger Jahr* statt des offiziellen *im Jahr 1882*) und Syntax (korrigierende Wiederaufnahme: *im zweiundachtziger Jahr…, im Juni zweiundachtzig*), auch im Wortgebrauch (*wie* statt *als*) wird Volkssprache, in diesem Falle böhmisches Deutsch, angedeutet, nicht lautgetreu aufgezeichnet.

In einem anderen Beispiel wird innerhalb der hochdeutschen Rede Dialekt zitiert, der sich schon in der Einleitung der Person andeutet, hier einer aus dem Anhaltischen stammenden Frau, die in Berlin Karriere gemacht hat:

„Man mußte sich vom Vadda in Könnern sagen lassen: 'Määchen, aus dir soll doch was werden!' Und auf diese Weise ist ja aus dem Määchen auch was geworden."

Hier dienen die vereinzelten mundartlichen Formen (*Vadda* = berlinisch, *Määchen* = anhaltisch) zugleich einer humorvollen Charakterisierung.

5. Rede vermag, wie bei dem AKW-Beispiel, den Text durch Kontraste dynamisch zu machen.

6. Rededarstellung läßt sich im Bericht zur Veranschaulichung einsetzen, wie wir ebenfalls an diesem und auch an früheren Beispielen sahen.

7. Auch Nuancierungen der Rededarstellung wie die unterschiedliche Modalisierung durch *sollen* und *wollen* können, konstrastiv, den Bericht beleben:

Bei einem Treffen... hatte es Streit gegeben. Mit einem Schreckschußrevolver soll Jürgen K. auf... Mike W. geschossen haben. Der Angeklagte aber will in Notwehr gehandelt haben.

8. Umgekehrt kann Parallelismus des Satzbaus die Aufreihung von Dargestelltem, im folgenden von Bekanntschaften eines Mimen, akzentuieren:

„Ach die Brigitte [Mira], schwelgt Friedrich Sch. sofort in Erinnerungen, jongliert ein bißchen mit Jahreszahlen... Der 81jährige könnte so furchtbar viel erzählen. Daß er Gustav Gründgens' fesselndem Bühnenblick standgehalten... hat; daß er amerikanischen Schauspielgrößen wie... ansprechendes Synchron-Deutsch verpaßte; daß er... Otto Waalkes als Filmpartner ertragen mußte... und...

9. Fertigstücke sind in wiedergegebener Rede zu vermeiden oder zu eliminieren, falls die dargestellte Person nicht – um eine treffliche Formulierung von Marx zu zitieren – „Sprachröhre des Zeitgeistes" sein oder gar als solche bewußt denunziert werden soll.

10. Wiedergegebene Rede sollte, falls dies nicht Absicht ist, nicht den Duktus eines unpersönlichen Statements haben, also persönliche Sicht und Formulierung erkennen lassen.

11. Falls es Thema und Gegenstand erlauben, kann auch von der Anrede an den Journalisten etwas einfließen („Na, Sie wissen ja..." usw.) und so die echte Gesprächssituation zwischen Journalisten und Partnern deutlich machen.

12. Element interessanter Berichterstattung und zugleich wesentlicher Faktor für die Dynamik eines Berichts oder einer Reportage sind kontrastive Dialoge. Sie sind geeignet, zugleich Vorgänge zu veranschaulichen, Personen zu charakterisieren oder Probleme schlaglichtartig zu erhellen. So heißt es in einem Bericht über einen Schäfer:

Und man forderte: „Die goldene Medaille gehört ins Schloß." Karl erwiderte: „Nee, die Dinger passen besser in mein Vertiko. Denn es ist meine Herde." „Es ist unsere Herde", entgegnete man und lächelte listig. Karl lächelte noch listiger: „Ich gebe ja zu, daß meine Herde unsere Herde ist. Also werdet ihr ebensowenig bestreiten wollen, daß unsere Herde... meine Herde ist."

Hier sind Dialektik des Dialogs und Echtheit (und auch Bauernschläue) eingefangen.

Dialoge sind allerdings nur sinnvoll, wenn sie zugleich das Geschehen weiterführen.

7.2.3.1 Reflexionsdarstellung

Im Unterschied zur Nachricht können bei bestimmten Themen, Zusammenhängen und Absichten im Bericht auch (nicht geäußerte) Gedanken, Reflexionen, 'Innerungen' von Personen dargestellt werden. Beispiele dafür haben wir (siehe S. 212 f.) bereits angeführt.

7.2.4 Gedankenfolge und Dispositionsfragen
7.2.4.1 Zur Gedankenfolge

Als Prinzip gilt für den Bericht – im Unterschied zur Nachricht – eine im wesentlichen chronologische Gedankenfolge. Chronologisches ist allerdings nicht zu verstehen als ein schematisches Nacheinander der Phasen des Geschehens. Von Punkten des Geschehens sind auch Rückgriffe (Rückblenden) oder zeitliche Vorgriffe möglich. Dabei müssen jedoch die wechselnden Zeitebenen klar bezeichnet sein (bei vorher Geschehenem z.B. durch Plusquamperfekt gegenüber Präteritum oder Perfekt gegenüber Präsens).

Eine ausgesprochen chronologische Gedankenfolge weisen in der Praxis meist nur reine Sportberichte oder Erlebnisberichte verschiedener Art auf, Texte, in denen ausschließlich (und formal) berichtet wird. Beim

Gegensatz von Standpunkten etwa und bei notwendigen Stellungnahmen der Redaktion kann ein ständiges Einflechten von Urteilen und Fragen notwendig werden wie im folgenden zusammenhängenden Beispiel, das zugleich den geschickten Einsatz der Rededarstellung verdeutlicht:

Die Mitte gehört nicht Ost-Berlin!
Straßenschneisen zurückbauen? Geschichte verleugnen?
Schöner Eklat auf dem 69. Stadtforum im Staatsratsgebäude

Der Streit über das Planwerk Innenstadt des Staatssekretärs Hans Stimmann (SPD) hat am Wochenende eine unerwartete Zuspitzung erfahren. Nachdem erst vor einer Woche die Industrie- und Handelskammer und die Wohnungsbaugesellschaften weitgehend Zustimmung zum Konzept einer baulichen Verdichtung der Innenstadt signalisiert hatten, kam es auf dem 69. Stadtforum im Staatsratsgebäude zum Eklat. „Die Stimme der Eingeborenen ist bisher zu kurz gekommen", monierte der aus dem Ostteil stammende Schriftsteller Friedrich Dieckmann – und gab damit den Anstoß zu einer Debatte, in der die Stimmen der Teilnehmer teilweise im Geschrei untergingen. Stimmann konterte. „Wie lange wollen wir das noch machen, dieses Wir-hier-und-Ihr-dort? Die Mitte gehört nicht Ost-Berlin. Es ist eines der großen Themen unserer Gesellschaft, daß wir uns gemeinsam um die Bewältigung dieser Planungsaufgabe bemühen."

Für den früheren Senatsbaudirektor ist das Planwerk der Versuch, auch im Ostteil der Stadt Urbanität zurückzugewinnen. Aufgeweitete Straßen („Magistralen"), Hochhäuser, Zeilenbebauung, Aufmarschplätze haben hier den alten Stadtgrundriß vielfach bis zur Unkenntlichkeit zerstört. Nun sollen diese Schneisen „zurückgebaut", die oft gestaltlosen Grünflächen geordnet, Baublöcke ergänzt und Plätze und Straßen durch eine neue Randbebauung eingefaßt werden. Stimmann: „Wir müssen den Text dieser Stadt wieder lesbar machen."

Ausgerechnet beim denkmalpflegerischen Thema „Stadt und Geschichte" kam nun der unbemerkt von der Öffentlichkeit schwelende Streit zum offenen Ausbruch. Der neue Baustadtrat Mitte, Thomas Flierl (PDS), warf Stimmann vor, mit dem Rückgriff auf den historischen Stadtgrundriß bestimmte Schichten der Geschichte auszublenden. In Wahrheit gehe es vor allem um Baulandausweisung. Vorhandene jüngere Strukturen und vorhandene Bevölkerung – sprich: die DDR-Neubaugebiete und ihre Bewohner – würden dabei ignoriert.

Dieckmann interpretierte die Einfassung des Brandenburger Tores durch zwei neue Torhäuser als Dokument der „Geschichtsfeindlichkeit der Deutschen". Von Geschichtsverlust und -verleugnung zeuge auch der eilige Verzicht auf das Lindenstatut nach der Wiedervereinigung wie eben auch die Absicht, den zu DDR-Zeiten entstandenen kleinen Platz an der Kreuzung Unter den Linden/Friedrichstraße zu „liquidieren". In der DDR habe er immer gemeint, die Denkmalpflege habe kaum noch Einflußmöglichkeiten. Jetzt aber komme es ihm so vor, als habe sie damals eine stärkere Position gehabt als heute.

Die Elogen auf das Erbe der DDR brachten den Staatssekretär in Rage. Die „soziale Dimension" der DDR-Baupolitik habe so ausgesehen, daß in den besten Neubauwohnungen Privilegierte und Stasileute eingezogen seien. Für die Projekte des Planwerks gebe es im übrigen eine „sorgfältige Begründung", die in den „Planungswerkstätten" in einem diskursiven Verfahren zwischen den Beteiligten ausgehandelt werde. Stimmann: „Vielleicht können wir uns auf die Formel einigen, daß es darum geht, Brüche zu gestalten."

Aber damit konnte er das Plenum nicht beruhigen. Die aus dem Osten stammende Bauhistorikerin Simone Hain verlangte, die Diskussion Ost-West paritätisch zu führen. Der Appell an das kollektive, staatstragende Wir jage ihr Gänsehaut ein. Wenn gefordert werde: „Wir müssen diesen Platz bereinigen", „Wir müssen jetzt das Holocaust-Mahnmal bauen usw.", dann redeten offenbar „Macher, die genau wissen, wo die Geschichte liegt und wo sie hingeht." Hain: „Das haben wir alles schon mal erlebt."

Die Meinungsverschiedenheiten über das Bild des künftigen Berlin waren nicht mehr zu überbrücken. Nach fünfstündiger Debatte trennten sich die Planer dieser Stadt heillos zerstritten.

Die Chronologie ergibt sich hier daraus, daß über die aufeinanderprallenden Meinungen auf einem Stadtforum berichtet wird. Wir haben hier verkappte Dialoge (bzw. Polyloge) vor uns, und zwar vor allem in direkter und indirekter Rede, wobei nominaler Redeverweis und Redeberichtsform eingeflochten sind, auch zwei Sätze von bloßer Inhaltsangabe (*Aufgeweitete Straßen* → *eingefaßt werden*). In die erlebte indirekte Rede von Simone Hain werden innerhalb eines Satzkomplexes vier Zitatstellen eingebaut. Der Schluß läßt die Gesamtaussage bewußt offen, denn sie ist in den Einzelaussagen selbst enthalten.

7.2.4.2 Dispositionsfragen

Die im Text-Kapitel gezeigten Möglichkeiten der Komposition lassen sich vor allem beim Bericht nutzen. Sie müssen hier nicht mehr im einzelnen vorgeführt werden. Zu beachten ist gerade beim Bericht, daß entsprechende Themen, wie der eben zitierte Text zeigte, bei knappem Anfangs- und Schlußteil eine starke Binnenpointierung ermöglichen, wenn sie sich – wie hier – aus konträren Meinungen über einen Sachverhalt ergibt.

Nur knapp sei gezeigt, wie andere Darstellungsarten zum Beispiel für die Anfangsgestaltung verwendet werden wie im folgenden das literarische Beschreiben – das Schildern:

Die großen, stillen Tage sind's, die Tage Anfang September. Am Himmel Wolkentürme hoch ohne Maß. In den geschützten Tälern des Vorgebirges ein letzter Hauch warmer Sommer. Doch über die Kuppen der Hügel zieht sachte, gleichsam tastend, die erste Kühle des Herbstes.

Entsprechende, leicht poetisierende Epitheta (*große, stille Tage/hoch ohne Maß/geschützte Täler des Vorgebirges; ein letzter warmer Sommer/sachte, gleichsam tastend/erste Kühle des Herbstes*) kennzeichnen den literarisch-beschreibenden Charakter.

Voraussetzung ist allerdings, daß der folgende Text auch stilistisch die so geweckten Ansprüche erfüllt.

Berichte, im folgenden eine Korrespondenz aus England, können auch mit plastischen Details beginnen:

Verführerischer Bratenduft durchwehte gestern das britische Regierungsviertel: Metzger und Viehzüchter trugen das Silbertablett mit einem prächtigen Rippenstück zu Tony Blairs Amtssitz. Sie protestierten damit gegen das Verbot von nicht ausgebeintem Rindfleisch, das heute in Kraft tritt. Hinfort darf Fleisch nur ohne Knochen verkauft werden.

7.2.5 Gedankliche Dichte

Beim Bericht gilt im Vergleich zur Nachricht nicht das Prinzip der Denk- und Ausdrucksökonomie. Je nach Platz, Thema und Darstellungshaltung ist ausmalende Breite möglich oder ratsam. Bei sich wiederholenden ähnlichen Vorgängen bemüht man sich im allgemeinen um stilistische Variation; die Wiederholung oder Fast-Gleichheit kann jedoch auch durch identisches Wortmaterial hervorgehoben werden.

Stark sprachökonomische Formulierungen werden gewöhnlich nur in Sportberichten verwendet, etwa:

„Dabei war ich zu Beginn die Strecke zu schnell angegangen und hatte am Schluß nicht mehr so viel Kraft", sagte der Utrechter Lagenbronzenmedaillengewinner.

Solche extremen Komprimierungen sind allerdings problematisch.

7.2.6 Vorgangsgehalt (Dynamik)

Berichte sollten, da ihr Hauptgegenstand Vorgänge und/oder gesellschaftliche Prozesse sind, die Vorganghaftigkeit, die Dynamik auch zum Ausdruck bringen. Umfangreiche Erwägungen und Kommentierungen müssen sich erübrigen, denn sie sollen sich aus der Darstellung der Vorgänge selbst ergeben.

Die Methoden der Erzielung von Dynamik wurden im Text-Kapitel (S. 149 ff.), auch mit zahlreichen allgemeinen Beispielen, dargestellt. Hier sei deshalb nur auf die beiden bisherigen Texte dieses Kapitels hingewiesen, die dynamisch und damit, bereits unabhängig vom Gegenstand, interessant gestaltet sind:

So weist der Berichtstext aus dem AKW Biblis (S. 240 f.) mehrere Kriterien der Dynamik auf. Genannt seien zunächst die Satzkürze, die hier weit unter dem Durchschnitt selbst der Umgangssprache liegt (11,4 Wörter pro Satz – trotz eines Satzes von 37 Wörtern, der aber gut faßbar ist, weil er mit einer zitierten Aufforderung beginnt: *„Lassen wir den J. doch ein paar Sätze sagen"*); sodann die stark variierende Satzgliedfolge (nur sieben der 23 zitierten Sätze beginnen mit dem Subjekt, sechs mit einem Kurzzitat); weiter die Variabilität der Satzlänge (zwischen drei und 18, einmal 37); ferner die Expressivität der Darstellung; auch einige Ellipsen, d.h. grammatisch unvollständige Sätze usw.

In dem Bericht *Die Mitte gehört nicht Ost-Berlin* (S. 246 f.) liegt die Dynamik und die stärker intellektuell-politische Interessantheit im Aufeinanderprallen verschiedener Meinungen bzw. Standpunkte; es kommen zu Wort: Dieckmann (1 S.), der SPD-Staatssekretär (7 S.), der PDS-Vertre-

ter (2 S.), abermals Dieckmann (1 S.), abermals der SPD-Vertreter (3 S.)
und die Ostberliner Bauhistorikerin (4 S.) Von den Zitaten sind sieben
sehr kurz bis lakonisch. Dazwischen stehen Sätze wie *Die Elogen auf das
Erbe der DDR brachten den SPD-Mann in Rage* oder *Aber damit konnte er das
Plenum nicht beruhigen.*

Die beiden thematisch sehr unterschiedlichen Beispiele, die hier nur
andeutungsweise analysiert wurden, sind zugleich überzeugende Belege
für das Thema (stilistische) Variabilität, für das wir zur Demonstration
innerhalb des Textkapitels ein deutlich negatives Beispiel heranzogen (S.
158 f.).

7.2.7 Zum Anschauungsgehalt

Daß es dem Wesen eines Berichts entspricht, Anschauung zu vermitteln,
ist fast eine Binsenweisheit. Der Bericht hat das W i e zu zeigen, weniger
das W a s mitzuteilen. Dies wird besonders sinnfällig werden an unserem
abschließenden Beispiel zur Oderflut (S. 257 f.), wo die Unterzeile genau
das Was schon vorwegnimmt.

Anschaulichkeit ist eine Grundforderung an den Bericht, wenngleich
sie in unterschiedlichem Maße und auf verschiedenen intellektuellen Stufen zu stellen ist.

Mittel der Veranschaulichung – und Bildkraft – wurden detailliert
bereits im Text-Kapitel (S. 161 ff.) vorgeführt, auf das hier verwiesen sei,
zumal die Beispiele großenteils Berichten entstammen.

Zu ergänzen wäre lediglich, daß es abgesehen von den dort vorgeführten Beispielen zwischen den beiden Polen '(konkretes) Detail' und
'bildstrotzende Metapher' noch eine Art intellektueller Anschaulichkeit
gibt, die man vielleicht als eine Plastizität der Gedanken bezeichnen sollte; sie liegt etwa vor in dem mehrfach herangezogenen Beispiel über das
Berliner Stadtforum.

Daß ihrerseits Metaphern in Äußerungen, über die zu berichten ist,
ihre Tücken haben können, belegt sarkastisch ein Journalist:

*Die stellvertretende Landeschefin... lobte den neuen Vorsitzenden dafür, daß er
angesichts der desolaten Lage der Liberalen den Mut hat, „den Kopf aus der Kiste zu
nehmen". Ein etwas unglücklicher Vergleich, denn L. ist Bestattungsunternehmer.*

7.2.8 Zu den ästhetischen Methoden im Bericht

Der Bericht kann, in seiner Spielart Reportage, bereits zu literarischen Gestaltungsformen hinüberführen, die aber mit Journalismus – im Unterschied zu fiktionaler Literatur oder fiktionalem Hörfunk bzw. fiktionaler filmischer Darstellung – immer noch den Hauptnenner Authentizität gemeinsam haben.

Wir sind bereits wiederholt auf literarische Methoden, ohne dies immer hervorzuheben, zu sprechen gekommen: bei der Behandlung der Perspektive einschließlich der Rede- und Reflexionsdarstellung.

Insgesamt läßt sich für den Bericht, verglichen mit dem Genre Nachricht, sagen, daß hier eine ästhetisch-literarische Gestaltung möglich ist, die über die bloße Abbildung der Wirklichkeit hinausgeht. Selbst der einfachste journalistische Bericht sollte sich stilistisch deutlich von Berichten außerhalb der journalistischen Sphäre unterscheiden. Sicher können wir nicht so weit gehen wie E. E. Kisch, der als literarisch ambitionierter Reporter – mit gelegentlichen Erfindungen und Überspitzungen von Tatsächlichem – den Bericht schlichtweg als eine Kunstform bezeichnete (Kisch 1957, S. 126). Aber ästhetische Methoden gilt es zu nutzen, wo es sich vom Stoff her bietet.

Journalistisch berichten heißt mehr als alltäglich berichten; zumindest schließt es das Ringen um den besten, die Sache erfassenden und den Hintergrund andeutenden Ausdruck von Vorgängen ein. Dies erfordert Denken in stilistischen, in gedanklich-sprachlichen Varianten. Die Wirklichkeit soll nicht einfach technisch exakt wiedergegeben werden, sondern interessant, in der Wortwahl und im Gesamtduktus nicht abgegriffen, nicht banal. Anzustreben ist darüber hinaus, wo es angeht, ästhetische Stilisierung von Sachverhalten. Das verlangt, an der Wortwahl, an den Fügungen, an den Sätzen, Satz- und Gedankenfolgen und auch, wo es sich bietet, am Bild selbst zu feilen.

Einfache Beispiele einer zum Ästhetischen tendierenden Anschaulichkeit hatten wir bereits zu Beginn des Abschnittes über den Anschauungsgehalt von Texten (S. 161) dargestellt. Auch die zweifellos anschauliche Aussage wie *Der Schnee ist tatsächlich* [noch] *weiß, und er ist herrlich pulvrig* läßt sich, ästhetisch stilisiert, in zwei berichtende Sätze umformen: *Das stechende Weiß schmerzte die Augen. Der Schnee stob hinter Brettern und Kufen auf.*

Aber auch Vorgänge ihrerseits können ästhetisch stilisiert werden. So stellt E. E. Kisch in seiner Reportage „Die Obdachlosen von Whitechapel" den Schluß-Moment im Asyl

nicht alltäglich etwa so dar:	sondern schreibt, ästhetisch stilisierend:
...das Tor wird endlich geöffnet. Ich freue mich über die frische Luft. Doch die anderen stört die hereinströmende Kälte.	*...das Tor öffnet sich. Endlich, denke ich, und atme der Luft entgegen. Die anderen aber ducken sich vor dem ersten Hieb der Kälte.*

Hier offenbart sich nebenbei der gravierende soziale Unterschied: Kisch kann als Reporter das Asyl besichtigen; wer aber darin hausen muß, wird sich *vor dem ersten Hieb der Kälte ducken* müssen.

Daß die Grenzen zum Geschraubten naheliegen, zeigt sich wohl in der Formulierung *atme der Luft entgegen.* Dennoch lohnt sich oft der Gestaltungsversuch. Gelungen ist etwa die bereits zitierte Einleitung des Berichts vom Lande von S. 248, vergleichen wir daraus einen Satz

in einfacher Formulierung:	mit ästhetisch stilisierter:
Doch über den Hügelkuppen weht schon ein sanfter, herbstartiger Wind.	*Doch über die Kuppen der Hügel zieht sachte, gleichsam tastend, die erste Kühle des Herbstes.*

7.2.9 Zur Satzgestaltung
7.2.9.1 Der erste Satz

Für den Berichtsanfang gilt ganz speziell das bereits zum Textanfang allgemein Gesagte (S. 134 ff.). Hier ist nur noch vor einigen Fehlern zu warnen:

1. Der erste Satz eines Berichts sollte auf keinen Fall zu lang sein.

2. Kurze, syntaktisch unvollständige Sätze oder gar Einwortsätze sollten nur verwendet werden, wenn der Gesamtstil des Berichts dem versprochenen Duktus gerecht wird.

3. Über den ersten Satz hinaus ist zu warnen vor einem Allzuviel an Ellipsen in der Einleitung, etwa:

Montag morgen. 8 Uhr. Schimmelstraße. Fliegender Wechsel der Wagenbesatzungen. Richard 104, das sind Gerhard S. und Achim M.

Hier folgen fünf satzwertige Gebilde ohne Prädikat aufeinander. Dergleichen wirkt nicht nur hektisch; es ist auch insgesamt nicht durchzuhalten.

4. Beim ersten Satz sollte man schematische Orts-, Datums- oder Zeitangaben vermeiden. Floskelhaft geworden sind auch Anfänge wie *Endlich war/ist es soweit.*

7.2.9.2 Satzgestaltung im Bericht allgemein

Für den Bericht gibt es keine der Nachricht analoge Regel der Satzverknüpfung. In einem gewissen Sinne gilt auch hier freilich Anschlußstellung der jeweils folgenden Sätze als Prinzip.

(1) Die Sätze müssen jedoch nicht vordergründig logisch aufeinanderfolgen. Jedenfalls müssen Phasen eines Geschehens nicht auch durch pedantische Konjunktionen wie *nachdem, bevor, als, während, bis, trotzdem, obwohl* oder Adverbien wie *dann, danach, darauf, anschließend, vorher, zuvor* sichtbar verbunden werden. Will man Darstellung eines Geschehens emotionalisieren, so kann auf rein formale Anschlüsse verzichtet werden, wofür nochmals Kisch in unterschiedlichen Fassungen seiner „Floßfahrt" ein Beispiel liefert. Wir zitieren ihn, obwohl ein solcher Text üblicherweise nicht mehr zum Bericht gezählt wird.

In der 1. Fassung (1912) und in der 2. (1920) schrieb er:	Die 3. Fassung formulierte er an dieser Stelle so:
Trotzdem die Stämme krachend an den Schleusenrand stießen, kamen die schwimmenden Balken unversehrt durch Strömung und Gischt und lenkten, die Schützeninsel links liegen lassend, zum Altstädter Wehr ein.	*Krachend schlugen die Stämme an den Schleusenrand, aber unversehrt sauste unser Gebälk durch Strömung und Gischt. Den Schweiß von der Stirne trocknend, aufatmend, lenkten wir zum Altstädter Wehr ein.*

In der 1. und 2. Fassung werden die drei Phasen eines Vorgangs in einem einzigen Satz hypotaktisch, logisch unter- und zuordnend, formuliert und durch die Konjunktion *und* abgeschlossen. Das Anfangswort *trotzdem* (= obwohl) nimmt die Spannung weg, es antizipiert das als 13. Wort erscheinende *unversehrt*. Die Satzkonstruktion, eine untrennbare Aussage, umfaßt 26 Wörter. Die dritte Fassung formuliert die drei Phasen auch in drei Aussagen (wobei die ersten beiden durch Komma getrennt sind; es könnte hier auch ein Punkt stehen). Sie werden syntaktisch völlig verselbständigt und sozusagen szenisch für sich genommen. Das Wort *aber* als einzige Konjunktion erscheint erst an der unbedingt notwendigen Stelle. Die Art der Vorgänge wird jeweils an der Spitze der Aussagen charakterisiert (*krachend schlugen/unversehrt sauste/den Schweiß von der Stirne trocknend, aufatmend lenkten*), also als Adverbialfügung vor das Prädikat gesetzt, was wir bereits als ein Mittel der Dynamik nannten. Es gibt nun faktisch 3 Sätze mit 7, 9 und 13 Wörtern; dabei ist noch ein Anschauung weckendes Detail (*Den Schweiß von der Stirne trocknend, aufatmend*) hinzugefügt worden.

Wir können hier vergröbernd resümieren, daß eine weniger emotionale Darstellung hypotaktische Satzkonstruktionen bevorzugt, bei der logische und chronologische Bezüge sprachlich genauer formuliert werden, und daß eine stärker emotionale Darstellung die Geschehensphasen relativ selbständig, parataktisch, nebeneinanderstellt. Dies ist zugleich als ein syntaktisches Unterscheidungsprinzip zwischen „Sachbericht" einerseits und „Erlebnisbericht" bzw. Reportage andererseits zu verallgemeinern. Vor einer zu pauschalen Anwendung dieser Regel ist jedoch zu warnen.

(2) Beim Bericht ist noch stärker als bei anderen Genres die Variabilität der Satzlänge, also die Differenz zwischen dem kürzesten und dem längsten Satz des Textes bzw. die ständig wechselnde Länge von Sätzen ein Element interessanter und rezeptionsfördernder Gestaltung. Wir haben bei der Kurzanalyse von Berichtspassagen bereits konkrete Zahlen genannt. Selbstredend wird kein Journalist die Länge seiner Sätze abzählen, aber er sollte dieses Prinzip als Autor verinnerlichen, denn auch dieser Grundsatz richtet sich gegen Monotonie. Zumindest wird man bei der redaktionellen Arbeit darauf achten können und müssen.

(3) Im drastischen Unterschied zur Nachricht – und dies ist eines der wichtigsten formalen Kriterien – dürfen (oder sollten) wir je nach

emotionalem Gehalt und nach angestrebter Dynamik von der grammatischen Norm abweichen. Möglich sind also

a) Ellipsen, d.h. unvollständige Sätze;

b) Wiederaufnahmen von Satzgliedern, Neuansätze (sogenannte Prolepsen), z.B. *Doch die Stimmung, s i e war nicht so.*

c) syntaktische Absonderungen, vor allem von Satzteilen, die Adverbialbestimmungen und Attribute enthalten, z.B. *Aber sie kamen. Zug um Zug.*

d) Parenthesen, d.h. vorübergehende Unterbrechungen durch einen anderen Satz, einen Satzteil oder ein Wort. Unterbrechungen wie die folgende können allerdings auch irreleiten: *Die Zahl der Verkehrsunfälle stieg, als die Sicht vielerorts nur 20 bis 50 Meter betrug, trotzdem nicht an.*

Ein Beispiel für subjektlose Nachtragskonstruktion – also zu a) und c) – bietet folgende Passage:

[*Mit diesem Alter sah er das erstemal eine Schule von innen.*] *Franz holte schnell auf. Konnte einige Klassen überspringen. Wurde aus der siebten Klasse entlassen. Begann eine Lehre als Former. Schloß sie ab.*

Daß eine solche Darstellungsweise dynamisch wirkt, liegt auf der Hand; sie ist jedoch kaum durchzuhalten.

(4) Was den Satzumfang und den Verbgehalt betrifft, so gilt als Maxime selbst bei stark sachbezogenen Berichten, daß allzu umfangreiche Sätze aufzugliedern sind, so daß gleichzeitig auch der Verbgehalt und damit der Vorgangsgehalt erhöht wird. Oft bietet sich daneben eine weitere Steigerungsmöglichkeit: eben, wenn sich das Prädikat semantisch aus dem Zusammenhang ergibt und entbehrlich ist, verzichtet man darauf und bildet Ellipsen, wie wir sie schon mehrfach in den Textbeispielen vorfanden.

7.2.10 Phraseologie

Der journalistische Bericht ist eine individuelle und in der Regel auch namentlich gekennzeichnete Darstellung. Im Vergleich zur Nachricht sind hier Wortverbindungen stärker bis stark persönlich geprägt. Fertigstücke haben im Bericht keinen Platz. Daß sie sich in Sportberichten – die oft als Genre die reinsten Berichte sind – öfter finden, hängt mit dem Zeit-

druck zusammen, unter dem sie verfertigt werden. Es wimmelt hier demzufolge oft von Schablonen, Chiffren, auch gestanzten Äußerungen, die
Fachfremde oft mit Verwunderung, Mißbilligung oder auch Erheiterung
wahrnehmen, so etwa

Die begeistert mitgehende Kulisse trieb ihre Mannschaft immer wieder nach vorn.

Der Zeitdruck ist also kein Freibrief für die Redaktion. Oft ist Zeit
genug vorhanden, selbst eine Agenturvorlage wenigstens grob zu redigieren oder von Fertigstücken zu befreien.

In Texten aus anderen Gebieten fallen deshalb Fertigstücke um so
mehr auf, wenn auch da vorwiegend für Fachfremde. So ist etwa das
Weiß ihrer Berufskleidung ein beliebtes Fertigstück für Bäcker. Funktionslos
oder erheiternd wirkt es aber, wenn man liest:

Freudig berichteten die Bäcker im Weiß ihrer Berufskleidung, daß dieser neue,
hochmoderne Riesenbau in knapp zwei Jahren entstanden war.

Die Bekleidungsfarbe ist für ihre Freude und den Bericht ebenso
unerheblich wie der *hochgeschlitzte Rock* für den folgenden Berichtsteil
über die Festivalauszeichnung einer Filmschauspielerin:

Jubel erntete Jeanne Moreau... Sichtlich gut gelaunt und in hochgeschlitztem
Rock nahm der... Kinostar den Preis von Katja Riemann entgegen.

Zugleich handelt es sich hier (*gut gelaunt u n d in hochgeschlitztem Rock*)
um eine Falschkopplung. Falschkopplungen gelten allgemein als Stilfeh-
ler (*Hastig ergriff er sein Gepäck und die Flucht*), werden aber mitunter bewußt eingesetzt, sei es in humoristischer Absicht (*Nimm Rücksicht und dein*
Taschentuch!) oder, so in einem rückschauenden Bericht, in sarkastischer:
Schmeling ging zu Boden und danach drei Wochen ins Krankenhaus.

7.2.11 Zur Tempuswahl beim Bericht

Mit dem Tempusgebrauch beim Bericht kommen wir zum wohl brisan-
testen Problem seiner Stilprinzipien. Unter Journalisten wird vielfach die
Meinung vertreten: Stellen wir einen vergangenen Sachverhalt im Präsens
dar, dann wird unser Text lebendig, er wird dynamisch, er ist emotionaler. Die Allgemeingültigkeit dieses oberflächlichen Prinzips wurde bereits
in den Ausführungen zur zeitlichen Perspektive eines Textes (S. 131 ff.)

in Frage gestellt. Hier nun Näheres zum Bericht und zur Reportage, weil hier das Problem die größte Bedeutung hat.

7.2.11.1 Zum „historischen Präsens"

Nach herkömmlicher Meinung stellen Journalisten ein vergangenes Geschehen im Präsens dar, um damit größere Spannung zu erzielen, Vergangenes sozusagen als jetzt Geschehendes auszugeben. Der Sachverhalt ist jedoch viel komplizierter. Demonstrieren wir ihn an einem mit Absicht guten Beispiel, das den Leitsatz zu bestätigen scheint. Es geht in dem (hier ganz zitierten) Text um die Oderflut im Sommer 1997; dabei handelt es sich um einen von über 60 Texten – z.T. auch Porträts – größeren Umfangs über Menschen, Natur und Vorgänge im Gebiet um Frankfurt an der Oder:

Der Deich hält!
Verbissen kämpfen die Helfer um den Damm bei Hohenwutzen.
Nach mehreren Rissen haben Experten die Hoffnung aufgegeben.
Es passiert das Unglaubliche: Der Deich wird gerettet
– und damit das Oderbruch.

Hohenwutzen. Am schlimmsten ist es, wenn das ständige Tackern der Hubschrauberrotoren plötzlich aufhört. Beklemmende Stille liegt dann über Hohenwutzen. Ist der Deich aufgegeben? Bricht der Damm? Die bangen Fragen stehen in den Gesichtern der Menschen. Aber sie arbeiten verbissen weiter. Es ist die Nacht der stillen Helden.

Der 20jährige Obergefreite Sven Piel aus Hamburg kann sich kaum noch auf den Beinen halten: „Wir sind seit gestern 12 Uhr im Einsatz, ich weiß gar nicht mehr, welcher Tag ist." Zusammen mit seinen Kameraden von der Marineschule in Kappeln verstärkt er pausenlos den Deich. Svens Hände sind geschwollen und wund. Die rauhen Sandsäcke reißen die Haut von den Fingern, und die Uniform ist naß und klamm.

Auch der 18jährige Matrose Christian Rapior hat unendlich müde Augen. „Im Moment hasse ich den Deich." Haßt er den Deich? Oder das Wasser? „Wir sind völlig am Ende." Irgendwann gab es etwas zu essen. Gulasch, Nudeln. Egal, Hauptsache warm. „Wenn bloß die Müdigkeit nicht wäre." Vielleicht denkt er in den lan-

gen Stunden am Deich an seine Eltern, sein Mädchen daheim in Merseburg. Seit Ta-
gen hat er nichts mehr von ihnen gehört.

Unaufhörlich rollen die Fahrzeuge. Die Nacht ist dunkel; am Himmel steht der
große Wagen. Die Oder strömt schwarz, strudelnd und bedrohlich am Deich entlang.
Von weit her leuchten die Scheinwerfer der Truppen. 400 bis 500 Mann, Bundes-
wehr, THW, Freiwillige sind im Einsatz. Immer wieder kommt einer von ihnen zu-
rück: „Die Chancen, den Deich zu halten, liegen jetzt bei 50 Prozent", sagt einer.
Die Hoffnung gibt allen neue Kraft. Die 36jährige Bärbel Scharke steht auf einsamer
Wacht. Die Berliner Bereitschaftspolizistin müßte – wenn denn der Deich bricht –
die Menschen in Sicherheit bringen. „Unfaßbar, die Gefühle, die die Leute hier haben
müssen."

Klaus und Gudrun Karbe überbrücken ihre Angst mit Arbeit. In ihrem Gast-
haus „Am Oderdeich" ist die Bude voll. Journalisten, Feuerwehrleute, Dorfbewohner.
Gudrun Karbes Augen sind rot, die letzten Nächte waren kurz. Längst sind die
Vorräte aufgebraucht, Nachschub ist kaum zu organisieren. Der Gasthof liegt im
Evakuierungsgebiet. Eigentlich müßten alle weg sein. Doch man hält die Stellung.
Plötzlich verstummt das Stimmengewirr. Im Radio gibt es neue Meldungen vom
Deich. „Ein Fünkchen Hoffnung…", sagt der Sprecher.

Um kurz nach fünf fliegen die Helikopter wieder. Es wird langsam hell. Aber
ein neuer Riß gefährdet den Deich. „Die Lage ist kritisch, aber wir kämpfen weiter",
versichert Major Michael Ruess von der 5. Panzerdivision aus Mainz. Die Rotoren
der Helikopter peitschen Gischt und Sand über dem Deich auf. Lastwagen donnern
durch die Stille. Inzwischen hat es begonnen zu regnen. Das verschärft die Lage.

Die Menschen in Hohenwutzen fühlen mit den Soldaten. „Die Jungs tun mir so
leid, sie sind so knülle", sagt Barbara Hasse. Sie wohnt im Deichhaus direkt hinter
dem porösen Bollwerk. Sie sollte längst weg sein, aber Barbara Hasse hat eine wichti-
ge Aufgabe. Sie versorgt die Soldaten mit heißem Kaffee. Sie bleibt.

Schon beim ersten Lesen dieses im übrigen hervorragend verständlichen Textes wird deutlich, daß hier Inhalt und Form in fast idealer Weise
übereinstimmen.

(1) Der Verfasser bedient sich bewußt eines schlichten, aber nicht
primitiven Wortschatzes. Wo es nottut, empfindet er auch im Eigentext
Umgangssprache nach (*sein Mädchen daheim, die Bude voll, eigentlich müßten sie*

alle weg sein); manche Formulierungen nähern sich der Denkform der Personen, also erlebter Reflexion (*Irgendwann gab es etwas zu essen. Gulasch, Nudeln. Egal, Hauptsache warm.*), oder sie sind ihnen als Frage nachempfunden (*Haßt er den Deich? Oder das Wasser?*) und leiten zugleich Rede ein. Wo überhaupt Redeverben stehen – in der Mehrzahl wird zur Rede kontextual, ohne Redelexem, übergeleitet –, sind sie schlicht und von der Variationssucht vieler Autoren bewußt entfernt (dreimal einfaches *sagt*, einmal – mit Recht – *versichert*).

(2) Es gibt im gesamten Text kein einziges Fertigstück. Ein Ansatz dazu (*Die Chancen liegen jetzt bei...*) entspricht völlig der Situation.

(3) Die Syntax ist in jeder Hinsicht optimal. Die Sätze sind bei einer Spannweite zwischen zwei und 22 Wörtern im Durchschnitt äußerst kurz. Mit 8,3 Wörtern pro Satz entspricht der Text der Satzlänge eines Dramas und liegt weit unter dem Durchschnitt der Alltagssprache. Viele Sätze sind extrem kurz, ohne je den Eindruck des Manierierten zu wecken. Die insgesamt 57 Sätze (einschließlich der Redesätze) weisen trotz einiger Ellipsen, hier prädikatloser Aussagen, 61 Prädikate auf; also jedes siebte Wort des Textes ist im Durchschnitt ein Prädikat. Höher kann der Verb- bzw. Prädikatsgehalt kaum sein.

(4) Obwohl der Text vor allem Handlung, Vorgang darstellt, besteht er zu 1/6 aus Redewiedergabe. Es kommen sechs Personen (und eine Rundfunkstimme) zu Wort, die zur Gesamtdarstellung Wesentliches beitragen. Fast alle neun Redesätze sind persönlich geprägt; 6mal erscheinen darin Personalpronomina (*ich/mir/wir*), 2mal enthält die Rede subjektive Hinweiswörter (*jetzt/die... hier*), und selbst der Satzfetzen aus dem Radio sagt etwas aus und gibt Atmosphärisches.

(5) Dynamik wird außer durch Satzkürze auch durch Fragen bewirkt, und zwar nicht nur im Autortext, sondern auch im Redetext.

(6) Der Text ist äußerst anschaulich, und zwar durch viele – aber nicht zuviele – konkrete Details einerseits (zum Beispiel *arbeiten verbissen weiter, geschwollen und wund, von weit her leuchten, Augen sind rot, peitschen Gischt und Sand, hat es begonnen zu regnen, mit heißem Kaffee*) und andererseits durch anschauliche Vorgangsdarstellungen, für die ein kurzer Satz von hoher,

fast dichterischer Bildkraft stellvertretend genannt sein mag: *Die Oder strömt schwarz, strudelnd und bedrohlich am Deich entlang.*

(7) Zu nennen sind noch die Anfangsgestaltung und der Schluß. Der erste Satz wirkt nur scheinbar, durch seine (relative!) Länge, weniger dramatisch. In Wirklichkeit nimmt er die ungeheure psychische Spannung vorweg, die gleich im zweiten Satz – in sechs Wörtern – deutlich wird. Der lapidare, aus zwei Wörtern bestehende Schlußsatz deutet auch lexisch die Fortdauer der unerhörten Anspannung, des latenten Kampfes gegen die Fluten an und beschließt so die *Nacht der stillen Helden*.

Mit dieser eingehenderen Stilanalyse sind wir scheinbar der Hauptfrage, der Frage nach dem Tempus, aus dem Wege gegangen.

Nur scheinbar. Denn zum einen ist an der Betrachtung deutlich geworden, daß die Qualität und vor allem die Spannung dieses Textes nicht mit dem Tempusgebrauch, hier: dem Präsens, zu tun hat.

Zum anderen hat dieses Präsens auch eine konkrete Funktion: Mit ihm werden Vorgänge dargestellt, die noch in die Berichtsgegenwart hineinwirken oder die, wie das Fließen der Oder, auch in dieser Form von (längerer) Dauer sind. Das Präteritum als Grundtempus würde hier die Vorgänge, den Prozeß insgesamt, als Abgeschlossenes darstellen, so wie dies beim Bericht über das AKW oder das Stadtforum der Fall war.

Zum dritten dient das Präsens dazu, den Gesamtvorgang weniger – wie im Kriminalroman durch das Präteritum – als spannenden Ablauf darzustellen als vielmehr das Geschehen szenisch nahezubringen. Mit dem Präsens sind hier Autor und Leser gleichsam in jedem Moment der Darstellung zugegen. Rückgriffe in die (Vor-)Vergangenheit werden vom Kontext temporal abgehoben; hier: *gab es* (Satz 18), *längst aufgebraucht* (38).

7.2.11.2 Das Präteritum als objektives und zur psychologischen Identifikation zwingendes Tempus

Der Gebrauch des Präteritums für den Bericht hat zwei fast gegensätzliche Funktionen, die kontextabhängig sind:

1. bezeichnet das Präteritum objektive Zeitstufen und Zeitebenen gegenüber dem Zeitpunkt der journalistischen Übermittlung (des Drucks, der Sendung), und zwar völlig unabhängig von der emotionalen

Anteilnahme. Diese wird vielmehr durch andere Mittel ausgedrückt, wie wir an den Berichten über das AKW und das Stadtforum – und indirekt auch an dem über die Oderflut – sahen. Unentbehrlich ist das Präteritum stets bei objektiven Berichten von dokumentarischem Wert und als authentischem Dokument.

2. kann das Präteritum, was wir bereits an Beispielen zur Perspektive (S. 131 ff.) sahen, auch eine besonders persönliche bzw. subjektive Sicht bezeichnen, wie die folgende Passage eines Berichts aus Budapest demonstriert:

Wir fragten uns durch. Wider Erwarten keine Sprachschwierigkeiten. Viele Menschen gaben uns Auskunft in deutscher Sprache. Also, zuerst zwei Stationen mit der neuen U-Bahn, dann weiter mit der Straßenbahn.

Die U-Bahn war auch für uns neu. Modern und großzügig zeigte sich ihre erste Station, einige Treppen nur unter dem k. u. k. Bahnhof. Steil und tief führten die Rolltreppen hinab, kein Vergleich mit Berliner Verhältnissen. Der Zug hielt, man stieg schnell ein, und in schwindelerregendem Tempo fuhr er wieder an. Man verlor, ein solches Anzugstempo nicht gewohnt, die Balance. Einheimische lächelten, nachsichtig und ein bißchen stolz. Sie hatten allen Grund, stolz zu sein, denn sie besaßen die jüngste und die erste Metro Europas.

Die Autorin hat uns so sehr in das Geschehen hineinversetzt, daß wir einige grammatisch falsche Zeitformen gar nicht bemerkt haben; denn natürlich i s t zum Zeitpunkt des Berichts die Station modern und großzügig, s i n d die Treppen steil und f ü h r e n tief hinab, s t e i g t man schnell ein, denn der Zug f ä h r t rasch wieder ab, und die Budapester b e s i t z e n zum Zeitpunkt des Berichts (neben der ersten auch) die jüngste Metro. Und dennoch sind diese Formen stilistisch völlig angemessen. S i e sind es nämlich, die den Rezipienten suggestiv zur Identifikation mit der Darstellung zwingen. Dies hängt damit zusammen, daß hier von Anfang an eine subjektive Perspektive bezogen und der Sachverhalt durchgängig emotional – nebenbei auch dynamisch – dargestellt wird. Außerdem verzichten, hineinführend, der 2. und 4. Satz auf das Prädikat, wobei der 4. Satz zugleich erlebte Rede vermittelt. Fixiert wird die subjektiv-emotionale Perspektive und Darstellungsweise mit dem Beginn des 2. Absatzes (= 5. Satz), und zwar durch die vorangehende erleb-

te Rede unmerklich (*Die U-Bahn war auch für uns neu*). Im darauffolgenden Satz kann das Persönliche schon weggelassen werden: *zeigte sich*.
Hier fehlt *uns* ebenso wie im 6. Satz (*führten – wen?*). Der nächste schließt
dann schon unauffällig den Leser mit ein (*man*), ohne daß das *Wir* wieder
eingeführt wird. Der Rezipient hat indessen zwanghaft bereits die Perspektive eingenommen, so daß ihm das logisch Absurde der Form *besaßen*, eben eines Stilistikums, völlig entgeht.

Wir haben hier ein Musterbeispiel dafür, wie der Rezipient zum Hineinversetzen in erlebtes Geschehen gezwungen wird – oder aus techni-
scher Sicht: wie man Identifikationszwang bewirkt. In solchen Fällen
wird, abweichend von der landläufigen Meinung, keineswegs das Präsens
gebraucht, um Spannung zu erzeugen. Es würde hier vielmehr – wie
auch das kürzere Experiment oben schon andeutete – einer statischen
Beschreibung gleichen:

*Die U-Bahn ist auch für uns neu. Modern und großzügig zeigt sich ihre erste
Station, einige Treppen nur unter dem k. u. k. Bahnhof. Steil und tief führen die
Rolltreppen hinab, kein Vergleich mit Berliner Verhältnissen. Der Zug hält, man
steigt schnell ein, und in schwindelerregendem Tempo fährt er wieder an. Man verliert,
ein solches Anzugstempo nicht gewohnt, die Balance. Einheimische lächeln, nachsichtig und ein bißchen stolz, denn sie besitzen die jüngste und die erste Metro Europas...*

Die Darstellung wirkt in dieser Passage undynamisch. Das emotionale Element des zeitlichen Hineinversetzens, der psychologischen Identifikation mit dem einmaligen, abgelaufenen Geschehen, zu dem der Rezipient gezwungen wurde, ist nicht nur formal getilgt.

Wir können deshalb folgendes Resümee zur Tempuswahl ziehen:

Noch mehr als die Satzgestaltung hängt die Tempuswahl vom Gegenstand und dem Charakter des Berichts ab. Beim streng sachbezogenen, auch auf das Dokumentarische fixierten Bericht ist der Tempusgebrauch objektiv. Das Präteritum bezeichnet hier bereits Geschehenes,
das Präsens hier nur das noch (oder allgemein) Gültige, hat also auch beschreibenden Charakter. — Beim stark subjekt-, stimmungs- und erleb-
nisbezogenen Bericht ist dagegen subjektiver Tempusgebrauch möglich.
Vergangenes kann hier mit dem Präsens, umgekehrt aber auch noch Gegenwärtiges mit dem Präteritum bezeichnet werden.

Diese Prinzipien sind fundamental und stehen oberflächlichen Schulmeinungen völlig entgegen. Sie verweisen zugleich auf die Möglichkeiten kreativer Handhabung der Grammatik im Journalismus.

Neben diesem Grundsätzlichen sei nur noch bemerkt, daß die bereits erwähnte Form *sollte(n)* + Infinitiv für die Zukunft in der Vergangenheit berichtsspezifisch ist. So heißt es in einer berichtenden Rückschau:

Nannens Sternstunde schlug 1948. Da entwickelte er aus der Jugendzeitschrift „Zickzack" die Illustrierte „Stern", die als politisch engagiertes Unterhaltungsblatt zum auflagenstärksten Magazin Europas werden sollte.

Die Form *werden sollte* statt *wurde* bezeichnet einen Vorgriff vom Berichtszeitpunkt auf einen späteren; *wurde* hieße, daß dies gleich oder bald nach 1948 eintrat.

7.2.12 Zur Wortwahl beim Bericht

(1) Das Wortmaterial kann im Unterschied zur Nachricht je nach Darstellungshaltung von den standardsprachlichen Normen abweichen, und zwar sowohl in territorialer als auch in sozialer Hinsicht. Landschaftlich oder sozial begrenzte Wörter lassen sich, ihre Verständlichkeit im Kontext unterstellt, sehr gut zur Zeichnung eines Kolorits verwenden – immer vorausgesetzt, daß sie dem Gegenstand und dem Kontext angemessen sind.

(2) Wie in der Nachricht verwenden wir im allgemeinen den Grundwortschatz, aber wir haben hier stärkere Möglichkeiten, Fachgegenstände mit Fachwörtern, wenn sie sich kontextual erklären, oder durch verschiedene Formen der Periphrase darzustellen. Ganz allgemein gilt: Verwendet man Fach- oder Fremdwörter, so sollten sie echte Funktion haben. Sind sie unumgänglich, aber dem Rezipientenkreis nicht verständlich, so sollte man sie durch ein assoziationsfähiges deutsches Wort ersetzen oder in Parenthese erläutern, etwa: *Im September* [war] *dann die Bonitur – die Begutachtung – der Lämmer.*

(3) Im Unterschied zur Nachricht können Wörter bezüglich der Expressivität je nach Darstellungshaltung vom Sachbezogenen erheblich abweichen.

(4) Nicht in dem Maße wie in der Nachricht ist Präzision des Wortmaterials notwendig, da ungenau verwendete Wörter im Zusammenhang präzisiert werden können oder ihre Semantik sich aus dem Kontext ergibt.

(5) Im Bericht können – im Unterschied zur Nachricht – durchaus mehrdeutige Wörter, verwendet werden, abhängig von Darstellungshaltung und Kontext. In Wortspielen, z.B. beim Zeugma (*Sie trugen zwar die Platte, ich aber die Verantwortung*), dienen sie bestimmten Effekten.

(6) Man beschränkt sich auf die notwendigen Abkürzungen; bei stark sachbezogener Darstellung können wiederholt bezeichnete Sachen jedoch auch in Abkürzungsform erscheinen. Extrem sprachökonomische Komposita sind mit Rücksicht auf schnelle Rezeption nicht zu empfehlen.

(7) Der Gebrauch von individuellem, nicht allgemeinüblichem Wortmaterial, insbesondere auch von Wortschöpfungen, ist möglich und je nach Emotionalität und individuellem Stil des Berichts sogar ratsam.

(8) Im Bericht lassen sich je nach Thema und Stilebene in reichem Maße Tropen, vor allem metaphorische Wörter, verwenden.

(9) Im Bericht werden, Untersuchungen zufolge, die meisten Modewörter verwendet. Ob dies immer nötig ist und Interesse weckt, ist indessen fraglich, da hier das zu den Fertigstücken Gesagte sinngemäß gilt. Meist stehen Modewörter, weil ihr Umfang zunimmt und sie oft mehrere Bedeutungsnuancen haben, der Konkretheit entgegen.

Die letzten Gesichtspunkte sind für die Wortwahl beim Bericht besonders bedeutsam. Als Ausdruck der Individualität der Berichtenden und der besonderen, nicht modehaften Sicht ist das angemessene Wort zusätzlich geeignet, die Rezipienten mit dem Geschehen zu verbinden, direkte oder indirekte Urteile nachzuvollziehen oder -zuempfinden.

7.3 Interview

Das Interview, als Texttyp selbst für Laien klar erkennbar, läßt sich leicht definieren. Vereinfacht gesagt, ist das Interview eine strukturell stereotypisierte Form von genregewordener Redewiedergabe mit zwei oder mehr Personen. Dabei gibt es fließende Übergänge zum Gespräch, das wir hier in wesentlichen Abschnitten (z.B. 'Satzkonstanz') miterfassen.

Beim Interview veranlaßt der Journalist einen (kompetenten) Partner mit inhaltlich bestimmenden und sprachpsychologisch lenkenden Fragen zu inhaltlich und formal angemessener Stellungnahme. Neben solider Sachkenntnis im jeweiligen Bereich besteht die Notwendigkeit, sich intellektuell, psychisch und gedanklich-sprachlich auf den Partner einzustellen – von der Konzeption bis zur Formulierung und möglichen spontanen Änderungen geplanter Fragen, die auch stilistische Gewandtheit und Bezug auf die Antworten erfordern. Dabei repräsentiert der Journalist zwar zunächst sein Medium, vertritt aber gegenüber dem Partner auch – und besonders in bezug auf das intellektuelle Niveau und die Verständlichkeit – seine Rezipienten.

Im Interview können in Ansätzen fast alle traditionellen Darstellungsarten vertreten sein. Es kann einfach mitgeteilt (informiert), beschrieben, berichtet, geschildert, geurteilt, dargelegt und vor allem erörtert werden – je nach Platz, Thema, Frageweise und Partner.

Trotz der Heterogenität der Darstellungsarten lassen sich die Stilprinzipien für das Interview recht genau bestimmen.

Sprachliche Grundsätze

Das Interview kann als ein asymmetrischer Dialog (Kalverkämper 1979, S. 410) bezeichnet werden, in dem unterschiedliche Individuen unterschiedlich präsent sind. Daraus ergeben sich drei Grundforderungen:

1) ein wie immer gearteter Unterschied in den Sprachformen, der zugleich im Interesse der Glaubhaftigkeit deutlich macht, daß es der Rezipient nicht mit einem Gesamttext von unterschiedlicher Rollenverteilung zu tun hat. Zugespitzt: Je mehr sich die Sprachformen voneinander abheben, desto glaubhafter und zugleich interessanter erscheint die journalistisch beabsichtigte Gesamtaussage;

2) die Verbindung der Sprachformen beider Interviewpartner. Sie äußert sich vor allem im syntaktischen und semantischen Bezug;

3) das trotz der Asymmetrie bestehende Frage-Antwort-Prinzip. Der Interviewer soll zwar den Partner aus der Reserve locken, aber nicht uferlos monologisieren lassen. Dabei bedeutet die Frage nicht nur die gedachte Überschrift eines Teilproblems, sondern sie kann so (vor)formuliert werden, daß sie den Partner bestärkt oder zu verschärfenden Formulierungen provoziert.

Prinzipien für die Sprache des Interviewten

Es erscheint auf den ersten Blick widersinnig, spezielle Prinzipien für die Sprache des Interviewten formulieren zu wollen. Aber wenn wir den psychologischen und damit auch den sprachlichen Einfluß des Journalisten auf den Partner bedenken, sind sie durchaus begründet. Dem Interview als fertigem Text sollten vor allem eignen:

– Natürlichkeit

Eine Person, die sich für ein journalistisches Medium – und vor dem Mikrofon – zu äußern hat, weiß im Normalfall, daß es um Öffentlichkeit geht, und dies bedeutet eine psychologische Barriere. Der Befragte glaubt oft, in druckreifen Wendungen sprechen zu müssen, was der Interessantheit („blablabla") oder der Glaubhaftigkeit Abbruch tut. Hinzu kommt die Frageweise. Einer zu papieren gestellten Frage folgt im Normalfall eine papierene Antwort, einer phrasenhaften Frage eine schablonenhafte, einer gestelzten Frage eine gestelzte oder bei ungenügender Sprachbeherrschung unbeholfene, grammatisch falsche oder gar lächerliche Antwort. Es hängt stark vom Lenken oder auch dem Redigieren bzw. Schneiden ab, wie der Partner antwortet. So war der Schriftsteller Franz Fühmann für seine Perioden von kunstvoll-extremer Länge (bis über 300 Wörter) bekannt. In einem Interview verstand es jedoch ein Journalist, dem Partner Fühmann im Zusammenhang mit dessen literarischen Anfängen eine syntaktisch einfache und plastische Darstellung zu entlocken:

Mit dem Buch kam ich sehr früh in Berührung. Die Umstände brachten das so mit sich: Ein kleines Nest im Riesengebirge, es regnete oft, der Rundfunk lag in seinen ohrenstrapazierenden Anfängen, Kino gab's für uns Kinder alle drei Monate, und ein Dilettantenverein spielte ein- bis zweimal im Jahr Operetten, das war's denn auch

schon. Ich lernte lesen, noch bevor ich zur Schule ging, und ich verschlang alles Phan-
tastisch-Spannende, ohne darüber nachzudenken, ob's Kunst oder Kitsch war. Beein-
druckt haben mich... Nachdem ich schreiben gelernt hatte, phantasierte ich nach die-
sen Vorbildern drauflos.

– angemessene Offizialität

Der Grad der Offizialität soll abhängen von der Seriosität der Publikation bzw. der Sendereihe und vom Thema, aber auch von der Person, die
interviewt wird. Was in einem politisch bedeutsamen Interview ratsam
ist, kann auf anderer Ebene verfehlt sein. Berücksichtigt werden muß
auch die soziale Schichtung, das Alter des Partners und der mutmaßlichen Rezipienten. Dies wird oft nicht getan.

– angemessenes Sprachniveau

Ein angemessenes Sprachniveau ist für ein Interview unabdingbar. Wenn
es etwa um ein wissenschaftliches Thema geht, beispielsweise um Ge-
schwulsterkrankungen, so folgt auf eine

Frage: Was ist das Gemeinsame an den vielen Arten des Krebses?

völlig angemessen die gut verständliche

Antwort: Krebs ist eine Wachstumsstörung in der Zelle. Das Verhalten einer
Zelle ist programmiert, und Viren oder chemische Substanzen können die Wachs-
tums- und Vermehrungsvorgänge der Zelle sozusagen fehlprogrammieren. Die Lösung
des Krebsproblems hat man in der Hand, wenn man die Regulationsprozesse des Zell-
wachstums begriffen hat und diese Prozesse steuern kann.

Der Partner, ein Wissenschaftler, bedient sich einer dem Laienkreis
verständlichen Sprachform.

Leicht geraten die Partner jedoch bei einfachen Sachverhalten, meist
angeregt durch den Journalisten, in unangemessenen Jargon, oft in
Sportinterviews:

Journalist: Waren Sie nicht ein bißchen sauer? Was war Ihr erster Gedanke
nach dem Zielstrich?

Partner: Großer Mist, doch nur Zweiter. Aber das war Unsinn... Karli
Scholz, der ehemalige Rekordhalter auf meiner Strecke, hat einmal gesagt: Wer auf
der Strecke gut sein will, der muß ein Wildschwein sein! Da ist schon was dran.

Dem Jargonwort *sauer* folgen in der Antwort prompt Ausdrücke wie *großer Mist/gut sein/ein Wildschwein sein* (was heißt das?), *ist was dran*. Abgesehen von dem Stereotyp *Was war Ihr erster Gedanke nach dem Zielstrich* stört umgekehrt eine Formulierung wie *(X) hat einmal gesagt*, die einen bedeutungsvollen Ausspruch erwarten läßt (vgl. *Napoleon hat einmal gesagt*).Derlei abzudrucken, diskreditiert gleichermaßen Journalisten wie Interviewte.

Nun ist ein solches Beispiel angesichts der gegenwärtigen Tendenz zur Fäkalsprache noch harmlos. Trotzdem sei gerade an ihm der Sinn für die Sache geschärft.

– Konkretheit

Eine Grundforderung an das Interview ist Konkretheit der Fragen und Antworten. Allgemeine Fragen ziehen unspezifische, nicht individuelle Antworten nach sich oder führen zu täglich gehörten Fertigstücken. Dies wird an folgender Frage und Antwort in einer DDR-Zeitung deutlich; hier führt die Frage nach dem Ergebnis (statt nach dem Wie) zu einer Antwort mit Stereotypen:

Frage: Welche Ergebnisse hat eure Kreisleitung mit der systematischen Arbeit mit Parteiaufträgen erzielt?

Antwort: Wir wurden der gewachsenen Aktivität unserer Genossen besser gerecht. Den Grundorganisationen halfen wir besser in der politisch-ideologischen Arbeit. Niveauunterschiede in der Parteiarbeit konnten wir verringern.

Gradangaben, bloße Relationen (*besser/besser/Niveauunterschiede verringern*) sind verknüpft mit unklaren Schablonen (*der gewachsenen Aktivität gerecht werden*).

– Allgemeinverständlichkeit

Sehr oft arten Interviews in Fachsimpelei aus. Dies ist insofern nicht verwunderlich, als meist ein Kundiger über einen (politischen, wirtschaftlichen, technischen u. ä.) Fachgegenstand befragt wird. Das Fachthema sollte deshalb in seinen allgemein-gesellschaftlichen Aspekt gerückt werden. Zu spezifische, mit Termini durchsetzte Fragen können zwar dem Experten imponieren, ihn aber zu noch verstärkter Fachsimpelei mit

Ausdrücken verleiten, mit denen das am Gegenstand interessierte, aber nicht spezifisch ausgebildete Publikum nichts mehr anzufangen weiß.

– Zuspitzung

Eine bei entsprechendem Gegenstand und Partner mögliche Forderung ist die nach Zuspitzen von Fragen. Es kann zu interessanten, sentenz-haften Antworten führen, die schlaglichtartig den Standpunkt des Inter-viewten erhellen. Dies ist der Fall in folgender Passage aus einem Inter-view mit einem Schauspieler, der einen positiven Helden zu spielen hat:

Frage: Der größere Teil Ihres Repertoires war stets von Rollen bestimmt, die Dramaturgen-Deutsch schnell als „positive Helden" etikettiert. Einen gefragt, der es wissen muß: Was ist das, ein positiver Held?

Antwort: Zunächst weiß ich, was er nicht ist. Nämlich einer, der alles kann und alles weiß in einer Umgebung von Leuten, die nichts können und nichts wissen. Das ist nicht interessant. Wenn ich den positiven Helden gleichsam positiv beschreiben soll: Das ist wohl einer, der in sich nur verdichtet, was andere an ihn herantragen, an-dere, die ihn und seine Leistung erst ermöglichen. Der einsame Held, das mag ange-hen, wenn er in der Klassik hoch zu Roß kommt, heute mag ich diesen Helden nicht. Keiner lebt für sich allein...

Hier wird der Interviewte durch eine provokative Zuspitzung (*positi-ver Held*) und durch nuanciertes In-Frage-stellen (*etikettiert/Einen gefragt, der es wissen muß*) zu einer Antwort mit zuspitzender Antithese und tref-fender Metapher animiert.

– Sprachcharakteristik

Der Interviewte kann, durch sehr persönliche Fragen, auch zu sehr per-sönlichen Formulierungen angeregt werden, mit denen er ein plastisches Bild von sich – Ansätze eines Sprachporträts – vermittelt. Dies ist zwar nicht Aufgabe eines Interviews, kann es aber interessant und unterhalt-sam machen, auch wenn es um brisante Themen geht.

– Das Redigieren von Interviewtexten

Das Redigieren und/oder Schneiden von Interviewtexten sollte den soe-ben angeführten Prinzipien entsprechen, d.h. den Kern von Äußerungen

in verständlicher, angemessener, konkreter, ungezwungener, auch poin-
tierter Form herausschälen. Trotz allen Redigierens sollte jedoch Impro-
visiertes und Spontanes, wo es den Text glaubhaft und lebendig macht,
anklingen.

Ein unredigiertes Interview kann den Partner, z.B. mit *äh* und anderen Lauten oder mit Satzbrüchen und unter Druck falsch gewählten Ausdrücken, diskreditieren – eine Möglichkeit, die freilich auch polemisch
oder satirisch genutzt werden kann.

7.3.1 Darstellungshaltung

Gemäß ihrer Aufgabe werden Interviews meist ernsthaft, seriös und
sachbezogen gestaltet. Diese Feststellung schließt ein, daß eine zu hohe
Stilebene im allgemeinen als unangemessen empfunden wird. Wenn es
etwa in einer Antwort heißt *Die bisherigen Leistungen lassen mich diese Worte
finden*, so fällt dergleichen den Rezipienten, da sie Wiedergabe spontaner
Rede erwarten, besonders auf.

Umgekehrt sind jedoch bei bestimmten Gegenständen durchaus
aufgelockerte, saloppe, humoristische (oder auch fiktive) Interviews angemessen. Jedenfalls können, wenn dies dem Gegenstand entspricht,
Frage und Antwort z.B. umgangssprachlich gehalten sein, etwa

Frage: Wie kommen solche Konzerte bei jungen Leuten an?

*Antwort: ...Natürlich versuchen wir immer, unsere Musik so gut wie möglich
zu verkaufen.*

Bei entsprechender Thematik ist auch Selbstironie des Fragenden
möglich, die den Partner zu unkonventioneller Antwort führt:

*Journalist: Was meinen Sie zu unserem Spitzenreiter, der zur Zeit 230 [= Lie-
gestütze] schafft?*

*Partner: Toll, mehr kann ich dazu nicht sagen, wenn ich an meine mageren Lie-
gestütze denke. Wenn der Junge auf allen Gebieten so stark ist...*

Voraussetzung ist auch beim Interview, daß man nicht aus der Stilebene fällt. Durch eine offensichtlich zu steife Situation kam bei einem
Presseinterview auf die

Frage: Wann darf ein Kraftfahrer mal richtig einen heben?

z.B. die fast wissenschaftlich gehaltene

Antwort: Wenn es gewährleistet ist, daß man erst dann wieder seine Fahrt antritt, wenn auch der Restalkohol im Blut abgebaut ist.

Insgesamt gilt für die Darstellungshaltung beim Interview das zum Bericht Gesagte erweitert:

1. Die Stilebene soll dem Thema und der Person angemessen und für die Person glaubhaft sein.

2. Die Stilebene soll nicht unmotiviert wechseln.

3. Im Unterschied zu anderen Genres sollten sich beide Partner und ihre Textteile stilistisch voneinander abheben.

7.3.2 Perspektive(n)

Das Interview ist das einzige Genre, das sich obligatorisch aus zwei oder mehr Textperspektiven konstituiert und in dem der Perspektivwechsel sich ständig wiederholt. Dies hat zur Folge:

1. Die verschiedenen Perspektiven sollten nach Möglichkeit sprachlich und auf jeden Fall graphisch erkennbar sein.

2. Die unterschiedlichen Perspektiven äußern sich sprachlich in einem semantisch unterschiedlichen *ich* oder *wir*. Es äußern sich zweierlei *ich* ohne Anführungsstriche. Mit dieser paradoxen Tatsache hängt oft die Natürlichkeit, auf jeden Fall das Persönliche und Individuelle der Aussage des Interviewten zusammen. In vielen Fällen ist das Pronomen ausdrücklich anzuraten, auch das *Sie* (oder *Du*) der Anrede.

3. Ein Sonderfall liegt vor, wenn der Journalist den Partner nicht mit *Sie/Du* anspricht, sondern in der 3. Person mit Namen:

Was meint der Komponist Otto Treibmann dazu, wenn er nicht als...

Eine solche mittelbare, verfremdende Anrede gebraucht man auch dann, wenn man den Partner unvermittelt, als einen anderen Menschen befragt. Das gilt beispielsweise für eine Frage an Joschka Fischer, in der der Journalist plötzlich von der *Sie*-Anrede abgeht:

Sie hatten in ihrem früheren Leben als Straßenkämpfer ein tendenziell sadistisches Vergnügen an der Randale. Hätte der Straßenkämpfer Fischer das Ende der DDR gewalttätig betrieben?

4. Umgekehrt kann sich auch der Interviewte selbst in die 3. Person objektivieren: *Nein, das ist mit einem Kohler* (statt: *mir mir*) *nicht zu machen.* Dergleichen wirkt oft, wie hier, sogar akzentuierend.

5. Die Anrede mit Namen ist zunächst ein Akt der Höflichkeit oder Verbindlichkeit, der auch eine gewisse Vertrautheit des Journalisten (und mit ihm des Rezipienten) mit dem Partner schafft. Eine dauernde oder zu häufige Wiederholung der Anrede mit Namen kann allerdings stören, mehr jedoch beim *Sie*-Interview als beim *Du*-Interview.

6. Die Anrede mit Funktion oder Titel erfolgt gewöhnlich bei offiziellen Interviews, und sie kann auch zur Gesprächseinleitung gehören, etwa in dem Beispiel:

Herr Minister, Sie haben sich einige Tage in Genf aufgehalten. Darf ich Sie fragen, welche Ergebnisse Sie bei Ihren Gesprächen erzielt haben?

Wir sehen in diesem konkreten Fall von dem etwas subalternen Duktus ab – die Funktionsnennung ist hier unabdingbar.

7.3.3 Redewiedergabe im Interview

Das Interview ist an sich schon – wir wiederholen es – Redewiedergabe. Dennoch kann auch hier direktes oder mittelbares Zitieren günstig oder gar unumgänglich sein. Bei umfangreicheren Interviews zu Grundsatzfragen kann zum Beispiel der Befragte seine argumentierende Antwort mit einem Zitat oder Teilzitat belegen.

Öfter beleben jedoch Journalisten selbst ihre Fragen, indem sie, meist provozierend, auf anderweitige oder zurückliegende Äußerungen des Partners Bezug nehmen. Dies war deutlich der Fall in der oben zitierten Frage an den „Straßenkämpfer Fischer". Hier hat Redeerwähnung den Dialogcharakter deutlich gefördert.

Diesem Beispiel sei entgegengehalten, wie penetrant Zitate im Journalistenpart wirken können:

Journalist: Ich habe unlängst in diesem Zusammenhang interessante Ergebnisse und Betrachtungen von Soziologen gelesen. Der amerikanische Soziologe Philip Sleznick schreibt: „Der entfremdete Massenmensch befindet sich in der Gesellschaft, ist aber kein Teil von ihr." Die Untersuchung des französischen Soziologen Michel Crozier ergab, daß von immer je sieben Befragten nur einer positiv auf die Frage antwor-

*tete, ob er die Firma für einen guten Arbeitsplatz halte. Vierzig Prozent der Ange-
stellten sagten aus, daß sie im Betrieb überhaupt keine Freunde hätten.* Und der ame-
*rikanische Soziologe David Riesmann schreibt: „Die Freizeit selbst kann die Arbeit
nicht retten, sondern geht mit ihr zusammen unter, sie kann für die Mehrheit der
Menschen nur dann sinnvoll sein, wenn auch die Arbeit einen Sinn hat." Durch das
gesellschaftliche Eigentum ist bei uns von vornherein gegeben, daß der Mensch in der
Gesellschaft lebt und ein Teil von ihr ist. Wird er das oder spürt er das aber spontan?*

Hier (in einer DDR-Zeitung) belehrt der Journalist seinen Partner
mit Zitaten, die alles andere als spontan, lebendig und bündig sind. Eine
derart ausgefeilte, ja ausgeklügelte „Frage" provoziert förmlich eine
knappe Antwort. Der Partner „entgegnet" denn auch spontan und emotional einfach:

*Er muß es erleben! Er muß erleben, daß sein Wort, seine Ideen im Betrieb, in
der Gesellschaft etwas gelten.*

Im übrigen spricht hier schon das quantitative Verhältnis von Frage
und Antwort gegen diese Art von Interviews.

7.3.4 Gedankenfolge/Dispositionsmöglichkeiten
7.3.4.1 Gedankenfolge

Das Interview ist Dialog. Damit läßt sich das bestimmende Element der
Gedankenfolge, das zugleich Spontaneität einschließt, am besten kennzeichnen. So werden Partner, je nach Thema und Textumfang, oft durch
Gegenrede zu antithetischen Antworten angeregt. Auf den ironisch-me-
taphorischen Vergleich in der Eingangsfrage eines Interviews:

*Sie wirken so verrucht wie Mutter Beimer. Wie sind Sie auf die merkwürdige
Idee gekommen, eine Stripperin zu spielen?*

antwortet z.B. die Schauspielerin Stemberger:

*Wieso merkwürdig? Die Julia im Film wächst ja erst langsam in ihre Kino-
rolle...*

Das zum echten Dialog tendierende Interview schließt recht oft eine
Element des Antithetischen ein, das nach Ergänzung heischende *Und...,*
das einwendende *Aber...,* das reflektierende *Eigentlich...,* das schärfer und
bündig folgernde *Also.../Daraus ergibt sich...* usw.

Neben diesen dialogtypischen Wörtern und Wendungen gibt es sowohl für Fragen als auch für Antworten typische Gliederungswörter, die den Denkstil markieren: *zunächst – sodann – weiter – schließlich / erstens – zweitens* usw., vorwiegend für Fragen: *Damit kommen wir zu dem Thema / auf einen anderen Bereich zu sprechen / Das ist das Stichwort für…, Sie sprachen / erwähnten vorhin*, vorwiegend für Antworten: *einerseits – andererseits*.

7.3.4.2 Einleitung

Interviews, abgesehen von besonderen Kurzinterviews, bedürfen eines journalistischen Vorspanns. Zuweilen kann eine gründlichere Einleitungsfrage, die zugleich auch Feststellungen enthält, die Funktion des Einstiegs übernehmen. Die üblichen Floskeln (*Wir sprachen deshalb mit…* usw.) sollte man sich dabei jedenfalls sparen. Alle Stereotype vermieden hat zum Beispiel ein Berliner Journalist in einem Interview mit einem Großstadt-Müller unter der wortspielenden Überschrift *Damit die Mühle läuft* und dem präzisierenden Untertitel *Norbert Koch sorgt für Mehl in unserer Stadt* in folgendem Textbeginn:

Müller mit Namen gibt es in Berlin eine ganze Menge. Müller von Berufs wegen nennen sich indes wenige. Einer von ihnen ist Norbert Koch, 29 Jahre alt, Schichtleiter in der Osthafen-Mühle.

Die einleitende Gegenüberstellung, faktisch eine humorvolle Antithese, ist erfrischend originell; erfrischend auch der geringe Umfang des Vorspanns und die Kürze der Sätze bzw. Satzteile, die auf Anhieb verständlich sind. Ein Satz wie *Wir sprachen mit* oder *Unser Reporter G. S. sprach mit* wäre hier sogar peinlich. Ein wenig Nachdenken zahlt sich aus, wenn man den offiziösen Ton vermeiden will, der oft vom Lesen oder Hören eines Interviews abhält.

Vielfach, besonders bei Literaten, wird zunächst die interviewte Person in einer Kurzvita nahegebracht. Oder der Interviewte wird in seinen das Interview auslösenden Aktionen vorgestellt wie im folgenden:

Der Soziologie-Professor Erwin Scheuch gehört zu den Erstunterzeichnern des Appells „8. Mai 1945 – gegen das Vergessen". Sowohl wegen der darin enthaltenen Klassifizierung des 8. Mai als „Beginn von Vertreibungsterror und neuer Unterdrük-

kung im Osten" und *„dem Beginn der Teilung unseres Landes"*, als auch des Spektrums der Unterzeichner, das von... bis... reicht, ist der Appell umstritten.
Frage: Herr Scheuch, der ehemalige Verteidigungsminister...

Die Einleitung muß sich nicht auf die Interviewten selbst beziehen, so, wenn A. Schwarzer wegen ihrer Laudatio auf Harald Schmidt befragt wird:

Grimme-Preis, Goldener Löwe, Bambi, Telestar – Harald Schmidt kann sich vor Ehrungen nicht mehr retten. Jetzt bekommt der Late-Night-Star auch noch den „Medienpreis für Sprachkultur" der Gesellschaft für deutsche Sprache. Bei der Verleihung am... hält „Emma"-Herausgeberin Alice Schwarzer die Laudatio.

Das Kurzinterview beginnt dann geschickt mit einer provokativen Frage:

Frage: Fällt es Ihnen schwer, den Frauenfeind Schmidt zu loben?

Die Einleitung kann auch schon die Fragepunkte – die selbstredend dann nicht wörtlich wiederholt werden – andeuten, etwa:

Mit spektakulären Preisveränderungen hat die Dresdner Bank... von sich reden gemacht. Ungeachtet dessen geht die Arbeit weiter. Wie laufen die Geschäfte? Was erwartet die Kundschaft? Welche Anlagen empfiehlt die Dresdner Bank? Mit dem Niederlassungsleiter... sprach Martina O.

7.3.4.3 Schluß

Interviews haben in der Regel keinen ausgesprochenen Schluß. Deshalb ist es erstrebenswert, den Interviewten mit der letzten Frage zu einer Aussage zu veranlassen, die abrundet, verallgemeinert, eine Essenz formuliert. Bei umfangreicheren Interviews wie dem mit Stemberger führt die Journalistin ihre Partnerin zu dem einleitenden Gegensatz von ehrbarer Aktrice und *verruchter* Darstellerin – in sechs Wortwechseln findet sich allein fünfmal, z.T. mit Details, das Wort *onanieren* – zurück:

Frage: Finden Sie es schlimm, wenn man Ihnen vorwirft, naiv zu sein?

Antwort: Wenn man die Wahl hat, zynisch zu werden oder naiv zu bleiben, möchte ich lieber naiv sein – auch wenn ich mir davon mehr blaue Flecken hole.

Dies ist zugleich eine Art Moral des Ganzen ohne Moralin.

7.3.5 Zur gedanklichen Dichte

Je näher das Interview einem natürlichen Gespräch rückt, desto weiter wird es von nachrichtlicher Ausdrucksökonomie entfernt sein. Floskeln sind unumgänglich, Doppelungen ergeben sich aus Spontaneität. Das Erfassen und Akzentuieren des rationalen Kerns entgegen bloßem Palaver bleibt zwar Aufgabe des Journalisten. Dennoch darf das Interview, nachdem es redigiert oder geschnitten wurde, nicht zu einer in Scheindialoge gekleideten Abhandlung mutieren. Das Interview muß keine fertig geschliffenen Aussagen präsentieren, sondern gleichsam einen Blick in die Werkstatt des Denkens gewähren und die Rezipienten den Denkprozeß mitvollziehen lassen. So wird etwas von der Invidualität des Interviewten, auch in Nebensächlichem, in Tautologien und Halbtautologien, erhalten bleiben.

Ein Interview sollte jedoch nur jene Floskeln und Nebengedanken enthalten, die es als Gespräch glaubhaft machen, die Gedankenblöcke sicht- oder hörbar verknüpfen und/oder den Interviewten, falls günstig, auch sprachlich charakterisieren.

Eine Grenze für die Ausweitung wird jedoch sichtbar, wenn ein Interviewer plötzlich sagt: *Mit anderen Worten...* Dies ist fast stets ein Indiz dafür, daß der Interviewte zu weit ausgeholt hat und erst jetzt der Extrakt aus Gerede oder Wirrwarr folgt. So weit sollte es der Journalist nicht kommen lassen.

7.3.6 Vorgangsgehalt

Dem Interview als einem oft sehr einseitigen Dialog eignet keine natürliche Dynamik. Selbst normale Dialoge haben nach herrschender literaturtheoretischer Auffassung keine handlungsfördernde, sondern eher retardierende Funktion. Dennoch lassen sich Interviews bis zu einem gewissen Grad dynamisch gestalten. Dynamik des Interviews, kann bewirkt werden

– durch kontrastive Dialoge, in denen sich Rede und Gegenrede gedanklich-sprachlich voneinander abheben;

– durch ein Maximum an relativ kurzen Sätzen, zugleich aber auch durch wechselnde Satzlänge;

– durch syntaktische Anomalien;

– durch kühne Metaphern;

– durch entsprechende Intonation und im Schriftlichen durch entsprechende graphische Zeichen.

Ferner ist eine interviewgemäßte Dynamik möglich

– durch echte dialogische Fragetypen;

– vor allem durch syntaktische Verschränkung von Frage und Antwort, sogenannte Satzkonstanz (7.3.8.2);

– durch Provozieren von Antithesen in Antworten;

– durch berichtende Passagen, wo sich dies thematisch anbietet;

– durch echtes oder scheinbares Unterbrechen von Antworten (und Fragen);

– durch einen überraschenden Ausruf anstelle einer Interview-Frage;

– zuweilen auch schon durch Entscheidungsfragen anstelle der normalen Ergänzungsfragen (*Was/Wer/Wie/Wann/Warum* usw.);

– durch Kürzen oder Schneiden von zu ausschweifenden oder redundanten Antwort(teil)en;

– durch Gegenfragen.

Diese Gesichtspunkte sind nur als Anregung zu betrachten. Ihr systematisches oder gar schematisches Anwenden kann zu Manieriertheit führen.

7.3.7 Anschauungsgehalt

Wenn eine Persönlichkeit zu einem Sachverhalt interviewt wird, kann es Ziel sein, daß man sich a) ein Bild macht von den vermittelten Fakten und Argumenten, also von der „Sache", b) von der interviewten Person selbst, und zwar durch den Inhalt oder durch die Form ihrer Aussage.

– Anschauung von der Sache

Im Interview sollte der Journalist den Partner durch konkrete und/oder bildliche Fragen anregen, etwa:

Ihr Hammerwerfer müßt manchmal in die Verbannung. Bedrückt euch das nicht?

Oder er sollte den bildhaften Ausdruck belassen, auch wo er von der Norm abweicht:

Die Jungen haben oft keine rechte Lust zum Tanzen und schmeißen damit das ganze Klassenfest.

Sprachliche Bilder wie dieses jargonhafte *schmeißen* müßten nicht nur umständlich umschrieben werden (*verderben allen Gutgelaunten, die von der Fête etwas erwarteten, die Stimmung/verhindern ein richtig ausgelassenes Fest* usw.). Die Ausdrücke wären außerdem noch vergleichsweise blaß und würden auch sozial bzw. für die Altersschicht nicht glaubhaft wirken.

– Anschauung von der Person

Ein Interview ist weder Porträt noch Sprachporträt. Aber es kann dazu tendieren, wenn der Journalist es versteht, die Partner durch individuelle und aufgelockerte Fragen aufzuschließen. Die Form der Antworten kann wichtig sein für das Bild von der Person, ihrem Charakter und ihrem Verhalten. Hier kann, in Umkehrung des zum Verb (S. 165) Gesagten, demzufolge ein Verb konkreter ist als dessen Substantivierung, das abgeleitete Substantiv statt der konkreten Handlung das generelle Verhalten erfragen – wie in dem Satz:

Warst du tatsächlich ein Versager?

Solche Frage will, auch wenn das Wort durch Übersetzungen aus dem Englischen stereotypisiert ist und inzwischen einen oft inhumanen Zug hat, den Charakter ergründen. Die Formulierung *Hast du tatsächlich versagt?* würde auf zeitlich begrenzte Aktion zielen, nicht auf generelles Verhalten.

7.3.8 Satzgestaltung im Interview

Die Satzgestaltung hat im Interview zentrale Bedeutung. Sie ist nicht nur Mittel des Rezeptionsanreizes, sondern, mehr noch, Indiz für die Glaubhaftigkeit der vermittelten Gedanken. Dies trifft zu, wenn Frage und Antwort als gesprochen erkennbar bleiben.

7.3.8.1 Satztypen der Interviewfrage

Mit der Form der Fragen steht und fällt sehr oft – durch Suggestion – die Form der Antworten; sie beeinflußt besonders die Natürlichkeit und Glaubhaftigkeit.

Ergänzungsfragen (Offene Fragen)
Den Haupttyp der traditionellen Interviewfragen bilden die offenen oder Ergänzungsfragen. Es sind jene Fragen, die formal nicht durch die bloße Alternative *Ja* oder *Nein* beantwortet werden können, sondern eine satzmäßige oder umfassendere Antwort erfordern. Dies geschieht durch Fragewörter, die mit *W-* beginnen: *Wer...*, *Wie...*, *Wo...*, *Was...*, *Wann...*, *Weshalb...*, *Warum...* usw. Sie sind die eigentlichen interviewgemäßen Fragetypen, erscheinen deshalb obligatorisch im Kurzinterview.

Dabei gelten die zweisilbigen Fragewörter *Warum/Weshalb/Weswegen/Wodurch* als die fündigeren, weil die Antwort gewöhnlich mindestens einen ganzen Satz erfordert. Dies wird deutlich an der Antwort auf eine Frage an Nathalie Sarraute:

Warum schreiben Sie in einem Café?

Darauf folgen acht Sätze, beginnend mit:

Es verkehren viele Libanesen dort, weil es in einem entsprechenden Viertel liegt, aber es ist ein ganz französisches Café, in dem gewürfelt wird.

Ähnliches gilt für entsprechende Frage-Wortgruppen (*Auf welche Weise* usw.)

Einsilbige Pronomina – *Wann/Wer/Wo/Wie/Was* – fordern meist einen bloßen S a t z t e i l als Antwort. Die Entgegnung kann hier leicht in einem einzigen Wort bestehen:

– *Wie sind Sie für die neuen Unternehmungen gerüstet?*
– *Gut.*

Entscheidungsfragen (Geschlossene Fragen)
– Normale Entscheidungsfragen
Entscheidungsfragen sind Fragen ohne *W*-Wörter. Sie konstituieren sich aus Spitzenstellung des Prädikats und Fragezeichen bzw. Frageintonation:

Werden eure Veranstaltungen gut besucht?
Macht sich das im Tagesgeschäft bemerkbar?

Dieser Fragetyp gilt als wenig günstig, weil die Antwort einsilbig sein kann. Diese Faustregel sollte man jedoch bestenfalls für das Kurzinterview beherzigen, weil hier möglichst konkret und bündig geantwortet werden soll. In einem umfassenderen Interview wird kein Partner nach einer Entscheidungsfrage nur *Ja* oder *Nein* sagen, sondern die Alternativantwort auch begründen.

Genauer besehen, hat dieser Fragetyp verschiedene Vorteile, die ihn, alternierend zu echten Ergänzungsfragen, für das Interview geradezu empfehlen: 1. Der Partner wird zunächst gezwungen, sich klar zu entscheiden, und selbst ein *Jein* müßte als Halbantwort erst recht präzisiert werden. 2. Es wird der Eindruck eines wirklichen Gesprächs erweckt, denn *Ja* und *Nein* sind Interjektionen. 3. Dieser Fragetyp bietet meist auch den Vorteil, daß die Antwort je nach Notwendigkeit beliebig gekürzt werden kann. 4. Man beugt der Monotonie vor, der ständigen Wiederholung von *W*-Pronomina. 5. Diese Frageart kann die Dynamik des Textes erhöhen. Denn die zunächst knappe Antwort hat echten Dialogcharakter.

– Intonatorisch gekennzeichnete Entscheidungsfragen

Neben dem grammatisch korrekten Fragesatz gibt es auch den Aussagesatz mit Frageintonation. Er dient vorzugsweise dazu, die Wiederholung des Prädikats am Satzanfang zu vermeiden. Zugleich kann er die Schroffheit einer reinen Frage mildern:

Sie regen auch unmittelbar zu musischer Betätigung an?

Dafür recherchieren Sie vor Ort?

Manche derartigen Fragen gleichen schon rhetorischen Fragen, die sich faktisch von selbst beantworten:

Aber es ging ja wohl nicht alles so glatt?

Sie lassen dennoch eine ergänzende Begründung erwarten. Aussagesätze mit Frageintonation führen eher als direkte Entscheidungsfragen zu einer echten Antwort, wenn sie leicht provozierenden Charakter haben. Man meint jedoch nicht zu Unrecht, „daß die Spontaneität eines Interviews um so höher ist, je seltener Ergänzungs- und Entscheidungsfragen gestellt werden" (Hang 1976, S. 288 f.). In dazu untersuchten über 26.000 Beispielen fanden sich denn auch nur 50% 'reine' Fragen (Hang 1976, S. 133). Manche betrachten gar „die syntaktische Form der Frage als unbedeutend für den Fragecharakter des Interviews" (Berens 1975, S. 99).

Wir führen deshalb im folgenden ein Repertoire an mittelbaren Fragemöglichkeiten vor, die alle weit über die grammatische Frage hinausgehen. Vielfach werden solche verkappten Fragen, wie statistische Ermittlungen zeigen, beim Druck erst hineinredigiert (in einem Textkorpus z.B. von 54 auf über 77%: Löffler 1978, S. 136, IV, 1 und 2).

Mehrteilige Interviewfragen
– Verknüpfung von Aussage und Frage

Wir sahen, daß Interviewfragen nicht identisch sind mit grammatischen Fragen. Es gibt auch übersatzmäßige, aus mehreren Sätzen bestehende Fragen. Die Aufgliederung empfiehlt sich, wenn die Frage zu lang zu werden droht, also etwa

den reinen Fragesatz:	in Aussage- und Fragesatz:
Warum hast du dich entschlossen aufzuhören, wo doch die Saison schon begonnen hat?	*Die Saison hat eigentlich schon begonnen, nun überraschend der Entschluß aufzuhören. Warum (das)?*

Bei solcher Aufteilung werden gleichsam Vorinformationen vermittelt oder Probleme genannt, aus denen sich eine knappe Frage ergibt. Hier hat die teilweise Formulierung als Aussage zwei Funktionen: Erstens kann sie besser an die vorherige Antwort knüpfen, zweitens kann sie das Interview auflockern. So wird das starre Frage-Antwort-Schema in gedanklich-gliedernder Weise gebrochen. Dabei kann die Journalistenfrage durchaus auch drei und mehr Aussagesätze umfassen. Allerdings darf die Textpassage, die oft halbfett gesetzt als Journalistenfrage gilt, nicht zu lang sein; sie muß gedanklich sowohl für den Partner als auch für den Rezipienten noch erfaßbar bleiben. Der Journalist soll dem Partner den Weg für seine Antwort nicht versperren.

Die folgende 'Frage' ist z.B. entschieden zu umfangreich:	Sie könnte in zwei überschaubaren Sätzen zusammengefaßt werden:
Zum Schluß noch eine Frage in eigener Sache. Wir haben in den vergangenen	*Bei unserer Diskussion „Wer legt fest, was festlich ist?" haben sich unsere Leser*

Wochen mit unseren Lesern unter dem Motto „Wer legt fest, was festlich ist?" eine Diskussion über festliche Bekleidung geführt. Das Ergebnis läßt sich wie folgt zusammenfassen: Junge Leute wollen auch bei festlicher Kleidung kombinieren. Doch das Angebot kombinierfähiger Einzelteile gerade für diesen Zweck – z.B. lange einfarbige Röcke, hübsche Blusen – ist besonders rar. Wir haben Ihnen die sechs Siegermodelle – drei für Mädchen, drei für Jungen –, die wir aus den Einsendungen ausgewählt haben, mitgebracht. Was halten Sie davon?

auch als Modeschöpfer versucht. Sie kennen die sechs Siegermodelle, was halten Sie davon?

Das Original enthält fünf Aussagesätze mit zwei Parenthesen und zwei Nebensätzen, dazu einen Frage-Kurzsatz. Die Umformung kommt mit einem reinen Aussagesatz und einem Aussagesatz aus, an den parataktisch gleich die Frage gekoppelt wird. Hier ist primär eine inhaltliche Kürzung erfolgt; insofern ist dies keine bloß syntaktische Lösung mehr. Aber hier regte ein (supra-)syntaktisches Problem zu dieser denkstilistisch bündigen Variante an.

Die Methode der suprasyntaktischen Fassung von Interviewfragen empfiehlt sich dann, wenn im Fragekomplex eine Art Vorinformation steckt wie in den bisherigen Beispielen. Günstig ist sie auch, wenn damit eine Verbindung zur vorhergehenden Antwort geschaffen und zugleich ein Zwischenresümee gezogen werden kann:

Frage: Phantasie als Pflicht verstanden halten wir also generell für möglich. Nur fehlt nicht wenigen Zeitgenossen noch der Mut, für ihre eigenen Kinder phantasievollen Nachdenkens ein Risiko einzugehen. Risikobereitschaft, Durchsetzung aber fordert das Leben. Ist denn Risiko am Ende etwas, wo man Kopf und Kragen riskieren kann?

Antwort: Etwas riskieren heißt, etwas wagen, aber nicht Risiko in der Art, daß Schäden entstehen.

Ein solches Vorgehen bringt allerdings zwei Gefahren mit sich: Die Ausführungen des Journalisten, eigentlich als Fragen gedacht, verselbständigen sich, das Interview wird „kopflastig", dem Partner bleibt nicht mehr viel zu sagen. Vor allem kann es – wie hier – leicht zu banalen Antworten kommen. Wir haben dann Gerede, nicht Rede vor uns.

– Verknüpfung von Aufforderung und Frage
Eine Frage kann dadurch an Nachdruck gewinnen, daß man den Partner – gewissermaßen sich entschuldigend – zu ihrer Beantwortung im voraus auffordert:

Frage: Frisch unser Gedächtnis bitte etwas auf! Welche Titel kamen gut an?

– Verknüpfung von Frage und (anschließender) Aussage
Wie wir sahen, werden Interviewfragen häufig in Aussagen und eine abschließende Frage aufgegliedert. Auch das Umgekehrte ist möglich. Eine Frage kann man durch Aussagen noch erläutern; die speziellere Richtung wird nachträglich angedeutet. Der Journalist regt so an, differenzierter zu antworten, als man zunächst erwartet, etwa:

Hast du nicht ein bißchen Bedenken, daß du möglicherweise für die Tour nominiert wirst? Schließlich ist es ein neues Fluidum für dich, und außerdem geht es über hohe Berge.

Der Partner wird so angeregt, konkret auf mögliche Bedenken einzugehen, nicht nur diese Bedenken zu äußern oder womöglich nur mit *Ja* oder *Nein* zu antworten.

– Die Doppelfrage
Die Doppelfrage empfiehlt sich allgemein nicht, es sei denn, daß die zweite die erste erläutert und spezialisiert. Sonst wird der Partner leicht gezwungen, weiter auszuholen, wie nach folgender

Frage: Welche Fachrichtungen sind in der Forschungsabteilung vertreten? Und: Auf welche Weise soll über die auch bislang üblichen Kontakte hinausgegangen werden?

in der

Antwort: Z u e r s t muß man dazu sagen, daß für uns inhaltliche und nicht or-ganisatorische Fragen den Vorrang haben. So wurde keine... geschaffen, sondern... usw.

Feststellung statt Frage

Mit den bisher behandelten Fragetypen haben wir die eigentlichen, auch im Wortlaut völlig planbaren Interviewfragen mit entsprechendem into-natorischem bzw. graphischem Merkmal erfaßt. Es handelt sich also letztlich um Interviewfragen, die noch nicht den Gesprächscharakter ei-ner Kommunikation verdeutlichen müssen. Auf der Grenze zu rein dia-logischen Frageformen liegen noch Typen, deren wichtigster die Feststel-lung statt der Frage ist, etwa:

Frage: Sie halten den Schläger irgendwie anders als die meisten Tennisspieler.
Antwort: Ja. Das...

In solchen Feststellungen muß natürlich die verkappte Frage liegen, die den zu erläuternden Widerspruch oder die zu erläuternde Zustim-mung des Angesprochenen herausfordert.

Mit dieser Methode sollte man allerdings sparsam umgehen; die Fra-ge muß vor allem Gesprächs- und nicht Belehrungs- bzw. Unterstrei-chungscharakter haben.

Aussagesätze mit Fragewendungen

Aus linguistischer Sicht gibt es noch außerordentlich viele Fragemöglich-keiten (Hang 1976, S. 287), die jedoch für den Journalisten ohne Belang sind – bis auf eine: Gelegentlich ist es günstig, an eine Aussage einfach eine Fragewendung wie *nicht wahr?, oder?, ist es (nicht) so?* anzuhängen. Sol-che floskelhaften Wendungen sind dann sinnvoll, wenn der vorherige Wortlaut einen Widerspruch provoziert, etwa:

Frage: Nach dem Rücktritt von Margitta G. trennen Sie von der nächstbesten Kugelstoßerin gut eineinhalb Meter, so daß Sie nun eigentlich keine Konkurrenz mehr zu fürchten brauchen. Ist das so?

Antwort: Nein, so ist das durchaus nicht. Jede Sportlerin, die jetzt 19 m stößt, kann für mich einmal eine genauso hartnäckige Konkurrentin werden...

Ansonsten muß man unbedingt bedenken, daß die Zahl der verwendbaren Fragefloskeln sehr begrenzt ist. Folge wäre also aus stilistischer Sicht eine Monotonie der Fragen, wie sie bei dem heute überstrapazierten *oder?* sichtbar wir.

Insgesamt kann bezüglich der Auswirkung der Frage auf die Antwort noch gesagt werden: Am kürzesten sind meist Antworten auf Fragen, in die sich der Sprecher einbezieht (*...glaube ich...*), oder die Wörter wie *also* enthalten; der Einfluß dieser Typen auf die semantisch-syntaktische Struktur der provozierten Antwort ist hier besonders groß.

Dialogische Fragetypen

Wir haben bisher nur Fragetypen behandelt, die bereits auf dem Konzept des Journalisten ausformuliert stehen können. Damit wird noch nicht automatisch eine Gesprächssituation, eine Redesituation glaubhaft. Indessen gibt es Fragemöglichkeiten, die zwar auch dem Inhalt nach völlig geplant sind, jedoch in der vorliegenden oder gehörten Form eine echte Dialogsituation simulieren.

– Unterstützende Zwischenfrage

In einem gedruckten Interview sind unterstützende Zwischenfragen auf den ersten Blick entbehrlich. Soll das Interview Gesprächscharakter haben und echt wirken, so kann der getreue Abdruck (oder auch das Nichtschneiden) solcher Fragen die Authentizität des Textes jedoch erhöhen und lebendig wirken, etwa:

Partner: Noch etwas nebenbei...

Journalist: Ja, bitte?

Solche Zwischenfragen sind eigentlich keine Interviewfragen. Aber sie sollen den Partner animieren, eine zurückhaltend und vielleicht auch unkonkret geäußerte Meinung direkt und deutlich zu formulieren. Insofern beeinflussen sie nicht nur den Inhalt, sondern eben auch den Stil. Sie haben zumindest auffordernde, oft zuspitzende, ja fast pointierende Funktion.

– Einwurffragen

Einwurffragen zeugen oft von der Kenntnis des Themas und der Aufmerksamkeit des Journalisten. Sie nehmen auch einen möglichen Einwand des Rezipienten vorweg. Damit üben sie jene Funktion aus, die in argumentierenden Genres der sogenannte rhetorische Einwand, der Selbsteinwand des geschickten Redners, hat. Ein typisches Beispiel hierfür bietet die Zwischenfrage nach der folgenden Interview-Äußerung der Bürgerrechtlerin Vera Lengsfeld über eine aufsehenerregende Äußerung von Weizsäckers zur PDS:

Lengsfeld: ...Und so kann er [= Weizsäcker] *zu solchen fahrlässigen Forderungen und Behauptungen kommen. Ich finde dieses Interview und auch diesen Beitrag höchst bedauerlich und kontraproduktiv und eigentlich auch hochnotpeinlich für ihn.*

Frage: Was finden Sie fahrlässig an den Äußerungen von Herrn Weizsäcker?
Lengsfeld: Er hat ja gesagt, die PDS müßte ein klares Bekenntnis zur DDR-Vergangenheit ablegen. Das hat sie zehn Jahre lang nicht getan. Herr von Weizsäcker hätte sich fragen müssen, warum diese Partei das nicht macht, wo sie doch so reichlich Gelegenheit dazu hatte... [Es folgen Beispiele dafür.]

Einwurffragen geben dem Journalisten wie hier Gelegenheit, seine Fragekonzeption zugunsten interessanterer Aspekte umzustellen, präzisierend bei zu allgemeinen Antworten nachzuhaken, die Antwort zu verstärken. In anderen Fällen können sie an eine gestellte Frage erinnern oder auf sie, wenn der Partner abschweift, zurückkommen. Vom stilistischen Standpunkt ist wichtig, daß sie den Eindruck eines echten Gespräches erwecken oder verstärken.

7.3.8.2 Satzkonstanz als sprachlicher Ausdruck des Dialogcharakters

Wir kommen zur zentralen stilistischen Kategorie für die Wechselrede und damit auch für das Genre Interview: die S a t z k o n s t a n z (Brinkmann 1971, S. 789–793). Darunter versteht man das semantisch-syntaktische Weiterwirken einer Rede in der Gegenrede (und umgekehrt), also etwa:

Frage: Wer ist der Partner gegen solch hartgesottene Bürokraten?

Antwort: Kein einzelner. Ein starkes Team, das sich gemeinsam zur Wehr setzt.

Wie hier, ist eine echte Antwort syntaktisch meist nicht vollständig und ohne die Frage nicht zu verstehen. Diese Darstellungsweise signalisiert das inhaltliche Verzahnen einer Wechselrede auch syntaktisch. Satzkonstanz weist als genreprägendes Stilmittel über den Einzelsatz in doppelter Weise hinaus: 1. Sie verschränkt zwei Sätze oder Ansätze. 2. Sie verknüpft zugleich zwei verschiedene personale Perspektiven. So und so ist sie ein übersatzmäßiges ('suprasyntaktisches') Stilmittel und besonders deutlicher Ausdruck des Textzusammenhalts (der 'Textkohärenz'). Um die Bedeutung der Satzkonstanz vor Augen zu führen, greifen wir auf ein Beispiel aus der DDR zurück, in dem ihr Fehlen als Mangel besonders evident wird:

Frage: Welche volkswirtschaftliche Bedeutung hat der Rapsanbau?

Antwort: Die Produktion von Ölfrüchten ist eine wichtige volkswirtschaftliche Aufgabe zur Sicherung der Versorgung unserer Bevölkerung. Jede Dezitonne Ölfrüchte, die wir nicht selbst erzeugen, kostet Devisen. Es entspricht der Bündnispflicht gegenüber der Arbeiterklasse, alle Möglichkeiten des erweiterten Rapsanbaus zu nutzen, um von Importen unabhängig zu sein... Ich möchte aber hervorheben, der Raps benötigt eine intensive Pflege. Die Herbsthacke ist unbedingt, insbesondere nach Getreidevorfrüchten, notwendig.

Bei einer solchen Partner-Äußerung kann man sich die Frage einfach wegdenken. Übrig bleibt dann keine Antwort, sondern der Teil eines Grundsatzreferats, gesättigt mit Fertigstücken. Schuld daran ist allerdings der Journalist mit seiner referatsprovozierenden Frageweise (*Welche volkswirtschaftliche Bedeutung hat...?*).

Fragen mit Satzkonstanz

Schon Fragen können dadurch gesprächshaft wirken, daß sie formal unvollständig an Antworten angeschlossen werden oder diese syntaktisch unkorrekt unterbrechen. Hier seien nur drei Möglichkeiten genannt:

– Elliptische Fragen mit Anknüpfungswort

Statt der korrekten Verwendung eines *W*-Pronomens – wenn eine Ergänzungsfrage beabsichtigt ist –, simuliert schon der elliptische Anschluß an die Antwort Natürlichkeit und meidet die Monotonie der *W*-Wörter, also z.B.

nicht	sondern
Wer sind deine Vorbilder?	*Und deine Vorbilder?*

Noch deutlicher wird dies am folgenden Beispiel. Hier knüpft an die
Antwort: Dafür allein hätten wir die Auszeichnung nicht bekommen.
die elliptische
Frage: Sondern?

– Emphatische Frage mit Inversion

Die Form eines verkappten Nebensatzes (mit Gliedumstellung = Inversion) wirkt ebenfalls sehr natürlich, wie nach der folgenden
Antwort: ...und wer die Vorschläge nicht beachtet, fällt dabei unweigerlich selbst auf die Nase.
die syntaktisch unvollständige, aber organische
Frage: Wenn nun aber Vorschläge noch nicht voll ausgereift sind?

– Fortführende Teilsätze oder Satzteile

Fortführende Nebensätze sind semantisch selbständige Aussagen, die an einen Hauptsatz gehängt werden, um Einzelaussagen, die logisch oder von der Gedankenentwicklung her zusammenhängen, flüssiger zu verbinden. Dies ist auch bei Wechselrede möglich. So schließt sich an die Antwort:
Wir sind vom klassischen Weg des Nacheinanders in Entwicklung und Produktion übergegangen zur Parallelarbeit.
die fortführende Frage an:
Was sicher auch Widerspruch auslöste?
Hier liegt die stärkste semantisch-syntaktische Verschränkung. Dabei könnte sogar noch die Perspektive gewechselt werden:
Und habt damit sicher auch Widerspruch ausgelöst?

Dergleichen ist nur in einem echten Dialog möglich. Das Vorkommen (oder Hineinredigieren) solcher Formen kann die Natürlichkeit und Glaubhaftigkeit eines Interviews erhöhen.

Antworten mit Satzkonstanz

Die verschiedenen Möglichkeiten der Satzkonstanz können dem Partner für die Formulierung seiner Antwort auch suggeriert (oder hineinredigiert) werden. Wir nennen Möglichkeiten a) für Ergänzungsfragen und b) für Entscheidungsfragen.

– Semantisch-syntaktisch unvollständige Antworten auf Ergänzungsfragen

– Bei entsprechender Fragestellung kann eine Replik mit einem Einzelwort angeregt werden, das dann begründet wird:

Frage: Wie sind die Exportaussichten für die Kleinen?

Antwort: Groß. Wir werden...

Hier pariert der Partner zugleich wortspielend und kontrastiv auf das metaphorische *die Kleinen*. Solche Möglichkeiten bieten auch offizielle Interviews, wobei das Einzelwort sich oft verstärken oder nuancieren läßt:

Frage: Herr Professor, wie bewertet die Abordnung die Resultate dieser vier Tage in Brüssel?

Antwort: Durchaus positiv. (...)

– Solche dialogisch verbindende Anomalie kann das Fehlen von Subjekt und Prädikat in einem Quasi-Satz der Antwort ganz natürlich machen:

Frage: Wo klappte es denn überhaupt mit solchen Vorgaben?

Antwort: Zum Beispiel in N. (...)

– Die Entgegnung kann auch in einem Nebensatz erfolgen, meist in Bedingungs- oder Modalsätzen, etwa (zugleich wortspielend):

Frage: Wie hält sich ein Diskjockey auf dem laufenden?

Antwort: Auch, indem er ständig von Laden zu Laden läuft, um...

– Wenn die Frage die Form eines Aussagesatzes hat, kann der Partner den Journalistensatz mit einer Antwort intonatorisch umkehren und vollenden:

Frage. Solche Probleme wurden offen ausgesprochen?

Antwort: – und schnell geklärt. Es gab (…)

– Eine besondere Funktion hat die Wiederholung einer Frage als invertierte Frage aus der Perspektive des Interviewten. Sie drückt Erstaunen aus, wie man solcherart Fragen überhaupt stellen kann:

Frage: Warum haben Sie das getan?

Antwort: Warum ich das getan habe? Nun, weil ich den Befehl bekam. (…)

– Antworten auf Entscheidungsfragen

– Entscheidungsfragen werden üblicherweise nicht empfohlen, da sie die bloße Alternative *Ja/Nein* erwarten lassen. Ein entschiedenes *Nein* verlangt jedoch Fortsetzung:

Frage: Man sagt, die stärksten Turnerinnen hätten vor ihrem Auftritt kein Lampenfieber. Stimmt das?

Antwort: Nein. Unruhe vor dem Start ist nicht Feind, sondern Verbündeter…

– Expressiv wirken die meisten Synonyme für *Ja* und *Nein*, die sich aus provozierenden Fragen ergeben:

Frage: Ist Macht für Sie eine erotische Ersatzbefriedigung?

Antwort: Überhaupt nicht. Mich begeistert die Politik durch und durch, und das ist eine Leidenschaft. (…)

(Hier wären auch, je nach Sprecher, Wörter wie *Keineswegs/Mitnichten/Alles andere als das*, bei Bejahung *Unbedingt/Auf jeden Fall/Natürlich/ Und ob* denkbar.)

– Ebenso expressiv erscheinen rhetorische Gegenfragen, die auch Synonym für entschiedenes *Ja* oder *Nein* sind:

Frage: Sie sind recht optimistisch, Herr Stadtbezirksbaudirektor?

Anwort: Warum auch nicht? (…)

– Zuweilen können Entscheidungsfragen weder mit *Ja* noch mit *Nein* beantwortet werden. So wird auf die Frage nach den Zielen eines sprachwissenschaftlichen Instituts an einer TU

Also wird vorwiegend geforscht?

die Antwort gegeben:

Nicht nur. Wir sind zwar kein immatrikulierendes Institut, aber jährlich nehmen 3.500 Studierende an der Ausbildung bei uns teil.

In einem anderen Fall erhält der naiv fragende Journalist eine leicht ironische Lektion, ebenfalls mit Satzkonstanz:

Frage: Ist Tischtennisspielen schwer?

Antwort: Wenn man es kann, nicht. Aber hart ist auch unser Sport.

(Hier wäre eine Frage sinnvoll gewesen, die sich auf den Unterschied Sport – Spiel oder auf die Trainingshärte bezieht.)

Expressivität durch Wiederholung wichtiger Wörter
– Wiederaufnahme in einer Antwort

Die Wiederaufnahme eines wichtigen Wortes der Frage in der Antwort verstärkt die Antwort. In ihr kann sich gleichsam Erstaunen über die Frage ausdrücken wie in folgendem als F r a g e wiederholten Wort:

Frage: Gibt es für Sie Ideale im Turnen?

Antwort: Ideale? Sozusagen die Grenze des Leistungsvermögens zu erreichen.

Möglich ist aber auch die prinzipielle Vorwegnahme einer Antwort in einem Ausruf; er wird durch weitere Ausführungen nur noch detailliert:

Frage: Was ist wichtiger im Turnen – Talent oder Arbeit?

Antwort: Arbeit! Jeden Tag Fleiß bis zum siebenten Schweiß…

– Wiederaufnahme über mehrere Dialogteile hinweg

Wird in mehreren aufeinanderfolgenden Frage-Antwort-Komplexen ein Frageteil oder gar die ganze Frage wiederholt, so akzentuiert dies den Inhalt in besonderem Maße; dies zeigt sich in einem kritischen Interview:

Frage: Was waren das für Leute? Männer, Frauen, Kinder?

Antwort: Männer, Frauen und Kinder.

Frage: Auch Babys?

Antwort: Auch Babys.

An diesem Beispiel wird deutlich, wie methodische und stilistische Gesichtspunkte auseinanderklaffen können: Rein methodisch liegt hier der Mangel vor, daß der Journalist das Interview nicht „voranbringt", indem er Gewußtes lediglich bestätigen läßt. Aber stilistisch ist gerade diese wiederholende Bestätigung von besonderer Ausdruckskraft. Im übrigen ist auch dieses gedanklich-sprachliche Vorgehen nur eine Variante der syntaktisch wichtigsten Stilnorm des Interviews: eben der Satzkonstanz.

7.3.8.3 Weitere syntaktische Besonderheiten der Interviewantwort

Unbeschadet der bisher als natürlich hervorgehobenen, syntaktisch anomalen Entgegnungen können auch syntaktisch korrekte Sätze als Antwort spontan und natürlich wirken:

– Korrekte Gegenfrage statt Antwort

Eine Interviewsituation wirkt oft schon dadurch authentisch, daß der Partner auf eine Journalistenfrage eine kurze und impulsive Gegenfrage stellt, die der Journalist beantworten muß, damit das Gespräch weiterläuft, wie eine Passage mit dem Musiker und Texter Lakomy zeigt:

Journalist: Mußtest du nun auch noch singen?

Lakomy: Gefällt es dir nicht?

Journalist: Doch, es ist erstaunlich, wie glaubwürdig man interpretieren kann, auch ohne schöne Stimme.

– Gliederung der Antwort

Bei Antworten, die umfangreicher sind, empfiehlt es sich, die vom Partner angedeutete oder ausgesprochene Gliederung seiner Antwort beizubehalten oder sogar zu akzentuieren. So sind Floskeln wie *Zunächst darf ich sagen* keineswegs sinnlos, wenngleich sich diese kürzen läßt. Aber Gliederungsformeln wie *zum einen – zum anderen* können unverzichtbar sein.

7.3.8.4 Zur Satzstruktur im Interview allgemein

Den Interviews liegen im allgemeinen relativ einfache Satzpläne zugrunde. Dies gilt besonders für Funkinterviews. Nach Ermittlungen bestanden diese zu 48% aus Gefügesätzen, Presseinterviews dagegen zu 61% (Löffler 1978, S. 55). Bei der Verschriftlichung erhöhte sich der Gefügesatzanteil um durchschnittlich 10% (Löffler 1978, S. 127): Das heißt, es wurden allzu primitiv wirkende Einfachsätze getilgt und für das Lesen anspruchsvoller gemacht, wobei man insbesondere die simpel wirkenden häufigen daß-Sätze reduzierte (Berens 1975, Tab. VI und VII), während die übrigen nebensatzeinleitenden Konjunktionen um die Hälfte anstiegen (Löffler 1978, S. 131). Dabei wiesen naturgemäß die Journalisten einen höheren Anteil an Satzgefügen auf als ihre Interviewpartner (Berens 1975, Tabelle I).

Die Andeutung statistischer Werte soll nur zeigen, daß das Presseinterview syntaktisch höhere Anforderungen stellen kann.

7.3.8.5 Satzumfang

Für den Satzumfang gilt die Feststellung und Forderung, daß man im Interview als einem (Situations-)Redetext kürzere Sätze bildet. Interviewsätze sind signifikant kürzer als Nachrichtensätze, und zwar umso kürzer, je weniger offiziell und je mehr aufgelockert der Text ist. Dies ergibt sich aus dem Dialogcharakter: Aus dem Wechsel zwischen Frage und Frageerläuterung sowie Antwort und Antworterläuterung folgt auch eine natürliche Abwechslung bezüglich der Satzlänge. Wo sie nicht gegeben ist, wirkt ein Interview fast stets papieren, unrealistisch, unglaubwürdig.

7.3.8.6 Zur Satzkorrektheit

An dem, was insbesondere zur Satzkonstanz gesagt wurde, zeigte sich bereits, daß syntaktisch anomale Sätze zum Wesen eines Interviews als verkappten Dialogs gehören. Genretypisch sind aber auch, da es sich um Fixierung von Rede handelt, alle sprachlichen Zeichen von Spontaneität, neben Ellipsen auch Parenthesen als Ausdruck assoziativer Einschübe, verbale Ausklammerung als Mittel der Hervorhebung, Absonderung oder Nachtrag von Satzteilen. Dies wurde an den verschiedensten Beispielen deutlich.

7.3.9 Phraseologie

Die Verwendung von sprachlichen Wendungen in einem Interview hat zwei Aspekte:

1) Phraseologismen als Element des Mündlichen und insbesondere Floskeln als Element des Dialogs sind natürliche Erscheinungen. Sie machen ein Interview als gesprochen glaubhaft und erhöhen als redundante

Sprachformen die Verständlichkeit bzw. geben dem Rezipienten Zeit zum besseren Erfassen schwierigerer Passagen (und dem Journalisten Gelegenheit zum exakten Ausformulieren der eigentlichen Aussage).

Oft ist eine Bedeutung in der gewünschten Nuancierung nicht mit einem Wort zu erfassen, sie wird besser mit einer geläufigen Wendung umschrieben; die phraseologische Fügung kann dabei auch eine überspitzende Formulierung entschärfen. Auch könnte ein präziserer Ausdruck unter Umständen als zu wissenschaftstheoretisch, als zu papieren, nicht gesprächshaft, nicht beiläufig wirken, wie es gerade einem Dialog angemessen ist. Ferner erwartet man gewisse Phraseologismen: Modewendungen drücken oft einfach aus, daß die Partner auf der Höhe der Zeit sind. Insofern kann der häufige Gebrauch von Phraseologismen angemessen sein.

2) Fertigstücke beeinträchtigen allerdings in zweierlei Hinsicht die Qualität eines Interviews: Sie führen oft zu gedanklich-sprachlicher Monotonie und zu der Suggestion, es werde nichts Neues gesagt. Vor allem aber bezeichnen Fertigstücke keinen konkreten, unverwechselbaren Sachverhalt und wirken damit der Einmaligkeit, die ein Interview auszeichnen soll, entgegen. Sie lassen eine Aussage semantisch verblassen. Eine A n t w o r t, die sich im wesentlichen aus sprachlichen Fertigstücken zusammensetzt, wird gewöhnlich schon durch eine Fertigstück-F r a g e suggeriert.

Daneben gibt es allerdings auch einige interviewtypische Fertigstücke, die man als gelegentlich nützliche und gesprächshafte Floskeln bewerten sollte: *Gestatten Sie/Zunächst darf ich sagen/Ich gehe davon aus.* Gewöhnlich lassen sie sich allerdings bei der Verschriftlichung auf reine Gliederungswörter (*erstens/zweitens... zum einen/zum anderen*) zurückführen oder auf Akzentuierungswörter (*besonders/ganz besonders/nicht zuletzt* usw.) reduzieren.

7.3.10 Zum Tempusgebrauch im Interview

Da im Interview vorwiegend aktuelle Meinungen erfragt und nicht Erlebnisse emotionell zu vermitteln sind, wird das Tempus (wie in der Nachricht) stets objektiv gebraucht.

7.3.11 Zur Wortwahl im Interview

Die Wortwahl im Interview ist, wie an den Beispielen gezeigt, auch in der Antwort durchaus beeinflußbar. Wir wollen deshalb einige Kriterien nennen.

(1) Offizielle Interviews werden im allgemeinen hochsprachlich geführt und wiedergegeben. Aber bei bestimmten Themen und in bestimmten sozialen Schichten können umgangssprachliche Elemente, ja, kann eine umgangssprachliche Stilebene durchaus angemessen und besonders glaubhaft sein. Dies gilt bis zu phonetischen Eigenheiten, die den Text zugleich auflockern. Freilich ist zu bedenken, daß sie Sachverhalte auch primitivieren und damit die journalistische Arbeit entwerten können.

Auch territoriale Charakteristika können, wenn es das Thema erlaubt, die Authentizität erhöhen. Sie müssen natürlich dem Rezipientenkreis verständlich sein.

(2) Interviews, sofern sie nicht auf speziellen Seiten plaziert und nur für einen begrenzten Leserkreis bestimmt sind (Finanzmärkte, Sport), verlangen Allgemeinverständlichkeit. Da jedoch meist Experten befragt werden, liegt es nahe, daß diese sich in ihrem Fachstil ausdrücken. Dazu kommt es leicht, wenn sich Journalisten schon in der Fragestellung als Experten aufdrängen wollen statt z.B. ein für die Allgemeinheit bestimmtes Interview simpel zu beginnen:

Herr Professor Ph., könnten Sie zunächst (einmal) erklären, was Polymeren sind?

Häufig werden Partner in ihrem Fachjargon nicht gezügelt, so daß man einmal folgende Antwort eines Vertreters der Polizei bezüglich Verstößen gegen die StVO vernehmen konnte:

...Zur Vorfahrtsverletzung kommen weitere Verstöße... Die vorfahrtsorganisierenden Leiteinrichtungen sind für den Fahrer eine klare, übersichtliche Vorwegweisung vor dem Einordnungsraum. Das heißt, vorfahrtsregelnde Verkehrszeichen...

Dies ist Fachjargon im Stile einer Dienstanweisung.

(3) Im Unterschied zur Nachricht können expressive Wörter, abhängig von der Emotionalität des Interviews, in ausgeprägtem Maße verwendet werden. Leider heißt es aber oft nur

zum Beispiel	statt expressiv:
Deren Mitglieder erfassen illegale Müllplätze.	*Ihre Mitglieder spüren illegale Müllplätze auf.*
Korrosion schadet der Wirtschaft also sehr.	*Rost ist also ein Milliardenfresser.*
Das Orchester hatte nach der Tournee eine gute Bilanz aufzuweisen.	*Das Orchester hatte auf der Tournee großartige/beglückende Erfolge.*

(4) Interviews sind nicht an allgemeinübliche Normen wie etwa an sanktionierte Wörter und Wortbildungen gebunden; vielmehr gestatten sie sowohl in der Fragestellung als auch in der Antwort das individuelle, persönliche Wort nicht nur, sondern fordern es geradezu heraus. Das können Wortschöpfungen sein, aber in den meisten Fällen ist es schon das ungewohnte Wort, das dem Interview seinen Reiz verleiht.

Individueller Wortgebrauch ist keineswegs an künstlerisch talentierte Partner gebunden. Wir sollten ihn provozieren und belassen, wo immer er angemessen und verständlich ist. Ein Umwelt-Experte nennt z.B. in einem Interview eine *sehr agile Arbeitsgemeinschaft* so, weil sie nicht nur 'aktiv' ist, sondern in der Tat agil.

(5) Ähnlich der Nachricht bezeichnet das Interview Sachverhalte direkt und unverschlüsselt. Bei entsprechendem Stoff und entsprechender Darstellungshaltung sind jedoch auch Humor oder Ironie im Wortgebrauch möglich. Tropen dienen oft der Auflockerung (und fördern so den Dialogcharakter). So wurde zu einem Jahreswechsel der Direktor der „Rotkäppchen"-Sektfabrik interviewt; in launiger Form wurden Bildungsgut und Produktionszahlen vermittelt. Als dann die Frage gestellt wird

Und welches Bukett müßte einem in die Nase steigen?

folgt prompt die Antwort:

Das kommt auf die Nase an.

(6) Wie im Bericht – und im Unterschied zur Nachricht – ist Präzision bei der Wahl jedes einzelnen Wortes nicht unbedingt nötig. Der Sachverhalt wird oft erst im Zusammenhang genau erfaßt: entweder vom Sprechenden selbst, der den Begriff einkreisend umschreibt oder ihn im Kontext klar werden läßt, oder durch einen der beiden Partner, der die

Äußerung des anderen durchaus richtig verstanden hat und den Mangel an Präzision mit seiner Gegenäußerung indirekt behebt. Der Interessantheit des Interviews können sogar weniger genaue Synonyme oder Umschreibungen für strapazierte Wörter durchaus dienen.

(7) Eine besondere Rolle spielen im Interview lexische Synonymie und stilistische Variation. Sie bedürfen deshalb hier einer gesonderten Behandlung.

(a) Im Interview kommt es aus zwei Gründen häufiger zu Wortwiederholungen:

– Werden viele Fragen gestellt, so läuft man Gefahr, öfter mit demselben oder einem ähnlich klingenden Pronomen zu beginnen. Ein Beispiel dafür bieten die folgenden vier aufeinanderfolgenden Fragen eines Interviews:

1. Frage: (nach einem Vorspann-Satz): W e l c h e Überlegungen haben zu diesem Zusammenschluß geführt?

2. W e l c h e Fachrichtungen sind in der Forschungsabteilung vertreten? Und: Auf w e l c h e Weise soll über die auch bislang üblichen Kontakte hinausgegangen werden?

3. Frage: W e l c h e wissenschaftlichen Probleme sollen im Mittelpunkt der interdisziplinären Forschung stehen?

4. Frage: W e l c h e Rolle wird die rasche Anwendung neuester Erkenntnisse in Vorbeugung und Heilung im Arbeitsprogramm… spielen?

Solche Wiederholungen (hier 5× *welche*) stören wegen ihrer Monotonie. Es wäre folgende Änderung denkbar:

1. Frage: W a s w a r der Grund für diesen Zusammenschluß?

2. Frage: H a t t e n organisatorische Fragen dabei e i n e B e d e u t u n g?

3. Frage: W e l c h e … [Frage bleibt so bestehen]

4. Frage: W i r d die rasche Anwendung neuester Erkenntnisse… im Arbeitsprogramm e i n e R o l l e s p i e l e n?

(Die Fragen wurden dabei unter Berücksichtigung des Zusammenhangs auch gekürzt, sie sind also mit den ursprünglichen nicht vollständig synonym.) Das Ersetzen von zwei Ergänzungsfragen durch Entscheidungsfragen ist nach dem S. 277 Gesagten gerechtfertigt.

– Ein weiterer Grund für Wortwiederholungen beim Interview ist psychologischer Art. Bestimmte Leitwörter – semantisch tragende Wörter – eines Gesprächspartners werden in der Replik gern aufgenommen. Die lexische Wiederholung kann steif wirken, sie kann aber auch die eindringliche Funktion bewußter Wiederholungen haben, etwa:

Journalist: Das kostet viel Z e i t .

Partner: Wenn die Z e i t dafür da ist, vervielfacht sie sich bei einer schwierigen Situation.

Wörtliche Wiederholung empfiehlt sich nur, wenn ein Interview damit gedanklich an Einprägsamkeit gewinnt. Leicht führt sonst Wortwiederholung zu Textmonotonie, wie wir bereits in der Fragefolge sahen.

(b) Günstiger ist es zumeist, lexische Synonyme zu verwenden. So können Leitwörter des Partners, die für den Gedankenaustausch von Belang sind, auch durch synonyme Wiederaufnahme gewürdigt und dem Rezipienten als wichtige Beziehung eingeprägt werden, etwa:

Journalist: Welchen K o n t a k t haben Sie zu den Menschen Ihres Wahlbezirks?

Partner: Das V e r h ä l t n i s … hat sich immer enger gestaltet.

Mit der Verwendung der deutschen Entsprechung erläutert, korrigiert oder präzisiert der Partner zugleich das vom Journalisten verwendete Fremdwort.

Im weitesten Sinne können neben Pronomina (*Ihre Kindheit – sie*) auch die von Agricola als Synonyme aufgefaßten Mittel (Agricola 1972, S. 72 ff.) eingesetzt werden: Periphrasen (*die Regierungen – beide Seiten*), Generalisierungen (*Politiker – vertretender Staat*), elliptische Wiederaufnahme (*Wesen Ihrer Politik – Ihre Politik*) u.ä. Sie sind jedoch nur dann genrespezifisch, wenn eines der Mittel jeweils im anderen Teil des Dialogs erscheint.

(8) Der Gebrauch von mehrdeutigen Ausdrücken ist, zumindest im aufgelockerten Interview, möglich. Er kann humoristischen Effekten dienen, empfiehlt sich also für entsprechende Themen. So fragt in einem Interview mit einem Kuh-Dompteur der

Journalist: Sind Sie der einzige Zirkus-Cowboy?

Das englische Wort wird humoristisch in seiner ursprünglichen Bedeutung ('Kuhjunge') gebraucht.

(9) In Interviews sind bei entsprechender Thematik auch Wortspiele möglich. Sie können dem Rezipienten Vergnügen bereiten; die Partner können sich dadurch als humorig und geistvoll charakterisieren.

Wortspiele assoziieren oft auch Mehrdeutigkeiten humoristischer Art, wie die Fortsetzung des schon erwähnten Interviews aus einer Sektkelterei zeigt:

Frage: Und welches Bukett müßte einem in die Nase steigen?

Antwort: Das kommt auf die Nase an.

Frage: Wenn es nach Ihrer Nase geht?

(10) Bei Interviews sollte man jene Abkürzungen meiden, die reinen Schriftcharakter haben, also mündlich nicht üblich oder regional nicht bekannt sind. Andererseits machen bei regionalen Interviews gerade Regionalismen den Text natürlich und glaubhaft.

(11) Da einem Interview Gesprochenes zugrunde liegt, wird man in stärkerem Maße als beim Bericht Modewörter erwarten. Viele sind für bestimmte Ressorts typisch, besonders für das Sportressort. Dort sollte auf verblaßte und wegen ihrer Abgedroschenheit störende Modewörter besonders geachtet werden.

(12) Für das Interview sind, wie für Gesprochenes überhaupt, Füllwörter wie *eben, doch auch, ja, auf jeden Fall, mal, also, sozusagen, überhaupt, gewissermaßen* typisch. Es handelt sich hier zwar nicht um Wörter ohne Semantik; sie werden aber im Gesprächsverlauf oft nur zum Füllen von drohenden Pausen, auf der Suche nach dem treffenden Wort verwendet. Manche solcher Füllwörter wie ein satzeinleitendes *Nun* können aber verknüpfende Funktion haben wie im folgenden bei der Replik des Journalisten:

Partner [nennt mehrere konkrete Besucherzahlen für eine Kunstausstellung]: ...*Damit haben in den vergangenen sechs Monaten fast 700.000 Menschen die Werke der Ausstellung gesehen.*

Journalist: *Nun kann man das zunehmende Interesse an der bildenden Kunst nicht allein an Rekordzahlen messen. Was war für Sie das Bedeutendste an dieser Ausstellung?*

(13) Typisch für die Lexik des Interviews ist die Verwendung von Dialogwörtern (Kontaktwörtern). Das sind zunächst Interjektionen und interjektionswertige Ausdrücke, die einen direkten lexischen Bezug zur Rede des anderen herstellen, gleichsam den Kontakt auch wörtlich sicht- bzw. hörbar machen: *ja* (*also*), *nein, durchaus, keineswegs, keinesfalls, aber ja, auf jeden Fall, eben, natürlich, selbstverständlich, selbstredend, na, nicht doch* u.ä. Manche wie *Ja* und *Also* sind oft nur als Eingangssignal zur Antwort zu werten (Wackernagel-Jolles 1973, S. 159–181). Ermunterndes *Ja* des Journalisten erscheint deshalb in mündlichen Originalen oft, in deren Verschriftlichung kaum oder gar nicht (Berens 1975, S. 64). Die Stelle von Interjektionen können auch modehaft als Adverbien gebrauchte Adjektive einnehmen wie *genau, falsch, richtig*, sogar floskelhaft gebrauchte Pronomina: (*ach*) *woher* (*denn*), elliptisch gebrauchte Prädikate: *Stimmt* oder ganze Modefloskeln: *So ist es, Sie sagen es, Wie man's nimmt, Ich meine/glaube.* Manche Wörter und Floskeln haben erläuternd-resümierende Funktion: *Also, Das würde bedeuten, Mit anderen Worten, Das heißt, Insgesamt betrachtet,* wobei die Perspektive einbezogen sein kann: *Sie meinen, Sie sagen* usw. (Löffler 1978, S. 67 f.).

Auch diese Ausdrücke können ein Indiz für die Natürlichkeit eines Interviews sein; sie wirken oft expressiv, akzentuieren Antwort oder Fragen, belegen klar den Standpunkt.

*

Es hat sich gezeigt, daß das Interview aus stilistischer Sicht ein äußerst vielgestaltiges Genre sein kann. Die Vielfalt möglicher Formen ist Ausdruck der Vielfalt möglicher Gesprächspartner, Themen, Absichten, Inhalte, auch Ausdruck unterschiedlichen Engagements, Ausdruck besonderer Beziehungen zum Partner. Bereits im Vorfeld des Genres Interview, beim Interviewen eines Partners, spielt die Kenntnis der unterschiedlichen Mittel eine Rolle; gravierend kann sie sein für Glaubwürdigkeit des Interviews.

7.4 Kommentar

Der journalistische Kommentar hat die Aufgabe, den aktuellen Standpunkt zu einem gemeldeten Ereignis bzw. zu einer Ereignisgruppe zu erörtern. Er soll gegenwärtige Zusammenhänge sichtbar machen oder andeuten und Auswirkungen auf die Zukunft erwägen, auch den Zusammenhang mit vergangenen Entwicklungen herstellen.

Obwohl den Kommentar von der Nachricht, besonders der Kurznachricht, viel unterscheidet, hat er doch mit ihr zweierlei gemeinsam: erstens die unbedingte Aktualität, zweitens die grundsätzliche Bedeutung für den Journalismus, die ihm als meinungsbildendem Genre einen wichtigen Platz neben den informierenden Genres zuweist.

Auf den ersten Blick eint Kommentare in Zeitungen und Sendern – platzbedingt – der jeweils annähernd gleiche Umfang, für den die meisten Zeitungen bestimmte Anschlagzahlen vorsehen oder Sender innerhalb einer Sendereihe bestimmte Minutenvorgaben festgelegt haben. Wichtiger ist die innere Einheit, eben das Erwägen der Bedeutung eines Ereignisses, das freilich im Hinblick auf dessen sehr unterschiedliches Gewicht auch eine unterschiedliche Intensität der Darstellung ermöglicht oder verlangt.

Hinzu kommt, daß der Autor stärker als bei sachlich informierenden Texten auch stilistisch in Erscheinung tritt. So bieten Kommentare auf den ersten Blick ein recht unterschiedliches Bild. Dies betrifft vor allem den S p r a c h stil. Stärkere Gemeinsamkeiten haben Kommentare durch bestimmte gedanklich-sprachliche Verfahren, D e n k stilfiguren, die ihnen zumindest potentiell eignen, deren Vorkommen jedoch Kommentare schon gedanklich-formal von den anderen Genres deutlich abhebt.

7.4.1 Darstellungshaltung

Kommentare dienen der Meinungsbildung. Deshalb sind sie grundsätzlich rational geprägt, seriös, im Gesamtduktus unironisch und zumeist auf die vorwiegend intellektuelle Erwartungshaltung der Rezipienten, auf deren Denkwillen und Gedankenarbeit gerichtet.

Dies schließt gemäß dem Gebot der Verständlichkeit e i n, daß die journalistische Erörterung über ein Ereignis, einen Sachverhalt, gedanklich-sprachlich erfaßbar sein muß. Journalistische Kommentare sollen geprägt sein von einer wissend-distanzierten Haltung, die trotz aller Emotionen bei zu kritisierenden Vorgängen die Gedankenführung und den Gesamtstil bis hin zum Einzelwort, den Interjektionen und Satzzeichen bestimmt.

All dem entspricht auch die einfach-literarische Stilebene des Textes, innerhalb derer, im Unterschied zur Glosse, auffällige Stilbrüche weitgehend ausgeschlossen und nur leichtere Abweichungen von dieser Ebene nach oben oder unten üblich sind.

Generell ist der journalistische Kommentar keine wissenschaftliche Auseinandersetzung; er ordnet sich der Aufgabe unter, zugleich intellektuell zu unterhalten. Auch in diesem Sinne ist er keine rein rationale Argumentation.

Die grundsätzlich seriöse und ruhige Darstellungshaltung schließt im Einzelfall weder expressive noch ironische Einzelaussagen aus. So wird die abweichende Expressivität im folgenden Beispiel mit Ellipse und Rufzeichen als sprachlichem Zeichen für die scharfe Folgerung aus einer vorangestellten Hypothese verbunden:

Man stelle sich nur einmal vor, in Deutschland kostet der Liter Benzin fünf und in Polen eine Mark. Gewinnspannen bis zu 400 Prozent bei Einfuhr und Schmuggel!

Die Aussage wird danach über expressive Einzelwörter (*unselig, wildern*) zur sachlichen Folgerung zurückgeführt:

Zu den Folgen der unseligen Debatte aber gehört, daß beim Wähler der Eindruck entstehen muß, auch grüne Politiker wollen inzwischen unverblümt in den Taschen der Steuerzahler wildern. Die Kommunalwahl in... hat es gezeigt: So kämpfen die Grünen derzeit nicht um, sondern gegen jede Wählerstimme.

Legt es der Gegenstand nahe, so kann sich im Kommentar trotz oder gerade wegen durchdachter Argumentation auch polemisierende Erregung spiegeln. Dies zeigt sich eindrücklich in folgender Passage nach der Kommunalwahl in Schleswig-Holstein im März 1998:

Für wie dumm wollen die Strategen der Bundesparteien die Wähler eigentlich verkaufen? Auch die Kommunalwahlen in Schleswig-Holstein seien ein Stimmungstest für die Bundestagswahl... gewesen, sagen sie unisono. Das ist Humbug. In Schleswig-Holstein wurden Gemeinde- und Stadträte gewählt. Es ging um die Mehrheitsverhältnisse in den kommunalen Parlamenten. Wen interessiert da Helmut Kohl oder Gerhard Schröder? In den wohlfeilen, interessengeleiteten Interpretationen der Wahlergebnisse durch die Bonner Parteispitzen steckt aber auch ein Stück Respektlosigkeit gegenüber den Kommunalpolitikern... Denn ihre Arbeit stand auf dem Prüfstand. Und sie sind den Wählern meist viel unmittelbarer bekannt als jene „hohen Tiere", die am 27. September zur Wahl stehen.

Solche Darstellungsweise hat stilistischen Biß, sie wirkt insgesamt volkstümlich, unabhängig davon, daß auch die Gedankenfolge schlüssig ist (und unabhängig von stilbrechenden Wörtern wie *unisono, wohlfeil, Prüfstand*). Die Kommentierung erfolgt gleichsam aus der Perspektive des Mannes auf der Straße, und es würde nicht verwundern, wenn die *hohen Tiere* wie in erlebter Rede ohne Anführung stünden. Wir sparen uns die gedanklich-sprachliche Analyse, weil es hier um Grundsätzliches geht. Hingewiesen sei nur auf die scharf gestellte Frage als Einleitung zur eigentlichen Erwägung (*Für wie dumm...*), die sich übrigens von der ebenfalls grammatischen Frage *Wen interessiert...* (Satz 6) als einer rhetorischen Frage, die eigentlich eine ausrufende (expressive) Feststellung ist, funktionell unterscheidet.

Eine Kommentierung läßt sich auch mit feiner Ironie einleiten:

Arme Claudia Nolte. Da verrät die Bundesfamilienministerin uralte Kamellen und längst bekannte Geheimnisse, und schon fallen Freund und Feind über sie her. Dabei hat sich die Familienministerin nur an die Beschlußlage gehalten...

Mitunter, bei entsprechendem Anlaß, ist auch sarkastische Darstellung möglich. So heißt es in einem Kommentar bei einem Eingangssatz

Chinas neue Offenheit oder gar Pressefreiheit ist mit dem Besuch Clintons sicher nicht ausgebrochen...

nach der Erwähnung eines dreimaligen sensationell unzensierten Auftritts im chinesischen Fernsehen:

Doch die Massen... dürfte das weniger beeindruckt haben. Ihnen sind die Sorge um den Arbeitsplatz, der Abschied von der „eisernen Reisschüssel" und sauberes Trinkwasser allemal wichtiger als weit hergeholte Demokratierezepte.

Bei entsprechender Thematik kann eine durchgehend subtile, sensible Darstellungshaltung erforderlich sein. Dies ist beispielsweise der Fall bei dem brisanten Thema des folgenden Kommentars. Wir drucken ihn in Gänze ab, weil er zugleich ein instruktives Exempel für eine einheitliche Stilebene, für 'stilistische Geschlossenheit' bietet:

Nein zum Kopftuch

Die Gründe, die Baden-Württembergs CDU-Kultusministerin gegen das Kopftuch-Tragen im Schulunterricht vorbringt, sind nachvollziehbar. In der Tat müßte eine islamische Lehrerin bedenken, was ihr erfolgreiches Beharren auf dem Kopftuch bedeuten würde in unzähligen hier lebenden Familien, deren Töchter es schwer genug haben, sich gegen allzu orthodoxe und autoritäre Elternansprüche zu behaupten. Der deutsche Staat hätte Desintegration gefördert und mitgeholfen, Druck zu erzeugen.

Annette Schavan hat sich die Abwägung zwischen individueller Religionsfreiheit und staatlichem Neutralitätsgebot nicht leicht gemacht. Man tritt ihr indessen nicht zu nahe mit der These, daß sie ohne den massiven Widerstand von Bevölkerung und Parteien wohl zu einem anderen Ergebnis gekommen wäre. Denn eigentlich geht der überzeugten Katholikin dieser massive Eingriff in Fereshta Ludins Rechte, der zugleich Religion wieder ein Stück aus öffentlichem Raum verdrängt, gegen den Strich. Man muß es aber nicht Opportunismus nennen, wenn in einer derart delikaten Lage die eigene Minderheitsmeinung nicht gegen die Haltung einer klaren Majorität durchgeboxt wird. Zudem: Der Sturm der Entrüstung, den ein Ja zum Kopftuch unweigerlich hervorgerufen hätte, wäre wenig willkommen gewesen im Vorfeld einer Bundestagswahl, bei der nicht auch noch aus der CDU-Hochburg Baden-Württemberg Sand ins Unionsgetriebe gestreut werden darf. Das Ansinnen, solche an sich sachfremden Gesichtspunkte sollten keine Rolle spielen, hieße Politik überfordern.

7.4.2 Perspektive(n)

Die pronominale Perspektive der Kommentare ist in der Regel objektiviert. Autoren erscheinen selten als *ich*, zumal – Gastkommentare ausgenommen – die kommentierenden Auffassungen als Standpunkt der Redaktion gelten. Dies schließt jedoch, beispielsweise bei längeren Kommentaren, die Nennung persönlicher Erfahrungen oder Erlebnisse in subjektiver Perspektive zur Unterstützung der Argumentation nicht aus, etwa bei Auslandskorrespondenten. Hier deuten sich Wandlungen an.

7.4.3 Redewiedergabe

Im Kommentar wird Redewiedergabe meist für die Argumentation verwendet, und Äußerungen werden weniger durch Rede anderer widerlegt als durch herangezogene Fakten.

So sind Zitate oft Belegmittel und noch öfter Gegenstand der Stellungnahme:

Die Erklärung der Verlierer lautet, der Wahlkampf sei amerikanisiert. Das stimmt. Aber warum ist das schlecht?

Auch Teilzitate dienen nicht der Information an sich, sondern als Ausgangspunkt für die Widerlegung wie im folgenden Dreierschritt:

Für die Union ist es ein „visionsloses Abbruchprogramm". Die Gewerkschaften loben es als „Schritt zu mehr Arbeit". Und nimmt man SPD-Schattenwirtschaftsminister Stollmann beim Wort, dann müßte das neun Seiten dünne Papier den Aufbruch zu einem „neuen, dritten Weg" in der Wirtschaftspolitik signalisieren. In Wirklichkeit trifft keine dieser Einschätzungen zu. Was Schröder vorgelegt hat, ist vielmehr ein Dokument wahltaktischen Kleinmuts, das die Stagnation fortschreibt.

Der Argumentation hilft vorwiegend nichtwörtliche Rede, so in dem folgenden Beispiel:

[Bei den Grünen] ist man nach außen um ein Bild der fast absoluten Geschlossenheit bemüht. Ein linkes Profil, warnt Realo Cohn-Bendit, führe zur „Redogmatisierung" und gefährde die Chance des neuen Politik-Modells, das die Grünen sich gern selbst bescheinigen.

Wir sehen hier zugleich, wie schon im Nebensatz zur indirekten Rede (*das die Grünen…*) die Bewertung einsetzt.

Rede wird oft als nominaler (und das heißt: sprachökonomischer) Redeverweis dem Argument untergeordnet und damit bewertet:

Der von Kohls Leuten so lange vergeblich gestreute Verdacht, es drohe ein Art Ökodiktatur, wird unter grüner Mithilfe breitgetreten.

Als geschickt – und dem Genre angemessen – erweist es sich im entsprechenden Kontext, wenn man die Form der erlebten Rede für Argumentationsschritte einsetzt:

Die Botschaft aus Niedersachsen wischt Kohl beiseite. Statt dessen pocht er auf vergangene Siege. Hat man ihn nicht schon oft zum alten Eisen geworfen und hat er nicht immer wieder triumphiert? Es ist genau diese rückwärtsgewandte Geste, die Kohl angreifbar macht.

Die erlebte Rede kann der Argumentation auch dienen, wenn sie Meinungen, reale oder angenommene, als Ausgangspunkt für die Bekräftigung oder – wie im folgenden – die Widerlegung liefert:

Präsident Clinton hat sich gestern in die große Politik zurückgebombt. Es wird sicherlich auch einige, vielleicht sogar viele Amerikaner geben, die ihm dafür dankbar sind. War ihr Präsident nicht zum Gespött der Welt geworden? Und wurde er damit nicht schon fast untragbar? Dennoch ist das Problem Lewinsky nicht beseitigt, und zusätzlich haben die USA jetzt ein... viel schlimmeres auf dem Tisch. Clinton hat kurzen Prozeß gemacht. Unwahrscheinlich, daß er damit seiner Nation einen Gefallen getan hat.

Diese Form bewirkt Emotionalisierung und Psychologisierung. Sie ist der sachlichen Feststellung aus der Kommentator-Perspektive (etwa: *Der US-Präsident war nach ihrer Meinung zum Gespött der Welt und damit fast untragbar geworden*) deutlich überlegen. Das Miterleben oder scheinbare Identifizieren mit einem abgelehnten Standpunkt unterscheidet journalistische Kommentierung von trockenem wissenschaftlichem Erörtern. Es entspricht seinem Wesen nach, in seiner Stilform, seiner Unterhaltsamkeit, mit seiner Allgemeinverständlichkeit, seinem Rezeptionsanreiz der eigentlichen Aufgabe des Journalismus. Wenn in der sozialistischen Journalistikwissenschaft das Kommentieren als gesellschaftswissenschaftliches (Wissenschaft im Sinne des Marxismus-Leninismus oder des „wissenschaftlichen Kommunismus" verstanden) Erörtern gelehrt wurde, so war dies eine grobe Verkennung des Wesens des Journalismus.

7.4.4 Gedankenfolge/Komposition

(1) Die ersten Sätze von Kommentaren zeichnen sich gegenüber anderen Genres dadurch aus, daß sie – vor allem verglichen mit der Nachricht –

sehr bündig und rezeptionsanreizend sind. Dies ist keineswegs eine vorrangig syntaktische Frage. Vielmehr steht an der Spitze nicht – wie in der
Nachricht – ein mehr oder weniger umfangreicher Fakt, ein genauer zu
bestimmendes Geschehen. An der Spitze des Kommentars steht eine
prägnant zu fassende E s s e n z des Geschehens. Von ihr hat der Kommentar beim Erörtern, beim Belegen, beim Erwägen des Für und Wider
auszugehen.

Daß der erste Kommentarsatz oft die Essenz enthält, zeigen z.B. die
Kommentaranfänge zur selben Sache in derselben Zeitung im Abstand
von elf Tagen:

Sonderstaatsanwalt Kenneth Starr läßt nicht locker. (21.8.1998)

Bill Clinton steht nicht mehr zur Wiederwahl zur Verfügung. (1.9.1998)

Der erste Satz kann auch durch die Ausklammerung, das Nachholen
des wesentlichen Satzteils (im folgenden: *mit einer...*), auf das eigentliche
Kommentieren zulenken:

*Die Koalitionskrise in Thüringen ist offiziell zu Ende – mit einer Beerdigung
dritter Klasse. War was? So wird sich mancher nach... fragen. In der Tat, da war
was...*

Für Spitzensätze eignet sich oft ein Sprichwort. Im folgenden Beispiel wird es geschickt nachträglich relativiert:

*Was lange währt, wird endlich gut. Sagt man gemeinhin. Lange hat es gedauert,
bis aus dem Südwestfunk mit Hauptsitz in... und einem Standbein in... und dem
Süddeutschen Rundfunk in... ein Sender wurde. Ob die Fusion... schon deshalb gut
ist, bleibt abzuwarten.*

Hier seien nur noch einige Spitzenvarianten beispielhaft angeführt:
*Das hätte die PDS einfacher haben können mit der Kandidatur am Prenzlauer
Berg./Für eine hochbetagte Dame ist die Sozialdemokratische Partei bemerkenswert
elastisch./Politische Tölpelhaftigkeit und Gesinnungstreue gehen nicht selten Hand in
Hand./Die Rechnung des niedersächsischen Ministerpräsidenten ist aufgegangen./
Sachsen-Anhalts Justizministerin ist nicht zu beneiden./Statt fünf Mark für den Li-
ter Benzin nun 300 Mark Kindergeld für jedes Kind.*

Oft lassen die ersten beiden Sätze noch so viel offen, daß erst der
dritte Satz zum Thema führt:

Dies war zu erwarten. Deutschland ist nicht Frankreich. Lediglich einige zehntausend der fast fünf Millionen Arbeitslosen folgten dem Protestaufruf. (Das sollte jedoch nicht...)

Selbst eine Gruppe von drei knappen Sätzen (im folgenden ist der dritte elliptisch) kann eine gedanklich-sprachliche Einheit bilden, von der der Kommentar ausgeht:

„Der Mann hat einen Knall." „Schröder ist dümmer als Scharping." Zwei Zitate von CSU-Chef Theo Waigel aus einer Woche.

(2) Im Kommentar sind auch Binnenpointen möglich. Sie dienen, besonders in Verbindung mit syntaktischem und gedanklichem Hinführen, zur Akzentuierung eines Problems wie in folgendem:

Monatelang hat die PDS einen Kandidaten für den symbolträchtigen Wahlkreis... gesucht. Links sollte er sein, jung und doch erfahren, intellektuell und basisnah, kulturell und engagiert. Die alten Parteikader sollte er ebenso überzeugen wie die jungen Szenetypen am Prenzlauer Berg. Und jetzt das: Elmar Schmähling. (Es folgen Gedanken zu Schmähling.)

Die Pointierung wird hier durch literarisierende Nachholstruktur bewirkt: *Links sollte er sein* – wozu sechs weitere Eigenschaften in diesem Satz kommen, und auch der darauf folgende Satz ist als Nachholung zu *links* zu verstehen; deshalb die Spitzenstellung des Objekts (*Die alten...*). Die Binnenpointe wirkt sodann besonders durch die ankündende und die namensnennende elliptische Formulierung (*Und... Elmar...*). Im Grunde beginnt die Pointierungspassage schon mit der Spitzenstellung von *Monatelang*. Hier wird evident, wie eng sich die Denkstruktur der Hinführung mit der sprachlichen Ausführung verbindet.

Auch innerhalb eines Satzes kann man pointieren, zum Beispiel durch Anhängen der Beantwortung einer im (Neben-)Satz gestellten Frage:

Selten war eine Klarstellung so überflüssig wie die jüngste vom Bundeskanzler zur Frage, wer... die Einführung des Euros entscheidet – nämlich er selbst.

(3) Selten gelingt beim Kommentar eine Art Rahmenbau. Dies hat funktionale Gründe: Der Anfangsgedanke wird bei einem essentiellen Ausgangssatz kaum wiederholt werden.

(Anfang)   *In Köln tagt zur Zeit ein Parlament, das eine längere Tradition*
                  hat als alle anderen...

(Schluß)   *Eine Duldsamkeit, die anderen deutschen Parlamenten manch-*
                  mal zu wünschen wäre.

Öfter läßt sich der Rahmen durch einen inhaltlich-gedanklichen Bogen bilden; der anfangs offene Gedanke wird mit dem letzten Satz – auf
Grund der Argumentation – geschlossen:

(Anfang)   *Natürlich können sich die USA gar nicht aus dem darnieder-*
                  liegenden Nahost-Friedensprozeß ausklinken, wie Außenmini-
                  sterin Albright... gesagt haben soll...

(Schluß)   *Denn wenn die gegenwärtige Mission ihres Nahost-Vermittlers*
                  Ross genauso im Sande verläuft wie..., kann es wirklich wieder
                  brenzlig in der Region werden.

7.4.5 Aussagedichte

Im Unterschied zur Nachricht ist der Kommentar nicht extrem auf Ausdrucksökonomie fixiert. Doch sollen Argumente und Beleg ohne Um-
schweife, bestenfalls mit erläuternden und anknüpfenden Beispielen, dargeboten werden. Dabei nutzt der Kommentar zur Aussageökonomie die
Konnotation, den Nebensinn von Wörtern, aktuellen Aussagekomplexen
(Fertigstücken) und auch Argumentationsstereotypen, die es erlauben,
den Text bündiger zu gestalten, als dies eine wissenschaftlich strenge Erörterung erfordern würde.

7.4.6 Vorgangsgehalt

Da wir es beim Kommentar mit gedanklichen Zusammenhängen und
nicht mit einer unmittelbaren Darstellung von Ereignissen zu tun haben,
ist das bisher angelegte Kriterium der Dynamik ohne Belang. Es wird bis
zu einem gewissen Grade kompensiert durch Bündigkeit, Zügigkeit und
Schlüssigkeit der Argumentation.

7.4.7 Anschauungs- und Bildgehalt

Kommentare sind ihrem Wesen nach, da sie gedankliche Beziehungen darstellen, nicht anschaulich. Aber Aufgabe des Journalisten ist es, zur Verdeutlichung von Gedanken und zu deren Akzentuierung Mittel der Veranschaulichung zu nutzen.

(1) Die Rolle der M e t a p h o r i k im Kommentar sei zunächst an einem Variantenbeispiel erhellt. Nach einem Eingangssatz *Meinungsumfragen sind stets mit Vorsicht zu behandeln* sind (in bezug auf den SPD-Sonderparteitag vom April 1998) zwei unterschiedliche Fortsetzungen möglich,

eine direkte:	und eine metaphorische:
Dennoch scheint die Stimmungslage in der SPD jetzt, da Gerhard Schröder auf dem einberufenen Sonderparteitag in Leipzig als Kanzlerkandidat bestätigt werden soll, anhaltend optimistisch.	*Dennoch verstetigt sich derzeit das Stimmungshoch, auf dem SPD-Kanzlerkandidat Gerhard Schröder zu seinem Sonderparteitag in Leipzig surft.*

Diese metaphorische Variante ist eine wichtige Facette der Möglichkeiten, die im folgenden vorgeführt werden sollen. Bei der Metapher kommt es hier gleichsam zu einer Anschaulichkeit des Arguments, wie wir an der Fortführung eines Satzes mit einer Alltags- und einer journalistischen Fassung sehen, in der der niedersächsische Wappenschimmel unvermutet der Kommentierung dient (Februar 1998):

Der Fall, daß Kohl als Kandidat doch noch öffentlich in Frage gestellt wird, dürfte nur eintreten, wenn

A	B
die CDU bei der Niedersachsenwahl am 1. März deutlich verliert und die SPD mit deutlichem Stimmenvorsprung gewinnt.	*der Niedersachsen-Schimmel die CDU am 1. März mit Schwung abwirft und die SPD im Gegenzug Gerhard Schröder überzeugend in den Sattel hilft.*

Der *Gegenzug* als eingestreute Schach-Metapher ist allerdings deplaziert; eine Konjunktion *dafür* (o.ä.) hätte hier den logischen Bezug angemessen ausgedrückt.

Schon das metaphorische Einzelwort kann akzentuieren. Dies wird am Vergleich einer Aussage deutlich,

ihrer direkten Form:	mit ihrer Zeitungsfassung:
Die Pflegeversicherung hat entgegen allen krittelnden Befürchtungen (erstaunlicherweise) hohe Rücklagen zu verzeichnen.	*Die Pflegeversicherung hat entgegen allen Unkenrufen satte Rücklagen zu verzeichnen.*

Der Unterschied ist gering und dennoch evident: Der stilistisch einwandfreien, biederen Fassung steht eine eindrückliche, deutlicher wertende, einprägsame Aussage gegenüber.

Charakteristisch für journalistische im Unterschied zu wissenschaftlicher Argumentation ist der Wechsel zur metaphorischen Erwägung. So folgte nach einem sachlichen Satz

Leise... fällt immer häufiger der Name Schäuble, der auf der Beliebtheitsskala... einen ebenso glänzenden Platz einnimmt wie Gerhard Schröder.

nicht etwa:	sondern:
Soll also vor der Bundestagswahl am 27. September Kohl schnell noch durch Schäuble als Kanzlerkandidat abgelöst werden? Das hätte verheerende politische Folgen/würde zur Niederlage/zur Katastrophe führen.	*Also Pferdewechsel vor der Bundestagswahl am 27. September? Das wäre politischer Selbstmord.*

Die bildliche Formulierung ist – wie hier – oft zugleich ökonomischer und zwingt nicht zur überpräzisen Festlegung von Einwand und Folge.

Metaphern dienen oft einer Wertung, mit der die sachliche Aussage in den größeren Zusammenhang eingeordnet wird:

Der kurze, heftige Streit um den Benzinpreis von fünf Mark ist da keine Ausnahme, handelt es sich doch nur um den Splitter des teils unausgegorenen, teils nur schwer vermittelbaren Konzepts Öko-Steuer.

Daß die Metaphorik im Kommentar weniger künstlerische Funktion hat, wird an ihrer ständigen Kombination mit anderen Formulierungen deutlich, die nicht bildlich-indirekt, sondern direkt werten; so heißt es in einem Kommentar zur Brüsseler *Gipfel-Blamage* über die Unabhängigkeit der Europäischen Zentralbank gegen Schluß:

*Ein weidwunder Kanzler, ein außer Rand und Band geratener Präsident der
Republik Frankreich – das einstmals bewährte deutsch-französische Tandem im Zen-
trum der Europäischen Union ist in einem miserablen Zustand. Die neue Hoffnung
Blair sieht ihrerseits schon ziemlich alt aus.*

Metaphorik ersetzt zur Beweisführung oder Belegdarstellung sehr
oft das trockene Argument, da die Details ohnehin durch Nachricht oder
Bericht bekannt sind. So hieß es zum Honorar-Streit Seehofers mit den
Zahnärzten (1998):

*Seehofer wäre als Politiker ja völlig ungeeignet, verstände er es nicht, einen ausge-
bügelten Fehler als Erfolg zu verkaufen. Noch dazu im Wahlkampf. Gestern nun
durfte er sich als Schirmherr aller Patienten aufplustern, als... das Kölner Sozialge-
richt den Zahnärzten die Zähne zog. Was aber ist wirklich passiert? Das Gericht
hat nichts anderes getan als Seehofers löchrige Honorar-Regelung beim Zahnersatz
plombiert.*

Mitunter lassen sich Bilder (im folgenden bereits mit der metaphorischen Wendung vom *Schwert des Strafrechts* eingeleitet) zu einem (hier: hyperbolischen) größeren Bild ausweiten, das die Grundaussage des Kommentars drastisch verdeutlichen soll:

*Warum die Grünen das Schwert des Strafrechts stumpf machen wollen, bleibt
deren Geheimnis. Die Vorstellung, daß Mörder künftig nach kurzer Haft von einem
Stab an Bewährungshelfern, Therapeuten und Sozialarbeitern betreut werden, während man die Angehörigen der Toten in ihrem Schmerz allein läßt, ist unerträglich.*

Routiniertes und unbedachtes Verwenden von Metaphern führt zu
F e h l e r n , die kurz angedeutet seien:

Zuweilen lassen sich Journalisten durch ein auf den ersten Blick ge-
glücktes Bild (im folgenden: zur Abstimmungsniederlage der CDU/
CSU-FDP-Koalition März 1998) verleiten, es über den Sachverhalt hinaus auszuweiten:

*Auf dem Schiff der CDU tut man weiterhin so, als hätte es die Kollision mit
dem Eisberg der Niedersachsen-Wahl nicht gegeben. Man pfeift auf die Rettungsboote
und läßt sich unter dem schwankenden Kronleuchter noch einen Brandy reichen. Das
ist das Modell Titanic.*

Oft werden sehr verschiedene Bilder in Häufung gebraucht wie in einer Passage zur Forderung nach Abschaffen der lebenslangen Freiheitsstrafe:

Während Christ- und Sozialdemokraten den starken Mann markieren und den Bürgern einen besseren Schutz vor Kriminalität verheißen, kehren die Bündnis-Alternativen eine falsch verstandene Liberalität heraus und machen sich zum Fürsprecher von inhaftierten Schwerstkriminellen. Wahrlich ein Kontrastprogramm zur inneren Sicherheit, mit dem sie allerdings Gefahr laufen, am Wahlabend ausgeknipst zu werden.

Hier ist das ohnehin mißglückte Bild (ein *Mann* für zwei Parteien) unnütz, da die beabsichtigte Wertung schon in *verheißen* liegt. Doch das zweite (*Kontrastprogramm – ausknipsen*) aus der Sicht der Redaktion ist treffend, ebenso wie die bildlich verallgemeinernde Zuspitzung (*sich zum Fürsprecher von Schwerstkriminellen machen*).

Leicht kommt es auch zu einer unerwünschten Konkretisierung des bereits verblassenden Bildes, wenn Bilder aus verschiedenen Bereichen unmittelbar kombiniert werden – im folgenden Schach (*Winkelzüge*) und Skat (*ausgereizt*):

Christliche Nächstenliebe [= die der CDU] hat ihren Preis. Die Winkelzüge der Liberalen scheinen ausgereizt.

(2) Eine weniger bedeutsame Rolle in Kommentaren spielen M e t o n y m i e n . Sie eröffnen auch geringere sprachschöpferische Möglichkeiten. Viele sind bereits verblaßt: *Kreml* für *russische Regierung*, *Weißes Haus* für *US-Regierung*, *Paris* für *französische Regierung* usw.

Ihre Funktion besteht hier in ihrer Sprachökonomie und in der Wertung, wobei auch diese oft allmählich verblaßt. Dies gilt etwa im folgenden für *Pjöngjang* im Zusammenhang mit der Metapher *ein Dorn im Auge*, so daß die direkte, unverschlüsselte Aussage schärfer sein kann. Man vergleiche eine

verschlüsselte	und eine direkte Darstellung:
Die Inititativen zur Demokratisierung des Landes sind Pjöngjang ein Dorn im Auge.	*Die Inititativen zur Demokratisierung… stören/ärgern/erzürnen (u.ä.) die nordkoreanischen Machthaber.*

(3) Die Bedeutung eines Geschehens können b i l d l i c h e V e r -
g l e i c h e sinnfällig machen, wie dies in einem Kommentar über die
Bundestagsdebatte zu öffentlichen Gelöbnissen der Bundeswehr geschieht:

*Wie durchdringender Regen... die Luft für klare Fernsicht reinigt, hat dieser
Streit im Parlament den Blick frei gemacht dafür, wie die politischen Parteien wirklich zur Armee stehen. Auf der einen Seite präsentieren sich... Auf der anderen Seite
bis nach links außen des Bundestags fächert sich wie auf einer Farbpalette die ganze
Vielfalt von Befürwortern von Streitkräften bis hin zu den erbittertsten Gegnern auf.*

Der bildliche Vergleich, syntaktisch vom Urteil abgesetzt, fügt meist
kein neues Argument hinzu, unterstützt aber das Gesagte nachdrücklich.
So hieß es zum Kosovo-Konflikt (am 1.7.1998), es ließe sich wohl

*kaum ein Politiker finden, der nicht ein Ende der Brutalität befürworten würde.
Doch eine Appell-Politik wird nichts fruchten. Europa ist kein Sandkasten mit zän-
kischen Kindern, die sich vertragen, wenn man die Stimme drohend hebt.*

Ein derartiger Vergleich kann, in einem Nebensatz, der umständli-
chen rationalen Charakterisierung deutlich überlegen sein:

*Die Regierung in Ankara hat sich mit der Absage, die wie ein dunkler Schat-
ten über der [EU-]Konferenz lag, keinen Gefallen getan.*

Bildliche Vergleiche lassen sich auch kurz in metaphorischen Epitheta ausdrücken, so, wenn eine Zeitung vom *zelotenhaften Wahn des Son-
derermittlers* (Starr im Falle Clinton) schrieb.

7.4.8 Rhetorische Figuren

Der Kommentar ist jenes journalistische Genre, in dem Denkfiguren
und ihre sprachliche Ausprägung häufiger vorkommen.

(1) Die auffälligste rhetorische Figur ist die A n a p h e r , die Wiederholung derselben Sprachform(en) am Anfang von Sätzen oder Satzteilen.
Ausgeprägt erscheint diese Stilfigur im folgenden Anfangsteil eines aus
17 Sätzen bestehenden Sportkommentars. Hier beginnen insgesamt neun
Sätze und zwei Teilsätze je dreimal mit identischen Sprachformen:

*E n d l i c h geht es beim VfB aufwärts. E n d l i c h wird um jeden Zentimeter
gekämpft. E n d l i c h wird gewonnen. Gegen den Spitzenreiter, gegen den Vierten.
Die Zweite Liga reibt sich die Augen... Und die Fans fragen sich...*

Offenbar hatte das Gerede vom Aufstieg die Sinne vernebelt. Offenbar brauchen einige Spieler die nackte Existenzangst. Offenbar hat Trainer D. H. die Mannschaft vom Kopf auf die Füße gestellt und an Binsenweisheiten erinnert. Daß Fußball in der Abwehr beginnt. Daß er ein Laufspiel ist und Fitneß seine Grundlage. Daß Moral nicht alles, aber ohne Moral alles nichts ist.

Natürlich ist diese rhetorische Struktur nicht zwingend notwendig. Es genügte einleitend auch *Endlich geht es... aufwärts, man kämpft um jeden Zentimeter und gewinnt, zuletzt sogar gegen den Ersten und den Vierten* usw. Aber die sprachliche Wiederholung will wichtige Fakten akzentuieren.

Anaphern, auch in Satzteilen, bezeichnen nicht nur die Reihung offensichtlich ähnlich einzustufender Sachverhalte. Wenn ihre Semantik Verschiedenheit bezeichnet, kann genau diese Verschiedenheit zu e i - n e r Grundfolgerung (im folgenden: 'Konzeptionslosigkeit') führen:

Sei es, daß der wieder erkrankte Jelzin Stärke demonstrieren will, sei es, daß er Tschernomyrdin bei den nächsten Präsidentenwahlen ins Rennen schicken will, oder sei es, daß er angesichts der alltäglichen Misere im Lande dem Reformkurs neues Leben einhauchen will – der Rausschmiß wirkt eher konzeptionslos.

Die Anapher dient im positiven wie im negativen Sinn der einprägsamen Reihung von Argumenten (die wissenschaftlich mit 1., 2., ..., mit Stabstrichen usw. markiert würden):

Was die Professoren... vorbringen, ist... vielfach diskutiert: daß die öffentlichen Haushalte noch immer nicht definitiv saniert sind, daß der Euro das Beschäftigungsproblem nicht automatisch löst, daß die vereinbarten Stabilitätskriterien streng oder weniger streng ausgelegt werden können.

Das alles wird hier, wie die Einleitung schon vermuten läßt, abgelehnt, allerdings nicht rational widerlegt (wie dies die Wissenschaft tun würde): *Ökonomisch gibt es durchaus Argumente für die „Krönungstheorie" der Professoren, politisch ist sie weltfremd.*

Anaphorische Darstellungsweise kann auch leicht abgewandelt werden und über mehrere Sätze hinweg wirken. So beginnt der sechste von neun Absätzen eines umfangreicheren Kommentars:

Das spricht nicht für die anderen. Es spricht nicht für den Nachwuchsartisten Tony Blair, der seine Bewährungsprobe gründlich in den Sand gesetzt hat. Selten hat man... Blair... [50 Wörter nach *Selten*, neuer Absatz:]

Es spricht schon gar nicht für den französischen Präsidenten Jacques Chirac...

Hier fungiert die (abgewandelte) Anapher als Sprachsignal für die weit satzübergreifende Struktur des Denkstils.

(2) Die Anapher ist jedoch, wir wiederholen es, nur eine sprachlich auffällige Denkfigur. Eine subtilere bildet die bloße W i e d e r h o l u n g d e r D e n k s t r u k t u r wie in folgender Kommentar-Passage:

Gewußt haben es alle – gehandelt haben nur wenige, darunter Bayern mit seinen Cyber cops. Den vollmundigen Politikerankündigungen folgen oft nur halbherzige oder gar keine Taten. [Es folgen Fakten zur Kinderporno- und Päderasten-Szene.] *Wissen muß endlich zum Handeln führen. Die Länder müssen dazu ihre Polizeibehörden mit... ausstatten. Auf Seiten der EU müssen endlich die Gelder für... freigegeben werden. Und auf UNO-Ebene sollte rasch ein internationales Abkommen geschlossen werden, um...*

Von der anfänglichen Antithese (*alle – wenige*) innerhalb eines Satzes abgesehen, drückt sich der Denkstil nicht in adäquaten Sprachstrukturen aus. So folgt ein Beleg für das Handeln noch innerhalb des ersten Satzes, während das Nichthandeln (entsprechend seinem Gewicht) einen eigenen, den zweiten Satz beansprucht. Und erst nachdem Belege zum 'Gewußthaben' genannt worden sind, schließt eine dreistufige Forderung an. Dieser wird eine prinzipielle mit entsprechendem Prädikat (*Wissen m u ß endlich zum Handeln führen*) vorangestellt. Für die drei konkreten Forderungen stehen die Prädikate *müssen – müssen – sollte*, und die Handelnden, von (Bundes-)Ländern über die EU zur UNO steigernd, stehen ebenfalls in sprachlich teils verschiedenen Formen (*die Länder – auf Seiten der EU – auf UNO-Ebene*). Ein möglicher anaphorischer Anfang (*auf Länder-Ebene/auf EU-Ebene/auf UNO-Ebene*) würde primitiv wirken. Sprachliche Variation bei gedanklichen bzw. strukturellen Parallelen ist hier sogar geboten.

(3) Dem Sammeln von Argumenten oder dem Widerlegen dienen oft A u f z ä h l u n g e n. Im folgenden beabsichtigen die Schlagworte einfach eine Wertung, ohne daß gegenargumentiert wird:

Enteignung, Jobkiller, Milliarden-Entschädigung, Rückfall in die technologische Steinzeit – hysterische Horrorgemälde aus der Wahlkampf-Klamottenkiste, die Re-

gierung und Atomindustrie... ausmalen. Klar ist, der Untergang des Abendlandes
steht nicht bevor.

Die bloße Aufzählung mit merkwürdigem Ausdruck (*hysterische Ge-*
mälde aus der Klamottenkiste, die Regierung und Atomindustrie ausmalen) ka-
schiert hier den Denkstilfehler, der an den Schluß der Aufzählung nicht
das Gegenargument setzt, sondern eine behauptende Anspielung (auf
Oswald Spenglers „Untergang des Abendlandes"). Dies ist keine erör-
ternde Darstellung mit linearer Argumentation, sondern eine Anhäufung
von expressiven zitierten und noch expressiveren eigenen Wörtern. Dem
sei die klare Argumentation eines weniger renommierten Blattes gegenübergestellt:

Schröder trägt dem Drängen seines möglichen... Koalitionspartners Rechnung.
[1] *Er gelobt das Ende für die sechs ältesten Atomkraftwerke in... vier Jahren.* [2]
Für die restlichen Meiler sollen... Gesamtbetriebslaufzeiten... ausgehandelt werden.
Bis zu vierzig Jahre sind im Gespräch. – Der Nachteil der Schröderschen Szenenbil-
der zum Ausstieg liegt auf der Hand. Woher soll Ersatz für den Atomstrom
kommen?

Die Schlußfrage wirkt pointierend als Aussage.

(4) Eine günstige Denkfigur ist die D r e i e r f o l g e   B e h a u p -
t u n g – B e l e g (e) – F o l g e r u n g (e n). Sie kann im sprachlichen
Ausdruck sehr raffiniert eingesetzt werden:

Sie sind nicht mehr die liebenswerten Graswurzeltypen, die netten Spinner, son-
dern mögliche künftige Minister der drittgrößten Industrienation der Erde. Und des-
halb legt eine kritische Öffentlichkeit... jedes Wort auf die Goldwaage. Benzinpreis
fünf Mark, Strafsteuer für Flugreisen, Freigabe des Haschisch-Verkaufs, keine Frie-
denseinsätze der Bundeswehr – das sind keine nebensächlichen Verrücktheiten mehr,
sondern vielleicht schon morgen Forderungen in Koalitionsverhandlungen mit der SPD
und schon übermorgen deutsche Regierungspolitik. Realisten unter den Grünen mer-
ken jetzt, daß...

Die Denkfigur wird durch die sprachliche Formung geschickt ausge-
füllt, vor allem durch den einleitenden Kontrast im Adversativsatz (*Gras-*
wurzeltyp – Minister), sodann durch grammatisch offene (und wertende)
Aufzählung – die mögliche weitere Nennungen suggeriert –, und eine er-

neute Adversativkonstruktion, die die erste weiterführt (*Verrücktheiten –
Forderungen in Verhandlungen* und später *Politik*).

(5) Eine gedanklich anregende Stilform kann die Z e r l e g u n g   i n
F r a g e   u n d   A n t w o r t   bzw.   F o l g e   sein (Mehrfachbeispiel mit
Ellipsen S. 322). Ähnliches gilt für hypothetische Gedanken: Hier wie
dort wird durch Gedankenentwicklung als Frage und Antwort der Rezipient direkt in die Meinungsfindung einbezogen. So schließt ein Kommentar zum Scheitern eines Nichtrauchergesetzes mit mehreren Ant-
wort-Argumenten, wobei im Fazit geschickt mit einem Shakespeare-Zitat
(„Viel Lärm um nichts") gespielt wird:

> *Hätte das Ergebnis nicht ein bißchen knapper ausfallen können? Dann könn-
> ten sich die vielen Nichtraucher... wenigstens ernstgenommen fühlen. Daß in den Be-
> trieben eben nicht alles so prima geregelt ist, wie..., zeigen Dutzende von Klagen...
> Ein Gesetz hätte die unsichere Rechtslage endgültig geklärt. Was nun bleibt, ist ein
> enttäuschendes Ergebnis nach langer Diskussion – viel Rauch um nichts.*

(6) E i n w ä n d e   bzw. Gegenargumente lassen sich oft   a l s   F r a -
g e   formulieren, also nach dem Satz

> *Besonders in der arabischen Welt wird dies* [= die Bombardierung von an-
geblichen Stützpunkten] *zu einem Aufschrei der Entrüstung führen*

nicht:	sondern etwa:
Doch das zählt nicht. Denn Clinton darf sich der Unterstützung seiner Landsleute gewiß sein.	*Doch was zählt das schon, wenn sich Clinton der Unterstützung seiner Lands- leute gewiß sein darf?*

Auch die aus der Antike überlieferte Struktur der Bestätigung eines
vorgebrachten oder konstruierten Einwands mit der anschließenden Entgegnung ist möglich, etwa:

> *Die Erklärung der Verlierer lautet, der Wahlkampf sei „amerikanisiert", weil
> auf die sozialdemokratische Kanzlerfrage zugespitzt. Das stimmt. Aber warum ist
> das schlimm? Was ist so schlimm daran, wenn...*

(7) Wo Zuspitzung angezeigt scheint, kann auch die H y p e r b e l ,
besonders in Verbindung mit der K l i m a x , genutzt werden:

> *Elmar Schmähling ist als PDS-Kandidat nicht erste, nicht einmal dritte, son-
> dern höchstens zehnte Wahl...* [Es folgen Argumente.]

(8) Das bloß rationale, abstrahierende Argument oder Urteil allein überzeugt noch nicht. Es muß in vielen Fällen durch E x e m p e l ergänzt werden:

Die Extremisten auf beiden Seiten haben die Oberhand gewonnen. Bedrückend dabei, daß die Belgrader Strafkommandos offenbar nach ähnlichen Mustern wie in Bosnien vorgehen und zum Beispiel alle männlichen Mitglieder einer Familie ermorden.

Mehrere Exempel können je nach Stoff, Darstellungshaltung und Stilebene betont sachlich, als rhetorische Fragen oder anaphorisch dargestellt werden.

7.4.9 Zur Satzgestaltung im Kommentar
7.4.9.1 Zum syntaktischen Typ

Kommentare zeichnen sich gegenüber der Nachricht oder dem Sachbericht dadurch aus, daß in ihnen neben dem reinen Aussagesatz – der überdies im Unterschied zur Nachricht sowohl Behauptung, Hypothese, Urteil als auch Erwägung bezeichnen kann – auch Fragesätze (die im übrigen nicht nur Fragen ausdrücken) und gelegentlich auch direkte Ausrufe möglich sind. Kennzeichnend für den Kommentar sind auch wiederholte Fragen als Grundlage für die argumentative Antwort:

Ein Konzept für... Koalitionsverhandlungen billigten die Delegierten im Schnellverfahren. Der Fahrplan steht, doch wohin soll die Reise gehen? Was wollen die Grünen... dem „Automann" Schröder abringen? Die... koalitionserfahrene Partei gibt sich lernfähig und will für den Fall der Fälle keine Knackpunkte aufstellen.

Wichtiger als in anderen Genres sind beim Kommentar, wie wir nebenbei auch an diesem Beispiel sehen, die übersatzmäßigen Einheiten: Mehrere Sätze werden, unabhängig davon, ob sie auch einen Absatz bilden, als syntaktische Einheit konzipiert. Deutlicher wird dies an folgendem Beispiel:

Kuriert wird nur am Symptom. Was belgische Privatleute jetzt ans Tageslicht gebracht haben, ist ohne Zweifel sehr verdienstvoll. Auch die Arbeit polizeilicher Internetfahnder ist wichtig. Doch entdeckt und angeklagt wird allenfalls die Spitze eines Eisbergs.

Dem gemeisterten Spannungsbogen steht hier allerdings eine mißlungene Metapher (*angeklagt wird die Spitze eines Eisbergs*) gegenüber.

Wenn der gedanklich abwägende Zug des Kommentierens in den Hintergrund treten soll, ist auch eine Abfolge von bloßen Kurzurteilen möglich:

Eine erfolgreiche Wahlkampfstrategie muß deshalb lauten: Themen besetzen, Problemfelder umreißen und Lösungen anbieten. Die Profis im Team des SPD-Kanzlerkandidaten Schröder handeln danach. Der jetzt aufgezeigte „schnellstmögliche Weg" aus der Kernenergie paßt exakt dazu. Die Mehrheit der Bürger befürwortet den Ausstieg. Sie fürchtet ein zu hohes Risiko. Es bleibt ein Rätsel, warum die Union...

Inhaltlich grenzt diese akklamative Darbietung allerdings an Manipulation: Es wurde und wird keine Lösungsmöglichkeit benannt.

7.4.9.2 Zur Satzgliedfolge

(a) Die Satzgliedfolge ist angesichts der Forderung nach Bündigkeit der vorgegebenen Struktur (Anspielung, Zitat, Sprichwort, Redewendung usw.) oft nur begrenzt variabel. Die Funktion der Akzentuierung innerhalb des Satzes wird von syntaktischen Abweichungen bzw. Anomalien übernommen.

(b) Was die Gliedfolge bei aufeinanderfolgenden Sätzen angeht, so ist Logik oberstes Gebot – mit den Einschränkungen, die sich unter rhetorischen Gesichtspunkten ergeben.

7.4.9.3 Zu Satzumfang und -variabilität

Gedankliche Erwägungen über Realitätsbezüge erfordern im allgemeinen, je komplizierter diese Bezüge und je anspruchsvoller ihre Darbietung sind, desto längere Satzgebilde. Daraus erwächst für den Autor angesichts des Grundgebots der Verständlichkeit ein stets zu überwindender Widerspruch: der nach einem möglichst einfachen und vor allem lebhaft wechselnden Satzbau. Hierzu eine Passage aus einem Kommentar zur mentalen Lage der Bündnisgrünen im März 1998 mit deutlicher syntaktischer V a r i a t i o n (am Rande ist jeweils das erste Satzglied vermerkt):

Man hat die jahrelangen Klagen der Grünen noch im Ohr.	Subjekt
Biß und Souveränität haben sie bei der SPD vermißt.	Objekt
Großmütig gestanden sie der SPD zu, sie dürfe alles tun,	Modalbestimmung
was sie wolle, nur Erfolg müsse sie haben. Nun kehren	Temporalbestimmung
sich derlei Sätze um. Der Trend hin zur SPD geht vor	erweitertes Subjekt
allem auf Kosten der Grünen. Die Grünen erleben im	Subjekt
Bundestrend, was sie auf Landesebene – siehe Saarland	
und Brandenburg – schon kennen: Neben einer starken	Lokalbestimmung
SPD haben sie wenig Chancen. Schon fühlen sich manche	Temporalbestimmung
an 1990 erinnert – damals flogen die Grünen aus dem	
Bundestag. So dramatisch wird es nicht kommen.	akzentuierte Modalbest.
Aber die Verluste bei den Kommunalwahlen in Schleswig-	Konjunktion
Holstein waren das größte Desaster seit damals.	

Die zehn Sätze haben (bei einem Durchschnitt von 11,1 Wörtern) sechs bzw. – unterscheidet man die akzentuierten Satzglieder noch von einfachen – acht verschiedene Satzglieder als Spitze. Dabei wirkt die Darbietung zwanglos und völlig unmaniert. Wir haben hier das positive Gegenstück zu dem krassen Beispiel von Monotonie vor uns, das im Textkapitel (S. 158 f.) vorgeführt wurde.

7.4.9.4 Grammatische Korrektheit

Im Kommentar sind in besonderem Maße von der Schulgrammatik abweichende Sätze bzw. satzwertige Gebilde, syntaktische Anomalien aller Art, möglich.

Außerordentlich häufig, bei der Rezeption unauffällig und deshalb hier mit besonderer Wirkung, werden Ellipsen, formal unvollständige oder bruchstückhafte Sätze, verwendet. Oft entstehen sie durch Absonderung eines zu akzentuierenden oder gar pointierenden Aussageteils:

[*Das Füllhorn wird kleiner. Das weiß auch die CDU.*] *Mit dem Verweis auf die beeindruckendste Erfolgsgeschichte des Jahrhunderts sucht sie den Ausweg aus der Defensive. U n d   h o f f t, daß das den Wähler überzeugt.*

Auch die Verknüpfung von Ellipse und vollständigem Satz in einem Satz akzentuiert, besonders, wenn man die Ellipse voranstellt:

Eine halbe Million neuer Arbeitsplätze: Die Vorstellung ist verlockend und kühn zugleich. (Kommentarbeginn)

Sie kann zur Hervorhebung ebenso nachgesetzt werden:

Fünf DGB-Gewerkschaften und die Deutsche Angestellten-Gewerkschaft haben ihre Plattform gefunden: die Schaffung der weltweit größten Arbeitnehmerorganisation für Dienstleistungen. (Kommentarbeginn)

Die Ellipse kann als ausgesprochen textuelles (suprasyntaktisches) Stilmittel expressiven Argumentierens dienen. Dies mag ein Gedankenkomplex zeigen, in dem zu einer These [ ] drei Belege in faktisch sechs elliptische Gebilde aufgegliedert werden:

[Die Supermacht zeigt ihre Kraft und... Ignoranz.] Eine Verfügung des Internationalen Gerichtshofes? Wen schert's. Das Bedürfnis nach Offenheit in einem militärischen Verfahren? Ignoriert. Kompromißbereitschaft im Handelsstreit, während...? Zu spät.

Auch Wiederaufnahme von Satzteilen, Prolepsen (im folgenden: *den*), dienen vor allem der Akzentuierung:

[Das größte Problem sind nicht die Junkies am Bahnhof... Sie fallen nur mehr ins Auge.] Den täglichen Griff zur Flasche, der oft hinter verschlossenen Türen zu... führt, den sieht niemand.

Zu den syntaktischen Anomalien, die im Kommentar völlig organisch wirken, weil sie das Ergebnis isolieren und damit hervorheben, gehört die Alternativstruktur mit Ergebnis:

Ob Regierungswechsel oder nicht – an der bisherigen Förderung wird es keine Abstriche geben.

7.4.10 Phraseologie

In Kommentaren werden neben Fertigstücken viele sprachökonomische Wendungen metonymischer Art verwendet, für die als Prototyp der *Gang nach Karlsruhe* stehen mag. In dem Beispiel *der einfallslose Gang nach Karlsruhe* bezeichnet die metonymische Fügung das nicht sinnvolle und außerdem die eigene Beweisführung nicht ersetzende *Einreichen einer Beschwerde* (o.ä.) *beim Bundesverfassungsgericht in Karlsruhe.*

Sind Phraseologismen in ihrem ursprünglichen Bildgehalt verblaßt wie etwa *anprangern/an den Pranger stellen*, so müssen sie gegebenenfalls, wie im folgenden, durch Zusatz (hier: *Mittelalter...*) reaktiviert werden:

> *...ein sehr erfolgreicher Regierungschef... wird verfolgt wie ein Staatsfeind Nummer 1. Einziger Grund: Er erlag einer menschlichen Versuchung. In Amerika wird daraus eine wirre Diskussion um Lüge und Meineid – und der Präsident muß sich schließlich vor der ganzen Nation an den Pranger stellen. Mittelalter, ganz modern.*

Oder sie werden, wie dies eine andere Zeitung tat, in einer ausdrücklichen Passage bewertet und zugleich historisch erklärt:

> *Das öffentliche Ausziehen eines Menschen... ist nicht Gerechtigkeit, es ist eine Strafe, die in Rechtsstaaten abgeschafft ist: Man nannte sie früher Pranger.*

7.4.11 Tempusgebrauch

Die Tempora werden im Kommentar in der Regel objektiv gebraucht. Doch die Tendenzen zur Auflockerung und zum Alltagsstil erlauben, daß gelegentlich etwas Vergangenes, etwa ein Beschluß, als gegenwärtig dargestellt wird, z.B. *Da wird der Beschluß gefaßt... Da versprechen auch die...* – Es handelt sich hier nicht wie beim Erlebnisbericht um (szenische) Vergegenwärtigung, sondern um die argumentative Wiedergabe von Vergangenem als mit den Folgen in die Gegenwart hineinreichend.

Andererseits werden z.B. Formen wie *dürfte* (*Damit dürfte der Fall...*) zur Bezeichnung von Wahrscheinlichkeit verwendet. Das gilt auch für das Futur I oder gar das Futur II der Vermutung (*Jacques Chirac und Helmut Kohl werden gern nach Moskau gekommen sein*).

7.4.12 Wortwahl

(1) Der Kommentar ist das Feld stärker wertender Epitheta (z.B. *Herrscher* oder *Tyrann* statt des verblassenden *Diktator*) und auf Grund der Kompositionsmöglichkeiten im Deutschen auch von wertenden Komposita: *Welt-Monument Kohl, Nachwuchsartist Blair, Provinzpotentat, Tankstellenwart Hintze, Propaganda-Pastor, Ökopartei, Ökofrau, zurückbomben, Werftsterben, Neidkampagne, blauäugig* [= *naiv*], *Zahnarzt-Funktionäre* usw.

(2) Viele der Wörter und Komposita in Kommentaren sind temporär, d.h. aktuell begrenzt, an Ereignisse (1998 z.B. *Dutroux-Affäre, Serov-Skandal*) und Kampagnen gebunden.

(3) Daneben ist der Kommentar, da sich die Autoren als auf der Höhe der Zeit erweisen wollen, ein Feld von Modewörtern. Dem widerspricht jedoch die Forderung nach individueller Ausprägung des Kommentars, die auch persönliches Formulieren fordert. Hinzu tritt, daß verblaßt-bildliche Modewörter wie etwa *Spagat* beim ebenfalls bildlichen Fortführen zur Rekonkretisierung, also zu Stilblüten, führen können (*...Schröder ist der Spagat zwischen nationalen Eigeninteressen... und einem konsensfähigen Gesamtkompromiß schon deshalb mißlungen, weil er nur einen Schritt tat*).

(4) Kommentare verwenden oft Wortspiele. Auch mit Metaphern wird gelegentlich gespielt – ohne Rücksicht auf ihre ursprüngliche Bedeutung (im folgenden mit Blochs *aufrechtem Gang* = 'politische Emanzipation des Menschen'):

Schon wieder zeichnet sich am parlamentarischen Horizont das Bild des in Sachsen-Anhalt erlebten „aufrechten Untergangs" ab, denn der schnelle Ausstieg... ist illusorisch, da unfinanzierbar.

(5) Der Kommentar läßt sich durch umgangssprachlich-wertende Wörter beiläufig auflockern:

Die Grünen... können die Benzinpreisbeschlüsse nicht einfach zurücknehmen, weil dies als plumpes Anbiedern an die Mitte empfunden würde. Die Grünen sind nach ihrem... Weg in die Mitte durch Benzin und Kerosin wieder auf dem Weg an den Rand. Ruckzuck haben sie in den vergangenen 14 Tagen Kredit verspielt.

Zuweilen werden umgangssprachliche Wörter (im folgenden *eh* für *ohnehin*) gleichsam als Element volksnaher Argumentation imitiert:

[Die Rechtsordnung wird unterlaufen, weil geeignete Schritte] angeblich den globalen, freien Austausch von Informationen stören, oder weil es eh kein Mittel gibt.

(6) Auch Einmalbildungen können der Kommentierung dienen. Metaphorische Einmal-Epitheta werten vor allem aktuell-politisch, z.B. in einer Gegenüberstellung, die dadurch leicht ironischen Unterton erhält:

An politischem Charakter bringt das Welt-Monument Kohl mehr als ein Provinzpotentat.

*

Wir haben viele stilistische Mittel und Möglichkeiten des Kommentierens vorgeführt. Indessen muß abschließend betont werden, daß das weitgehende Orientieren an denk- und sprachstilistischen Besonderheiten, an dem Besonderen überhaupt, nicht immer der Gedankenarbeit des Rezipienten dient. Gerade in diesem Zusammenhang sei an den S. 304 vollständig abgedruckten Kommentar erinnert. Dessen Qualität liegt – außer in der dort gewürdigten durchgehenden Darstellungshaltung und Stilebene und in der klaren Gedankenabfolge – angesichts der Brisanz des Themas mit möglichen schweren sozialpolitischen Auswirkungen vor allem in sensibel abwägenden Formulierungen (*sind nachvollziehbar…/ in der Tat müßte… bedenken, was… bedeuten würde/hätte… gefördert und mitgeholfen/hat sich die Abwägung… nicht leicht gemacht/man tritt ihr indessen nicht zu nahe mit der These, daß… zu einem anderen Ergebnis/ein Stück… verdrängt/man muß es aber nicht Opportunismus nennen, wenn in einer derart delikaten Lage/das Ansinnen… hieße Politik überfordern*). Auf diese Möglichkeiten und Qualitäten sei mit Nachdruck hingewiesen.

7.5 Satirische Glosse

Ursprünglich war „Glosse" (griechisch glossa „Zunge", „Sprache") eine Bezeichnung für ungewöhnliche, semantisch undurchsichtige, veraltete, nur in Dialekten oder bei Dichtern vorkommende W ö r t e r . Schon Griechen und Römer legten, in vorchristlicher Zeit, Sammlungen solcher Wörter an, sogenannte Glossare, die der Worterklärung dienten und auch im Schulunterricht genutzt wurden, Vorläufer unserer heutigen Wörterbücher. Erst im frühen Mittelalter wurde es üblich, unter „Glosse" auch die W o r t e r k l ä r u n g selbst zu verstehen. Man unterschied zwischen Interlinearglossen, die zwischen die Zeilen eines Textes geschrieben wurden, und Marginalglossen, die am Rand des Textes Platz fanden. Von diesen R a n d g l o s s e n leitet sich auch das journalistische Genre „Glosse" her, die knappe, zunächst kommentierende, später auch satirische oder humoristische Bemerkung zu Zeitereignissen oder zu Äußerungen von Personen, deren Verhaltens- oder Handlungsweisen.

Als eigentlicher Schöpfer der satirischen Zeitungsglosse kann Karl Kraus (1874–1936) gelten, der große Wiener Publizist, Dichter und Schriftsteller, der in seiner berühmt gewordenen Zeitschrift „Die Fackel" ab 1908 selbstverfaßte Glossen veröffentlichte. Wie es dazu kam, hat Kraus 1929 in einer Betrachtung dargelegt, die unter dem Titel erschien „Im dreißigsten Kriegsjahr" – eine Anspielung auf den *dreißigjährigen Krieg* der Fackel. Da hieß es: *Ich war strafweise in eine Zeit versetzt, die es in sich hatte, so lächerlich zu sein, daß sie keine Ahnung hatte von ihrer Lächerlichkeit und das Lachen nicht mehr hörte. Zuerst ließ sie sich mir so an, als ob ihr mit der Abbildung dieses Zustands gedient wäre; als ob zur Darstellung ihrer Wirklichkeit die Reproduktion ausreichte und diese die Satire ergäbe. Sie zu schreiben, war schwerer geworden, da die Wirklichkeit mit ihr bis an den Rand kongruent schien und nur von dem, der sie zu sehen und zu hören verstand, zitiert zu werden brauchte... So wurde ich der Schöpfer des Zitats...* Wollte sagen: der Schöpfer der Z i t a t g l o s s e , einer für den Journalismus besonders geeigneten Form satirischer Darstellung, die ihren Stoff in der Presse fand. Es gelang Karl Kraus, den von ihm ausgewählten Zeitungszitaten schon durch Auslassung von Redeteilen oder Kürzung von Sätzen, durch andere Zuordnung der Zitatteile zueinander und vor allem durch Sperr- oder Kursivdruck bestimmter Textstellen eine satirische Perspektive zu geben. Oft hatte er dann nichts weiter zu tun, als eine Überschrift oder eine glossierende Bemerkung hinzuzufügen. Gelegentlich verknüpfte er Zitate durch eigene Zwischentexte, oder er ergänzte die Technik der Montage durch sprachkritische Anmerkungen, parodistische Elemente und satirische Sprachporträts. All das erlaubte es ihm, den k o m i s c h e n G e h a l t einer Äußerung oder deren sprachlicher Form aufzudecken und dadurch Ereignisse oder Personen der Lächerlichkeit – und oft auch der Verachtung – preiszugeben. Höchste Vollendung erreichte die Zitatglosse während des 1. Weltkriegs, als Karl Kraus in mehr als elfhundert Glossen die Phrasen der Kriegspolitiker und die Lügen der Presse entlarvte, die Sensationsgier von Kriegsberichterstattern geißelte, die Hurrapatrioten und *Durch und Durchhalter* brandmarkte, die Urheber und Nutznießer des Krieges, die Schieber und

Blutspekulanten bloßstellte, die ihr *Blutgeschäft* hinter vaterländischen Vorwänden zu verbergen trachteten. Dafür sollen die folgenden Beispiele stehen:

Die Metapher ist keine!

...Bei der Kaiserfeier im Rathaus hielt Oberbürgermeister Wermuth eine Rede, in der er hervorhob, daß kein noch so heftiger Anprall das G u t h a b e n der deutschen und verbündeten Heere zunichte machen wird, die sie in unendlicher Mühsal in das K o n t o b u c h der Länder mit stählernem Griffel eingetragen haben...

Schmückedeinheim

> *Heldengrab*
> *zugleich Reliquienkästchen*
> *und Photographiestünder.*
>
> *Der Vertrieb einer wirklich interessanten Kriegsneuheit, in Deutschland und Österreich patentamtlich geschützt, ein Heldengrab darstellend, genau der Wirklichkeit nachgebildet, wird an tüchtige Herren gegen hohe Provision vergeben.*

Die Umwertung aller Werte

In einem der hunderttausend Prospekte und Aufrufe für die Kriegsanleihe, aber nicht in einem der Banken, sondern in dem vom Präsidium des Witwen- und Waisenfonds unterzeichneten, waren die Sätze enthalten:

I s t   e s   e i n   O p f e r , die Kriegsanleihe zu zeichnen, oder ist es vielleicht a u c h   e i n   g u t e s   G e s c h ä f t ?

Auch darauf kommt es an. Die Kriegsanleihe i s t   k e i n   O p f e r , das man dem Staate bringt, sondern die Kriegsanleihe i s t   e i n   a u s g e z e i c h n e t e s   G e s c h ä f t ...

Es ist also für jedermann das beste Geschäft, soviel an Kriegsanleihe zu zeichnen, als man heute erspart hat und sich bis Ende 1917, d.i. also in den nächsten zwei Jahren, zu ersparen h o f f t .

Niemand soll aus Nachlässigkeit d e r   F e i n d   s e i n e s   e i g e n e n   G e l d e s sein, jeder soll tief in die Tasche greifen, weil er damit nicht nur ein gutes Werk tut, sondern auch t ü c h t i g   v e r d i e n e n , d.h. sein Einkommen ganz bedeutend steigern kann! ...

Leider sind Glossen in unseren Tageszeitungen selten geworden. Das hat möglicherweise damit zu tun, daß es eine ausgesprochene „Meinungspresse" heute kaum noch gibt und daß polemische Auseinandersetzungen überhaupt gemieden werden, was naturgemäß auch die Möglichkeiten satirischen Darstellens einschränkt. Ein weiterer Grund ist sicher die Meinung vieler Journalisten, zum Satiriker müsse man „geboren" sein, ein Vorurteil, das uns auch bei Studenten begegnete, denen wir das Schreiben von Glossen beibringen wollten. Sie widerlegten dieses Vorurteil selbst, als sie die wichtigsten V o r a u s s e t z u n g e n   s a t i r i - s c h e n   D a r s t e l l e n s kennen gelernt und brauchbare Glossen geschrieben hatten. Zu diesen Voraussetzungen gehört vor allem die Fähigkeit, die – manchmal verborgenen – k o m i s c h e n Seiten (oder Elemente) einer Erscheinung zu entdecken, eine Fähigkeit, die man mit etwas Geduld durchaus erwerben kann. Wir begannen mit einer einfachen Übung: Die Studenten sollten am Beispiel der Äußerung eines englischen Journalisten herausfinden, was daran komisch war. Die Äußerung lautete:

Der Transport unserer Truppen von Malta nach Ägypten im Jahre 1956 dauerte ebenso lange wie die Fahrt der Segelschiffe Nelsons von Gibraltar nach Alexandria im Jahre 1798.

Die Studenten erhielten folgende Hintergrundinformationen:
– Bei dem Text handelt es sich um eine rückschauende Betrachtung, die dem anglo-französischen Überfall auf Ägypten im Jahre 1956 („Suez-Krise") gewidmet ist.
– Die Aggression scheiterte; die englischen und französischen Truppen mußten abziehen.
– Der Verfasser der Betrachtung heißt George Murray.

Manche Studenten beantworteten unsere Frage so: Komisch ist, daß im Zeitalter der modernen Technik der Truppentransport offenbar viel zu lange dauerte. Andere meinten: Komisch ist der Widerspruch zwischen dem Tempo moderner Schiffe und dem von Segelschiffen des 18. Jahrhunderts. Wieder andere äußerten: Komisch ist, daß Nelson, der den längeren Weg hatte, schneller fuhr. Und schließlich: Komisch ist der schiefe Vergleich zwischen einem Truppentransport und einer Segelfahrt.

In der Diskussion klärten wir, daß alle diese Antworten nicht das Wesen der Sache trafen. Die Studenten hatten die Komik mehr oder weniger im Formalen, in der Äußerung selbst gesucht (und waren damit der Argumentation des Verfassers aufgesessen) und nicht in der historischen Situation, die diese Äußerung und ihren Verfasser als komisch entlarvt. Die anglo-französische Suez-Aggression des Jahres 1956 wäre angesichts des Widerstands der USA und der Sowjetunion auch dann gescheitert, wenn die am Überfall beteiligten Truppen schneller befördert worden wären. Als komisch war deshalb der Versuch des englischen Publizisten zu bezeichnen, das Scheitern der Aggression und damit die Schwäche neokolonialistischer Gewaltpolitik mit der Langsamkeit des Truppentransports zu bemänteln.

Wer die tiefere, die h i s t o r i s c h e Komik dieses Sachverhalts nicht erkannte, hätte die Äußerung entweder nur sachlich kommentieren können, indem er Beweise für deren Haltlosigkeit anführte, oder er wäre bei dem Versuch einer satirischen Darstellung gescheitert, so etwa, wenn er die Äußerung mit Bemerkungen glossiert hätte wie *Da war Nelson doch noch ein anderer Kerl* oder gar *Im Zeitalter der modernen Technik hätte das eigentlich nicht passieren dürfen*.

Wer dagegen gelernt hat, in das Wesen komischer Erscheinungen einzudringen, das zumeist sozial-historischen Charakter hat, wer die Erscheinungsformen des komischen Widerspruchs kennt und sich bemüht, in den gesellschaftlichen Erscheinungen Komisches zu entdecken, dem wird es bei einiger Übung auch nicht schwerfallen, den jeweiligen Sachverhalt mit satirischen Mitteln (oder Ausdrucksformen des Humors) darzustellen. Das beweisen nicht zuletzt auch die folgenden Glossen, die Studenten nach unserer Diskussion verfaßt haben:

Wehmut

Ein britischer Publizist beklagte dieser Tage das Mißlingen des englisch-französischen Überfalls auf Ägypten im Jahre 1956 mit folgenden Worten:

Der Transport unserer Truppen von Malta nach Ägypten... dauerte ebensolange wie die Fahrt der Segelschiffe Nelsons von Gibraltar nach Alexandria im Jahre 1798.

Wir können den Mann trösten: Die Rückfahrt ging ja dafür umso schneller!

Der Autor dieser Glosse beschränkt sich auf eine neutrale Überschrift, die die Pointe nicht vorwegnimmt, eine knappe Einleitung, das Zitat und eine ironische Bemerkung, die auf den Rückzug der Truppen anspielt und den Sachverhalt antithetisch zuspitzt. Der Autor setzt voraus, daß der Leser die historischen Ursachen des Scheiterns der Aggression kennt, und gibt den britischen Journalisten dem Spott preis. Die Wahl der Mittel, hier der Ironie (*...können ...trösten*), entspricht dem zeitlichen Abstand vom Ereignis und dem lächerlichen Charakter der glossierten Äußerung.

Auf ähnliche Weise wird der Sachverhalt in einer anderen Glosse behandelt, deren Verfasser im Schlußsatz einen Z w e i z e i l e r verwendet:

Kamen sie auch langsam an,
rückwärts ging es schneller dann.

In der folgenden Glosse, ebenfalls mit einem Zweizeiler beschlossen, deutet der Autor an, worin die Ursache des Scheiterns zu suchen war, indem er mit dem Wort *Ostwind* (freilich einseitig) auf den Widerstand der Sowjetunion hinweist:

Ursachen

Woran scheiterte der englisch-französische Überfall auf Ägypten im Jahre 1956? Der britische Publizist George Murray hat es uns nach mehr als 30 Jahren endlich verraten:

Der Transport unserer Truppen... (usw.)

Darauf kann man sich einen besseren Vers machen:
Der Ostwind hat die Fahrt erschwert,
drum sind sie bald zurückgekehrt.

Unsere Beispiele zeigen bereits, daß ein und derselbe komische Gegenstand auf verschiedene Weise satirisch behandelt werden kann, je nachdem, welchen Standpunkt der Autor einnimmt, welche spezielle Absicht er verfolgt, an welchen Leserkreis er sich wendet, welche Vorkenntnisse die Leser haben, wie die aktuelle Situation beschaffen ist. Dem Anfänger im satirischen Metier ist deshalb zu raten, immer mehrere Textvarianten zu entwerfen, sie gründlich gegeneinander abzuwägen und ihre Wirkung vor der Veröffentlichung nach Möglichkeit erst einmal im Kollegenkreis zu erproben.

Formen komischer Widersprüche
Zu den Voraussetzungen satirischen Darstellens gehört die Kenntnis der verschiedenen Formen, in denen komische Widersprüche auftreten können. Den h i s t o r i s c h - k o m i s c h e n W i d e r s p r u c h (zwischen einem Anspruch und der Unmöglichkeit, diesen Anspruch zu verwirklichen,) haben wir am Beispiel der eben behandelten Glossen schon kennengelernt. Er ist überall dort zu finden, wo Überlebtes noch Geltung beansprucht, wo längst Hinfälliges noch den Eindruck von Stärke hervorzurufen sucht (z.B. Honecker 1989 mit dem Satz: *Den Sozialismus in seinem Lauf hält weder Ochs noch Esel auf*) oder wo Altes sich als Neues drapiert. Genau genommen ist allen diesen Formen der Grundwiderspruch zwischen Wesen und vorgetäuschtem Wesen (also von Sein und Schein) gemeinsam. Er enthält ein e n t l a r v e n d e s Element und fordert die Kritik des Satirikers heraus, der die jeweilige Erscheinung, Äußerung oder Handlung der historischen W a h r h e i t , dem ästhetischen, ethischen oder gesellschaftlichen I d e a l gegenüberstellt, wie das etwa Karl Kraus in seinen Weltkriegsglossen tat.

Andere komische Widersprüche beruhen auf der Nichtübereinstimmung zwischen Ziel und Mitteln (was häufig die Situationskomik ausmacht), zwischen Form und Inhalt (z.B. banaler Inhalt in hymnischer Form), zwischen Handlung und Umständen, Absichten und Resultaten. Wir geben dafür wieder einige Beispiele, deren Interpretation wir jedoch entsprechenden Übungen überlassen wollen.

Harter Wahlkampf
Die „mutmaßlichen" Spitzenkandidaten sind auf Wahl-Touren, und wenn man den Medien glauben darf, hat einer von ihnen innerhalb weniger Tage nicht nur eine Ver-

anstaltung des Bundesverbandes der deutschen Industrie, ein Treffen der Jungen Union, eine Innovationsmesse und eine Zusammenkunft mittelständischer Unternehmer besucht, sondern auch die Grüne Woche in Berlin mit seiner Anwesenheit beehrt. Er nahm an einem Rundgang teil, wobei ihn viele Besucher nicht übersehen konnten, ließ sich mit sichtlichem Behagen sein Leibgericht munden, das besorgte Köche nach einem der verbuchten Rezepte seiner Gattin eigens für ihn zubereitet hatten, äußerte sich anerkennend über die zahlreichen Bio-Erzeugnisse und spendete den Ausstellern aus den neuen Bundesländern von seinem unerschütterlichen und grenzenlosen Optimismus. Schon am nächsten Tag forderte er – ausgerechnet vor Vertretern des Verbandes deutscher S c h a u s t e l l e r – mehr unternehmerische R i s i k o bereitschaft.

Sonst noch etwas?

Er schüttelte viele Hände.

Die „Frankfurter Allgemeine Sonntagszeitung" veröffentlicht regelmäßig zwei Spalten Glossen unter der Dachzeile „Herzblatt-Geschichten", in denen Mitteilungen der Regenbogen-Presse aufs Korn genommen werden. Ein Beispiel:

In der Schwergewichtsklasse zeichnen sich erschütternde Zersetzungstendenzen ab, denn die Wildecker Herzbuben, die beiden singenden Fettklopse von seltenem Umfang, wollen abnehmen. Wilfried Gliem wiegt jetzt nur noch 138 Kilo, aber gottlob bringt sein Partner Wolfgang Schwalm noch 170 auf die Waage. So kann auch er mit Dolly Buster (150/60/90) sagen: „An mir kommt keiner vorbei. "

Olympische Nachlese

In einer ostdeutschen Tageszeitung erzählte kürzlich ein Herr V e t t e n „Olympische Geschichten". Eine handelt von zwei Fernsehreportern, die in sprachlicher Hinsicht angeblich „keine Kurve kriegen". Einer von ihnen, so sagt Vetten, „erweckt den Eindruck von Parzifal, dem reinen T o r ".

Der Eindruck, den Herr Vetten erweckt, ist freilich nicht der eines reinen Toren, sondern eher der eines Mannes, welcher im Glashaus sitzt und mit Steinen wirft, ein Eindruck, der noch dadurch verstärkt wird, daß seine Zeitung sich in derselben Ausgabe von „sid" berichten läßt: „Der Frust (über fehlenden Schnee) griff wie e i n e K r a k e um sich. "

Zu diesen Glossen nur zwei kurze Bemerkungen:

Die Glossen *Harter Wahlkampf* und *Herzblatt-Geschichte* zeigen, daß es nicht immer eines Zitats bedarf, um ein Ereignis ironisch-satirisch oder humoristisch behandeln zu können.

Bei *Olympische Nachlese* handelt es sich um eine S p r a c h g l o s s e , eine Sonderform der satirischen Glosse, wie wir sie ab und zu in Rubriken wie *Unsere Sprach-Ecke, Am Rande, Hohlspiegel* u.ä. finden.

An einem letzten Beispiel soll dargestellt werden, daß Kritik am Sprachgebrauch in e t h i s c h e Kritik hinüberwachsen kann:

Der Beitrag eines süddeutschen Kreisblattes zum 75. Geburtstag des Schriftstellers und Kunstsammlers Lothar-Günther Buchheim (LGB) enthielt folgende Sätze:

(1) *Ich* (der Verfasser) *kam mir ein bißchen blöd vor, etwas über Buchheim schreiben zu sollen...*

(2) *In Verbindung mit Würdenträgern spricht LGB am liebsten von „Arschlöchern", „Silberschlipsträgern" und „versnobten Affen". Man ist hingerissen und fragt sich, ob man das auch schreiben darf.*

(3) *Er* (Buchheim) *hat in seinem Leben alles erreicht, was ein Mensch nur erreichen kann: Er war Kriegsberichterstatter, Maler, Sammler, Kunsthistoriker und Schriftsteller.*

Jeder der drei Sätze könnte Gegenstand einer satirischen Glosse werden.[8]

Mit Satz (1) wären die (vorgetäuschten) Skrupel des Journalisten mit der Tatsache zu konfrontieren, daß er schließlich doch etwas geschrieben hat.

Satz (2) enthält Peinlichkeiten, die der Verfasser der „Würdigung" dem Jubilar nicht ersparen und dem Leser nicht vorenthalten wollte. Er war zwar hingerissen von Buchheims grober Ausdrucksweise, fragte sich aber (scheinheilig), ob man so etwas drucken dürfe.

Satz (3) enthält eine Ungeheuerlichkeit: Eine Tätigkeit als Kriegsberichterstatter wird als erstrebenswertes Lebensziel hingestellt, was Kriege als erwünscht erscheinen läßt.

---

[8] Der Autor der Würdigung hat auf Befragen versichert, daß dem Text keine ironische Absicht zugrunde gelegen hat.

Es fragte sich, ob man alle drei Sätze, vielleicht auch nur zwei, in e i n e r Glosse würde behandeln können. Das war zu verneinen. Es sollte ja eine Glosse (also eine satirische Kurzform) und kein satirisches Feuilleton entstehen. So blieb zu klären, welcher der Sätze sich für eine Glosse eignen würde. Satz (1) wurde ausgeschieden, weil er für einen satirischen Angriff nicht wesentlich genug erschien. Auf Satz (2) wurde mit Rücksicht auf den Jubilar verzichtet. Er wäre durch eine Glosse erneut herabgesetzt worden. Damit entfiel auch die Möglichkeit, die Scheinheiligkeit des Journalisten aufs Korn zu nehmen. Es blieb Satz (3), der die Möglichkeit bot, Prinzipielles auszusagen. Hierzu wurden Varianten der Glossierung entworfen, von denen eine lautete:

Welch ein Glück für Buchheim, daß es den Zweiten Weltkrieg gab und eine andere: *Da darf wohl die Frage erlaubt sein, was einen Menschen bewegen mag, ausgerechnet auf Schlachtfeldern sein Glück zu suchen.* Beide Varianten wurden schließlich verworfen, weil sie keinen mitdenkenden Leser voraussetzten, sondern eine Antwort v o r g a b e n, wodurch auch die in einer Glosse anzustrebende Ü b e r r a s c h u n g (man spricht auch vom u n e r w a r t e t e n A u f s c h l u ß) verhindert wurde.

Das Ergebnis aller Überlegungen war schließlich die folgende Glosse, die aus einer ironisch aufzufassenden Überschrift, einem Zitat und einer in Klammern gesetzten Quellenangabe besteht. Durch Sperrung e i n e s Wortes wird überraschend ein antithetischer Zusammenhang mit der Überschrift hergestellt, den ein denkender Leser mit Sicherheit erfassen kann:

Lebensglück

Lothar-Günther Buchheim hat in seinem Leben alles erreicht, was ein Mensch nur erreichen kann: Er war K r i e g s b e r i c h t e r s t a t t e r, Maler, Sammler, Kunsthistoriker und Schriftsteller ("Das Boot").

(Aus der Würdigung eines süddeutschen Kreisblattes zum 75. Geburtstag des Feldafinger Kunstsammlers und Schriftstellers.)

Einschätzung des Gegenstands. Satire und Humor

Unser letztes Beispiel hat noch einmal deutlich gemacht, daß viele Denk-
schritte notwendig sind, wenn eine wirkungsvolle Glosse entstehen soll.
Zu diesen Schritten gehört es auch, daß man sich darüber klar wird, welchen S c h ä r f e g r a d der jeweilige komische Widerspruch hat. Man
sollte also stets danach fragen, wie gefährlich das Objekt ist, das man
bloßstellen will. Von der Beantwortung dieser Frage hängt es ab, welche
Mittel man wählen kann. Ist das Objekt so gefährlich, daß man es entlarven muß, dann wird man mit leiser Ironie oder Wortspiel nichts ausrich-
ten. Zeigt das Objekt dagegen nur diese oder jene Schwäche (z.B. Eitel-
keit oder übertriebenes Geltungsbedürfnis), dann werden diese Mittel
sich eignen. Anders gesagt: Das Objekt darf weder über- noch unterschätzt werden. Der Satiriker wird nicht mit Kanonen auf Spatzen schießen und auch nicht versuchen, einen Tiger mit Nadelstichen zu erlegen.
Er würde sonst selbst zur komischen Figur.

Diese Überlegungen führen uns zu dem Unterschied zwischen Satire
und Humor, um den viel gestritten worden ist und über den gelegentlich
auch heute noch heftig debattiert wird. Wir schließen uns in diesem Fall
der Auffassung der meisten Theoretiker an, daß die S a t i r e eine Form
der zornigen Verspottung alles dessen ist, was der Verwirklichung gesellschaftlicher Ideale (humanistischer, sittlicher, ästhetischer Grundsätze)
im Wege steht. Die Satire verneint die verspottete Erscheinung und
sucht sie ideell zu vernichten, indem sie ihr ein außerhalb der gegebenen
Erscheinung existierendes Ideal gegenüberstellt. Anders dagegen der
H u m o r . Er ist nicht auf Ablehnung der jeweiligen Erscheinung als
ganze bedacht. Er bejaht vielmehr das Wesen der betreffenden Erscheinung, bewahrt deren positive und progressive Seiten und versucht, ihr
durch Kritik an allen negativen Zügen oder Eigenschaften zur Vervoll-
kommnung zu verhelfen.

In diesem Zusammenhang sind einige Bemerkungen zu den Formen
des Lachens oder besser zu den N u a n c e n d e s A u s l a c h e n s angebracht: Häufig werden Komisches und Belachenswertes (Lächerliches)
als identisch betrachtet. Aber das ist nicht exakt. Nicht alles, was seinem
historischen Wesen nach komisch ist, ist zugleich auch lächerlich. Es gibt

komische Erscheinungen, die so gefährlich sind, daß ihnen weder mit ätzendem Spott noch mit giftiger Ironie, mit Sarkasmus also, beizukommen ist, Erscheinungen, vor denen die Satire zu versagen droht und dem Satiriker das Lachen vergeht. (So erging es Karl Kraus, nachdem Hitler in Deutschland die Macht ergriffen hatte und seine Vernichtungsmaschinerie in Gang zu setzen begann, und deshalb konnte Kraus nur bekennen: *„Mir fällt zu Hitler nichts ein"* – und schweigen. Er glaubte den *Wettlauf der Satire mit dem Stoff* verloren zu haben. In einem solchen Fall müsse die Waffe der Kritik schließlich durch die Kritik der Waffen ersetzt werden, wie Marx einmal gesagt hat und wie es Karl Kraus und auch Bertolt Brecht bestätigen sollten.)

Wenn wir von einem so außergewöhnlichen Fall einmal absehen, steht dem Satiriker eine ganze Skala zu Gebote, die vom spöttischen Auslachen bis zum sarkastischen Hohnlachen reicht, das mitunter auch ein Lachen unter Tränen ist.

Zur richtigen Einschätzung des komischen Objekts gehört es schließlich, daß der Satiriker dessen schwächste Stelle findet. Auf diese Stelle konzentriert er seinen Angriff, weil er weiß, daß ein entschiedener Schlag mehr Wirkung verspricht als eine mit halber Kraft geführte Serie von Schlägen. Der Satiriker zersplittert seine Kräfte nicht; er überschüttet den Gegner nicht mit allem, was ihm gerade einfällt. Der Gegner muß bekommen, was er verdient, nicht mehr und nicht weniger.

Eine letzte Voraussetzung wirksamer Satire sei noch erwähnt: Der Journalist muß sich auf seine Leser oder Hörer als die besten Bundesgenossen stützen. Er darf sie nicht verärgern, indem er sie bevormundet, ihnen alles „vorkaut". Sie sollen sich selbst erschließen können, was ernst und was ironisch aufzufassen ist und warum ein Objekt diese oder jene Form der Ablehnung erfährt. Die Wirkung satirischer Texte beruht nicht zuletzt auf dem, was zwischen den Zeilen steht. Der Autor sollte sich deshalb davor hüten, seinen Rezipienten eine lückenlose Argumentation geben zu wollen. Er wird vielmehr Argumentationsglieder oder andere Aussageteile aussparen und es den Adressaten überlassen, logische Brücken zu schlagen. Um ein Alltagsbeispiel anzuführen: Wenn es ihm darum geht, die Qualität bestimmter Zündhölzer in Frage zu stellen, dann wird er nicht langatmig schreiben:

Es gibt Streichhölzer, die zünden, und es gibt solche, die das nicht gern tun. Die Hölzchen aus dem Zündwarenwerk N. brennen besonders ungern. Die Schachteln tragen die Aufschrift „Sicherheitszündhölzer", und man kann tatsächlich davor sicher sein, daß diese Waren zünden. Es muß wohl an den Köpfen liegen.

Der Autor wird vielmehr den Gedanken verdichten und die Aussage zuspitzen, indem er etwa formuliert:

Es gibt Streichhölzer, die zünden, und es gibt „Sicherheitszündhölzer" aus dem Zündwarenwerk N. Die kann man getrost schon Säuglingen in die Wiege legen.

Wenden wir uns zum Schluß den stilistischen Mitteln satirischen Darstellens zu.

Stilmittel der Satire

Wie wir bereits gesehen haben, kennt die Satire verschiedene Grade der Ablehnung, und je nach der Gefährlichkeit des Gegners, seiner Handlungen oder Äußerungen wird sich der Satiriker des Spottes und der Ironie bedienen oder den Gegner mit Verachtung, Zorn oder Empörung behandeln. In einem relativ harmlosen Fall genügt vielleicht noch das spöttische Auslachen (vgl. die Glossen zur Suez-Krise), in einem anderen Fall muß der Satiriker Empörung oder Abscheu hervorrufen (vgl. die Buchheim-Glosse), und dem müssen auch die Mittel entsprechen, derer er sich bedient. Die wichtigsten wollen wir im folgenden vorführen.

Die Antithese

Da dem Komischen stets Widersprüchliches zugrunde liegt, ist es nur logisch, daß die Antithese bei der satirischen (oder humoristischen) Darstellung die wichtigste Rolle spielt. Das gilt insbesondere für die Glosse, und zwar sowohl in quantitativer als auch in qualitativer Hinsicht: Keine Glosse, in der nicht eine Antithese sprachlich ausformuliert oder zumindest gedanklich erschließbar wäre; keine Glosse, in der nicht eine Antithese der Komik des Objekts zur Anschauung verhülfe.

Wir unterscheiden die l o g i s c h e von der s c h i e f e n Antithese. Soll die Antithese logisch sein, dann müssen die einander gegenüberste-

henden Wörter, Wortgruppen, Sätze oder Absätze bedeutungsmäßig auf
e i n e r Ebene liegen:

X. ist ein guter Dramatiker, aber ein mäßiger Lyriker.

Die gemeinsame logische Ebene ist in diesem Fall der Begriff
'Dichter'.

Von einer schiefen Antithese sprechen wir hingegen, wenn die einander gegenübergestellten Aussagen keine gemeinsame Bedeutungsebene
haben, und es ist wiederum nur folgerichtig, daß Komisches sehr viel
häufiger durch schiefe Antithesen enthüllt wird als durch logische.

Ein Meister der schiefen Antithese war Kurt Tucholsky. In seiner
1932 veröffentlichten Satire „Hitler und Goethe", die zugleich Inhalt
und Form eines Schulaufsatzes parodiert, nutzte er die erweiterte (schiefe) Antithese zu scharfen Angriffen auf Hitler, die Nazi-Ideologie und
-propaganda, wobei auch die Lehrer ins Schußfeld gerieten, die Aufsätze
zu solch einem Thema verfassen ließen und sie – wie in unserem Fall–
auch noch mit „Sehr gut" bewerteten.

*...Während Goethe sich mehr einer schriftstellerischen Tätigkeit hingab, aber in
den Freiheitskriegen im Gegensatz zu Theodor Körner versagte, hat Hitler uns gelehrt, was es heißt, Schriftsteller und zugleich Führer einer Millionenpartei zu sein,
welche eine Millionenpartei ist...*

*Goethes Wirken ergoß sich nicht nur auf das Dasein der Menschen, sondern er-
streckte sich auch ins Kosmetische. Hitler dagegen ist Gegner der materialistischen
Weltordnung und wird diese bei seiner Machtübergreifung abschaffen sowie auch den
verlorenen Krieg, die Arbeitslosigkeit und das schlechte Wetter. Goethe hatte mehrere
Liebesverhältnisse mit Frau von Stein, Frau von Sesenheim und Charlotte Puff. Hitler dagegen trinkt nur Selterswasser und raucht außer den Zigarren, die er seinen Un-
terführern verpaßt, gar nicht...*

*Goethe als solcher ist hinreichend durch seine Werke belegt, Hitler als solcher
aber schafft uns Brot und Freiheit, während Goethe höchstens lyrische Gedichte gemacht hat, die wir als Hitlerjugend ablehnen, während Hitler eine Millionenpartei ist.
Als Beleg dient ferner, daß Goethe kein nordischer Mensch war, sondern egal nach
Italien fuhr und seine Devisen ins Ausland verschob. Hitler aber bezieht überhaupt
kein Einkommen, sondern die Industrie setzt dauernd zu...*

Aus der Antithese erwächst der C h i a s m u s (nach dem griechischen Buchstaben X – „Chi"), die Kreuzfigur, die formal durch lexische Kreuzstellung gekennzeichnet ist. Sie entsteht dadurch, daß zu einer Antithese eine zweite Antithese umgekehrten Inhalts tritt:

...daß in Bologna die kleinsten Hunde und die größten Gelehrten, in Göttingen dagegen die kleinsten Gelehrten und die größten Hunde zu finden sind. (Heinrich Heine, „Italien. Die Bäder von Lucca").

Hatte früher Walther von der Vogelweide sein „Tandaradei!" durch die Lüfte tönen lassen und den Handel den Pfeffersäcken überlassen, so ist es heute an den Kaufleuten, „Tandaradei!" zu blasen, und die Liederdichter befassen sich mit den Hypotheken. (Kurt Tucholsky, „Ein deutsches Volkslied").

Logische Paradoxa
In unlogischen Verbindungen stoßen Wörter recht verschiedener Bedeutung unerwartet aufeinander. Häufig ist dabei das eine Wort in wörtlicher, das andere in übertragener Bedeutung verwendet, so daß sich ausgesprochen komische Assoziationen ergeben. Die unlogischen Verbindungen treten auf als Z e u g m a , d.h. als Koppelung zweier Substantive durch ein gemeinsames Verb oder Adjektiv, und auch als unlogische Zusammenstellung oder Aufzählung gleichartiger Satzglieder:

(1) ...den allmächtig großen, silbergestickten Tambourmajor, der seinen Stock mit dem vergoldeten Knauf bis an die erste Etage werfen konnte und seine Augen sogar bis zur zweiten Etage – wo ebenfalls schöne Mädchen am Fenster saßen. (Heinrich Heine, „Ideen. Das Buch Le Grand").

(2) Hitler zerfällt in drei Teile: in einen legalen, einen wirklichen und in Goebbels, welcher bei ihm die Stelle u.a. des Mundes vertritt. (Kurt Tucholsky, „Hitler und Goethe. Ein Schulaufsatz").

Beide Formen sind, weil beabsichtigt, dem W o r t w i t z zuzurechnen. Beispiel (2) enthält außerdem eine versteckte A n s p i e l u n g : mit der Abkürzung *u.a.* bezieht sich Tucholsky auf Hitlers angebliche Impotenz und zugleich auf Goebbels' Lust auf sexuelle Abenteuer. (Im Volksmund wurde Goebbels damals die Äußerung angedichtet: „Vor 1933 gingen die Schauspielerinnen durch die Betten der Regisseure. Heute sind w i r die Herren.")

In Tucholskys „Schulaufsatz" war bereits die unlogische Verbindung von inhaltlich ungleichen Aufzählungsgliedern mit dem Wort *abschaffen* zu entdecken. Die Aufzählungsglieder haben nicht alle dieselbe Funktion. Der Begriff *materialistische Weltordnung* ist für den Satiriker offenbar der wichtigste, deshalb steht er an der Spitze der Aufzählung. Die Unlogik, die durch die Verbindung mit *abschaffen* entsteht, ist hier am stärksten. Der nächstwichtige Begriff ist *Arbeitslosigkeit*. Er steht ohne Epitheton zwischen zwei epithetonalen Verbindungen (*verlorener Krieg* und *schlechtes Wetter*), deren Zusammenhang mit *abschaffen* jedermann sofort als absurd begreift. Die Unlogik färbt ab auf die Wortgruppe *die Arbeitslosigkeit abschaffen*. Die unlogische Verbindung *den verlorenen Krieg abschaffen* hat zweifache Bedeutung. Sie spielt einmal darauf an, daß Hitler die Niederlage Deutschlands im Ersten Weltkrieg nicht wahrhaben will (Dolchstoßlegende: „Die F r o n t hat den Krieg nicht verloren"); zum anderen darauf, daß Hitler bereit war, einen zweiten, einen Rachekrieg zu führen.

Zu den logischen Paradoxa gehört auch die widersinnige Verbindung gegenteiliger Wörter in e i n e r Wortgruppe, das sogenannte O x y m o r o n :

Der Angeklagte...bereut nicht, gesteht nicht und ist überhaupt ein böses Luder. Beratung. Es ergibt sich, daß man bei b e s t e m s c h l e c h t e n W i l l e n nicht verurteilen kann.

...er sei ein ganz übler Lumpenhund, ein s c h u l d i g e r U n s c h u l d i g e r (Kurt Tucholsky, „Der Verdachtsfreispruch").

Stilistische Paradoxa

Zu den stilistischen Paradoxa – sie kommen nur in Satzzusammenhängen und übersatzmäßigen Redeeinheiten zur Geltung – gehören

(1) die bewußte Kombinierung von Sprachelementen verschiedener Stilbereiche, deren Vermengung komisch wirkt:

Diesen weiblichen Strafgefangenen, die aus Not, Vererbung und sozialen Bitternissen heraus ein Recht gebrochen haben, um dessen Anerkennung sie niemand befragt hat, wird zum Beispiel beigebracht, daß es noch eine I n s t a n z im Himmel gibt, an die a l l f a l l s i g e E i n g a b e n auch mündlich – allerdings o h n e G e -

w ä h r – *gemacht werden können. Das tröstet sie gewiß sehr.* (Kurt Tucholsky, „Die Gefängnisschule").

(2) die bewußte Mischung verschiedener Stilebenen, die hervorgerufen werden kann durch gelegentliches Einschalten von grob-umgangssprachlichen Wörtern in eine literarisch gehobene oder geschraubte Darstellungsweise, durch Verbindung poetischer Ausdrucksmittel mit alltäglichen oder saloppen Wendungen, durch den Übergang von einfachem Satzbau in komplizierte, feierlich-getragene Satzkonstruktionen u.a.m. Als Beispiel kann uns wieder Tucholskys „Schulaufsatz" dienen: Der Autor streut in die wissenschaftliche Prosa, die teilweise sogar gewählten Charakter hat, umgangssprachliche Elemente und Elemente der „Schülersprache" ein, z.B. das grammatisch falsche Vergleichswort *wie* (...*viel kleiner wie die Partei Hitlers*), die falsche Partizipialkonstruktion *abgeschaffen,* die Wendung *etwas aufhaben* und den Mode-Neologismus *knorke.*

Wenn wir das deutsche Volk und seine Geschichte überblicken, so bieten sich uns vorzugsweise zwei Helden dar, die seine Geschicke gelenkt haben, weil einer von ihnen hundert Jahre tot ist. Der andere (Hitler) lebt. Wie es wäre, wenn es umgekehrt wäre, soll hier nicht untersucht werden, weil wir das nicht aufhaben...

Hitler ist schon seit langen Monaten deutscher Spießbürger und will das Privateigentum abschaffen, weil es jüdisch ist. Das, was nicht jüdisch ist, wird nicht abgeschaffen. Die Partei Goethes war viel kleiner wie die Partei Hitlers. Goethe ist nicht knorke.

Die genannten Elemente dienen nicht nur dazu, den Schüleraufsatz zu typisieren; sie sind vor allem dazu bestimmt, das Thema ad absurdum zu führen. Die Wendung *aufhaben* deutet an, daß das Denken der Schüler nationalsozialistisch „ausgerichtet" wird und macht besonders auf den Satz aufmerksam, in dem sie auftritt. Dieser Satz sagt indirekt, daß es in Deutschland anders aussähe, wenn Goethe noch lebte. Das Wort *Spießbürger* spielt an auf die Anerkennung des Österreichers Hitler als deutscher Staatsbürger; das Wort *abschaffen* ist eine Anspielung auf die nazistische Terminologie, die eine Unterscheidung machte zwischen *schaffendem* („arischem") und *raffendem* (jüdischem) Eigentum.

3) der Widerspruch zwischen Inhalt und Form, der sich sowohl auf lexikalischer wie auch auf stilistischer Ebene äußern kann. Auf lexikali-

scher Ebene in der I r o n i e (im engeren Sinne), die das Gegenteil von dem meint, was sie aussagt, die zum Beispiel von *Trost* oder *trösten* spricht, wenn der Sachverhalt keine Tröstung zuläßt. Auf der stilistischen Ebene, wenn unbedeutender Inhalt in einer gewählten Form oder anspruchsvoller Inhalt auf saloppe Weise dargestellt wird.

Periphrasen (Umschreibungen)

Die b i l d l i c h e Periphrase, eine Form des „Anderssagens", steht der Metapher und der Metonymie nahe. Sie wird in der Publizistik, hauptsächlich in der politischen Satire, häufig verwendet. Die Kriterien des Anderssagens werden so gewählt, daß das Wesen der umschriebenen Erscheinung möglichst deutlich hervortritt. So bezeichnet Tucholsky Kriegsgewinnler als *Bankhalter des Krieges* und ersetzt die Wendung *berühmt werden* durch die Periphrase *wenn man hierzulande auf die Biergläser des Ruhmes gemalt werden will*, eine sarkastische Einschätzung der Berühmtheit, wie sie der deutsche Spießbürger ersehnte.

Zu den Periphrasen, die besondere Funktionen erfüllen und daher eigene Bezeichnungen haben, gehören die Litotes und die Hyperbel. Die L i t o t e s (griech.: Schlichtheit) ist eine Umschreibung durch Verneinung und kann zu einem kräftigen Mittel der Satire werden. Statt zu sagen *Die Verhandlungsatmosphäre ließ nicht viel Gutes erhoffen* sagt man beispielsweise *Sie ließen sich an einem keineswegs runden Verhandlungstisch nieder*. Die H y p e r b e l wird zu den Periphrasen gezählt, weil sie einen Sachverhalt nicht wiedergibt, wie er ist, sondern in übertriebener oder stark abgeschwächter Darstellung. In der Satire geht die Übertreibung oft so weit, daß das Objekt oder der Sachverhalt überhaupt in Frage gestellt werden:

Goethe war ein großer Deutscher. Zeppelin war der größte Deutsche. Hitler ist überhaupt der allergrößte Deutsche.

Die Hyperbel *allergrößte* in Tucholskys „Schulaufsatz" wird verstärkt durch die umgangssprachliche Wendung *ist überhaupt*, vor allem aber durch den unerwarteten steigernden Vergleich. Das letzte steigernde Wort macht Hitler zu einem Nichts.

Mittel der Bildlichkeit

Die Mittel der Bildlichkeit – Metapher, Metonymie und bildlicher Vergleich – erfüllen in der Satire eine bedeutende Aufgabe. Sie dienen nicht nur der anschaulicheren Darstellung des Ideengehalts, sondern offenbaren auch die Einstellung des Autors zur Wirklichkeit, sind also Ausdruck einer Bewertung. In Tucholskys Artikel „Wiedersehen mit der Justiz" begegnen wir beispielsweise der Metapher *Justizfabrik*, die auf innere Ähnlichkeit zwischen dem Justizmechanismus der Weimarer Republik und einer Fabrik mit Fließbandarbeit hinweist.

Eine Abart der Metapher ist die P e r s o n i f i k a t i o n. Wir fanden sie in einer satirischen Glosse auf den Nazi-Schriftsteller Hans Grimm („Volk ohne Raum"), der sich gern als Blumenfreund ausgab. Die Zeile *In Reih und Glied steht stramm die Kresse* spielt auf Grimms militaristische Einstellung an.

Ein geeignetes Mittel, eine Erscheinung herabzusetzen, ist das P a r s p r o t o t o (Teil für das Ganze), eine Abart der Metonymie, die wir schon in Kapitel 2 erwähnten. Wir demonstrieren die Wirkung dieses Mittels wieder an einigen Beispielen aus Tucholsky-Texten:
Das letzte Mal stand ich vor den T a l a r e n mit Siegfried Jacobsohn und bewunderte seine kluge Zurückhaltung und überlegene Kälte... („Wiedersehen mit der Justiz").

In einem anderen Fall wird für *Offizier* das Wort *Achselstück* gesetzt (*...Daß Professor Nicolai ein Hochverräter ist, steht für das Achselstück fest*) und in einem dritten die Bezeichnung *hohe Herrschaften* durch die Wendung *gute Namen* ersetzt (*Es ist ein sehr feines Haus, man hat lauter gute Namen eingeladen. Die Menschen sind in der Garderobe abzugeben. Die Namen haben diniert, jetzt nehmen sie den Kaffee...*).

Der bildliche V e r g l e i c h, im Unterschied zu Metapher und Metonymie keine Bedeutungsübertragung, stellt einen Begriff neben den anderen: So heißt es in einer Satire Tucholskys auf Ludendorff (hier *Lindström* genannt):
Er fühlt's, der Lindström – denn allemal bei Festlichkeiten, Regimentsfeiern, Fahnenweihen und Parademärschen wirft er sich in eine Phantasieuniform..., die zum historischen Maskenkostüm geworden ist. Aber es hilft nichts. Er fühlt's, daß

ihm das Zivil nicht steht... Ich habe ihn darin gesehen, damals, als er vor dem Un-
tersuchungsausschuß stotterte. E r h a t t e e t w a s v o n e i n e m s t r e n g e n
L e h r e r i m D a m p f b a d. Die Autorität war dahin.

Archaismen und Neologismen

Stilistische Archaismen dienen in erster Linie der Kennzeichnung einer
bestimmten Epoche oder eines sozialen Milieus. Nicht selten kommt ihnen jedoch auch die Funktion zu, eine Epoche zu parodieren und deren
Anschauungen zu verspotten:

Bösewicht, der ich war, erdreistete ich mich, aufrührerische Reden gegen jene
w a c k e r e n K ä m p e n zu halten, die in rastloser Arbeit die Versorgung der
Randgebiete regelten...Später schien es mir, als sei ich anmaßend von einem Privat-
stern in die h e h r e Realität der Konsumakten geraten.

Stilistische Neologismen, überwiegend Einmalbildungen, dienen in
der politischen Publizistik meistens der Satire. So spricht Tucholsky, wie
wir schon sahen, von der *Moabiter Justizfabrik,* an anderer Stelle bezeichnet er den deutschen Spießer als *Nachtmützenjäger* und die Äußerung einer
deutschen Offizierszeitung als *kasinodumme Retourkutsche.*

Gelegentlich bedient sich der Satiriker einer Sonderform des Neolo-
gismus, der K o n t a m i n a t i o n (Verschmelzung) von Wörtern, so etwa Erich Weinert mit Bezeichnungen wie *Weimarxisten, Pazifaschisten* oder
Guß- und Diebstahlkonzerne.

Doppelsinn und Wortspiel

Der Doppelsinn ist vor allem ein Spiel zwischen verschiedenen Bedeu-
tungsmöglichkeiten, insbesondere zwischen der wörtlichen und übertragenen Bedeutung eines Wortes, einer Wortgruppe, eines Satzes oder eines größeren Kontextes. In dem schon zitierten Bericht „Wiedersehen
mit der Justiz" schreibt Tucholsky über die

...überlegene Kälte einem Geschöpf gegenüber, das einundeinehalbe Stunde, ohne
Atem zu holen, sprach: da hatte das Abonnement des „Berliner Lokalanzeigers"
treffliche Früchte getragen, und die Stunde patriotischen Anschauungsunterrichts, die
wir bekamen, war g r a t i s. Und u m s o n s t.

Mit dem Doppelsinn eng verwandt ist das W o r t s p i e l, das im Unterschied zum Doppelsinn auf einem Spiel zwischen Wörtern beruht, die einander nur lautlich ähnlich sind, aber weder ihrem Ursprung noch ihrer Bedeutung nach etwas miteinander gemein haben, wie etwa in dem Satz *Die Lautesten sind nicht immer die Lautersten* oder in Heines „Harzreise" die Bezeichnung *ordentliche und unordentliche Professoren*.

7.6 Porträt

Zum Genre

Das Porträt als Genre ist vor allem über den Textinhalt definiert. Von der Form her kann es als Sonderform der Reportage gelten, auch ist wie bei dieser die Grenze zwischen journalistischen und literarischen Texten fließend. Manche Parallelen ergeben sich auch zum Bericht und, aus der Entstehung vieler Porträts zu erklären, zum Interview.

Zum Porträt oder, etwas edler, Portrait (frz. „Bild, Bildnis, Abbild") wird ein Text dadurch, daß ein Mensch in ihm im Mittelpunkt steht – wie eben bei einem Porträtbild. Fast alle journalistischen Texte, aller Genres, handeln natürlich von Menschen; für das Porträt aber ist es V o r a u s s e t z u n g, den Menschen, und zwar in der Regel e i n e n Menschen, ganz in den Vordergrund zu rücken. Das ist zweifellos modern. Die wenigsten Redaktionen würden wohl heute am „Tag des Ehrenamts" mit langen Zahlenkolonnen aufwarten oder den Geschäftsführer einer gemeinnützigen Einrichtung abstrakt die Vorzüge seiner kostenlosen Helfer schildern lassen, die meisten vielmehr eine ehrenamtliche Helferin ausfindig machen und diese, wenn irgend möglich in Aktion, porträtieren.

Natürlich kann ein Text eine Person nicht umfassend oder gar vollständig präsentieren. Über die meisten Menschen, auch ganz und gar nicht prominente, läßt sich weit mehr Interessantes schreiben, als in 60, 100 oder auch 500 Zeilen paßt – oder auch in eine vielbändige Biographie. Ist sich der Journalist der Reduktion bewußt (was am ehesten dann der Fall sein wird, wenn er ausgiebig recherchiert hat und dann auswäh-

len, also auch weglassen darf oder muß, weil er nicht genug Platz hat),
stellt das kein Problem dar.

Problematisch ist nicht die unvermeidliche Reduktion von Information über den Porträtierten, sondern die Hineinnahme von umfangrei-
chem Material, das gar nicht oder nur indirekt mit der Person zu tun hat.
Natürlich kann hinter dem Porträtierten mehr sichtbar werden, ein Hintergrund; ja, dieser Hintergrund kann sogar das eigentliche Ziel sein, so
wie die Redaktion es nicht so sehr auf die 53jährige Helferin der Bahnhofsmission Dortmund als Individuum, sondern d u r c h s i e auf das
Ehrenamt a n s i c h abgesehen hat. Das Ziel ist jedoch hier wie stets
nur zu erreichen, wenn die Porträtierte im Fokus bleibt. Wer zwei Drittel
des Textes der Entstehung der Idee von der Bahnhofsmission, deren
derzeitigen Finanznöten oder dem Funktionswandel von Bahnhöfen seit
1832 widmet, der zerstört nicht nur den Porträtcharakter des Textes,
sondern nimmt diesem auch die erhoffte menschliche Wirkung. Weniger
Hintergrund ist hier mehr, das Personenbezogene muß deutlich vorherr-
schen.

Nach der Art der Reduktion lassen sich zwei Arten von Porträts unterscheiden: Die einen versuchen, den ganzen Menschen abzubilden, sie
beschreiben also etwa seine Herkunft, seinen beruflichen Werdegang,
sein Privatleben, sein außerberufliches Engagement; die anderen interessieren sich nur für einen bestimmten Aspekt, etwa den Einsatz beim
Oderhochwasser oder beim Zugunglück von Eschede: Wie hat Bundes-
wehrsoldat X den kleinen Hund aus den Fluten gerettet, was hat Sanitä-
ter Y im zertrümmerten Waggon gesehen? Bei dem einen Porträttyp sind
mehrere Aspekte der Person berührt, beim anderen wird einer vertieft.
Ausschlaggebend für die verschiedenen Formen ist der unterschiedliche
Zweck.

Eine andere denkbare Zweiteilung ergibt sich aus der Nähe zur Reportage bzw. zum Interview, hängt also u.a. von der Recherche ab; eine
weitere aus dem Vorhandensein oder Fehlen des Faktors Prominenz.
Dann wäre noch an manche besonderen Fälle zu denken: So kann man
in seltenen Fällen auch bei zwei Porträtierten von einem (Doppel-)Por-
trät sprechen, sicher z.B. dann, wenn Zwillinge vorgestellt werden, die als

Kapitäne baugleicher Fährschiffe die gleiche Route auf der Ostsee befahren. Das Paar-Porträt ist jedenfalls ein Sonderfall wie auch der Nachruf, das Porträt einer gerade verstorbenen Person, wovon wieder zu unterscheiden wäre das Porträt einer schon vor langer Zeit verstorbenen Person, wie es bei entsprechenden Anlässen („runde" Jahrestage, aber auch Ehrungen aller Art, von der Umbenennung einer Straße bis zur Heiligsprechung) gar nicht selten ist. Hier wird der Bereich des Porträts immer dann fast zwangsläufig verlassen, wenn über die porträtierte Person zu wenig Persönliches bekannt ist und der Text mehr eine Epoche porträtiert als einen Menschen.

Das wieder führt uns zum Sonderfall des „kalt" geschriebenen Porträts, also des Porträts, das ein Journalist schreibt, der den Porträtierten nicht persönlich kennt, ihn vielleicht nie getroffen, ja nicht einmal anderweitig (fernmündlich, schriftlich) mit ihm kommuniziert hat, jedenfalls aber nicht, um ihn zu porträtieren. Bei Porträts von Verstorbenen ist das „kalte" Schreiben vielleicht die Regel, wenn auch nicht ohne Ausnahme, da wohl manche Nachrufe noch zu Lebzeiten des Porträtierten vorgefertigt werden. Andererseits sind auch viele Porträts von Lebenden ganz zwangsläufig „kalt" geschrieben, weil ein Treffen oder Gespräch verweigert wird oder aus anderen Gründen (räumliche Entfernung, Kosten, Zeit) nicht praktikabel ist. Je größer die Prominenz des Porträtierten, je mehr also auch persönliches Material zugänglich ist, etwa im Archiv, desto leichter ist der Nachteil des „kalten" Schreibens auszugleichen.

Eine allgemeine Charakteristik des Porträts müßte solche Unterscheidungen berücksichtigen. Obwohl diese Porträt-Kategorien durchweg auch eine stilistische Komponente haben, kann im folgenden nicht darauf eingegangen werden. Hier ist vielmehr von einem „Normalfall" auszugehen, wie er etwa im Lokaljournalismus wohl die Regel darstellt (in überregionalen Medien sieht das anders aus). Dieser „Normalfall" eines Porträts beschäftigt sich mit einem Lebenden, mit dem sich der Journalist, in der Regel (auch) allein, treffen konnte und der entweder gar nicht oder nur sehr begrenzt (Vereinsvorsitzende, Kommunalpolitiker, lokal aktive Sportler oder Künstler etc.) als prominent gelten kann.

Im folgenden beschränken wir uns auf vier stilistische Aspekte, die für das Porträt von besonderer Bedeutung sind: die P e r s o n e n b e - s c h r e i b u n g, die W i e d e r g a b e   m ü n d l i c h e r   Ä u ß e r u n g e n, die W i e d e r g a b e   m i t g e t e i l t e r   G e d a n k e n und das Problem der G l i e d e r u n g / O r d n u n g. Die ersten drei Punkte gehören eng zusammen und bilden den eigentlichen Kern einer Stilistik des journalistischen Porträts. Sie sind es auch, bei denen der ethische Aspekt des Stils besonders zu beachten ist. Das Porträt ist das am stärksten personenbezogene aller Genres; wie kein anderes kann es daher auch persönlich verletzen, z.B. durch die Betonung von Äußerlichkeiten bei der Personenbeschreibung oder durch falsches Deutsch bei der Wiedergabe von Äußerungen.

Personenbeschreibung

Von einer eigentlichen Beschreibung, die den Porträtierten vorstellbar machen soll, wird manchmal abgesehen, besonders dann, wenn ein Foto beigefügt wird, wie es heute die Regel ist. Oft aber wird sie gegeben, und mindestens dann, wenn das Foto fehlt, ist sie wünschenswert. Und auch wo sie fehlt, werden beschreibende Elemente oft im Text verstreut, besonders in Porträts, in denen die Recherchesituation, sei sie der Reportage oder dem Interview ähnlich, durchschimmert: etwa dann, wenn beschrieben wird, wie die Porträtierte sich durchs Haar fährt, der Porträtierte die Arme vor der Brust verschränkt. Hierher gehören alle optischen Merkmale, sowohl des Menschen selbst wie auch seiner Kleidung (nebst Schmuck), aber auch die Stimme und das Lachen, der Gang, die Haltung, Gestik oder Mimik.

Hier sollte b e s c h r i e b e n werden. Wie in der Reportage geschieht das am besten detailliert und konkret, es heißt also nicht *Sie ist modisch gekleidet*, sondern es werden zumindest einige diesen Eindruck vermittelnde Einzelheiten genannt. An der falschen Stelle sollte man aber nicht zu detailgetreu sein: Daß der Porträtierte *eine stark geäderte Nase* hat, *aus der die Haare lang wie Borsten herausstehen*, kann der Journalist seinen Rezipienten getrost verschweigen. Der herabsetzende Effekt solcher Passagen, auch wenn sie der Wahrheit entsprechen, steht in keinem Verhältnis zum Informationsgewinn.

Übermäßig detaillierte Beschreibung, bzw. detaillierte Beschreibung an der falschen Stelle, ist jedoch selten; typisch ist das genaue Gegenteil à la *Sie ist modisch gekleidet*. Das Fehlen von Details ist nur ein Teil des Problems: Der Armut an beschreibenden steht nämlich oft ein Reichtum an wertenden Adjektiven gegenüber. Viele Porträts wimmeln von Ausdrücken – manchmal M o d e w ö r t e r n – wie *modisch, sympathisch, bescheiden, selbstbewußt*. Wenn der Journalist es nicht schafft, im Rezipienten durch Beschreiben und Zu-Wort-kommen-lassen Sympathie für den Porträtierten zu wecken, sondern diese Sympathie verordnet werden muß, dann ist etwas schiefgegangen.

In den meisten Porträts, besonders im Lokalen, wird nach dem Grundsatz *nil nisi bene* verfahren, und keineswegs nur *de mortuis*, also in Nachrufen, sondern auch über die Lebenden wird „Nichts außer Gutem" berichtet. Explizit Negatives fehlt meist, es findet sich in anderen Genres: Ein Porträt über den Bürgermeister wird anläßlich seiner Wahl, eines runden Geburtstags, eines Dienstjubiläums oder einer Ehrung gebracht, aber wohl kaum dann, wenn er sich wegen Bestechlichkeit vor Gericht verantworten muß. Die guten Seiten seiner Amtsführung kommen ins Porträt, die schlechten, wenn sie überhaupt je aufgedeckt werden, in den Gerichtsbericht oder den Kommentar. Wenn zu dieser inhaltlichen Eindimensionalität, die zum Teil dem Genre eignet, noch stark positiv wertende Adjektive kommen, ergibt sich leicht der Eindruck einer Heiligenvita. Genaue Beschreibung hilft ihn vermeiden.

Hier wurde vor allem auf lexikalische Aspekte verwiesen, auf die Wortwahl. Wichtig für die Gestaltung der Beschreibung ist aber auch die Syntax. Hier gilt wie in anderen Genres die Regel, daß Monotonie zu vermeiden ist.

Wiedergabe mündlicher Äußerungen

Die Wiedergabe gesprochener Sprache ist für das Porträt besonders wichtig. Wenig charakterisiert einen Menschen so gut wie sein Sprechen. Die Zitate erfüllen eine ähnliche Funktion wie die genaue Beschreibung:

Sie ersparen dem Journalisten wertende Äußerungen. Es ist besser, einen launigen Spruch oder eine Anekdote in den Worten des Porträtierten wiederzugeben, als dem Leser zu verkünden, der Porträtierte sei geistreich oder humorvoll: *Ich bin am 29. Februar geboren, da haben 'se im Krankenhaus sofort Schmuh gemacht. 'Der arme Junge, nur alle vier Jahre Geburtstag', deswegen steht in meinen Papieren überall erster März.*

Zitate sind aber kein Selbstzweck. Sie müssen der Charakterisierung dienen; tun sie es nicht, dann bleibt der Journalist besser bei den eigenen Worten. *Nach der Gesellenprüfung habe ich ein Jahr selbständig gearbeitet und dann die Meisterschule in Frankfurt besucht.* Solche Versatzstücke aus dem Lebenslauf kann der Journalist genausogut selbst referieren; als Zitate angeführt sind sie eine Enttäuschung. Der Charakterisierung dienen Zitate, die tatsächlich gesprochene Sprache glaubhaft wiedergeben: Wenn der Fahrer eines Müllabfuhr-Lkw sagt, er habe bis jetzt – *toi, toi, toi* – keine gesundheitlichen Probleme, *außer dem Rücken – die 30 Jahre bleiben auch nicht in den Klüngeln hängen!,* dann ist das eine glaubwürdige Äußerung, nicht nur wegen der landschaftlich gebräuchlichen *Klüngel.* Hätte die Äußerung dagegen gelautet: *Nur mit dem Rücken habe ich Probleme – drei Jahrzehnte als Lkw-Fahrer gehen nicht spurlos an einem vorüber,* so wäre die Glaubhaftigkeit viel geringer.

Die Umgangssprache unterscheidet sich von der Literatursprache, dem Hochdeutsch des Schulaufsatzes, in vieler Hinsicht. Besonders typisch und für die Echtheit der Wiedergabe gesprochener Sprache bezeichnend sind etwa

– unvollständige Artikulation, Zusammenziehung, Verschleifungen (A u s s p r a c h e);

– die Benutzung von Wörtern, die in der schriftlichen Äußerung unpassend oder falsch wären: ungenaue oder falsche Wortwahl, auch von Fremdwörtern (*hochsterilisieren* für *hochstilisieren*), markierte Wörter aller Art (vgl. Kapitel 2), besonders Mundartwörter und Wörter aus der saloppen oder der grob-umgangssprachlichen Schicht (*Scheiße*), Verwendung von Fachwörtern etwa aus dem Berufsalltag oder einem speziellen Hobby des Porträtieren, ohne eine Erklärung (W o r t w a h l);

– eine knappe Syntax, Ellipsen, Einwortsätze, Ausrufe, falsche Satzanschlüsse bzw. Neuansetzungen, Bezugsfehler, falscher Gebrauch von Präpositionen, überhaupt sprachliche Fehler aller Art; weitgehendes Verschwinden vieler grammatischer Formen vor allem beim Verb, etwa des Präteritums, des Plusquamperfekts und der meisten Futur- und Konjunktivformen, die durch ein einfaches Schema ersetzt werden, vorwiegend einfaches Präsens und Perfekt, Konjunktiv ganz überwiegend mit *würde* (S y n t a x).

Alle diese Phänomene setzen die Sprache des Porträtierten von der Sprache des Journalisten ab (hier ergibt sich eine deutliche Parallele zum Interview, vgl. Kapitel 7.3), erhöhen die Glaubhaftigkeit der Zitate als authentische Wiedergaben gesprochener, spontaner Sprache, sind also positiv zu werten. Es versteht sich dennoch, daß es Grenzen gibt. Die Verständlichkeit der Äußerungen muß gewährleistet sein; der Porträtierte soll nicht durch die Wiedergabe grober Fehlleistungen (à la *hochsterilisieren* für *hochstilisieren*) der Lächerlichkeit preisgegeben und der Leser nicht abgestoßen werden. Die „Fäkalsprache" und benachbarte Bereiche des Wortschatzes werden heute so häufig auch im Druck verwendet, daß solcher Sprachgebrauch den Reiz authentischer Unangepaßtheit längst verloren hat, teils auch zur Mode geworden ist. Nur sparsam und bewußt eingesetzt erzielen solche sprachlichen Mittel auch die gewünschte drastische Wirkung.

Betrachten wir die drei Aspekte nacheinander.

Aussprache

Auch die Wiedergabe von Aussprachebesonderheiten dient der Charakterisierung. Vom Versuch, die gesprochene Sprache buchstabengetreu zu Papier zu bringen, ist allerdings abzuraten, da daraus nur zu leicht die unerwünschte Komik eines Heimatschwanks oder einer Mundartglosse entsteht. Hier sind die Normen journalistischen Sprachgebrauchs jedoch im Fluß. Vor nicht allzulanger Zeit wäre etwa *da haben 'se sofort Schmuh gemacht* in vielen Zeitungen, zumal im lokalen Bereich, undenkbar gewesen, heute ist es völlig normal. Die Chance, den Leser „mithören" zu lassen, kann jedenfalls durch Wiedergabe von Aussprachebesonderheiten erhöht

werden, aber eine solche Wiedergabe ist behutsam und punktuell einzu-
setzen, sonst wird der Porträtierte leicht bloßgestellt oder auch der ganze
Text ins Lächerliche gezogen – oder sogar die Verständlichkeit beeinträchtigt. Der Einsatz des Apostrophs, um umgangssprachliche Verschleifungen und Zusammenziehungen zu verdeutlichen, vgl. oben *da haben 'se sofort Schmuh gemacht*, sollte nicht übertrieben werden. Das gilt auch
für Schreibweisen, die regionalen Sprachgebrauch (Dialektismen) umsetzen, etwa *wat* für *was* und *dat* für *das*.

Wortwahl

In der Wortwahl ist, wie angedeutet, so ziemlich alles erlaubt, vom Vulgären und Derben bis zum Gestelzten; Mundartwörter oder andere markierte Wörter (vgl. Kapitel 2) sind zur Charakterisierung sogar besonders
geeignet. Dabei muß aber die Absicht klar bleiben; im Zitat einer Mode-
schöpferin können französische Vokabeln der Haute Couture der Charakterisierung dienen, während das Wort *Scheiße*, so sie es im Gespräch
einmal benutzt hat, der Charakterisierungsabsicht vermutlich eher zuwi-
derläuft. Entspricht es dagegen der Absicht, dann ist es, weil unerwartet,
sogar besonders wirksam.

Einzelne Wörter, die aus dem Literatursprachlichen ausscheren, wie
oben *Klüngel, Schmuh* oder *toi, toi, toi* verstärken den Eindruck, daß es um
echte gesprochene Sprache geht. Solche Wörter müssen aber nicht ge-
ballt auftreten.

Syntax

Wichtiger noch als die Wortwahl ist der Satzbau; in der gesprochenen
Sprache ist er meist kurz, ja voller Ellipsen (unvollständiger Sätze), Satz-
abbrüche und Gedankensprünge. Auch eingeschobene und nachgescho-
bene Ergänzungen sind typisch, wenn etwa ein Amateurfußballer erzählt:
*Vom Platz geflogen bin ich nie. Sicher, mal fünf Minuten 'runter oder 'ne Karte, das
schon, aber vom Platz geflogen nie!*

Bei der Auswahl der Zitate sollte man stets die jeweilige inhaltliche
Funktion berücksichtigen. Unglaubwürdige Zitate vermeidet man am besten, indem man möglichst getreu zitiert (Tonaufzeichnung, Stenogra-

phie), was schon aus Gründen journalistischer Ethik eigentlich selbstverständlich sein sollte. Dann können klassische Kennzeichen gestellter oder aus dem Gedächtnis nur ungefähr rekonstruierter Rede nicht unterlaufen. Verdächtig sind etwa das Präteritum, das in der gesprochenen Sprache selten geworden ist, ebenso Konjunktivformen außer den mit *würde* konstruierten. Oft sind Syntax und Wortwahl zugleich unglaubhaft, so wenn ein Fußballer die Schilderung seines Treffers angeblich mit dem Satz begann: *Ich spielte den Torhüter aus...*, während er tatsächlich gesagt hatte: *Ich bin dann am Torwart vorbei...* Lexikalische (*Torhüter, ausspielen*) wie syntaktische (Präteritumform *spielte*) Hinweise deuten hier auf ein erfundenes/verfälschtes Zitat hin. Wo solche Kennzeichen tatsächlich einmal in der gesprochenen Sprache gehäuft auftreten, ist es ratsam, auf das betreffende Zitat zu verzichten.

Für die Zitate gilt also ein anderer Maßstab als für den restlichen Text; entscheidend ist die Glaubhaftigkeit. Ziel ist es also nicht, Rede in fehlerfreies literatursprachliches Deutsch umzuwandeln; leider geschieht dies viel zu oft, so daß viele Zitate unecht, abgelesen und blutleer wirken. Gleichwohl besteht auch die Gefahr der Übertreibung. Ein Zitat, in dem sich die Grammatikfehler häufen oder der Sprecher sich einen groben Schnitzer leistet, ist problematisch, wenn es nicht im Einzelfall der Charakterisierung dient wie Trappatonis *Ich habe fertig* oder Lippens' Entgegnung *Ich danke Sie!* auf des Schiedsrichters *Ich verwarne Ihnen!*. Sprachliche Fehlleistungen, die den Sprecher bloßstellen, sollten nicht ohne triftigen Grund zitiert werden. Vor einem Zuviel an Mundartlichem ist ebenfalls zu warnen.

Zusammenfassend läßt sich festhalten, daß die Zitate nicht in erster Linie dem Transport von Information dienen. Diesen kann der Journalist mit eigenen Worten – und normalerweise von Berufs wegen besser als der Porträtierte – bewerkstelligen. Der große Wert von Zitaten, der sie für das Porträt in der Regel unverzichtbar macht, liegt in der Personencharakterisierung. Literatursprachliche Normen treten in den Hintergrund, die unpolierte, echte gesprochene Sprache wirkt glaubwürdig. In der Regel werden Stilistik und Ethik zur selben Lösung drängen, zur möglichst getreuen Wiedergabe. Die Auswahl aus den getreu aufgezeich-

neten Zitaten erfolgt dann nach ihrer Funktion bei der Personencharakterisierung. Typische Fehler sind nach wie vor die Auswahl von Zitaten,
die zur Charakterisierung nichts beitragen, und die übertriebene Glättung
von Unebenheiten gesprochener Sprache, eine Anpassung an die Literatursprache, wodurch die Glaubhaftigkeit der Zitate zerstört wird.

Wiedergabe mitgeteilter Gedanken

Als Sonderfall der Redewiedergabe sind innere Monologe anzusehen.
Das heißt, wiedergegeben werden Gedanken der oder des Porträtierten,
die diese(r) seinerzeit nicht ausgesprochen, sondern eben nur gedacht
hat. Sie werden nun dem Journalisten mitgeteilt, entweder (1) zusammengefaßt als eine Art Bericht, oder (2) in Form eines „Selbstgesprächs",
also – es erzählt eine 80jährige Köchin, die sich als 63jährige Rentnerin
entschloß, wieder arbeiten zu gehen – entweder

(1) *Das Alleinsein kann man nur überwinden, wenn man wieder richtig unter
die Leute kommt. Ich wollte wieder arbeiten gehen, einfach zurück zu Kümmel und
Sauerkraut.*

oder

(2) *Da hab ich mir gedacht: Du mußt wieder richtig unter die Leute, wieder arbeiten gehen, einfach zurück zu Kümmel und Sauerkraut.*

(2) enthält nach dem Doppelpunkt bereits Reflexionsdarstellung,
Gedankenwiedergabe; (1) dagegen nicht. Der Journalist kann aber auch
Äußerung (1) durch Umformung in Reflexionsdarstellung (3) ver-
wandeln:

(3) *Dann stand es für sie fest: Du mußt wieder richtig unter die Leute, wieder
arbeiten gehen, einfach zurück zu Kümmel und Sauerkraut.*

Reflexionsdarstellung kann an einer zentralen Stelle im Porträt große
Bedeutung haben, da, wo es darum geht, gerade an kritischen oder Wen-
depunkten im Leben, Entscheidungen zu begründen, Motive zu nennen
und nachvollziehbar zu machen, w a r u m der oder die Porträtierte so
und nicht anders gehandelt hat. Je unmittelbarer dem Rezipienten Ein-
blick in den Entscheidungsprozeß gewährt wird, desto mehr nimmt er
Anteil. Die Reflexionsdarstellung ist daher hier zu bevorzugen, (2) und

(3) wirken stärker als (1), sie sind emotionaler als die rationale Version (1), obwohl die gegebenen Informationen identisch sind.

Varianten der Reflexionsdarstellung

Zu unterscheiden sind die direkte und die erlebte Reflexion. Die direkte Reflexion bietet unmittelbar die Perspektive des Porträtierten:

(3) *Dann stand es für sie fest: Du mußt wieder richtig unter die Leute, wieder arbeiten gehen, einfach zurück zu Kümmel und Sauerkraut.*

Der Doppelpunkt markiert hier den Wechsel von der Perspektive des Journalisten zur Perspektive der Porträtierten; offensichtliche Merkmale des Wechsels sind die Personalpronomina (vor dem Doppelpunkt *sie* in der dritten Person, dahinter Selbstansprache mit *Du*) und der Tempusgebrauch (vor dem Doppelpunkt im Präteritum *stand es für sie fest*, dahinter im Präsens *Du mußt*).

Beide Wechsel sind aber nicht zwingend; Äußerung (2) ist auch direkte Reflexion, aber da die Porträtierte hier vor dem Doppelpunkt quasi als Ich-Erzählerin auftritt, erfolgt nur noch ein Tempuswechsel, und auch dieser wäre nicht nötig, genausogut könnte, abhängig vom Zusammenhang, auch das Präsens stehen, das manchmal unmittelbarer wirkt.

(4) *Da denke ich mir: Du mußt wieder richtig unter die Leute, wieder arbeiten gehen, einfach zurück zu Kümmel und Sauerkraut.*

Genauso auch umgekehrt, ohne Tempus-, aber mit Perspektivwechsel:

(5) *Dann steht es für sie fest: Du mußt wieder richtig unter die Leute, wieder arbeiten gehen, einfach zurück zu Kümmel und Sauerkraut.*

Bei der erlebten Reflexion wird äußerlich die Perspektive des Journalisten beibehalten, durch Personalpronomen und Tempusgebrauch; inhaltlich aber die Perspektive der Porträtierten:

(6) *Dann stand es für sie fest: Sie mußte wieder richtig unter die Leute, wieder arbeiten gehen, einfach zurück zu Kümmel und Sauerkraut.*

Welche Möglichkeit zu bevorzugen ist, direkte oder indirekte Reflexion, läßt sich nicht pauschal sagen.

Die Wiedergabe mitgeteilter Gedanken ist in der Praxis insgesamt eher selten; die Möglichkeiten, die in dieser Technik liegen, sollten öfter genutzt werden.

Gliederung und Ordnung

Für die Verständlichkeit eines Textes sind Gliederung und Ordnung von größter Bedeutung. So wie ein Text mehr ist als die Summe seiner Teile, so kann auch ein Text, dessen Teile alle verständlich sind, als Gesamtheit unverständlich oder zumindest schwer verständlich sein, vor allem dann, wenn die Teile nicht sinnvoll angeordnet sind (vgl. Kapitel 5).

Das gilt natürlich für alle Genres, nicht speziell für das Porträt. Im Porträt gibt es jedoch zwei sehr naheliegende Gliederungsprinzipien, die eine kurze Erwähnung rechtfertigen. Viele Porträts, die auf die gesamte Person (oder besser, auf mehrere Aspekte) zielen, sozusagen die erste Kategorie von Porträts, schildern den Werdegang eines oft nicht mehr ganz jungen Menschen. Zu verarbeiten sind eine Menge von Erlebnissen: Vor dem geistigen Auge des Journalisten (und der Rezipienten) erscheinen die verschiedenen Stationen eines bewegten Lebens. Naheliegend ist da eine chronologische Anordnung; sie ergibt sich sozusagen von selbst. Ein journalistisches Porträt ist kein Lebenslauf, aber eine Anlehnung an die Chronologie kann helfen, die für das Porträt wichtigen Stationen im Leben in eine Ordnung zu bringen. Natürlich muß diese chronologische Anordnung nicht durchgehalten werden, zumal als Einstieg (mit der Geburt, oder den Eltern?!) ist sie nur in Ausnahmefällen geeignet.

Gerade weil eine zumindest teilweise chronologische Anordnung sich fast von allein ergibt, ist das chronologische Prinzip offenbar als primitiv verpönt. Tatsächlich sind es gerade viele lieblos geschriebene Porträts, die sich des chronologischen Prinzips (wegen seiner Einfachheit) bedienen, aber es liegt nicht an dem Prinzip, daß sie lieblos wirken. Gegen anspruchsvollere Gliederungsprinzipien ist natürlich nichts einzuwenden, sofern ihre Umsetzung gelingt. Gelungen aber ist das Porträt nicht schon dann, wenn es der Journalist verstanden hat, seinem Text eine kunstvolle Struktur zu geben. Der Leser muß diese Struktur auch ohne langwierige Textanalyse erkennen können.

Eine zweite, ebenfalls naheliegende Möglichkeit ist es, den Verlauf der Recherche als roten Faden zu benutzen, in Einschüben also die Situation zu verfolgen, sei sie nun dem Gespräch (beim Interview) oder dem Beobachten (bei der Reportage) ähnlicher. Beide Prinzipien sind wegen ihrer Einfachheit gerade für den Ungeübten empfehlenswert.

7.7 Populärwissenschaftliches Darstellen

Die Wissenschaft und ihre raschen Fortschritte bestimmen zunehmend das Alltags- und Berufsleben. Zugleich erfolgt in ihren Bereichen eine immer stärkere Spezialisierung. Die Aufgabe des Journalismus, ihre Ergebnisse und Erkenntnisse so allgemeinverständlich wie möglich darzustellen, bedarf somit nicht der Rechtfertigung.

Populärwissenschaftliche Darstellung ist genreübergreifend; deshalb sind ihre Stilprinzipien losgelöst von den Genres und stärker verallgemeinernd darzustellen. Dazu erweist sich eine kurze Charakteristik des wissenschaftlichen Stils als notwendig.

Zum Stil *wissenschaftlicher* Darstellung

(1) Beim wissenschaftlichen Darstellen ist die geistig-psychische Einstellung zum Stoff streng sachbezogen, objektbezogen. Auflockernde, plaudernde oder gar humoristische Elemente sind ausgeschlossen. Nicht selten wird der Geltungsgrad durch traditionelle Formeln wie *unseres Erachtens*, die oft schon zu Abkürzungen wie *u. E.* erstarrt sind, eingeschränkt. Die wissenschaftliche Darstellung wird im allgemeinen auch entemotionalisiert. Gefühle und Empfindungen drücken sich nur indirekt in der Zusammenstellung von Fakten und in der Beweisführung aus. Von dieser Verallgemeinerung sind Pamphlet und Polemik als Formen wissenschaftlicher Publizistik ausgenommen.

(2) Die Texte sind gewöhnlich entindividualisiert. Wissenschaftliche Texte haben Analyse-, keinen Gesprächscharakter, keinen ausgesproche-

nen Partnerbezug. Sichtbar wird die Entpersönlichung auch sprachlich im Vermeiden von Formen, die autorbezogen sind. Immer noch verwenden Verfasser die Bescheidenheitsperiphrase; sie nennen sich im Text selbst *Autor*, *Rezensent* usw. oder gebrauchen die Form *wir* [*haben festgestellt...*].

(3) Für den wissenschaftlichen Text ist der Gebrauch nichtexpressiver Redewiedergabeformen typisch. Erlebte Rede und fiktive Rede ebenso wie Reflexionsdarstellung sind ausgeschlossen. Redewiedergabe dient nur real als Beleg- oder als Widerlegungselement; dazu gehören Fußnoten als Ausdruck wissenschaftlichen Darstellens.

(4) Wissenschaftliche Disposition und Gedankenfolge werden allein von der Systematik des Stoffes bestimmt. Pädagogische Erwägungen bleiben unberücksichtigt. Die Gedankenfolge bedarf der Vor-Kenntnis, des Vorher-Denkens der Rezipienten und verlangt Nach-Denken, den Willen zur Kenntnisaneignung in besonderem Maße. Deshalb spielt auch für den Textanfang der Rezeptionsanreiz keine Rolle. Er hängt – im Rahmen der Möglichkeiten wissenschaftlicher Darlegung – vom individuellen Denk- und Sprachstil des Autors ab.

(5) Wissenschaftliche Darstellung ist äußerst konzentriert. Gedankliche Dichte und Aussageökonomie sind ein wesentliches Kennzeichen. Wissenschaftliches Mitteilen vermeidet Paraphrasen und ist unanekdotisch.

(6) Dynamik ist weder Darstellungszweck noch überhaupt Kriterium wissenschaftlichen Darstellens. Konkrete, dynamische Vorgänge werden begrifflich gefaßt; das „Entwickeln" als Vorgang an einem Gegenstand wird von dem sich entwickelnden Gegenstand abgezogen und als die Erscheinung selbst genannnt, über die eine Aussage zu vollziehen ist.

(7) Der wissenschaftliche Stil kann – wie der Fachstil – als ästhetisch neutral bezeichnet werden. Er ist an sich bildlos, metapherlos; denn die Metapher hat keine ausgesprochene Erkenntnisfunktion. Metaphorik hat nur gelegentlich, als Erkenntnishilfe, pragmatische Bedeutung.

(8) Syntaktisch äußert sich der Grundstilzug der Abstraktion zunächst in dem stark nominalen Stil, zugleich aber auch in Korrektheit des Satzbaus.

– Vorgänge werden nicht als Geschehendes gefaßt, sondern als Vorgangsbegriffe, also z.B. *wachsen* als *Wachstum* oder als das *Anwachsen*, *beeinflussen* aus *Einfluß*, *zerfallen* als *Zerfall*.

– Wissenschaftliche Denkweise ist es, die zu den vielkritisierten nominalen Gebilden mit *-ung* führt, wobei *-ung*-Bildungen nur e i n e der möglichen Erscheinungsformen sind; sie sind Konsequenz des Abstrahierens.

– Charakteristisch ist aber nicht nur die nominale Syntax schlechthin, sondern die Häufung nominaler Zuordnungen (Zuordnungshäufung). Ein einziger Begriff kann durch die verschiedensten Wörter schließlich ganz exakt und präzis bestimmt werden. Logische Abhängigkeiten bis zur 5. und 6. Stufe, mehr als 30 zuordnende Wörter zu einem „Haupt"-Wort sind keine Seltenheit. Sie können sich als wissenschaftlich, insbesondere auch als juristisch unerläßlich erweisen.

– Dabei ist wissenschaftlicher Stil zugleich oft mit syntaktisch einfacher Handhabung verbunden. Zum Beispiel brauchen substantivische Begriffe eines Wissensgebietes, die Vorgangscharakter haben, nur noch mit einem Füllverb zu einem Satz vervollständigt zu werden: *Automatisierung* (*wird durchgeführt*). Aber auch Fremdverben lassen sich oft besser handhaben: *reduziert, differenziert, produziert* sind im Unterschied zu den deutschen Entsprechungen einteilig und erfordern keine Prädikatsklammer. Dies ist besonders bei den größeren Satzgebilden wichtig. — Fremdverben als Termini sind auch im Passiv oft leichter zu handhaben.

– Es treten häufig Passivkonstruktionen in unpersönlichen Aussagen auf.

– Nach der Aussageleistung des Verbs sind sogenannte Adjektiv- bzw. Merkmalssätze relativ häufig.

– Der Satzbau ist im allgemeinen korrekt und vollständig; unvollständige Sätze finden sich vorwiegend in Tabellen und Übersichten.

(9) Tempora werden objektiv gebraucht. Eine Ausnahme bildet das Präsens in historischen u.ä. Tabellen. Bei Hypothesen spielt der Konjunktiv II als entsprechender Modus eine Rolle.

(10) Es gibt wissenschaftsspezifische phraseologische Fügungen. Sie erscheinen zwar als Fertigstücke, haben jedoch keinen Phrasencharakter. Zum Teil handelt es sich um Textverweise (*wie oben bereits festgestellt, wie be-*

reits bemerkt), Gliederungswörter (*zum einen/zum anderen*) sowie Floskeln der Gedankenführung (z.B. *dies erlaubt die Schlußfolgerung, daß*).

(11) Im Hinblick auf die Wortwahl ist festzustellen:

– Wichtigstes lexikalisches Kennzeichen ist die ausgeprägte und in bezug auf den behandelten Gegenstand ausschließliche Verwendung von Termini. Diese sind fachlich sanktionierte und definierte Bezeichnungen für Sachen und Sachverhalte. Sie können echte Kunstwörter sein, die praktisch kaum sprechbar sind – so in der Chemie –, sie können durch äußerste Spezialisierung extrem lang sein: *Ultrakurzwellenüberreichweitenfernsehrichtfunkverbindung* ist z.B. mit elf Kompositagliedern vermutlich das längste „natürliche" deutsche Wort.

– Wissenschaftliche Texte sind semantisch exakt und eindeutig. So könnte man das Wort *Rezeption* (oder *Perzeption*) zwar mit der deutschen Entsprechung *Aufnahme* übersetzen, es ist jedoch eindeutig, während das deutsche mehrere Bedeutungen hat ('Aufnahme durch ein Publikum', 'Fixierung für ein elektronisches Medium', 'Empfang bei einem Gastgeber', 'Asyl' usw.).

– Wichtiges Wortmaterial ist international verständlich (z.B. *Rationalisierung, Effektivität, Prozessor, Decoder, Rezipient*).

– Im wissenschaftlichen Text ist Einnamigkeit der Fachbegriffe ungeschriebenes Gesetz, auch wenn die bezeichnete Sache im Zusammenhang mehrmals erscheint; tragende Sachbezeichnungen werden beliebig – bis zur Monotonie – wiederholt. Stilistische Variation ist im Bereich der Begriffe, die zum Untersuchungsgegenstand gehören, nicht üblich, ja oft nicht zulässig. Nur soweit der Allgemeinwortschatz verwendet wird, setzt man Synonyme zur Variation ein.

– Wissenschaftliche Ausdrücke sind meist bündig und bedürfen in der Normalsprache oft langwieriger Umschreibung. Zum Beispiel heißt *immunisieren* 'gegen bestimmte Krankheitserreger durch ein Heilserum unempfindlich machen', *konspektieren* 'den Inhalt eines Textes in gedrängter Form wiedergeben'.

– Wissenschaftliche Texte bedienen sich strikt der Hochsprache. Die Umgangssprache ist nicht geeignet, komplizierte Beziehungen auszudrücken. Territoriale Eigenheiten werden vermieden.

– Verwendete Wörter sind im allgemeinen unexpressiv.

– Auch die Individualität des Autors tritt lexisch zurück. Wortschöpfungen erfolgen nur im Hinblick auf notwendige neue Bezeichnungen. Das Wortmaterial hat insgesamt sachlichen, mehr oder weniger offiziellen Charakter.

– In wissenschaftlichen Texten werden Homonyme, vor allem in kurz aufeinanderfolgenden Gedanken, gemieden. So ist bei einer volkswirtschaftlichen Abhandlung die zweimalige unterschiedliche Verwendung des Wortes *Kapital* in ein- und demselben Satz inakzeptabel – etwa, wenn es zuerst korrekt 'Geldmittel' meint, dann jedoch metonymisch für 'Kapitalisten, Unternehmer' steht. — Ebenso ist wissenschaftliche Darstellung kein Feld für Wortspiele.

– Ironischer Gebrauch von Wörtern ist unüblich.

(12) Für wissenschaftliches Darstellen ist auch die Verwendung nichtsprachlicher Zeichen, z.B. mathematischer, logischer und technisch-naturwissenschaftlicher Symbole charakterisisch. Dabei handelt es sich oft um besonders sprachökonomische und international genormte Formen der Terminologie und der häufig wiederkehrenden Bezüge.

(13) Typisch für wissenschaftliche Texte sind schließlich Titel, die ein Maximum an Präzision ohne Rücksicht auf Allgemeinverständlichkeit, Rezeptionsanreiz, Bündigkeit, Eleganz oder gar Poetizität aufweisen. Wissenschaftliche Titel sind durch Eingrenzung des Themas oft extrem lang. Sie bilden insofern ein Gegenstück zu denen journalistischer Texte.

Stilprinzipien populärwissenschaftlicher Darstellung

Wir messen im folgenden den populärwissenschaftlich-journalistischen Text am wissenschaftlichen. Das heißt, wir heben nur jene Prinzipien hervor, bei denen er sich vom wissenschaftlichen Stil unterscheidet.

7.7.1 Die Darstellungshaltung

Populärwissenschaftlich-journalistische Texte sollten nicht streng sachbezogen, sie können aufgelockert und stark emotional sein.

Emotionalität kann sich ausdrücken in Fragen, in Ausrufen, auch in lakonischen, humoristischen, sarkastischen, glossierenden Nebenbemerkungen. Nichts zu tun hat diese Darstellungshaltung mit Scheinpersonifizierungen, in denen zum Beispiel Verhalten oder Standpunkte vergegenständlicht werden:

Solche Auffassungen übersehen jedoch wesentliche Momente der wirtschaftspolitischen Strategie unter den Bedingungen des globalen Konkurrenzkampfes.

Gerade das gewollte, scheinbare Personifizieren (*Auffassungen übersehen* hier etwas) nimmt dem Text das Persönliche. Er hätte einfach – und kürzer – so lauten müssen:

Wer so denkt, übersieht aber Grundsätze des wirtschaftspolitischen Vorgehens im globalen Konkurrenzkampf.

Auch die Auflockerung kann gewollt wirken, etwa, wenn sie im Widerspruch zu Inhalt und Funktion des Beitrages den Eindruck einer Plauderei erwecken will. Dies war beispielsweise der Fall, als ein Rundfunkbeitrag aus einer Sendereihe über Musiktheorie – die deutlich erkennbar ausgearbeitet war – begann: *Wenn ich nicht irre, waren wir letztes Mal beim Kammerton a stehengeblieben.* (Von der zusätzlichen Stilblüte sehen wir hier ab.).

7.7.2 Die personale Perspektive

Der populäre Beitrag hat nicht mehr Untersuchungscharakter; er will eine breite Öffentlichkeit informieren. Er verzichtet auf Bescheidenheitsfloskeln. Autoren können in ich-Form erscheinen, sie können Leser oder Hörer direkt ansprechen. So begann eine Hörfunksendung über die Aufgaben von Bibliotheken bei der wissenschaftlich-technischen Revolution, den Rezipienten mehrmals ansprechend:

Meine verehrten Hörerinnen und Hörer! Wohl jeder von Ihnen hat schon einmal eine Bibliothek besucht. Viele von Ihnen sind wahrscheinlich ständige Leser in einer allgemeinbildenden Bibliothek, und mancher nimmt die Leistungen wissenschaftlicher Büchereien oder Informationseinrichtungen in Anspruch. Der Zutritt zum Hauptteil des Buchbestandes, der sich meist in weiträumigen Kellergeschossen oder in turmartigen Magazinen befindet, ist Ihnen ebenso verwehrt wie etwa das Betreten der Räume und Werkstätten, in denen sich die Arbeit einer großen Zahl von Mitarbeitern der Biblio-

theken – in der Deutschen Staatsbibliothek Berlin und der Deutschen Bücherei Leipzig sind es mehrere hundert – abspielt. Lassen Sie uns darum heute einmal einen Blick hinter diese Kulissen werfen und dabei überlegen, wie sich das Gesicht und die Aufgaben der großen wissenschaftlichen Bibliotheken angesichts der stürmischen Entwicklung des Wissens und seiner Speicherung ändern werden.

Auch im gedruckten Text kann unmittelbar oder mittelbar eine solche Ansprechhaltung zum Ausdruck kommen.

7.7.3 Rede- und Reflexionsdarstellung

Im populären Beitrag muß Redewiedergabe nicht primär Belegfunktion haben, sondern kann vor allem Mittel der Textgestaltung sein; sie enthält bedeutsame Aussagen oder führt zu ihnen hin, sie dient der Auflockerung oder der Emotionalisierung. Deshalb ist für populärwissenschaftliches Darstellen auch eine vielfältigere Verwendung von Rede kennzeichnend. Sogar Formen wie die erlebte Rede und die erlebte Reflexion werden angewandt. Populärwissenschaftliche Texte können auch fiktive Rede enthalten.

7.7.4 Gedankenfolge und Disposition

Bei populärwissenschaftlicher Darstellung werden Disposition und Gedankenfolge nicht von der natürlichen Systematik des Stoffes bestimmt, sondern von pragmatischen Erwägungen. Man kann, von der Logik des Stoffes abweichend, nach einer interessanten Disposition streben.

Für den Textanfang gilt das Prinzip des Rezeptionsanreizes. Es kann sich in einem Zitat, einer Episode, einer Anekdote, einem Gleichnis, also in einem „Aufhänger" ausdrücken. Der Anfang sollte entweder gleich die Probleme nennen oder auf originelle, überraschende Weise zu ihnen hinführen wie etwa die Einleitung zu einem Fünfspalter über Probleme der Arzneimittelfälschung:

Der Kleine hat Husten. Kein Problem, denken die Eltern und geben ihrem Sprößling einen Hustensaft. Nachdem das Kind das Präparat einige Tage lang eingenommen hat, stirbt es plötzlich an Nierenversagen. Bei der Medikamentenanalyse wird festgestellt, daß der Saft anstatt harmlosem Glyzerin das billigere, aber giftige Diethylenglykol als Verdickungsmittel enthielt.

Den Anfang bildet oft auch eine der (Denk)Stilfiguren: ein Sprichwort, eine Sentenz, eine Anspielung. Er kann durch ein Paradoxon zum Lesen anreizen: *Und wenn noch so viele Dichter ihn besungen haben, der Regenbogen existiert nicht! Er ist – wie so manches Schöne – eine optische Täuschung.* Ein solcher Anfang wirkt nicht nur durch den Abstecher des Naturwissenschaftlers ins Poetische reizvoll, sondern er verblüfft durch die jedermann widersinnig erscheinende Behauptung,. der Regenbogen, den man ja sehen kann, existiere nicht.

Den Anfang kann zugleich, wie wir an dem vorherigen Beispiel sahen, ein fiktives Ereignis bilden.

Syntaktisch gesehen, ist für den ersten Satz Kürze zu empfehlen, wie an diesem Beispiel besonders deutlich (*Der Kleine hat Husten.*) – wenn dies dem Genre entspricht. (Wissenschaftsnachrichten sind also oft davon ausgenommen.)

Im Text kann die abstrahierende Aussage, das Resümee aus einem Vorgang, wieder chronologisieren. Dabei sollte Unterordnung, wo möglich, in Nebenordnung zurückgeführt werden. Der Gedankengang wird auch durch einprägsame Beispiele unterbrochen; diese Beispiele oder auch anschauliche Einzelheiten werden oft als repräsentativ stärker akzentuiert.

Der populärwissenschaftlichen Umsetzung sind im wissenschaftsjournalistischen Bereich oft auch Gedankenformen journalistisch-argumentierender Genres angemessen.

Legitimes Mittel populärer Darstellung ist ferner das besserem Verständnis dienende Abschweifen, der Exkurs. Auch Assoziationen zu ganz anderen Wissensgebieten, die dem Leser oder Hörer vermutlich bekannter sind, können, den Gedanken unterbrechend, die Verständlichkeit fördern.

7.7.5 Gedankliche Dichte (Aussagegehalt)

Verglichen mit der gedanklichen Dichte wissenschaftlicher Texte gilt für populärwissenschaftliche das Prinzip der Vereinfachung und Beschränkung auf wesentliche Aussagen. Der populäre Text kann nicht denselben Informationsgehalt wie der wissenschaftliche haben. Aussageökonomie ist nicht entscheidend. Eine gewisse Redundanz der Darstellung wird notwendig, wie wir dies schon an dem Arznei-Beispiel sahen.

7.7.6 Vorgangsgehalt

Im populärwissenschaftlichen Text sollte versucht werden, abstrakte wissenschaftliche Aussagen nach Möglichkeit auf ihre konkrete Grundlage zurückzuführen. Auch die vorganghafte Darstellung kann eine gewisse Abstraktion enthalten oder sie doch nahelegen. Sie übt als dynamisch einen stärkeren Rezeptionsanreiz aus und hebt zugleich die Dynamik des Gegenstandes selbst hervor. Dies mag der Vergleich der Passage einer geschichtswissenschaftlichen Darlegung mit ihrer populären Fassung zeigen. Zunächst die statisch-darlegende Passage:

Diese Jahre waren durch das Wachstum der Macht und des Einflusses der Ostblockstaaten, den aktiven Prozeß des Zerfalls des Kolonialsystems unter den Schlägen der nationalen Befreiungsbewegungen und das Anwachsen der sozialen Auseinandersetzungen in der kapitalistisch orientierten Welt gekennzeichnet.

Hier wird die Abstraktion aus einem umfassenden Geschichtsprozeß als bloßes (und überdies schematisierendes) Denkergebnis dargeboten. Die Vorgänge werden als Abstrakta, gleichsam mit Untertext *erstens, zweitens, drittens,* aufgezählt. Besser wäre schon, wenn der Rezipient in die Erkenntnis der Ursachen (oben eingeleitet mit der Konjunktion *durch*) einbezogen würde, etwa:

Was ist für die internationale Situation in diesen Jahren bezeichnend? Fragen wir nach den wesentlichen Faktoren der Entwicklung, so erkennen wir zunächst... Weiter sind die... zu nennen. Schließlich hat... zweifellos beschleunigt.

Die Frage und das Pronomen *wir* sollen den Leser einschließen; Wörter wie *zunächst, weiter, schließlich* markieren den Gedankengang, scheinbare Füllwörter wie *zweifellos* machen den Text geschmeidiger. Noch wirkt diese Fassung jedoch zu dozierend. Dynamisch wird der Text erst, wenn wir den historischen Prozeß rekonkretisieren. Die Geschichte wird wieder Geschehendes:

In diesen Jahren wuchsen Macht und Einfluß der Ostblockstaaten. Unter den Angriffen der nationalen Befreiungsbewegungen zerfiel das Kolonialsystem immer ra-

scher. In der kapitalistisch orientierten Welt verschärften sich zugleich die sozialen Auseinandersetzungen.

Solche Darstellung gelingt durch einfache Umsetzung von Verbalabstrakten (z.B. *Wachstum*) in die ihnen zugrundeliegenden Verben (z.B. *wachsen*). Das Aufdecken der geschichtlichen Prozesse und deren Darstellung als Vorgänge führt gleichzeitig zu gravierenden Erleichterungen im Satzbau: Zuordnungen dritten Grades verschwinden, es bleibt nur noch syntaktische Abhängigkeit ersten Grades. Die Umsetzung jedes Verbalabstraktums in ein Verb zwingt zu jeweils selbständigen Sätzen. Statt Abstraktion herrscht ausgeprägte Dynamik.

7.7.7 Bild- und Anschauungsgehalt

Für den populärwissenschaftlichen Stil hat die Bildhaftigkeit wesentliche Bedeutung.

Ein grundsätzliches Mittel der Bildhaftigkeit ist die Verwendung von M e t a p h e r n für Einzelbegriffe. Solche metaphorischen Benennungen können zwar schnell ihren bildhaften Charakter verlieren, z.B. *Gelenk, Knie, Linse, Dorn, Flügel.* Komposita wie *Peitschenmast* haben jedoch noch eine gewisse Bildkraft. Selbst Abstrakta wie *Dunkelziffer* und *Sockelbetrag* wirken anschaulich (Möller 1968, S. 124 ff.). Metaphorische Verben haben oft zugleich expressive Funktion; man vergleiche die Sätze *Der Bohrer durchdringt selbst härtesten Beton* und *Der Bohrer frißt sich selbst/sogar durch härtesten Beton.* Auch Wortverbindungen lassen sich expressiv umsetzen, etwa der *laufende Gütertransport* in einen *Strom von Gütern.*

Ein weiteres Mittel ist die metaphorische Ausweitung, vor allem als bildhaftes Beispiel. So stellte ein Physiker zur Verdeutlichung der Schwierigkeiten, die bei Versuchen in einem Teilchenbeschleuniger auftreten, in einem Hörfunkbeitrag folgenden mittelbaren Vergleich an:

Nun ist bereits der Versuch, zwei Geschosse, die von zwei Gewehren in 1.000 Meter Entfernung gleichzeitig abgefeuert werden, aufeinanderzuschießen, ziemlich hoffnungslos. Die Winzigkeit der elementaren Partikelchen vergrößert diese Schwierigkeit um ein Vielfaches. Aber dafür stehen uns fast unbegrenzte Zahlen solcher Teilchen zur Verfügung. Wiederholt man den Versuch mit den Gewehren Millionen oder Mil-

liarden mal, so wird man schon in einer beträchtlichen Anzahl von Fällen Erfolg haben. Entsprechend ist es mit den Elementarteilchen.

Das Beispiel ist treffend. Der Text überfordert die Rezipienten auch weder von der Wortwahl noch vom Satzbau her. Eine gewisse Redundanz erleichtert das Verstehen: *nun, um ein Vielfaches, einer beträchtlichen Anzahl von...* Die Lexik wirkt nicht zu anspruchsvoll, sie tendiert eher zum Umgangssprachlichen. Der Text wirkt expressiv (*ziemlich hoffnungslos, Winzigkeit, fast unbegrenzte Zahl*). Der Versuch ist für Laien faßbar.

Wirksame Methode anschaulichen Darstellens ist oft der V e r g l e i c h . Dabei ist natürlich auf Angemessenheit zu achten. So vertragen sich Reformation und Kernphysik kaum:

Die Thesen Luthers lösten eine wahre Kettenreaktion aus, wobei die Intitialzündung im theologischen Bereich lag.

Schließlich können auch B e i s p i e l e und ausgewählte D e t a i l s als Mittel der Veranschaulichung dienen. In dieser Art ließ eine Zeitung den Begriff der Neurose deutlich werden:

Unter neurotischen Beschwerden sind z.B. Leiden zu verstehen, bei denen der Patient über Schmerzen klagt, obwohl er organisch gesund ist. Anders ausgedrückt heißt das, bei Herzbeschwerden finden sich im EKG keine Veränderungen, Kopfschmerzen lassen sich weder röntgenologisch infolge Veränderungen des Skelettsystems noch... durch andere organische Ursachen erklären. Magenkrämpfe treten ohne erkennbare organische Veränderungen auf... (Es werden dann die Ursachen dargelegt.)

7.7.8 Satzgestaltung

Der Satzbau spielt oft mehr noch als die Wortwahl für die Verständlichkeit eine Rolle. Bei populärer Fassung geht es zunächst darum, umfangreiche Gedankenkomplexe verständlich zu machen. Grundprinzip ist das Auflösen von Gedankenkomplexen in Einzelsätze und das Streben nach Satzkürze. Für das Umformen einer wissenschaftlichen, syntaktisch komplizierten Aussage gibt es verschiedene syntaktische Möglichkeiten, mit denen wir uns näher befassen wollen.

Vor der Umsetzung eines Gedankenkomplexes muß man zunächst die stilistische (= gedanklich-sprachliche) Grundfrage stellen: Kann man

die Darstellung des Gedankengangs nicht straffen, lassen sich nicht Strei-
chungen vornehmen, die ein Überfrachten der Aussage verhindern? Welche Nebenbezüge sind entbehrlich? Wo finden sich Tautologien oder
Halbtautologien?

Ein Hauptproblem wissenschaftlicher Ausdrucksweise ist neben der
Terminologie wohl die S a t z l ä n g e , vor allem in der Philosophie. Hier
rangiert Kant mit einem Durchschnitt von 41,8 Wörtern an der Spitze,
gefolgt von Fichte mit 33,8 und Hegel mit 31,4 Wörtern je Satz (Schrö-
der 1962, S. 211). Daß diese Werte bereichsgebunden sind, beweist Marx
mit seinem „Kapital", das eine durchschnittliche Satzlänge von 32,7
Wörtern haben soll (Schmidt 1969, S. 215), während die Satzlänge in
Kommentaren der „Neuen Rheinischen Zeitung" bereits der des 20.
Jahrhunderts entspricht (Kurz 1988, S. 65). Dabei gibt es innerhalb des
Journalismus genrestilistisch und individuell gebundene Satzlängen; als
Spitzenwert für einen Erlebnisbericht hatten wir auf Seite 259 einen
Durchschnitt von 8,3 Wörtern pro Satz errechnet.

Populärwissenschaftliche Darstellung sollte sich stärker an den posi-
tiven Beispielen des Journalismus und der Belletristik orientieren. Die
Sätze dürften in ihrem Umfang allerdings auch nicht zu intellektueller
Unterforderung führen.

Das Formulieren vielfältiger abstrakter Bezüge muß sich selbstverständlich unterscheiden von der unmittelbaren oder gar emotional for-
cierten Wiedergabe eines Ereignisses. Dennoch darf populäre Darbietung, vor allem in den Funkmedien, besonders vielfältige abstrakte Bezüge, die zu einer Hauptaussage gehören, nicht auf einmal mitteilen. Gesichtspunkt muß sein, ob der Rezipient die Bezüge leicht erfassen kann.
Deshalb sind umfangreiche Gedankenkomplexe nach Möglichkeit syntaktisch aufzugliedern: Man bildet Sinneinheiten, die mehrere Sätze umfassen, also suprasyntaktische Einheiten. Einen Hauptansatz dazu werden wir weiter unten vorführen.

7.7.8.1 Syntaktische Grundfragen
beim populärwissenschaftlichen Darstellen

Zu einer syntaktisch verständlichen Gestaltung zwingt man sich als Autor oder Bearbeiter, indem man sich folgende vier H a u p t f r a g e n stellt:

1. Welche Substantive sind deutlich erkennbar aus Verben abgeleitet bzw. drücken einen Vorgangsbegriff aus? Substantive könnten, wie wir sahen, einfach umgewandelt werden. Oft belasten sie als Vorgangs- oder Zustandsbegriffe mit dazugehörigen Attributketten das Verständnis einer Aussage erheblich:

Das waren in der Geschichte dieser Bewegung die Jahre des Entstehens, der Behauptung und Festigung des..., der Errichtung des..., der Formierung der... und der...

Indirekt kommt hier zum Ausdruck, daß diese Jahre geschichtlich bedeutsam waren; es empfiehlt sich, dergleichen direkt zu sagen und danach verbal umzuformen, also etwa:

Das waren für diese Bewegung geschichtlich bedeutsame Jahre. Der... war entstanden, er behauptete und festigte sich...

2. Welche Substantive vertreten Beziehungen, können also zu Konjunktionen umgeformt werden, die Gliedsätze einleiten und damit die Aussage faßlich machen?

Zum Beispiel lassen sich umsetzen

ein nominales	in Satzgefüge
Voraussetzung für... ist	*Wenn man... will/wenn wir wollen, so.../ Will man..., so.../Wollen wir..., so...*
Grundlage des...	*..., indem man/wir...*
Folge des...	*..., so daß/womit... Deshalb/Folglich/Also...*
unter Berücksichtigung des...	*..., obwohl/trotzdem man/wir...*

Hierzu ein drastisches Beispiel, das mit Recht als Konsequenz wissenschaftlichen Stils apostrophiert wurde (redigiert nach Möller 1968, S. 68):

Alleinige Voraussetzung der Erkenntnis des dem verwickelten Funktionsgefüge zugrundeliegenden Funktionsprinzips oder auch nur des Entwerfens sinnvoller Expe-

rimente zum Erwerb fehlender Informationen ist die Konstruktion eines Blockschalt-
bildes für die bisherigen Befunde und dessen mathematische Untersuchung.

Dieser keineswegs überlange Satz (34 Wörter) ist paradoxerweise ein grammatisch „einfacher" (erweiterter) Satz ohne Nebensätze. Dennoch läßt er sich schwer und schon gar nicht auf Anhieb erfassen. Er ist nämlich extrem nominal formuliert. Genau dies erschwert das Verständnis, denn dem Satzgerippe *Alleinige Voraussetzung ist das Konstruieren* werden vier Bestimmungen bis zur sechsten Stufe zugeordnet.

Um die beabsichtigte Aussage auf Anhieb verständlich zu machen, muß man das Schlüsselwort der Aussage erkennen. Es ist *V o r a u s s e t - z u n g*. In ihm ist die Denkstruktur *Wenn man... will, so muß man...* abstrahiert. Sie muß rekonstruiert werden. Danach sind die Verbalsubstantive der Vorlage in Verben zurückzuverwandeln: *Erkenntnis* in *erkennen*, das *Entwerfen* in *entwerfen*, *Erwerb* in *erwerben* (oder hier besser: *erlangen*), *Konstruktion* in *konstruieren*, *Untersuchung* in *untersuchen*. Zur eleganten Ausformulierung wird der Satzteil *Wenn man... will* zu *Will man...* komprimiert, zugleich aber das knappe *so* zum Zweck der Teilung in zwei Sätze mit einem akzentuierenden Satz-Trenner (*gibt es nur einen Weg*) verbunden, also: *Will man sich bei einem so verwickelten Funktionsgefüge ein Bild von dem zugrundeliegenden Funktionsprinzip machen oder auch nur sinnvolle Experimente entwerfen, um fehlende Informationen zu erlangen, so gibt es nur einen Weg: Man konstruiert ein Blockschaltbild für die bisherigen Befunde und untersucht es dann mathematisch.*

3. Welche Wörter und Wendungen bezeichnen ein zeitliches Nebeneinander, können also durch Tempusformen (und damit zugleich durch Verbformen) ersetzt werden?

Zum Beispiel hat die konjunktionswertige Fügung *auf Grund* nicht nur einen kausalen, sondern auch einen temporalen Aspekt:

Auf Grund einer eingehenden wissenschaftlichen Analyse der Entwicklung des... unter den Bedingungen der... nahm N. 1970 eine exakte Definition des... vor.

Der aus 24 Wörtern bestehende Satz wird überdies von einem einzigen (zweiteiligen) Prädikat getragen, das an 16. und 24. Stelle steht. Die zeitliche Rekonstruktion, die zu zwei Prädikaten führt, rückt das Haupt-Prädikat wesentlich nach vorn:

N. fand 1970 eine exakte Definition des..., nachdem er die Entwicklung des... unter den Bedingungen der... wissenschaftlich eingehend untersucht hatte.

Diese Fassung kehrt das Ergebnis als zeitlich letztes hervor, indem sie es als Hauptsatz an den Anfang setzt; zugleich stellt sie den vorausgehenden Prozeß der Untersuchung und Erkenntnisfindung als Vorgang dar. (Dies wurde nebenbei auch durch das Verwenden des Verbs *fand* anstelle des schematischen *nahm vor* erreicht.)

4. Läßt sich ein durch nominale Gruppierung überfülltes syntaktisches Vorfeld entlasten?

Der folgende Satz[9] weist beispielsweise vor dem Prädikat (*sicherten*) ein Vorfeld von 45 Wörtern auf:

Die deutliche politische und militärische Überlegenheit der revolutionären Kräfte in Rußland, die völlige Isolierung der Regierung und der bürgerlichen Parteien vom Volk, die entschlossene und zugleich elastische Führung der bewaffneten Massen durch die bolschewistische Partei unter Lenin, der Mut der Arbeiter, Soldaten und Matrosen sicherten den schnellen und zunächst unblutigen Sieg des Oktoberaufstandes in Petrograd.

Diese Faktoren für den Erfolg der Oktoberrevolution in Rußland, die hier vor der eigentlichen Aussage (*sicherten den...*) stehen, müßten ihr unbedingt folgen. Dies könnte durchaus nominal geschehen und wäre trotzdem übersichtlich bzw. faßlich:

Verschiedene / Drei Bedingungen sicherten den schnellen und unblutigen Sieg des Oktoberaufstandes in Petrograd: (1.) die völlige Isolierung der Regierung und der bürgerlichen Parteien vom Volk, (2.) die entschlossene..., (3.) der Mut der...

Durch Vorziehen der generellen Aussage und Ankündigen einer Detaillierung würde Faßlichkeit erzielt.

7.7.8.2 Zum Passivgebrauch

In populärwissenschaftlichen Beiträgen, in denen es vor allem um Sachen, um Gegenstände geht – und das sind im technischen Zeitalter die meisten –, fehlt zwangsläufig oft ein Agierender und damit grammatisch

---

[9] Der Satz ist typisch für eine doktrinäre Geschichtsschreibung, die sich auch in der Form äußert. Deshalb wollten wir auf das Beispiel nicht verzichten.

das Subjekt. So ergibt sich der häufige Gebrauch des Passivs. Um den Text lebendig und variabel zu machen, ist, wo immer es angeht, die Darstellung im Aktiv angeraten. Mittel und Beispiele sind im Syntax-Kapitel aufgeführt. Auch sei auf das obige Exempel des Blockschaltbildes verwiesen, wo die Substantive in Aktivformulierungen umgesetzt werden.

7.7.8.3 Zur Satzvollständigkeit

Der journalistisch populäre Text gestattet häufiger unvollständige Sätze. Diese Tatsache ist aus der journalistischen Argumentation bekannt und braucht nicht weiter demonstriert zu werden. Unvollständige Sätze können, bei teilweiser Wiederholung, der Ausdrucksverstärkung dienen: *Daraus ergibt sich ein Problem. Eine Fülle von Problemen.*

7.7.9 Phraseologie

Im Interesse einer individuell gefärbten Darstellung, die auch sprachlich den Eindruck von Neuem vermittelt, sollte auf sprachliche Fertigstücke – sowohl auf wissenschafts- als auch auf journalismustypische – generell verzichtet werden.

7.7.10 Tempusgebrauch

Die grammatischen Zeitformen können in populärwissenschaftlichen Texten, insbesondere in historischen Rückblenden und Vorgriffen, auch subjektiv gebraucht werden, etwa als historisches Präsens zur Emotionalisierung vergangener Sachverhalte. Umgekehrt kann das exakte verallgemeinernde Präsens z.B. im Kontext eines biographisch orientierten Beitrags, bei dem der Rezipient sich in den Wissensstand der Zeit und in die Perspektive der gewürdigten Person hineinversetzen sollte, primitiv und unterkühlt wirken:

Hegel leitete die Entwicklung des Menschen und die gesellschaftliche Entwicklung aus der Entwicklung des Geistes ab. Nach Hegel sind die Erscheinungen nichts Festes, Unbewegliches, sie befinden sich vielmehr in ständiger Entwicklung und Wandlung. Solche Entwicklungen vollziehen sich auf Grund innerer Widersprüche und unter sprunghaften, qualitativen Veränderungen.

Gemäß dem S. 262 zum Identifikationszwang Gesagten wurde diese Passage jedoch so formuliert:

Hegel leitete die Entwicklung des Menschen... aus der Entwicklung des Geistes ab. Für ihn waren die Erscheinungen nichts Festes, Unbewegliches. Sie befanden sich vielmehr in ständiger Entwicklung und Wandlung. Solche Entwicklungen vollzogen sich auf Grund innerer Widersprüche...

Die formal falschen Tempusformen *befanden* und *vollzogen* verleihen der Darstellung den Charakter des psychologisierenden Berichts, der die Rezipienten den Erkenntnisvorgang mitvollziehen läßt.

7.7.11 Wortwahl
Zur Behandlung der Termini
Ein Hauptproblem populärwissenschaftlicher Darstellung ist die richtige Behandlung wissenschaftlicher Terminologie. Die Bekanntheit von Termini darf nicht überschätzt werden. Umfragen förderten z.B. überraschende Ergebnisse für scheinbar geläufige Wörter wie *Optimierung, Effektivität, Produktivität, Normierung, Intensivierung, Kapazität* zutage.

Oft werden Termini von Journalisten unbesehen übernommen, weil sie für den Sachkundigen prägnant, ökonomisch sind. Dabei ist jedoch auch der sprachästhetische Aspekt zu beachten. Im journalistischen Text wirken städtebauliche Termini wie *die Begrünung, das Großgrün in Form von Bäumen, die Besonnung und Belichtung von Wohnungseinheiten, das Straßenbegleitgrün, der fußläufige Bereich* zumindest befremdlich, wenn nicht erheiternd; stattdessen sollte ein Stadtteil *Grünanlagen* oder *Spiel- und Tummelplätze* oder *Wiesen* oder einfach *Rasen(flächen) erhalten*, in einem anderen sollten direkt *Bäume* (nicht *Großgrün in Form von Bäumen*) *angepflanzt* werden, in einem dritten wird man beim Schließen von Baulücken beachten, daß *die Wohnungen mehr Sonne und Licht erhalten*.

Es ergeben sich folgende Grundsätze für die Behandlung der Terminologie:
– Zunächst ist zu überlegen, ob auf einen Terminus nicht überhaupt verzichtet werden kann. In einer Wirtschaftsinformation konnte z.B. bei der journalistischen Aufbereitung gegenüber der Vorlage, die in acht Sätzen 17 Termini enthielt, auf acht Termini verzichtet werden, darunter solche

wie *Stahlformguß, legierter Lamellenguß, hochfester unlegierter Grauguß, Material-ausnutzungskoeffizient.* Auch bekanntere Termini erwiesen sich als entbehr-lich. Das Auszusagende war konkret genug; die Mitteilung wurde da-durch stärker auf das Wesentliche beschränkt.

– Bei unvermeidbaren Termini ist streng auf die Exaktheit zu achten.

– Sodann sollte man eine gedrängte Aufeinanderfolge von Termini ver-meiden. Dies kann vorzugsweise durch den erwähnten Verzicht auf zu spezielle Fachausdrücke geschehen.

– Terminushäufung erschwert zusammen mit Typenbezeichnungen und Aufschlüsselung von Stunden das Verständnis. Eine pauschale und sum-marische Formulierung im Aktiv löst oft das Problem.

Den summarischen Begriff kann jedoch auch ein Einzelbegriff als Beispiel vertreten, wenn dieser bekannt ist. Er wird damit veranschau-licht. Z.B. lassen sich die Pharmazeutika in der

Textpassage	reduzieren auf das bekannteste Beispiel:
Darüber hinaus sollen zehn Tonnen Coffein, acht Tonnen Phenacetin, zehn Tonnen Klauen öl, 100.000 Ampullen Myo-Relaxin… hergestellt werden…	*Darüber hinaus sollen pharmazeutische Erzeugnisse (im Wert von x Millionen DM), darunter zehn Tonnen Coffein, hergestellt werden.*

– Terminologische Abkürzungen sollte man womöglich ausschreiben bzw. durch ein deutsches Wort ersetzen: Eine *RVG* beispielsweise, aus-geschrieben als *rauhfutterverzehrende Großvieheinheit*, läßt sich mit dem guten alten Wort *Rind* bezeichnen.

– Termini lassen sich im Kontext oft durch Wiederaufnahme mit einer annähernden deutschen Entsprechung ersetzen. Das andere Wort kann man zugleich als Synonym zur Variation verwenden: *…erfordert eine Ände-rung der Perspektive. Dieser neue Blickwinkel…*

– Unumgängliche Termini bedürfen der Erläuterung. Einmalige Erklä-rungen genügen oft nicht; sie können im Text mehrmals erfolgen. Der Erläuterung dienen verschiedene Methoden:

1. Die einfachste Methode besteht darin, den Terminus in Apposi-tionen zu erläutern. Diese können graphisch in Klammern, Gedanken-

strichen oder in Kommata eingeschlossen sein und akustisch durch Stimmänderung, meist durch fallende Stimme, gekennzeichnet werden: *Induktionsschmelzen (ein wirtschaftliches Verfahren zum Schmelzen von Metallen hoher Reinheit), Massesilikatsteine (hitzebeständige Steine)...* In bestimmten Publikationen hat sich zur Erläuterung von Fremdwörtern die eckige Klammer eingebürgert, was ermöglicht, die Erläuterung in bereits vom Autor gesetzte normale Klammern noch einzufügen. Ansonsten erscheinen Klammern zur Erklärung vordergründig belehrend, der Einschluß in Gedankenstriche oder Kommata ist beiläufiger: *Paradoxa, scheinbar widersinnige Formulierungen, ...* Bei syntaktischer Ausformulierung des Einschubs kann eine derartige Ergänzung auch ungeschickt wirken: *So soll die Produktion von Oszillographen, das sind Geräte, die schnell ablaufende Bewegungsvorgänge sichtbar machen, forciert werden.*

2. Eine weitere Möglichkeit bietet die Erläuterung in einem Relativnebensatz, etwa: *Das Abfüllen erfolgt mit einer modernen Schlauchbeutelmaschine, die vollautomatisch die bedruckte Folie zu einem Beutel zusammenschweißt und die Milch maßgerecht abfüllt.*

3. Die Erläuterung ist in einem oder mehreren selbständigen Sätzen möglich. Dafür liefert folgende Passage aus einer Meldung ein Beispiel:

Berlin. Ein internationaler Thesaurus „Bauwesen" in deutscher und russischer Sprache liegt jetzt in einer ersten Fassung vor...

Ein Thesaurus ist eine im Prinzip alphabetisch geordnete Sammlung von Sachwörtern für ein bestimmtes Fachgebiet. Für die Automatisierung des Speicherns und Wiederauffindens technisch-wissenschaftlicher Informationen wird die natürliche Sprache in eine computergerechte „Deskriptorsprache" übersetzt.

4. Die Erläuterung kann auch direkt als Antwort auf eine selbstgestellte Frage erfolgen und journalistisch aufgelockert werden: *Was heißt denn Intensivierung der landwirtschaftlichen Produktion? Das heißt...*

5. Die Erläuterung kann ferner in einer ausführlicheren beschreibenden und vergleichenden Darstellung des Sachverhalts bestehen. So schrieb ein Physiker (Max Steenbeck) populär:

Wir verbinden mit dem Wort Turbulenz häufig die Vorstellung einer besonders raschen Strömung. In diesem Falle soll unter Turbulenz nur eine chaotisch ungeordnete Strömung verstanden werden... Wenn wir irgendeine dünnflüssige Substanz lang-

sam und unregelmäßig mit einem Löffel umrühren, so haben wir ungefähr ein Modell
von dem, was hier unter Turbulenz verstanden werden soll.

6. Beschreibende und definitorische Variante berühren sich in einem Beispiel, in dem der Terminus durch die Arbeitsweise des von ihm bezeichneten Gegenstandes erläutert wird:

Die im Betrieb vorhandenen numerisch gesteuerten Werkzeugmaschinen sollen
mehrschichtig ausgelastet werden. Numerisch gesteuerte Maschinen arbeiten nach ei-
nem vorgegebenen Programm, ohne daß der Mensch in den Arbeitsprozeß einzugreifen
braucht.

7. Die Erläuterung läßt sich als alternatives, bildhaftes Synonym auch mit dem Fachwort koppeln wie in dem Satz *Ausgedehnte Magnetfelder*
sind im Innern guter Leiter praktisch konserviert oder eingefroren.

8. Die Erläuterung kann dem Fachwort gleichsam ankündigend vorausgehen und so zu ihm hinführen: *das sprachliche Bild, die Metapher,...*

Weitere Prinzipien für die Wortwahl

– Dem Hang zum Fremdwortgebrauch nichtterminologischen Charakters, der bereits beim wissenschaftlichen Stil kritisch vermerkt wurde, muß entgegengewirkt werden.

– Populärwissenschaftliche Darstellung empfiehlt oft den Gebrauch deutlicherer umgangssprachlicher Wörter und Wendungen wie in dem folgenden Satz aus einer Fernsehsendung zur schädlichen Übergewichtigkeit: *Und die Erfahrung lehrt, daß die Übergewichte in den meisten Fällen nicht*
während, sondern zwischen den Mahlzeiten angefuttert werden.

– Umgekehrt können auch künstlerische, poetische Elemente im Text verwendet werden. Eine Fernsehpassage über die erodierende Wirkung der See auf die Küste lautet folgendermaßen:

Text	Bild (Film)
Kräfte der Natur – Wasser, Wind und Wellen – verschlucken	Stürme an
bei Sturmfluten riesige Landmengen an der Küste, zerstören Dei-	Küsten-
che und Molen, bedrohen Land und Leute. Aber auch ohne ihre	landschaften
entfesselte Gewalt nagt die See ständig vom feinen Sand an der	
Küste, verschluckt ihn und lagert die Sandkörnchen auf dem Meeresboden ab.	

Auffallend ist hier die Personifizierung der Naturkräfte (die etwas *verschlucken, zerstören* und *bedrohen*) und der See (die *nagt, verschluckt* und etwas *ablagert*) sowie der wiederholte Gebrauch des Anreims (*Wasser, Wind und Wellen*; *Land und Leute*).

– Der Gebrauch expressiven Wortmaterials ist prinzipiell möglich und zur inhaltlichen Akzentuierung auch ratsam. Er sollte indessen nicht zu unpräzisem Wortgebrauch verleiten.

– Verwendete Wörter müssen nicht sachlich und entindividualisiert sein. Individuelle Bildungen können als Terminus-Ersatz fungieren. Der Text läßt sich durch Wortspiele auflockern, wie Beispiele aus einer Fernsehsendereihe zeigen:

Fein gesponnen ist halb gewonnen, in der Mode, sagten sich ihre Schöpfer und ersetzten die herkömmlichen Spindeln durch Turbinen.

Eine Ultraschall-Nähmaschine wird so vorgestellt:

Wer mit dieser neuen Maschine näht, ist aus dem Schneider. Hier gibt es weder Fadenriß noch Fitzerei. Synthetische und Mischgewebe werden mit Ultraschall geschweißt.

Hier wird die Auflockerung zugleich durch das Koppeln umgangssprachlicher Ausdrücke (*aus dem Schneider, Fitzerei*) mit belletristischem Anreim (*Fadenriß und Fitzerei*) gefördert.

– Der wortspielende Gebrauch von Homonymen ist möglich.

– Wörter können ironisch, sinnumkehrend verwendet werden.

7.7.12 Zum Gebrauch nichtsprachlicher Zeichen

Die wissenschaftlich-journalistische Darstellung schränkt formale Zeichen auf das notwendige Maß ein. Geeignet sind in der Presse vor allem Skizzen, Schemata und Graphiken, im Fernsehen auch Trickfilme und Zeitraffer.

7.7.13 Titelgebung

Populärwissenschaftliche Texte entsprechen in der Überschriftengebung den journalistischen Prinzipien, oft sogar prononciert, so etwa in *Tiere als lebende Pharmafabrik*; *Mikro-U-Boot taucht im Körper*; *Wärme und Strom aus brennbarem Eis*; *Junge oder Mädchen – wie hätten Sie's denn gern?* — So finden

sich denn im folgenden Kapitel – unter methodischem Gesichtspunkt –
auch Beispiele aus dem Wissenschaftsjournalismus.

8 Die Überschrift (Der Titel)

Täglich werden allein in deutschen Medien Abertausende journalistischer Haupt-, Ober-, Unter- und Zwischentitel geprägt. Es sind dies Abertausende Leistungen an Abstraktion unter Zeit-, Platz- und Kontextzwang. Dabei ist das Formulieren von Überschriften zu Beiträgen nicht einfach journalistische Routine wie das Verfassen eines Sachberichts, das auch einem begabten Laien gelingen kann; ein Titel darf, wie einst Lessing lapidar sagte, „kein Küchenzettel sein". Bereits Lessings literarischer Vorgänger Hagedorn hatte in der Symbolfigur *Phax* Grundsätze der Gestaltung anakreontisch in die Verse gefaßt:

> Phax ist nur klein und, was den Witz betrifft,
> Scharf, kurz und neu, im Beifall und im Zanken.
> An Worten karg, verschwenderisch in Gedanken:
> Der ganze Phax gleicht einer Überschrift.

Die Überschrift sollte, wo immer es angeht, nicht bloßes Handwerk, sondern Kunsthandwerk, ja, als Ausdruck von abstrahierender Denkformulierung und von Kreativität, gelegentlich Kunst selber sein.

Als Grundsatz gilt für alle Titel – wir verwenden die Termini *Titel* und *Überschrift* aus logischen Gründen synonym –, daß sie sachlich treffend und auf den überschriebenen Textinhalt bezogen sein müssen. Aus gedanklich-sprachlicher Sicht sollen Titel im Journalismus

– klar sein, auch wenn sie bewußt etwas offenlassen;

– knapp und ökonomisch sein;

– bewerten, wo eine Bewertung ratsam ist und wo diese sich nicht aus mitgeteilten Fakten und Äußerungen von selbst ergibt;

– zur Rezeption anreizen, pointiert und nach Möglichkeit originell wirken;

– sprachlich und sprachästhetisch ohne Fehl sein.

Journalistische Überschriften aktivieren aktuelles Wissen und können – im Unterschied zu künstlerisch-belletristischen auf der einen oder wissenschaftlichen auf der anderen Seite – ohne dieses aktuelle Wissen oft nicht oder nicht voll verstanden oder in ihrer gedanklich-sprachlichen Qualität geschätzt werden.

Journalistische Titel sind, stärker als etwa belletristische oder gar wissenschaftliche, der Sprach- und Stilentwicklung unterworfen. Dies ist allein aus der Tatsache zu ersehen, daß in historisch kurzer Zeit die Redewiedergabe auf verschiedene Art in die Überschriftengestaltung Einzug gehalten hat.

Stilkriterien für das Titeln sind schwer zu formulieren. Die bloße Grammatik ist kaum dienlich, und herkömmliche Stilregeln stoßen oft an Grenzen. Dennoch sind Prinzipien unerläßlich. Eine Stillehre darf gerade hier nicht bei einem rezeptualen, mit Fehlern oder Kuriosa belegten Ungefähr verharren. Überschriftenmachen ist nicht oder nicht allein eine Frage des besonderen Talents. Gerade hier gilt Lessings Maxime für das Genie: „Behaupten", so schrieb er, „daß Regeln das Genie unterdrücken können: heißt mit anderen Worten behaupten, daß Beispiele und Übung eben dies vermögen; heißt das Genie nicht allein auf sich selbst, heißt es sogar auf seinen ersten Versuch einschränken."

Wie wichtig im Zusammenwirken mit dem Inhalt der Stil von Überschriften sein kann, mag die Abfolge der Schlagzeilen im Pariser „Moniteur" zeigen, als Napoleon im Jahre 1815 von der Insel Elba floh. In der folgenden Auswahl (Fricke 1980, S. 1619) ist besonders der Wandel der Bezeichnung für Napoleon zu beachten:

Der Menschenfresser verließ seine Höhle.

Der böse Wolf legte in der Bucht von Juan an.

Der Tiger kommt in Gap an.

Das Ungeheuer rastete in Grenoble.

Der Tyrann passierte Lyon.

Der Usurpator erschien 60 Meilen vor der Hauptstadt.

Bonaparte nähert sich in mächtigem Tempo, doch es wird ihm niemals gelingen, nach Paris zu gelangen.

Napoleon erreicht morgen die Pariser Vorstädte.

Der Kaiser ist in Fontainebleau angekommen.

Seine Kaiserliche Majestät zog in die Tuilerien ein, umgeben von seinen getreuen Untertanen.

8.1 Grundsätzliches zum Stil von Überschriften

8.1.1 Haupt- und Nebentitel

In Titelgruppen, meist bestehend aus Dach-, Haupt- und/oder Unterzeile, sollen stets semantische Zusammenhänge bestehen. Die Regel, daß die Dachzeile die grobe thematische Einordnung geben und die Unterzeile(n) zur Aussage speziell hinführen soll(en), gilt nur sehr grob, zumal viele Zeitungen auf Dachzeilen verzichten. Und das Verhältnis Hauptzeile – Unterzeile sollte mitunter in einem kontrastiven Zusammenhang stehen.

In manchen Fällen geben Unterzeilen erst Aufschluß über eine nichtssagende Überschrift wie *Behaarte Brust und tiefe Stimme*. Der Untertitel ordnet hier zu, obwohl er nicht präzis von Frauen spricht: *Auftakt im ersten Dopingprozeß – DDR-Trainer und -Ärzte wegen Körperverletzung angeklagt...*

Schließlich kann durch die Unterzeile ein im Haupttitel wiedergegebenes Zitat korrigiert werden, so der Haupttitel *„Wir töteten eine Ideologie"* durch die Unterzeile *Vor 30 Jahren massakrierten US-Soldaten Hunderte Zivilisten in Vietnam.*

8.1.2 Titel und Textanfang

Einem sprachlichen Gesetz zufolge sollen sich Formulierungen der Überschrift nicht gleich zu Textbeginn in ähnlicher Form wiederholen, wozu es auf Grund der Kompositionsnormen besonders bei Nachrichten leicht kommen kann. Umgekehrt dürfen jedoch Titel und erster Text-Satz nicht im inhaltlichen und stilistischen Kontrast stehen, etwa wenn in einer Agenturmeldung auf die Überschrift *Zwei Bäuerinnen vom Blitz erschlagen* der Spitzensatz folgt: *Etwas angenehmer als am Vortage zeigte sich republikweit der gestrige Mittwoch, obwohl die Quecksilbersäule örtlich erneut auf 30 Grad kletterte.*

8.1.3 Titel und Kontext

Als ungeschriebene Regel gilt die Variation der Titelgestaltung auf ein und derselben Seite des Blattes, sofern nicht Wiederholung oder Parallelität beabsichtigt sind. Die z.B. in einer Nachrichtenspalte aufeinanderfolgenden Titel *Wieder 10 Tote in Ulster/ Und an der Wolga 40 Grad* würden auch ohne den *Und*-Beginn der zweiten Überschrift befremden.

8.1.4 Titel als Aussage oder Thema

Grundsätzlich lassen sich Thema- und Aussagetitel unterscheiden. Wissenschaftliche Texte werden gewöhnlich mit Überschriften versehen, die nur das Thema angeben, aber den Inhalt bzw. die Grundaussage nicht vorwegnehmen, etwa *Die bürgerliche Revolution von 1848*. Im Journalismus ist die Unterscheidung zugleich ein Indiz dafür, ob es sich um Nachrichten oder um andere Genres handelt. Dabei sind Aussagetitel gemäß den Möglichkeiten des 'Raffstils' nicht an Prädikate gebunden: *Delegation* [ist] *nach London* [abgereist]. Reine Themititel sind im Journalismus seltener. Sie kommen etwa bei großen Artikeln in Frage: *Die* [Völker-]*Schlacht von Leipzig*. Auch größere Rezensionen lassen sich derart überschreiben: *Städte zwischen Harz und Thüringer Wald*. Umgekehrt kann so auch die Glosse getitelt werden, etwa: *Die Macht der Rede* (die damit überschriebene beginnt z.B. mit den Worten *Die deutsche Sprache sei die tiefste, die deutsche Rede die seichteste, giftete Karl Kraus*).

Themititel werden ansonsten vorzugsweise für populärwissenschaftliche Beiträge verwendet. Oft jedoch steckt in Themititeln eine verkappte Aussage, etwa: *Die vergessene Revolution* [= 'Die Revolution ist in Vergessenheit geraten'] oder *Die Frauenquote und andere Kompromisse* [= 'Auch die Frauenquote ist ein Kompromiß']. Deutlich wird die journalistische Bewertung oft schon in der Bezeichnung selbst ausgedrückt: *Die Glienicker Brücke* könnte z.B. auch die Überschrift einer bauhistorischen oder statischen Abhandlung sein. Der Titel für eine großaufgemachte Dokumentation *Die Agentenbrücke* deutet dagegen an, daß die Brücke zwischen 1961 und 1989 dem Agenten-Austausch diente.

Mehrspaltige Überschriften, bei denen der Untertitel grammatisch vollständige Aussagen enthält, weisen trotz ihrer scheinbaren Vollständigkeit dennoch auf die Problematik des Beitrags hin und können gerade deshalb besonderen Leseanreiz bieten, etwa die Hauptzeile *Vorauseilende Bevormundung als lähmendes Prinzip* samt der Unterzeile *Die Politik predigt den selbstbewußten Bürger, aber in Wahrheit mag sie ihn nicht.*

8.2 Zur Syntax der journalistischen Überschrift

Bevor wir uns den stilistischen Möglichkeiten der Überschriftengestaltung zuwenden, ist ein kurzer Überblick über die möglichen syntaktischen Typen notwendig, da sie von den traditionellen Grammatiken und Stilistiken nicht behandelt werden, wir sie aber bei den Stilprinzipien berücksichtigen müssen.

(1) V o l l s t ä n d i g e (A u s s a g e) - S ä t z e . Vor allem bei Artikeln, Dokumentationen und Berichten größeren Umfangs ist Titelgebung in vollständigen Aussagen möglich: *Der Markt regelt nicht alles; Leipzig ist deutsche Hauptstadt der Sexualstraftäter; Prostitution gilt als unvermeidliches Übel.*

(2) F r a g e n . Ähnliches wie für Aussagen gilt für Fragen: *Wer verriet Anne Frank? Droht Hoppegarten die Pleite?* Daneben sind Frage-Titel bisweilen bei Texten angebracht, die neue Hypothesen nachrichtlich mitteilen.

(3) A u s r u f s ä t z e . Rufzeichen werden mit Recht verwendet, wenn man eine ganzseitige Grundsatzbetrachtung betitelt: *Für eine neue Wende im Osten!* — Zuweilen haben sie ironisierende Funktion, so, wenn sie gleichzeitig Angriffe auf eine Ministerin kennzeichnen: *Achtung, Verschwörer!* Meist jedoch erübrigen sich Rufzeichen.

(4) P r o n o m e n s t a t t N a m e n . Eine journalismustypische Aussageform in Titeln ist die mit einem Pronomen anstelle von Namen (oft durch Fotos avisiert): *Sie empfand keine Lust, mit der Macht zu flirten* (= B. Reimann); *Er zählte zum „Urgestein des deutschen Fernsehens"* (= Kulenkampff); *Reformen hielt er für überflüssige Tapetenwechsel* (= Hager). Hier gilt das zum 'Offenlassen' (S. 135 f.) Gesagte sinngemäß.

(5) A k z e n t u i e r e n d e S a t z g l i e d f o l g e . Auch bei Titel-Aussagen, selbst wenn es sich um grammatisch geraffte Sätze handelt, ist Ak-

zentuierung durch geänderte Gliedfolge möglich, etwa durch Spitzenstellung des Prädikatsteils: *Gezahlt wird inzwischen freiwillig* (UZ: *Die Macht der Mafia in Italien ist selbstverständlich geworden*); des Adverbs: *Erneut stellt sich Serbe dem UN-Tribunal*; oder durch Beginn mit dem syntaktischen Objekt: *14jährigem fiel Ziegelstein auf den Kopf.* Die Akzentuierung soll aber erkennbar sein, nicht: *Elsterstausee läuft das Wasser weg.*

(6) G e f ü g e s ä t z e . In Ausnahmefällen (im folgenden: 6- und 7-spalter) sind auch Gefügesätze möglich, wenn sie den Rezipientenkreis dennoch zum Lesen anregen: *Wenn Peymann brüllt, dolmetscht sanft Herr Beil; Wenn die Gedanken im Internet frei sind, sind es die Menschen auch.*

(7) M e h r   a l s   e i n   S a t z   i n   d e r   Ü b e r s c h r i f t . Größere Texte, vor allem Grundsatzbeiträge, können durchaus mit zwei Sätzen überschrieben werden: *Der Zeitgeist spukt: Grüfte werden jetzt lackiert; Vor 45 Jahren starb Stalin – halfen Genossen nach?* Meist wird einer der beiden Sätze ökonomisch gerafft: *Novum in der Sportgeschichte: Staatsdoping auf der Anklagebank.* Oft hat dabei ein Satz, vor- oder nachgestellt, kommentierende Funktion: *Ein Feiertag, der Chile teilt – vor 25 Jahren putschte Pinochet; Keine Spur von Jägerlatein: Hirsch im Straßenbahndepot.* In manchen Fällen handelt es sich jedoch um einen einzigen Satz, der durch ein graphisches Zeichen pointenartig getrennt wird: *PDS kämpft um Admiral – und läßt ihn fallen.* — Bei doppelt geraffter Fassung können mit zwei Aussagen auch Nachrichten überschrieben werden: *Mildensteiner Teigwaren pleite – 22 verlieren Job.*

(8) D e r   U n d - S a t z . Eine für den Journalismus typische Titelformulierung ist der mit *Und* beginnende Satz. Er assoziiert die Titelaussage als Folge eines vorhergehenden Geschehens, etwa: *Und er wundert sich/* UZ: *Arthur Miller… geht durch Berlin.*

(9) N e b e n s ä t z e   a l s   Ü b e r s c h r i f t e n . Für mehr oder weniger aktuelle Lokalreportagen auch in überregionalen Medien empfehlen sich oft *Wo*-Sätze: *Wo Goethe eine echt deutsche Idylle erlebte; Wo Händels Wein wuchs* (mit zusätzlichem Anreim); *Wo sich Rhön auf schön reimt* (mit Binnenreim). — Begründungen für die Titelinformation werden nach *Wenn*-Sätzen gegeben: *Wenn jede Stufe ein Hindernis ist* führt zur Einrichtung eines Wohnheimes auch für Rollstuhlfahrer. Historische Reportagen lassen sich mit *Als*-Sätzen überschreiben: *Als in Goslar noch Weltpolitik gemacht*

wurde. — Die kausale Fügung mit *weil* – etwa *Weil Schiller einen Korb bekam* – verschafft z.B. einem Autor Gelegenheit zur Schilderung einer Episode, bei der die Vorform von „Freude, schöner Götterfunke" entstand.

8.3 Klarheit und Präzision der Überschrift

Gewollt originelle Titel führen leicht zu Unverständlichkeit (und Desinteresse), etwa: *Ärzte ohne Grenzen verlassen Nordkorea;* oder zu zweideutigen Stilblüten: *Liebesakt auf der Mitte des neueingerichteten Wanderwegs* (Gefahr für sich paarende Frösche durch Fahrräder).

Davon abgesehen sind zu beachten:

(1) die Eindeutigkeit der Wortwahl. Eine Überschrift wie *Radwechsel: Erst die Muttern lösen, dann den Wagenheber ansetzen* gibt durch ungenaue Wortwahl eine falsche Anweisung (die Muttern sind lediglich zu lockern). Eine andere wie *Politischer Gau für Österreich* irritiert; erst durch eine verschwindend kleine Dachzeile merkt man, daß es sich um ein slowakisches Atomkraftwerk, mithin um einen GAU, einen G̲rößten A̲nzunehmenden U̲nfall handelt. Als Ausdruck mangelnder Klarheit sind hier auch Euphemismen, zum Teil im Rahmen der political correctness, zu nennen, etwa *Talfahrt* für *Krise* oder *Späher* in einem Titel wie *Zum Beobachten der rechten Szene fehlen Späher.* Das köstliche Muster für eine durchgehend euphemistische Nachrichtenüberschrift bot freilich schon 1972 das „Neue Deutschland", als das bundesdeutsche Fußballteam die damals starke sowjetische Mannschaft in München mit 4:1 deklassierte. Was war da zu tun gegenüber dem großen Klassenbruder, von dem zu lernen siegen lernen hieß? *BRD besiegt SU mit 4:1?* Oder umgekehrt: *SU unterliegt der BRD mit 1:4?* Beides war angesichts der ständigen *Sieghaftigkeit* der Sowjetunion nicht möglich. Die Lösung war verblüffend: *Fünf Tore im Münchner Eröffnungsländerspiel.*

(2) syntaktische Klarheit. Eine Überschrift *Der Mord der Kinder* ist unklar. Gemeint waren Morde d u r c h Kinder. Im Hinblick auf die kritische Gesamthaltung (UZ: *Erziehung ohne Strafe in Deutschland ge-*

scheitert. Jugendkriminalität explodiert...) wäre journalistisch angebracht gewesen: *Wenn Kinder morden*.

(3) die Präzision der Zeitbezeichnung. Falls nicht auf das Prädikat verzichtet werden kann oder muß, soll dessen Tempusform die Zeitbezüge unmißverständlich ausdrücken.

(a) Eindeutig vergangenes Geschehen wird besonders bei sachbezogenen Texten mit dem Präteritum überschrieben, vor allem, wo das Präsens zweideutig wäre: *20.000 demonstrierten in S*. Wo etwas einmalig ist und vergegenwärtigt werden soll, wird oft auch das historische Präsens gesetzt: *Polizisten jagen in Berlin Wildschweine*. — Im übrigen hat das Präsens meist die Konnotation des Sensationellen, weshalb es in der Boulevardpresse strapaziert wird, ohne daß jemand an Gegenwärtiges (oder gar an Zukünftiges) denkt: *Vater erschießt den Drogendealer seines Sohnes*.

(b) Vor allem bei Nachrichten wird Vergangenes auch durch die Sparform des Perfekts, also allein durch das Partizip, markiert: *Einfache Geschichten genial inszeniert*.

(c) Vorzeitigkeit soll in der Überschrift deutlich zum Ausdruck kommen, wenn die Hauptzeile temporal unklar bleibt: HZ *Dänische Mehrheit begrüßt staatlichen Eingriff* (in einen Streik), UZ *Parlament in Kopenhagen h a t t e per Gesetz den eineinhalbwöchigen Ausstand beendet*.

(d) Gegenwärtiges wird wie Allgemeingültiges stets mit Präsens oder mit einer Sparform ohne Prädikat (*Roms OBM in Berlin*) und bei Ungewißheit mit einem adverbialen Zusatz (*wahrscheinlich, vermutlich, wohl* o.ä.) bezeichnet oder als Fragesatz formuliert.

(e) Zukunft drückt man in Titeln oft allein durch Adverbien aus (*morgen, künftig, demnächst* usw.), auch ohne Verbform; zuweilen genügt schon eine entsprechende Präposition: *Verhandlungen vor dem Abschluß*. — Bei verbaler Bezeichnung muß die Zukunft unbedingt markiert werden, z.B. *Nur bei Rindfleisch w e r d e n die Preise fallen*. Das Präsens *fallen die Preise* hieße desinformierend, daß dies schon jetzt geschieht.

(f) Geplantes läßt sich mit entsprechenden verbal-nominalen Fügungen bezeichnen: *Daimler-Benz und Chrysler planen Fusion*, bei vorhandenem Platz auch durch *sollen* + Infinitiv, z.B. *Höhere Produktion soll 1.000 neue Stellen bringen*. Diese Form mit *sollen* kann jedoch unpräzise sein, weil sie von der artikulierten Forderung nicht zu unterscheiden ist: *Fink soll Mandat zurückgeben* (andere Zeitung: *PDS-Fink zur Mandatsrückgabe aufgefordert*). — Für Ungewißheit gilt das unter (d) Gesagte sinngemäß. Bei Vorhaben aus der Perspektive der Planenden wird *sollen* durch *wollen* vertreten (*Union will zurück zu christlichen Werten*).

(g) Den Abschluß in der Zukunft benennt man im Titel meist durch Perfekt und entsprechenden Zukunftsausdruck: *Der Osten hat den Westen erst in 25 Jahren eingeholt*. Meist sagt jedoch das einfache Futur (*wird... einholen*) das gleiche.

8.4 Ausdrucksökonomie

Zeitungsüberschriften sind bezüglich der Anschlagzahl erheblichen Zwängen unterworfen. Häufig muß auf minimalem Raum ein Maximum an Fakten und Meinung mitgeteilt werden. Oberstes Gebot ist deshalb oft die Ausdrucksökonomie.

Syntaktische Sparformen („Telegrammstil"). Für die Überschrift gibt es spezielle grammatische Kürzungsregeln, die linguistisch gründlich untersucht und registriert sind (Sandig 1971, besonders S. 60–106). Wir wollen hier nur die wichtigsten nennen. Eingespart werden zum Beispiel

(1) der bestimmte Artikel: *[Die] Stasi hatte in Westdeutschland 20.000 Spitzel*. Dabei werden substantivierte Adjektive wie Adjektive flektiert: *Angeklagter erhielt...*

(2) der unbestimmte Artikel: *Politikerin fordert [ein] Wahlrecht von Geburt an*.

Dativ- und Pluralzeichen sollten aber nicht fehlen: *Kuckucksuhr auf der Spur*, *Tudjman verliert Weggefährten* (einen? mehrere?).

(3) das Possessivpronomen: *Mutter setzt [ihr] Kind aus*.

(4) die finite Verbform von *sein* (*ist/war* usw.): *Wittenberger Wohnhaus Cranachs liebevoll restauriert*. Die Zeitform ergänzt der Leser mit seinem aktuellen Wissen: *Erster Offizier der „Titanic"* [war] *kein Feigling*.

(5) der finite Teil der Passivform: *Einlagerung von Atommüll in Morsleben* [wurde/ist] *gestoppt*.

(6) Verben wie *erzielen, spielen, betragen, reisen/fahren, sich äußern, wechseln, stehen/sich befinden* u.ä., wenn sie durch die Präpositionen *nach/in/ über/bei/an/mit/für/gegen/vor* telegrammartig vertreten werden können, z.B. *Nationalelf* [reiste/fährt/muß] *nach Paris*. Auch weitere Verben können eingespart werden, sofern sich der Sinn aus dem Kontext ergibt: [Ein] *Wal* [wurde] *vor Binz* [gesichtet]. Dabei vertritt z.B. das Wort *für* die Formulierung *wird an... verliehen*: *Hamburger Kulturpreis für Hans Mayer*, die Form impliziert hier etwas Gewisses, sei es geschehen oder noch ausstehend. Eine Überschrift *Stasi-Überprüfung für West-Beamte* ist also falsch, wenn sie lediglich von einer Person als Forderung erhoben wird; hier wäre die klare Nennung *G. für Überprüfung...* notwendig.

(7) selten auch das Subjekt, wenn ein regelrechtes Prädikat vorhanden ist, z.B. *Jongliert mit Zahlen wie ein Makler an der Börse*.

Gewöhnlich zieht man im Titel Verbalsubstantive den Verben vor, da sie meist kürzer sind: *Flucht über die Grenze* (*geflüchtet* benötigt vier Anschläge mehr). Doch wird er meist auch dann nominal gefaßt, wenn er verbal nicht länger wäre: *Demütigung durch den eigenen Parteichef*.

Es scheint, als bestünde in der Praxis geradezu eine Aversion gegen das Verb in der Überschrift. Dabei sind z.B. Verben anstelle von Fertigstücken wie *in Betrieb* [sein] oft viel plastischer, etwa statt des Zweizeilers *Zwei große Tagebaubagger früher in Betrieb* der zugleich expressive *Zwei Tagebauriesen baggern früher* oder, geradezu anschaulich, Titel wie *Napoleons Uhr tickt in Zittau* (sie ist noch 'in Betrieb').

D o p p e l p u n k t   i n   K ü r z u n g s f u n k t i o n . Doppelpunkte können einen Überschriftenbeginn bündig als Thema ausweisen: *Tempolimit: SPD sucht Kompromiß*; *Hausbesetzer-Aktion: 22jähriger kam ums Leben*.

K ü r z e n d e r   G e n i t i v . Die deutsche Sprache kennt noch den vorangestellten Genitiv. Im Alltag gehoben klingend, kann er im Journalismus Ausdruck sprachlicher Eleganz und zugleich Kürzungsmittel sein. So beansprucht *Vor Gegners Tor zu harmlos* (mit Ausschöpfung der Anschlag-

zahl) zwei Wörter bzw. acht Anschläge weniger als *Vor dem Tor des Gegners zu harmlos*. Schon ein Titel wie *Auf Sachsens Schulhöfen geht Polizei Streife*
ist dem mit alltäglicher Wortfolge vorzuziehen, weil er sofort regional
einordnet.

Kürzende Tempusform. Abweichend von den Stilnormen der
eigentlichen Meldung kann in deren Titel auch das Präteritum gesetzt
werden, wenn Platz gespart wird und/oder die Zeilensetzung dies erfordert: *37jähriger starb/nach Unfall auf A9* (Zweizeiler). Der Stilwert des Präteritums wird hier wie beim vorangestellten Genitiv konventionalisiert
und hat nichts zu tun mit dessen Stilebene gegenüber der Alltagser-
zählung.

Kürzende Periphrasen. Gelegentlich sind auch Periphrasen kürzer als der gemeinte Ausdruck. Dies gilt etwa für *Zementoval* statt der (un-
professionellen) *Fahrradrennbahn*. In vielen bildlichen Periphrasen werden
exakte Bezeichnungen mit demselben Effekt gekürzt; bei dem Zweizeiler
Jubel der Korbjägerinnen/mit einem Jahr Verspätung hätte das drei Anschläge
längere *Basketballerinnen* nicht mehr in die erste Zeile gepaßt.

Abkürzungen und Kurzwörter. In Überschriften werden oft
aus Platzgründen Abkürzungen notwendig. Dabei ist jedoch ein Zuviel
nicht rezeptionsfördernd. In DDR-Presseüberschriften wurden Abkürzungen im Übermaß verwendet (bis zu vier, z.B. *ZK der PVAP billigte Gespräch VRP–USA*).

Ökonomische Komposita. Das Deutsche zeichnet sich durch
vielfältige Möglichkeiten aus, Komposita zu bilden. Sie bereiten dem
Muttersprachler keine Probleme und sind deshalb bei Platzmangel zu
empfehlen: *Meyer für Schutz der Sorbenrechte*, allerdings oft nur regional:
Paulinerverein erinnert an Willkür der Kirchensprengung. Aus Gründen der Lesbarkeit erweist sich bisweilen ein Bindestrich als günstiger: *West-Beschäfti-
gungsniveau bringt Osten keine Wunder*.

Der Kompositionstyp *Wagner-Oper* galt noch um 1900 als sprachliche Ungeheuerlichkeit (seinerzeit nur richtig: *Oper Wagners*). Inzwischen hat er sich nicht nur als Selbstverständlichkeit eingebürgert, sondern ist, insbesondere bei Platzzwang, geraten: *Primakow plädiert für Kosovo-Selbstverwaltung; Heiner-Müller-Nachlaß übergeben.* In vielen Fällen werden solche Komposita freilich ohne Not gebildet: *Blatter-Kandidatur immer wahrscheinlicher.*

Komposita mit kürzeren Fremdwörtern sind manchmal für Titel vorteilhaft: *116 Punkte bringen je 580 Mark für die Team-Kasse* (erheblich kürzer als *Mannschafts-*). Viele solcher Bildungen sind nur zeitlich begrenzt verständlich, so auf einer Immobilien-Seite der Titel *Ruhr-Immobilien im Europa-Sog.*

Gewarnt sei jedoch vor Hyperökonomie. Sie kann komisch wirken: *Euro-Elferrat steht in der Zinspolitik vor einer harten Probe*; noch mehr: *Ornithologen-Nest im Arnstädter Neutorturm.*

Fremdwörter und fremdsprachige Wörter. In Einzelfällen ist für Überschriften die Verwendung eines bekannten fremdsprachigen Wortes aus Platzgründen ratsam: In *Perfektionstraining für Biker zur Unfallvermeidung* wäre z.B. der Nutzen des englischen Wortes *Biker* (fünf Anschläge) gegenüber dem deutschen (13) mit der ökonomischen Kompositabildung verbunden. Viele englischen Wörter in Titeln sind jedoch, wie eine namhafte Anglistin hervorhebt, „kaum kürzer und nicht präziser", ja im einzelnen „eher... verschwommen" (Gläser 1996, S. 146). Überdies lassen sich fremdsprachige und damit verbundene marktschreierische Modefremdwörter durch eingängige deutsche ersetzen: statt *Hochkarätiges Shopping- und Kulturangebot* wäre z.B. *Reich[haltig]es Kauf- und Kulturangebot* verständlicher und kürzer, und mit Recht vermeidet ein Autor das Modewort *Shopping* in der Überschrift *Frust und Lust beim Einkaufen*; er bedient sich im übrigen des wortspielenden Binnenreims und der Kontrastwörter.

Generell ist ein scheinbar kürzeres Fremdwort nicht immer nötig. So hatte ein Autor im folgenden Titel zu dem veralteten lateinischen *via* anstelle von *über das* gegriffen: *25 Jahre Gaslieferung via Erzgebirge.* Eine leicht verfremdende Überschrift *25 Jahre Gas übers Erzgebirge* würde flüssig deutsch und nicht gestelzt wirken. Auch in anderen Fällen glauben Journalisten zu Unrecht, nicht ohne (Mode-)Fremdwort auszukommen: *Bewaffnetes Trio überfiel einen Getränkemarkt.* Gut deutsch geredet hieße das *Drei Bewaffnete überfielen* (oder: *Dreierbande überfiel*) [*einen*] *Getränkemarkt.*

M e t o n y m i e n . Die Metonymie ist eines der wichtigsten Stilmittel für die aktuelle Überschriftengebung. Ihr Hauptvorzug liegt in der Ausdrucksökonomie.

a) Am häufigsten werden in Titeln geographische Bezeichnungen für logisch damit verbundene Institutionen, Gremien u.ä. eingesetzt. In der Überschrift *Pjöngjang feuert Rakete ab* bedeutet z.B. *Pjöngjang* 'Die in der Hauptstadt Pjöngjang ansässige Regierung bzw. die sie vertretenden Militärs der Demokratischen Volksrepublik Korea'; ein einziges Wort vertritt ein Vielfaches an Gemeintem. Ebenso drückt ein Titel *Nürnberg bleibt gelassen* im zeitlichen Kontext aus: 'Die Leitung der in Nürnberg ansässigen Bundesanstalt für Arbeit bleibt im Hinblick auf das Ansteigen der Arbeitslosenzahlen gelassen.' Die aktuelle Kürzung kann sich auch auf das Objekt beziehen: *Eta bringt* [*die Regierung in*] *Madrid in* [*die*] *Bredouille.* Auch Subjekt und Objekt zugleich lassen sich im Titel metonymisch einsetzen: *Norwegen lehrt die Welt Wettbewerb* = 'Die Norweger und ihre Unternehmer mit ihrem Wirtschaftssystem lehren die Unternehmer der wirtschaftlich führenden Staaten der Welt den Wettbewerb.' Starke Raffung ist mit Metonymien für alle Substantive des Titels möglich: *Türkei entzweit EU und Amerika.* — Dabei meint man mit Geographica nicht nur damit zusammenhängende Menschen, sondern oft auch aktuell mit ihnen verbundene Dokumente: *Wie dauerhaft ist* [das Friedensabkommen von] *Dayton?*

b) Auch Gebäude können metonymisch knapp ein Gremium bezeichnen: *Pentagon antwortet*, in der Kunst entsprechend darin agierende Ensembles: *Semperoper im Gewandhaus* [*zu Gast*].

c) Vornehmlich in Wirtschaft und Kunst verkürzen Metonymien die Bezeichnung für das Produkt: *Ein Müller* (= Müller-Thurgau-Wein) *zum Genießen; Dichter lesen* [Texte von] *Drescher.*

Einsparung von Attributen. Wo Attribute tautologisch sind, kann auf sie zugunsten anderer Informationen verzichtet werden. Dies gälte auch für *verboten* in dem folgenden Titel, doch entspricht er so der 'political correctness': *Werder-Profi Ramzy zeigte verbotenen Hitler-Gruß*. Tilgen lassen sich jedenfalls stereotype Attribut-Teile wie *aller Zeiten*: Ein Titel *Erste Fahrt im größten Jeep aller Zeiten* sagt nichts weiter als *Erste Fahrt im größten Jeep*.

8.5 Stilmittel der Wertung

Expressive oder hyperbolische Ausdrücke. Eine deutliche Wertung nimmt man mit scharf urteilenden Ausdrücken vor: *Schröder und Fischer im Washingtoner Panoptikum; Anwälte wittern mit Swissair-Absturz den großen Reibach; Das Erbe des Bolschewismus: Gewalt, Luxus, Not* (7spaltiger Aufmacher). Oft liegt die Wertung auch im erweiterten, poetisch-metaphorischen Prädikat: *200.000 Technofans tanzen für den Frieden auf Erden.*

Zur Wertung greift man oft auf verstärkende Kompositamuster zurück: *Die Traumstraße wurde Opfer von El Niño*, oder man bildet neue, die dem Kontext angemessen sind: *Rußland bringt Bären-Stimmung*. Mit einem stark expressiven Kompositum ließ sich ein Ereignis wie die Oderflut von 1997 bewerten: *Ein Jahrhunderthochwasser wird Geschichte.*

Normabweichende Sprachformen. Urteilen kann man auch durch ein umgangssprachlicher Wort: *Alle Parteien s a u e r über das „Spiegel"-Bild der Ossis* (mit Assoziation zu *Zerrbild*). Auch bei Nachrichtentiteln ist Wertung durch stärkere umgangssprachliche Wörter möglich: *Nach Grenzvorfall Hauptzollamtsleiter gefeuert* (statt: *entlassen*). Treffend, allerdings zu strapaziert, ist oft der Kompositumteil *-gezerre*: *Personalgezerre von Brüssel sorgt weiter für Kritik*. Die positive Wertung mit gehobenen Sprachformen (*Viel erzählt mit des Körpers Kunst*) gelingt zu selten.

Bewertende Metaphern. Auch Metaphern können zugleich urteilen, sei es, daß sie einen Sachverhalt glimpflicher bezeichnen: *Neue Regierung will Beamtenversorgung abschmelzen*, sei es, daß sie ihn zuspitzen: *Re-*

konstruktion des ideologischen Blabla oder stark übertreiben: *Vier Minuten Tief-schlaf* [= Unaufmerksamkeit] *kosten Bochum die Sensation bei Ajax.*

Nachdruckformen statt Komposita. Ein Kompositum als Aussageteil erhält Gewicht, indem man es in seine Teile zurückbildet, z.B. das einfache *Kinderfreuden im Selketal* in das gewichtende *Kinderfreuden im Tal der Selke.*

Akzentuierende Satzgliedfolge. Einzelteile einer Titel-Aussage lassen sich durch Spitzenstellung akzentuieren: *Fröhlich poliert Mi-ka Häkkinen den guten Stern* (seines Rennwagens; *guter Stern* ist zugleich Metonymie für *Mercedes*); *Krank ist auch der eingebildet Kranke.* Eine um-gangssprachliche Wertung kann so durch Gewichtung der Person (im folgenden: *selbst*) verstärkt werden: *Selbst der Papst ist sauer auf Kirsten.*

Ironie. Ironisch wertet man oft durch zuspitzende Epitheta (im folgenden: *heiliger*), verbunden mit entsprechenden Archaismen (hier: *selb-dritt*). So wird die Rezension einer Oper, in der Brandt, Scheel und Bahr als singende Hauptfiguren auftreten, eher sarkastisch mit *Heiliger Willy selbdritt* überschrieben. — Auch Regionalismen können Ironie aktivieren: *Verschlungene Spendenwege im Ländle.* Bissige Ironie läßt sich in der überra-schenden Verbindung zweier relativ neutraler Aussagen ausdrücken: *Schäuble preist Erfolg der CDU und glaubt an Gottes Schöpfung.*

Bewertende Metonymien. Von Fällen abgesehen, in denen bestimmte Metonymien durch dauernde (meist negative) Kontexte eine negative Konnotation erhalten (*Pankow, Kreml*), können sie auch durch das Hervorheben einer Eigenschaft bewerten und zusätzlichen Lesean-reiz schaffen: *Giftige Schönheiten* (= Wolfsmilch).

Vergleich als Bewertung. Verhältnismäßig selten werden Vergleiche in Titeln gebraucht. Dabei vermögen sie selbst in der Variante des Sachvergleichs Interesse zu wecken: *Weniger Geburten in Eisleben als zu Wallensteins Zeiten.* Drastisch wirken oft bildliche Vergleiche, etwa: *Felsen so löchrig wie ein Schweizer Käse.* Sie müssen jedoch ein akzeptables Gemein-sames haben, sollen sie nicht (im folgenden: trotz Tragik) kurios wirken: *Lawine wälzt sich wie Bulldozer ins Tal und erdrückt alles.*

Expressive Satzarten. Auch mit bestimmten Satzarten lassen sich, mitunter provokativ, Wertungen andeuten oder vorwegnehmen, so

– als Frage: *Liebe, eine Heuschreckenplage?*; *Zittauer Bankchef als Geldwäscher, Demonstration oder Kommerz?* (UZ: *Das alljährliche Gerangel um die Love Parade*);

– als Ausruf: *Wähle aus, schließ an und nimm wahr* (UZ: *Was ist Kommunikation?...*). Die Ruf-Form sollte nicht strapaziert werden, aber im folgenden Beispiel, das von der Computer-Untersuchung der Urheberschaft „Edwards III." berichtet, über die seit je gerätselt wurde, ist sie berechtigt: *Ja, es ist ein Shakespeare!*

– als Frage und Antwort-Ausruf: *Nach Spanien? Ach was!* (So wurde 1998 ein Bericht über die von fast 100.000 Berlinern genutzten Datschen überschrieben.)

Ereignis-Struktur. Sensationelle Ereignisse werden in besonderen Fällen mit Angabe der Tages- oder Uhrzeit in grammatisch korrekten Gebilden überschrieben: *Um 10.52 schrillte das rote Telefon* (Waldbrand); *Um Mitternacht stürmten Bonns Supermänner den Geisel-Jet* (zu Mogadischu). — Ähnlich fungiert eine Überschrift wie *15jähriger erschoß Eltern und lief Amok.* Solche Titel gleichen einer Kurznachricht; die Expressivität liegt hier vor allem auch in der Expressivität der vermittelten Fakten.

8.6 Stilmittel für den Rezeptionanreiz

Wir kommen zum wichtigsten Kapitel der Titelgestaltung: jenem, in denen Norm und stilistische Freiheit, Regel und Kreativität am weitesten auseinanderklaffen können.

8.6.1 Interessante Wörter und Neubildungen

a) Wirkliche lexische Neuschöpfungen glücken selten, aber oft gelingen neue Ableitungen, die zum Lesen reizen: *Mit spaciger* [= weltraumtauglicher] *Unterwäsche an die Börse.*

b) Öfter können ursprüngliche Komposita genutzt werden, besonders solche, die so u n ü b l i c h sind: *Zwei zertrennliche Gefährten* oder *Gerhard Schröder darf trotz Herzog-Reise wahlkämpfen.*

c) Zuweilen wirkt die u n e r w a r t e t e V e r w e n d u n g einfacher deutscher Wörter (im folgenden für *Quantität* und *Qualität*) wie Neuschöpfung: *Menge kann kein Ersatz für Güte sein.* Die deutsche Fassung ist zudem kürzer.

d) Leseanreizend sind oft H i s t o r i s m e n : *Die Mauren kommen zurück* (in Spanien); *Im Teufelskreis der eigenen Ränke* (= Intrigen); *Eckermann als Extroquist* ['Anreger'] *Goethes*; *Das Spielhus* [Rathaus in Wernigerode] *zieht Brautpaare aus nah und fern magisch an.*

e) Auch seltenere, zuweilen g e h o b e n wirkende Wörter regen zur Lektüre an: *Ranküne statt Leistung*; *Mit güldnem Schimmer* (Kosmetik); *Wo Goethe und Tieck wandelten.*

f) Daneben können u m g a n g s s p r a c h l i c h e und d i a l e k t a l e Wörter oder Lautungen Aufmerksamkeit wecken: *Rindviecher entlasten die Haushaltskasse*; *KGB hatte Wanzen im Vatikan*; *Papi fetzt* (mit umgangssprachlichem Wort aus der Perspektive beteiligter Personen). Dialektale Wörter sind vor allem dann rezeptionsanreizend, wenn sie anderen Gebieten entstammen, also etwa in einem Magdeburger Blatt *Mit beede Oojen mußte kieken!*, in einem Leipziger *Jeck us Kölle zog einsam durch die Straßen*, in einem Berliner *Fahrma, Euer Gnaden.*

8.6.2 Fremdsprachige Wörter

Fremdsprachige Wörter sollten vor allem dazu verwendet werden, eine exotische Atmosphäre zu schaffen: *Weihnachten in Suomi*; *Ein Hauch Nippon über deutschen Brettern* (Fernost-Märchenspiel); *Die Schaufenster von Paris spiegeln Chic*; *Weltschmerz aus Germany* (UZ: *Deutsche Wörter gehen Amerikanern locker über die Lippen*). Hier hat das fremdsprachige Wort – nachempfunden – eine wesentlich positivere Funktion als die sonst überwuchernden Modewörter: *Berlin soll Shopping-Stadt werden*, besonders im Mischmasch: *Sonne pur macht Lust auf Shopping.*

8.6.3 Periphrasen

Besonders Länder und Regionen lassen sich oft mit Periphrasen bezeichnen, die zugleich anregend charakterisieren: *Land der Töpfer und Vulkane* (= Mexiko); *Als Arzt auf dem „Dach Afrikas"* (= Äthiopien); *Land der Unbestechlichen* (= Übersetzung von Burkina Faso); *Mit Kelle und Gepäck ins Kiwi-Land.*

Manche Periphrasen können Poetismen ersetzen: *Blaues Feuer* [= Diamanten] *aus dem Fischloch*, oder umgekehrt den Text auflockern: *Hallen fürs Federvieh*; *Saison der Leinwandvillen beendet.*

8.6.4 Die Synästhesie

Exklusiven Reiz hat die Synästhesie, das Verschmelzen zweier Sinneseindrücke: *Gewebte Träume* (Bildteppiche); *Atemlose Depesche aus Rumänien.*

8.6.5 Die Metapher

Die Metapher ist eine der wichtigsten Stilfiguren der journalistischn Überschrift; sie gehört, richtig eingesetzt, zu den wirksamsten. Es lassen sich Graduierungen der Nützlichkeit und Angemessenheit erkennen, nach denen sie im folgenden empfohlen werden soll.

a) Als gelungen und reizvoll sind zunächst Metaphern zu empfehlen, die semantisch im Bereich des restlichen Titels liegen ('bereichskonforme Metaphern'): *Die Spendenflut an der Oder ist noch nicht abgeflossen*; *Keine himmlischen Aussichten für Theologen*; *Abpfiff für* [= Rücktritt des Trainers] *Hans-Hubert Vogts*; *Die Automatik startet durch* (= Immer mehr Fahrer bevorzugen Automatik-Getriebe).

b) Die wirkungsvollsten Metaphern sind oft solche, die ein Gesamtbild vermitteln, in dem der Mitteilungsgegenstand erst in der Unterzeile erwähnt wird: *Mit dem Benzinkanister ins Minenfeld*; *Eiszeit am Rio de la Plata* (betrifft diplomatische Beziehungen); *Ein Sündenpfuhl an biblischer Stätte* (Kasino in Jericho). — Bei sehr kühnen Gesamtbildern liegt allerdings der Fehlgriff nahe. Wo wie im Ballett realer Spagat getanzt wird, sollte ein metaphorischer Titel nicht lauten: *Im Spagat auf die Nase gefallen.*

c) Metaphern für Personen können zugleich charakterisieren: *Bester Gehirnakrobat kommt aus München* (Gedächtnis-Meister); *Eisfloh* [= leichtgewichtige Eiskunstläuferin] *aus Texas springt am besten*; *Indiens Wernher von Braun*.

d) Auch Metaphern als eigentliche Satzaussage – verbal oder nominal – wirken oft eindrücklich: *Ein Hauch des Herbstes '89 weht durchs Gewandhaus* (Bürgerrechtlerkonferenz '98); *Kalte Schulter für Fluthelfer* (an der Oder); *Tschibo nimmt Eduscho an der Hand*. Allerdings mißglücken solche metaphorischen Aussagen im Wirtschaftsteil öfter: *Rheinmetall läßt die Muskeln spielen*.

Mängel beim Metaphorisieren

Das Streben, Titel möglichst oft metaphorisch zu formulieren, führt häufig zu Fehlgriffen, vor denen gewarnt sei. Es handelt sich vor allem um folgende:

– Immer noch nehmen m i l i t a n t e M e t a p h e r n zu, die zumindest abgegriffen wirken: *Trockene Weine/Bankautomaten s i n d a u f d e n V o r m a r s c h*; *Graffiti-Entfernung t r i t t a u f d e r S t e l l e*.

– Zunehmend wuchern S p o r t m e t a p h e r n, die dem Gegenstand nicht angemessen sind. Während ein Titel wie *Startschuß für neues Leichtathletikstadion fällt* noch bereichskonform ist, wirkt die Überschrift *In Breslau starten heute erstmals sächsische Tage* schon ein wenig zu salopp; deplaciert ist die Sportmetapher in *Bündnis für Arbeit in den Startlöchern* und vollends blasphemisch in *Baustart für Dresdens neue Synagoge*.

Nur dem geschärften Sprachgefühl entgeht nicht die Komik der Sportmetaphern *Rennen/Run/Renner*, etwa in *Tisch war ein Renner*; *Pizza und Spaghetti sind die Renner in der Betriebskantine*; *Kulkwitz als Müllverbrennungs-Standort aus dem Rennen* (zumal man nicht danach gerannt war). Die Komik der Sportmetapher *die Nase vorn haben* wird kaum noch bewußt in *Warum die Jugend heute die Nase vorn hat*.

– Viel mehr als im Text stören in der Überschrift S t i l b r ü c h e. Sie rühren oft daher, daß verblassende Metaphern als reines Expressivitätssignal in unangemessenem Zusammenhang reaktiviert werden: *Einer Schallmauer geht's an den Kragen*; *Hand in Hand mit einem Hubschrauber*; *Schwerpunkten zu Leibe* [*gerückt*] usw.

8.6.6 Absichtliche Falschkoppelung

Die Falschkoppelung (Typ: *möblierter Herr, kalter Krieger*) bringt, bewußt formuliert, eine satirische oder humoristische Note in die Darstellung: *Reibungslose Regierer*. Die Stilfigur wird allerdings, selbst in der Polemik, zu wenig genutzt.

8.6.7 Aufzählungsgruppen

Aufzählungsgruppen, vor allem Zweiergruppen (*jung und alt, Tag und Nacht*) und Dreiergruppen (*Ritter, Tod und Teufel*) sind zugleich volkstümliche Formen sprachlicher Hervorhebung. Sie können offen sein (ohne *und*) oder schließend (mit *und* vor dem letzten Glied), können Summierungen und Gegensätze, im Sonderfall auch annähernd Synonymes bezeichnen.

1a) O f f e n e   Z w e i e r g r u p p e n akzentuieren nur leicht: *Wohlanständig, hausbacken; Schlanke Körper, spitze Nase; Geschönte Bilder, blumige Texte*.

b) G e s c h l o s s e n e können deutlicher Ergänzungen oder Kontraste ausdrücken: *Tragisches und Burleskes; Ehrenvoll und glanzlos*.

2) Am häufigsten werden, offensichtlich auch alter Zahlenmystik folgend, D r e i e r g r u p p e n verwendet.

a) o f f e n e : *Vital, farbig, poetisch; Lebensbotschaft, Liebesbotschaft, Friedensbotschaft*. Zuweilen bilden solche Gruppen die eigentliche, titelgemäß geraffte Aussage: *Europas Sonden – verirrt, verglüht, verschwunden; Dramatik, Liebe, Leidenschaft: Die Grünen und die Koalition*.

b) g e s c h l o s s e n e : *Geschlittert, gerutscht und geschlurft; Meister, Bauer und Chronist*.

Bei Dreiergruppen muß ein semantischer Zusammenhang grob erkennbar sein. Eine Abfolge *Orchideen, Goethe und Radieschen* wirkt zum Beispiel nicht mehr verfremdend, sondern befremdlich. Zuweilen kann man mit der Dreiergruppe auch die Figur der Klimax, der inhaltlichen und/ oder quantitativen Steigerung, verbinden: *Fülle, Reinheit, Klangdynamik*.

3) Seltener glücken sinnvolle V i e r e r g r u p p e n .

a) O f f e n e wollen meist eine Vielheit der Begriffe oder Themen betonen: *Interessen, Erwartungen, Leistungsverhalten, Motivation* (Soziologenkongreß); aber auch eine motivierte Abfolge mit Klimax kann durchaus gelingen: *Einbruch, Liebe, Alkohol, Tod* (Filmrezension).

b) Auch mit g e s c h l o s s e n e n Vierergruppen wird oft nur Heterogenes akzentuiert. Doch in dem (Funk-)Titel *Käthe Luther – tüchtig, tapfer, zart und zäh* zeigt eine Autorin, wie sich die formale Möglichkeit ausschöpfen läßt; die vier Wesenseigenschaften der 'Lutherin' werden zugleich rhythmisch und mit zweimaligem Anreim dargeboten – die Reihenfolge ist nur so stilistisch sinnvoll.

4) Größere Gruppen sind meist problematische Sprachspiele. Ihre Formulierung erfordert erhebliche intellektuelle Arbeit und Sprachgefühl. Sie hat im folgenden (7spaltigen) Titel, der außerdem morphologische Parallelität (Partizipien mit *ver-*) aufweist, zum Erfolg geführt: *Diana: Verkuppelt, verletzt, verstoßen, verliebt, verlobt, vermarktet.*

5) Nur in Ausnahmefällen sind reine Wortwiederholungen anzuraten. Sie wirken (losgelöst) simpel, ob nun als Zweiergruppe: *Tempo, Tempo*; *Fertig werden, fertig werden* oder Dreiergruppe: *Plakate, Plakate, Plakate.*

8.6.8 Gegenüberstellungen und Kontraste

Als rezeptionsanreizend gilt auch der sprachliche Ausdruck von Kontrasten und Vorgangspolen. Von den verschiedenen Möglichkeiten seien die wichtigsten vorgeführt.

1) Vordergründige, mehr formale Kontrastierung wird ähnlich den behandelten Zweiergruppen mit *und* gebildet: *Kalter Tee und kühler Kopf; Teure Geschenke und billige Tricks; Das gute Alte und das schlechte Neue.*

2) Bei scharfen Kontrasten setzt man, besonders, wenn kein innerer Zusammenhang besteht, nur den Gedankenstrich: *Heiße Flammen – kühle Köpfe; Schnee in Bayern – Rekordhitze in Israel.*

3) Wenn sich der Kontrast dem Paradoxon nähert, wird diese Funktion durch *aber* angedeutet: *Plump, aber sehr wendig; Herz in der Hose, aber dann kräftig mitsingen*; oder auch – bei starkem Gegensatz – durch *statt*: *Stöckelschuhe statt Mokassins, Deo statt Stallgeruch.*

4) Unerwarteter Gegensatz läßt sich häufig durch Spiel mit den Gegensatzbegriffen ausdrücken, die durch die Kopula *mit* verstärkt werden: *Alltägliches mit unalltäglichem Ende; Mini-Stadt mit Maxi-Rathaus.*

5) Kontrastiernde Zugehörigkeit kann man vor allem durch Adjektive in Mehrwortausdrücken bezeichnen: *Altes Handwerk in jungen Händen; Muntere Klänge für einen müden Denker.*

6) Überraschend konstrastive Fakten lassen sich, auch satzwertig, durch Prädikate oder tätigkeitshaltige Substantive (im folgenden: *Charmeur*) ausdrücken: *Frecher Charmeur im Rentenalter.* Der Kontrast kann sich bei ausgespartem Prädikat auch allein in Substantiven äußern: *Hymne jetzt auf Bierdosen.*

7) Eine Gegenüberstellung besonderer Art bildet die Polarisierungsstruktur mit *zwischen*; z.B. in *Werften zwischen Boom und Pleite*; *Bestattungsmarkt: Zwischen Pietät und Profit.* Entwicklungspole und Spannweite werden auch durch die Sprachstruktur *von... zu* hervorgehoben: *Vom Deichgrafen zum Oberbürgermeister* (= Platzeck).

8) Die Gegenüberstellung kann schließlich im bewußten Kontrast der Stilebenen innerhalb von Substantiv und Attribut bestehen wie in folgender trefflicher Überschrift: *Ein Arbeitstier in Nadelstreifen* (= Dohnanyi)... Auch Anachronismen können der Kontrastierung dienen: *Theater und Schaschlyk für Goethe.*

8.6.9 Paradoxe Formulierungen

Scheinbar widersinnige Formulierungen, Paradoxa, gehören zu den attraktivsten Mitteln der Titelgestaltung. Syntaktisch sind sie in folgenden Hauptformen möglich:

1) in Bezeichnungen mit paradoxen Attributen oder Appositionen: *Schwimmen im Lift/ Seit 50 Jahren Schiffe im Trog* (= Hebewerk); *Harzreise mit einem Denkmal* (= Dampflok); *Der Fürst als Hausbesetzer*; *Armes, reiches Tal* (sog. Oxymoron, Kombination von absoluten Gegensätzen).

2) in einem Begriff mit einem überraschenden Nebensatz: *Japanische Kunst, die man essen kann*; *Ein Spitzenreiter, der keiner sein will.*

3) in elliptischen Aussagen: *Rostbrätel beim Homo erectus*; *Giftige Kollegen im Alltag* (eines Schlangenfarmers); *Fußweg in die Steinzeit.*

4) im verkappten Satz (Nebensatzstruktur): *Was Bach-Interpreten von Gangsterfilmen lernen können.*

5) als interessanteste Form im journalistischen Satz: *Klaviere wachsen im Wald; Wien ist eine Hafenstadt; Ein Urzeit-Rambo geht in Rente* (umwälzende Erkenntnisse zum Neandertaler).

8.6.10 Rhythmus

Bei der Titelgestaltung werden, viel öfter, als Journalisten meinen, poetologische Gesetze befolgt. Überschriften sollten, auch wenn sie für das Lesen bestimmt sind, Rhythmus aufweisen.

Wegen des Rhythmus ändert man oft Satzgliedfolgen. Syntaktisch korrekt, aber arhythmisch wäre z.B. der Titel *Die Musterschüler spielen im alten Land der Sonne falsch;* durch Ausklammerung eines Satzteils wird er rhythmisch (und zudem als Zweizeiler geeignet): *Die Musterschüler spielen falsch im alten Land der Sonne* (Jambusgruppe mit Zäsur). Wir nennen hier nur drei rhythmische Typen:

1) Im Takte fest, im Tone rein	xxxxxxxx	(Jamben)
2) Fröhlich sein und weise	xxxxxx	(Trochäen)
3) Brütende Hitze in Mexiko	xxxxxxxxx	(Daktylen)

Eine Rolle spielt der Rhythmus besonders in Aufzählungen und Gegenüberstellungen; vgl. auch die abschließende Etüde.

8.6.11 Alliteration (Anreim)

Als eines der reizvollsten Stilmittel, auch in der Werbung, gilt die Alliteration (der Anreim), der Beginn von Wörtern oder Wortteilen mit identischen Lauten. Anreime in journalistischen Titeln können Identisches oder Ähnliches markieren, aber auch Ergänzendes und sogar Gegensätzliches. So oder so a k z e n t u i e r e n sie – zwar bisweilen sehr profan, oft aber auch mit poetischem Beiklang, fast stets jedoch nachhaltig. Nicht umsonst hat sich dieser Stilform die Werbung bemächtigt.

1a) An die bloß formale Möglichkeit der Verbindung knüpfen z.B. Z w e i e r gruppen in Titeln an wie *Morden und Metzeln, Mafia und Mut,* mitunter auch modisch geschrieben: *Kunst & Koitus, Seelachs & Seelentiefe.*

b) Zweiergruppen sind jedoch nicht an die Konjunktion *und* gebunden: *Geld für Günstlinge; Kletten für Kleine* (= Klettverschlüsse); *Rückkehr der Rüpel* (im Boxsport); *Wahlschlacht im Welfenland* (= Niedersachsen).

c) Manchmal wird Gleichanlautendes einfach aneinandergereiht (*Wohnkultur Wohnheim*); solch bloße Reihung ist nur angebracht, wenn sie innerhalb des Titels akzentuiert: *Herrliche Hemmungsarmut Lindenbergs in Blomstedts Musentempel* (= Gewandhaus).

2) Rezeptionsanreizend und sinnvoll können zwei Zweiergruppen innerhalb eines Titels sein, wenn sie jeweils eine gewisse Einheit bilden: *Des Klosters Kapital sind Bibel und Bier.*

3) Auch D r e i fachgruppen haben sich in Druck- und Funkmedien eingebürgert. Sie dürfen jedoch nicht semantisch unbegründet – und überdies unrhythmisch und klanglich unpassend – sein wie *Könige, Komponisten, Kommunisten.* Die gefügten Wörter sollten stets auch einen begrifflichen Bezug haben, mag er Einheit oder Heterogenität ausdrücken.

a) Dies trifft z.B. auf die offene Reihung *Kabale, Klatsch, Kunst* (mit dem angemessenen Archaismus *Kabale* statt *Intrige*) oder auf den Fernsehtitel *Schiffe – Schätze – Schicksale* zu. Allein lautlich motiviert, aber logisch völlig willkürlich ist dagegen eine Sendemarkierung wie *Titel – Thesen – Temperamente.*

b) Öfter erfüllen die semantische Anforderung geschlossene Dreiergruppen, etwa *Galan, Gourmet und Glücksritter* (= Casanova); *Poesie, Pathos und Patriotismus* (Mythen der Nationen); *Frech, frivol und fröhlich.*

c) Dreifachanreime lassen sich organisch in einen satzwertigen Zusammenhang einflechten; sie akzentuieren dadurch: *Zweimal im Jahr Bock auf Bach und Beethoven* (mit absichtlichem Stilbruch); *Katerstimmung statt Krimsekt und Kaviar;* oder sie bilden die (hier verkappte) Aussage selbst: *Schatzkammern im Schatten der Schlote.*

d) Häufig entfalten Dreiergruppen vorwiegend durch ihren Rhythmus den Rezeptionsanreiz: *Satelliten, Seismographen und Sensoren; Schlämme, Schrott und Schmieröl; Weggefährten wider Willen; Leben mit Lenin und Luther; Tolle Tattoos auf Tahiti.*

e) Das im journalistischen Anreim steckende Sprachspiel läßt sich durchaus im Ernst anwenden: *Trauer, Trommeln, Tränen* (Karwoche in Aragonien); *Bohren, Bangen, Beten* (Bohrsuche nach verschütteten Bergleuten in L.). Die Form kann hier so eindringlich wirken, daß sie nicht als pietätlos wahrgenommen wird (Abb. S. 414 oben).

f) Eindrücklich wirkt auch der nicht aufzählende Dreifachanreim. Er kann, wie bei der Kommentarüberschrift *Kranke Katze Kapitalismus* (gefiltert aus Gedanken Helmut Schmidts), eine verkappte Aussage hervorheben.

4) Deutlicher als Spiel denn als expressives Mittel werden v i e r fache Anreime empfunden. Gelungen ist aber ein Fünfspalter wie *Moderatorin managt malendes Modell*; interessant betitelt wurde auch eine freizügig-frivole Show mit *Lyrik und Liebesspiele zwischen Lack und Leder*. Ein Sportjournalist bietet gar das Sprachkunststück *Karate-Kämpfer lehrt Kampf-Kniffe*.

5) Selten glückt ein akzeptabler f ü n f facher Anreim wie *Meister, Macher und Mäzene als Magnete für Millionen* oder das an einem Slogan orientierte *Müsli macht Misses und Models munter*. Ein Zuviel wirkt ansonsten nicht nur gewollt oder verkrampft, sondern eher parodistisch.

Im Unterschied zur Alliteration, zum Anreim, empfiehlt sich der konventionelle (End- oder Binnen-) R e i m nicht für seriöse Titelgebung. Er ist nur zu bestimmten Texten anwendbar, wo er auflockernd oder humoristisch wirkt oder kritisch-distanzierend wie in *Ohne Spritze keine Witze* (Mehrspalter zum Dopen von Büttenrednern) oder boshaft-ironisch: *„Kanzler der Bosse"/ wird Obergenosse* (mehrspaltiger Zweizeiler).

8.6.12 Die Anspielung

Über Voraussetzungen und Reiz der Anspielung ist S. 213 f. Grundsätzliches gesagt. Die Möglichkeit, kurz und knapp auf Tagesaktuelles Bezug zu nehmen, macht die Überschriftengebung oft zu einem Tummelplatz für diese Stilform.

Rezeptionsanreizend und gut erkennbar sind Anspielungen auf

1) Filmtitel und Aussprüche in Filmen: *Der Markt auf der Tenne; Von Kopf bis Fuß auf Feiern eingestellt; Ich schau dir in die Augen, Wähler*. Oft macht gerade die situative Entfernung vom Originaltext den Verfremdungseffekt als eigentlichen Reiz aus.

2) Schlager- und ähnliche Titel: *Am Tag, als Dustin Hoffmann kam; Der Kandidat, der aus der Kälte kam* (= Lebed); *Goodbye, Dolly!; Jeans, Jeans, Jeans; Borussia Dortmund, wie es kracht und knirscht.* — Manchmal, wie in den letzten Fällen, ist es nur die Sprachstruktur, die entfernt anklingt: *Girls, Girls,*

Girls (Gemeinsamkeit hier dreimalig englisches Wort mit fünf Buchstaben im Plural); *Mainz, wie es singt und lacht* (Mottostruktur).

3) Volkslied-Titel: Hier genügen wegen der Bekanntheit geringe Abwandlungen: *Wenn der Fuß aber nun zu groß ist*, oder der bloße Lauttausch: *Gar listig ist die Jägerei; Der May ist gekommen.*

4) Slogans und aktuelle Trivialsentenzen, ob provokativ: *Persil bleibt Persil – Heine bleibt Heine*, oder sachlicher und auf die Börse bezogen: *…und steigt und steigt und steigt.*

5) Literaturtitel, vor allem solche von Goethe: *Theater ist oft Knall und Rauch; Das Land der Griechen ist gerüstet; Goethe* [usw.] *und kein Ende; Er* [= Shelley] *sah Hellenen in jedem Weibe*. Auch auf Schiller wird häufig Bezug genommen: *Das Moor hat* [bei einer Kur] *seine Schuldigkeit getan*. Oft überwiegt die kritische, bewußt auflockernde oder ironische Tendenz. Sarkastisch um die Ecke gespielt wurde so mit Schillers Wort *züchtig* (→ tüchtig → clever) in dem 1998 auf Hillary Clinton gemünzten *Und drinnen waltet die clevere Hausfrau.*

Stellvertretend für viele andere seien zur Anregung genannt: *Glanz und Elend der spanischen Toreros* (Anspielung auf Balzac); *Narziß und Goldhand: Peymann in Berlin* (Hesse); *Aufstieg und Fall der DDR-Diktatur* (Brecht).

6) Bibelstellen: *Bis daß der Frust euch scheidet; Dem Kaiser nur, was des Kaisers ist; Schaden an der Seele.*

7) volkstümliche Floskeln und Sprüche, etwa: *Leben wie Gott in der Champagne.*

8.6.13 Sprachspiele in Titeln

Häufige Form des Leseanreizes ist das Wortspiel, auch im weiteren Sinne.

1) Zunächst bieten sich Lautspiele an, z.B. *Magdeburger Bürde* (nach den Landtagswahlen '98); *Entlassung oder Entlastung; Von der List, der Last und der Lust der Steuererhebung*. Solche Lautspiele sind meist semantische Spiele. Das gilt besonders für Titel wie *In den Ferien haben viele Muße für die Musen; Erst gefeiert, dann gefeuert.*

2) Oft läßt sich auch mit Wörtern, Titeln oder Wendungen spielen: *Toter Oktober/Schwarzer Oktober* (für *Roter Oktober*); *Friedrich, Freude, Eierkuchen*; *Wunderpunkt oder wunder Punkt?*; mit sarkastischer Erweiterung des 1998er-Schlagworts *neue Mitte* der Aufmacher *Jost Stollmann – ab durch die neue Mitte*. Die Qualität des Wortspiels steigt wie hier mit der Schärfe, Realitätsnähe und dem Hintersinn.

3) Vergleichsweise wenig wird mit volkstümlichen Maximen und Sprichwörtern gespielt. Es kann jedoch durchaus reizvoll sein: *Rette mich, wer kann!* (zu Rettungsschwimmern); *Ehrlich fährt am längsten*; *Kalte Liebe rostet nicht* (zu Eisbadern); *Gutes Rad ist teuer*.

4) Lese- oder Hörvergnügen bereitet die geschickte Nutzung des Doppelsinns bzw. der Mehrdeutigkeit von Ausdrücken. So kann das Wort *Modellfälle* eine Reportage über Aktmodelle betiteln, *Bei Licht besehen* die Qualität einer neuartigen Lampe, *Tappten die Mammute wirklich im Dunkeln?* eine Hypothese über das Aussterben der Mammute.

5) Möglich ist auch die Wortverschmelzung (Kontamination) zu humoristischen oder ironischen Zwecken: *Pécser Denkmalereien*; *Amtsschimmliges per Eisenbahn*.

8.6.14 Neue Sentenzen als Titel

Ein journalistischer Beitrag kann gekrönt werden, wenn es gelingt, als Überschrift eine neue Maxime oder eine Sentenz zu finden, die einem Aphorismus gleichkommt: *Ein hoher IQ macht noch keine Karriere*; *Wer Macht will, braucht Mut*. Auch ein Wortspiel kann in die Nähe der Sentenz rücken. So führte bei Ausgrabungen der Anblick 3000jähriger Skelette mit makellosen Gebissen einen Journalisten zu dem verallgemeinernden: *Der Zahn der Zeit nagt nie am Zahn*.

8.7 Redetitel

Im modernen Journalismus nehmen Überschriften aus Äußerungen, die wir 'Redetitel' nennen, stetig an Bedeutung zu. Dies gilt besonders für Politmagazine, aber auch für Tageszeitungen mit regionaler Verbreitung, während in der Aufmachung konservative Zeitungen früher weniger, z.T. sogar verschwindend wenige aufwiesen. Die Gründe für die Zunahme sind nicht stilistischer Art. 6spaltige Titel wie *„Weil wir Deutschlands Kraft vertrauen"* oder *Harry Kupfer: „Was deutsch und echt ist"* wären sonst 1998 nicht möglich gewesen, und einen 7spalter wie *„Die einzigen, die gewinnen, sind die Anwälte"* hätte niemand in der „Welt" vermutet. Die Ursachen dieser Entwicklung können hier nicht dargestellt und auf eine detaillierte Behandlung der vielen Besonderheiten von Redetitel-Gruppen, die oft eine Dreiteilung aufweisen (z.B: aktuelle Information in der Dachzeile + Redewiedergabe in der Hauptzeile + Rednernennung mit Zusatzinformation in der Unterzeile) muß aus Platzgründen ebenso verzichtet werden wie auf die Darstellung der vielfältigen Möglichkeiten, Rede in Titeln zu kennzeichnen, sie zu komprimieren und die verschiedensten Redewiedergabeformen für eine abwechslungsreiche Titelgestaltung zu nutzen. Kapitel 6 bietet dafür genügend Anregungen. Im übrigen sind die Möglichkeiten der Redewiedergabe in Titeln an anderer Stelle (Kurz 1996) ausführlich dargestellt.

8.8 Der Doppeltitel

Der Doppeltitel, erstmals in der Antike – wie heute mit dem Wort für *oder* – belegt, wurde in Deutschland endgültig mit Lessings Lustspiel „Minna von Barnhelm oder Das Soldatenglück" heimisch. Lessing zufolge soll „jeder der beiden Titel etwas anderes aussagen". Im Journalismus hätte er demnach seine Berechtigung, wenn sich beide voneinander abheben: „Die Inkongruenz der beiden Titel provoziert" (Rothe 1986, S. 111). Meist gibt jedoch der alternative Titel nur eine indirekte Interpretation des anderen, so daß sich die Teil-Titel lediglich formal unterscheiden: *Alfred Kerr oder Die Kritik als Königsweg; Vive la Campagne oder Die Freuden des Landlebens.* Zumindest durch den Stilkontrast überrascht eine

Überschrift wie *Eimer über dem Kopf oder Zur Lage der Borussia.* Doppeltitel sollten den besonderen Anspruch, den sie wecken, nicht enttäuschen.

8.9 Stilistische Komposition gruppierter Titel

Insbesondere bei Nachrichten und Kurzberichten, die gedanklich-formale Parallelitäten aufweisen, sollte versucht werden, die neben- (oder unter-)einanderstehenden Titel stilistisch bewußt aufeinander zu beziehen und so über das Interesse (und das Vergnügen) an der Form Rezeptionsanreiz zu wecken. Aus der Fülle von Titelbezügen seien genannt:

a) parallele Verbstrukturen, z.B. *Umgezogen/Ausgegraben*; mit Gleichhanlaut (Anapher) z.B. *Verblüfft/Verlassen/Verspielt/Verschaukelt/Verschickt*; mit Gleichauslaut (Epipher) *Spielend/Schwebend*;

b) parallele Substantivstrukturen, z.B. mit identischem Erstglied: *Vorbild/Vorzug/Vorschrift/Vormund*, mit parallelem Endglied z.B. *Originelles/Historisches/Ideenreiches/Handfestes*;

c) Adjektiv + Substantiv: *Blauer Dunst/Bunte Steine*;

d) Präpositionsgruppen: *Über den Wolken/In einem Tempel*; *Aus der Luft/Aus dem Wasser*;

e) ungewohnte, z. B. Bindestrichkomposita: *Regen-Juli/Hitze-Juli*;

f) parallele Aussagetitel untereinander mit Wortspiel:

Autor Hellmuth Karasek war da – Man ließ ihn gerne gehen

„Hübsch & Antwort" waren da – Man ließ sich gerne gehen

g) parallele gedankliche und/oder sprachliche Struktur (Abb. S. 414):

Schmidt wirft	*Dreßler kündigt*	*Rüttgers fordert*
CSU Politik gegen	*Sozialpflicht für*	*Englisch schon*
Minderheiten vor	*Billig-Jobs an*	*ab der 1. Klasse*

Gelegentlich lassen sich sogar Leserbrieftitel kombinieren (Abb. S. 416 unten)

Bei den Überschriften mit paralleler Denk- und Inhaltsstruktur erwartet man, daß alle Entsprechendes aussagen, also (im Original 6spaltig nebeneinander) nicht:

1) *Deutscher Reisebus in Holland verunglückt – ein Toter*

2) *15jähriger richtet Laserstrahl auf Frau – Opfer erblindet*

3) *Queen verbessert Londoner Luft – Autos tanken Flüssiggas*

Hier liegt ein Bruch im Denkstil vor: (1) und (2) bringen einen Vorgang und – graphisch gleich – die (tragische) Folge, (3) ist gedanklich anders strukturiert, abgesehen davon, daß es sich hier nicht um ein Negativum, sondern um ein Positivum handelt. Vor allem ist das Tanken nicht Folge, sondern Ursache für die Luftverbesserung (die im übrigen nicht Verdienst der Queen allein war; sie hatte nur die Initiative zu einer entsprechenden Kampagne der Regierung).

Zwei hervorragende Beispiele sollen zeigen, daß das graphostilistische Komponieren sinnvoll sein und sogar besonders nachdrückliche Wirkung haben kann. Beim zweiten drückt die stilistische Parallelität in Verbindung mit der graphischen und den fünf Fotos zugleich auch aus formaler Sicht die Einmütigkeit in der Verurteilung des tückischen Mordes aus (Abb. S. 415 links).

Von diesen prinzipiellen Erwägungen abgesehen, sei auf die Möglichkeiten parallelen Sprachspiels hingewiesen, das der Unterhaltung dient. Hier gab es gerade in der Presse der DDR im Schatten einer Informationspolitik, die den Journalismus weitgehend als eine besondere Form von Parteiliteratur verstand, hervorragende kunsthandwerkliche Leistungen. Zahlreiche Titel aus dem nichtpolitischen Ressort lieferten für unser Kapitel positive Beispiele. In dieser Richtung ist auch verständlich, daß Journalisten, oft Darstellungszwänge auf diese Weise kompensierend, bei der Titelgebung besonders kreativ waren. So hat etwa die „Sächsische Zeitung", SED-Bezirksorgan in Dresden, auf einer Seite zehn Beiträge mit der Titelstruktur *Das* + substantiviertes Adjektiv gebracht, die „Freiheit", Bezirksorgan Halles, in ihrer ständigen Beilage *blick* unter einem Seitentitel *blick-Punkte* 13 Beiträge mit parallel formulierten Überschriften (*Rück-blick*, *Augen-blick* usw.), um nur zwei Beispiele zu nennen (Abb. S. 417).

8.10 Rubrik- oder Sendereihen-Titel

Bei Titeln für ständige Rubriken oder Sendereihen verschiedenster Art werden besonders gerne Mittel des formalen Anreizes verwendet. Dabei ist das beliebteste, weil einprägsamste, das mit Anreim. So gab es in der ebengenannten „Freiheit" eine langjährige Rubrik *Freiheit–Foto–Feuilleton*; in ihrer Nachfolgerin „Mitteldeutsche Zeitung" erscheinen mit lokal verschiedener Hauptzeile, aber überall gleichem Anreim *Köpfe * Klatsch * Kuriosa* aufgelockerte Informationen aus dem Verbreitungsgebiet.

Als inhaltlich zutreffend und rhythmisch fundiert erwies sich etwa der Fernsehunterhaltungstitel *Pleiten, Pech und Pannen* ebenso wie der frühere DDR-Fernsehtitel *Tausend Tele-Tips*. Auch im Hörfunk gibt und gab es – meist zugleich rhythmische – Anreiztitel, so schon im DDR-Rundfunk *Hans Hildebrands Hörerservice*.

Insgesamt beweist sich im Bereich der Titelgebung mehr noch als in journalistischen Texten ein äußerst hohes Maß an Kreativität und Originalität, an Kenntnissen über Sprach- und Stilgesetze, wie wir sie dargelegt haben, und auch an Sprach- und Stilgefühl. Das hier ausgebreitete Wissen insbesondere zu Kontrast und Gegenüberstellung, Parallelismus, Wiederholung, Sprachspiel, Anreim, Rhythmus, Metapher und Metonymie wollen wir in einer abschließenden Etüde überprüfen bzw. an Varianten anwenden.

8.11 Beispiel für Synonymie und Kreativität von Titeln

Gegeben seien im folgenden zwei nebeneinanderzusetzende Nachrichten, für die Titelvarianten zu suchen sind, die sich vor allem parallel und zugleich kontrastiv aufeinander beziehen. Ihr Umfang sei auf maximal je 18 Anschläge begrenzt.

HELSINKI.

Eine für diese Zeit ungewöhnlich strenge Kälte herrscht gegenwärtig in ganz Finnland. In Lappland sank

PARIS.

Fast ganz Frankreich erlebt seit einigen Tagen ungewöhnlich mildes Wetter. In Parks und Gärten von Paris blühen die Temperatur auf minus 37 Grad. Kälterekorde wurden mit minus 30 Grad auch in Lahti und Tampere gemessen. Auch in Südfinnland dodominiert klirrende Kälte. Alle Eisbrecher sind pausenlos im Einsatz.

Krokusse und Osterglocken. In der Stadt Dax an der Atlantikküste wurde ein Wärmerekord für diese Jahreszeit registriert. Die Quecksilbersäule blieb während des ganzen Nachmittags bei plus 26 Grad stehen.

Nach der Lektüre bieten sich zahlreiche Varianten mit zusätzlichen Stilformen an (dabei empfähle sich anstelle von *Süden* in Süddeutschland auch *Westen*).

(Erklärung der Abkürzungen für Stilmittel der Überschriften: Ar = Anreim; E = Ergänzung; H = Hyperbel; K = Kontrast; L = Lautspiel; M = Metapher oder Metonymie; P = Parallelismus; R = Rhythmus; Sp = Sprachspiel; W = Wiederholung.)

Finnischer Winter	*Pariser Frühling*	PK
Nordischer Winter	*Pariser Frühling*	PK
Kälterekord[e]	*Wärmerekord[e]*	PKRW Assonanz
Klirrender Frost	*Milder Frühling*	PK
Winter herrscht	*Frühling winkt*	PKMR
Finnische Eiszeit	*Pariser Vorsommer*	PKHSp
Finnischer Winter	*Pariser Probesommer*	PK
Frost in Helsinki	*Frühling in Paris*	PKArW
Kälteschauer	*Hitzewelle*	PKHR
Kältewelle	*Wärmewelle*	PKRW
Kältehoch	*Wärmehoch*	PKRSpW
Da zittert das Ren	*Da treibt der Wein*	PKHMSpW Anapher
Das Ren zittert	*Der Wein treibt*	PKHMSp
Eis in Finnland	*Krokusse in Paris*	PKW
Suomi: Eisblumen	*Paris: Krokusse*	PKMSp
Winter im Norden	*Sommer im Süden*	PKHRW
Winter im Norden	*Lenz im Süden*	PKWSp
Frieren im Norden	*Aalen im Süden*	PKRW
Eisiges Finnland	*Sommerliches Paris*	PKM
Fröste klirren	*Osterglocke läutet*	PKM

Bärenkälte	*Bullenhitze*	PKArMR
Winter kehrt heim	*Winter sagt ade*	PKMW
Klirrende Kälte	*Warmes Wetter*	PKAr
Eisblumen in Suomi	*Krokusse in Paris*	PKSpW
Eiskalt	*Frühlingsmild*	PK
Hundekälte	*Affenhitze*	PKRSp
Hundekälte	*Hundstage?*	PKHSp
Eisbrecher	*Eisbecher*	PKHLR Endreim
Eisbrecher-Saison	*Eisbecher-Saison*	PKHLRW
Eisbrecher laufen	*Eisbecher kaufen*	PKHLR Endreim
Noch Eisblumen	*Schon Krokusse*	PKRSp
Winter-Nachspiel	*Sommer-Vorspiel*	PKRSpW
Hier Eisblumen	*Dort Krokusse*	PKRSpW
Hier Eisblumen	*Dort Wiesenblumen*	PKSpW
Eisblumenzeit	*Lenzblumenzeit*	PKRSpW
Kälte in Finnland	*Frühling in Paris*	PKW
Frost in Finnland	*Lenz in Paris*	PKW
Späte Hundekälte	*Frühe Hundstage*	PKHSp
Finnen frieren	*Pariser schwitzen*	PKM
Nachwinter	*Vorfrühling*	PKRSp
Suomi: Nachwinter	*Paris: Vorfrühling*	PKSp
Eiseskälte	*Frühlingsmilde*	PKR
Zäher Winter	*Früher Lenz*	PKR (als Gruppe)
Frost kehrt zurück	*Lenz kehrt ein*	PKMSpW
Nochmals Winter (...)	*und schon Ostern*	EPKR
Kältehoch (...)	*und Wärmewelle!*	EPKR (als Gruppe)
Kältewelle (...)	*und Hitzewelle*	EPK
Schneesturm (...)	*und Sonnenschein*	EPK
Kalt (...)	*und heiß*	EKH
Kalt (...)	*und warm*	EK
Finnland friert	*Paris schwitzt*	PKM
Finnland: Frost	*Frankreich: Hitze*	PKHR (als Gruppe)
Norden: Winter	*Süden: Sommer*	PKHR
Suomi: Spätwinter	*Paris: Frühsommer*	PKHSp

Norden: Spätwinter	*Süden: Frühsommer*	P3×KHRSp
Norden: Nachwinter	*Süden: Vorsommer*	P3×KR
Suomi: Nachwinter	*Paris: Vorsommer*	P3×K
Wieder Winter	*Und schon Frühling*	EPKR
Wieder Winter	*Früher Frühling*	PKHArR Binnenreim
Klirrender Frost	*Flirrende Hitze*	PK Binnenreim
Frost klirrt	*Hitze flirrt*	PKM Endreim
Klirrende Kälte	*Brütende Hitze*	PKHR
Strenge Fröste	*Milde Hitze*	PKR Oxymoron
Zäher Winter	*Rascher Frühling*	PKR
Kaltes Finnland	*Warmes Frankreich*	PKR
Kaltes Finnland	*Heißes Frankreich*	PKHR
Eisiges Suomi	*Warmes Frankreich*	PK
Eisiges Suomi	*Heißes Frankreich*	PKH
Eisiges Finnland	*Warmes Frankreich*	PK
Eisiges Finnland	*Heißes Frankreich*	PKH
Kühles Finnland	*Warmes Frankreich*	PKRH (Untertreibung)
Kühles Finnland	*Heißes Frankreich*	PKRH (Unter- u. Übertrbg.)
Kühles Suomi	*Warmes Frankreich*	PKH (Untertreibung)
Kühles Suomi	*Heißes Frankreich*	PKH (Unter- u. Übertrbg.)
Kühles Suomi	*Warmes Gallien*	PKRH (Unt.) Historismus
Kühles Suomi	*Heißes Gallien*	PKRH (Unt.- u. Übtr.) Hist.
Eisige Kälte	*Heiße Lüfte*	PKH
Eisige Kälte	*Liebliche Lüfte*	PKR
Klirrende Kälte	*Liebliche Lüfte*	PKArR
Klirrende Kälte	*Linde Lüfte*	PKAr
Weiße Wälder	*Bunte Wiesen*	PKR
Widriger Winter	*Lieblicher Lenz*	PKR (als Gruppe) Assonanz
Widriger Winter	*Wohlige Wärme*	PKR Vierfachanreim
Frost kehrt zurück	*Lenz ist längst da*	PKMR
Schneeschauer	*Frühlingslüfte*	PK
Schneeschauer	*Lenzlüfte*	PKArR
Frost in Finnland	*Lenz in Frankreich*	PKRW
Arktische Kälte	*Tropische Hitze?*	PKHR

Winterlich[es]	*Sommerlich[es]*	PKHR Epipher
Spätwinterlich[es]	*Frühsommerlich[es]*	PKR Epipher
Frostig[es]	*Hitzig[es]*	PKHR Epipher
Frostig[es]	*Wohlig[es]*	PKR Assonanz Epipher
Frostiges Finnland	*Hitziges Paris*	PKH Epipher Doppelsinn
Suomi friert	*Gallien schwitzt*	PKHRM Historismus
Im Eise verschneit	*Vom Eise befreit*	PKRSpW Reim Anspielung

(Als Ar wird nur zweimaliger Anreim markiert; Umgangssprachliches und Poetismen sind nicht bezeichnet. Der auflockernde Historismus *Gallien* ist auch für andere Varianten möglich.)

*

Selbst an diesem leichtgewichtigen Gegenstand zeigt sich die Kunst des Titelns. Angesichts solcher Stilvarianten erhält Lessings Satz, den unter anderem Gesichtspunkt auch Adorno zitiert (Adorno 1981, S. 334), Tief- und Hintersinn: „Der Titel ist eine wahre Kleinigkeit."

Lassing: Bohren, Bangen, Beten

Alles zur Bergung Überlebender vorbereitet
Bundeswehr-Spezialfräser aus Celle eingeflogen

L a s s i n g (AP/dpa). Das Bangen und Beten um das Leben der seit zwei Wochen verschütteten Bergleute in Lassing geht weiter. Nur vier Meter vor ihrem Ziel mußten die Bohrungen zur Bergung der Kumpel gestern mittag erneut unterbrochen werden. Mit der Wiederaufnahme sei erst in den heutigen Morgenstunden zu rechnen, teilte die Einsatzleitung am späten Abend mit.

Für den Fortgang der Arbeiten sind zwei Spezialfräser notwendig, die per Hubschrauber in der Nacht am österreichischen Unglücksort

Sollte sich jedoch herausstellen, daß dieser Weg blockiert ist, müßte ein Taucher hinuntergeschickt werden. Nach Angaben der Einsatzleitung könnte dies aber frühestens zehn Stunden nach Erreichen von Sohle zehn geschehen. Alfred Zechling von der Einsatzleitung sagte am Abend: „Wir hoffen, daß wir so schnell wie möglich zu den Verschütteten vordringen." Die Zielbohrung – über die unter Umständen die Versorgung erfolgen könnte – kam bis zum Mittag auf eine Tiefe von 51 Meter, wo man allerdings auf hartes Gestein stieß. Daher mußte der Meißel getauscht werden.

Schmidt wirft CSU Politik gegen Minderheiten vor

Bonn (EB/DW). Die stellvertretende SPD-Bundesvorsitzende Renate Schmidt hat Bundesfinanzminister und CSU-Chef Theo Waigel vorgeworfen, er schüre im Wahlkampf „systematisch Emotionen gegen Minderheiten". Mit diesen Worten reagierte die bayerische SPD-Politikerin auf ein Interview mit unserer Zeitung. Darin hatte der CSU-Politiker eine verstärkte Arbeitspflicht für Sozialhilfeempfänger verlangt.

Wie ein roter Faden ziehe sich „die Politik der Ausgrenzung" durch den Wahlkampf der Christsozialen, klagte

Dreßler kündigt Sozialpflicht für Billig-Jobs an

Bonn (dpa/EB/kne). Die SPD will nach einem Wahlerfolg im Herbst umgehend die Pflicht auf Sozialversicherung für 520 Mark-Arbeitsverhältnisse (West: 620 Mark) einführen. Die Mehreinnahmen für die Rentenkassen von rund zehn Milliarden Mark sollen zur Stabilisierung der Rentenbeitragssätze dienen. Ohne die Einbeziehung der Billig-Jobs in die Sozialpflicht sei eine Beitragsatzerhöhung zum 1. Januar 1999 „nahezu unausweichlich", sagte der sozialpolitische Sprecher der SPD, Rudolf Dreßler, gestern in Bonn

Rüttgers fordert Englisch schon ab der 1. Klasse

Essen (dpa). Bundesbildungsminister Jürgen Rüttgers (CDU) hat für die Einführung von Englisch-Unterricht schon von der ersten Schulklasse an plädiert. „Deutsche Kinder lernen zu wenig Sprachen", kritisierte Rüttgers in einem Gespräch mit der Westdeutschen Allgemeinen Zeitung. Auf Englisch aufbauend müßten alle Schulen noch weitere Fremdsprachen anbieten. Befähigte Kinder sollten auch früher eingeschult werden, forderte Rüttgers.

Der Minister sprach sich für eine große Bildungsreform" in Deutsch

Ohne Abstriche: Bravo für Regisseur Esche

Premiere von Büchners „Woyzeck" am THEATRium

Woyzeck hat nur seine Marie. Marie hat nur ihre Schönheit. Wenn die verblaßt, hat sie nichts mehr ... also auskosten, mit einem Tomourmajor. Woyzeck hat mit Marie alles verloren ... also umbringen – sie! Ein Antiheld aus der untersten Gesellschaftsschicht, unterdrückt, ausgebeutet und zurückgeschlagen, das Falsche treffend. Georg Büchner, der selbst nur 24 Jahre wurde, wählte die Hauptfigur seines Stückes aus dem Arbeitermilieu.

„Woyzeck"-Premiere beim großstadtKINDER e. V. im THEATRium. 70 gefüllte Plätze, einige um die 30jährige und Jugendliche ab 15 waren gekommen, erstmals auch der Kulturbeigeordnete Georg Girardet.

(Wieso) Ist Woyzeck immer noch aktuell? Der Doktor, der hier eine Frau Doktor ist, kennt nur seine Arbeit – die Hauptmann nur das Befehlen. Die schon am Boden liegen, werden ge-

Mirko Brankatschk) in den Arm genommen wurde, zum Tanz oder einfach so. Tröstende Berührungen. Und wieso ist die Hilflosigkeit und Verzweiflung Woyzecks (Olaf Creutzburg) so nachvollziehbar? Gegen Mauern anrennen, am Ende doch den Schwächsten quälen. Das Liebste einzige was man hat – auslöschen.

Die Musik, größtenteils aus dem Kultfilm „Pulp Fiction", ist optimal ausgewählt. Das Licht beeindruckte besonders in der Anfangs- und Schlußszene. Der starken Inszenierung ist ein großes Publikum zu wünschen. *Kathrin Knoll*
Nächste Vorstellung morgen, 20 Uhr. Karten unter 9 41 36 40.

Kaum Abstriche: Lob für Rene Reinhardt

Premiere vom „Stummen Diener" im Lindenfels

„Wo sind wir?" – „Birmingham." – „Das ist ja Mittelengland!" Oder ein verstaubtes Zimmer ohne Aussicht. Zwei Türen, zwei Betten, zwei Männer. Der eine nervt mit allerlei Geschwätz des zweiten, der Weltbewegendes aus der Zeitung vorliest. So beginnt „Der stumme Diener" Harold Pinters in der Schaubühne Lindenfels, der unter Rene Reinhardts Regie Premiere feierte.

Schlagzeile auf der Titelseite der Zeitung: „Wir wissen nicht, wer wir sind." Scheinbar auch das Lebensmotiv von den (Mathias Kusche) und Gus (Martin Perlbach), Killer in Bereitschaft. Sie warten auf den nächsten Auftrag. Doch es kommen nur Kata-

strophen wie die typisch britische, kennen Tee kochen zu können; und ein Lift, der das Duo mit wenig brauchbaren Informationen speist. Der Aufzug, eine zentrale und technisch sehr originell gelöste Einrichtung fällt in der zu nell dann absurden Werk passenden, minimalistischen Umsetzung auf. Bei der Entwicklung der Handlung setzt Reinhardt mehr auf kleine Gesten als auf große Regiekniffe. Besonders gelungen ist ihm die Kontrastierung der Figuren: Ein nervöser Zweifler steht einem kaltblütigen Macher gegenüber. Jede Geste, jede Wortbetonung sitzt, durchinszeniertes Theater ohne Ecken und Kanten, das aber durchaus eine Prise Anarchismus vertragen hätte.

„Ich bin froh, wenn der Abend vorbei ist", sagt Gus einmal. Doch allein die clownesken Dialoge und Situationen wie der Kampf um ein Reformationsbrötchen sowie die überzeugende

Kaum verklungen war das Friedenslied auf der Kundgebung in Tel Aviv, als die tödlichen Schüsse auf Israels Ministerpräsidenten Rabin fielen. Sein Tod löste in Israel wie anderswo Schmerz, Entsetzen und Fassungslosigkeit aus. Mit dem Mord an Izchak Rabin steht der jüdische Staat vor einer schweren innenpolitischen Prüfung. Rabin war einer der Motoren für die Aussöhnung mit den Arabern. Der Nahost-Friedensprozeß erlitt einen schweren Schlag – Grund zum Feiern für dessen Gegner. Grund zur Trauer für Staats- und Regierungschefs sowie Persönlichkeiten in aller Welt.

Bill Clinton

Clinton: Welt verlor einen ihrer Größten

Washington (dpa). Der amerikanische Präsident Bill Clinton hat den ermordeten israelischen Ministerpräsidenten Rabin in Washington sichtlich erschüttert als „meinen Partner und meinen Freund" gewürdigt: „Ich bewunderte ihn und ich liebe ihn sehr. Die Welt hat einen ihrer größten Männer verloren – einen Kämpfer für die Freiheit seines Landes und jetzt einen Märtyrer für den Frieden seines Landes... Seine letzte Handlung, seine letzten Worte galten der Verteidigung jenes Friedens, für dessen Zustandekommen er so viel getan hat."

Roman Herzog

Herzog: Ein Leben für Israels Freiheit

Bonn (dpa). Bundespräsident Roman Herzog würdigte Rabin als einen Menschen, der sein ganzes Leben für die Freiheit und Unabhängigkeit Israels gekämpft hat und „trotz vieler Widerstände die Stärke (besessen hat) den mutigen Schritt zu tun, um den langjährigen Gegensatz zwischen Israel und seinen unmittelbaren arabischen Nachbarn zu überwinden". Bundeskanzler Helmut Kohl erklärte, Rabin habe die Gefahr für sein Leben gekannt. Für ihn sei aber wichtiger gewesen, daß jede Chance für den Frieden genutzt wird.

Jassir Arafat

Arafat: Schockiert über schreckliche Tat

Hamburg (dpa). Sichtbar „schockiert über dieses schreckliche Verbrechen" hat PLO-Chef Jassir Arafat im US-Fernsehsender CNN „im Namen aller Palästinenser" der israelischen Regierung und dem israelischen Volk sein Beileid ausgesprochen. „Ich hoffe, sie (die Israelis) und wir werden die Fähigkeit haben, diese Tragödie zu überwinden." Rabin sei „einer der mutigen Männer der Israelis und ein Friedensstifter" gewesen. Jordaniens König Hussein bezeichnete Rabin als „Soldaten des Friedens": „Ich betrauere wirklich einen Freund."

Papst Johannes Paul II.

Papst: Israel muß Weg fortsetzen

Vatikanstadt (dpa). Papst Johannes Paul II. hat Rabin als „Diener seines Landes und fähigen Staatsmann" gewürdigt und die Hoffnung geäußert, daß Israel den von ihm eingeschlagenen Weg fortsetzt. „Mögen alle seinen Mut haben", rief der Papst aus. Vor mehreren tausend Menschen auf dem Petersplatz sagte Johannes Paul, die Kugeln des Attentäters hätten „das Herz aller Menschen guten Willens getroffen". Die Bluttat dürfe jetzt nicht die Suche nach Frieden behindern, sondern müsse „zusätzlicher Anreiz" sein, mit der Versöhnung fortzufahren.

UN-Chef Butros Ghali

Ghali: Rabin war ein Mann mit Weitsicht

New York (dpa/AP). UN-Generalsekretär Butros Ghali hat Rabin als einen der bedeutendsten Staatsmänner in der Geschichte Israels gewürdigt. Seine „Weisheit und Weitsicht", sein Einsatz und die Anerkennung der Tatsache, daß Araber und Juden nach Jahrzehnten Feindschaft und Blutvergießen beenden müßten, hätten zum Friedensvertrag zwischen Israel und Jordanien und dem Abkommen zwischen Israel und den Palästinensern geführt. Butros Ghali erklärte, die Nachricht von Rabins Ermordung habe ihn zutiefst erschüttert.

DER WEIN ZUM BUCH

Der Trunk zum Schlaf

Nach einem langen, coffeinhaltigen Tag lohnt es sich immer, in die wunderbare Welt des Rieslings, Burgunders oder Muscadets einzutauchen, gewissermaßen in das bacchantische Reich der Gaumenerotik, in dem schon die Adjektive zur Sünde verleiten, wenn man an liebliche und rassige Weine, an duftige und spritzige Tropfen, an elegante Gesöffe und feurige Fusel denkt.

Wein kann Labsal für die Seele sein, aber vor allem auch Ersatz für all das, was man entbehrt, weil zu alt, zu müde, zu abgespannt. Wer vermag nach langer Arbeit noch den Mann in der eigenen Körperruine zu entdecken, den Höllenfraß und Satansbraten, dem man einst in sich gekannt? Ein Tröpfchen Wein im allgemeinen, ein Schluck 97er Muscadet Sèvre et Maine im besonderen, kann dahelfen, wenigstens einen Teil der schlummernden Kräfte wiederzugewinnen und sich der „Frau von dreißig Jahren" zu widmen, freilich nicht der eigenen, dazu fehlt die Energie, sondern der von Honoré de Balzac, die gerade bei Manesse erschienen ist.

Im Gedanken könnte man mit ihr, der leichtfüßigen, schmalhüftigen Julie anstoßen, die edle Traube genießen, unter mildem Blick der Geschichte ihrer unglücklichen Ehe, ihrer Seitensprünge lauschen, verständnisvoll tun und sich anschließend mit ihr und der Welt versöhnen. Freilich ganz ohne Erotik, eher väterlich, der eigenen Gemütslage entsprechend, wie nach dem alten Wiener Schlager: „Saan wir auch graumeliert, was schließlich jeder wird, schau-en uns doch dann und waaaann die Maadeln noch an."

Das angenehm fruchtige, süffig-frische Elixier aus den Tälern der Loire macht eben nicht nur müde Männer munter und alte Mädchen wieder jung. Es bereichert auch und berauscht auf eine angenehme, leicht duselig machende Weise. Ein, zwei Gläser am Abend also seien gestattet. Sie beflügeln die Sinne und schicken dennoch in den Schlaf. *Jacques Schuster*

Muscadet Sèvre et Maine, Vallée de la Loire, zu beziehen entweder über Jean de Chateclerc in Vallet oder für 10,99 Mark bei Wertheim und Ullrich.

CD-ROM

Der Link zum Leser

Ein digitales „Jahrbuch" der Literatur ist erschienen, dessen gedruckter Umfang so manchem Bücherbord den sicheren Einsturz bescherte: Rund 7000 Seiten Leseproben aus aktuellen Titeln deutschsprachiger Verlage präsentiert die „Bücher CD 1998/1999", begleitet von über tausend Rezensionen und Berichten aus großen Zeitungen. Außerdem enthält die Disk neben weiteren Hintergrundmaterialien einen Buchkatalog, der rund 288 000 Bücher zur Auswahl bereithält.

Mit seiner CD-Rom hat der Stuttgarter Kleinverleger Gerhard Schmid nicht nur ein Forum geschaffen, das einen einzigartigen Überblick über die vergangene literarische Saison bietet. Er etabliert außerdem neben den monographischen CDs und digitalen Textsammlungen, die den Markt beherrschen, ein neues multimediales Format: die „literarische Wundertüte" für den Durchschnittsleser.

Bei der „Bücher CD", stimmen nicht nur die Eckdaten, sondern vor allem das inhaltliche Konzept und seine multimediale Umsetzung: Durch geschickte Programmiertechnik haben der ehemalige Chefredakteur der Computer-Zeitung und sein Team die zum Ausdruck bereitgestellten Auszüge mit Autorenfotos, Illustrationen, Textdokumenten und einigen Hörproben zu einem engmaschigem Informationsnetz verknüpft. Virtuelle Kniffe, wie die liebevoll gestalteten Rollbildschirme, die eine Jahreschronik oder Informationen zu Literaturpreisen bereithalten, erleichtern dem Leser den Einstieg in das digitale Sammelwerk. Buchstabenregister und ein Schlagwortkatalog ermöglichen das schnelle, problemlose Auffinden von Titeln und Autoren. *Peter B. Kant*

BILDERREISE

Der Weg zum Prinz

Die Prinzen waren immer die ersten. Die Prinzen kamen, kaum hatten sie das Flugzeug von Bernard Weber landen gehört. Webers Prinzen sind die Kinder der Wüste. Und eigentlich hatte der kanadische Flieger und Filmemacher sie gesucht. Aber das wußte er noch nicht, als er sich zur Spurensuche nach Antoine de Saint-Exupery und dem kleinen Prinz in die Sahara aufmachte.

Die Expedition war ein Kindertraum, das Buch, die mit Zeichnungen von Francis Back (s.o.) angereicherte Bilderreise durch die Wüste, ein gewagtes Unternehmen. Weber hat es überstanden. Sein „Wüstenprinz" (Bucher, München 1998. 84 S., 39,80 Mark) läßt Saint-Exuperys Flieger-Märchen seinen Zauber und entwickelt genügend eigenen, um nicht zur kitschigen Ausschlachtung eines Klassikers zu verkommen. *Anne Gärtner*

ZUGESCHLAGEN

Das Comic zum Kinn

Der Mann ist doch gestraft genug. Er fährt eine rotgestrichene Gurke, die auf den Rennstrecken dieser Welt auch ohne desöfteren abfallende Kleinteile hinter den wirklich guten Wagen hertöffelt. Er hat das gewaltigste Kinn der bundesrepublikanischen Geschichte ins Cockpit zu quetschen. Jetzt kommt es knüppeldick für Michael „Schumi" Schumacher.

Der Kerpener kommt wieder ins Comic. Was nichts Schlimmes sein muß. Im Fall von „Gib Gummi" (Carlsen, Hamburg. 47 S., 7,90 Mark) aber schon in der ersten Runde an der Boxenmauer endet. Schumi ist blöd. Während sein Bruder Ralf Schopenhauer studieren darf, ist Mischa so beschränkt wie das Pflaumenmus, für das er Werbung macht. Bernie Ecclestone bescheißt ihn, und eine indische Göttin läßt ihn hinter den Silberpfeilen herschleichen, wenn sie keine Steaks als Blutopfer bekommt. Im Kreis herumfahren ist einfältig. Dieses Comic auch. *Ringo Frey*

DER WEIN ZUM BUCH

Wiedergefundene Zeit

Manchmal kommt man auf merkwürdige Ideen. Bei der letztwöchigen Gewissenserforschung beispielsweise, mit welchem Getränk an der Seite man sich doch noch einmal in das vermutlich langandauernde Abenteuer der Durchquerung von Marcel Prousts „Suche nach der verlorenen Zeit" stürzen möchte. Lindenblütentee zum Beispiel wäre sicherlich passend, muß es aber ja nicht unbedingt sein. Schon Grüner Tee jagt mir kalte Schauer den Rücken hinunter, macht mich per Spontanheilung von allen derzeitigen und kommenden Krankheiten gesund.

Nun könnte man, hat man sich erst einmal auf Wein als Begleiter geeinigt, argumentieren, für den in seiner Gesamtlektüre am längten dauernden Roman dieses Jahrhunderts müßte man auch einen langlebigen, durchgereiften und deswegen sozusagen zeitgesättigten Bordeaux zur Hand haben. Das hat zwar etwas für sich, die Kostenrechnung allerdings gegen sich. Proust liest eben nicht an einem Abend, nicht einmal in einer Woche weg. Und selbst bei geschicktester Dosierung würden die zehn schönen, kleinen Bände im Regal den Bordeaux-Vorrat im Keller notwendigerweise erheblich dezimieren.

Warum also nicht ein Gegenentwurf. Ein Wein, in dem die Zeitgrenzen aufgehoben sind, der stets und überall gleich schmeckt, der stets und (in Deutschland beinahe) überall zur Verfügung steht, sprich: der sich perfekt eignet, die dauerhafte, gleichbleibende Grundierung der Swannschen Welt zu liefern. Der bei Aldi vertriebene kalifornische Cabernet Sauvignon von Burlwood ist so einer. Ein junger, schon reifer Cabernet, gleichbleibend trockenpflaumenaromig, gleichbleibend solide, nicht zu sehr mit der memorierendem Raffinesse Prousts konkurrierend, sie nicht mit allzu ausgepichter Geschmacksplattheit beleidigend. Der perfekte Begleiter zum Wiederfinden der Zeit. *Tom Stöver*

Burlwood. Bei allen Aldi-Verkaufsstellen. 6,95 Mark.

HÖRBUCH

Wiedergefundenes Reich

„Im schönsten Reich neu-alter Märchen und frischer Kolportage" sah Ernst Bloch die Märchenfiguren Wilhelm Hauffs. Und wirklich: es gibt in der deutschen Literatur keine so gelungene Synthese aus Orient und Romantik, aus der Welt des Bazars und dem Sehnsuchtsreich der blauen Blume wie in den Geschichten vom kleinen Muck, von Kalif Storch oder von der Errettung Fatmes. Diese Kunstmärchen sind Volksbücher im besten Sinne geworden, haben sich beinahe von ihrem Autor gelöst, sind eingewandert in das kollektive Gedächtnis unserer Kultur wie die Märchen der Gebrüder Grimm oder die Sage vom Doktor Faustus.

Diese Popularität verdanken sie auch ihrem mündlichen Charakter: sie stammen aus der Sphäre lebendiger Erzählung und verlangen nach ihr. Wie groß der Verlust bei stiller Lektüre ist, hört man, wenn der Erzählton in einem Meister wie *Manfred Steffen* wieder auflebt (*Hauffs Märchen 5-7. Deutsche Grammophon*). Ihm gelingt die Übertragung des Geschriebenen ins Gesprochene so, als bringe er ein längst verklungenes Original zurück vor unser Gehör. Dabei verzichtet er fast vollständig auf stimmliche Rollenunterscheidung nach den jeweiligen Rednern oder Gesprächspartnern im Text, womit ausdrucksschwache Allerweltssprecher oft ihre Vorlage in ein Quasihörspiel verwandeln, um den Mangel an charakteristischem Erzählton zu vertuschen.

Steffens Interpretation von Hauffs Märchen ist so hinreißend, weil er den abenteuerlichen Stoff in seiner unverwechselbaren, norddeutsch-rauhen und doch ungemein modulierfähigen Stimme frisch und fremdartig wiedererzeugt.

Dabei gelingt ihm ein besonderer Kunstgriff: indem sich Steffen von Hauffs Märchen lesend selber wieder faszinieren lassen kann, liest er den Bann mit, der diese Geschichten jugendlichen Lesern einst so kostbar machte. *Gert Ueding*

COMIC

Wiedergefundener Held

So ähnlich hatten wir uns eigentlich das Leben vorgestellt. Am liebsten. Als wir klein, dick und stoppelhaarig waren. Mit unseren Freunden über einen See aus Limonade schippern (s.o.), beim Fußballspiel (nur zweimal zehn Minuten!) auf Tore aus Käseschachteln und Würsten schießen, Seeschlangen aus Schaumzucker basteln und in einem Land zur Schule gehen, in dem es Schokoplätzchen und Marzipan regnet. Mit den Schokoplätzchen in der Schule war es leider nach der Ermordung unserer Schultüten vorbei, und obwohl wir genauso klein und dick und stoppelhaarig waren wie der früheste Comic-Held unserer Kinderzeit, erlebten wir natürlich keine so seltsamen Abenteuer wie „*Mecki im Schlaraffenland*" (*Ullstein, Berlin, unpag., 19,80 Mark*).

Jetzt sind wir groß, (naja schon) dick und bekommen in regelmäßigen Abständen die Wiederauflagen von Mecki in die Hand. Reisen rückwärts durch die bundesdeutsche Republikgeschichte und die eigene. Schön, seltsam und süß. *Max Hermann*

ZUGESCHLAGEN

Wiedergefundenes Buch

Wir hatten es ja zugeschlagen, zugegeben. Ganz laut zugeschlagen. So laut zugeschlagen, daß es die Zimmerpflanzen unserer Nachbarn bis ins Kakteenmark erschüttert hat. Was dem Verhältnis zu unseren Nachbarn nicht eben, aber unserem Seelenhaushalt sogar sehr gut getan hat. Denn so ein ordentliches Fluchen über ein Buch reinigt den Kopf ungemein.

Müssen Sie auch mal probieren. Ein schlechtes Buch kaufen. Anfangen zu lesen. Schimpfen. Prima.

Aber wir sind abgeschweift. Zurück zu Günter, unserem Groß- und Jahrhundertdichter. An dem wetzt sich jetzt die Feder, wer sie auch nur ein bißchen gerade halten kann. Wir wollten uns da vornehm zurückhalten. Man muß ja Blamagen auch nicht über Gebühr begehen. Deswegen schlugen wir (s.o.) den Wälzer vehement und kakteengefährdend zu. Das wäre jetzt eine ziemlich dämliche Geschichte, hätte sie nicht ein Nachspiel.

Denn Günter wurde geadelt. Als großer Literat, als noch größerer Maler. Was wir verwarfen, klaubte unsere Tochter hervor. Stellte es sich ans Bett, ist ganz verzückt von den post-kartoffeldruckartigen Aquarellen des Großdichters.

Wir müssen ständig draus lesen. Unsere Tochter kann das nicht. Sie ist drei. Und liebt Günter Grass. Ein Erfolg. *Ringo Frey*

Außenseiter-Erfolg bei Ski-Jägerinnen, Favoriten-Triumph im Super-G und souveräne deutsche Adler zum Auftakt eines „heißen" Wintersport-Wochenendes

Biathlon: Sensationssieg von Martina Glagow

Ski alpin: Hermann Maier beendet „Streif"-Trauma

Skispringen: Bei Wind und Schnee verzichtet Schmitt

Antholz (sid) Mit einem sensationellen Dreifach-Triumph der deutschen Biathletinnen endete die 7,5-km-Sprint beim Weltcup in Antholz.

Kitzbühel (dpa) Hermann Maier hat seinen Frieden mit der bislang ungeliebten „Streif" gemacht.

Sapporo (dpa). Windböen und Schnee hielten Martin Schmitt am

Drama in Schönefeld: 51jährige Frau verbrannte in ihrer Wohnung

45jähriger Ehemann kam mit lebensbedrohlicher Rauchgasvergiftung ins Krankenhaus

Flammen loderten gestern morgen gegen 2 Uhr aus den Fenstern einer Wohnung in der dritten Etage des Gebäudes Ossietzkystraße 16. Hausbewohner wurden wach und alarmierten die Feuerwehr. Für die 51jährige Mieterin in der brennenden Wohnung kam jede Hilfe

der Intensivstation um sein Leben kämpfen.

Die Feuerwehr hatte nach 30 Minuten die Flammen gelöscht. Nach Angaben der Polizei hatte ein falscher Umgang mit Tabakglut im Schlafzimmer einen Schwelbrand verursacht, der zum Ausbruch des Flammen hau-

Die bis zur Unkenntlichkeit verbrannte Leiche der Frau wird aus dem Unglückshaus gebracht.

Entsetzen in Volkmarsdorf: 13jähriger Junge warf sich vor einen Zug

Lok-Führer entdeckte das tote Kind zwischen den Gleisen / Junge seit Mittwoch vermißt

Gestern morgen kurz vor 5 Uhr: Der Lok-Führer eines Zuges erschrickt. Als der S-Bahn-Haltepunkt Leipzig-Ost vorbeifährt, sieht er auf dem benachbarten Gleis einen toten Jungen liegen. Er alarmiert die Polizei. Die Strecke wird sofort gesperrt. Kripobeamte sehen die Leiche, hau-

den Eltern zum Fortgehen. Doch das Kind war mit dem festen Vorsatz aus dem Haus gegangen, sei-nem Leben ein Ende zu setzen, wie die Ermittler setzten, wie die Ermittler zen, wie die Motive machte die Polizei keinerlei Aussagen. Für die Kripo steht fest, daß der Junge von einem Zug erfaßt und

---

Heute endet ein weiteres Schuljahr – auch für viele Pädagogen ein Einschnitt / Hier zwei Beispiele

Direktorin Beate Günzerodt: „Ich will einen Schnitt machen"

„Einen Schnitt will Beate Günzerodt machen. Nach sieben Jahren an einem Evangelischen Schulzentrum steht für sie fest. „Ich werde keine Schüler mehr unterrichten. Heute geht sie in Pension „Wober", schickt sie nach, „ein paar private Stunden waren vielleicht möglich." Und schmunzelt

Lehrerin Esther Stompler: „Ich will Bezugsperson sein"

„Nein", lacht Esther Stompler. Ans Aufhören hätte sie nie ge-dacht. Das Kind war mit nicht, die als die Grundschul-lehrerin für Mathematik, Deutsch und Kunsterziehung sich an der 38. Grundschule hinter sich lassen. Einen guten Monat, bevor am 2. September für 33. Lehrerjahr beginnt.

LESERBRIEFE

Kohl 1: Gelebte Visionen

Zum Leserbrief „Reden oder Abtreten" vom 25./26. März

Dazu habe ich drei Fragen vorweg:
1. In welcher Weise hat der Kanzler die Einheit Europas sicherer gemacht und durchge-setzt; wohl auch mit unbenannten Spendengeldern. Offensichtlich sahen (und) sehen viele Bürger in diesem Herrn mit der Spende an jener „Europa" sei gut angelegt.

anrüchiger als politisch verwedelte Spenden? Ihre Gegensatz zum jetzigen Kanzler, hat Herr Kohl seine Visionen nicht tümlich situationsabhängig angepasst, sondern geküht und durchge-
2. Warum wendet sich Herr Milachowski, Autor dieser Zeilen, gegen bereits ver-sicherte Spenden und deren Verwendung für die politi-sche Umgestaltung der eho-

einzig funktionierenden Gesellschaftsordnung ihre Macht auch mit dem wich-tigsten Instrument dieser Gesellschaft, nämlich Geld, sichlich stehen könnten. Gerade also durch Spenden beschränkt sich in Deutsch-land die politische Machtaus-übung eben nicht auf die vom Staat fürkünft Wohlhaben-den.

Positiv sehe ich die nun mehr allgemein gewordene Partei-en-Finanzierungen, wie

Kohl 2: Bewusster Meineid

Zum gleichen Thema

Es ist schon ein starkes Stück, wenn der Alt-kanzler der Bundes-republik Deutschland ein von seinen Anwälten konzipiertes Gutachten dazu nutzt, um sein persönliches Ver-halten herunterzuspielen. Es handelt sich eben im Gegen-satz zur Meinung auch ihres Leitartikels vom 3. April nicht bei einem bewusst gegen das Parteiengesetz gerichte-

simonilwerto Flöskel zu sein. Aber für solche Fälle gibt es Ja Richtlinien und praktizierten Allaskandell zu dessen Verteidigung auf an um „Binbes" alles wieder zu re-gen.

Und nun noch die Nutzung von Stasi-Abhörprotokollen zum „Finanzskandal. Wenn sich das angerufene BVG ge-gen deren Nutzung entschei-det, dann müsste jeder Einhalt-tung versoält, Das bezeichne ich als bewusst begangenen toten Meineid! Jeder vorenti-diese kleine Gasket ein wird

blick -Punkte zum Jahreswechsel

Einen solchen Ueber-blick wünschen wir für 1980 in jeder Lebenslage allen unseren Lesern. Bleiben Sie weiterhin mit beiden Beinen auf der Erde.

Fotos/Montagen/Graphiken: K. Plewe, H. P. Beyer, H. Jahne, Th. Johne, G.-Eicke, Th. Dietzel

Rück-blick

Fürwahr, ein Rückblick ist schon Gold wert, wenn auch das Jahr mit einer Hundskälte beginnt und wir auch im Betrieb so manchen Schüttelfrost bekamen. [...]

Augen-blick

[Bildunterschrift]

Kenner-blick

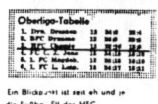

Weit-blick

Unter dem wolkenlosen Sternenhimmel der hallischen Planetariums auf der Peißnitz waren wir an der Seite vom Chef des Hauses, Karl Kockel, einem Westblick über Jungfrau und Wassermann hinweg in Richtung Steenbock. [...]

Durch-blick

Scharf-blick

Seit nunmehr 20 Jahren hantiert der heute 73jährige Max Wollny mit scharfen Sachen. [...]

Aus-blick

Von hier oben, 242 Stufen über 46 Meter hoch, auf dem Naumburger Dom, da schweift der Blick. [...]

Über-blick

Sonderzügen auf DDR-Erkundung. Aber die weitgereisten, eigentlich auch daneigten mit den meisten Ueberblick, und die Monteure der Naumburger Werkzeugmaschinenbetriebe von VEB Mikrom. [...]

Seiten-blick

Ein Seamhblick ins Dekolleté o Insfahrern, und auch mancher [...]

Tief-blick

"Auf Stähl's und Strecken laß dich nicht schrecken." Ein Bergmannsspruch, der maßgeschneidert scheint für den Hauer Detlev Schiele. [...]

Licht-blick

Oberliga-Tabelle

1. Dyn. Dresden	13	9	2	2	30:14	20
2. BFC Dynamo	13	8	2	3	29:17	18
...						
. FC Lok. Lpz.	13	4	5	4	21:17	13

Ein Blick-punkt ist und im ja die Fußba -Elf des HFC für alle Fans- und Kicker-Hase-Im Punkte:ampf auf grünem Rasen eroberte er – Kohl sei Dank – als Oberliga Spitzenreiter Platz 2 zur "Halbzeit", große Klasse! [...]

An-blick

Ein-blick

Trotz millionenfacher Vergrößerung genügt ein Blick in das Höchstleistungselektronenmikroskop um alle [...]

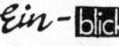

9 Anmerkungen zur Sprachpflege

Erörterungen zur Sprachpflege und Sprachkultur im Journalismus sollten von der Erkenntnis getragen sein, daß die Medien den Sprachgebrauch von Millionen Menschen – im Positiven wie im Negativen – tagtäglich beeinflussen. Journalistischer Sprachgebrauch wird von der Mehrzahl der Rezipienten als verbindlich angesehen, zumindest was die literatursprachlichen (standardsprachlichen) Normen, insbesondere die grammatischen, anlangt, deren Festigung der Journalist fördern, deren ungerechtfertigte Verletzung er im Laufe der Zeit aber auch sanktionieren kann.

Angesichts der Vorbildwirkung, und der ununterbrochenen massenhaften Verbreitung journalistischer Texte gewinnen Kriterien der Sprachkultur und aus ihnen abzuleitende sprachpflegerische Prinzipien (z.B. Normgerechtheit, Verständlichkeit, Ausdrucksökonomie, Variabilität des Ausdrucks, Konkretheit, situative Angemessenheit und Wohlgeformtheit) weitreichende Bedeutung. Die Verantwortung der Journalisten für das geschriebene oder gesprochene Wort kann deshalb nicht hoch genug angesetzt werden. Vorbildlicher Sprachgebrauch in den Medien, die wir auch als kulturelle Institution betrachten, dient der Bewahrung eines reichen Erbes und fördert dessen Entwicklung.

Sprachwissenschaftler und führende Journalisten stimmen heute darin überein, daß der Journalist als einer der wichtigsten Sachwalter der Sprachkultur ein w i s s e n s c h a f t l i c h e s Sprachbewußtsein besitzen muß, das heißt die Fähigkeit, eigene und fremde Sprachleistungen auf der Grundlage gesicherter Erkenntnisse zu bewerten, eine Fähigkeit, die neben umfassenden Kenntnissen des Sprachsystems, der unterschiedlichen Existenzformen unserer Sprache, des Sprachgebrauchs in verschiedenen Textsorten und Kommunikationsbereichen und der Entwicklungstendenzen in der Gegenwartssprache auch weitreichende eigene Erfahrung im Umgang mit Sprache voraussetzt und sich auf wissenschaftliche Bewertungskriterien stützt.

Eines der grundlegenden Kriterien ist zweifellos n o r m g e r e c h t e Sprachverwendung, ein den geltenden orthographischen, lexisch-semantischen, grammatischen und stilistischen Normen entsprechender Sprachgebrauch. Auf diese Normen haben wir in den vorangegangenen Kapiteln, wo immer das angebracht war, bereits hingewiesen und an Beispielen verdeutlicht, wie sich Normverletzungen auswirken. Wir wollen im folgenden lediglich einige auffällige Erscheinungen betrachten, die uns heute in journalistischen Texten begegnen. Zuvor jedoch noch einige Bemerkungen genereller Art:

Ein großer Teil der Sprach- und Stilnormen ist zwar in Wörterbüchern, Grammatiken und anderen sprachwissenschaftlichen Nachschlagewerken kodifiziert, so daß der Journalist sich in Zweifelsfällen leicht orientieren kann, aber Normen sind nichts Ewiges. „Soziale Faktoren, die Widerspiegelung ständiger Veränderungen in der außersprachlichen Wirklichkeit und die im sprachlichen System angelegten Möglichkeiten der Variation führen ständig zu Neuerungen." (Kempcke 1987, S. 20.) Mitunter haben sogar Lexikographen Schwierigkeiten, solche Veränderungen richtig zu bewerten. Kempcke verweist z.B. auf die Tatsache, daß der (DDR-)Duden in seiner letzten Neubearbeitung (1985) die orthographische Unterscheidung zwischen *frei halten* (eine Einfahrt, einen Sitzplatz) und *freihalten* (einen Gast im Lokal) zugunsten der Zusammenschreibung aufgegeben hatte, nachdem eine ganze Generation von Kraftfahrzeughaltern die Hinweise an den Garagentoren endlich orthographiegerecht gestaltet hatte. Der Autor kritisierte zu Recht, daß diese Änderung nur an einem Einzelfall vorgenommen worden war, nicht systemgemäß; sonst hätte man z.B. auch *frei lassen* in der Bedeutung von *unbesetzt lassen* angleichen müssen. (Ähnliche Beobachtungen haben ja auch zu heftiger Kritik an der Rechtschreibreform geführt.)

Vom Journalisten in solchen und ähnlichen Fällen Entscheidungen zu fordern wäre sicherlich zuviel verlangt. Was man jedoch von seinem Sprachbewußtsein erwarten darf, ist die Erkenntnis, daß Dynamik und Stabilität der Sprache in einem dialektischen Verhältnis zueinander stehen und daß eine Verabsolutierung der Stabilität (d.h. unter anderem unbedingtes Festhalten an überkommenen Normen) zu mangelnder Beweglichkeit der Sprache führen würde, eine Verabsolutierung der Dynamik dagegen zu einer völligen Regellosigkeit. In Zweifelsfällen wie dem beschriebenen sollten Journalisten jedenfalls den Rat eines Linguisten suchen.

Nun begegnen dem Journalisten solche strittigen Fälle in der Praxis relativ selten. Viel häufiger hat er es mit eindeutigen Normverstößen zu tun (beim Redigieren fremder Texte zum Beispiel), oder er verletzt selbst Normen, weil sie nicht kennt oder sich ihrer nicht genügend bewußt wird. Auf einige solcher Verstöße soll im folgenden eingegangen werden.

Präpositionen

Zu den auffälligsten Erscheinungen des Sprachgebrauchs der Medien gehört die zunehmende Unsicherheit bei der Verwendung von Präpositionen. Sehr oft werden falsche gewählt (*Aufforderung nach einer neuen Politik* statt *zu einer neuen Politik/Der Staatssekretär sprach zur Landwirtschaft* statt *über die Landwirtschaft/Für – statt auf – das Fest bereiten sich Zehntausende Sportler vor/Bei – statt an – der Konferenz nahmen... teil*). Hier könnte schon die Besinnung auf eine erweiterte Form des Infinitivs, die zumeist geläufig ist, weiterhelfen: *jemanden zu etwas auffordern/über etwas* (oder *von etwas*) *sprechen/sich auf etwas vorbereiten/an etwas teilnehmen*.

Schwierigkeiten bereitet manchen Journalisten neuerdings auch die Entscheidung, ob *durch* oder *wegen* zu setzen ist: *Tausende starben, weil Hilfsprogramme durch den Bandenterror nicht wirksam werden konnten* oder *Durch starkes Schneetreiben gab es Verspätungen im Nahverkehr*. Die Grammatik führt *durch* in drei Bedeutungen an: In r ä u m l i c h e r Bedeutung bezeichnet es eine zielgerichtete Bewegung in etwas hinein und wieder hinaus (*Er ging durch den Korridor in sein Büro*). In m o d a l e r Bedeutung bezieht es sich auf die Mittelsperson oder das als Mittler dienende Zwischenglied (*Sie schickte das Buch durch einen Boten/Er wurde durch einen Schuß verletzt*). In k a u s a l e r Bedeutung schließlich meint es den Grund, aber in der Regel nur dann, wenn ein passivischer Satz vorliegt: *Durch ein Versehen wurden sie vergessen*. Im Aktivsatz dagegen muß Kausalität durch *wegen* (oder *infolge/auf Grund*) ausgedrückt werden, also nicht *Durch den Kälteeinbruch ruhten die Maurerarbeiten*, sondern *wegen des Kälteeinbruchs*. Eine völlig unsinnige Verwendung von *durch* zeigt der Satz *Sie waren durch ihre Fahrer nicht mehr in der Lage, die Fracht zu verladen*. Hier war einfach gemeint *Die Fahrer konnten die*

Fracht nicht mehr verladen oder *Sie hatten niemanden, der die Fracht noch verladen konnte* (weil die Fahrer schon Feierabend hatten).

Größer noch ist die Unsicherheit in bezug auf den nach Präpositionen zu wählenden Kasus des folgenden Substantivs (einschließlich des Artikels oder Pronomens). Wir lesen: *entgegen der Erwartungen / gemäß neuerer Erkenntnisse / entsprechend ergänzender Regelungen / samt des Ertrags / nahe des Epizentrums / entlang des Flusses* (statt *entlang dem Fluß* oder *den Fluß entlang;* der Genitiv gilt nur als süddeutsch-österreichische Variante) / *wider allen Vorschriften.* Dabei ist es doch ein leichtes, sich im Zweifel zu fragen, ob ein *wem (wen)* oder *wessen* zutreffend wäre (*entgegen wem* oder *wessen? / gemäß wem* oder *wessen? / nahe wem* oder *wessen? wider wen* oder *wessen?* usw.). Dann kommt man schnell auf den Dativ (oder – seltener – den Akkusativ) als die richtige Form. Wer statt dessen den Genitiv verwendet, verstößt nicht nur gegen die Norm, sondern verlängert bei nominaler Ausdrucksweise unnötig die berüchtigten „Genitivtreppen", die das Verstehen erschweren und wegen ihrer Monotonie störend wirken: *entsprechend eines Hinweises des Vorsitzenden des zuständigen Ausschusses des Europarates.*

Pronominaladverbien

Was die Verbindung von Präpositionen mit Adverbien angeht (wie *danach, darauf, damit* u.v.a.), so fällt auf, daß ihnen immer häufiger ein mit *was* eingeleiteter R e l a t i v satz angeschlossen wird, obwohl sie sinnvoll nur a b s o l u t stehen können wie etwa: *Sie hatte in ihrem Leben wenig Glück gehabt, aber sie sehnte sich danach* (oder *Sie sehnte sich danach, ein wenig Glück zu finden*). Falsch – zumindest mißverständlich – sind deshalb die folgenden Sätze: *Er interessierte sich dafür* (statt *für das* oder *für vieles*), *was seinen Nachbarn gleichgültig war / Sie suchte danach, was den Menschen eine Zukunft eröffnen könnte / Philosophen und Psychologen sind Leute, die sich damit beschäftigen, was anderen durch den Kopf geht.*

Pronomen

Unter den Pronomen ist *solch* heute am meisten in Gefahr, seine eigentliche Bedeutung einzubüßen. In adjektivischer Funktion nimmt es immer auf eine situationsbestimmte oder im Kontext charakterisierte Beschaffenheit Bezug: *Es herrschte Windstärke 12. Die Wogen gingen meterhoch. Solch einen Sturm hatten die Fischer noch nie erlebt.* Dagegen ist *solch* in den folgenden Sätzen nur ein überflüssiges Füllwort: *Solche Rüstungskonzerne wie General Motors, Lockheed oder McDonnell Douglas erhalten 87 Prozent aller Aufträge des Pentagon/Manche Länder streben nach einem solchen Schutzmechanismus, der den Realitäten des Atomzeitalters entspricht/Das erfordert eine solche Haltung, die es uns ermöglicht voranzukommen.* Solchen Gebrauch von *solch* sollten wir unterlassen.

Ebenso wie *solcher, solche, solches* erfüllen auch *der, die, das* neben *dieser, diese, dieses* und *jener, jene, jenes* die Funktion, auf eine Sache oder Person hinzuweisen, die bereits im Kontext genannt oder aus der Situation ersichtlich ist. Handelt es sich um eine Sache, so genügt es heute, *das* oder *dies* zu verwenden. Es würde altertümlich oder gespreizt wirken, wollten wir jedesmal *dieses* sagen, zumal es sich oft nur um ein „allgemeines Anschlußstück" (Erben 1964, S. 145) handelt. Manche Autoren oder Sprecher glauben aber offenbar, es gehöre zum guten Ton, das schlichte *dies* oder *das* zu meiden. *Dieses ist der Regierung schon seit längerem bekannt*, sagen die einen, und *Dieses gilt auch für andere Regionen*, sagen die anderen. Da war Schiller schon moderner: *Dies alles ist mir untertänig* ließ er den König in der Ballade „Der Ring des Polykrates" sagen.

Deklination

Den richtigen Kasus zu finden, fällt manchem schwer: *Torwart Kahn avancierte zum Held des Abends*, schreibt da ein Sportberichterstatter, und ein Wissenschaftsjournalist läßt verlauten, er habe *die modernsten Laboren* besucht. Andere wollen einem *Autoren* begegnet sein, und wieder andere haben *mit dem Kommandeur einer der Raketenkomplexe* ein Interview geführt.

Auch manche Redewendungen schreiben einen bestimmten Kasus vor, zum Beispiel den Genitiv: *einer Sache Herr werden* oder *eines Menschen gedenken*. Falsch sind deshalb die Sätze: *Er äußerte sich dazu, wie man dem Messeverkehr Herr werden will* und (als Überschrift) *Dem ehemaligen OBM Leipzigs gedacht*.

Was die Apposition, auch die nachgestellte, betrifft, so muß sie im Kasus mit ihrem Bezugswort übereinstimmen. Normwidrig ist es deshalb, zu schreiben: *Bamberg ist durch seinen Dom bekannt geworden, einem der schönsten Europas.* Oder: *In jedem Haushalt Neu-Olvenstedts, dem größten Neubaugebiet Magdeburgs, gibt es jetzt Fernsehen.*

Zeitformen

Unsere Sprache verfügt über sechs Tempora, mit deren Hilfe etwa fünfzehn Bedeutungsvarianten ausgedrückt werden können. Zu den Normen des Tempusgebrauchs gehört es, daß die Vorzeitigkeit eines Vorgangs oder einer Handlung signalisiert wird. Wenn ein Autor beispielsweise im Präteritum (Imperfekt) berichtet, dann muß Vorzeitigkeit durch das Plusquamperfekt ausgedrückt werden. In den folgenden Sätzen wird gegen diese Regel verstoßen: *Gestellt wurde eine Tätergruppe, die seit Dezember Einbrüche in Verkaufsstellen beging/Festgenommen wurde Uwe T., der die Wohnung durchsuchte und mehrere tausend Mark an sich nahm/Die Rowdies, die am Dienstag zuvor eine Straßenbahn bewarfen, wurden inzwischen zur Verantwortung gezogen/Die Entführer flogen weiter, nachdem sie 57 Passagiere von Bord ließen/ Nachdem das Schlachtschiff „Missouri" zur Verstärkung der sich bereits im Golfgebiet befindlichen* (statt richtig: *sich befindenden*) *USA-Flotte in Marsch gesetzt wurde, beorderte das Pentagon nun auch Flugzeugträger in die Region/Ein 61-jähriger Texaner verklagte zwei renommierte Whiskyfirmen auf Zahlung von Schmerzensgeld. Deren Destillaten sprach er bis zur Leberzirrhose zu.* (Schopenhauer hat diese Art Tempusgebrauch einmal eine „linguistische Infamie" genannt, da sie unter allen „Sprachverhunzungen" die niederträchtigste sei.)

Steigerung

Es gibt Wörter, die sich nicht steigern lassen, weil sie schon ein Äußerstes ausdrücken. Zu ihnen gehören *ureigen, Favorit, extrem.* Und doch lesen wir häufig von *ureigensten Interessen,* hören wir von *absoluten Topfavoriten,* lassen wir uns von *extremsten* (oder *sehr extremen*) *Wetterverhältnissen überraschen,* die über das Außerordentliche, das Äußerste (so die Bedeutung von *extrem*) angeblich noch hinausgehen. Und was hat es mit einer Kunstkritikerin auf sich, die zu den *profiliertesten Kunstkritikern über den Berliner Raum hinaus gehört?* Kann sie mehr als hervorstechen? Offenbar ja – sie sticht über den Berliner Raum hinaus hervor!

Modewörter und -wendungen

Modewörter haben insofern etwas mit Sprachpflege zu tun, als ihr massenhafter Gebrauch dazu führt, daß Texte unscharf oder eintönig werden und dadurch erheblich an Wirkung verlieren können. Zwar „werden immer wieder einmal Feldzüge gegen die Modewörter geführt, aber sie tauchen auch immer wieder neu auf und müssen also wohl ein Bedürfnis der Sprecher und Schreiber befriedigen. Sie sind in gewissen Grenzen erforderlich. Wir brauchen für bestimmte Zwecke in der Alltagsrede allgemeine Wörter wie *nett* und *interessant*. Es wäre unzweckmäßiger Kräfteverbrauch, der Funktion der jeweiligen Äußerung nicht angemessen, wenn man die Fügungen *ein netter Mensch, ein interessanter Film* jedes Mal durch ein präziseres Adjektiv ersetzen wollte... Das Ganze ist nicht eine Frage der Verfemung bestimmter Wörter und Wendungen, sondern des überlegten und differenzierten Sprachgebrauchs unter ständiger Berücksichtigung der Funktion, des Zweckes der Äußerung und der Kommunikationssituation." (Fleischer/Michel u.a. 1975, S. 84 ff.)

Dem ist im wesentlichen zuzustimmen. Der Journalist sollte jedoch bedenken, daß es aus den schon genannten Gründen eines bewußt kritischen Verhaltens auch gegenüber dem Modewort bedarf. Eines der neueren ist beispielsweise *Spektakel* (vorangegangen sind *motivieren* und *sich motivieren, mit etwas konfrontiert sein, etwas hinterfragen, sich einbringen, letztendlich* statt *letztlich, letzten Endes* oder *schließlich, hautnah* und viele andere). Heutzutage spektakelt es allenthalben, denn die Wirrnis ist groß in unserer Welt. Es mag noch angehen, wenn die Aufführung eines Karl-May-Stückes in einem Naturtheater scherzhaft als *Spektakel* bezeichnet wird. Fragwürdig wird die Verwendung schon, wenn es in der Besprechung eines Films, der einen tragischen Ausgang hat, heißt: *Der Regisseur setzte das Spektakel geschickt in Szene* oder wenn in einer Theaterrezension ein Stück von Heiner Müller wegen seines anspruchsvollen Textes gelobt und im gleichen Atemzuge durch die Bezeichnung *Spektakel* beinahe diffamiert wird. Vom *Video-Spektakel*, einem *historischen Marktspektakel* über die Titelzeile *Hautnahes Gangsterspektakel von Brecht – der „Ui"* bis zum *Mittsommernachtsspektakel*, das die Sonnwendfeier ersetzen will, finden wir so ziemlich alles, was mit *Spektakel* angestellt werden kann. Aber die vorgeführten Beispiele sind noch harmlos im Vergleich zu den folgenden. Da wird die Gefahr eines großen regionalen Krieges heruntergespielt, indem man dem Publikum sagt, *im Golfgebiet könnte ein mörderisches Spektakel losgehen, wenn die USA einen Präventivschlag führen würden*, oder es wird an Sensationslust appelliert, die menschliches Leid ignoriert: das todbringende Unglück in Eschede war dann nur *ein grausames Spektakel.*

Von den kursierenden Modewörtern sei noch einmal auf das schon zum Allerweltswort gewordene *hautnah* verwiesen. Wir ersparen uns die Aufzählung von Fällen, in denen es gedankenlos verwendet wurde, und zitieren – zur Abschreckung – nur zwei: *Die spektakulären* (es spektakelt schon wieder!) *Zeitlupenaufnahmen des Tierfilmers machen die blitzschnellen Manöver des Falken hautnah sichtbar.* Und: *Im brasilianischen Pantatal, einem ausgedehnten Sumpfgebiet, kann man die Krokodile hautnah erleben.* Da möchte der Autor sicher nicht dabei sein!

Von den M o d e w e n d u n g e n erlebt zur Zeit *von etwas ausgehen* eine wahre Inflation. Ob es nun Politiker, Zeitungsleute, Moderatoren oder Nachrichtensprecher sind, sie alle verwenden die Floskel mehrmals am Tage, weil sie so schön bequem ist und verhüllt, was eigentlich gesagt werden müßte. Sie *gehen* beispielsweise *davon aus, daß mit mehr als 100 Opfern zu rechnen ist* (bei einem Flugzeugabsturz), statt mit mehr als 100 Opfern wirklich zu *rechnen* oder die Zahl zu *befürchten.* Keiner erfährt, ob es sich um Annahme, Vermutung, Erwägung, Erwartung, Grundsatz oder Voraussetzung handelt. Sie verschweigen, ob sie etwas glauben oder denken, ob sie es für möglich, wahrscheinlich oder sicher halten. Wörter wie *vermutlich, voraussichtlich, aller Voraussicht nach, aller Wahrscheinlichkeit nach* sucht man in ihrem Wortschatz vergeblich. Da ist es schon ein Lichtblick im sprachlichen Dunkel, wenn einer freiweg sagt: *Ich denke 'mal...*

Satzgestaltung

Die auffälligste Erscheinung im syntaktischen Bereich ist die fehlende Inversion, die Umkehrung der Satzgliedfolge, in Nebensätzen, die mit *weil* eingeleitet werden: *Ich mache mir Sorgen, weil er ist noch nicht zu Hause / Er wird schon noch kommen, weil er will doch das Fußballspiel im Fernsehen angucken.* Wenn man das liest, hält man es für Kauderwelsch. Glücklicherweise ist diese Art der Satzbildung bisher auf die Alltagssprache beschränkt geblieben, wenn sie dort auch schon sehr häufig ist. Über die Ursachen sind sich die Wissenschaftler bisher noch nicht einig. Manche vermuten, daß nach dem *weil* ursprünglich eine winzige Sprechpause gemacht wurde, die es dem Sprecher erlaubte, den Satz zu Ende zu denken, der dann der Einfachheit halber wie ein Hauptsatz formuliert wurde. Andere glauben, daß auch hier das Vorbild des Englischen wirkt, das keine Inversion kennt (*because I have...*). Wieder andere nehmen an, daß die inversionslose Wortfolge im *denn*-Satz (die eine Ausnahme von der Regel bildet) übernommen wird. Schließlich wird vermutet, daß es sich um regionale Abweichungen handelt, etwa um süddeutsche, die langsam auf das ganze deutsche Sprachgebiet ausstrahlen. Möglicherweise wirken in diesem Fall auch mehrere Ursachen zusammen, und vielleicht ist auch hier wieder Mode im Spiel. Immerhin ist kaum zu erwarten, daß diese Art der Nebensatzkonstruktion in schriftliche Texte eindringt. Die Satzspannung, die auch im Nebensatz wirkt, ginge dann verloren.

Zu den Normverstößen gehören auch falsche *um zu*-Konstruktionen. Attributsätze (in diesem Fall Infinitivsätze) werden durch Finalsätze (Absichtssätze, Zwecksätze) ersetzt: *Es zeichnen sich erste Hoffnungsschimmer ab, um dieser Krankheit Herr zu werden/Das waren vertane Chancen, um den Aneignungsgegenstand erlebbar zu machen/Es bestehen gute Chancen, um den Lehrgang erfolgreich abzuschließen.* Aber hier sollten ja keine Absichten oder Zwecke formuliert werden (welchen Zweck könnten schon ein Hoffnungsschimmer, eine Chance oder eine Voraussetzung verfolgen?), sondern Merkmale, die den verwendeten Substantiven zukommen und deshalb in Attributsätze zu fassen gewesen wären. Ein Hoffnungsschimmer, daß wir der Krankheit bald Herr werden könnten, zeichnet sich leider noch nicht ab.

Während die eben dargestellte Ausdrucksweise die Sinnerfassung nur erschwert, können andere syntaktische Konstruktionen sie ganz verhindern. Wenn wir z.B. die Überschrift lesen *Man erwartet den USA-Vertreter nicht mit leeren Händen*, dann vermuten wir, man habe dem Mann etwas anzubieten. Gemeint war jedoch, man erwarte, daß der Vertreter nicht mit leeren Händen komme.

Die meisten Sinnverdunkelungen sind auf falsche Bezüge zwischen oder innerhalb von Sätzen zurückzuführen: *Am 30. Juni wurde der 33jährige Andreas B. von der Polizei gestellt, als er in der* (statt: *in die*) *Gaststätte „Zur Glocke" eingebrochen war und gerade im Keller das Spundloch eines Bierfasses aufschlagen wollte. Er kam nicht mehr in den Genuß des Gerstensaftes. B e i d i e s e r G e l e g e n h e i t konnten dem Täter weitere Vergehen nachgewiesen werden, so Einbrüche in einem* (statt: *in ein*) *Friseurgeschäft und in einem* (!) *Lager.* (Da kann man nur sagen: Alle Achtung vor der Schnelligkeit der Ermittlungsorgane!)

In einem anderen Text heißt es: *Sauerkirschbäume auf der Wurzelunterlage Prunus Mahaleb, der Steinweichsel, leiden bei Trockenheit nicht so unter Wassermangel wie Bäume von Prunus avium. Sie sind daher vorrangig zu bewässern.* (Da fragt man sich natürlich, warum Bäume, die Trockenheit vertragen, öfter bewässert werden müssen als Bäume, die leicht unter Wassermangel leiden.) In einem dritten Text lesen wir: *Alle wegen Tollwut gesperrten Gemeinden und Ortsteile im Landkreis Weilheim werden mit sofortiger Wirkung aufgehoben.* (Da kann man nur wünschen, daß sie sich dagegen wehren.)

Auch das folgende ist leider kein Witz: *Auf einer Fachkonferenz in Frankfurt sprachen Vertreter von mehr als 50 Elterninitiativen mit außergewöhnlichen Krankheiten... Im Alter von einem halben Jahr hatten die Eheleute M. die Nachricht erhalten, daß ihr Kind an einem Silver-Russell-Syndrom leidet.* (Die Fachkonferenz beriet über Hilfsmaßnahmen für Kinder, die seltene Krankheiten haben.)

Stilblüten

Die zuletzt angeführten Beispiele gehören schon zu den sprachlichen Entgleisungen, die man als Stilblüten bezeichnet. Zur Erheiterung unserer Leser seien abschließend aus einer reichhaltigen Sammlung noch einige wenige Exemplare vorgeführt. Daß sie entstehen konnten, verdanken sie der Sorglosigkeit ihrer Autoren.

Rekonstruktion wie auch technische Gründe scheinen sich hinzuziehen / Sie mauserten sich auf Anhieb zu einem bemerkenswerten achten Rang / Im Stadion ringsherum raunender Lärm / Wir haben noch ein heißes Eisen im Feuer / Langgezogen wie ein Perlenhalsband jagt das Feld bei Abfahrten ins Tal / Die Waldarbeiter werden alles tun, um das Grün des Waldes zu erhalten und auszubauen/ Die DDR ist ein Eckpfeiler des Friedens im Herzen Europas (Dieses Beispiel stammt aus einer der letzten Reden von Erich Honecker. Da konnte einem schon das Herz bluten.)

*

In seiner „Verteidigung der deutschen Sprache" (1955) schreibt Franz Carl Weiskopf: *Von der gleichgültigen Duldung der Sprachverwilderung zur tätigen Verachtung der sprachlichen Grundgesetze ist es nicht weiter als vom Hehlen zum Stehlen. Wer aber die Sprache verachtet, der wird – nach einem heute noch und erst recht geltenden Wort Gottfried August Bürgers – wieder verachtet von seinem Zeitalter und schnell vergessen von der Nachwelt.* An anderer Stelle zitiert Weiskopf aus Ludwig Börnes „Bemerkungen über Sprache und Stil": *Man glaubt gewöhnlich, jedes Kunsttalent müsse angeboren sein. Dies ist aber nur in beschränktem Sinne wahr, und gibt es ein Talent, das durch Fleiß ausgebildet werden kann, so ist es das des Stils. Man nehme sich nur vor, nicht alles gleich niederzuschreiben, wie es einem in den Kopf gekommen, und nicht gleich alles drucken zu lassen, wie man es niedergeschrieben.*

10 Ethische und politische Aspekte des journalistischen Sprachgebrauchs

Als Maßstäbe für die Stilbeurteilung dienten bisher, sieht man von den Überlegungen zur Sprachpflege ab, journalistische Qualitätskriterien wie Universalität, Aktualität und vor allem Verständlichkeit, die wir im ersten Kapitel aus der beruflichen Aufgabe, Öffentlichkeit herzustellen, abgeleitet haben. Neben dieser professionellen gibt es eine zweite, universelle Sphäre, aus der journalistische Stilkriterien gewonnen werden können: die für alle Menschen und Berufe gleichermaßen geltende M o r a l. Darunter ist die Gesamtheit der durch Werte begründeten Pflichten zu verstehen, die auf andere Menschen bezogenes Handeln regulieren. Die formalisierten Rechtsnormen stellen einen Teil dieser Gesamtheit dar; ein anderer, mit dem Recht sich überschneidender Teil ist das politische Ordnungsgefüge, das die Beziehungen zwischen den Individuen und der sozialen Gesamtheit regelt. Von der Moral zu unterscheiden ist die E t h i k als wissenschaftliche Disziplin, die sich um die rationale Diskussion, Begründung und Systematisierung der moralischen Regeln kümmert.

Unsere ethischen Erwägungen zum journalistischen Sprachgebrauch setzen den Grundsatz aller Moral voraus, der in seiner stärkeren Variante verlangt, mit anderen Menschen so umzugehen, wie man es für sich selber wünscht, und der in seiner schwächeren Version verbietet, andere einer Behandlung zu unterziehen, die man selbst nicht billigen würde. Für die europäisch-bürgerliche Tradition ist dieser Grundsatz vor über zwei Jahrhunderten in die revolutionäre Formel „Liberté, Égalité, Fraternité" gefaßt worden. Freiheit und Gleichheit decken sich mit der schwächeren Variante, die das Recht des Individuums auf physische und psychische Unversehrtheit und auf Anerkennung als Subjekt festhält, also die Pflicht der anderen Individuen und der Allgemeinheit, ein Minimum an Gewalt anzuwenden und ein Optimum an Selbstbestimmung zu gewähren. Brüderlichkeit, moderner ausgedrückt: Zwischenmenschlichkeit, ergänzt diesen negativen Kern durch das positive Recht auf Zuwendung oder Kommunikation, als dessen politische Facette in einer modernen, parzellierten Gesellschaft sich das Recht auf Öffentlichkeit begreifen läßt. Allgemeiner bedeutet die politische Anwendung des vorausgesetzten ethischen Grundsatzes, daß Menschen nicht nur als Objekte von Aktivitäten der Allgemeinheit, speziell von Maßnahmen der Verwaltung, betrachtet werden und sich selbst betrachten, sondern als Bürger, die selbst Urheber dieser Aktivitäten und Maßnahmen sind. Pragmatisch läuft dies auf ein Höchstmaß an Mitbestimmung in der Politik hinaus.

Was hat nun Stil mit solchen ethisch oder politisch erstrebenswerten Verhältnissen zu tun? Kann die Verwendung von Sprache überhaupt fördern oder hindern, daß Menschen moralgemäß miteinander umgehen? Ist die Sprache nicht ein hochkomplexes Zeichensystem, das in erster Linie den Gesetzmäßigkeiten seiner kommunikativen Funktion gehorcht und in dem sich allenfalls zwischenmenschliche Verhältnisse spiegeln, die durch die Erfordernisse der Anpassung des sozialen Systems an die Umwelt, materielle Interessenlagen, den Entwicklungsstand der Technik und andere handfeste Gegebenheiten ihre Prägung erfahren? Unter Marxisten gab es eine Debatte darüber, ob die Sprache als ein abgeleitetes Phänomen des kulturellen 'Überbaus' betrachtet werden soll, in dem die Verhältnisse der sozio-ökonomischen 'Basis' zum Ausdruck kommen, dem aber keine Kraft innewohnt, auf diese Verhältnisse einzuwirken. Daraus könnte gefolgert werden, daß ethische und politische Überlegungen in einer präskriptiven Stilistik überflüssig, wenn nicht schädlich seien, weil sie Illusionen über Veränderungsmöglichkeiten durch Stil nähren.

Diese materialistisch geprägte Auffassung ist als Warnung ernst zu nehmen, wie die folgenden Bemerkungen n i c h t zu verstehen sind: Erstens läuft auch dieses letzte Kapitel nicht auf eine Kritik der Sprache und ihrer möglicherweise sozio-ökonomisch bedingten Leistungsgrenzen hinaus, sondern auf Kriterien für einen empfehlenswerten G e b r a u c h der Sprache innerhalb dieser Grenzen. Wir bewegen uns also in einem Bereich, in dem – auch für Journalisten – durchaus Wahlfreiheiten bestehen. Und zweitens geht es uns nicht darum, Journalisten (ja nicht einmal Politiker) als Urheber schlechter Verhältnisse zu diffamieren, sondern um eine Sensibilisierung für die Verantwortung, die man nolens volens für solche Verhältnisse übernimmt, wenn man als Journalist (oder als Politiker) in der Öffentlichkeit Sprache verwendet. Denn wo Mißstände im öffentlichen Sprachgebrauch zum Ausdruck kommen, werden sie durch diese kulturelle „Spiegelung" verfestigt und schnell auch selbstverständlich gemacht. Und wo die Sprache eine bessere Alternative bereithält, könnte der öffentliche Sprecher durch deren Verwendung wenigstens vermeiden, zur Verfestigung eines inhumanen oder undemokratischen Umgangs miteinander beizutragen. Nur in diesem bescheidenen Sinne pflichten wir Dolf Sternberger bei, der 1945 im Vorwort zum „Wörterbuch des Unmenschen" sagt: „Soviel und welche Sprache einer spricht, soviel und solche Sache, Welt oder Natur ist ihm erschlossen. Und jedes Wort, das er redet, wandelt die Welt, worin er sich bewegt, wandelt ihn selbst und seinen Ort in dieser Welt (...). Der Verderb der Sprache ist der Verderb des Menschen. Seien wir auf der Hut! Worte und Sätze können ebensowohl Gärten wie Kerker sein, in die wir, redend, uns selbst einsperren (...). Denn der Begriff des Menschen schließt die Möglichkeit (und Wirklichkeit) des Unmenschen in sich; im anderen Falle ist er ein unzulänglicher Begriff, und eben daran können und müssen wir ihn prüfen, da wir das Unmenschliche kennen. So hat der Mensch auch als Unmensch seinen Wortschatz, seine eigentümliche Grammatik und seinen eigentümlichen Satzbau." (Sternberger/ Storz/Süskind 1989, S. 7.)

Man muß nicht gleich in die hier durchscheinende Illusion verfallen, der Sprachgebrauch könne soziale Beziehungen verändern, um anzuerkennen, daß der Stil jedes Sprechens moralische und jedes öffentlichen Sprechens politische Bedeutung hat. Die Einsicht, daß damit auch dem Journalismus politische Verantwortung zukommt, steht nicht im Widerspruch zu unserer Position, daß die professionelle Aufgabe der Journalisten, für Öffentlichkeit zu sorgen, nicht nur und nicht primär der Politik dient. Denn erst, wenn man den Blick von der professionellen Aufgabe zu den Erfordernissen der universellen Moral wendet, verstärkt sich das Interesse für die politischen Aspekte des journalistischen Sprachgebrauchs, der – ähnlich wie der Sprachgebrauch der Politiker – als öffentliche Rede oder Schreibe ein naheliegendes Anwendungsfeld jener Komponenten der Ethik darstellt, die sich auf die Beziehungen zwischen dem Individuum und der sozialen Gesamtheit richten. Da wir in diesem letzten Kapitel die strikte professionelle Orientierung an der Öffentlichkeitsaufgabe zugunsten einer allgemeineren ethisch-politischen Orientierung aufgeben, weitet sich der Bereich des Sprachgebrauchs aus, für den unsere Überlegungen gelten sollen und aus dem unsere Beispiele stammen. Was unter ethischen Gesichtspunkten auf das oft kritisierte Reden und Schreiben von Politikern zutrifft, gilt auch für das Schreiben und Reden von Journalisten in seinen politischen Bezügen. Mancher Mißbrauch der Sprache, vor dem Journalisten sich hüten sollten, läßt sich an der Sprache der Politik sogar besonders gut studieren.

Welche Beziehungen zwischen Sprache und Politik lassen sich erkennen? Welcher Sprachstil ist dem Journalismus im Hinblick auf seine politische Verantwortung angemessen? Dolf Sternberger hat zwei für die Sprache der Politik charakteristische Stile unterschieden: den der V e r h a n d l u n g und den der B e r a t u n g (vgl. Sternberger 1966). Der Stil des Verhandelns, aus der Tradition der Diplomatie hervorgegangen, wird geprägt durch die Situation, daß zwei oder mehr autonome Mächte eine Regelung suchen, die beide (alle) trotz divergierender Interessen anerkennen. Charakteristisch ist, daß jede Seite in dieser Regelung einen möglichst großen Teil ihrer Interessen gewahrt sehen will. In welchem Maße das gelingt, hängt nicht nur von der objektiven Verteilung der Machtmittel ab, sondern auch davon, wie die Machtmittel der anderen Seite erscheinen und dargestellt werden. Zum Verhandeln gehören deshalb die – zumindest latente – Drohung mit der Anwendung des äußersten zur Verfügung stehenden Machtmittels, auf der sich für stärker haltenden Seite in der Regel der Abbruch der Verhandlung, sowie das Verbergen eigener Schwächen. Dieser Stil repräsentiert den Typus der s t r a t e g i s c h e n K o m m u n i k a t i o n , dessen Kennzeichen sind,

– daß die Kommunizierenden konträre Ziele haben,

– daß sie Informationen zurückhalten, wenn sie für die Durchsetzung dieser Ziele schädlich erscheinen,

– und daß sie Sachverhalte übertreiben oder sogar fingieren, die sie für nützlich halten, um ihre Ziele durchzusetzen.

Angesichts dieser Charakteristika versteht es sich, daß der Stil des Verhandelns nicht primär an der Wahrheitsqualität orientiert sein kann. Aufgrund ihres notorischen Wahrheitsdefizits tendiert strategische Kommunikation dazu, ihr eigenes Ende herbeizuführen. Das macht bei Verhandlungen zwischen Tarifpartnern, potentiellen Koalitionsparteien, Kriegsgegnern usw. oft eine neutrale Vermittlungsinstanz notwendig, die mehr auf die Wahrheitsqualität achtet.

Die andere in der Politik mögliche Sprechweise, die Sternberger unprätentiös den Stil der B e r a t u n g nennt, setzt eine Überzeugung der europäischen Zivilisation voraus, der Perikles die stolze Formulierung gegeben hat: „Wir glauben nicht, daß die Sachen darunter leiden, wenn man sich erst öffentlich darüber ausspricht." (Sternberger 1966, S. 89) Auf dieser Überzeugung beruht ein Stil, der sich als das Gegenteil strategischer Kommunikation charakterisieren läßt: Informationen werden weder zurückgehalten noch übertrieben, wobei allerdings jenseits divergierender Interessen ein gemeinsames Ziel der sich Beratenden vorausgesetzt werden muß. Das ist offenbar auch in der Politik eine erfüllbare Bedingung, denn das gemeinsame Ziel läßt sich in seiner allgemeinsten Form als Interesse an einem Gemeinwesen bestimmen, das allen seinen Mitgliedern ein Optimum an Würde, Wohlfahrt und Mitbestimmung garantiert.

Es liegt auf der Hand, daß dem Journalismus die Sprechweise der Beratung zukommt, die auch als v e r s t ä n d i g u n g s o r i e n t i e r t e K o m m u n i k a t i o n bezeichnet wird. Denn ein Beruf, dessen Aufgabe das Herstellen von Öffentlichkeit ist, kann kein besseres Credo formulieren als den Satz des Perikles, in dem Rednerstolz mitschwingt und der gleichzeitig ein politisches Prinzip ist. Umgekehrt bedeutet dies, daß der Sprachgebrauch der Politik besonders dort zur Illustration von schlechtem journalistischem Stil taugt, wo er der Redeweise der Verhandlung oder strategischen Kommunikation am nächsten kommt.

Wenden wir uns nun Stilmustern zu, bei denen Journalisten bewußt sein sollte, daß sie aus ethischen oder politischen Gründen problematisch sind. Aus der Fülle der Phänomene, die in der Sprachpraxis der Politiker auf besonders abschreckende Weise zutage treten, greifen wir fünf

Mißbräuche heraus, die sich trotz aller Kritik hartnäckig in den Medien halten: den inflationären Superlativ, den Victor Klemperer in seiner „Lingua Tertii Imperii" auf das rechte Maß zurückgeführt hat (vgl. Klemperer 1991, S. 228–237); das begriffliche Kaschieren von Unzulänglichkeit und Verantwortlichkeit, dessen Entlarvung Erhard Eppler zu verdanken ist (vgl. Eppler 1992, bes. S. 138–183); die beschönigende Wortwahl, von Hans Magnus Enzensberger unter den Begriff der Palimpsest-Methode subsumiert (vgl. Enzensberger 1964, bes. S. 54–60); die stereotype, von George Orwell mit dem Zusammennageln von vorfabrizierten Hühnerställen verglichene Formelhaftigkeit des öffentlichen Sprechens (vgl. Orwell 1968) und den von Obrigkeiten aller Art bevorzugten inhumanen Akkusativ, den Dolf Sternberger unermüdlich bekämpft hat.[10]

10.1 Inflationärer Superlativ

Der deutsch-jüdische Romanist Victor Klemperer, der den Holocaust überlebt hat, weil seine nicht-jüdische Ehefrau Eva Klemperer ihn nicht im Stich ließ, veröffentlichte 1946 seine berühmte „LTI", eine ebenso schonungslose wie erfahrungsgesättigte Abrechnung mit dem Verderb der deutschen Sprache während des Nazi-Regimes, die auf Klemperers Notizen zwischen 1933 und 1945 fußt. Das Buch ist in der DDR oft aufgelegt und intensiv zur Kenntnis genommen worden, obwohl es der SED-Interpretation des Faschismus als „bürgerlicher Herrschaftsform", der beliebige Sündenböcke zur Ablenkung von den Grundwidersprüchen des Kapitalismus dienen können, insofern widerspricht, als Klemperer den Antisemitismus als das konstitutive Element der NS-Herrschaft identifiziert. In der Bundesrepublik ist die LTI weniger gelesen worden, was sich u.a. daran zeigt, daß sogar renommierte Historiker aus-

---

[10] Vgl. Sternberger/Storz/Süskind 1989, bes. die von Dolf Sternberger stammenden Texte, die entweder mit dem Kürzel d.st. oder mit vollem Autorennamen gezeichnet sind.

gerechnet Klemperer und seine in den neunziger Jahren erschienenen Tagebücher als Zeugen gegen Daniel J. Goldhagens These vom eliminatorischen Antisemitismus der Deutschen als Hauptmotiv des Holocaust angeführt haben (vgl. Frei 1996, S. 97).

In dem Kapitel „Der Fluch des Superlativs" schildert Klemperer nicht nur diverse Formen des großsprecherischen Stils der NS-Propaganda, z.B. die inflationäre Verwendung von Adjektiven wie *unvorstellbar* und *zahllos* oder des Präfixes *welt-* (eine *größte Schlacht der Weltgeschichte* folgte der anderen, die Juden avancierten vom *Erz-* zum *Weltfeind* usw.). Er fragt auch, warum dieser Stil zu verwerfen ist, er analysiert den Fluch des Superlativs: „Dieser Fluch haftet ihm mit Notwendigkeit in allen Sprachen an. Denn überall führt anhaltendes Übertreiben zwangsläufig zu immer weiterem Verstärken des Übertreibens, und die Abstumpfung und die Skepsis und die schließliche Ungläubigkeit können nicht ausbleiben. (...) Der bösartige Superlativ der LTI ist für Deutschland eine erstmalige Erscheinung, deshalb wirkt er vom ersten Augenblick an verheerend, und danach liegt es eben zwanghaft in seiner Natur, daß er sich immerfort bis zur Sinnlosigkeit, bis zur Wirkungslosigkeit, ja bis zur Bewirkung des seiner Absicht entgegengesetzten Glaubens übersteigern muß". (Klemperer 1991, S. 235 f.)

Der inflationäre Gebrauch des Superlativs ist typisch für den Stil der Propaganda, nicht nur des Nationalsozialismus. Er ist ethisch gesprochen inhuman, politisch gesprochen undemokratisch, weil sich in ihm eine Haltung kundtut, die das Publikum nach Art der strategischen Kommunikation durch notorisches Aufbauschen ausgewählter Sachverhalte beeindrucken und überreden, aber nicht durch umfassende Information und überprüfbare Argumente überzeugen will. Die Verwerflichkeit solchen Sprachgebrauchs besteht darin, daß der Empfänger der Botschaft nicht als selbst denkendes Wesen ernst genommen, sondern von vornherein als O b j e k t einer Beeinflussung betrachtet wird.

Das gilt auch für den Stil der Werbung, in deren Slogans der Superlativ nicht weniger häufig vorkommt als in der Kriegs- oder Parteipropaganda. Klemperer berichtet, daß ihm die Aufschneiderei mit astronomischen Zahlen zuerst 1907 in einer Anzeige für ein Abführmittel begegnet

sei, mit der eine amerikanische Zeitschrift einen seiner Aufsätze unterbrochen hatte, und nicht erst in den größenwahnsinnigen Parteitagshym-
nen der Nazi-Medien. Klemperer weist aber auch auf den kleinen Unterschied hin: In der Reklame schwinge im Gegensatz zur Propaganda immer eine ironische Distanz mit, ein Augenzwinkern gegenüber dem Leser oder der Hörerin, daß es sich bei den anpreisenden Superlativen um
nicht ganz wörtlich zu nehmende Übertreibungen handele.

Indes lassen die stilistischen Parallelen zwischen Propaganda und
Werbung vermuten, daß der inflationäre Superlativ nicht bloß ein historisches Phänomen ist, sondern sich auch im öffentlichen Sprachgebrauch
der Gegenwart findet. Vor allem zeigt er sich in der Berichterstattung
über Katastrophen und Elend und im Sportteil. Auf der Titelseite einer
überregionalen Qualitätszeitung, die sich dabei auf die Deutsche Presse-
agentur stützt, liest man im August 1998 unter der Überschrift *Mindestens
200 Hungertote täglich*:

*Der katastrophalen Hungersnot im Süden Sudans fallen nach Angaben des
UN-Welternährungsprogramms (WFP) täglich mindestens 200 Menschen zum Opfer. „Das ist eine beispiellose Tragödie", sagte WFP-Sprecher Jeff Rowland am Frei-
tag in Rom. Helfer berichteten, eine so grauenhafte Not hätten sie weder in Äthiopien
noch in Uganda gesehen. Besonders dramatisch sei die Situation bei den Ortschaften
Wau und Agiep.*

Die humanitäre Absicht wird hier bereits durch den von Klemperer
erwähnten Abstumpfungseffekt zunichte gemacht. Der Bericht mag ja
auf die Spendenbereitschaft des Publikums zielen. Aber kann ein Publikum, das permanent mit Hungerberichten superlativischer Art konfrontiert wird, die Informationen und den darin enthaltenen Appell überhaupt wahrnehmen? Wäre die Nachricht ohne Adjektive wie *katastrophal,
beispiellos, grauenhaft* oder *dramatisch* nicht ebenso informativ und dazu
glaubwürdiger, weil weniger darauf zielend, die Leser in einer offensichtlich beabsichtigten Weise zu beeindrucken?

Ähnlich wie in der Katastrophen- und Elendsberichterstattung das
Negative, wird im Sportjournalismus die positive Leistung superlativisch
dramatisiert. Dieselbe Zeitung berichtete über die *Erfolgreichste Kanutin der
Welt*:

Am Freitagnachmittag zeigte die Ausnahmeathletin der deutschen Kanuten wieder einmal, daß sie noch lange nicht zum alten Eisen zählt. Die 36jährige Birgit Fischer, fünffache Olympiasiegerin und 21malige Weltmeisterin, holte sich auf der Paradestrecke über 500 Meter ihren 29. Titel als deutsche Meisterin (davon zwölf DDR-Titel). Mit zwei Bootslängen verwies die „erfolgreichste Kanutin aller Zeiten" (Guinness-Buch der Rekorde) auf dem Fühlinger See im Norden Kölns ihre härteste Konkurrentin, die Junioren-Weltmeisterin und Weltmeisterin Kathrin Kieseler vom SC Berlin-Grünau, deutlich auf den zweiten Platz.

Auch solche Beispiele sind leicht zu finden, und auch bei ihnen ist zu befürchten, daß die Inflation der Superlative zur Abstumpfung führt – in diesem Fall der Bewunderung des Publikums für die Sportlerinnen und ihr Können. Wo die Anhäufung von Rekorden in der Berichterstattung die Spitzenleistung zur selbstverständlich erwarteten Alltäglichkeit werden läßt, übt der Journalismus einen zusätzlichen Druck auf den Sport aus, sich in immer kürzeren Zeitabständen durch immer neue Superrekorde selbst zu übertreffen. Deshalb geht das ethische Problem des Dopings auch die Journalisten und ihre Sprachverwendung an.

Auf einem anderen Blatt steht, daß Klemperer den Fluch des Superlativs auch in dessen unbeabsichtigter Kontraproduktivität zu erkennen meint. Seine inflationäre Verwendung lasse die propagandistische Absicht (oder: unbewußte Gewohnheit) d u r c h b l i c k e n und habe dadurch ironischerweise doch einen Informationswert. Klemperer führt die Verwendung der superlativischen Vokabel *heldenhaft* in der Kriegspropaganda der Nazis an, die für sensible Deutsche nach Nachruf geklungen und militärische Niederlagen angezeigt habe. Dieser Effekt wäre aus ethischer oder politischer Perspektive gerade erwünscht. Allerdings setzt er die Mündigkeit der Leserin oder des Hörers als fix und fertig voraus, ohne selbst zu ihrer Entstehung beizutragen. Klemperer warnt denn auch davor, dem Effekt allzu sehr zu vertrauen, wobei er wiederum mit der abstumpfenden und demoralisierenden Wirkung einer inflationären Verwendung von Superlativen argumentiert: „Gewiß, das Prahlen und Lügen überschlägt sich, es wird als Prahlen und Lügen erkannt, und die Goebbelspropaganda wurde zuletzt für manchen zur wirkungslosen Dummheit. Aber ganz ebenso gewiß: die als Prahlen und Lüge erkannte

Propaganda wirkt dennoch, wenn man nur die Stirn hat, sie unbeirrt fortzusetzen; der Fluch des Superlativs ist doch nicht immer Selbstzerstörung, sondern oft genug Zerstörung des ihm entgegenstehenden Intellekts". (Klemperer 1991, S. 237.)

10.2 Begriffliches Kaschieren von Unzulänglichkeit und Verantwortlichkeit

Der frühere SPD-Bundestagsabgeordnete und Bundesminister für wirtschaftliche Zusammenarbeit Erhard Eppler gehört zu den wenigen deutschen Politikern, die das Kalkül der Machterhaltung nicht über grundsätzliche humanitäre und demokratische Positionen gestellt haben. Daher blieb es ihm möglich, als erfahrener Kenner der Materie eine auf diese Positionen gegründete Kritik der Politik als ganzer zu formulieren, wie sie Intellektuellen und auch Journalisten zukommt. 1992 veröffentlichte Eppler diese Kritik in Form einer scharfsinnigen und weitsichtigen Analyse des unter Politikern verbreiteten Stils. Sein Buch „Kavalleriepferde beim Hornsignal. Die Krise der Politik im Spiegel der Sprache" erinnert zunächst an den vergessenen Sprachkritiker Carl Gustav Jochmann (1789–1830), der früh jene Unfähigkeit der Deutschen aufs Korn nahm, sich öffentlich auszudrücken, auf die Dolf Sternberger eineinhalb Jahrhunderte später bei einem Vergleich der Redekunst eines Charles de Gaulle, John F. Kennedy oder Winston Churchill einerseits und der kargen Äußerungen Konrad Adenauers andererseits wieder zu sprechen kommt (vgl. Sternberger 1966, S. 79–83). (Walter Ulbricht oder Erich Honecker hätten ebenso brauchbare Beispiele abgeben können.) Führt man sich vor Augen, daß Richelieu mit der Académie Française bereits im frühen 17. Jahrhundert die in Frankreich nach wie vor maßgebliche nationale Institution zur Pflege des öffentlichen Gebrauchs der Sprache durch Schriftsteller, Politiker und Journalisten ins Leben gerufen hat, deren deutsche Nachahmung bis heute – milde gesagt – ein Schattendasein fristet, dann wird einem schmerzlich bewußt: Die Spracharmut vieler unserer Politiker ist kein Zufall. Sie wurzelt vielmehr in jener historischen

Verspätung unserer Nation gegenüber der westlichen Zivilisation, die bereits für das lange Ausbleiben und spätere Scheitern der bürgerlich-demokratischen Revolution in Deutschland weniger als Folge denn als Ursache in Betracht kommt. Im letzten Teil seines Buches stellt Eppler mit Friedrich Naumann (1860–1919) und Herbert Wehner (1906–1990) zwei deutsche Politiker vor, die sich beharrlich, wenn auch mit begrenztem Erfolg bemüht haben, aus der Tradition der Spracharmut auszubrechen oder sie wenigstens öffentlich bewußt zu machen.

Im Mittelteil seziert Eppler charakteristische Vokabeln und Floskeln der politischen Gegenwartssprache: *Ich gehe davon aus; Entwicklung; die Lage; die Situation; Probleme lösen; Herausforderung; unverzichtbar, unabdingbar; Voraussetzung; Akzeptanz; den Bürgern in die Tasche greifen; gezielt; Maßnahmen; Aufschwung; profilieren.* Das Skalpell stößt dabei auf alle fünf hier besprochenen stilistischen Übel. Am intensivsten kritisiert Eppler aber die unter Politikern verbreitete Unart, das Publikum mit Hilfe der Sprache über eigene Unzulänglichkeit und Verantwortung im unklaren zu lassen. Bereits bei der ersten Floskel findet er für diese Kritik eine einleuchtende, über das Beispiel hinausgehende Formulierung: „Wer politische Entscheidungen zu fällen hat, muß dies aufgrund von Vermutungen tun. Und ebendies zuzugeben, fällt Politikern schwer. Sie fürchten zu Recht, daß, ahnten die Bürgerinnen und Bürger, wie wenig Politiker sicher wissen – und wissen können –, ihr Vertrauen in die Politik noch einmal abnähme. (...) Also sagt er [der Politiker]: 'Ich gehe davon aus, ...' Dabei bleibt offen, was er weiß und was er nur vermutet. Und genau auf dieses Offenlassen kommt es an." (Siehe dazu auch S. 426.)

Was bei Politikern zwar nicht hinzunehmen ist, aber immerhin verständlich sein mag, verbietet sich für Journalisten gänzlich. Da sie auf Wahrhaftigkeit ihrer Aussagen zu achten haben, steht die sprachliche Kennzeichnung des Unterschieds zwischen dem, was sie wissen, und dem, was sie bloß vermuten, im Zentrum ihrer Pflichten. Das auch in den Medien beliebte *Ausgehen von* verwenden Journalisten deshalb sparsam, nämlich nur in der ursprünglichen Bedeutung, wenn „der Ausdruck, der jetzt alles überwuchert," wirklich den „Ausgangspunkt eines Gedankens oder einer Argumentation markieren" soll. (Eppler 1992, S. 139ff.)

Nicht nur beim *Ausgehen von* ist für Journalisten im Hinblick auf die von ihnen geforderte Wahrhaftigkeit Vorsicht geboten. Eppler benennt mit *Entwicklung, die Lage* oder *Situation, Herausforderung, Voraussetzung* und *Akzeptanz* eine Reihe weiterer gebräuchlicher Vokabeln, die der Delegation von Verantwortung auf die scheinbar übermächtigen „Verhältnisse" dienen. „Für Arbeitslosigkeit kann man nach Verantwortlichen suchen, aber kaum für 'die arbeitsmarktpolitische Lage'. (...) Wer spricht schon von der 'Versorgung' der Menschen in Moskau? Fast alle reden von der 'Versorgungslage', die 'angespannt', 'ungeklärt', 'bedrohlich', 'katastrophal' oder auch 'leicht verbessert' sei. Was ist der Unterschied zwischen einer schlechten Versorgung und einer schlechten Versorgungslage? In der Sache keiner. Nur: Lage hat etwas Objektives an sich. Lage gehört zu den 'gegebenen Bedingungen'. Mit einer Lage muß man sich meistens abfinden. Mit einer schlechten Versorgung dürfen sich Politiker nicht abfinden." (Eppler 1992, S. 154.) Zur stilistischen Delegierung von Verantwortung ins Übermächtig-Objektive, die in der Politik, aber auch im Journalismus um sich greift, paßt der subjektfeindliche Denkstil der Systemtheorie, die seit den sechziger Jahren von der Soziologie aus die anderen Geistes- und Sozialwissenschaften durchdringt: ein eindrucksvolles Beispiel dafür, wie Politik, Journalismus und Wissenschaft aneinander ihre wechselseitige Bestätigung und Verstärkung finden.

Zu einer kulturell vorherrschenden Tendenz lassen sich meist auch gegenläufige Ausnahmen finden. Als Beispiel dafür nennt Eppler den Ausdruck *Aufschwung*, beliebt in jener öffentlich benutzten Sprache, mit der Politik und Medien (und manchmal auch Wissenschaft) sich zu einer demokratiefernen Symbiose verbinden. „Eines hat das hoffnungsfrohe, pausbäckige Wörtchen '*A u f s c h w u n g*' gemein mit so farblosen, grauen Wörtern wie 'Entwicklung', 'Lage', 'Voraussetzung'. Auch dieses Wort siedelt sich an auf der Grenze zwischen dem, was Politiker bewirken können, und dem, was nicht in ihrer Macht steht. Nur: es kommt von der anderen Seite der Grenze. Es will nicht wie 'Entwicklung' oder 'Lage' Verantwortung oder doch Teilverantwortung abschieben, indem es den Akzent auf die Gegebenheiten, auf das Objektive, nicht Beeinflußbare legt. Es versucht umgekehrt, etwas, was sich politischem Han-

deln zum größeren Teil entzieht, als Ergebnis solchen Handelns darzustellen." (Eppler 1992, S. 179.)

Konkret gesagt: schlechte Konjunktur, steigende Arbeitslosigkeit
gelten in der Sprache der symbiotischen Öffentlichkeit als nun einmal
hinzunehmende *Lage* oder *Entwicklung*, wenn aber das Wirtschaftswachs-
tum zunimmt und die Arbeitslosigkeit sinkt, dann wird dieser erfreuliche
Umstand durch die dynamischen Vokabeln *Aufschwung* oder neuerdings
Durchbruch und *Trendwende* als Erfolg des Handelns verantwortlicher
Staatsmänner und Wirtschaftsführer ausgegeben.

Stilbewußte, auf Wahrheit bedachte Journalisten sollten sich hüten,
so parteiisch mit der Wirklichkeit umzugehen. *In der Wahlplattform rekla-
mieren CDU und CSU für sich, daß der wirtschaftliche Aufschwung erreicht und der
„langersehnte Durchbruch" auf dem Arbeitsmarkt geschafft sei.* Auch wenn dieser
Satz aus einer SPD-nahen Zeitung professionelle Distanz zum politischen Gegner wahrt, übernimmt er doch jenes tendenziöse Vokabular,
mit der die Politik als ganze Erfreuliches für sich reklamiert und die Verantwortung für Unerfreuliches von sich weist.

10.3 „Palimpsest-Methode" und Euphemismen

Wenn Politiker Worte wählen, die ihre eigene Verantwortung verhüllen
oder Unzulänglichkeit kaschieren, ist das ein Sonderfall des b e s c h ö -
n i g e n d e n Sprachgebrauchs, den man mit einem philologischen Terminus „euphemistisch" nennt. Ein Euphemismus ist strenggenommen
die wohlklingende Umschreibung oder Ersetzung eines anstoßerregen-
den, unangenehmen Wortes, z.B. *Entschlafen* für Sterben, *geistige Umnach-
tung* für Wahnsinn, *Feldzug* oder *Waffengang* für Krieg. In einem weiteren
Sinne sind Euphemismen sprachliche Glättungen anstößiger R e a l i t ä -
t e n , vor deren Berührung das Bewußtsein der Sprecher oder Schreiber,
vor allem aber der Hörer oder Leser auf diese Weise bewahrt wird. Um
etwas an sich Bedrohliches zu bezeichnen, ohne dessen Bedrohlichkeit
zur Sprache bringen zu müssen, wird eine die bedrohliche Seite ausblen-
dende Bezeichnung gewählt: ein Sprachgebrauch, bei dem die Würde des

Subjekts mißachtet wird, sich mit der Realität auseinandersetzen zu können.

Hans Magnus Enzensberger hat diesen Stil in einer scharfen und später umstrittenen Kritik an der „Frankfurter Allgemeinen Zeitung" 1962 als „Palimpsest-Methode" umschrieben. Ein Palimpsest ist eine mittelalterliche Handschrift, bei der der ursprüngliche Text durch einen neuen überdeckt wurde, um am kostbaren Pergament zu sparen. In Übertragung auf den Journalismus der Bundesrepublik Deutschland meint Enzensberger mit Palimpsest-Methode folgendes: „Der Leser hat auf den ersten Blick einen respektablen, honorigen Text vor sich, dessen Vokabular auf anständige, demokratische Gesinnungen schließen läßt. Erst bei genauerem Hinsehen wird darunter ein zweiter Text lesbar, den es eigentlich, und zwar ohne daß der Leser es bemerkt, an den Mann zu bringen gilt; und dieser zweite Text ist von einer abgründigen Verachtung eben jener Grundsätze diktiert, die der erste deklamatorisch verkündet." (Enzensberger 1964, S. 60.)

Enzensberger demonstriert diese ideologische Schreibweise am Beispiel eines FAZ-Kommentars vom 15. Dezember 1961 zum Prozeß gegen einen 51jährigen Deutschen, der sich damals vor einem jugoslawischen Gericht wegen Kriegsverbrechen aus der Zeit der Besetzung des Landes durch die Hitler-Armee zu verantworten hatte. Umstritten an seiner Kritik ist die nicht nachgewiesene Unterstellung, „viele Glossen, Kommentare und Leitartikel der 'Frankfurter Allgemeinen Zeitung'" (Enzensberger 1964, S. 60) seien Palimpseste; umstritten ist auch, ob die FAZ-Kommentatoren, wie Enzensberger meint, die Palimpsest-Methode mehr oder weniger bewußt anwenden, um die Leser im Interesse einer Herrschaftselite zu manipulieren und für deren politische und ökonomische Strategien „die Duldung der Beherrschten" (Enzensberger 1964, S. 71) zu erwirken.

N i c h t umstritten ist dagegen die Analyse des glättenden, verhüllenden, beschönigenden Stils in diesem konkreten Fall. Zu ihr gehört das Herauspräparieren von Euphemismen. Beispielsweise ist in dem analysierten Kommentar von *Spielregeln* die Rede, die für die Partisanen keine Geltung gehabt hätten, so daß die nationalsozialistische Okkupation Jugoslawiens als regelrecht, ja rechtmäßig erscheinen muß und die deutschen Okkupatoren folgerichtig als *Verteidiger* bezeichnet werden (vgl. Enzensberger, S. 57). Außerdem beanstandet Enzensberger das routinehafte Mittel, ein Wort, das unangenehme Realitäten bezeichnet, einfach in Anführungszeichen zu setzen. Im Fall des Jugoslawien-Kommentars wurde dieses Mittel beim „Begriff des 'Kriegsverbrechens'" angewandt (Enzensberger, S. 55).

Anführungszeichen sollten im Journalismus der direkten Redewiedergabe vorbehalten bleiben; bei ihrer Verwendung zu Zwecken der Abschwächung oder Distanzierung ist äußerste Vorsicht geboten, ebenso bei der glättenden Verwendung von Fremd- und Fachwörtern. Wenn im Börsenbericht von einer anhaltenden *Baisse* statt von einem *Kursverfall* die Rede ist, wirkt das beruhigend, besonders auf die Teile des Publikums, die von dem berichteten Geschehen negativ betroffen sind.

Über stilistische Weichspüler wie Anführungszeichen oder Fremdwörter hinaus kennt jede Zeit bestimmte Euphemismen, die sich fast von selbst einstellen. Vokabeln wie *Gastarbeiter, Null-* oder gar *Minuswachstum* und *Entsorgung* sind eine kleine Auswahl von Beispielen. Eine Positiv-Liste zu vermeidender Euphemismen aufzustellen hat wenig Sinn, weil im Zuge des Gesellschafts- und Sprachwandels stets neue in Mode kommen, während andere – beispielsweise das Wort *Gastarbeiter* – verblassen. Trotzdem hier noch eine Reihe von Beispielen aus Vergangenheit und Gegenwart:

– *Erwerb überseeischer Besitzungen* für Eroberung oder Annexion; *Schutzgebiete* für Kolonien,

– *Heimkehr der Ostmark ins Reich* oder *Anschluß* für Annexion Österreichs,

– *Endlösung* (der Judenfrage) für Holocaust,

– *Frontbegradigung* oder *-verkürzung* für Rückzug,

– *vorbeugende Marktrücknahme* für die Vernichtung von Obst oder Getreide aus Profitgründen,

– *Veränderung der Betriebsstruktur* für Entlassungen,

– *Verschlankung* (eines Betriebes oder Konzerns) für Rationalisierungsmaßnahmen, die mit Entlassungen verbunden sind.

10.4 Stereotype Formelhaftigkeit

Eppler stützt sich nicht nur auf Carl Gustav Jochmann und dessen lange
zurückliegende Entdeckung eines Nachholbedarfs an öffentlicher Aus-
drucksfähigkeit bei den Deutschen. Er greift auch auf den Aufsatz „Politics and the English Language" zurück, den kein geringerer als George
Orwell, ein besonders ausdrucksstarker Kritiker der Entmündigungsten-
denzen des 20. Jahrhunderts, zuerst 1946 veröffentlicht hat (vgl. Orwell
1968). Orwell wendet sich darin gegen den Niedergang des politischen
Gebrauchs der Sprache in Großbritannien, also einem der Länder, in denen der öffentliche Diskurs früh zur Blüte gebracht wurde. Wie in seinen
Romanen „Animal Farm" und „1984" auf ironische Weise warnt Orwell
in seiner Sprachkritik explizit vor dem schleichenden Verlust an Men-
schenrechten und der Aushöhlung der Demokratie durch moderne Herr-
schaftstechniken, die darauf zielen, in der ganzen Gesellschaft Homoge-
nität des Denkens, Fühlens und Handelns herzustellen. Tendenzen zur
Gleichschaltung sieht Orwell nicht nur in stalinistischen oder faschistischen Diktaturen, sondern auch in den westlich-kapitalistischen Gesellschaften, wo es nicht der Zwang durch einen Unterdrückungsapparat,
sondern die Manipulation durch eine von der Kritischen Theorie so genannte „Kulturindustrie" ist, die die „Ausrichtung" (vgl. Sternberger/
Storz/Süskind, S. 27–30) des (Unter-)Bewußtseins bewirkt.

Da Orwell sich vor allem gegen die Uniformierung des Denkens
wendet, fallen ihm an der Sprache der Politik besonders die stereotypen
Formeln auf, zu denen bestimmte Vokabeln bei bestimmten Gelegenhei-
ten sich automatisch gruppieren „wie Kavalleriepferde beim Hornsignal"
(Orwell 1968, S. 137, übersetzt nach Eppler 1992, S. 32). Fertigstücke haben wir schon im Kapitel über Textgestaltung behandelt und dort vor allem einen ästhetischen Maßstab angelegt: Wo immer wieder die gleichen
Phrasen sich einstellen, wird ein Text eintönig, das Interesse der Leser
oder Hörerinnen erlahmt. (Vgl. S. 158 f.) Man kann stilistische Schablonen, „die nur benutzt werden, weil sie den Leuten die Mühe ersparen, ihre Sätze selbst zu bauen" (Orwell 1968, S. 130, übersetzt nach Eppler

1992, S. 33), aber auch aus ethischen Gründen kritisieren: Politiker oder Journalisten, denen Fertigstücke leicht über die Lippen kommen oder aus der Feder fließen, zeigen wenig Respekt vor der Mündigkeit ihres Publikums, weil sie auf ihre eigene Würde als selbst denkende, sprachschöpfende Subjekte verzichten.

Die von Orwell aufs Korn genommene Phrasenhaftigkeit gehört zu den notorischen Gefährdungen des journalistischen Sprachgebrauchs, auch wegen des Zeitdrucks der journalistischen Produktion, der mit den Arbeitsbedingungen, aber auch mit dem Aktualitätsgebot zusammenhängt. Insofern kommt in Formelhaftigkeit des Stils ein Widerspruch zwischen professionellen und allgemein-ethischen Qualitätskriterien zum Ausdruck. Wenn wir vor dieser Gefahr warnen und im folgenden einige abschreckende Beispiele nennen, die heute häufig anzutreffen sind, ist das keine Empfehlung, stilistische Originalität um jeden Preis anzustreben. Hier liegt ein Unterschied zwischen dem Journalismus und einer Literatur, die von der Idee eines einmaligen Künstlertums inspiriert ist.

Besonders gern stellen sich auf bestimmte „Hornsignale" hin immer wieder dieselben Adjektive oder Nominalattribute ein, die sich mit den signalgebenden Begriffen zu stereotypen Kombinationen verbunden haben. Die Deutsche Telekom, so liest man in einem Bericht über die Folgen eines Brandes in einer Telefonvermittlungsstelle, stelle die zerstörten Verbindungen in *mühevoller Kleinarbeit* wieder her. Es mag ja sein, daß die an der Reparatur beteiligten Angestellten der Telekom unter der über sie verhängten Urlaubssperre leiden, aber muß ihre Tätigkeit deshalb erwähnenswert mühevoll und kleinteilig sein? Das ist weniger auf den hier geschilderten Vorgang als auf ein stilistisches Klischee zurückzuführen, das sich bei passender Gelegenheit in den Köpfen der Journalisten und ihrer Leser von selbst einstellt.

Daß sich besonders Politiker, unabhängig von der Sache, um die es geht, vorgestanzter Ausdrucksformen bedienen, ist heute ebenso aktuell wie zu Orwells Zeit. Aus den Statements der Politiker rutschen fest mit einem Substantiv verbundene, selten zutreffende, oft nichtssagende und nicht selten falsche Attribute nur zu leicht in die Sprache des Journalismus, der über die Politik berichtet. Daß der Kanzler sich mit einem *kla-*

ren Bekenntnis vor seinen designierten Nachfolger stellt oder daß der Verteidigungsminister der Forderung der Opposition nach Abschaffung der Wehrpflicht eine *nachhaltige Zurückweisung* erteilt, stammt ursprünglich aus den um persuasive Bekräftigung bemühten Äußerungen der Regierenden; wir lesen es während des Wahlkampfes aber auch auf den Nachrichtenseiten der Qualitätspresse. Die Attribute *deutlich* oder *klar* sind im Begriff des *Bekenntnisses* schon enthalten, und *nachdrücklich* – was hier anstelle von „nachhaltig" wohl gemeint war – sind *Zurückweisungen* immer.

Die ethisch-politische Problematik solcher Phrasen liegt darin, daß der Leser durch das Einrasten in die fertige, durch den häufigen Gebrauch der Wendung habitualisierte Sprach- und Denkform dazu verleitet wird, über die zur Debatte stehenden Sachfragen – Diskussion über die Kanzlernachfolge in der Regierungspartei, allgemeine Wehrpflicht – hinwegzugehen, ohne sich selbst ein Urteil darüber zu bilden. Bemühte der Leser sich dennoch darum, könnte er zu dem Ergebnis kommen, daß gerade hinter stereotypen Bekräftigungen sich Unsicherheiten der sie verlautbarenden Politiker verbergen.

Die Beliebtheit von stereotypen Formeln in der Sprache des real existierenden Sozialismus läßt ihre ethisch-politische Fragwürdigkeit besonders hervortreten. War es bisweilen nicht ein bewußtes Bemühen, das *Volk* vom eigenen Nachdenken abzuhalten, wenn sich in den Verlautbarungen die offiziell vorgegebenen und durch fleißiges Nachahmen längst zu Klischees erstarrten Phrasen häuften? Erhard Eppler zitiert aus der Rede eines Funktionärs der westdeutschen DKP, die die Unsitten der DDR auf ihre idealtypische Spitze zu treiben pflegte: „Die reaktionären und gewerkschaftsfeindlichen Kräfte unseres Landes haben unter dem Deckmantel der Terroristen- und Sympathisantenjagd ein Kesseltreiben gegen jedes kritische und fortschrittliche Handeln entfesselt." (Eppler 1992, S. 48) Solche Sätze zeigen: Wer in dieser Partei oder ihrem Vorbild, der SED, etwas werden wollte, mußte die Fähigkeit zum Auswendiglernen und nicht zum Gebrauch des eigenen Verstandes unter Beweis stellen.

In keinem politischen System können Journalisten ihre Leserinnen oder Hörer so bedienen, wenn sie deren Würde als mündige Subjekte respektieren wollen. Daß die Anhäufung schiefer Bilder in diesem Satz zum Lachen reizte, wenn nicht die dahinter verborgene DDR-Wirklichkeit so traurig gewesen wäre, steht wiederum auf dem anderen Blatt der Hoffnung, daß Propaganda, wenn sie auf klischeehafte Übertreibung oder Wiederholung des vermeintlich Richtigen setzt, von ihren Adressaten als solche erkannt wird und so ihre beabsichtigte Wirkung selbst zerstört. *Wir sind das Volk* skandierten die protestierenden DDR-Bürger im Herbst 1989 auf den Straßen Leipzigs, womit sie die pathetische Phrase vom *Volk*, mit der Honecker und seine Politbüro-Genossen sich geschmückt hatten, zu verfremden und für sich zu nutzen wußten. So bekam die Klischeehaftigkeit der Sprache, über die man sich zuvor nur hinter vorgehaltener Hand mokiert hatte, etwa wenn die schon erwähnte Formel *Herzlich begrüßte Gäste dieser Veranstaltung werden sein* in den Zeitungen stand oder wenn das „Neue Deutschland" vor dem Tode Titos ein ganzes Jahr lang fast täglich vom *verbesserten Gesundheitszustand* des jugoslawischen Präsidenten „berichtete", plötzlich historische Bedeutung.

Abgesehen von der Mißachtung der Mündigkeit ist der unbedachte Gebrauch von Phrasen und Fertigstücken auch deshalb problematisch, weil möglicherweise nicht bemerkt wird, daß ihr Inhalt in einem konkreten Kontext die allgemeine Moral verletzt. Beispielsweise ist Vorsicht geboten bei Bildern, die dem spielerischen Bereich des Sports entstammen, wenn sie auf Ereignisfelder wie Wirtschaft, Politik oder gar Krieg übertragen werden. Daß die Verwendung der Phrase vom *Schlagabtausch mit dem Irak* als Bezeichnung für den Golfkrieg, in dem Hunderttausende das Leben verloren, zynisch ist, haben wir im Kapitel über die Textgestaltung schon erwähnt (vgl. S. 156). Hier ist es die Würde der Opfer, die durch eine in Fleisch und Blut übergegangene Metapher verletzt wird. Natürlich ist aktuelle und deshalb rasche Information auf Bilder angewiesen, die nicht mehr als solche zum Bewußtsein kommen. Aber gerade bei der Verwendung verblaßter Metaphern und Metonymien sollten Journalisten ihre Wachsamkeit nicht aufgeben.

10.5 Inhumaner Akkusativ

Zu Victor Klemperers LTI gibt es ein westdeutsches Pendant. 1945/46
veröffentlichten Dolf Sternberger, Gerhard Storz und Wilhelm Emma-
nuel Süskind in der Monatszeitschrift „Die Wandlung" eine Artikelserie
„Aus dem Wörterbuch des Unmenschen", in der sie, sprachkritische
Feuilletons in der 1943 von Hitler eingestellten „Frankfurter Zeitung"
fortsetzend, anhand einzelner Wörter wie *Ausrichtung, Durchführen* oder
Einsatz die Inhumanität des mit der Nazi-Herrschaft aufgekommenen
Stils entlarven wollten. Zu jener Zeit glaubten sie, mit dem Ende der Ge-
waltherrschaft werde „dieser gewalttätige Satzbau, diese verkümmerte
Grammatik, dieser monströse und zugleich krüppelhafte Wortschatz (...)
in Trümmer sinken." (Sternberger/Storz/Süskind 1989, S. 8.) Ein Jahrzehnt später mußten sie einsehen, daß sie sich getäuscht hatten. 1957
schrieb Dolf Sternberger in der Vorbemerkung zur erweiterten Neuauf-
lage als Buch: „Das Wörterbuch des Unmenschen ist das Wörterbuch
der geltenden deutschen Sprache geblieben, der Schrift- wie der Umgangssprache, namentlich wie sie im Munde der Organisatoren, der Wer-
ber und Verkäufer, der Funktionäre von Verbänden und Kollektiven aller Art ertönt. (...) So scheint das Übel nicht nur fortzuwirken, sondern
es scheint von allem Anfang an tiefer gesessen zu haben, als wir in unserer hoffnungsfrohen Zuversicht angenommen hatten." (Sternberger/
Storz/Süskind 1989, S. 8 f.) Wiederum ein Jahrzehnt später hatte sich
diese Enttäuschung noch gesteigert. In der abermals vermehrten Neu-
auflage von 1967 hieß es: „Das Übel wuchert beharrlich fort (...) Wir
wollen gleichwohl nicht nachlassen und es mit jenem Wappenspruche
des Oraniers halten, wonach wir der Hoffnung nicht bedürfen, um etwas
zu unternehmen, noch des Erfolges, um durchzuhalten." (Sternberger/
Storz/Süskind 1989, S. 10.) 1986 schließlich schien Dolf Sternberger die
Nutzlosigkeit einer ethisch argumentierenden Sprachkritik einzuräumen,
als er den in der Öffentlichkeit vorherrschenden Stil nun vor allem mit
ästhetischen Begriffen anging: „Wenn es nicht durchweg dieselben Un-
wörter sind, wie vor vierzig, vor dreißig und vor zwanzig Jahren, so sind

andere an ihre Stelle getreten, die nicht weniger plump oder schnöde oder auch süßlich anmuten. Die sprachkritische Bemühung scheint ganz vergeblich gewesen zu sein." (Sternberger/Storz/Süskind 1989, S. 15)

Sternbergers Enttäuschung ist erklärlich. Im Zentrum seiner Sprachkritik standen von Anfang an Stilphänomene, die für die Ausdrucksweise von Bürokratien charakteristisch sind; und die Bürokratien sind ja mit dem Ende ihrer Indienstnahme durch die Nazis, der sie aufgrund ihrer selbstgenügsamen Zweckrationalität nichts entgegenzusetzen hatten, nicht verschwunden. Vielmehr haben wir es bei der Bürokratie mit der epochalen Institution der Moderne zu tun, die mit fortschreitender Technisierung blüht und gedeiht, wobei ihre gesellschaftliche Kontrollierbarkeit weiter abnimmt (vgl. Pöttker 1997, S. 136–149). Kein Wunder, daß auch der für die Bürokratie typische Denk- und Sprachstil nicht verschwindet, sondern nach wie vor im Vormarsch ist.

Bürokratien verstehen sich als mehr oder weniger autonome Apparate mit dem Ziel optimaler Effektivität und tendieren deshalb dazu, ihre Klienten nicht als Subjekte zu repektieren, sondern als Objekte zu behandeln. Dem entspricht die von Sternberger mit Unterstützung des Linguisten Leo Weisgerber (vgl. Weisgerber 1958) kritisierte, auffällig zunehmende Verwendung von Verben mit der Vorsilbe be-, die statt des früheren Dativs den Akkusativ nach sich ziehen und vom grammatischen Objekt bezeichnete Personen nicht mehr als Handelnde, sondern eben als *Behandelte, Beschützte, Belieferte, Bekleidete, Bestellte* oder *Beherrschte* erscheinen lassen. Besonders überzeugend ist diese Argumentation am Beispiel der nicht nur unter Bürokraten, sondern auch unter Lehrern und Journalisten beliebten Vokabel *Betreuung*: „Man ist und bleibt jemandem treu, hält jemandem oder einer guten Sache oder einem Grundsatz oder einer Institution die Treue. (...) Dieser Jemand, diese gute Sache, dieser Grundsatz, diese Institution bleiben, da sie nur im schrägen Lichte des Dativs erscheinen, in sich selbständig, gültig und frei. (...) Für den Unmenschen ergab sich die dringende Notwendigkeit, erstens ein recht kräftiges Tätigkeitswort und zweitens ein transitives zu bilden oder hervorzusuchen, welches den Jemand schärfer anpackt. (...) Die Vorsilbe half. Dieses 'be' drückt nicht bloß ein selbstloses Hinzielen auf den Gegenstand aus (...), sondern eine Unterwerfung des Gegenstands, und darauf kommt es an. (...) Was der Unmensch in allen seinen Gestalten zu erreichen strebt, ist dies: daß keiner unbetreut bleibe und daß der Mensch auch zu keiner Zeit seines kurzen Lebens unbetreut bleibe; denn niemand soll zu irgendeiner Zeit Rechte geltend machen und Ansprüche erheben, nicht einmal für gutes Geld Dienstleistungen erwarten, niemand zu irgendeiner Zeit auch Liebe, Hilfe und Treue erhoffen können. Jedermann wird ja betreut." (Sternberger/Storz/Süskind 1989, S. 31ff.) Kurz: Wer *betreut* wird, dem wird Würde als Subjekt nicht zugestanden. Deshalb sollten auch Journalisten mit diesem und anderen Funktionsverben auf *be-*, die ein Akkusativobjekt verlangen, vorsichtig umgehen, zumal in der substantivierten Form mit dem Suffix *-ung*. In der Regel ist es besser, das Stammverb mit Dativobjekt zu verwenden: gegenüber jemandem handeln, jemandem etwas liefern, jemandem treu sein, jemandem helfen.

Sternbergers Argumente sind nicht unwidersprochen geblieben. Germanisten wie Herbert Kolb, Peter von Polenz oder Werner Betz haben eingewandt, daß diese ethische Sprachkritik eine verkappte Gesellschaftskritik sei, daß also die kritisierten Phänomene nicht der Sprache, sondern allenfalls den Sprechern oder den gegebenen sozialen Verhältnissen anzulasten seien. Die Sprache habe sich diesen Verhältnissen nur angepaßt und durch die Neubildungen sogar ihre Brauchbarkeit als Kommunikationsmittel bewahrt (vgl. Sternberger/Storz/Süskind, S. 229–268, 289–310, 335–339).

Sternberger hat geantwortet, ein so begründeter Verzicht auf Sprachkritik entstamme einem Denken, in dem „die Grundsätze einer wertfreien Registrierung sich durchsetzen und der Verzicht auf Normen zum Ethos einer entmannten Wissenschaft erhoben wird." (Sternberger/ Storz/Süskind, S. 11.) Aber er hat selbstkritisch auch erkannt, daß die ursprüngliche Intention des „Wörterbuchs des Unmenschen" naiv war: „Vielleicht war es (...) ein utopistischer Irrtum zu glauben, die böse Sprache sei überhaupt an eine Epoche gebunden, wie kurz oder wie lang sie sich erstrecken und mit was für politischen und sozialen Verhältnissen sie auch einhergehen mag. Vielleicht bleibt uns ewig die Aufgabe, der ewigen Plage zu wehren. Vielleicht ist es geboten, den Sprachgebrauch genau so lange zu kritisieren, wie Sprache gebraucht wird."[11]

Diesen Gedanken können Journalisten sich zu eigen machen. Wie die Sprachkritik allgemein ist auch die Verbesserung des eigenen Stils eine Sisyphusarbeit, die getan werden muß. Das mag sich auch an diesem Buch zeigen, das sicher nicht ohne stilistische Mängel ist.[12] Wer es wagt, im Glashaus mit Steinen zu werfen, der produziert Scherben, ob er will oder nicht.

---

[11] Sternberger/Storz/Süskind 1989, S. 15. Orwell hat 1946 ähnlich argumentiert: „I said earlier that the decadence of our language is probably curable. Those who deny this would argue, if they produced an argument at all, the language merely reflects existing social conditions, and that we cannot influence its development by any direct tinkering with words and constructions. So far as the general tone or spirit of a language goes, this may be true, but it is not true in detail. Silly words and expressions have often disappeared, not through any evolutionary process but owing to the conscious action of a minority." (Orwell 1968, S. 138f.) Zu dieser stilbewußten Minderheit zählt Orwell ausdrücklich auch manche Journalisten.

[12] George Orwells vorbildliche Formulierung dazu: „Look back through this essay, and for certain you will find that I have again and again committed the very faults I am protesting against." (Orwell 1968, S. 137.).

Angeführte Literatur

Adorno, Theodor W. (1981): Notizen zur Literatur. Berlin.

Agricola, Erhard (1972): Semantische Relation im Text und im System. 2. Auflage, Halle (Saale).

Bahrdt, Hans Paul (1984): Schlüsselbegriffe der Soziologie. Eine Einführung mit Lehrbeispielen. München.

Beck, Ulrich (1986): Risikogesellschaft. Auf dem Weg in eine andere Moderne. Frankfurt am Main.

Berens, Franz-Josef (1975): Analyse des Sprachverhaltens im Redekonstellationstyp „Interview". München.

Blöbaum, Bernd (1994): Journalismus als System. Geschichte, Ausdifferenzierung und Verselbständigung. Opladen.

Borchardt, Wilhelm/Wustmann, Gustav/Schoppe, Georg (1954): Die sprichwörtlichen Redensarten im deutschen Volksmund. 7. Auflage, Leipzig.

Brinkmann, Hennig (1971): Die deutsche Sprache. Gestalt und Leistung. 2. Auflage, Düsseldorf.

Burdach, Konrad (1923): Wissenschaft und Journalismus. Betrachtungen über und für Hermann Bahr. In: Preußische Jahrbücher, 193. Bd., S. 17–31.

Durkheim, Emile (1977): Über die Teilung der sozialen Arbeit. Eingeleitet von Niklas Luhmann. Übersetzt von Ludwig Schmidts. Frankfurt am Main.

Enzensberger, Hans Magnus (1964): Journalismus als Eiertanz. Beschreibung einer Allgemeinen Zeitung für Deutschland. In: ders.: Einzelheiten I. Bewußtseins-Industrie. Frankfurt am Main, S. 18–73.

Eppler, Erhard (1992): Kavalleriepferde beim Hornsignal. Die Krise der Politik im Spiegel der Sprache. Frankfurt am Main.

Erben, Johannes (1964): Abriß der deutschen Grammatik. 7. Auflage, Berlin.

Fleischer, Wolfgang (1982): Phraseologie der deutschen Gegenwartssprache. Leipzig.

Fleischer, Wolfgang/Michel, Georg u.a. (1975): Stilistik der deutschen Gegenwartssprache. Leipzig.

Frei, Norbert (1996): Ein Volk von „Endlösern"? Daniel Goldhagen beschreibt die Deutschen als „Hitlers willige Vollstrecker". In: Schoeps, Julius H. (Hrsg.): Ein Volk von Mördern? Die Dokumentation zur Goldhagen-Kontroverse um die Rolle der Deutschen im Holocaust. Hamburg, S. 93–98.

Fricke, Dieter (1980): Das Komische in der Geschichte. In: Die Weltbühne 75 (35), S. 1619–1622.

Geiger, Theodor (1968): Ideologie und Wahrheit. Eine soziologische Kritik des Denkens. 2. Auflage, Neuwied/Berlin.

Gerhards, Jürgen/Neidhardt, Friedhelm (1991): Strukturen und Funktionen moderner Öffentlichkeit. Fragestellungen und Ansätze. In: Müller-Dohm, Stefan/Neumann-Braun, Klaus (Hrsg.): Öffentlichkeit, Kultur, Massenkommunikation. Beiträge zur Medien- und Kommunikationssoziologie. Oldenburg, S. 31–89.

Gläser, Rosemarie (1996): Anglizismen als Stilphänomene in den Printmedien der neuen Bundesländer. In: Fix, Ulla/Lerchner, Gotthard (Hrsg.): Stil und Stilwandel. Frankfurt am Main/Berlin/Bern/New York/Paris/Wien, S. 133–162.

Habermas, Jürgen (1971): Strukturwandel der Öffentlichkeit. Untersuchungen zu einer Kategorie der bürgerlichen Gesellschaft. 5. Auflage, Neuwied/Berlin.

Hang, Heinz-Günter (1976): Die Fragesignale der gesprochenen deutschen Standardsprache. Göppingen.

Hartfiel, Günter/Hillmann, Karl-Heinz (1982): Wörterbuch der Soziologie. 2. Auflage, Stuttgart.

Hoffmann, Alexander von (1984): Sprache im Journalismus. In: Projektgruppe MV Journalisten-Weiterbildung (Hrsg.): Fernstudium Kommunikationswissenschaft, Teil 2. München, S. 54–86.

Hoffmann, Alexander von (1997): Aufbruch zur wissenschaftlichen Journalistenausbildung. Alexander von Hoffmann über seine Tätigkeit an der Freien Universität Berlin im Gespräch mit Horst Pöttker. In: Kutsch, Arnulf/Pöttker, Horst (Hrsg.): Kommunikationswissenschaft – autobiographisch. Zur Entwicklung einer Wissenschaft in Deutschland. Opladen, S. 161–183.

Hunziker, Peter (1988): Medien, Kommunikation und Gesellschaft. Einführung in die Soziologie der Massenkommunikation. Darmstadt.

Kalverkämper, Hartwig (1979): Fernsehsendungen und ihre Formen. Stuttgart.

Kempcke, Günter (1987): Zu einigen Normänderungen unserer Gegenwartssprache. In: Neue Deutsche Presse, Berlin, 41/4, S. 20–21.

Kisch, Egon Erwin (1957): Marktplatz der Sensationen. Berlin.

Klapper, Joseph T. (1960): The Effects of Mass Communication. Glencoe, Illinois.

Klemperer, Victor (1991): LTI. Notizbuch eines Philologen. 11. Auflage, Leipzig.

Koller, Werner (1977): Redensarten (linguistische Aspekte, Vorkommensanalysen, Sprachspiel). Tübingen.

Krahl, Siegfried/Kurz, Josef (1984): Kleines Wörterbuch der Stilkunde. 6. Auflage, Leipzig.

Kurz, Josef (1967): Wiedergabe von Zeitbezügen in journalistischen Texten. Karl-Marx-Universität Leipzig, Fakultät für Journalistik.

Kurz, Josef (1970): Sprachstil und – literarischer Stil? Über Korrelat und Grundlage des Sprachstils. In: Wissenschaftliche Zeitschrift der Pädagogischen Hochschule Erfurt/Mühlhausen, Gesellschaftswissenschaftliche Reihe, 7/2, S. 29–33.

Kurz, Josef (1976): Möglichkeiten der Redewiedergabe. Leipzig, Sektion Journalistik der Karl-Marx-Universität.

Kurz, Josef (1984): Möglichkeiten der Redewiedergabe. Diss. Leipzig.

Kurz, Josef (1988): Der Philosoph als Journalist. In: Sprachpflege 37, S. 61–65.

Kurz, Josef (1996): Zu Funktion, Methoden und Gestalt der Rededarstellung in aktuellen Zeitungsüberschriften (-titeln). In: Fix, Ulla/Lerchner, Gotthard (Hrsg.): Stil und Stilwandel. Frankfurt am Main/Berlin/Bern/New York/Paris/Wien, S. 255–284.

Langer, Inghard/Schulz von Thun, Friedemann/Tausch, Reinhard (1993): Sich verständlich ausdrücken. 5. Auflage, München/Basel.

Lenin, W[ladimir]. I[ljitsch]. (1901): Womit beginnen? In: ders. (1976): Werke. Bd. 5, Mai 1901–Februar 1902. Berlin.

Löffler, Jaromir (1978): Das Interview in den Druckmedien. Clausthal-Zellerfeld.

Löffler, Martin (1968/69): Presserecht. Kommentar, 2 Bde. 2. Auflage, München.

Marcinkowski, Frank (1993): Publizistik als autopoietisches System. Politik und Massenmedien. Eine systemtheoretische Analyse. Opladen.

Möller, Georg (1968): Praktische Stillehre. Leipzig.

Mueller, Hugo (1965): Die Rolle des Klischees im Deutschen. In: The German Quarterly 38/1, S. 44–55.

Noelle-Neumann, Elisabeth (1980): Die Schweigespirale. Öffentliche Meinung – unsere soziale Haut. München/Zürich.

Noelle-Neumann, Elisabeth/Schulz, Winfried/Wilke, Jürgen (1989): Publizistik Massenkommunikation. Das Fischer Lexikon. Frankfurt am Main.

Orwell, George (1968): Politics and the English Language. In: ders.: The Collected Essays. Journalism and Letters. Bd. IV. In Front of Your Nose. 1945–1950. Edited by Sonia Orwell and Ian Angus. London, S. 127–140.

Parsons, Talcott (1976): Das System moderner Gesellschaften. 2. Auflage, München.

Pötschke, Joachim (1997): Sprachkommunikation und Stilistik. In: Kutsch, Arnulf/Pöttker, Horst (Hrsg.): Kommunikationswissenschaft – autobiographisch. Zur Entwicklung einer Wissenschaft in Deutschland. Opladen, S. 139–160.

Pöttker, Horst (1996a): Politische Sozialisation durch Massenmedien. Aufklärung, Manipulation und ungewollte Einflüsse. In: Claußen, Bernhard/Geißler, Rainer (Hrsg.): Die Politisierung des Menschen. Instanzen der politischen Sozialisation. Ein Handbuch. Opladen, S. 149–157.

Pöttker, Horst (1996b): Grenzen und Chancen der Forums-Publizisitik im sich weiter differenzierenden Medienmarkt. In: Mast, Claudia (Hrsg.): Markt – Macht – Medien. Publizistik zwischen gesellschaftlicher Verantwortung und ökonomischen Zielen. Konstanz, S. 249–259.

Pöttker, Horst (1997): Entfremdung und Illusion. Soziales Handeln in der Moderne. Tübingen.

Queneau, Raymond (1984): Stilübungen. Berlin.

Rager, Günter (1994): Dimensionen der Qualität. Weg von den allseitig offenen Richter-Skalen? In: Bentele, Günter/Hesse, Kurt R. (Hrsg.): Publizistik in der Gesellschaft. Festschrift für Manfred Rühl. Konstanz, S. 189–209.

Rothe, Arnold (1986): Der literarische Titel. Funktionen, Formen, Geschichte. Frankfurt am Main.

Sanders, Daniel (1888): Erläuterungen und Anmerkungen zu Goethe und Schiller. In: Zeitschrift für deutsche Sprache 1, S. 342 f. und 357.

Sandig, Barbara (1971): Syntaktische Typologie der Schlagzeile. Möglichkeiten und Grenzen der Sprachökonomie im Zeitungsdeutsch. München.

Schmidt, Heinrich (Begründer) (1974): Philosophisches Wörterbuch. 19. Auflage, Stuttgart.

Schneider, Wolf (1986): Deutsch für Profis. Wege zu gutem Stil. Illustriert von Luis Murschetz. München.

Sektion Journalistik der Karl-Marx-Universität (Hrsg.) (1984): Wörterbuch der sozialistischen Journalistik. Leipzig.

Sektion Journalistik der Karl-Marx-Universität (Hrsg.) (1988): Stilistik für Journalisten. Lehrbuch. 2. Auflage, Leipzig.

Simmel, Georg (1890): Über sociale Differenzierung. Leipzig.

Stark, Franz (1993): Faszination Deutsch. Die Wiederentdeckung einer Sprache für Europa. München.

Sternberger, Dolf (1966): Die Sprache in der Politik. In: Patzig, Günther u.a.: Die deutsche Sprache im 20. Jahrhundert. Göttingen, S. 79–91.

Sternberger, Dolf/Storz, Gerhard/Süskind, W[ilhelm]. E[mmanuel]. (1989): Aus dem Wörterbuch des Unmenschen. Nach der erweiterten Ausgabe 1967, 3. Auflage 1968. Frankfurt am Main/Berlin.

Tönnies, Ferdinand (1922): Kritik der Öffentlichen Meinung. Berlin.

Topitsch, Ernst (1960): Über Leerformeln. Zur Pragmatik des Sprachgebrauchs. In: ders. (Hrsg.): Probleme der Wissenschaftstheorie. Wien, S. 233–264.

Wackernagel-Jolles, Barbara (1973): „Nee also Mensch weißt du…". Zur Funktion der Gliederungssignale in der gesprochenen Sprache. Göppingen.

Wallisch, Gianluca (1995): Journalistische Qualität. Definitionen – Modelle – Kritik. Konstanz.

Weber, Max (1987): Politik als Beruf. 8. Auflage, Berlin.

Weisgerber, Leo (1958): Verschiebungen in der sprachlichen Einschätzung von Menschen und Sachen. Köln/Opladen.

Weiskopf, Franz Carl (1955): Verteidigung der deutschen Sprache. Berlin.

Weiterführende Literatur

Admoni, Wladimir (1982): Der deutsche Sprachbau. 4. Auflage, München. (2. Auflage, Moskau/Leningrad 1966).

Antos, Gerd/Krings, Hans P. (Hrsg.) (1989): Textproduktion. Ein interdisziplinärer Forschungsüberblick. Tübingen.

Asmuth, Bernd/Berg-Ehlers, Luise (1974): Stilistik. Düsseldorf.

Autorenkollektiv unter Leitung von Ulla Fix (1990): Beiträge zur Stiltheorie. Leipzig.

Autorenkollektiv unter Leitung von Werner Flämig (1972): Skizze der deutschen Grammatik. Berlin.

Autorenkollektiv unter Leitung von Wolfdietrich Hartung (1974): Sprachliche Kommunikation und Gesellschaft. Berlin.

Autorenkollektiv unter Leitung von Wolfgang Pfeifer (1989): Etymologisches Wörterbuch der deutschen Sprache, 3 Bde. Berlin.

Autorenkollektiv unter Leitung von Wilhelm Schmidt (1981). Funktional-kommunikative Sprachbeschreibung.

Bauer, Georg (1993): Rhetorik. Eine Anleitung für Rede, Gespräch, Verhandlung und Diskussion. 2. Auflage, Ludwigshafen.

Benckiser, Nikolas (Hrsg.) (1960): Im Gespräch mit der Sprache. Glossen der Frankfurter Allgemeinen Zeitung über gutes und schlechtes Deutsch. Frankfurt am Main.

Benckiser, Nikolas (Hrsg.) (1961): Kritik aus dem Glashaus. Neue Glossen der Frankfurter Allgemeinen Zeitung über gutes und schlechtes Deutsch. Frankfurt am Main.

Benckiser, Nikolas (Hrsg.) (1964): Sprache, Spiegel der Zeit. Dritte Folge der Glossen der Frankfurter Allgemeinen Zeitung über gutes und schlechtes Deutsch. Frankfurt am Main.

Besch, Elmar (1989): Wiederholung und Variation. Untersuchung ihrer stilistischen Funktionen in der deutschen Gegenwartssprache. Frankfurt am Main/Bern/New York/Paris.

Biere, Bernd-Ulrich/Henne, Helmut (Hrsg.) (1993): Sprache in den Medien nach 1945. Tübingen.

Brünner, Gisela (1991): Redewiedergabe in Gesprächen. In: Deutsche Sprache 19, S. 1–15.

Bucher, Hans Jürgen (1991): Mediensprache, Medienkommunikation, Medienkritik. Tübingen.

Büscher, Hartmut (1996): Emotionalität in Schlagzeilen der Boulevardpresse. Theoretische und empirische Studien zum emotionalen Wirkungspotential von Schlagzeilen der BILD-Zeitung im Assoziationsbereich „Tod". Frankfurt am Main/Berlin/Bern/New York/Paris/Wien.

Burger, Harald (1990): Sprache der Massenmedien. 2. Auflage, Berlin/New York.

Buscha, Joachim/Zoch, Irene (1992): Der Konjunktiv. 3. Auflage, Leipzig/Berlin/München/Wien/Zürich/New York.

Conrad, Rudi (Hrsg.) (1988): Lexikon sprachwissenschaftlicher Termini. Leipzig.

Deutsche Sprache. Kleine Enzyklopädie (1983). Leipzig.

Dreiser, Wolfgang (Hrsg.) (1977): Glosse. Freiburg im Breisgau.

Dückert, Joachim/Kempcke, GÜnter (Hrsg.) (1986): Wörterbuch der Sprachschwierigkeiten. Zweifelsfälle, Normen und Varianten im gegenwärtigen deutschen Sprachgebrauch. 2. Auflage, Leipzig.

Eroms, Hans-Werner (1983): Stilistik. In: Gorschenek, Margareta/Rucktäschel, Annamaria (Hrsg.): Kritische Stichwörter zur Sprachdidaktik. München, S. 235–296.

Fleischer, Wolfgang/Michel, Georg/Starke, Günter (1996): Stilistik der deutschen Gegenwartssprache. 2. Auflage, Frankfurt am Main.

Franck, Norbert (1990): Schreiben wie ein Profi. Artikel, Berichte, Briefe, Pressemeldungen, Protokolle, Referate und andere Texte. Köln.

Fritzsche, Joachim (Hrsg.) (1995): Überschrift Deutsch. Arbeitsbuch Literatur und Kommunikation. Hannover.

Gaßdorf, Dagmar (1996): Das Zeug zum Schreiben. Eine Sprachschule für Praktiker. Mit Stilblüten zum Schmunzeln und Übungen zum Bessermachen. Bonn.

Gather, Andreas (1994): Formen referierter Rede. Eine Beschreibung kognitiver, grammatischer, pragmatischer und äußerungslinguistischer Aspekte. Frankfurt am Main/Berlin/Bern/New York/Paris/Wien.

Gauger, Hans-Martin (1982): Sprachgefühl. Vier Antworten auf eine Preisfrage. Ist Berufung auf Sprachgefühl berechtigt? Heidelberg.

Gauger, Hans-Martin (1995): Über Sprache und Stil. München.

Gerhardt, Rudolf (1993): Lesebuch für Schreiber. Vom journalistischen Umgang mit der Sprache. Ein Ratgeber mit Beispielen. Frankfurt am Main.

Glotz, Peter/Langenbucher, Wolfgang R. (1993): Der mißachtete Leser. Zur Kritik der deutschen Presse. München.

Große, Rudolf (1988): Textanfänge. Über die Schwierigkeiten des Beginns beim Erzählen. In: Grammatik – Text – Sprachkunst. In: Sitzungsberichte der Akademie der Wissenschaften der DDR, 15 G, S. 24–30.

Häusermann, Jürg (1993): Journalistisches Texten. Sprachliche Grundlagen für professionelles Informieren. Aarau/Frankfurt am Main.

Heinemann, Margot (1990): Kleines Wörterbuch der Jugendsprache. 2. Auflage, Leipzig.

Helbig, Gerhard/Buscha, Joachim (1993): Deutsche Grammatik. Ein Handbuch für den Ausländerunterricht. 15. Auflage, Leipzig/Berlin/München/Wien/Zürich/New York.

Heringer, Hans Jürgen (1990): „Ich gebe Ihnen mein Ehrenwort." Politik – Sprache – Moral. München.

Hoffmann, Michael/Keßler, Christine (Hrsg.) (1999): Beiträge zur Persuasionsforschung. Unter besonderer Berücksichtigung textlinguistischer und stilistischer Aspekte. Frankfurt am Main/ Berlin/Bern/New York/Paris/Wien.

Hoppenkamps, Hermann (1977): Information oder Manipulation? Untersuchungen zur Zeitungsberichterstattung über eine Debatte des Deutschen Bundestags. Tübingen.

Hruska, Verena (1995): Die Zeitungsnachricht. Information hat Vorrang. 2. Auflage, Bonn.

Klappenbach, Ruth/Steinitz, Wolfgang (Hrsg.): Wörterbuch der deutschen Gegenwartssprache, Bde. 1–6 (1961–1977). Berlin.

Klein, Wolfgang (Hrsg.) (1984): Textverständlichkeit – Textverstehen. In: Zeitschrift für Literaturwissenschaft und Linguistik, H. 56.

De Knop, Sabine (1987): Metaphorische Komposita in Zeitungsüberschriften. Tübingen.

Königstedt, Harry (1992/93/94): Sprachtips für Journalisten – 1000 Hoppalas aus unseren Tageszeitungen. Salzburg.

Kraus, Karl (1954): Die Sprache. München.

Kraus, Karl (1956): Widerschein der Fackel (Glossen). München.

Kraus, Karl (1987): Polemiken, Glossen, Verse und Szenen. Herausgegeben und mit einem Nachwort von Joachim Pötschke. 2. Auflage, Leipzig.

Kretzenbacher, Heinrich L./Weinrich, Harald (Hrsg.) (1995): Linguistik der Wissenschaftssprache. Berlin/New York.

Kurz, Josef (1978): Stilprinzipien für die Hörfunknachricht. Leipzig, Sektion Journalistik der Karl-Marx-Universität.

Lausberg, Heinrich (1971): Elemente der literarischen Rhetorik. 4. Auflage, München.

Linden, Peter (1998): Wie Texte wirken. Anleitung zur Analyse journalistischer Sprache. Bonn.

Lüger, Heinz-Helmut (1977): Journalistische Darstellungsformen aus linguistischer Sicht. Diss. Freiburg im Breisgau.

Manz, Wolfgang (1968): Das Stereotyp. Meisenheim a. Glan.

Mittelberg, Ekkehard (1967): Wortschatz und Syntax der „Bild"-Zeitung. Marburg.

Moeller, Georg (1970): Praktische Stillehre. 2. Auflage, Leipzig.

Moeller, Georg (unter Mitarbeit von Moeller, Wolfgang) (1983): Warum formuliert man so? Formulierungsantriebe in der Sachprosa. Leipzig.

Mogge, Brigitte (Bearbeiterin) (1980): Die Sprachnorm-Diskussion in Presse, Hörfunk und Fernsehen. Stuttgart.

Moskalskaja, Olga Iwanowna (1975): Grammatik der deutschen Gegenwartssprache. Moskau.

Nickisch, Reinhard M. G. (1975): Gutes Deutsch? Kritische Studien zu den maßgeblichen praktischen Stillehren der deutschen Gegenwartssprache. Göttingen.

Oberhauser, Stephan (1993): „Nur noch 65000 Flugstunden." Eine linguistische Beschreibung des Handlungspotentials von hard-news-Überschriften. Frankfurt am Main/Berlin/Bern/New York/Paris/Wien.

Pilz, Annette (1995): Linguistische Untersuchungen zur rezeptionssteuernden Funktion von Titeln literarischer Texte. Diss. Marburg.

Pötschke, Joachim (1961): Die satirischen Glossen von Karl Kraus (1914–1918). Diss. Leipzig.

Pöttker, Horst (1980): Linguistische Bemerkungen zum methodologischen Problem des Inhaltsanalyse. In: ders.: Zum demokratischen Niveau des Inhalts überregionaler westdeutscher Tageszeitungen. Hannover, S. 631–663.

Pruys, Karl Hugo (1994): „Im Vorfeld wird zurückgeschossen..." Wie Politiker und Medien die deutsche Sprache verhunzen. Berlin.

Quasthoff, Uta M. (1983): Formelhafte Wendungen im Deutschen. Zu ihrer Funktion in dialogischer Kommunikation. In: Sandig, Barbara (Hrsg.): Stilistik, Bd. 2, S. 5–24.

Rager, Günther/Müller-Gerbes, Sigrun/Weber, Bernd (1993): Leselust statt Pflichtlektüre. Münster/Hamburg.

Rauter, E. A. (1996): Die neue Schule des Schreibens. Von der Gewalt der Wörter. Düsseldorf.

Reiher, Ruth/Läzer, Rüdiger (Hrsg.) (1993): Wer spricht das wahre Deutsch? Erkundungen zur Sprache im vereinigten Deutschland. Berlin.

Reiners, Ludwig (1991): Stilkunst. Ein Lehrbuch deutscher Prosa. Bearbeitet von Stephan Meyer und Jürgen Schiewe. München.

Rico, Gabriele L. (1993): Garantiert schreiben lernen. Reinbek.

Riesel, Elise (1959): Stilistik der deutschen Sprache. Moskau. 2. Auflage, 1963

Riesel, Elise/Schendels, Ewgenija (1975): Deutsche Stilistik. Moskau.

Roloff, Eckart Klaus (Hrsg.) (1982): Journalistische Textgattungen. München.

von Roncador, Manfred (1988): Zwischen direkter und indirekter Rede. Nichtwörtliche direkte Rede, erlebte Rede, logophorische Konstruktion und Verwandtes. Tübingen.

Rucktäschel, Annamaria (Hrsg.) (1972): Sprache und Gesellschaft. München.

Rüede, Carl A. (1992): Die besten Schlagzeilen aus Presse und Werbung. Zugkräftige Headliner-Ideen nach Stichwörtern geordnet. Aus deutschsprachigen, englischen und französischen Medien. Thun.

Rupp, Heinz (1986): Über die Notwendigkeit von und das Unbehagen an Stilbüchern. In: Sprachnormen in der Diskussion. Berlin/New York, S. 182–215.

Sanders, Willy (1996): Gutes Deutsch – besseres Deutsch. Praktische Stillehre der Gegenwartssprache. 2. Auflage, Darmstadt.

Sanders, Willy (1992): Sprachkritikastereien und was der „Fachler" dazu sagt. Darmstadt.

Sandig, Barbara (1986): Stilistik der deutschen Sprache. Berlin/New York.

Schank, Gerd (1989): Redeerwähnung im Interview. Strukturelle und konversationelle Analysen an vier Interviewtypen. Düsseldorf.

Schiewe, Jürgen (1998): Ist unsere politische Sprache leer und phrasenhaft? In: ders.: Die Macht der Sprache. Eine Geschichte der Sprachkritik von der Antike bis zur Gegenwart. München, S. 259–270.

Schmitt-Ackermann, Sylvia (1996): Kohärenz in Redewiedergaben. Eine Untersuchung zur Verständlichkeit von Redewiedergabe auf textueller Ebene. Heidelberg.

Schneider, Wolf (1995): Deutsch fürs Leben. Was die Schule zu lehren vergaß. Reinbek.

Schneider, Wolf (1996): Der vierstöckige Hausbesitzer. Plauderstunde Deutsch mit 33 Fragezeichen. Zürich.

Schneider, Wolf (1997): Deutsch für Kenner. München.

Schneider, Wolf/Esslinger, Detlef (1993): Die Überschrift. Sachzwänge, Fallstricke, Versuchungen, Rezepte. München/Leipzig.

Schulze, Andreas (1995): Ist Ludwig Reiners' „Stilkunst" noch zeitgemäß? In: Muttersprache 105, S. 227–242.

Seibicke, Wilfried (1977): Wie schreibt man gutes Deutsch? Eine Stilfibel. München.

Seifert, Wilfried/Vogl, Gerhard (Hrsg.) (1993): Ein kleines Wörterbuch für Journalisten und für alle, die viel schreiben müssen. Salzburg.

Sowinski, Bernhard (1991): Stilistik. Stiltheorien und Stilanalysen. Frankfurt am Main.

Spillner, Bernd (Hrsg.) 1995): Sprache: Verstehen und Verständlichkeit. Frankfurt am Main/ Berlin/Bern/New York/Paris/Wien.

Stefanova, Maria N. (1988): Die Bedeutung der Stilverfahren für die Konstitution von Texten. Diss. Berlin.

Steyer, Kathrin (1997): Reformulierungen. Sprachliche Relationen zwischen Äußerungen und Texten im öffentlichen Diskurs. Tübingen.

Stötzer, Georg/Wengel, Martin (Hrsg.) (1995): Kontroverse Begriffe. Geschichte des öffentlichen Sprachgebrauchs in der Bundesrepublik Deutschland. Berlin.

Ueding, Gert (Hrsg.) (1992 ff.): Historisches Wörterbuch der Rhetorik. Bde. 1–3 Tübingen 1992–96. Bd. 4 ff. Darmstadt 1998 ff.

Ueding, Gert (1996): Rhetorik des Schreibens. Eine Einführung. 4. Auflage, Frankfurt am Main.

Weider, Eric (1992): Konjunktiv und indirekte Rede. Göppingen.

Weischenberg, Siegfried (1990): Nachrichtenschreiben. Journalistische Praxis zum Studium und Selbststudium. 2. Auflage, Opladen.

Willems, Gottfried (1989): Anschaulichkeit. Zu Thema und Geschichte der Wort-Bild-Beziehungen und des literarischen Darstellungsstils. Tübingen.

Register

Udo Branahl
Medienrecht
Eine Einführung
3., überarb. Aufl. 2000. 333 S. Fachwissen für Journalisten.
Br. DM 44,00   ISBN 3-531-42319-3

Jürgen Heinrich
Medienökonomie
Band 1: Mediensystem, Zeitung, Zeitschrift, Anzeigenblatt
1994. 370 S. Br. DM 48,00   ISBN 3-531-12636-9
Band 2: Hörfunk und Fernsehen
1999. 647 S. mit 102 Abb. und 128 Tab. Br. DM 69,80
ISBN 3-531-12713-6

Otfried Jarren, Ulrich Sarcinelli, Ulrich Saxer (Hrsg.)
Politische Kommunikation in der demokratischen Gesellschaft
Ein Handbuch mit Lexikonteil
1998. 764 S. mit 9 Abb. und 4 Tab. Geb. DM 98,00
ISBN 3-531-12678-4

Gerhard Maletzke
Kommunikationswissenschaft im Überblick
Grundlagen, Probleme, Perspektiven
1998. 222 S. Br. DM 29,80   ISBN 3-531-13284-9

Klaus Merten, Siegfried J. Schmidt, Siegfried Weischenberg (Hrsg.)
Die Wirklichkeit der Medien
Eine Einführung in die Kommunikationswissenschaft
1994. XIV, 690 S. Br. DM 76,00   ISBN 3-531-12327-0

Winfried Schulz
Politische Kommunikation
Theoretische Ansätze und Ergebnisse empirischer Forschung
zur Rolle der Massenmedien in der Politik
1997. 272 S. mit 28 Abb. und 12 Tab. Br. DM 44,00
ISBN 3-531-12962-7

Siegfried Weischenberg
Journalistik
Theorie und Praxis aktueller Medienkommunikation
Bd. 1: Mediensysteme, Medienethik, Medieninstitutionen
2., überarb. und aktual. Aufl. 1998. 388 S. Br. DM 52,00
ISBN 3-531-13111-7
Band 2: Medientechnik, Medienfunktionen, Medienakteure
1995. 674 S. Br. DM 68,00   ISBN 3-531-12378-5
Bd. 3: Quiz und Forum (Fragen/Antworten, Diskussion, Evaluation)
1998. 238 S. Br. DM 36,00   ISBN 3-531-13153-2

AUS DEM PROGRAMM

Kommunikation

www.westdeutschervlg.de

Erhältlich im Buchhandel oder beim Verlag.
Änderungen vorbehalten. Stand: April 2000.

Abraham-Lincoln-Str.46
65189 Wiesbaden
Tel. 06 11. 78 78 - 285
Fax. 06 11. 78 78 - 400

West
deutscher
Verlag